泉州学概论

林华东　林丽珍　苏黎明　著

厦门大学出版社　国家一级出版社
XIAMEN UNIVERSITY PRESS　全国百佳图书出版单位

图书在版编目(CIP)数据

泉州学概论/林华东,林丽珍,苏黎明著.—厦门:厦门大学出版社,2022.1
ISBN 978-7-5615-8445-3

Ⅰ.①泉⋯　Ⅱ.①林⋯ ②林⋯ ③苏⋯　Ⅲ.①泉州—地方史—研究　Ⅳ.①K295.73

中国版本图书馆 CIP 数据核字(2021)第 265950 号

出 版 人	郑文礼
责任编辑	薛鹏志　章木良
美术编辑	李嘉彬
技术编辑	朱　楷

出版发行 厦门大学出版社

社　　址	厦门市软件园二期望海路 39 号
邮政编码	361008
总　　机	0592-2181111　0592-2181406(传真)
营销中心	0592-2184458　0592-2181365
网　　址	http://www.xmupress.com
邮　　箱	xmup@xmupress.com
印　　刷	厦门兴立通印刷设计有限公司

开本	720 mm×1 000 mm　1/16
印张	27.25
插页	2
字数	450 千字
版次	2022 年 1 月第 1 版
印次	2022 年 1 月第 1 次印刷
定价	110.00 元

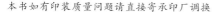

厦门大学出版社
微信二维码

厦门大学出版社
微博二维码

泉州学概论
编委会

论点直观

　　泉州学是以泉州为区域基点，以泉州族群及其创造的文化为研究对象，探索其发生、发展、传播和演变规律及其内在联系的综合性交叉学科。

　　泉州学研究，当以宋元海丝商贸为时间轴心，上溯泉州族群和文化的形成，下索泉州族群和文化的延展和创新；阐释泉州是中国海洋文明的重要代表，展示泉州是历史上的世界商贸集散地，揭示泉州族群海洋文明的基因，提升世界对中华文明多样性的认知。

　　泉州的人文精神凸显一个"实"字。"概论"以传承和守护优秀传统文化的"朴实"、向海而生义利并重的"务实"、海洋商贸交往和文化相容的"信实"、敢于直面世界革故鼎新的"求实"作为串珠主线，把泉州的历史事象串联一体，勾勒泉州独特的整体概貌，揭示泉州深邃的文化内涵和发展动力。

　　中华文化历史悠久，由农耕文化、游牧文化、海洋文化多元一体组成。泉州蕴含着中华优秀传统文化，是影响全球的东方海洋文明的实践者，是开发和管理台湾的先驱，是南洋华人华裔寻根谒祖的祖地。泉州为世界解读各种宗教和谐相处与融合提供真实的答案，为中国张扬世界海洋商贸的历史，为 21 世纪世界的对话提供历史范式。

闽南文化的核心精神,一是"重乡崇祖",充满家国情怀;二是"爱拼敢赢",坚持自强不息;三是"重义求利",崇尚求真务实;四是"山海交融",善于抢抓机遇。

文化是人类的生活方式。文化的不断创新预示着生命的不断延续,预示着一个民族的不断发展。

"泉州:宋元中国的世界海洋商贸中心"列入《世界文化遗产名录》,向世界展示了"向海而兴、多元开放、互利互信"的中国海洋文明模式。

序　言

　　承林华东、林丽珍、苏黎明等几位先生盛谊，远颁新著《泉州学概论》大稿。恭读再三，深得教益。欣悉大著近期即将出版，遵嘱，谨以拜读偶得奉附骥尾，既志祝贺，亦遥申敬佩悃忱。

　　泉州地处我国东南海滨，是四方瞩目的历史文化名城。在中华文明五千多年的演进历程中，泉州凭借其得天独厚的地理区位，良好的生态环境，尤其是勤劳勇敢的先民一代接一代的艰苦奋斗、繁衍生息，积累了久远而深厚的历史文化，加以中外文明在其间的交流互鉴，从而形成独具风骨的泉州地域文明。改革开放以来，随着我国经济、社会、文化，尤其是地域文化的大步前进，以泉州历史文化和泉州地域文明为研究对象的泉州学挺然萌生。历时三十余载，经过海内外各方面专家披荆斩棘、开拓掘进，一个新兴的跨学科学术体系日趋成熟，蔚成气象。

　　作者多年来潜心研究闽南文化，于泉州学研究卓然睿识，尤多创获。顺应新时代弘扬中华优秀传统文化，推动其创造性转化、创新性发展的历史洪流，他们以高度的社会责任和文化自觉，承先启后，继往开来，在传承中寻求创新，多历艰辛而成此具有开拓意义的《泉州学概论》大著。我于泉州历史文化知之甚少，于泉州学更是远在门外。感谢《泉州学概论》的启蒙，拜读大稿之后，我对泉州有了如下三个方面的初步认识。

　　第一，泉州是宋元时期中国的世界海洋商贸中心。在中世纪，称得上世界级的全球海洋商贸中心，一个是埃及的亚历山大港，另一个就是中国的泉州刺桐港。当时的泉州已经是世界多元文化（今日称之为"世界宗教博物馆"）交汇的国际化大都市。泉州背山面海，以海为田。古往今来，泉州人一反传统社会以商为末的观念，把商贸活动演绎得出神入化。泉州激活中华文化潜在的海洋意识，向世界展示了中国的海洋文明，这是一个很值得研究的课题。

第二，以泉州为中心的闽南文化，具有典型的"重乡崇祖"观念，把中华文化许多典范的传统特征以及不同时代的历史遗存，作为大众民间生活不可或缺的内容传承保留至今。例如闽南方言，语音直接继承上古汉语特征，被语言学界称为古汉语的"活化石"。乾嘉时期朴学大家钱大昕在《潜研堂文集》卷十五《答问十二》中说："凡今人所谓轻唇者，汉魏以前皆读重唇，知轻唇之非古矣"；"轻唇之名，大约出于齐梁以后，而陆法言《切韵》因之，相承至今"。他在《十驾斋养新录》卷五《古无轻唇音》中又强调说："凡轻唇之音，古读皆为重唇。"闽南方言至今轻唇之音仍读为重唇，直接继承上古语音的声母系统，没有受到中古语音演变的影响。又如唐宋时期传入泉州的被称为宫廷之乐的南音，已经融入寻常百姓家，1000多年来不仅一直以泉州音为标准音演唱，而且早就传播至港澳台和东南亚华人足迹达到的地方。还有宋元的梨园戏、明清的高甲戏，也是用方音说唱，成为民间社戏活动的重要组成部分。再如隋唐肇始的泉州人的海上丝绸之路商贸思想，时至今日千年未改。还有唐宋以来因刺桐港国际商贸活动遗留下来的伊斯兰教清净寺、基督教"刺桐十字架"、摩尼教"摩尼光佛造像"、犹太教饰物"六角形"抱鼓石、古印度教神话故事石刻等都保留至今。泉州如此鲜明地守望传承，值得深入探索。

第三，泉州的创新和抗争精神，古今一脉相承。求新求实、爱拼敢赢，洋溢着泉州精神。历史上的泉州拥有许多创新，例如造瓷（磁灶窑、德化窑）、造桥（洛阳桥、安平桥）、造船（水密隔舱造船技术）、开辟海路（开辟海上丝绸之路，众多泉州人走向世界成为海外侨民）、开发台湾宝岛，等等。今天，在改革开放的大好时机面前，泉州人敢于挑战困难，靠自己的骨头长肉，抓住商贸活动生机，勇于实业兴邦，铸就了名闻全国的"泉州模式"和"晋江经验"。泉州族群的创新和拓展精神始终伴随着泉州人的生活，这是最可宝贵的泉州风骨，值得认真提炼。

《泉州学概论》是一部理论性很强的专著。作者从综合性交叉学科视野出发，立足探索泉州历史文化的发生、发展、传播和演变规律，揭示其间的内在联系。正如作者所述，该书用"实"字作为串珠的主线，以传承和守护优秀传统文化的"朴实"，向海而生、义利并重的"务实"，海洋商贸交往和文化相容的"信实"，敢于直面世界、革故鼎新的"求实"，将泉州的历史事象串联一体，勾勒泉州独特的整体概貌，揭示泉州深邃的文化内涵和发展动力，昭示泉州历史与海丝文化贯穿古今、连接东西、聚合中外、融汇南北的特点。

　　专著导论部分梳理了有关泉州学的一系列概念及研究思路和研究对象，之后从泉州的人文性、语言、经济、家族、宗教信仰、文学艺术等方面展开论述，尤其是对泉州民俗生活、泉州思想意识和泉州风骨做出深入地探索。

　　总而言之，这部书建立了"以事象为形，文化为核，知识为面，学术为里，立足泉州，置身全球"的探索模式，从学术层面构建了泉州学作为学科的理论体系；解读了泉州勇于拼搏、向海而生、商农并重、和合多元、守望延绵的核心精神。该书深刻诠释泉州学的理论与现实意义，对于我们了解泉州的历史贡献和未来发展深有启发，是一部学科体系比较完整的著作。

　　当然，任何的学术研究都是需要不断接力的。该书虽在前哲时贤的基础上形成系统的提炼创新，但还需要其后的进一步完善和充实。正如作者在"结语"中所说的，泉州学的学科建设还需要从多个方面继续努力。我深信以《泉州学概论》的问世为起点，泉州学研究必将与时代同步，迈上一个新的台阶，创造出更多更大更好的辉煌业绩。

陈祖武

二〇二一年二月十二日

　　（陈祖武，中国社会科学院首批学部委员，中央文史研究馆馆员，中国社会科学院历史研究所原所长）

目　　录

1

第一章 导 论

泉州,一个古老而又平凡的名字,一个充满神奇故事的地方。在这里,你会发现,早在西晋时期就有汉人信仰的道观、寺庙,还有刻录西晋年号的汉人冢墓砖石;你会发现,汉语其他方言已经消失了的秦汉古音还在人们口语中延续,古代汉语的基本词汇依然活跃在他们的生活之中。在这里,你会发现,世界各色人等曾经发生的多种宗教信仰活动遗迹犹存,千年前海上丝绸之路留下的种种印记俯拾皆是,多元融合形成的生活样式历历在目。在这里,你会发现,向海而生的泉州族群敢于突破传统引领潮流的风骨,以及他们开发台湾的魅力和以命相搏下南洋的勇气。在这里,你还会发现,泉州依然年轻,融入世界是他们古往今来始终不渝的追求。泉州,就似开元寺中的千年古桑,历经风霜雨雪雷轰电击,依然枝叶繁茂勃勃生机。

泉州,是如此的深沉厚重。曾经以商为本使边陲海疆变成中国的经济要地,曾经在经略海洋的奋斗中成为世界海洋商贸中心。^① 泉州,是中西方文化交汇融合的场域,中华优秀传统文化传承的重镇,中国古代海洋文明杰出的代表,中华文化向世界传播的主阵地,台湾开发与管理者的祖籍地。

泉州,是如此的虚怀谦逊。汉晋以来传承破格开先和守望家园的中华精神,隋唐期间崭露头角的开放意识,宋元时期领航世界的互惠共赢的海洋文明,明清至今依然不变的行脚全球的商贸意识,犹如晋江之水,静静流淌,源远流长,未曾中断。泉州丰厚的文化需要系统研究、科学提炼和认真

---

① 2021年7月25日,"泉州:宋元中国的世界海洋商贸中心"顺利列入《世界遗产名录》。泉州这项有机组合的系列遗产由22处代表性古迹遗址及其关联环境和空间构成,分布在沿海的鲤城、丰泽、台投、洛江、晋江、石狮、南安和内陆的安溪、德化等广阔空间(将近200平方公里的区域被纳入保护区、缓冲区和景观风貌控制区)。宋元的泉州形成独特和完备的海外贸易体系以及支撑其运行的多元社会结构,构建了中国与世界对话的窗口,创造了400年的社会繁荣,向世界展示了泉州"和合共生、互惠共赢"的海洋精神和中国智慧。

弘扬。

第一节　泉州学发轫

一、泉州学作为一门新学科

探索泉州的个性特色,给世人一个独具内涵的泉州印象,告诉人们泉州历史上经历了什么,给后人留下了什么,对今天有什么样的启示,是一件十分有意义的事。因此,需要我们用历史的眼光、全球的视野去感悟,从物质遗迹中寻找,从文献典籍中挖掘,从人文现象中考察,从闽南族群传承的精神中推演。泉州对中国、对世界曾经的影响和贡献,以及对今天全球化局势的启示,特别值得做整体性的探索和解析。泉州学随着时代的发展应运而生。

(一)中外学者的建议

20 世纪 80 年代初,泉州的学者们就认识到应该像敦煌学一样,从学术层面建立"泉州学"。陈泗东、傅金星等人是最早探索"泉州学"概念的文史界先贤。[1] 1988 年 12 月 18 日,在泉州历史研究会成立十周年纪念座谈会暨学术成果展览活动中,副会长王连茂在《泉州历史研究会十年回顾》的总结报告中,首次公开提出"泉州学"。他在会上说:"我会的一系列研究活动和实际工作,曾经有效地促使泉州被确定为历史文化名城。同时,随着我会学术工作的不断深入发展,也有助于泉州在国内外知名度的提高,这已是有目共睹的事实。而且,这一系列多层次、多视角、全方位的研究活动,从各个不同侧面揭示了泉州历史文化的丰富内涵、独特形态及其价值。我们高兴地看到,这些研究层面正在逐渐汇成一个令人瞩目的总体——那就是'泉州学'。"[2]1989 年,台湾泉州籍著名人类学家李亦园首次回乡探亲,出席了泉州市委宣传部召开的座谈会。他在会上支持建立"泉州学",认为"提出泉州

---

[1]　泉州学研究所编著:《回望泉州学》,北京:九州出版社,2013 年 6 月,第 28 页。
[2]　·王连茂:《泉州历史研究会十年回顾》,《泉州文史》1989 年第 10 期,第 184 页。

学是可以的、可行的"。① 傅金星是早期泉州学理论的主要建设者。1989年,他在《泉州文史》上刊发《破土而出的"泉州学"》,第一次以专论的形式向世人宣告,"泉州学"应运而生。② 1992年,傅金星又在《福建论坛》发表《"泉州学"初探》,提出"泉州学"是一门崭新的学科;对泉州社会历史发展的文化现象,必须运用新方法、新观点去研究;要揭示它的发展规律,对中国和世界历史文化的影响,为当前泉州的发展、中国和世界的和平进步服务。③ 傅金星还对"泉州学"的内涵和外延、研究意义和理论建设提出自己的看法。他认为,泉州学的研究和自身理论建设,应按照"实践—理论—再实践"的原则,在实践中逐渐加以系统、完善,形成理论以指导具体实践,接受实践检验,再达到理论体系的提升。他在《破土而出的"泉州学"》中深刻指出:"这种研究不能停留于就事论事,而是要在各类事物的研究基础上升华为综合性的、理性的科学。其内涵和外延、源流和分支、中国文明和西方文明、古代文化和当代思潮各方面,都要充分显示其所独有的特点,发挥其固有的生命力,并注进新鲜的血液。"在《要用科学的态度研究"泉州学"》一文中,傅金星强调,研究泉州学必须"立足泉州,放眼世界"④。在《"泉州学"研究探索》中,傅金星进一步指出:"在确定'泉州学'的研究对象并对其进行研究的同时,就要充分注意到'泉州学'的理论建设";"'泉州学'自身的理论建设,除了这个学科的定义、内涵和外延外,还有'泉州学'的独立性和它与其他学科的依存关系,'泉州学'的内在结构,'泉州学'与现实社会的关系等,还要确立研究'泉州学'的思想、方法和原则。"⑤

1991年2月14日,联合国教科文组织"海上丝绸之路"考察队总负责人杜杜·迪安(Doudou Diène)博士带队莅临泉州。迪安博士在考察泉州的历程中,深深感受到泉州蕴含的宋元时期中西方文化交流的印迹。迪安博士发现,泉州非常特别,这里有丰富的不同人群间的互动,还有各种不同宗教的交融;一草一木都在证明它的历史渊源;在阿曼、埃及、土耳其的考察途

---

① 泉州学研究所编著:《回望泉州学》,北京:九州出版社,2013年6月,第29页;陈笃恒:《幸园妙笔 俯守匠心——"泉州通"陈泗东先生文史活动之三》,《闽南》2021年第2期,第52页。

② 傅金星:《破土而出的"泉州学"》,《泉州文史》1989年第10期,第10~14页。

③ 傅金星:《"泉州学"初探》,《福建论坛(人文社会科学版)》1992年第3期,第75页。

④ 傅金星:《傅金星文史类稿》,香港:闽南文化出版社,2018年,第14页。

⑤ 傅金星:《傅金星文史类稿》,香港:闽南文化出版社,2018年,第19页。

中发现的许多阿拉伯、波斯祖先漂流的痕迹,到泉州之后,发现那些各式各样的传统和宗教都集中在泉州。

泉州地方不大,却是一个文化的聚宝盆。例如摩尼教,从 3 世纪到 15世纪风靡世界,与其他主要宗教都发生过交流与对话。从摩尼教研究入手,是了解中世纪欧亚大陆东西方文明交流的极佳入口。但是 15 世纪之后,摩尼教在世界消失,而在泉州却还完好地保存着唯一的摩尼光佛造像。"1987年在瑞典举行的摩尼教国际性学术研讨会上,就以泉州草庵的摩尼光佛石雕壁像作为会议的会徽"。① 再如,沉寂已久的"刺桐十字架"②,因为西班牙天主教士任道远(即塞拉菲·莫雅,Seraphin Moya,任道远是他的中国名字)于 1906 年在泉州奏魁宫的发现,惊动了全球教会和世界历史学界。十字架是基督教的标志,莲花是佛教的象征,14 世纪的刺桐十字架石刻,记录了基督教文明跟已经融入中华文化的佛教在泉州相融合的历史。

泉州的历史让世界大开眼界,泉州之谜让世人颇想刨根究底。研究好泉州,可以知晓那段蔚为大观的东方文明。泉州学具有国际性特征,应该组织世界各国科学家来研究这样一个国际性项目。1991 年 2 月 18 日,迪安博士在泉州的新闻发布会上,向国内外 30 多家新闻单位的 70 多名记者提出:"针对泉州所具有的丰富历史,应当成立一个专门的学科。联合国教科文组织将成立一个国际性的科学研究机构,如同研究敦煌学一样,使泉州学成为一个国际性的项目,组织世界各国科学家对它进行研究。"③

1995 年,陈鹏在《泉州学》④一文中阐述了研究泉州学的看法。一是提出"泉州学是研究泉州地域历史文明的一门学科"的概念。二是提出泉州学的研究应以海上丝绸之路为基点,探索泉州港城的兴衰为主线。三是提出泉州学要把研究内容放在具有典型特色的中外文化交融上,包括血缘、语言、民俗、信仰、科技、戏曲等方面。四是方法上要加强社会调查与田野考古。

---

① 傅金星:《破土而出的"泉州学"》,《泉州文史》1989 年第 10 期,第 11 页。
② "刺桐十字架"是装饰有十字架、天使、莲花、云纹、华盖、间柱等图案的古基督教墓碑石与墓盖石,碑石上还雕刻有叙利亚文、八思巴文、回鹘文、拉丁文、汉文等文字。图案特殊且艺术形式丰富。
③ 傅金星:《"泉州学"初探》,《福建论坛(人文社会科学版)》1992 年第 3 期,第 75 页。
④ 陈鹏:《泉州学》,程裕祯主编:《中国学术通览》,北京:北京语言学院出版社,1995年 2 月,第 359～369 页。

1999 年 10 月,经中共中央宣传部批准,由泉州师专(泉州师范学院前身)泉州学研究所发起召开"海峡两岸泉州学学术研讨会",泉州籍国际著名人类学家李亦园教授率领 12 名台湾知名学者莅会参加学术研讨。李亦园在大会上做了《"泉州学"的新视野》主题演讲,对"泉州学"提出新的界定:"'泉州学'是一种以泉州地区的历史文化、人文活动、生态环境为研究对象的科际综合学问。"①李亦园在发言中强调,泉州学有别于地方志的关键在于其基本立场是通过"研究"以辨明泉州文化的特色。因此,他引进人类学大、小传统之说,列出泉州学研究的诸领域,包括文学、宗教、海外交通、家族与宗族、教育史、方言、戏曲以及民间风俗、族群与性格、医药疾病史、少林与武馆、综合艺术史等。他提出不仅需要运用多学科的研究方法,还要加强资料的搜集,加强考古发现和人类学的调查访问。李亦园十分赞同傅金星这样的观点:"'泉州学'的研究要以其源头的作用,发展'泉州学'的丰富内涵和特点,发展开来,走向世界,融合世界文化。"②李亦园说:"'泉州学'如要成为一门真正的学问,一定要有走向世界的胸襟,'泉州学'的研究一方面仍应该加强整理发掘文献资料,发挥其固有的特色,但是另一方面也需要注意世界学术发展的趋势,发掘泉州民间文化的丰富资源加以重新分析探讨,以便与重要的学术理论研究者对话,而参与到世界的学术论坛上去。如此'泉州学'才能为世界学术界所知,而发展成为一门真正的学问。"③

这一时期,无疑是"泉州学"相关概念和内涵探索的早期阶段。这些探索为其后"泉州学"研究的深入奠定了有益的理论基础。

(二)泉州是一个大课题

泉州注定是一个引人瞩目的大课题。因为泉州保留了中华优秀传统文化。泉州人精于守望,不忘祖先,不忘来处,以最优方式保护先人创造的文化,包括本土的文化和外来的文化。例如古汉语的"活化石"泉州话,唐宋古音回响的南音,随处可及的多元宗教遗迹等。泉州人敢为天下先,敞开胸怀与世界交往,把祖国东南边陲打造成国际化大都市。泉州人爱拼敢赢,积极

---

① 李亦园:《"泉州学"的新视野》,陈世兴主编:《泉州学研究》,福州:福建教育出版社,2002 年 4 月,第 2 页。

② 傅金星:《破土而出的"泉州学"》,《泉州文史》1989 年第 10 期,第 13~14 页。

③ 李亦园:《"泉州学"的新视野》,陈世兴主编:《泉州学研究》,福州:福建教育出版社,2002 年 4 月,第 22 页。

开发和参与管理台湾,与东南亚等海上丝绸之路沿线国家人民共同推进经济文化建设。泉州人富有创造力,许多科学技术的发明对中国和世界都产生过巨大影响。例如,高超的水密隔舱造船技术,提高了那个时代世界海上远航交通的安全性能;让世人刮目相看的桥梁技术,"筏形基础"、"养蛎固基"、"浮运架梁"造就了中国古代四大名桥之一的洛阳桥,"睡木沉基"的先进技术建成中国现存最长的跨海梁式石桥安平桥;磁灶窑和德化窑等陶瓷古窑先进的窑炉技术生产了大量令世人爱不忍释的瓷器产品,推动了海上商贸活动。国内首个科学考古发现的安溪青阳块炼铁产品,是宋元时期海上丝绸之路贸易的重要商品,其"板结层"冶炼处理技术更是独具一格。此外,建筑、医药等技术也都有独领风骚的地方。这是中国的泉州、世界的泉州!

但是,从15世纪开始,因为海禁,泉州隐姓埋名五个多世纪。500多年来,世界一直在寻找刺桐城。世界航海史文献中曾经记录的中国古代闻名于世的Zayton港,究竟在何处?欧洲人中世纪以来在南海认识的中国人是谁?他们为何能执世界航海之牛耳?这对世界而言,竟然成为一个谜。直到20世纪20年代,因为两件大事而使泉州浮出水面。一是日本的桑原骘藏在他的《蒲寿庚考》(1929年中华书局出版的陈裕菁译本)中,揭示了蒲寿庚及其先世宋元时期在泉州的经历,揭开了宋元时期中国泉州与阿拉伯国家海上交通贸易的面纱,使海外学者开始认同刺桐港就在泉州的史实。二是中外学者联袂到泉州考古调查,进一步证实泉州就是西方文献中10世纪至14世纪名噪全球的刺桐港。

泉州的史迹至今还在诉说着精彩的往事,遗落的明珠依然焕发着光彩。泉州再次受到世界的瞩目。人们发现,泉州先民以创新的精神开创了宋元泉州港400年辉煌历史。他们敞开胸怀迎纳来泉交流的不同文化,留下了千年古迹;舟船为马,梯航万国,开辟世界航海通道,展示了"和合共赢、坚韧进取"的中华海洋文明。那个时期的泉州,造船业领先世界:曾公亮在《武经总要》中记了"火药配方";赵汝适的《诸蕃志》、汪大渊的《岛夷志略》,都展示了海航商贸的精彩历程。泉州的先民把中华文明传向欧洲,在欧洲的文艺复兴、科技发展和海航繁荣中发挥了不可估量的作用,为欧洲的文明发展做出了贡献。在刺桐港衰落之后,泉州人仍然继续他们的耕海牧洋,坚守东南海疆；继续浮海"过番"①，开辟新路，坚定地走向世界，把象征海洋文明的海神天后信仰远播到海丝沿线各国，把"和而不同、互惠友善"的中华文化展现给世界人民，为侨居地的经济和文化建设做出了卓越的贡献。

总之，泉州蕴藏着中华优秀传统文化，是影响全球的东方海洋文明的实践者，是开发和管理台湾的先驱，是南洋华人华裔寻根谒祖的祖地。泉州为世界解读各种宗教和谐相处与融合提供了真实的答案，为中国张扬了世界海洋商贸的历史，为 21 世纪世界的对话提供了历史范式。泉州的历史文化犹如满地的珍珠，是一个值得长期深入研究的课题。

（三）泉州学的萌动

在泉州学者们的努力下，在联合国教科文组织的推动下，1991 年 4 月，中共泉州市委决定成立"中国泉州学研究所"。同年 11 月 8 日，"中国泉州学研究所"在泉州海交馆挂牌成立，时任泉州市委书记张明俊与泉州市人民政府市长林大穆为研究所揭牌，陈鹏出任研究所负责人。② 中国泉州学研究所（以下或简称"泉州学研究所"）的成立标志着泉州学研究开始步入正常轨道。在此之前，涉及泉州学各个文化现象的许多研究机构已经先期成立。主要有成立于 1978 年的泉州历史研究会，次年成立的中国海外交通史研究会，以及 1983 年成立的泉州历史文化中心。还有宗教、戏曲、方言、武术、港口等诸多学会也如同雨后春笋般涌现，全方位、多视角、专门化、系统化的研究阵势已经摆开。1996 年 5 月，泉州师专"泉州学研究所"正式成立，泉州文史专家吴幼雄出任所长。高校开始把地方学研究纳入自己的视野，组织出版了由林华东主编的"泉州学研究小丛书"③。《泉州文史》《海交史研究》《泉南文化》等杂志相继出刊，《泉州师专学报》及其后的《泉州师范学院学报》也开设了"泉州学研究"专栏。泉州师专泉州学研究所还创办了《泉州学研究》内刊。《泉州学研究·创刊号·序》明确提出："在这世纪之交的关键时刻，我们更需要借鉴历史，把握现实。在一两千年的历史文化积淀和长期

---

① 泉州人把南洋（东南亚）叫"番平"，赴南洋谋生称为"过番"。

② 泉州学研究所编著：《回望泉州学》，北京：九州出版社，2013 年 6 月，第 29～30 页。

③ "泉州学研究小丛书"包括吴幼雄：《泉州宗教文化》，福州：福建人民出版社，1998年 3 月；陈桂炳：《泉州民俗文化》，福州：福建人民出版社，1998 年 3 月；林华东：《泉州方言文化》，福州：福建人民出版社，1998 年 4 月；林振礼：《朱熹与泉州文化》，福州：福建人民出版社，1999 年 12 月。

的中外科技交融中,泉州这块热土闪烁着许多令人自豪和令人振奋的光彩。我们有责任去发掘,去探索它的过去,发扬光大,再创辉煌。"泉州学的任务是:"通过对泉州历史文化遗存的研究,探讨泉州地域独特的文化内涵、社会风貌和经济形态,为泉州的综合配套改革和两个文明建设,为团结海内外同胞和加强世界文化交流做出应有的贡献。"①

与此同时,以泉州学为主题的学术活动也开始启动。1992 年 9 月,在复旦大学苏东水教授主持下,泉州学研究学术会议在上海举办。与会者包括日本和中国的大陆及港台学者,提交论文 35 篇。会议推动了国内外学者间的交流与对话,从多领域共同探讨泉州学研究的问题。福建省社会科学界联合会把泉州学研究列入"八五"社科规划重点项目,北京中国东方研究院号召学术界行动起来,开展泉州学研究。1995 年,泉州学与敦煌学、徽州学等 53 种地方学收入《中国学术通览》。②

1999 年,海峡两岸泉州学学术研讨会在泉州师专(今泉州师范学院)召开。会后由陈世兴主编出版论文集《泉州学研究》。③ 2006 年 5 月 13 日,泉州师范学院举办"泉州学研究所成立十周年纪念大会暨学术研讨会",出版《泉州学研究》(第二辑)。④ 在这之后的十余年间,泉州师范学院陈桂炳集中出版了以研究泉州学为主题的三部专著,⑤有力地推进了泉州学研究向纵深发展。

2004 年 12 月,停滞多年的"中国泉州学研究所"获得重新启动。林少川和林丽珍先后接任所长,推开泉州学研究的新局面。2006 年 9 月,泉州学研究所"中国泉州学网站"开通。同年 12 月 6 日,泉州学研究所承办"刺桐论坛——泉州学研讨会",回顾和总结了泉州学研究的成果,展望了泉州学的发展前景。2007 年 10 月,该所主办的《闽南》杂志创刊。2008 年,泉州学研究所与泉州市侨联、泉州市华侨历史学会联合举办首届闽南侨批研讨会暨《越南漫笔》首发式。十余年来,泉州学研究所主办、承办、协办首届海

① 林华东:《泉州学研究·创刊号·序》,1996 年 5 月。
② 泉州学研究所编著:《回望泉州学》,北京:九州出版社,2013 年 6 月,第 30 页。
③ 陈世兴主编:《泉州学研究》,福州:福建教育出版社,2002 年 4 月。
④ 林华东主编:《泉州学研究》(第二辑),厦门:厦门大学出版社,2006 年 4 月。
⑤ 陈桂炳:《泉州学散论》,北京:华夏出版社,2008 年 11 月;陈桂炳:《泉州学概论》,长春:吉林大学出版社,2015 年 12 月;陈桂炳:《泉州学续论》,长春:吉林大学出版社,2019 年 1 月。

峡两岸闽南文化节"闽南文化论坛"、古城复兴与泉州学研究学术研讨会、走向世界的地方学学术研讨会、2019(香港)世界闽南文化节"闽南文化论坛"、泉州学研究与 21 世纪海上丝绸之路学术研讨会等高规格学术会议,编辑出版"泉州学丛书"近 20 种,①举办一系列泉州学讲座,从多角度多侧面深入解读泉州的深邃内涵。

在相关学术机构和学者同仁的不断努力下,泉州学研究的内容、路向、方法、目标渐渐明晰,泉州学的研究在不断深化,泉州学所涉及的各个研究领域迎来了黄金发展期。

二、泉州学前期研究基础

泉州学不同于地方史学,更不是方志学。泉州学以研究泉州族群和文化的形成发展、揭示其独特个性和深刻影响力为己任。泉州学需要打通历史学、文化学、考古学、经济学、海洋学、人类学、社会学、宗教学、语言学、民俗学、政治学等多学科界限,全面系统科学地开展研究;需要有广阔的历史视野和全球站位,以达到准确阐释泉州的历史文化传承与多元文明交汇在中华文化和世界文化发展史中的贡献,解析千年延续的海外交通与商贸活动的时代意义。

因此,泉州学作为学科,需要在志书、族谱、各类碑文石刻、地方典籍(如正在整理的《泉州文库》)等古今中外有关泉州的各种文献史料的基础上展开,需要在前贤们对泉州人文现象、生活习俗、宗教俗信、海上交通、航海技术、商贸文化、族群形成与发展、泉州方言、思想意识和文化精神等方面研究的基础上深入。例如,早期记录与泉州古代文化有关的史籍,曾公亮的《武经总要》、赵汝适的《诸蕃志》、汪大渊的《岛夷志略》、阳思谦等的《(万历重修)泉州府志》、怀荫布等的《(乾隆)泉州府志》、释元贤的《泉州开元寺志(民

---

① "泉州学丛书"包括李玉昆、李秀梅:《泉州古代海外交通史》,北京:中国广播电视出版社,2006 年 9 月;王朱唇、张美寅《闽南侨批史话》,北京:中国广播电视出版社,2006 年 12 月;林中和主编《泉州千家诗》,福州:海峡文艺出版社,2007 年 10 月;陈小钢主编《回望闽南侨批》,北京:华艺出版社,2009 年 7 月;林少川、李少园主编《〈平闽十八洞〉及其研究》,北京:九州出版社,2011 年 7 月;李少园、林少川主编《李亦园与泉州学》,北京:九州出版社,2012 年 5 月;泉州学研究所《东亚文化之都·泉州》,北京:九州出版社,2014 年 8 月;许旭明主编《泉州学研究与古城复兴》,福州:海峡书局,2015 年 11 月;陈庆宗主编《泉州海上丝绸之路百问》,北京:九州出版社,2016 年 4 月,等等。

国重刻本)》、马可·波罗的《马可·波罗行纪》、伊本·白图泰的《伊本·白图泰游记》、桑原骘藏的《蒲寿庚考》、古斯塔夫·埃克和保罗·戴密微合著的《刺桐双塔》,还有众多碑刻文献,如九日山祈风石刻、泉州宗教石刻,以及历代名人抒写泉州的文学作品,包括诗歌、楹联、笔记等,都是泉州学研究的重要文献。

泉州学研究还需要田野调查。只有带着问题亲历其境,深入民间,感受生活,才会有所发现,才会提升认识,才会感悟历史。20世纪之初,启动泉州历史文化现象研究的是厦门大学国学研究院的教授们。他们分别关注明清之前泉州与异域文化融合问题和明清以来充满活力的本土民间世俗。代表人物是两位江苏先贤张星烺、顾颉刚和德裔美籍汉学家埃克(或译"艾锷风",Gustav Ecke,1923年起在厦门大学任教)等人。1926年,张星烺应聘厦门大学国学研究院史学研究所教授。该年10月31日至11月3日,他与考古学家陈万里、德国汉学家埃克访问了府文庙、开元寺、清净寺、伊斯兰圣墓、奏魁宫等古迹,还调查了宋末市舶司提举"色目人"蒲寿庚的后代。返厦后张星烺做了一场"中世纪之泉州"的专题讲演,界定了泉州在中国对外交通贸易史上的重要地位。埃克关注的是泉州著名的东西塔,随后他在时任厦门大学校长林文庆博士和泉州有关人士的支持下,与法国学者戴密微(Paul Demiéville,当时在厦门大学任教)全面实地考察了两塔的塔身并拍下珍贵的雕刻照片。之后,他与戴密微合著英文版《刺桐双塔》(*The Twin Pagodas of ZAYTON*),并于1935年在美国哈佛大学出版,书名副标题为"中国晚近佛教雕刻之研究"。[①] 据王铭铭在《刺桐城:滨海中国的地方与世界》再版自序中介绍,张星烺第二次考察泉州是与国学院的顾颉刚、陈万里、王肇鼎三人同行,第三次考察是与陈万里、孙贵定、张早因三人同行。顾颉刚关注的是风俗、神祇及传说方面,撰写了《泉州的土地神——泉州风俗调查记之一》(连载于《厦门大学国学研究院周刊》第1、2期,1927年1月5日、1月12日)、《天后——泉州风俗调查记之二》(刊于《民诗》,1929年第41、42期合刊)。王铭铭认为,在他们的连续考察中,张星烺极力演绎了宋元时期世界的泉州,顾颉刚透过明清时期民间俗信挖掘了充满活力的乡土泉州。他们分别在自己关注的领域成为泉州学基础研究的拓荒者。王铭铭还提

---

① 参阅[德]古斯塔夫·埃克、[法]保罗·戴密微著,林雾、姚鸣琪译:《刺桐双塔·原序》,北京:九州出版社,2019年5月。

到,虽然顾颉刚发现泉州奏魁宫不祀魁神祀观音,但他未能进一步解释泉州祀神"杂乱"的思想意识是否为他们居住的城市提供了兼容各种人群和宗教的文化土壤。[①] 王铭铭的提示其实很有启发性。祀神"杂乱"的思想意识,正是泉州成为世界多元文化展示中心的民间基础。而且,信俗杂糅深处隐藏着泉州族群对人生平安和生活幸福的祈愿,也正张扬着泉州文化的一种个性特征。

泉州本地人对泉州历史文化现象比较有影响的研究是在厦门大学国学研究院教授们的推动下展开的,迄今 90 多年来研究成果相当丰硕。例如,吴文良以毕生精力抢救和搜集古代侨居泉州的阿拉伯人、波斯人、印度人、中亚、西亚各国人和欧洲人遗留下来的宗教石刻,撰写的《泉州宗教石刻》于 1957 年由科学出版社出版。该书全面揭开泉州多元宗教的面貌,向世界展示了中国宋元时期世界海洋商贸的泉州形象,开拓了泉州考古研究的新空间。吴藻汀系统整理了 20 世纪 20 年代末以来泉州的地方文学,开启了泉州地方学研究新风气,为泉州民间文学的传播和研究提供了不可多得的珍品。泉州历史文化中心集成其《泉州民间传说》(第 1～5 集合成本)于 2014 年由香港天行健出版社出版。1996 年,厦门大学出版社出版的庄为玑《海上集》,深入探索了泉州海外交通史,揭示了泉州为拓展海上丝绸之路所做出的历史贡献。2003 年,鹭江出版社出版的陈泗东《幸园笔耕录》,涉及泉州历史文化的方方面面,为泉州学的研究提供了弥足珍贵的资料。2018 年,香港闽南文化出版社出版的傅金星《傅金星文史类稿》,是泉州学学科理论建设和泉州历史文化具体事象研究的重要专著。

围绕泉州社会发展林林总总的历史文化现象的揭示与研究,都是建立泉州学学科的基础资源。有了这些前期研究,泉州在中国和世界的历史定位更加明晰,泉州学的后续研究路径更加明确,信心更加坚定。

第二节　泉州学概念

一、泉州学定义

泉州学是以泉州为区域基点,以泉州族群及其创造的文化为研究对象,

---

① 王铭铭:《刺桐城:滨海中国的地方与世界·再版自序》,北京:生活·读书·新知三联书店,2018 年 4 月,第 8～10 页。

探索其发生、发展、传播和演变规律及其内在联系的综合性交叉学科。

首先说说"泉州"。我们这里所谈的"泉州"专指福建闽南地区的泉州。不过,福建历史上有过"古泉州"和"今泉州"之别。上古时期福建属百越地。汉武帝时代,因为统治闽越的东越王余善反汉,汉武帝于公元前110年派朱买臣兵分四路入闽,灭了闽越。《史记·东越列传》载,汉廷采用秦代迁徙六国豪强的策略,以"东越狭多阻,闽越悍,数反覆,诏军吏皆将其民徙处江淮间。东越地遂虚"①。闽越军民被集体迁徙之后,为汉民入泉提供了广阔的空间。自公元前110年到公元196年,汉人从各地进入"久空其地"(唐·林蕴《林氏两湘支谱·闽序》卷一)的福建,其中不乏到达泉州的先民。但是泉州真正达到一定数量的居民,建立政府管理机制,已经是三国时期。

吴永安三年(260年),开始在今泉州设置东安县,治所位于今南安市丰州镇,管辖区域包括今泉州(其中德化分属侯官县)、莆田、厦门以及漳州部分地区,隶属建安郡(郡治在今建瓯市区)。

西晋太康三年(282年),朝廷析建安郡,置晋安郡,改东安县为晋安县。晋安县管辖今日之泉州、莆田、厦门、漳州四个地区。当时还没有"泉州"这一地名。

梁天监年间(502—519年),从晋安郡分出南安郡(郡治设于今南安丰州),下领晋安县、龙溪县、兰水县(县治在今之南靖县),今泉州归属晋安县。

陈朝光大二年(568年),在晋安郡置丰州(今福州),南安郡归属丰州,下辖晋安(今泉州)、龙溪等县。

隋朝开皇九年(589年),把当时的丰州(治所在福州,非今南安之丰州)改为"泉州",南安郡和建安郡改为县,归其管辖。这是最早见到的泉州,我们姑且称之"古泉州"。

隋大业二年(606年),把"泉州"(今福州)又改为闽州。唐太宗时代,在福建重新调整建置,设丰州(治所在今泉州)、泉州(治所在今福州)等州。

唐嗣圣元年(684年),析泉州(治所在今福州)之南安、莆田、龙溪三县,置武荣州。不久,武荣州废。唐久视元年(700年),又于今泉州鲤城置武

---

① 汉代的"江淮间"绕不开一个关键地方——当时的"寝县",唐时称光州固始。固始地处江淮地区西北部,是中原与东南地区过渡性地带。汉武帝平闽并迁徙闽越军民于江淮间,由此开始了历史上中原人口与福建闽越人的大融合,同时也打通了江淮地区,特别是固始与闽地的南北交通路线。后来的固始人一再选择走向福建,或许与这段历史有着某种观念上的联系。

荣州。

　　唐景云二年(711 年),朝廷将武荣州改称泉州,治所从南安的丰州移至今鲤城,晋江、南安、同安、德化、永春、清溪(后称安溪)、莆田、仙游、长泰等九县为泉州所辖。"今泉州"由此开始。此后,泉州辖地虽仍有变化,长泰、莆田、仙游先后分离,但基本格局已经稳定。值得一说的是,泉州还曾经管辖过台湾。

　　泉州人开发台湾,大约从 8 世纪开始,先是澎湖,渐次进入台湾岛内。因此,当时的朝廷把最早开发的澎湖和后来的台湾岛,纳入泉州管辖。12世纪中叶,南宋将澎湖划归福建路晋江县(今福建晋江),派兵戍守。元朝元世祖曾派员到台湾宣抚,并在澎湖设澎湖巡检司,隶属福建泉州路同安县。明朝以后,泉州与台湾联系更加紧密,永乐年间郑和率船队曾在台湾停留。17 世纪 20 年代以降,泉州居民开始大规模移居台湾,极大推动了台湾社会经济和文化的发展。例如 1628 年闽南大旱,百姓无以为生,郑芝龙组织灾民数万到台湾垦荒定居,各地逐渐形成许多村落。郑成功收复台湾,带领漳泉民众进一步开发台湾。清康熙二十三年(1684 年),清朝设置台厦道,台湾方与厦门共署。

　　21 世纪的泉州,已是福建三大中心城市之一,北承福州、莆田,南接厦门特区,东望台湾宝岛,西毗漳州、龙岩、三明。

　　泉州学所研究的"泉州",以"今泉州"为中心地域,覆盖所辖城乡各地,同时也辐射至泉州族群及文化播迁的地方。

　　泉州学的"学",指系统性的学问,兼有学术性和知识性特征。

　　"泉州族群"是一个文化概念,是指生活在泉州的汉人,有别于"闽越人"。泉州远古时期先有"古闽人"。战国时期楚国灭越,越人逃难入闽,逐渐与闽人融合,史称"闽越人"。公元前 110 年,汉武帝平闽之后,那些幸运避开被迁徙江淮的闽越遗民,或躲进深山,是为畲民;或潜入小舟,是为疍民;或漂海入台,是为高山族。[①] 此时,闽地遗留的闽越人不多,主要还是在

---

　　① 据《泉州晚报》2021 年 3 月 10 日发表的《全球首次公布古台湾人 DNA 证实福建是南岛语族祖源地》一文报道,国际顶尖级学术期刊《自然》于 2 月底发表的《东亚人群的遗传形成史》,解析了东亚人群 8000 年来的迁徙和混合历史。研究证明,无论 2000 年至 3000 年前的台湾古人,还是现代的南岛语族,与大陆福建及其周边地区的古人、现代壮侗语人群共有的等位基因远远超过其他东亚人群,表明大陆东南沿海上古人群与南岛语族同源,福建是南岛语族的祖源地。

山区。这个时期汉人开始纷纷入闽，他们带来了秦汉古语和中原文化。由于这些汉人早于东晋"五胡乱华"就离开中原，他们的语言没有参与东晋南北朝期间中原胡汉融合而引起的语言变化。所以，上古汉语的一些重要特征得到了传承。语言是人的本质特征之一，人语相随古来如此。西晋之前进入泉州的汉人，使用的是上古汉语，信奉的是佛教和道教。虽然历史久远，史迹模糊，但我们姑且相信当下眼见的事实。泉州族群当肇端于此。

历朝历代各地的人口都处于流动之中，泉州也不例外。南北朝"侯景之乱"就有大批难民进入泉州。王审知入主福建之时，南宋南外宗正司赵氏皇族迁移泉州之时，以及宋朝末代皇帝逃难之时，也都有大批军民进入泉州。同样，各个时代的泉州人也会走向全国、漂流海外。今天改革开放，泉州照样接纳了大量来自全国各地的民众。泉州人的结构一直在不断变化中。

所以，"泉州族群"是在泉州生活，并且能使用泉州方言、认同和传承中华文化和闽南文化、具有共同的思维意识、共同的风俗习惯和共同的生活方式的区域族群。泉州族群是创造泉州文化的主体，历朝历代还有其他民族或族群进入泉州，共同推进泉州历史文化的进步。我们在行文中一般用"泉州人"统称之。在泉州族群中，如果有人离开泉州，走向异地，只要他们形成泉州族群的生活圈，就可称为异地泉州族群。至于下一代，也可能渐渐脱离族群特色，但泉州祖籍是无法改变的。

"区域基点"在这里是指开展某种活动的主要场所。泉州是泉州人和泉州文化发生和发展的地方，是多元文化输入的区域，也是泉州文化输出的基地。泉州学主要围绕这个场域开展研究。

泉州学研究在泉州发生、发展和演变的文化现象，起点当在泉州族群形成之际，但是没有终点。因为社会在发展，时代在进步，泉州学不仅要阐释历史，还要关注现实。同样，研究的地域也会因为泉州族群的流动而将视野投向相关区域。通常我们说，闽南方言是一种跨区域、跨省界、跨国界的汉语方言，这是因为闽南人走出闽南、走出福建、走向世界的缘故。泉州族群属于闽南族群，是走向世界各地的生力军。所以，泉州学的研究必然也需要关注泉州文化的对外辐射和变化。

一个地方的文化与在这个地方生活的人们密切关联，文化现象表现在生活的方方面面。研究这些文化现象，必然牵涉到多个学科，例如，语言学、民俗学、宗教学、民族学等。因此，作为综合性科学，泉州学需要将多学科的理论与方法整合起来，对泉州这一特定对象进行综合性研究。《泉州学概论》旨在"串珠成链",把泉州族群及其创造的文化从理论的高度提炼整合出来。所以,《泉州学概论》不是研究"珠子",而是把那些人们已经发现的不同学科的"珠子",按照泉州独有的特色巧妙地串连起来,打造一条令世人叹为观止的珠链,使人们发现其精美与厚重,感受其内涵与精神,感悟其辉煌与永恒。

总之,泉州学要描绘出泉州富有个性的整体形象,通过探索泉州族群的形成、发展、流动及其成因,阐释泉州文化的现象、特色、精神及其影响,分析在泉州发生的各种历史现象及其彼此之间的联系,为当代泉州的发展提供实践价值和时代意义,为未来的愿景树立发展信心。

二、泉州学性质

泉州学作为一门以研究为目的的系统探索泉州地域历史文明的科学,它研究地方历史,但不只是研究史实的存在;它研究地方文化,但不只是研究文化的各种现象。泉州学立足于把创造泉州文化的族群和所创造的文化有机勾连起来,把泉州的地域历史与现实、族群历史与现实、文化历史与现实跟中国、跟世界关联起来,用地域历史文明作为线索,致力展示泉州的特色和魅力。所以,泉州学具有独特性、综合性、系统性、理论性、时代性等特点。

泉州学具有独特性。泉州学的研究扣紧泉州族群的活动和泉州文化的演变规律及走向,探索始终都以泉州为地域基点。所以,这里述说的泉州族群,虽然属于闽南族群,但是学科视野主要放在泉州;这里探寻的文化,属于闽南文化范畴,但是研究的中心主要指向在泉州发生的文化现象。汉族人进入泉州,经过多元融合,形成泉州族群,他们在继承中华文化的基础上,演绎了向海而生的海洋商贸文化,向世界展示了中国模式的海洋文明,形成泉州特色。正因为这些特征的存在,使得泉州学必然具有自己别具一格的特点。

泉州学是一门涉及多个学科门类的综合科学。泉州学研究发生在泉州地面上人类的活动轨迹及其创造和享用的文化。所以,泉州学要研究泉州族群的形成和发展、承载泉州文化的汉语方言在这里的演变、泉州自然与人文环境的变迁、泉州的民俗和宗教信仰、泉州的社会结构变化、泉州族群的思想观念和海洋商贸行为等。为此,泉州学必然要在人类学、民族学、地理学、历史学、文化学、宗教学、民俗学、语言学、文艺学、心理学、经济学、社会学等多学科的基础上开展综合性研究。

泉州学研究具有系统性。泉州学的一个重要特点,就是关注发生在泉州以及因为泉州对外交流而发生的各种人事活动。由此留下的史迹、一代一代传承的文化、对中华文化和世界文明的贡献,都是泉州学探索的问题。因此,泉州学作为一门学科,就要梳理这些人事活动所牵涉的方方面面,揭示它们内部之间的联系,用一种精神一种思想系统化起来,让人们能清晰地看出一个整体的泉州,了解泉州的特色、泉州的优势、泉州的历史和未来。

泉州学是研究性的学科。它要把对泉州历史发展和文化现象的前期研究成果统合起来,在前人和时贤研究的基础上,做出理论探索。因此,泉州学研究需要历史的视角,深入分析泉州历史进程,探索发生这些事象的动因。泉州学研究需要科学的眼光,阐释泉州与众相同和与众不同之处,展示泉州耀眼的光芒。泉州学研究需要世界的视野,因为泉州历史上曾经代表了中国的海洋文明,是中国海上丝绸之路重要的对外窗口,是世界了解中华文化的津梁。所以,站在全球的方位审视泉州,才能深刻地揭开泉州迷人的面纱,从理论的高度分析提炼泉州文化的内涵。

泉州学研究具有时代性。发生在泉州地面以及因为泉州的对外交流而产生的各种文化现象,都是泉州学在研内容。时代在发展,社会在进步,研究历史是为了呼应未来,揭示历史发展脉络和发展规律是为了预示未来的发展趋势。泉州学是一门与时代紧密相连的科学,泉州学研究必然会与当代发生联系,要通过揭示泉州人独特的品格和气质、创造的精神财富和物质文化,为当前泉州的社会发展服务;要揭示其发展规律和原理,以及它对中国和世界历史文化的贡献,为中国的发展和世界的和平进步服务。

三、泉州学理据

建立泉州学,是因为泉州族群与泉州文化现象所具有的独特历史意蕴,已经成为中外学者共同关注的课题。我们知道,研究一个地域的族群与文化,不仅可以使我们更科学地认识一个地域的历史发展特点和文化形成过程以及未来发展趋向,而且还有助于认识和理解该地域的民族和文化的贡献力,体现学科建立的学术价值。近几十年来,国内许多地方都纷纷建立相应的地方学学科。目前比较有影响的有敦煌学、徽州学和西藏学。

敦煌学是研究、发掘、整理和保护中国敦煌地区文物、文献的综合性学科。敦煌地区保存、发现的敦煌遗书、敦煌石窟艺术,是敦煌学研究的对象。

日本学者石滨纯太郎 1925 年 8 月在大阪怀德堂讲演时提出"敦煌学"一词，是目前所知最早提出敦煌学的学者。而真正提出"敦煌学"概念的是著名国学大师陈寅恪。1930 年他在为陈垣编纂的《敦煌劫余录》所作的序中指出："敦煌学者，今日世界学术之新潮流也。"① 敦煌学是中外学者共同促成的。敦煌学的兴起意义重大，首先是引起学术界对敦煌莫高窟的重视，其次是引起政府的后期保护。1987 年 12 月，敦煌莫高窟被联合国教科文组织列入"世界文化遗产名录"。敦煌学是一门以地名学为基础、内容广泛、涉及社会科学和自然科学、多学科交叉的国际性显学。

徽州学是研究徽州社会、经济、文化、思想、艺术、科技、工艺等的综合性学科。徽州文化的最大特点是多样性和丰富性。新安理学、徽州朴学、徽商、徽州文书档案、徽州典籍、徽州文学、徽州方言、徽州建筑、徽州园林、徽州文房四宝等，都是人们研究中国传统文化的化石和活标本。徽州学旨在展示中原文化的蔓延、嬗变，揭示中国封建社会之所以漫长的各种奥秘，对中华文化史、中国经济史的认识有着重要的意义。

西藏学是研究中国藏族历史、宗教、文化、经济、政治、社会等各个领域的综合性学科。藏族是中国具有悠久的历史文化的民族之一。青藏高原特殊的生存环境造就了藏族在其发展过程中特有的精神文化和物质文化。藏民在改造自然的实践中，在与周围其他民族的交往中，根据自身生存和发展的需要创造了丰富的文化。西藏学的研究范围非常广泛，涉及社会历史、哲学宗教、语言文字、文学艺术、医药历算、风土民俗以及藏族地区现代化过程中提出来的理论问题和实践问题。因此，西藏学作为国际性显学，一直是国内外诸多学者关注的重要论题。

20 世纪末以来，全国各地学者都在积极发掘当地历史文化特色，建构属于本地的学科体系。例如，潮州学、鄂尔多斯学、北京学、温州学、扬州学、长安学、洛阳学、广州学、南京学、开封学等。试举几例如下。

潮州学是一门对潮州整体性、综合性区域研究的学科。主要研究以潮汕地区（含汕头、潮州、揭阳三个地区）为中心地域的人文现象，包括潮州方言、民间信仰、生活习俗、文学艺术、经济社会、宗教活动等各个方面，以及潮州人在海外的拓展情况。潮州学作为一门学科得力于饶宗颐的推动。1991

---

① 陈寅恪：《敦煌劫余录序》，《国立中央研究院历史语言研究集刊》第一本第二分，上海：商务印书馆，1930 年，第 231 页。

年,在"中国历史文献研究会第11届年会暨潮州历史文献与文化学术讨论会"上,饶宗颐就积极建议,要把"以潮州历史文献与文化学术作为专题进行讨论,从而将潮州历史文献与文化学术的研究提升到全国性的层次"。1993年,饶宗颐牵头在香港中文大学举行首届"国际潮州学研讨会",潮州学概念正式出现在学术界。此后,潮州学专题会议先后在香港、汕头、潮州、新加坡、揭阳等地相继召开,潮州在中国内地移民以及海外拓殖的历史进程中,表现出来的丰硕成果,已经进入近代史学家的视野。潮州学的影响不断扩大,潮州学的研究不断深入,潮州的名声越来越被海内外知晓。

鄂尔多斯学以2002年9月创立的鄂尔多斯学研究会为标志,是以鄂尔多斯地区的历史、民族、经济、民俗、生态、宗教以及文学艺术为研究对象的综合性学科。鄂尔多斯学研究的人文现象具有唯一性特色。如青铜文化、阿尔寨石窟文化、成吉思汗祭祀文化等都具有经典价值。鄂尔多斯学围绕草原文化、一带一路以及转型发展展开研究,取得丰富的成果,提升了鄂尔多斯的社会影响。

北京学是研究北京城市综合体的形成、演化、发展,及其基础、规律和特点的综合性学科,涉及历史学、地理学、城市学、社会学、经济学等多个学科。北京学历史研究与现实研究并重,即研究北京在城市时间和城市空间上的发生、发展和演变规律,还研究北京城市各个要素的内部结构和城区、郊区及外围区域的结构及其发生、发展和演变规律,以及未来的发展趋势,为北京城市发展和管理决策提供基础理论和实证研究成果。

故宫学是21世纪之初才提出的概念。故宫学以故宫古建筑(紫禁城)、院藏百万件文物、宫廷历史文化遗存、明清档案、清宫典籍,以及近八十年的故宫博物院的历程为研究对象,是一门涉及历史、政治、建筑、器物、文献、艺术、宗教、民俗、科技等多学科的综合性学科。紫禁城是故宫学研究的核心。故宫学与敦煌学一样,其核心问题是研究文化遗产。紫禁城从1420年建成至今,虽经多次维修、重建、改建,但仍保持了始建时的基本格局并遗存了许多不同时代的建筑物。它作为中国古代宫殿建筑发展的集大成者,在建筑技术和建筑艺术上代表了中国古代官式建筑的最高水平。雄伟壮丽、千门万户的古老皇宫,每天吸引着数万中外游客驻足观赏,又以其深邃的文化底蕴和多方面价值成为人们深入研究的对象。故宫学的提出与确立,正在推动着故宫学术视野的扩大与研究的深入。以保护文化遗产和弘扬传统文化为主旨的故宫学,促进了故宫博物院文物保护观念的新变化,对文化遗产概念的理解与认识也进一步深化。尤其是对故宫文化的整体性研究,也将推动海内外的共同关注和探索,有利于流散在院外、海外、国外的清宫旧藏文物、档案文献有一个学术上的归宿。

综上可见,中国地方学从独具特色的地方历史文化出发,用各自不同的角度和视野进行考察,跨越社会科学和自然科学等多学科开展综合探索,逐渐向理论体系升华,从学问阶段迈向学科阶段,并且显示为当代社会发展服务的趋势。

泉州虽地处东南海疆,却有着令世界瞩目的特色。历史的泉州,曾经是世界第一大港、天下的货舱、海上丝绸之路的重要起点、世界海航发展史不可或缺的一链;今天的泉州,是中国历史文化名城、东亚文化之都、世界多元文化展示中心、21世纪海上丝绸之路核心区和先行区。泉州的融合和守望、创新和漂移,独具个性。泉州文化在北方华夏文化融合南方闽越文化的基础上形成,在中华文化与西方文化交融中发展,在开拓商贸和海航中率先向世界展现中国海洋文化特征,在守护传承中华古典文化和顺应时代发展开拓创新方面独树一帜。这些都需要在比较中发现,在史实中发掘,在现象中提炼。

泉州的海洋商贸曾经居世界中心地位,泉州的海洋文明让联合国教科文组织大开眼界,泉州族群为海丝沿线国家的建设做出贡献,泉州让遗留在大地上的历史文化延续至今。创造泉州文化的泉州族群表现出来的以下三个特征足以显示泉州学深邃的内涵,泉州学足以成为一门重要的显学。

其一,泉州族群无论在什么样的环境中,都能坚守"厚德载物""慎终追远"的民族文化共识,不忘来处,敬祖重祀,心存"三畏"(畏先灵、畏神灵、畏生灵),绵延多元融合的文化传统,成为维系中华活态历史文化的典范。

其二,泉州族群打破"重农抑商"传统思想,依托东南海疆,打造宋元中国的世界海洋商贸中心,展示中国的海洋文明,使泉州的经济地位从边疆走向中国和世界的中心,成为全球瞩目的焦点。

其三,泉州族群深度演绎"自强不息"的优秀传统精神,破解"安土重迁"的农耕思想,自古至今始终坚持拓展精神,寻求发展机遇,开辟台湾宝岛,走向世界各地,成为中华海洋文明的使者。

建立泉州学,通过考古学、历史学、海洋学、社会学、民俗学、语言学、人类学、艺术学等众多学科视角,可以深入挖掘泉州文化与闽南文化、中华文化,乃至世界文化的关系,提炼泉州历史文化始终不断线的活性特征,显示泉州文化的生态性、海洋性、一体多元等特征。

如果做个简单的横向对比,那么,泉州学应该彰显其不同于敦煌学之处。敦煌学研究的是敦煌丰富的历史文献和文物,关注的重心是历史文化和佛学文化,包括考古、艺术的价值与意义。泉州学应该与西藏学的研究有明显的不同。西藏学属于民族学研究的范畴,西藏学的研究涉及藏文化的方方面面,与汉族学的研究是两个平行的层面。泉州学与徽州学也有明显的差别。徽州文化是中国传统文化的化石和活标本,是包括朱子理学等独具徽州特色的一种理念和学说。徽州学彰显的是宋元以来中国封建社会文化的缩影,注重历史性。

泉州学的关注点是泉州文化的开放性和延续性。泉州族群的思想意识从古至今一以贯之,泉州文化事象始终处于活性状态。例如,向海而生的商贸意识,不因朝廷的海禁和刺桐港的衰微而消失。从隋唐起始直至今日,泉州人的商贸思想千年不改。在当今国家改革开放的大好时机面前,泉州人的商贸活动更显生机,铸就了"泉州模式"和"晋江经验"。泉州族群的创新精神始终伴随着泉州人的生活。泉州是中华文化海洋文明的代表,是世界商贸运营的典范,是中华民族拼搏江湖的样板。

泉州这种丰富多元的历史文化在 20 世纪已经引起国外汉学家们的关注和研究。例如 1954 年英国《皇家亚洲学会会刊》刊载了格拉斯哥大学教授约翰·福斯特《刺桐城墙的十字架》一文,英国广播公司也在专题节目里做了连续报道,广泛地激发了欧美学者对泉州的关注和想象。[①] "刺桐十字架"成为全球基督教文物的专用术语。1960 年代,牛津大学汉学家、荷兰人龙彼得教授在剑桥大学图书馆发现并披露泉州戏曲孤本《满天春》。1992年,他撰写的《明刊闽南戏曲弦管选本三种》,在台湾南天书局出版。1999年,他在中国考察期间出席由泉州师范学院泉州学研究所主办的"海峡两岸泉州学学术研讨会",同与会学者交流了闽南戏曲弦管的学术价值。王铭铭在《刺桐城:滨海中国的地方与世界》一书的再版自序中,介绍了 2001 年出版的在荷兰莱顿召开的"宋元时期泉州地区的海上贸易和经济社会发展"(1997 年)国际学术研讨会英文版论文集《世界货舱:公元 1000—1400 年的海上泉州》(Angela Schottenhammer ed., *The Emporium of the World*:

---

① 陈鹏:《泉州学》,程裕祯主编:《中国学术通览》,北京:北京语言学院出版社,1995年 2 月,第 360 页。

Maritime Quanzhou，1000—1400，Leiden：Brill，2001）。该论文集收录的八篇论文从三个角度探讨了宋元时期泉州的世界地位。这些论文分别是莱顿大学亚洲研究国际中心（IIAS）萧婷（Angela Schotenhammer）博士的《金属的角色与泉州引入会子对于宋朝海上贸易发展的影响》、美国宾汉顿大学历史学教授贾志扬（John W. Chaffee）的《宋朝的影响：泉州海外贸易中的宗室》、美国尤西纽斯学院教授休·克拉克（Hugh R. Clark）的《宋代泉州的海外贸易与社会变迁》、加拿大英属哥伦比亚大学教授理查德·皮尔森（Richard Pearson）的《港口、城市与内陆：考古视角下泉州及其海外贸易》、美国芝加哥大学田野博物馆的陶瓷史专家何翠湄（Ho Chuimei）的《宋元时期闽南地区的陶瓷业繁荣》、英国维多利亚和阿尔伯特博物馆专家约翰·盖伊（John Guy）的《泰米尔商人行会与泉州贸易》、剑桥大学教授思鉴（Janice Stargardt）的《阴影之后：10 到 14 世纪泉州与泰国南部塞丁普拉的双向海上贸易的考古资料》、德国慕尼黑大学教授罗德里希·普塔克（Roderich Ptak）的《泉州：地处一个东南亚"地中海"的北部边缘？》。① 海外汉学家的研究正在提示我们，古代中国的泉州，在海洋文明、商贸文化、海上交通、开放格局等方面对后来西方的现代性产生过巨大的影响。泉州学已经越来越被国际学者所关注。

还值得一提的是，有一部早于《马可·波罗行纪》的意大利人雅各·德安科纳的泉州游记手稿《光明之城》被发现，经英国学者大卫·塞尔本编译，于 1997 年秋由李脱·布朗出版社出版。后经杨民、程钢、刘国忠、陈薇翻译，著名历史学家李学勤审校的中译本，由上海人民出版社在 1999 年出版。② 该书记录 13 世纪面向世界开放的中国泉州。虽然有些中外学者对这本书的真实性产生怀疑，但是正如著名元史专家陈高华在该书"中译本序一"中所述，此书的整理出版，为我们重新检视宋元海外交通和古代泉州港的面貌，提供了很好的机会。事实上该书还打破了传统的"欧洲中心论"认识，描述了在欧洲启蒙之前，远东的中国泉州早已出现的东方海洋文明。总之，无论如何，关于《光明之城》所述历史文化的研究和真伪的学术辩论，客观上都有利于推动世界对泉州的关注，有利于促进泉州学研究的深入展开。

---

① 参阅王铭铭：《刺桐城：滨海中国的地方与世界》，北京：生活·读书·新知三联书店，2018 年 4 月，第 18～21 页。

② ［意］雅各·德安科纳著，［英］大卫·塞尔本编译，（中）杨民等译：《光明之城》，上海：上海人民出版社，1999 年 11 月。

四、泉州学与闽南文化

在 20 世纪 80 年代,"中国泉州学"萌动的同时,"闽南文化"作为一个概念也开始出现。闽南文化是以生活在福建南部地区的闽南族群为主体的闽南人,在传承中华文化的基础上创造的亚文化。随着闽南人的脚步,闽南文化也在向外传播。今日的闽南文化已经遍布台港澳、东南亚地区以及世界各地。闽南族群以闽南语为区别性标志。这一概念最早始于 1948 年中研院史语所绘就、上海申报馆出版的《中国分省新图》第五版(简称《语言区域图》)。① 1985 年 2 月 18 日,中共中央、国务院在关于批转《长江、珠江三角洲和闽南厦漳泉三角地区座谈会纪要》中,同意在长江三角洲、珠江三角洲和闽南三角地区开辟沿海经济开放区,"闽南金三角"由此引起社会广泛关注,以闽南语为载体的闽南文化研究开始进入人们的视野。对闽南文化的微观研究,例如,宗教文化、习俗文化、方言文化等,都早在 20 世纪就已展开。闽南内部区域性的文化研究,如"漳州文化""泉州文化",20 世纪也已经铺开。对"闽南文化"的宏观研究,就相对晚得多。开展以闽南文化为题的学术研究,比较有影响的活动是,由福建省炎黄文化研究会牵头组织的"闽南文化学术研讨会"。首次学术研讨会于 2001 年 12 月在厦门市召开。之后每隔两年组织一次会议,前后召开六届,形成较大的影响,推动了闽台两岸的文化连通和民心沟通,为闽南文化成为 2007 年第一个国家级文化生态保护实验区提供了理论支持。2010 年 2 月 27 日,由泉州市人民政府和台盟中央、中国闽台缘博物馆、台湾成功大学、中华闽南文化研究会共同主办的"首届海峡两岸闽南文化节"在泉州隆重开幕,"海峡两岸首届闽南文化论坛"同步成功举办。2012 年 4 月 28 日,"世界闽南文化节"在台湾举行。2013 年 6 月 16 日,"世界闽南文化节"在泉州举办。这几个闽南文化节活动也都同时设立"闽南文化论坛",敦请专家学者开展闽南文化的学术交流。这个时期,中国泉州学研究所主办了《闽南》杂志,闽南师范大学主办了《闽台文化研究》学术刊物,台湾中华闽南文化研究会主办了《泉南文化》。走进 21 世纪的闽南文化研究开始走向繁荣。泉州师范学院闽南文化学术团队在 21 世纪初则把闽南文化研究的影响推向了全国。2009 年至 2016 年,这个团队先后在国家级报刊《光明日报·理论版》《人民日报》《中国社会科学

---

① 林华东:《泉州方言研究》,厦门:厦门大学出版社,2008 年 4 月,第 253 页。

报》上刊发闽南文化系列专题研究成果 21 篇,出版"闽南文化研究丛书"①和"闽台与海丝文化研究丛书"②14 部。这些成果引起海内外专家学者和广大民众对闽南文化的关注,中国社会科学院和台盟中央先后把"闽南文化研究基地"和"闽南文化交流研究基地"设在泉州师范学院。2012 年,闽南师范大学围绕国务院学位委员会"服务需求、突出特色、创新模式、严格标准"的总体要求,成功申报了服务国家特殊需求博士人才培养项目——"闽南文化与两岸交流研究"人才培养项目,为两岸的闽南文化研究提供了人才和学术支持。2016 年成立的福建省闽南文化研究会,吸引了全省闽南文化研究学者,开展了一系列富有成效的学术活动。闽南文化的学术研究,从理论层面支持了"闽南文化生态保护试验区"正式转为"国家级文化生态保护区"。

闽南文化作为中华文化的亚文化,是闽南族群的生活样式。近几十年来的闽南文化研究,已经比较深入地揭示了闽南文化与汉民族文化的共性和个性及其与周边文化的关系,比较深刻地提炼了闽南文化的核心精神和特征,比较全面地展示了闽南文化的伟大智慧及其对闽南人的思想方式和行为方式的影响,为创造文化的闽南族群聚了民心、树了信心、鼓了干劲。

"泉州学"与"闽南文化"分别属于不同的学术范畴。"闽南文化"是相对于它的上位概念中华文化而言的,重在梳理闽南文化的历史形成及其嬗变,揭示闽南文化的底蕴、闽南人文的魅力、闽南历史的辉煌和闽南未来的希

---

① 闽南文化研究丛书包括陈桂炳:《民间信仰与社会和谐——以闽南及台湾地区为研究视野》,北京:方志出版社,2010 年 12 月;林华东主编:《历史、现实与未来:闽南文化的传承创新研究》,厦门:厦门大学出版社,2011 年 10 月;苏黎明:《家族缘:闽南与台湾》,厦门:厦门大学出版社,2011 年 11 月;林华东、吴绮云、吴力群主编:《闽南与台湾地方文献目录》,厦门:厦门大学出版社,2012 年 8 月;杜德全、周盟渊:《五祖拳文化研究》,厦门:厦门大学出版社,2012 年 9 月;陈桂炳:《泉州民间信仰》,北京:九州出版社,2012 年 12 月;林华东、陈燕玲主编:《追寻与探索:两岸闽南文化的传承创新与社会发展研究》,厦门:厦门大学出版社,2013 年 8 月;陈燕玲:《闽南文化概要》,厦门:厦门大学出版社,2013 年 9 月;林华东:《闽南文化:闽南族群的精神家园》,厦门:厦门大学出版社,2013 年 10 月;黄坚:《闽南地区民间雕刻艺术研究》,厦门:厦门大学出版社,2013 年 12 月。

② 闽台与海丝文化研究丛书包括陈笃彬、苏黎明:《弘一大师在泉州》,济南:齐鲁书社,2015 年 6 月;林华东主编:《闽南文化学术年鉴(2013—2014)》,北京:中国社会科学出版社,2015 年 12 月;林华东主编:《海上丝绸之路新探索:"第一届海丝文化国际青年学者论坛"论文集》,北京:中国社会科学出版社,2016 年 8 月;陈笃彬、林华东主编:《闽南文化探索:福建省金门同胞联谊会成立三十周年暨闽南文化学术研讨会论文集》,厦门:厦门大学出版社,2016 年 10 月。

望。"泉州学"是中国的地方学,属于交叉性学科,重在从文化角度对泉州族群、思想、语言、宗教、俗信、民风、经济、政治、文学艺术、自然环境等做多角度全方位的综合性研究,展示泉州的整体形象、独特个性和发展走向。

当然,泉州属于闽南,"泉州文化"不仅是"闽南文化"的内部分支,还是"泉州学"研究的核心内容;创造泉州文化的泉州族群属于闽南族群,不仅是"闽南文化"研究必涉的对象,也是"泉州学"研究必涉的对象。所以,"泉州学"的研究自然需要"泉州文化"乃至"闽南文化"的研究成果。同时,"泉州学"的成果必然丰富"泉州文化"和"闽南文化"的研究,二者之间具有密切的关联性。

近几十年来,"中国地方学"获得快速发展。作为以地域命名的研究型交叉性学科,中国地方学涉及人文社会科学和自然科学等多个学科领域。中国地方学致力于从文化层面探索民族发展的轨迹,揭示独具特色的历史文化风貌,构建色彩鲜明的地域形象,探索区域发展的规律与原因,激发民族面向未来的信心。地方学走向成熟之际,必将汇聚成一门"研究在中国地域上中华民族与中华文化的发生、发展、传承、创新规律及未来走向和展示中华文明对世界的贡献"的综合性交叉学科——"中国学"。

第三节　泉州学的研究指向

泉州学是专门研究泉州地域人文特征和总体属性的综合科学。所以,泉州学的研究必然指向生活在这里的人和发生在这里的事。这也就是我们通常所说的泉州学的研究对象。根据前文的界定,我们以汉武帝灭闽越、汉人进入泉州为时间点,空间点以今日的泉州所辖区域为核心,因研究的需要,也会涉及"古泉州"区域以及泉州族群向外流动的地域。研究对象是泉州族群及其创造的文化,涵括泉州族群在自然环境基础上的所有活动,即整体的物质表象与精神内涵。

一、泉州族群

泉州族群是一个复杂丰富的概念。根据前文给出的定义,要进入泉州族群,首先,应有泉州人意识;其次,要认同和参与泉州族群的文化活动;再次,接受以汉文化为主体的中华优秀传统文化,包括儒学思想、家族观念、汉字共识、国故经典等。

自从汉武帝翦灭闽越国,迁徙战败的闽越军民于江淮间之后,汉人方始集群入泉。从根源上说,于此开始的泉州,是一个移民的社会。泉州族群自古以来就是在以汉族为主体的一体多元融合中发展起来的。各个时代都有迁徙入泉的外地人,他们在生活过程渐渐转化为泉州人,进而在接受和参与泉州文化的发展中融入泉州族群。所以,泉州族群具有开放性、融合性、多元性特征。

从历史的宏观角度分析,泉州族群融合发展主要有以下三种情形。

一是同化闽越遗民。古闽越人除了被汉武帝北迁或主动漂洋过海,仍有许多遗民滞留。在泉州的闽越遗民,除了少数以疍民方式生活,大多数融入汉人社会。他们的许多生活习俗亦被汉人采纳,如记录当地事物的一些语词,对大自然的杂糅信仰,以舟为马、山处海行、冒险拼搏的生存方式,等等。

二是外来民族汉化。有唐以来,大量的外国人持续到泉州开展商贸、传教等活动。元朝、清朝也有蒙古人、满族人进入泉州。来泉经商的外国人,他们中有人长期居住在泉州,逐渐熟悉泉州文化。随着时间的迁移,最终成为泉州人。其中的一部分通过婚姻等方式转化融入泉州族群,还有一部分虽然保留民族意识,但也走向汉化,宏观上也应归入泉州族群。例如,泉港区小坝村的出氏家族,南安市梧坑满族村的粘氏家族,晋江市陈埭的丁氏家族,他们虽然还有阿拉伯民族意识,但经历几百年的融合,都已经使用泉州方言,接纳并实践中华文化。

三是后来汉人融入。历代历朝都有因种种原因从中原乃至全国各个地方来泉打拼或随军或入泉避难的民众。例如南朝侯景之乱时就有大量流民进入泉州;唐末王潮、王审知率军入闽称王,他们带来的军兵有部分就留在泉州;刺桐港鼎盛时期南宋宗室移泉与南外宗正司在泉州设立,先后也有许多民众跟到泉州;南宋末代皇帝逃亡入闽,也留下不少民众融入泉州。这些不同时期从各地进入泉州的军民,参与了泉州的经济活动,推动了泉州文化的发展。他们中的大多数在生活中逐渐接受泉州族群的文化,并把自己带来的先进文化融入泉州。泉州族群由此不断壮大,泉州文化也得以发展。我们从泉州方言的特点可以略窥泉州族群的演变。泉州方言随着先民进入泉州就开始形成,它的音韵、语词都保留了上古汉语的一些重要特征。上古汉语"无轻唇音""无舌上音""多舌音"①等重要的语音现象,在汉语其他六大方言中早就消失了,但是泉州方言还保留着上古汉语这种语音现象。例如,在泉州话中,"飞"的声母不读 f 读 b,发音为[pə]②(或[pe]);"呋"读[pui],"微"读[bi]。上古汉语的"知组"和"端组"字声母读法一样,今天的泉州方言保留了这种现象。例如,"猪"不读 zh 声母,还读 d,即[tɯ](或[ti]),"召"读[tiau];"丑"不读 ch 声母,读[t'iu],"程"读[t'iŋ](或[t'iã])。此外,上古汉语的"章组"字声母读法也有许多和"端组"一致,泉州方言还保留着这种读法。例如,"唇"读[tun],"振"读[tin]。著名音韵学家钱大昕在《潜研堂文集》卷十五《答问十二》中说:"凡今人所谓轻唇者,汉魏以前读重唇,知轻唇之非古矣。"可见泉州方言形成之早。又如,"鼎(锅)、册(书)、曝(晒)、食(吃)、行(走)、走(跑)、箸(筷子)、昼(中午)"这些上古汉语词语,魏晋之后词义已经变化,或被替换,但泉州方言一直保留到今天。由此可见,后来进入泉州的汉人都是在接纳和保护泉州文化的基础上,把他们带来的先进文化,融入泉州的生活。例如,我国现存历史最悠久的古代音乐——泉州南音,早在唐代就随着汉人传入泉州,并且融为泉州民间生活的一个部分;古南戏"活化石"的宋元梨园戏,已经是泉州民间节庆生活不可或缺的组成部分。千余年来,它们一直都是用泉州方言演唱,并且随着泉州族群走向世界各地。泉州族群的形成发展演变正是泉州学研究的重要对象。

　　泉州族群的开放性,注定他们深谙物竞天择、适者生存的道理。他们面向大海,循水而居,迁徙他地寻求谋生;他们跨海入台、漂洋"过番",带去自己的文化,在异地生存。如果形成具备群聚条件,他们仍然继续传承祖地文化。例如,菲律宾的王彬街,主要生活者都是闽南人。那里通行泉州方言,置身其地晃如就在泉州。泉州学的探索必然要延伸到泉州族群足迹所到之处。

---

　　① 　清代历史学家、汉语学家钱大昕在他的研究成果中提出上古音三个特点。其一,"古无轻唇音",三十六字母中的"非敷奉微"这组音在上古是不存在的。这组音在上古读作"帮滂并明",轻唇音是后来从"帮滂并明"中分化出来的。其二,"古无舌上音",在上古声母系统中只有"端[t]"、"透[t']"、"定[d]"、"泥[n]"这组舌头音声母,没有"知""彻""澄""娘"这组舌上音声母。舌上音声母是后来从舌头音"端[t]"、"透[t']"、"定[d]"、"泥[n]"这组声母中分化出来的。其三,古人多舌音,《广韵》的章、昌、船三母,上古时期也读如舌头音端、透、定三母。

　　② 　中括号内是国际音标,下同。本书泉州方言注音依据林华东《泉州方言研究》(厦门大学出版社,2008 年 4 月)所记声韵调,第 34、36、40 页。

二、泉州文化

泉州文化是泉州的社会和历史现象,是泉州族群长期创造形成的产物,是推动社会进步的力量。泉州文化包括历史地理、语言文化、宗教信仰、风土人情、传统习俗、生活方式、文学艺术、经济观念、思维方式、科学技术、政治意识、行为理念、学术思想、情感心理、价值观念等。这些内容都是泉州学研究的对象。当然,"概论"不是"概述",不是简单地罗列前人时贤的成果,而是要从理论的高度去梳理泉州的文化事象,发掘其内涵和发展规律,汇成一个总体概貌。也就是说,"概论"要把散落一地的珍珠串起来。因此,我们的任务先是要确定串珠线,然后才能串珠,最后形成"泉州学"全貌。

如此看来,这条串珠线就显得十分重要。能否串起泉州厚重的历史文化,就应该从泉州最核心的精神中去寻找串珠线。

泉州的人文精神很有特色,如果要考究其精髓,可能是"实"字最贴切。本书将以传承和守护优秀传统文化的"朴实"、向海而生义利并重的"务实"、海洋商贸交往和文化相容的"信实"、敢于直面世界革故鼎新的"求实"作为串珠主线,把泉州的历史事象串联一体,勾勒泉州独特的整体概貌,揭示泉州深邃的文化内涵和发展动力。

第一章"导论",是对泉州学的总体论述,重点厘清"泉州学"的概念及相关理论问题。以下各章属于分论。

第二章追索泉州的族群文化。文化是人创造并享受的产物,所以,在讨论文化时,首先就要研究创造文化的人,在研究创造文化的人时,当然也要分析人所处的自然环境。人与自然的交流是产生文化的基础。人类得益于大自然的启示,接受大自然的点化,并加以改造、重组,形成人文活动。正所谓环境塑造人,环境催生文化。所以,第二章以泉州的特殊地理环境为契入点,解析泉州鲜明的人文性格,分析大自然赐予泉州族群向海而生的认识,阐述泉州族群的形成、发展与对外流动,揭示泉州人择水而居的灵动,跨海开发台湾的行动,漂洋"过番"的举动。透过这些人文活动,解释泉州文化与中华文化的渊源关系,显示中国海洋商贸文化特征,告诉人们泉州的人文性格中杂糅的农耕和海洋特色,包括敢冒险、能兼容、善商贸、期求新的海洋文化特征和不忘祖、重乡谊、讲义气、能自立的农耕文化本质。这一章还告诉我们,人文性格是泉州文化的核心组成部分,又是生成泉州文化的原动力,是泉州学研究的重要课题。

第三章探讨泉州的语言文化。我们知道,语言是人类区别于其他低级动物的主要标志,是民族的重要区别特征之一,是人类为思想交流、情感表达、现象记录、信息传递而约定的符号系统。语言是人类为生存需要创造的,所以,语言是文化的一个重要组成部分。语言又是人类文化得以记录、解析、交流和传承的有效载体;所以,从宏观上说,没有语言也就不可能有文化,只有通过语言才能把文化一代代传下去。语言对于人类的重要性不言而喻。语言具有民族性,不同的民族创造属于自己的语言。语言是保持不同民族不同生活方式的一个重要标志。在同一民族内部,因为所处的环境和对外交流的差异,就有了处于下位的方言。泉州方言是在早期北方汉人带入泉州的雅言通语的基础上形成的。所以,泉州方言的形成与泉州族群的形成是同步的。随着泉州族群对外流动的脚步,泉州方言也跟着流向四方。泉州方言令人最深刻的感受就是,继承了上古汉语的重要语言特征。在魏晋南北朝雅言通语发生变化之时,泉州方言未参与演变,因此而被当今的语言学家称为古汉语的"活化石"。泉州方言还具有融合性,在与泉州的闽越遗民接触中,泉州方言接受了闽越语中的一些词语,例如,柚子叫"抛",海蜇叫"蚨";或者出现汉语与闽越语的合璧,如,荸荠叫"马荠"。泉州方言又具有开放性。它在坚守古音古语的基础上,也不断吸纳新词语新字音。例如泉州话的"眠床""历日"[①]就源于中古汉语。为了跟上雅言通语语义的演进,泉州方言在保护原有字音的前提下,增加新的字音,形成文白异读。例如,下,表示高低读"[ke]",表示上下读"[e]",表示许愿读"[he]",表示天下读"[ha]"。泉州方言常用词50%以上有文白异读。在对外交往中,泉州方言也吸收了许多外语词。例如,西红柿叫"甘仔得"(源自菲律宾他加禄语kamati)、肥皂叫"雪文"(源自马来语的sabon)、扳手叫"拾八"(源自英语spanner)。泉州方言是泉州族群的外在标识,是泉州文化重要的特色之一。

第四章关注泉州的经济文化。泉州刺桐港兴盛之时,正是泉州经济大发展时期;泉州摆平"重农抑商"观念、崇尚"以商为上"之时,正是泉州最耀眼的时刻;泉州认定"以海为田"致力建设中国海洋文明之时,正是泉州站在世界商贸中心的时代。海上交通贸易,不仅让商贾大户有了对外经商的便利,平民百姓也有机会借助商船参与海上商贸活动,这就为泉州人创造了一

---

① (唐)李延寿《南史·鱼弘传》:"有眠床一张,皆是蹙柏。"唐代太上隐者《答人》诗:"偶来松树下,高枕石头眠。山中无历日,寒尽不知年。"

个广阔的海洋商贸空间。泉州农副业产品,诸如丝绸、茶叶、陶瓷,以及当代的石材、石雕、服饰等,都成为对外流通的商品。所以,泉州的经济发展与大繁荣,正是围绕海洋文明的角度铺开的。古代海上丝绸之路使边陲的泉州走向中国的经济中心,为宋元朝廷提供了大量的税银。意大利著名旅行家马可·波罗于13世纪末来到泉州时,这里已经是"涨海声中万国商"的国际化大都市。有唐以来,作为"天下货仓"的泉州刺桐港,与东亚的高丽、日本,南亚的南洋诸国,以及波斯、阿拉伯半岛及东非地区,都有商船贸易往来。海上丝绸之路改变了世界。泉州通过向海外输送茶瓷丝绸、中国工艺技术,通过民间互动传播儒家、道家思想,深刻影响着沿线国家和地区,甚至改变了他们的生活方式和审美观念。许多国家崇尚中国瓷器之风盛行,日本和英国先后分别形成茶道文化和下午茶文化。海上丝绸之路也在改变泉州,为了让世界不同国家、不同信仰的民众能自由来到中国开展贸易交流活动,泉州以中华文化博大的胸襟,汇聚世界不同文化于一城①,使这座古城具有"光明之城、和平之城、勤勉之城、智慧之城"的鲜明特色。泉州在海洋经济的运行中,张扬爱拼敢赢的冒险精神,重义求利的务实思想,山海交融的灵机意识,重乡崇祖的家国观念,继往开来的丰富内涵。② 可以这么说,海上丝绸之路开启了地理大发现之前的全球化想象。海上丝路带给西方人的中国印象,成为他们对内变革社会与对外远航扩张的动力源泉。泉州族群在海外交往的实践中,逐步建立起中国与域外世界的对话体系。泉州海丝故事值得去盘点去提炼。

第五章把视野投向泉州的家族文化。家族文化是以汉族为主体的中华文化的重要组成部分。千百年来,人们用家谱把祖宗的世系和事迹记录下来,证明家族的存在;传给子孙,延续家族的血脉。家族文化以家族的活动和认同为基础,强调家族的延续与组织运行。泉州因为处于中国的边陲,更加注重家族文化的维护和延续,着力避免被边缘化、异族化。泉州家族文化主要包括以下几个方面:一是显示血亲关系。共同的血脉意味着共同的祖先,拥有共同祖先这个关系,永远无法改变;共同的血脉也同时意味着宗亲关系不可改变。二是稳固家族组织。每个家族成员都有一定的身份地位,

---

① 林华东:《肇端于汉,多元融合——关于闽南文化历史形成问题的探讨》,《东南学术》2013年第4期,第201~211页。

② 林华东:《闽南文化的精神和基本内涵》,《光明日报·理论版(史学)》2009年11月17日。

拥有一定的权利和义务。即使离开祖居地,义务与权利仍然存在。三是维持家族活动。家族建祠堂修祖坟,祭祀祖先,修撰族谱,举办家族公益活动,族人都必须无条件参与。四是礼祀家族神祇。按家族建立的神庙,供奉着家族的保护神,用以保佑族人顺达。五是坚守家族观念。敬祖归宗、摇篮血迹、光宗耀祖、敦亲睦族等观念,根深蒂固在族人心中,即使移居远方也无法剥离与祖家的关系。家族文化已经成为闽台关系极为重要的纽带。台湾宗亲在共同的郡望堂号标识、共同的辈分序字、共有的祠堂样式、共祭的先祖传统、共奉的神祇家庙、共修的族谱香火等方面,都确保与祖地的对接。今天,台湾乡亲回大陆寻根谒祖,修谱修祠,畅叙亲情,举办公益,证明家族文化是一条永远割不断的纽带,对促进两岸的统一具有深远的积极影响。

第六章着重阐释泉州的信仰文化。泉州的信仰文化包括两大块:一是多元的宗教现象,二是杂糅的民间信俗。泉州令世界叹为观止的文化现象莫过于多种宗教共存一城,莫过于今天还可以看到这些宗教的遗迹。早在汉晋时期,随着北方汉人进入泉州,就带来了道教和佛教信仰。入唐以来,伊斯兰教顺着海上丝绸之路的航迹最先传入泉州。其后,不同国家的商人相继带来他们的信仰,泉州成为"世界宗教博物馆"。细数泉州宗教,有道教、佛教、伊斯兰教、景教(古天主教的一个支派)、天主教、印度教(婆罗门教)、基督教、摩尼教(明教)、日本教、拜物教、犹太教等十多种。泉州为了商贸经济的运行,以宽容的心态给予了来泉经商的各国民众一个信仰的场所。不过,你只要仔细观察,就会发现进入泉州的宗教都在接受汉化的基础上才站稳了脚跟。泉州先人敬天敬地敬自然的杂糅信俗使"你好我也好"的人间生活信条转为宗教和谐相处的依据。泉州开元寺里有古印度教雕刻的石柱,奏魁宫庙墙隐藏的装饰有十字架、天使、莲花、云纹、华盖等图案的古基督教石碑,草庵摩尼教明清之后转型为民间信仰,天后宫收藏的犹太教饰物"六角形"抱鼓石,这些都在诉说中华文化之强大。1991年,联合国教科文组织来泉州考察"海上丝绸之路"。总领队迪安博士就说过,我们看到泉州是一个不同信仰、不同民族相遇、文化交流和平共处的城市,中国对外部世界的开放在泉州得到充分体现。本章还探索了泉州的杂糅信俗。因为先民们对许多不可理喻的自然现象充满畏忌感,由此产生了神灵无所不在的认识。譬如居家,就有床母崇拜、灶神崇拜、畜神崇拜、谷神崇拜、福德正神崇拜、观音菩萨崇拜等。走出家门,还有更多的公众俗信活动。例如,清水祖师、广泽尊王、保生大帝、通淮关岳庙、天后妈祖等。总之,天神、地神、人神、鬼神无所不有。以"和"为上的中华传统文化糅合泉州先民对自然的敬畏，形成"有拜有保庇"的信俗观念，深刻影响着泉州人的生活，值得深入解剖研究。

第七章分析泉州的民俗文化。民俗是民间流行的风尚、习俗，是地方文化中最贴近身心和生活的一种文化，是一个民族或一个族群在长期的生产实践和社会生活中逐渐形成并世代相传、较为稳定的文化现象。因为生存的地理环境差异，因为不同民族或族群的生活认知和思想意识的差异，民俗文化注定是丰富多彩的。而对于一个区域的生活群体（族群）来说，民俗生活涉及面是如此之广，因此民俗所指必然非常丰富复杂。这里探讨的民间习俗，主要侧重在日常生活、传统节庆、人生成长等几个大方面。当然，本书主要是从现象中去探讨背后的思想，对许多具体的生活习俗无法一一展开。譬如生产劳动方面的海洋捕捞仪式、新建房屋的上梁仪式等；意识领域忌讳方面，有如"大年初一不扫地"（以免财源流失）、张挂蚊帐时不可提及"蚊子"（以免招来蚊子）、孩童不可以用手指指向月亮（不敬行为）等。民俗最能体现一个民族或族群的文化特色。泉州族群的生活习俗可谓色彩斑斓，足以吸引世人眼球的惠安女服饰，以其"封建头、民主肚、节约衫、浪费裤"而闻名于世。相传延续自汉代的以鲜花簪首的蟳埔女，已经成为泉州一道亮丽的风景线。那令人久久难忘的面线糊、烧肉粽，更是海外游子乡愁记忆的一个部分。"皇宫起"（模仿皇帝宫殿的建筑）的燕尾脊红墙古厝与"番仔楼"（小洋楼）在泉州交相辉映，张扬了泉州的自信和自豪。一年四季内容丰富的岁时节庆，是泉州族群祈求民间俗神保佑、缅怀祖宗神灵功德、欢庆生活安康吉祥、希冀来日兴旺发达的心灵表达。泉州族群把"慎终追远，民德归厚"的祖训深刻心间，以肃穆隆重的丧事祈祷逝者早日进入天国，以年年的追思缅怀启迪后人"重乡崇祖"不忘先人、不忘中华文化。这不能不让人产生如民谚所说的"生在苏州杭州，死在福建泉州"的遐想。泉州的民俗生活不仅是历史的延续，而且还将会成为未来的延续。在这种民俗文化的形成和发展过程中，造就了泉州族群的精神传统和人文性格，同时也弘扬了中国民俗文化传统。民俗文化对增强中华民族的凝聚力，有着十分重要的意义。

第八章展示泉州的地方文学和民间艺术文化。泉州的地方文学，包括用雅言通语写就的文学作品和民间流传的方言口头文学以及用方言记录的戏剧脚本文学等。泉州自唐代以来文风渐盛，文人辈出，可谓"八闽形胜无双地，四海人文第一邦"。例如，泉州较早登科第之先的文士欧阳詹就用官话留下了鸿篇巨著,他的《欧阳行周集》里的赋、诗、记、传、铭、颂、箴、论、述、序、书等各种作品共 140 多篇,对泉州文化产生了深远的影响。作为地方学,我们把视角侧重在以泉州方言为载体的地方文学上。例如影响深远的古代梨园戏《荔镜记》,当代著名的梨园戏《董生与李氏》、高甲戏《连升三级》;传说千百年的民间故事《开元寺桑莲法界的传说》《王审知与"臭头皇后"》《李光地的传说》《李五重修洛阳桥》;泉州孩童代代口传的童谣《天乌乌卜落雨》《天顶一垛铜》《拍铁哥》《月光光》;记录泉州人民生活劳作的歌谣《过番歌》《雪梅歌》《纸笔桦起话头长》《茶山对歌》。泉州富有生活气息的民谚,如"猪仔拍死才讲价""雨沃上元灯,日曝清明种""讲长讲短,讲食煞尾""鸭仔落水身就浮"。这些用方言记录的或口头文学、剧本文学,虚实结合,富有教化意义,深得民众喜爱。泉州最令人骄傲的是把唐宋时期的宫廷音乐转化为民间喜闻乐唱的地方音乐——泉州南音。把宋元时期的宫廷剧种大众化,演化为民间节庆婚丧的重要活动和传递生活知识的载体,泉州梨园戏因此被称为古南戏的"活化石"。明末清初在泉州形成的高甲戏,据说是由"宋江戏"(乡间俗称"套宋江")衍化而来的。邓拓曾有诗赞曰:"三百年前唱宋江,闽南村社梨园腔。泉州处处传高甲,水浒家家话晚窗。"[1]高甲戏足迹遍及闽台各地,还流传到华侨居住的南洋一带,可见其影响面之广。泉州的工匠艺术极具特色,泉州雕刻个性鲜明,泉州陶瓷艺术精美,泉州花灯富含乡土气息。总之,这些与大众息息相关的民间艺术文化,值得泉州学研究者去深入探索。泉州地域文学、戏曲音乐和工艺美术,对保护和弘扬地方文化和民族文化发挥了积极推动的作用,为海峡两岸和海外乡亲的社会生活起到心灵净化的作用。

第九章专门研究泉州的思想文化。泉州不仅是一个从农耕文化转向海洋文化的地方,更是从内敛自足转向开放融合的区域。这种转向的背后必然存在着一个思想活跃的域场。泉州思想文化是在儒学传承、理学发展和实学理论生成的交替中发展的。有唐时期,泉州的佛教已经十分兴盛。时至南宋,朱熹还赞叹"此地古称佛国,满街都是圣人"。朱熹小时候曾经随其父在泉州安海生活过,21 岁任泉州同安县主簿,游历泉州山山水水,深入民间了解泉州生活习俗,开始意识到"妄佛求仙之世风,凋敝民气,耗散国力,有碍国家中兴"。重新定义"君权神授",强调天理、逻辑才是最高地位,君权

---

① 参阅吴慧颖、叶亚莹:《宋江阵》,厦门:鹭江出版社,2020 年 5 月,序,第 1 页。

来源于天理,朱熹由此成为理学集大成者,理学思想在泉州得到大发展。明代泉州的蔡清等文人进一步阐明理学思想,把理学提升到一个新的阶段。李贽进一步张扬泉州的改革精神,公开提倡自由革新思想。他以"真"为核心,以"实"为根本,提出"童心说",对几千年的儒学和理学思想展开全面批判。李贽身上充满着泉州人敢于求新、敢于变异的精神。值得一提的是,王慎中、何乔远、李光缙等一批晚明泉州士大夫,总结了历史上"商学并重"的泉州现象,极力提倡重商思想,鼓励突破传统的儒学观念。到了清代,李光地强调实学,他的学术研究,更是开一代朴学之风。对于泉州的思想进步,李光地有过一段评价,他在《重修泉州府学记》中说道:"泉在前代,文章科名为天下蔚。学者谈说,至今艳之。……夫泉僻处滨海,为九州风气裔末,然虚斋(蔡清)以经解,锦泉(傅夏器)、晋江(李廷机)以制举业,李贽(李卓吾)以横议,天下皆靡然宗之。则岂非世道学术之高下,占诸吾泉而可知欤?"泉州的思想文化,是古代泉州发展的精神支柱,泉州学应该加以研究,条分缕析,扬其正弃其邪,实现古为今用。

　　第十章探讨泉州的政治文化。泉州古称"海滨邹鲁",山川灵秀,人文鼎盛,学者文有骨架,为官独有气质。泉州风骨之形成,始自福建第一个甲第进士欧阳詹。欧阳詹所做文章有新意,有独见,有对利义价值强烈的追求,刚韧且有风骨。泉州俗谚说得好:"站着像东西塔,躺下像洛阳桥。"挺直腰杆,坚持正义,正是对泉州风骨的最佳形容。宋代的泉州,经济、教育都高度繁荣。泉州人有骨气、讲实际、敢突破,敢于创新、善于创造成为当时流行的社会风尚。当时活跃在政治舞台上的泉州人更是独具创新视角和改革决心,敢于接纳新事物、变革旧体系。曾公亮、苏颂、吕惠卿、蔡确就是其中典型的代表人物。曾公亮曾向神宗极力推荐王安石,促进变法;苏颂在担任地方长官时,从未阻挠新法,而是坚决地贯彻执行它;吕惠卿作为变法中的核心人物,与司马光保守派展开过激烈的斗争;蔡确整理编制的《元丰司农敕令式》,是王安石新法的重要文件,在拜相后他依旧积极推进变法。总之,他们敢于发起惊动全国、影响东亚的革新运动,彰显了泉州政治家的创新理念与政治胆魄。抗倭英雄俞大猷,做人低调,从不与人争名利。他战功累累,却常被弹劾,遭到免官;经常被人冒领军功,却从不计较。李贽对泉州的开放精神和商贸思想理解最深,敢于批判重农抑商的社会传统认识,坚持扬商贾功绩,倡导功利价值,其思想已透露出资本主义的萌芽。民族英雄郑成功,坚守民族气节,不降清朝,竭尽全力收复台湾,是泉州风骨的典型代表。

施琅力排众议,以《恭陈台湾弃留疏》扭转清廷试图放弃台湾的错误,全面完整地提出了海权、海防和海洋思想。泉州人秉持务实风格从政,敢于针砭时弊,提倡改革,是源于泉州这片充满生机的土壤,这片不甘寂寞积极开放的土地。泉州风骨是革新的动力,是求实的样板,是泉州宝贵的精神传统,需要深入研究,积极继承和发展。

第四节 泉州学的研究思路

研究中国地方学,要有科学的研究思路,选择合适的路向与研究方法。中国地方学是一个复杂的综合体,这决定了必须运用多学科的研究方法才能把问题看深看透。所以,找准了对象,知道要做什么,还得明了怎么做,以及如何才能做得更好。就中国泉州学来说,要开展深入的、有效的、高品质的研究,就要探索研究的切入点,思索研究的视野和站位,把握研究的方向,采用科学的研究方法,才能到达理想的境界。

一、泉州学的研究层面

人类学家李亦园曾说,一般方志的撰写大都属于编纂、记述、刊录、登载,较少进入"研究"的范畴。他认为,"泉州学"之别于"泉州志"的地方,就在于"泉州学"的基本立场是从事研究的。[①] "研究"就是要透过表象看本质,达到理论上的提升。泉州学的研究涉及社会科学乃至自然科学的方方面面,核心的问题在于揭示泉州历史文化的发展变化规律。也就是说,在文化现象研究的基础上,要立足于做整体性、综合性、前瞻性的分析,解答问题,树立信心,面向未来。

因此,泉州学不仅要概述泉州有什么样的文化现象,还要阐释为什么会有这样的文化?是什么支配着这些特色的形成?所以,我们的研究必须关注两个层面。

一是可见可闻的显性文化。显性文化存在于物质的和非物质的文化之中。例如,生活中的衣食住行,节庆婚丧的活动仪式,丰富多彩的民间俗信活动,多元宗教的遗址遗迹,海上丝绸之路的历史痕迹,泉州方言的结构格

---

① 李亦园:《"泉州学"的新视野》,陈世兴主编:《泉州学研究》,福州:福建教育出版社,2002年4月,第2页。

局,泉州族群的流动分布,泉州的传统工艺、南音、梨园戏、高甲戏、套宋江、刣狮、拍胸舞、南少林武术,等等,都属于可触及的文化现象,都是泉州学应该致力研究的对象。

二是隐于思想灵魂之中的隐性文化。这是显性文化背后的控手,也是作为学术研究最应该注意的环节。例如,显性文化告诉我们泉州族群的形成、发展与流动,那么,造成这种形成、发展与流动背后的控手是什么? 这是需要我们深入分析的课题。再如泉州方言、泉州南音、泉州梨园戏,为什么能长期保持原生态样式而被称为"活化石"? 这是人们最关心的。又如泉州不仅保留了中华古老的传统文化,坚守着浓厚的乡土观念,坚持龙的传人意识,而且还勇于以海为田,以商为傲,完成作为宋元时期中国的世界海洋商贸中心的华美转身,向世界展现了中国海洋文明。其间的开放兼容与商贸意识如何形成,值得深入考究。探索泉州文化之所以形成的因由,揭示泉州族群的生活态度、行为习惯、群体氛围和社会风气,研究泉州族群的思想意识、情感心态、价值观念、精神内涵,提炼其本质和规律,分析其历史意义和当代价值,正是隐性文化研究的内容。

二、泉州学的研究视角

泉州之所以举世闻名,是因为它曾经是海上丝绸之路的重要起点,而且还是 21 世纪海上丝绸之路的核心区和先行区,是海丝沿线国家最紧密的合作伙伴,是全球第一个"世界多元文化展示中心"。所以,泉州学当以宋元海丝商贸为时间轴心,上溯泉州族群和文化的形成,下索泉州族群和文化的延展和创新,阐释泉州是中国海洋文明的重要代表,展示泉州曾经的世界商贸集散地,揭示泉州族群海洋文明的基因,提升世界对中华文明多样性的认知。以泉州文化的历史性、世界性和时代性,作为泉州学学科成立的重要依据。

为此,泉州学的研究应该以国际视野为导向,以宋元的鼎盛为研究核心,以传承中华文化精髓和创新文化特色为支点,透过泉州历史文化现象,回答泉州的族群起源、文化源流、精神境界、创新规律、传承要素、时代价值等一系列问题。这需要把握好以下四个研究方向。

(一)空间方向

空间方向旨在关注泉州的开放性和融合型现象,视角紧扣生存竞争、向海而生的文化个性。千百年来,泉州族群总是在寻求生存空间的突破,以船为车,以楫为马,山处海行,从三个方面实现空间突破。一是视界空间的突破。泉州先民从中原来到东南沿海,"山高皇帝远"的边疆意识,使先民们敢于"我的事情我做主",打破面朝黄土的传统,追求向海而生的新途。二是合作空间的突破。泉州先民面向大海,不仅与内陆民众交往,更重要的是敞开大门,接纳来自世界各地的商人朋友,兼收并蓄各种文化。三是地理空间的突破。泉州先民在商贸交往中不仅迎进来,还走出去,积极构建全球意识,特别是在明清海禁之后,更是勇于搏击风浪,漂洋过海,参与海丝沿线国家的经济建设。从空间方向的突破,可以探索泉州族群成为宋元时期海上丝绸之路的开发者、东海与台海的守护者和参与现当代东南亚经济的建设者的成因。

（二）经济方向

经济方向探索泉州的海洋性和商贸型理念,重在关注利益驱动、务实共赢的文化特点。泉州先民一反中华农耕文化的"士农工商"以商为末的思想,极力推崇商贸经济。这里的人民普遍都有"卖三占钱土豆也想当头家"（即卖三分钱花生也想当老板）的念头。他们敢于求利,只要有生意做,不怕上刀山下火海。泉州的平原土地不肥沃,泉州的山区山高林密,竞争生存都有问题。先民们把眼光投向大海,打开东海大门,迎接世界商人来泉开展贸易活动,以此赢利谋生。刺桐港的开辟使泉州成为宋元时期的天下货仓。为了商人之间的友好往来,确保经济的繁荣持续,在双方利好的前提下,泉州彰显了兼容天下、诚信共赢的经济思想,构建了与亚历山大港齐名的世界第一通商大港。

（三）社会方向

社会方向探索的是传承性和敬畏型问题,考究泉州人尊宗祀祖、天人合一思想的形成。研究泉州,必须关注泉州族群中华文化理念的延续,重乡崇祖观念的深入骨髓。此外,还必须看到泉州先民接受闽越遗民的一些文化,把对大自然诸多现象的不理解,化为敬畏心态。由此产生的文化现象,就是对祖先带来的文化的完美传承,就是对各种神灵和不可理喻的现象的用心保护,就是对宗亲家族体系的坚持信守。这种敬畏祖先、敬畏自然、敬畏鬼神的意识,也为多元宗教在泉州的生存和千年遗迹的保存起了至关重要的作用。

（四）文化方向

文化方向的焦点在于研究泉州的竞争性和务实型意识,阐析多元融合、重义求利问题。泉州学研究族群创造的文化。泉州文化是以汉文化为核心,在吸纳闽越文化和东西方文化的过程中发展起来的。泉州文化把中华地缘的边缘意识与世界商贸的中心意识巧妙糅合,把传统的继承与时代的需求有机糅合,把"苟日新,日日新,又日新"的革新思想与重义求利精神和谐糅合,把农耕文明与海洋文明精致糅合。泉州文化保留了中华文化主流核心,又随时代变迁而多元融合发展,这些都在泉州方言、泉州宗教、泉州艺术、泉州民俗、泉州精神等文化现象中体现。竞争意识和务实精神,深深地烙刻在泉州族群心中,锻造了泉州文化的兼容特征和重义求利的精神。

总之,泉州历史人文厚重,既要看其传承,还要看其创新,传承可知其来源,创新可知其发展。既要看其共性,还要看其个性,共性可知其归属,个性可知其价值。研究传承从主体来源入手,研究创新从时代入手;研究共性可从主流文化得知,研究个性从比较得知。

三、泉州学的研究方法

科学的研究离不开方法的选择和运用,没有研究方法的科学研究是不存在的。研究方法不当,其研究可能是盲人摸象,得出的结论难以令人置信。现代科学的研究讲究方法上的互相借鉴。相互融合、相互渗透、相互影响是事物发展的重要趋势,学科间的交叉整合也在日益增强。泉州学是一门综合性的科学,研究对象相对复杂,必须综合运用多种学科的理论知识和方法技术,才能较好地探索、阐释和挖掘泉州的文化现象和规律,保证研究的系统性和科学性。以下几种研究方法是研究泉州事象和规律时常用的方法。

（一）唯物辩证法

唯物辩证法是一种哲学方法,主要用于自然、社会、历史和思维的研究。唯物辩证法认为,世间万物具有普遍联系性,这种联系既是整体的,又是处于矛盾中的。因为万物会相互影响、相互作用、相互制约。对立统一是事物普遍联系的根本内容。所以,一定要把事物和现象放在不断发展的历史进程中去讨论,要从历史的脉络中判断事物发展的方向。以唯物辩证法观察,泉州的族群及其创造的文化都是在历史的矛盾运动中发生的。例如,泉州先民从农耕转入"海耕",这不仅仅只是在"农"与"海"的两种生产状态中交替,它牵涉到更深层次的生活理念。泉州先民从传统的"以商为末"转化到"以商为主",这不但需要勇气,还要有智慧。泉州先民从地处优势的中原、从祖国的中心迁移到东南海疆,这是"守土"与"飘荡"的对弈,尤其是先民们不仅仅守住泉州,当生活需要时,他们继续"飘荡"在祖国的海洋岸线和宝岛台湾,乃至进入海上丝绸之路沿线的国家。泉州文化也处处彰显对立统一交叉融合现象。例如,泉州方言中一个字有多个读音,白读音(即原来的土音或底层音)和文读音(即读书音或后来音)共存。例如,"分田"的"分"读[pun],"分数"的"分"读[hun]。[pun]是土音,它的声母源于上古汉语;[hun]是读书音,是模仿中古汉语的后起之音。泉州方言用典型的文白异读既"存古"又"纳今",将矛盾解决在自身的语言框架内,让世人刮目相看。在泉州,"皇宫起"和"起洋楼"(这里的两个"起"是泉州方言盖房子的意思)两种不同形态的民居并存一地,体现了泉州人处理中外家居模式的和谐心态。泉州有那么多的宗教落地,历史上不免有许多摩擦,但最终都能妥善解决,实现共存与融合。泉州文化具有双重性特征[①],研究泉州学,必须运用唯物辩证法的观点,才能获得深刻的认识,科学解释泉州学的各个文化范畴和基本发展规律。

(二)跨学科研究法

跨学科研究法是运用多学科的理论、方法和成果从整体上对某一研究对象进行综合性研究的方法,也称"交叉研究法"。许多科学现象常常是在高度分化后又实现高度的综合,形成一个统一的整体。这就意味着学科虽然在不断细化,同时彼此又在紧密联系中发展。我们提出泉州学概念,以泉州地域上发生的人与事作为研究对象。这其实就是非常庞大复杂的整体。在这个整体内部,牵涉到一系列的学科。有人类学、考古学、民族学、语言学、文化学、经济学、海洋学、民俗学、宗教学、文艺学、建筑学、工艺学、种植学、哲学、历史学、技术学,等等。这些学科在泉州这个场域内彼此互相关联、互相促进、互相依存。泉州学在研究中因为侧重点的不同,需要选用不

---

① 林华东:《闽南文化的双重性特征》,《光明日报·理论版(史学)》2011年4月21日。

同的学科方法,但是一定要坚持"顾左右而言他",吸取相关学科的研究方法解答本学科的问题。例如,研究泉州方言时,发现上古汉语的许多语言现象,在其他六大汉语方言中已经消失或变异。要探究个中因由,就得运用历史学、民族学和考古学的方法,分析泉州先民是何时与使用其他六大方言的汉人分开的。又如,研究影响世界的思想家李贽是如何充满批判精神的,就必然要联系到泉州海洋文化和族群文化的特点。交叉研究可以推动泉州学学科的深入发展。

（三）综合思维法

综合思维法是把思维对象作为一个系统整体进行观察和思考,进而在新的层面获得综合认识的方法。事物总是由许多局部或多个部分组合成的整体。综合思维把客观事物看作多种要素相互联系、相互作用的有机整体,因此,运用超越时空的大范围大跨度的想象组合,可以把分析过的对象或现象的各个部分、各个属性联合成一个统一的整体。借助综合思维法,我们可以了解事物的全貌,对研究对象有一个全新的总体认识。泉州学概论作为一种整体性的观照,需要综合那一地俯拾皆是的珍珠,还需要系统地认识这些珍珠的品味。也就是说,泉州学概论要把泉州族群和文化的历史与现实梳理一遍,把发生在泉州的族群发展和文化现象阐述清楚,进而形成一个整体性的认识。这就需要有一个综合性、系统性的整体观念,把所有现象看成一个整体,用综合思维法去分析问题,才能从理论的高度去观察、分析、阐释社会现象。因此,泉州学概论要串珠成链,建立一门学科体系,就必然会运用到综合思维法,以辩证的系统观把泉州的历史、文化、语言、生态、海航、商贸等现象融为一体,从理论的高度揭示泉州的历史文明。

（四）描述性研究法

描述性研究法是将已有的现象、规律和理论通过自己的发现、记录、理解和验证,做出叙述或解释的方法。这种方法能帮我们描述现象,摆明事实,揭示问题,推导看法。泉州学研究离不开描述性研究法。举个例子,我们要研究汉人开发泉州的历史,就要通过考古学去描述所发现的现象。例如,1982 年 1 月,考古发现南安市丰州镇旭山村庙下自然村有西晋初汉人的冢墓,建筑冢墓的墓砖上均有"大康五年立"的模印(大康,即西晋太康);①晋江县的玄妙观,早在晋太康时期叫白云庙,唐代改名为老君祠,宋大中祥符中改名天庆,元元贞元年(1295年)才改为玄妙观。延福寺在南安县九日山下,是晋太康时所建,去山二里许。唐大历三年(768年),才移建到现在这个地方,宋乾德中,改名延福。透过上述现象的实地调查和描述,我们发现,早在西晋时期,在这里居住的已经是信奉道教和佛教的汉人,他们属于晋安县管辖,早已认同中央朝廷。有了这些史实,学者们才有可能去判定那个时期泉州住民的性质。又如泉州学必须关注泉州民众的生活样式,那就需要描述分析他们的衣食住行,才能从中解析泉州的文化特色。又如泉州方言以及泉州内部的次方言,首先也需要通过调查描写和整理,然后才能提供对比分析的可能。

(五)比较分析法

比较研究是应用最为广泛的一种科学研究方法。任何科学研究都有可能采用比较的方法。通过比较分析,可以找出差异性,提出符合客观事实的结论。比较分析法有多种不同的类型。从比较的性质看,有定性与定量的不同比较;从比较的对象看,有同类和异类的不同比较;从时空的区别看,有横向与纵向的不同比较。比较研究的目的就是要在被比较单位之间发现他们存在的相似性或者差异性,分析它们的相似或差异的程度,找出它们之间相似性或者差异性的原因。泉州学研究同样离不开比较分析法的运用。为了清晰解析泉州族群和文化的特色,就得把泉州放在与之同类型的其他区域中比较,了解泉州的同与不同;就得把泉州放在中国的方位上比较,了解它的个性和共性;就得把泉州放在世界的舞台上比较,了解它的贡献和影响;就得把泉州放在各个历史阶段去比较,了解它的发展与转型。例如,我们不关注魏晋南北朝时期北方的动乱、异族融合与人口变迁,就不知道那个时期北方雅言通语发生的变化及其原因,也就无从知晓泉州之所以能保留上古汉语语言特征背后的原因。再如当我们不了解泉州族群曾经融合闽越遗民及其文化、兼容东西方和南洋各民族的文化,形成多元开放、信仰杂糅的文化体系,就无法理解泉州为何能够保留有唐以来各种宗教的遗迹,其他

---

① 林宗鸿、郑焕章、黄天柱:《南安丰州西晋太康五年墓》,《泉州文史》1989年第10期,第65页。

地方的海洋港口却不能做到。泉州学的研究,应该在比较中发现泉州,在比较中解释泉州,在比较中归纳泉州的发展轨迹和发展规律。

（六）文献分析法

文献分析法主要指搜集、鉴别、整理文献,并通过对文献的研究,形成对事实科学认识的方法。运用文献分析法,可以在搜集到的文献资料中展开研究,探明研究对象的性质和状况,提炼自己的观点。泉州学的研究离不开文献资料。文献的存在可以证明许多历史过程,可以解开许多历史疑云。正如后人知晓成汤灭夏,是因为可以从殷商先人记载的历史典籍中得知。①人们至今解不开玛雅文明之谜,是因为看不懂据说是硕果仅存的三部天书一样的玛雅典籍。因此,古今中外有关泉州的各种文献资料都是泉州学研究的基础,前贤们对泉州人文现象、生活习俗、宗教俗信和其他文化现象的研究都是对泉州学学科建设的推进。用好文献分析法,有助于科学解答历史上的泉州。文献分析是泉州学重要的研究方法之一。

（七）田野调查法

田野调查最早是人类学和民族学运用的研究方法,用于研究非本族文化和相对原始的部落群体。现在已经延伸为对本民族文化、亚文化群体以及现代生活等方面开展研究的方法。这里的“田野”,指的就是要进入研究对象的环境中去,进入“田野”。所以,田野调查法最重要的是强调在参与中观察,因此也叫实地调查或现场研究法。泉州学所研究的民俗文化、语言文化、民间口头文学、考古、侨台文化、家族文化、宗教遗存等,或多或少需要运用到田野调查法。例如,要研究泉州南音在台湾和东南亚地区的传播,最好的办法就是到当地去体验、去了解传播的境况、内容和演艺的变化,进而才能从意义和价值层面解释泉州族群的乡土文化意识。又如要深入揭示泉州家族文化的深刻性,就很有必要采用田野调查法,深入海外地区,观察泉州家族的生存和生活状况,看看泉州人在迁徙过程中家族文化发挥的重要作用。这样,才可能从理论高度阐释泉州家族文化的特色和存在意义。再如要了解民间俗信在传承中华文化中的作用,就得深入民间,在参与他们的活动中体验精神文化的力量。例如在东南亚,华人华裔举行中华民族民俗或

---

① 《尚书》说:“惟尔知,惟殷先人有册有典,殷革夏命。”

节庆活动,不仅仅只是图个热闹,而是在时时提醒自己的华人身份,提醒新生代的华裔意识。你只有亲历马六甲的送王船活动,才能知晓海外华人对中华文化的深深依恋。在泉州,许多乡村都有"请火"(进香祈福)的习俗。只有亲临参与,你才能从场面的壮观、秩序的井然中,发现民俗文化的强大影响力,从中悟出传统文化在凝聚人心、推动社会发展中的重要性。

我们列举的这七项研究方法,应该是地方学研究中比较通用的方法。泉州学概论作为一个比较完善的学科体系,着重在对泉州社会人文历史事象和文化个性的理论探索,我们在论述中综合使用了上述相应的研究方法。至于泉州学内部各研究对象的精细化研究,除了上述所列举的方法外,还需要根据学科的性质,选取其他相关的研究方法,方能使研究更有成效。这里就不再一一阐述了。

第五节　泉州学的学科价值

中国地方学是研究中国一个区域内的个性特征和文化特色的综合性科学,是研究中华文明史的基础,有着重要的学术意义。建立中国泉州学,从理论上梳理泉州地域族群的形成与发展,解剖泉州文化现象的内涵、个性与特色,揭示泉州文化的发展规律。通过泉州学研究,阐释泉州为中国和世界文明做出的贡献,探索泉州在中国和世界的历史站位,为泉州打造精美名片,为民众树立发展信心,为当代发展建设智库。

一、泉州学的追寻目的

泉州学回溯历史,是为了摸清脉络。历经百年的探索,泉州学研究已经达到一定的境界,主要体现在三个方面:一是理出泉州族群的发展脉络,二是讲清泉州对优秀历史文化的守望传承,三是展示泉州为海上丝绸之路做出的历史贡献。学者们在后续的研究中必将从更高层面不断做出修正和补充。

(一)梳理泉州族群的发展脉络

泉州学研究泉州的文化事象,首先就要研究人。有人才能创造文化。文化是人类智慧和创造力的体现。所以,我们发掘、描述、概括泉州的文化现象和本质,最终就是要观察和研究泉州族群的创造意识、创造行为、创造心理、创造成果,预示未来的发展。

现有的研究成果①告诉我们,泉州族群起源于汉代,大约在汉武帝平闽之后。因为泉州方言保留了上古汉语的重要特征,这些特征在记录中古汉语的《切韵》中已经消失。唐初刘知几在《史通·言语》中指出:"魏晋年近,言犹类今。"说明魏晋时期中原通语与唐初北方话是相近的。② 以此推论,最先进入泉州的操上古汉语的北方汉人应该是早于晋代就已经离开中原地区。

语言是人类的交际工具,一般来说,语随人走,但一个人的流动不可能在新的生存地保留自己的母语,只有群体流动,构成自己相对独立的社会,语言才有可能保留。"群体迁移、人语相随、先入为主"的族群流动模式,可以较好地保持和传承族群文化,在这方面,世界上已有许多例证。例如,英语随着盎格鲁—撒克逊人扎根于英伦三岛而与西日耳曼语分家,它就没有经历第二次日耳曼语辅音转移的变化。130 多年前从中国西部迁居中亚的东干族,保存了中国西北文化传统,他们使用汉语兰银官话进行日常交际。原生活在西亚地区的匈牙利民族于 9 世纪末集体迁徙到欧洲定居,其语言是亚洲的乌拉尔语系的芬兰—乌拉尔语族。而多瑙河流域及其周围的国家和民族,大都属于印欧语系的拉丁语。匈牙利语没有被拉丁语族的语言同化。清朝统治者为镇压当时新疆的少数民族起义,将整个锡伯族移往新疆戍边屯垦,并以其军事力量控制当地的少数民族,松花江、黑龙江流域的锡伯语因此移到了新疆西北部。广西平话据说是宋代狄青西征侬智高时的将士所使用的北方话。这些将士留守广西,自成社会,其语言后世发展为平话。③

总之,汉武帝平闽之后,因为闽地空虚,周边的汉人开始进入泉州,逐渐融合当地的闽越遗民,形成早期泉州族群。他们在语言上保留了秦汉时期的汉语特征。此后,汉人又多批次入闽,为泉州族群的壮大发展和泉州方言与文化的不断丰富注入新鲜血液。

---

① 参阅林华东:《肇端于汉,多元融合——关于闽南文化历史形成问题的探讨》,《东南学术》2013 年第 4 期,第 201~211 页。

② 林华东:《闽南方言的形成及其源与流》,《中国语文》2001 年第 5 期,第 446~453 页。

③ 林华东:《泉州方言研究》,厦门:厦门大学出版社,2008 年 4 月,第 16 页。

(二)揭示与中华文化的渊源关系

泉州文化源于中华文化,许多著名学者都在研究中华文化的核心精神,从不同的站位提出中华文化的特征。[①] 为了便于理解和记忆,我们可以用更简洁的文字"和""礼""义""易"来概括中华文化经久不衰的民族精神,泉州文化全面弘扬了中华文化这一核心精髓。[②]

中华文化以"和"定天下。"和"是中国哲学中一个极其重要的命题。《论语·学而》:"礼之用,和为贵。"儒家认为"和"是人文精神的核心,是治国处世、外事交往的思想标准。《老子》第四十二章提出:"万物负阴而抱阳,冲气以为和。"《周易集解》卷一"保合大和,乃利贞",认为"和"的价值在于圆满和谐。天人合一、阴阳和合、五行和合等,是古代先贤对天地自然、人类社会的普遍现象做出的提炼。中华文化因"和"而具有包容性、亲和性和向心性。"和而不同"与"不同而和"的思想,是中华民族解决问题、推动社会发展的一种大智慧,适用于人与人、人与社会、人与自然(天人之间),乃至国与国之间的关系。

泉州俗谚说:"相尊食有偆,相争食无份。"[③]唐宋以来,泉州就不断与域外民族交往,容许各种宗教在地生存,坚持"己欲立而立人,己欲达而达人"的思想,与不同民族共荣共生。泉州成为"世界多元文化展示中心"和"世界宗教博物馆"。泉州海航帆影遍及世界100多个国家,无论其强弱,从来只谈经济、贸易和文化交流,不搞强权占领他国土地的勾当;只靠自己的血汗循规劳作,从不以枪炮开路暴取。中华文化的"和",培育了泉州族群互惠共赢兼济天下的宽阔胸怀。

中华文化以"礼"为守则。《释名》:"礼,体也。言得事之体也。""礼"是为人处世的根本。在古代中国,"礼"包含两个方面:一是等级制度,强调的是治理;二是道德规范,包括孝、敬、悌、慈、仁、爱等。在长期的历史发展中,

---

① 参阅张岱年:《论中国文化的基本精神》,《中国文化研究集刊》第1辑,上海:复旦大学出版社,1984年。此文又见傅永聚、韩钟文总主编:《二十世纪儒学研究大系·序言》,北京:中华书局,2003年。方立天:《民族精神的界定与中华民族精神的内涵》,《哲学研究》1991年第5期;李宗桂:《中华民族精神概论》,广州:广东人民出版社,2007年。

② 林华东:《根深叶茂:从中华文化到闽南文化——〈闽台与海丝文化研究丛书〉总序》,《泉州师范学院学报》2015年第1期,第1~3页。

③ "偆":剩余。"食":吃。此谚喻指"尊重礼让能和谐共荣"。

44

"礼"已经成为中国社会的治理规则和行为准则。孔子名言"己所不欲，勿施于人"就是告诫我们，做事要有底线，要知道有所不为。"礼"作为约束人之行为的文化，是中华传统文化的核心体现。孔子之前就有夏礼、殷礼、周礼。"礼"在中华文化的历史进程中不断修正，不断被赋予新的内容。

泉州人认为："隔壁亲情，礼数照行。"①泉州人尊宗敬祖，坚守传统文化，泉州方言成为古汉语的"活化石"，南音进入世界非物质文化遗产名录，宗亲郡望、辈序血缘刻在每一代人的心灵之中。泉州人走遍天下，不忘生身之地，不忘祖籍血脉，充满浓烈的乡情乡族意识。泉州人敬畏天道，崇拜诸神，凡神必敬。这是泉州地区泛宗教信仰的本源。中华文化的"礼"，塑造了泉州族群重乡崇祖爱国爱乡的精神。

中华文化以"义"为修身。"义"者宜也，即合宜、应该的意思，强调的是每个社会成员的精神境界和价值观念，是人们在人际交往中对信义友爱、美好善良的追求。孔子明确提出"义"的观念："见义不为，无勇也。""上好义，则民莫敢不服。"孟子做了进一步的阐释："鱼我所欲也。熊掌亦我所欲也；二者不可得兼，舍鱼而取熊掌者也。生亦我所欲也，义亦我所欲也。二者不可得兼，舍生而取义者也。"大义则能凛然。孟子提出的"舍生取义"的思想对后人产生了深刻的影响。

泉州人强调："德行着好，风水免讨。"②泉州族群崇拜关公，认为关羽的形象符合中华民族"义"的精神，对关羽所代表的重义守信赋予一种心灵认可；希望为人要正直守义，"站着像东西塔，躺下像洛阳桥"。泉州人在奋斗拼搏中坚守诚信，在捐助社会中弘扬正义。泉州俗语"输人不输阵"是对此最好的诠释。泉州人具有浓重的家国情怀，无论离家多远，无论在大洋彼岸、天涯海角，都是那样的崇尚义气，愿意报效家乡，修桥铺路，捐资办学，纾困解难。中华文化的"义"，成就了泉州族群崇尚信义乐善好施的品质。

中华文化以"易"为行止。"易"即变易、更新、进步。"易"重在认识世界，重在实践探索，重在创新发展。《周易·系辞上》："生生之谓易。"中华文明的旺盛生命力，就在于不断革新、不断前进。运用中华文化的智慧创就的汉字儒学、政制律令、科技成就以及中国化的佛教，不仅推动了中国历史的发展，而且曾经辐射整个东亚地区，影响尤为深远。大到中国古代的四大发

---

① "亲情"：亲戚。意即哪怕是邻家的亲戚，也必须讲礼节。

② "着"：要。此谚意指"积德行善必有好报"。

明,细至中国的丝绸茶瓷,都曾经推动整个世界的历史进程。中华文化提倡的革故鼎新、创新创造精神,以及由此而来的政治经济文明,在18世纪之前一直是全球进步的旗帜。"易"作为中华文化意识与行为的核心内涵,旨在追求"苟日新,日日新,又日新";旨在励志"天行健,君子以自强不息"。中华民族几千年来历尽劫难未曾覆灭,多逢衰微一再振兴,根脉不绝永续发展,正是把握了"易"的辩证精神。

泉州族群处于东南一隅,背山面海,为了生存,锻就了"三分天注定,七分靠打拼"的行为意识;期盼美好,培育了敢为人先的人格气质。泉州人善于商农并重,勇于乘船走海,敢于守护海疆。隋唐以降,经略海洋长达1500多年,开创了宋元时期鼎盛于世的海上丝绸之路,向世界展示了以泉州文化为代表的中华文明。许多先民披荆斩棘,与海丝沿线的诸多国家民众共同创业,成就许多伟业,为这些国家的发展、为海丝之路的顺畅交流做出了不可磨灭的贡献。中华文化的"易",锻造了泉州族群山处海行爱拼敢赢的行为意识。

（三）彰显中国海洋文明

泉州族群来自华夏中原,带来的是农耕文明。泉州的背山面海和古闽越族遗民的生活样式给予了泉州先民海洋文化的启迪,隋唐以来与海外商人的海上贸易带来的经济利益,推动泉州族群开始演绎海洋文明。20世纪90年代初,泉州被联合国教科文组织认定为古代海上丝绸之路的重要起点,这其中不乏有诸多因素存在。

一是泉州有利的地理因素。据文献记载,历史上的海上丝绸之路最早起于广东的徐闻和广西的合浦。隋唐以降,逐渐移至闽南泉州。宋元之时,泉州刺桐港北承宁波、杭州、扬州、南京,西南接广东、广西,构建了以泉州为中心的港海航线,一跃成为中国向世界商贸交流的第一大港,成为与埃及亚历山大港齐名的世界级大港。代表中华文化的泉州先民创下的海洋经济理念、平等互利意识、多元共生意愿,把历史上的中外商贸交往和文明交流推到了极致,为世界经济的腾飞、中西方文化和文明的互动与交融做出了历史性的贡献。[①]

二是泉州先民始终不渝的耕海欲望。背山面海的环境培育了泉州人向

----

① 林华东:《"海上丝路"的影响与启示》,《人民日报》2014年10月19日。

海而兴、多元互信的海洋精神。1000 多年来,他们敢于冒险、敢于抗争,把航海事业和商贸活动玩于股掌之间,向世界展示了魅力四射的中华海洋文明。哪怕是明清时期实施海禁,泉州的私商依然强盛,例如李旦、郑芝龙、郑成功。在欧洲出现航海家之前,中国就已经出现两位著名的航海大家,一位是以个人身份出现的元代民间航海家汪大渊。1330 年,20 岁的汪大渊第一次从泉州搭乘商船出海远航,前后历时五年;第二次出航是 1337 年,从泉州出发,1339 年返回泉州。汪大渊在海航之后完成了著名的《岛夷志略》巨著。如果说,马可·波罗的中国之行及其游记,对 15 世纪欧洲的航海事业起到了巨大的推动作用,意大利的哥伦布,葡萄牙的达·伽马、鄂本笃,英国的卡勃特、安东尼·詹金森和约翰逊、马丁·罗比歇等众多的航海家、旅行家、探险家读了《马可·波罗游记》以后,纷纷东来寻访中国,打破了中世纪西方神权统治的禁锢,大大促进了中西交通和文化交流。那么,东方的马可·波罗——汪大渊,则向中国展示了一个全新的世界,他的《岛夷志略》记录了他亲身经历的世界 200 多个国家和地区的地理、风土、物产,为中国了解世界打开了一扇窗户。郑和下西洋出发前,他的两名翻译——马欢和费信,都先从汪大渊的游记中获得许多知识和信息。汪大渊为我们留下的《岛夷志略》具有很高的历史研究价值和现实意义,是一部重要的中外交通史文献。另一位是以官方身份出现的明朝航海家郑和,在他走向世界之后,欧洲才开始出现三位航海家。郑和第一次下西洋到达非洲是公元 1405 年,比意大利哥伦布横渡大西洋发现美洲大陆要早 87 年,比葡萄牙人达·伽马绕航好望角到达印度还早 92 年,比葡萄牙人麦哲伦环球之行更是早了 116 年。郑和的海航,不仅巧妙地整合了天文地理、海上罗盘、航程测量等技术,极大地提升了人类航海技术,还绘制了我国最早,也是世界最早的《郑和航海图》——比荷兰瓦格涅尔《航海明镜》还要早 100 多年。[①] 西欧国家通过地理大发现采取不等价交换和残酷的屠杀与奴役,在非洲、拉丁美洲获取巨大的财富和暴利。中国在对外交往中却是不夺不抢、不杀不残,没有占领别人一寸土地,没有掠夺他人一分财富。在西方航海史上,海航与探险、征服、掠夺常常联系在一起。在中国,2000 多年的海上商贸,尤其是鼎盛时期的宋元时代,向世界展示的则是和谐共赢的中国海洋文明。

三是泉州独树一帜的鲜活史迹。在泉州,你随时可以与阿拉伯人的后

---

① 参阅丹增:《郑和与海上丝路》,《光明日报》2016 年 6 月 3 日。

裔亲密接触，可以参观中国现存最古老的清净寺，可以观赏世界唯一留存的摩尼光佛造像，可以在伊斯兰教圣迹前体验历史穿越，可以回味九日山祈风石刻的历史盛景，可以在天后宫感悟海航的艰辛和闽南族群的期盼。泉州在中世纪作为国际化大都市，拥有世界级港口地位，保留世界各地少有的丰厚的海丝史迹，其前世今生都可以从国内外文献资料中获得佐证。

二、泉州学的学术意义

泉州学研究的意义在于努力揭开泉州的发展历史与文化特色，为闽南文化的研究提供理论基础，揭示泉州如何丰富和充实中华文化，为今天的发展树立自信，为未来的进步提供知识和理论服务。

（一）展示泉州文化对中华文化的延伸[①]

文化是人类创造和享用的产物。各民族创造的文化都受到所在的生活环境和认知思维模式的制约。中华文化的形成与所处的自然环境和历史条件是分不开的。其文明形态可以用"一体两翼"概之。一体即以稻作和粟作农业为主体的华夏文明，两翼包括中原以北的游牧文明和东南沿海的海洋文明。由于大陆地域的连续性特征，长期以来，作为主体的农耕文明经常与游牧文明处于碰撞状态，而且两种文明的交融大都发生在中原地区。游牧文化以融入的状态参与推进了农耕文化的丰富与发展。农耕文化因此长期处于中华文化的核心位置，海洋文明的发展与关注则略显弱势。农耕文化带来的小农经济思想，让老百姓长期满足于日出而作、日落而息、自给自足的生活现状。家族、宗亲成为社会网络的纽带，亲情、道德伦理、血缘关系一直是社会生活的准则。大陆性、农业型、宗法制，共同构成独特、稳定的社会状态，成为中华文化的主体色调。其核心形态儒学思想、家族观念、汉字共识、中医中药、国故经典，5000年来始终未曾断裂失传。中华文化建构了四种思想意识。

一是鲜明的和合观。"和合"在于相辅相成、互为存在，强调辩证综合、和谐统一。从"和合观"出发，看问题首先关注的是整体。万物源于一，混沌初开，乾坤始奠；一分为二，上浮为天，下沉为地。古人对世界的这种整体认

---

① 林华东：《论闽南文化的继承性与创新性》，《闽南师范大学学报（哲社版）》2020年第3期，第42～46页。

知,在《周易》中得到深刻的阐述。一阴一阳谓之道,宇宙间万事万物皆是对立统一的,阴阳相辅,日月运行。中华文化的认知思维和根本精神,在其后的孔子、老子以及诸子百家中,都是一直被遵循的共同思想之根。例如,老子《道德经》的"有无相生"的著名观点就与《周易》的整体观浑然一致。中医学是整体观的典型样本,讲整体,讲辩证,讲宏观。《黄帝内经》认为,人体内五脏六腑,都与体肤、肌肉以及五官七窍有着必然的联系,任何一个局部都与人的整体关系密切。中医学处处体现了看问题的整体性及内部的关联性。中国人强调"民以食为天",烹饪技术名满天下,也因为其操作过程处处体现整体综合意识。多种佐料、多种食材先后有序调和烹饪烧煮,追求色、香、味、形、美的和谐统一,把美味、美感、情趣、保健融为一体。和合观彰显中华文化的鲜明个性,突出广采兼蓄思想,影响着生活的方方面面。

二是浓厚的家国观。中华文化讲究家国情怀。俗话说,"家是最小国,国是千万家"。有了众多的家才会合成一个国,"家是国的基础,国是家的延伸"。习近平在2019年春节团拜会上说:"没有国家繁荣发展,就没有家庭幸福美满。同样,没有千千万万家庭幸福美满,就没有国家繁荣发展。"[1]这就是中华文化的家国同构理念。守护家园是每个炎黄子孙应尽的义务,舍家救国是几千年来民族大义的张扬。在此基础上形成的意识形态和社会政治结构,一方面强调伦理道德,构建维系社会结构的礼制体系,讲究长幼有序,尊老爱幼,推崇"老吾老以及人之老,幼吾幼以及人之幼";另一方面要求"厚德载物",以德治人,教育民众要修身救世,弘扬家国情怀。

从另一个角度观察,基于以土地为生的华夏农耕文化,构成了内向型的经济发展模式。中国人对这片土地充满感情,贯注了浓厚的乡土意识。"安土重迁"张扬了中华文化对土地的眷恋之情。安于故土,不随意搬迁他处,这体现了先人的厚道朴实。《周易·系辞上》强调:"安土敦乎仁,故能爱。"可见"安土"是中华文化典型的特征。世世代代安于土地的人,彼此聚居在一起,要想成功地安身立命,就要懂得"一分耕耘一分收获",守护土地,勤恳劳作,与故土血肉相连,爱家爱国。这样才能赢得乡人的尊敬与信赖,才能获得良好的口碑,才能提升家族的美好声誉。这就是所谓"安土敦乎仁"的乡土情怀。中华民族这种爱家爱国的精神已然成为中华文化的遗传基因。

---

① 习近平:《在2019年春节团拜会上的讲话》,人民网:http://cpc.people.com.cn/n1/2019/0203/c64094-30613784.html。

中华文化的大一统思想,家国观是一个重要因素。

三是典型的务实观。中华文化历来追求务实,以中原为主体的先民们长期生活在农耕文化之中,年复一年简单重复的劳作酝酿了中华文化讲究实际、希望稳定的思想。古人云:"天不变,道亦不变。"所以做事情应该求实求稳,实事求是。对难以理解的鬼神,先民们也同样采取实用的态度,信则有,不信则无。民众会把自己的意愿与神灵意识巧妙结合起来,赋以神灵种种超常能力,希冀神灵对人类予以保佑。务实理念使国人既有忧患意识,同时也保持乐观心态。

四是积极的革新观。习近平说:"创新是民族进步的灵魂,是一个国家兴旺发达的不竭源泉,也是中华民族最深沉的民族禀赋,正所谓'苟日新,日日新,又日新'。生活从不眷顾因循守旧、满足现状者,从不等待不思进取、坐享其成者,而是将更多的机遇留给善于和勇于创新的人们。"[1]《易传》:"天地革而四时成,汤武革命,顺乎天而应乎人。革之时,大矣哉!"顺应时代的变革,与时俱进,是中华文化的基本精神,历代许多名篇巨著都包含了这种催人奋进的精神。例如,"路漫漫其修远兮,吾将上下而求索";"老骥伏枥,志在千里,烈士暮年,壮心不已";"莫等闲,白了少年头,空悲切"等。还有许多神话、寓言,同样蕴含着这种革故鼎新的精神。例如"夸父追日""精卫填海""愚公移山"。与时俱进、自强不息构建了中华民族开拓进取的创新精神。

泉州先民在继承中华文化的基础上,突破了传统的农耕思想,激活了蕴含于中华文化之中的海洋意识,全面开启了商贸活动,推动了中华文化的大发展。他们走向大海,融入世界,把中华文化带出泉州,带到他们足迹到达的地方,并与当地文化有机融合,创造性地转化为推动社会进步的动力。审视泉州文化典型的个性精神,可以看出在以下几个方面延伸和发展了中华文化。

其一,浓厚的开放意识激活了沉闷的农耕文化。

中华文化经历几千年的发展,稳定的农耕时序生活模式削弱了与外界交流和激荡的欲望,传统儒学也给国人添加了许多束缚。然而从隋唐开始,泉州的对外开放格局就已逐步形成。那时候面向大海的泉州,因为天高皇

---

① 习近平:《在同各界优秀青年代表座谈时的讲话》,人民论坛网,http://www.rmlt.com.cn/2017/0503/472300.shtml.

帝远的地理环境,更因为生存的需求,敢于打破"士农工商"以商为末的正统观念,从传统的农业耕作转向面向海洋的工商贸易。唐代诗人包何,润州延陵(今江苏丹阳)人。他在《送李使君赴泉州》一诗中描绘:"傍海皆荒服,分符重汉臣。云山百越路,市井十洲人。执玉来朝远,还珠入贡频。连年不见雪,到处即行春。"诗歌记录了当时泉州"市井十洲人"的热闹景象。宋元时期,泉州刺桐港成为世界最大的通商港口,"缠头赤脚半番商,大舶高樯多海宝"。在这里,形成了中国和世界商品的大流通、文化的大交融。北宋谢履《泉南歌》诗云:"泉州人稠山谷瘠,虽欲就耕无处辟。州南有海浩无穷,每岁造舟通异域。"李邴也在《咏宋代泉州海外交通贸易》中写道:"苍官影里三洲路,涨海声中万国商。"泉州住民的种族、语言、文化多样,商人无数,有阿拉伯人、印度人、犹太人,还有来自意大利的商人。世界多民族在闽南地区开展商贸活动和宗教信仰传播,泉州留下了他们的文化生活印记。到了元代,汪大渊在《岛夷志略》中记载:与泉州有过海外贸易的国家达到 98 个,物资品种达 250 种以上。泉州已然成为"四海一家"的滨海大城市。可以想象得出,在泉州繁忙的海上贸易的那个盛世时代,清真寺的祈祷、摩尼教的圣火、古基督教的祷告、佛教的梵音、道教的清修,以及天后宫的顶礼膜拜和府文庙的琅琅书声,和谐美妙地交融在一起,向世界展示着中华文化的生命活力。

其二,精彩的共赢心态展示了中华文化构建利益共同体的务实观念。

泉州人深刻理解中华文化的利益共享思想,坚定互惠共赢精神,敢于兼容并蓄,敞开胸怀包容多民族多文化在泉州的共生共存。一切愿意来到泉州,并为泉州带来利好的商贸活动,都受到泉州人的欢迎。泉州在对外的商贸活动中,获得巨大的利益。宋元时期,刺桐港是国家每年最重要的税收来源。绍兴三十二年(1162 年),泉、广两市舶司舶税净收入增至二百万缗,约占当时南宋朝廷年度财政总收入的二十分之一。这个时期泉州市舶司税收一年便超过了一百万缗,可见其商业之繁华。泉州人在商贸活动中追求诚信,愿意与真心合作者共同发展,愿意与真诚相待者和谐相处,尊重其民俗信仰。泉州人把"你好我也好"的思想,通过海上丝绸之路向世界传播,在对外交流中书写互惠共赢的历史,与世界构建利益共同体和生命共同体,推动了中世纪世界的文明和进步,为今天的现代化建设,为 21 世纪海上丝绸之路的建设,贡献了和睦发展的历史篇章。

其三,典型的向海精神突破中华文化内向型发展的传统意识。

以中原为核心的汉人,一直是以农耕文明立国的。但是当他们的先民南下进入福建后,生存环境警醒他们:要追求生存,就必须自强自立;要自强不息,就应该入境随情。正所谓一方水土养一方人,泉州人在八山一水一分田的生存环境中,养成了灵活机变、可儒可商、可山可海、山海交融的性格。他们向海而生,不拘一格开拓新的发展空间,以商贸和海航为主业,漂泊异域打造海上丝绸之路。在泉州,居住内陆安溪、永春、德化的民众依山求生存,也可以弃山向海;居住沿海晋江、惠安、石狮的民众向海谋发展,也能够耕山雕石。在他们的眼中,只要门缝里还透露一缕光线,生活仍有希望,他们就愿意出生入死,跨海入台,漂洋"过番",寻求生路。例如,安溪县并不临海,但这里的许多先民跨越台湾海峡参与宝岛的垦殖开发,以命相搏远赴南洋,参与东南亚的建设。据调查,目前台湾民众中祖籍安溪的超过230万人,在新加坡的安溪籍华人也有50多万人。

其四,深刻的乡土观念演绎了中华文化重乡崇祖的家国情怀。

"安土重迁"意识是中华文化稳定的基石,带来5000年从未中断的文化传统。泉州人来到东南海疆,无论如何改革创新,始终不变的是慎终追远的乡土情怀。他们开辟的海上丝绸之路,与历史上的走西口、闯关东的先民们有许多不同点。泉州人是到东亚、东南亚乃至更远的异域他国开辟生活道路,他们愈是行远愈是念记祖地。搏击海浪,登陆举目无亲的异域,在那儿闯荡谋生,其思乡也情切,返乡也实难。因此,中华文化的情感更加深刻,重乡崇祖、血缘亲情,深深地扎根在他们心中。传习家乡话、保留乡音,传承家乡习俗、保留亲情,开展私塾教育、弘扬中华文化,成为他们确保后代子孙不忘祖先、不忘来处的重要方式。泉州人讲究族群宗亲关系,对家乡亲人特重义气。在东南亚,早期到达的华人打拼成功后,会集资组织建设供奉观音、关羽、妈祖和土地公等神灵的寺庙。这些寺庙功能多样,既用来祭祀祈福保平安,也用来同乡聚会处理纠纷和丧葬事务。此外,还有一个很重要的功能,它是华人新移民的落脚点和资助新移民拼搏的坚强后盾。许多赴南洋拼搏的泉州人,大都通过这种生存方式得到先期到达的乡亲的提携和指引。侨亲们一旦口袋有钱,就通过侨批的方式往家里汇款,著名的闽南侨批作为历史见证成为"世界记忆文化遗产"①。侨亲们有了孩子,一般都会安排后

---

① 泉州方言称书信为"批"。侨批是海外华侨通过海内外民间机构寄给国内亲属的汇款兼家书。

代回到家乡继承香火;赚了大钱,一定带着儿孙回家以示光宗耀祖。他们乐意为家乡建设举办慈善事业,如修路搭桥,捐建学校,修建宫庙,扶危救困,彰显自己的家乡情怀。陈嘉庚、李陆大、陈祖昌、陈守仁等,堪称当代华侨著名的慈善领袖人物。这一切都在印证着重乡崇祖的中华文化本色。

泉州传承和发展了中华文化,激活了海洋文明,建立了宋元时期世界级的海洋商贸中心。2019年底,以泉州市、厦门市、漳州市为核心的国家级闽南文化生态保护实验区被列入首批国家级文化生态保护区名单。泉州文化的开放与海洋商贸意识为中华文化的和合思想增添了新的气息,泉州文化的务实共赢心态为构建世界利益共同体提供了历史样板,泉州文化向海而生的精神为21世纪海上丝绸之路的建设提供了世界合作的范本,泉州文化的家山情怀成为中华文化重乡崇祖精神的典范。

(二)为泉州的发展树信心

泉州学揭开泉州神秘的面纱,向世人展示了一个神奇又朴实、古老又年轻的泉州。

泉州的神奇,就在于它具有贯穿古今、连接东西、聚合中外、融汇南北的特点。泉州的古今是贯通的,两千年前的上古汉语还有许多特征保留在泉州方言之中,唐宋时期的高雅音乐——南音,还在今天泉州民间吟唱,“重义求利”积极开展海洋商贸的思想迄今依然扎根于民众心中,不畏艰辛敢于突破陈规的理念仍旧是泉州人前进的动力。

泉州代表的中国海洋文明连接着东西方。宋元时期,领导世界海洋商贸的是泉州人,把中国互惠共赢务实求真的商贸思想传递给世界的是泉州人。泉州因为汇聚世界主要宗教于一城,成为联合国教科文组织确立的全球第一个“世界多元文化展示中心”。

泉州的宽容厚德精神成为聚合中外不同民族和文化的福地。历史上,泉州不仅汉化了许多外族人,而且敞开胸怀为少数民族留下生活空间,早期未融入泉州族群的闽越族后裔——畲族、因海上丝绸之路滞留的阿拉伯后裔,以及回族、满族等许多少数民族,在泉州都有安身之地。泉州在西晋时期就已经信奉道教和佛教,把传统的儒学也奉为至高无上的儒教,与其他地区一样,建有府文庙以供信仰和崇拜。泉州人相信头上三尺有神灵,敬天畏地,民间信俗杂糅繁复。正因为有此基因存在,世界上的各种宗教随着唐宋元时期的海上商贸登陆泉州。当海上丝路交通阻断之后,这些西方的宗教遗迹还继续保留到今天,令学者惊讶,令西方人赞叹。

泉州在历史发展进程中,不断融合中国南北不同族群、不同地方的文化。自汉晋之后,泉州不断接纳汉人,有东晋初年"八姓入闽",有侯景之乱的难民,有因战争带来的军民。这些人带来了北方先进的文化,推动了泉州的发展。泉州也因为南北民众的不断融合,一直在丰富着自己的文化,逐渐从边缘地区走向中国的经济中心。在科举考试、朝廷为官、文章入世、科技为民、经济腾飞等方面,不断张扬着泉州的魅力。

泉州的朴实,在于它一直在低调行走。无论是过往的历史进程,还是历史新时代,泉州从未把自己过分抬高,而愿意以国家利益、民族利益为重。泉州是一个实实在在的地方。

泉州很古老,以汉人开发算起,至少也有 2000 年;以朝廷有建置(260年)有管理算起,迄今(2021 年)也有 1761 年。

泉州当然还很年轻,历史的厚重带给泉州无上的荣耀,同时赋予泉州不断进取的信心。泉州不是背负历史而自傲的地方,它始终保持旺盛的生命力,一直把自己放在新的起跑线上,一直在与时代赛跑。它始终保持爱拼敢赢的精神,始终坚持重义求利的思想,始终认定山海交融的行为观念。现如今,泉州虽然仍是地级市,但已经步入 GDP 万亿俱乐部。泉州学的研究,就是彰显泉州的智慧,为泉州未来发展鼓劲,为泉州创新领航提供历史启迪。俗话说,诗以言志,文以载道,试以《沁园春·泉州》[①]记之:

> 古港刺桐,鲁司寇庙,双塔桑莲。
>
> 悟老君点化,气能"吞海";清源毓秀,势在飞泉。
>
> 九日祈风,清真祈愿,"世贸中心"花正妍。
>
> 堪惊叹,有摩尼造像,香火依然。
>
>
> 温陵秦汉延绵,历百代、古音可溯源。
>
> 赞梯航万国,茶瓷开路;津梁飞渡,络绎非凡。
>
> 挥橹"过番",海神相伴,踏浪归来仍少年。
>
> 歌一曲,看龙门鲤跃,再续华篇。

---

① 气能"吞海":泉州真武庙为宋时郡守望祭海神之所,殿前立有"吞海"石碑。"世贸中心"花正妍:"世贸中心"指宋元时期的泉州是世界海洋商贸中心,"花"即刺桐花。"过番":下南洋。

（三）为闽南文化的研究提供坚实的基础

泉州文化是闽南文化的核心区，是闽南文化的重要组成部分。闽南文化是汉族文化的支流，是中华文化的一个区域性族群文化。我们曾经为闽南文化下过一个定义："闽南文化是以闽南方言为外在特征的世界各地闽南人，在传承中华文化的基础上发展形成的，具有共同的思维意识、共同的风俗习惯和共同的生活方式的区域性文化。它属于族群文化，因此它跟随族群获得对外传播；它又属于地域文化，因此它具有典型的地方特色。"①说闽南方言的福建南部地区——泉州、漳州、厦门是闽南文化的发源地。由这三个地方播迁到中国和世界各地（包括再播迁）的闽南族群共同创造和享受着闽南文化。

研究闽南文化，一是要展现它与中国其他地域文化如客家文化、闽东文化的差别，揭示闽南文化的个性。二是要探讨闽南文化所具有的中华文化共性和历史发展所形成的个性特征。在此基础上让世人更感性地认识中华文化的历史脉络和类型学特征，帮助人们认知中华民族的发展规律，以民族自信、文化自信去展望未来，建设未来。

泉州学的研究是中华民族和中华文化的最基础研究，也为闽南文化研究提供重要的学术成果。泉州学从整体上透视泉州有历史以来的人和事，探索推动泉州社会发展的动力，提炼泉州文化的内涵，研究泉州对中国、对世界做出的贡献。总之，泉州学至少可以从以下六个方面充实和丰富闽南文化的研究。

一是探索了早期汉人开发闽南的历史。虽然历史浩渺，史料匮乏，但是通过考古发现和实地调研，以民族信仰的认同、政治中心的认同、人语相随带来的上古汉语主要特征的存留、闽地居民的消散以及查阅有关史籍族谱的追溯记录，还是可以大体梳理出中原汉人进入闽南泉州的时段。可以约略知晓泉州先民替换当地居民闽越族，成为早期建设泉州先驱的历史文化痕迹。

二是探索闽南族群的播迁踪迹。大约从唐朝开始，泉州人为生存计，就开始向外流动。例如，泉州人开发和管理台湾，自唐以来就与澎湖岛和台湾

---

①　林华东：《闽南文化：闽南族群的精神家园》，厦门：厦门大学出版社，2013 年 10 月，第 2 页。

岛往来互动,宋代以来在台澎驻军管辖,明朝后期漳州人颜思齐和泉州人李旦、郑芝龙与荷兰侵略者周旋于台澎,其后郑成功顺利收复台湾,清初施琅进师澎湖,统一台湾。泉州的史实证明海峡两岸具有悠久的法缘、血缘、商缘、文缘、神缘关系。据不完全统计,台湾有900万人祖籍为泉州,约占汉族同胞的44.8%。而能使用闽南方言的台湾人超过台湾人口的74%。历史以来,不仅是泉州人开发台湾,更重要的是台湾也反哺泉州乃至大陆各地。例如,连横《台湾通史·陈震曜传》记载,1810年台湾嘉义县陈震曜被选拔为优贡。1815年,陈震曜从京城返闽,先后代理建安、闽清、平和等县教谕。他在教育方面做出了显著的成绩。泉州人不仅走向台湾,而且积极搏击海洋,顺着海上丝绸之路走向东南亚国家,参与住在国的建设。泉州学研究泉州人的行踪,并且以侨批文献资料证明了泉州人冒险"过番"不畏艰辛的打拼精神,相互扶持重义求利的精神品质,不忘祖籍守护中华文化的乡土情怀,彰显了闽南人爱拼敢赢的形象。

三是探索闽南人改革开放的历史基因。泉州自隋唐以来开辟海上通道"以海为田"的生活方式,敢于突破封建社会"士农工商"以商为末的思想,大胆开展商贸活动的行为意识,打造刺桐港成为中国的世界海洋商贸中心,以及明清官方海禁之后继续活跃的影响西方海霸的海上私商等一系列文化事象,彰显了泉州人长期以来勇于突破旧藩篱提倡新思想的奋斗精神。泉州历代思想家是改革开放的助推者,欧阳詹的《自明诚》强调奋斗开新,吕惠卿支持王安石推行变革,李贽公然反对假道学,李光地强调务实,极力推崇实学。他们都张扬着泉州人不甘寂寞,"苟日新,日日新,又日新"的革新精神。今天,在改革开放进程中,泉州能在没有条件的情况下创造条件,走在发展前列,与一贯的追求有着千丝万缕的联系。

四是探索闽南人所展示的中华海洋文明。泉州人向海而生,刺桐港与亚历山大港齐名,泉州的海外交通遍及世界100多个国家。泉州的文明经商友好交往成为那个时代世界海洋文明的典范。在欧洲所谓的大航海时代到来之前,中国的海洋文明已经独树一帜,虽然后起的欧洲抹杀淡化了那段文明。泉州学的研究有助于厘清历史事实,让世界知晓中国。泉州港衰落之后,漳州月港自15世纪末至17世纪中叶的兴起并持续近200年,印证闽南人坚持海洋商贸意识的延续。此后,厦门港的接续,都在不断演绎闽南人的海洋商贸精神。

五是探索闽南人守望家园的理念。泉州族群无论自己走得多远,总是记住远古的来处,担忧被华夏中心所遗忘。不忘初心、慎终追远、守护文化、心存敬畏,是构成泉州文化特色的重要因子。泉州人不忘初心,走到哪儿,都记住自己的出发地,功成业就一定要返乡拜祖告慰祖先。泉州人特喜欢声明自己是中原人,甚至异口同声说自己的老祖宗来自河南固始。这种文化意识构成一种坚强的核心力——我们是龙的传人,是中华民族。所以,在居所门楣或在宗祠正门上都要尽量表明自己的郡望堂号,以示自己的姓氏渊源和家族流派。泉州先民从北方来到丛山峻岭的福建,由于大自然赐予的不解之谜、对先人的怀念和患难相携等原因,泉州人对世界多一分敬畏,时时处处多一些祈祷和祝愿,无论何时何事,能融合就融合,能发展就发展,能改革就改革。所以,在泉州,不碍我前行的现象都能忍之,甚至用自己的理念融合之。泉州草庵的摩尼光佛雕像,开元寺大殿竖立的印度教雕刻石柱,融入旧城墙的十字架图案古基督教墓碑,唐代的伊斯兰教灵山圣墓,中国现存最古老的清净寺等,一系列古迹都在诉说泉州的融合力。历代由北方传入泉州的文化,凡能保留的,泉州人都将之化为民间生活的一个组成部分,无论是高雅的南音和梨园戏,还是各种岁时节庆,都已经成为活态的文化在生活中延续。继承优秀传统文化不遗余力,是闽南人一个共同的特色。

六是探索闽南典型的人文性格。泉州文化的创造与泉州族群的个性息息相关。习近平一再强调,优秀传统文化是一个国家、一个民族传承和发展的根本,如果丢掉了,就割断了精神命脉。文化随着时代的发展,需要弘扬,需要创造性转化、创新性发展,为当代社会服务。闽南人"重乡崇祖",具有家国情怀,知晓把根留住;"爱拼敢赢"传遍大江南北,坚持自强不息;"重义求利"崇尚求真务实,敢于兼容并蓄;"山海交融"随时调整方向,善于抢抓机遇。① 几千年来,这种思想方式和行为方式获得传承,还在当代社会中不断丰富、创新和发展。因为这种独特的核心精神,泉州人表现出自己独有的个性。其一,守成与创新同在。他们通过保持方言、延续民俗和艺术、建立家族制来坚守祖先记忆,寄托远古思念;"慎终追远,民德归厚"的观念深深融入泉州人的心中。他们敢于突破正统观念,一反重农轻商的传统,积极从商,开辟海上贸易新途径,以足够的开放容纳各种外来文化。其二,漂泊与回归合一。泉州人敢于突破农耕文化理念向外拓展,不仅走向大陆各地,还

---

① 　林华东:《闽南文化的精神和基本内涵》,《光明日报·理论版(史学)》2009 年 11 月 17 日。

跨海开发台湾,下南洋谋求事业。正所谓有海水的地方就有泉州人。他们还充满原乡情结,无论脚步走到哪里,都从未放弃对故土的思念,到老来还希望回归"古早味"的故乡。这一切彰显了泉州人心中重乡崇祖的意识。其三,灵智与豪气共现。泉州人具有南方人的灵气,又有北方人的豪气。泉州人的灵气,不但表现在他们拥有自我整合的文化和宽容的心态,还在于他们善于抢抓机遇。无论在哪个时代,他们都敢为人先,讲究"输人不输阵",以自强不息、拼搏冒险闻名。21世纪的今天,他们演绎了著名的泉州模式和晋江经验。泉州人充满豪气。他们敢说敢为,充满血性,处事大方,慷慨仗义。这种豪气是一种拼搏的意识,一种开放的性格,一种肝胆的血性,一种来源于远古的厚德。

泉州学研究的进一步深入,将为闽南文化研究提供更丰富的基础成果和理论阐释。

第二章　泉州鲜明的文化性格

泉州文化既是一种生活方式，也是一种文化性格。历史上的泉州，随着汉民社会的形成与发展，亦逐渐形成自身颇有特色的文化性格，最为突出者莫如求真务实、爱拼敢赢、开放包容、崇祖爱乡等。这些鲜明的文化性格，是泉州文化的重要精神底蕴，它铸就了泉州不凡的历史，亦预示着泉州未来的发展路向。

第一节　文化性格的主要成因

泉州鲜明文化性格的产生和形成，从历史的角度看，无疑是多种因素交互作用的产物，包括移民社会的突出特征、泉州特定生存环境的不断刺激以及中原传统文化的基因遗传等多个方面。

一、移民社会的精神特质

泉州是个移民社会。移民社会的突出特点，尤其是向外寻求新的生存空间的开拓性，以及由此所带来的竞争性，不能不在移民身上打下深刻的烙印，从而也成为泉州文化性格形成的初始要因。

泉州汉民文化的形成与发展，是与泉州地区的开发直接联系在一起的，而泉州地区的开发，又是与历史上中原汉民大量南迁进入泉州紧密相关。因此可以说，多彩多姿的泉州汉民文化，无论是物质存在或者是观念形态，皆是由不断南迁泉州的中原汉民逐步孕育出来的。

泉州原是闽越族人的聚居之地。中原汉民入泉之前，闽族和越族是泉州的土著居民。新石器时代，闽族已在泉州这片土地上繁衍生息，从事农业和渔业等方面的生产。南安丰州狮子山和葵山上，曾发现闽族人生产的工具和生活的屋基。他们俯瞰古南安江，渔猎为生。当时，狮子山下的丰州平原地处古南安江口,随着江河的淤积及海岸线的变迁,丰州平原逐渐向东海延伸,形成今天的泉州平原。按乾隆《泉州府志·建置沿革》载:"泉州府,《禹贡》扬州之域,在周为七闽地,春秋战国时为越地。"东汉郑玄注《国语·郑语》时说:"闽,蛮之别种也。"东汉许慎《说文解字》中注"闽"一词时说,闽是"东南越,蛇种"。也就是说,包括泉州在内的七闽是拜蛇为祖先的,是蛇图腾的氏族社会。南安诗山、南平樟湖等地都还有蛇王庙在。战国时期越族入泉。按《史记·越王勾践世家》载,周显王三十五年(公元前334年),越王勾践七世孙元疆与楚威王作战,战败被杀,国亡于楚,"越以此散,诸族子争立,或为王,或为君,滨于江南海上,服朝于楚"。大约就在这个时期,越王族航海入闽,并与闽族土著发生融合,形成闽越族。越族入闽后,尽管也在泉州传播吴越文化和中原文化,但这个时期泉州与中原尚没有建立有效的行政关系。

秦汉时期,中原汉民开始进入泉州。秦始皇灭六国统一中国后,设置了闽中郡,泉州亦为闽中郡地。闽中郡既然是秦属郡地,虽然仍由闽越土著统治,但中原汉民就有了入闽开发的念头。汉初,泉州为闽越国地。汉武帝灭了闽越国后,开始加强对闽中地区的统治,徙闽越遗民于江淮一带,为中原汉民入泉提供了空间。自此而后,泉州成为中原汉民的徙居地,吸引了中原汉民不断前来。汉末魏晋时期,中原汉民继续大规模南迁泉州。泉州考古发现和地方史志记载充分说明了这一点。大批中原汉民徙居泉州,逐渐占据了整个泉州地区,同化融合了这一带的闽越遗民,繁衍生息而形成一个经济较为发达的汉民社会,从而完全改变了原来比较落后原始的闽越社会风貌。梁至唐代,中原汉民继续入泉。唐初,陈政、陈元光父子率兵征蛮并在闽南驻扎下来,这批南迁的北方汉民,也有不少迁徙到泉州。唐代后期,中原地区再度动荡,黄巢农民起义爆发,更多的中原汉民直接进入泉州。唐末,王潮、王审知兄弟率兵据闽,形成中原汉民入泉的又一次高潮。宋南渡后,宋宗室贵族和中原地主官僚,以及不甘受异族压迫的中原汉民大批南移,流入泉州者亦不少,形成中原汉民徙泉的最后一次高潮。总之,从秦汉至宋代长达1000多年的历史中,中原汉民不断南迁泉州,既出现几次较为集中的迁徙,零散移居更是时时有之。他们既有直接来自河南等中州地区,也有从两湖、江西、浙江、江苏等地转徙而来。中原汉民不断南迁泉州的过程,也是泉州土著文明逐渐衰亡、中原文明在泉州逐渐扩展的过程。在泉州土著被消灭、被迁徙和流窜山间的同时,由中原和北方地区不断南迁定居于泉州的汉民，自然而然地成为泉州的新主人。泉州的汉民文化，泉州鲜明的文化性格，正是随着这些汉民不断地进入泉州而逐步形成和发展起来的。

任何事物的发生都有一定的理由，泉州汉民文化的表象及其性格的发生也有其理由。从根本上说，这理由只能从泉州社会发展的物质关系中去寻找。历史唯物主义观点认为，人们在自己生活的社会生产中发生一定的必然的不以他们的意志为转移的关系，即同他们的物质生产力的一定发展阶段相适合的生产关系，这些生产关系的总和构成社会的经济结构，即有法律和政治的上层建筑立其上，并有一定的社会意识形态与之相适应的现实基础。物质生活的生产方式制约着整个社会生活与政治生活及精神生活的过程。泉州汉民文化是物质生活同精神生活一体的社会过程，其发生和存在的合理解释，首先只能从移民社会的环境、社会生产力发展的水平、人们获取生存资源的方式，以及由此产生的移民社会的种种特性中去寻找。

中原汉民别却故土，南迁泉州，动因固然多种多样，但多数是为环境所迫，是因避乱而来。这一点，从最早进入泉州的秦代中原汉民身上，可以看得很清楚。这当中，既有戍守岭南却无法返回中原只好四处逃逸的秦兵，亦有因秦朝猛于虎的苛政被迫逃离中原的汉民。秦朝建立后，秦始皇派大军平定岭南，并谪戍五十万驻守，为巩固南越地盘，又派军徙吏随带家眷奴婢迁往岭南。按《史记·南越尉佗列传》载，秦末陈胜吴广起义，刘邦与项羽随即逐鹿中原，天下大乱，南越主帅任嚣赵佗唯恐祸及自己，遂兴兵绝道，使南方与中原于此无陆路可通。秦兵随即作鸟兽散，终因无法返回中原故土，相当部分只好就地安居，而部分秦兵及黔首则逃逸，辗转进入福建漳州和泉州。按乾隆《泉州府志·方外》载："大道，不知何许人也，曾出游，逢人哭，问之，曰：'长城之役，独子无兄弟，因出身代之。'尸解而归。修真清源左峰，后人供奉之，名大道岩。"秦始皇征徭役三十万以筑长城，又兼苛政猛于虎，大道为避秦暴政南徙泉州，可见痛苦之状溢于言表。随后，迁移泉州的中原汉民，大都亦是避乱而来，寻找避难之所。据《惠安紫云黄氏宗史资料》载，北宋咸平初年，族裔榜眼黄宗旦写道："汉道隆公，光州固始人也，为东郡会稽市令。东汉建安之乱，弃官避地入闽。初居仙游，后改迁桐城之西关。"按乾隆《泉州府志·风俗》载："晋永嘉二年（308年），中州板荡，衣冠始入闽者八族，以中原多事无复北向，故六朝间仕宦名迹鲜有闻者。"南安梅溪陈氏《陈氏族谱·溯源》云："陈氏之先，颍川人也。……远祖梅洋三郎，当时困于兵乱，人不自保，惟恨所居之不远，遂入闽中深山穷谷，以为营生安业之地，若武陵桃源之避秦者。"再如泉州蔡氏,据民国《崇政同人系谱·氏族篇》云:蔡氏"本周姬姓之后,文王之子叔度封于蔡。……唐末避黄巢之乱,迁于泉州"。泉州《曾氏史撷·龙山曾氏》云:龙山曾氏一世祖曾延世,"曾参三十六世裔孙于广明间率家族与王潮、王审知等攻入福建,转战福、汀、漳、泉诸州郡,光启二年(886年),定居泉州城西龙头山一带,成为曾氏龙山衍派一世祖"。道光《福建通志·傅自得传》载:"济源傅察,使金遇害,子自得,随母南奔。娶李邴女,翁婿同在泉州落籍。"李邴是山东巨野人,避北宋靖康之乱入闽,南渡时任参知政事。可见中原汉民迁徙泉州,本身大都是一种无奈选择,因为需要付出巨大代价,要冒各种各样风险,从而也需要一种顽强拼搏精神。

中原汉民选择南迁泉州,不仅要抛弃世代生存的家园,背井离乡,远离亲人,而且在徙居泉州的过程中,同样需要付出沉重的代价。因为迁徙的过程同样是个痛苦的过程。从中原汉民移居泉州的历史可以看出,移民固然有不少是单身前来,但也有许多是举家迁徙,如此又要扶老携幼,要携带不少基本的生活必需品,这本身就是一个沉重负担。从中原到泉州,路途甚为遥远,古代社会交通极不发达,尽管也有马车或船只等交通工具,然而大多数移民或者限于经济条件,或者由于其他各种因素,只能依靠自己的两只脚,长途跋涉,翻山越岭,涉水过河,风餐露宿,往往需要辗转好几个月时间,艰辛不言而喻,非亲历者难以想象。何况社会动荡,到处兵荒马乱,途中还会遭遇各种人为骚扰和侵害,诸如山寇和盗贼之类,有许多难以预测的凶险,随时都有人亡财空的可能。简而言之,移民们在迁移过程中,必定要面对各种艰难险阻,要遭遇各种痛苦折磨,需要克服种种的困难,需要战胜种种的挑战。如此,没有一股敢于拼搏的勇气,没有一种不屈不挠的精神,没有坚韧的意志,没有顽强的毅力,显然是很难承受的。

中原汉民远离故土,落脚泉州,无疑是为了寻找新的生存空间。徙居泉州的中原汉民,尽管有部分是贵族官吏,但毕竟大部分都是平民,尤其是农民。对于这些农民来说,迁徙的基本目标,首先是寻找可耕土地和山场,作为赖以生存的最基本的生产资料。对于他们来说,泉州这片土地尽管在特定条件下有相当的吸引力,是较为理想的新居地,然而要在这片土地上站稳脚跟进而成为新主人并不那么容易。姑且不论迁徙过程中的远途跋涉之苦,即使到了泉州,仍然面临着许多艰难困苦,甚至是残酷的生存竞争。中原汉民早期徙居泉州的过程中,一个最主要的对手就是泉州的闽越土著,往往要遭遇闽越土著的顽强抵抗。宋代《太平寰宇记·泉州风俗》云:"泉郎即此州之夷户,亦曰游艇子,即卢循之余。晋末卢循寇暴,为刘裕所灭。遗种逃叛,散居山海,至今种类尚繁。唐武德八年(625 年),都督王义童遣使招抚,得其首领周造奓、细陵等,并受骑都尉,令相统摄,不为寇盗。贞观十年(636 年),始输半课。其居止常在船上,兼结庐海畔,随时随徙,不常厥所。船式头尾尖高,当中平阔,冲破逆浪,都无畏惧,名曰了鸟船。"也就是说,这些闽越土著数量不少,散居山海,从晋末就开始进行反抗,直至唐初才被政府招抚。唐代以后,闽越土著基本上已没有多大反抗力量,但是中原汉民在迁居过程中仍然面临着激烈的斗争,只不过斗争的对象已不是闽越土著,而主要是那些早已徙居泉州的中原汉民的后裔。泉州土地狭小,可供耕作的土地不多,随着人口的增加,人稠地窄的矛盾逐渐显露出来,争夺生存空间的斗争是必然的,且越来越激烈。

艰难的迁徙与争取生存空间的斗争,使中原汉民在徙居泉州的过程中,不能不怀有拼搏的精神。因为当时的社会条件,决定移民在迁徙过程中以及到达泉州后争取生存空间的过程中,没有多少可以依靠的外部力量,大多只能依靠自身的力量,这是移民现实的选择。缺乏开拓进取的勇气,缺乏勇于拼搏的精神,移民们便寸步难行。对于迁徙过程中的移民们来说,依靠自身力量是战胜途中困难的基本选择,是他们能够安然来到泉州的基本保障;对于已经落脚泉州的移民们来说,依靠自身力量与天奋斗与人奋斗,获得生存空间并不断加以拓展,同样是至关重要的。因此,随着泉州汉民移民社会的逐渐形成,亦逐渐形成了不畏艰险勇于拼搏的文化性格。

二、生存环境的刺激作用

泉州鲜明的文化性格的形成,尤其是求真务实和勇于拼搏的文化性格的形成,亦与泉州特定的生存环境有很大关系,最为突出者,无疑在于人多地少且土地兼并又长期十分严重这个尖锐问题。

泉州枕山负海,多半是山岳和丘陵地带,自古以来就被称为"三山六海一分田"的州郡,适宜于耕种的土地面积非常有限,而人口密度却长期居高。正如乾隆《泉州府志·风俗》所云:"泉州地狭而硗瘠,濒海之邑耕四而渔六,山县田于亩者十之三,田于山者十之七,岁入谷少而人浮于食。"就是说,可耕地少且非常贫瘠,每年收成的五谷很少,而要吃饭的人口却很多。泉州处于亚热带地区,本身很适宜人口繁殖,加上多子多福观念根深蒂固,以及社会长期相对安定,人口的繁衍很快。因此,唐代以来,人多地少矛盾越来越突出,成为非常尖锐的社会问题,严重地困扰着历代泉州人。

唐五代,这个问题实际上已经十分明显。按唐人李吉甫《元和郡县志·泉州》载,唐代开元年间,泉州有五万多户。乾隆《泉州府志·户口》载,同一时期,泉州有三万七千户。两则记载虽有较大差别,可是即便只有三万七千户,如按唐代均田制标准,每户仅以一丁计算,亦应占田三万七千顷。然而直至清代前期,按乾隆《泉州府志·田赋》载,泉州仅有耕地一万四千顷。而在五代末年,泉州人口已达九万户,耕地即使有所增加,也不可能满足需要。唐五代的泉州,就开始兴起围垦造田浪潮,绝不是偶然的。可耕地严重不足,土地兼并却甚为盛行,官僚、地主、豪强、寺院变换各种手法,竞相占田,兼并的田地,不仅在本乡本里,而且扩展到外乡外县。唐五代,这个问题已经出现。当时,泉州就出现了"家有桑园七里,田三百六十庄"的大地主。五代时期,统治泉州的王氏和留氏家族,更是竞相兼并土地,建寺舍田,动辄千百亩。按泉州《开闽王氏家谱》载:"王延彬任泉州刺史,他在泉州建筑了云台、凤凰、凉峰三大别馆,又大兴寺院,如建招福、招庆二大寺院,置租田四十万余石。当时王家兼并的东西很多,都称为王田、王宅、王林、王塘。"王延彬仅给两座寺院的田租就有 40 万石,可见问题有多严重。所以,明代陈懋仁《泉南杂志》称:泉州自唐末至五代,肥沃田地大多给寺观拿走了,老百姓得到的只是剩下的那些贫瘠土地。

宋代,问题更加严重。入宋以后,泉州人口急剧增长。按《宋史·地理志》载,北宋崇宁年间(1102—1106 年),泉州已有二十万户,人口远超一百万,约占当时福建人口五分之一以上。所以,1107 年,泉州从上郡升为望郡。南宋绍兴年间的 1152 年,福建有户数约一百四十万。泉州的户口,仍占福建五分之一左右。南宋后期,泉州户数上升到了 25 万户。可是泉州的土地面积,只占福建面积百分之九。所以,宋代泉州的人口密度,每平方公里在四十人以上,大大超过当时全国平均密度十八人,也超过福建平均密度十六人。乾隆《泉州府志·风俗》记载,宋代惠安进士谢履有《泉南歌》之作。诗云:"泉州人稠山谷瘠,虽欲就耕无地辟。"所以,如果说人多地少的矛盾在唐五代时已出现,那么,入宋以后,它已成为泉州一个尖锐的社会问题。与此同时,宋代的泉州,土地兼并更加严重,势官富姓,大肆占田。按真德秀《真西山文集》卷四十二载,曾知泉州的王十朋说:"文肃公居泉,仅有圭田岁租千斛。"这个地主有海边圭田田租至千斛,犹嫌不足,因为还有占田更多的。乾隆《泉州府志·乐善》载："刘君辅，字仲佐，号西桥，晋江人，生于淳祐间，仕宋主簿。幼失怙，及长，竭力经营。置田南、同二邑，计三十六庄，租八万四千石。外复有山林、地税于祥芝本里。"南宋的田亩，以五顷为一庄。这样，单刘君辅一人除占有大片山林地租外，在素来被称为"地可耕者不能三分之一"的南安与同安两县，就占有将近二万亩的田地。佛寺道观也霸占田地，很多寺观田连阡陌。按《泉州开元寺志》载，开元寺"原额田，分布于兴化、泉、漳三郡，多至二百七十三顷九十五亩四分"。泉州农村经济的趋势，是"有田者不耕，而耕者无田"。拥有土地的农户日少，失去土地而必须租种地主土地的佃农日多。按蔡襄《蔡忠惠公集》卷二十四载，北宋时知泉州的蔡襄，写给运使王殿院的信中称："七闽之地……边江海而围山岳，土地硗确。所居之地，家户联密。有欲耕而无寸土者，有蓄积逾年，即为陶朱猗顿之富者。何哉？昔者僭王相继，竞取良民膏腴之田以入浮屠氏，国朝以来，因而不改……温陵、临漳、莆阳三郡，强宗右族，力事兼并，游手惰农，因之以流荡。"官僚地主不仅占田，且隐田匿税，把赋税转嫁到自耕农身上。封建政府则巧立名目，大肆搜刮，赋役甚为繁重，还有"四年而预借五年之税"。沦为佃农的农民用自己的农具，耕种地主的田园，把收成的大部分缴给地主，因而日益陷于贫困。南宋淳熙六年（1179年），朱熹出于巩固封建王朝统治的动机，曾向时任宰相的留正提出在闽中实施"经界"，即土地清丈，遭到泉州贵家豪右的极力反对。留正原籍永春，后迁居泉州，听了同乡豪强的话，所以"经界"施行不到一年，也就作罢了。百姓活不下去的证明比比皆是。按真德秀《真西山文集》卷四十九载，南宋知泉州的真德秀曾报告说："爰自迩年，顿非旧观。七邑而二为煨烬，十室而九乏盖藏。番舶罕至，市间之失业者众；船粟不继，军民之仰籴者艰。"如此，广大农民以土地为基本谋生手段受到极大制约。

元代，问题仍然存在。元代泉州的人口，按《元史·地理志》所载，泉州路有近九万户，人口近四十六万人。虽然表面看来，人口数量比起宋代似乎减少了，且减少的幅度还比较大，不过，即使这数字与实际情况没有多大出入，本身也已经不少，而可耕地并没有明显增加。

明代泉州的人口，按乾隆《泉州府志·户口》载，嘉靖元年（1522年），总户数为四万二千多，丁口为二十一万三千。万历三十六年（1608年），总户数为四万八千多，丁口十九万多。而据《明史·地理志》所载，明代的福建，洪武二十五年（1392年），编户八十一万五千多，丁口三百九十一万多。弘治四年(1491 年),户数为五十万六千多,丁口二百一十七万。万历六年(1578 年),户数为五十一万五千多,丁口一百七十三万八千多。实际上,人口远不止这么多,很多漏报了。土地仍是严重不足。所以,朱中行知泉州,有"水无涓滴不为用,山到崔嵬尽力耕"的诗句,反映的是很实际的情况。土地严重不足,而土地兼并问题依然极为严重。明朝建立后,为加强对基层社会的控制,推行严厉的黄册里甲制度,把各地人户统统编入里甲组织,禁止随意迁徙。里甲制度的推行,加上连年的战祸之苦,百姓希望过上安定生活,泉州社会一度出现较为稳定的景象,小农经济也有一定的恢复。乾隆《泉州府志·风俗》云:泉州"民饭稻羹,鱼为甘,于肉不敢羡也。山薮居民,树艺葛苎,机杼所就,与他邑相灌输,而贸易鱼盐,不过饔飧是赖。地利薄,故其蓄聚少,俗尚敦朴,自昔已然。"但是稳定局面未能维持多久。进入正统年间(1436—1449 年),明王朝的统治日趋腐败,赋税徭役日重,土地兼并也愈益严重。明人谢肇淛《五杂俎·地部》云:"仕宦富室,竞相蓄田,贪官势族,有畛隰遍于邻境者。至于连疆之产,罗而取之,无主之业,嘱而丐之,寺观香火之奉,强而寇之。黄云遍野,玉粒盈艘,十九皆大姓之物。故富者日富,贫者日贫矣。"官僚地主不仅竞相兼并土地,而且想方设法把赋税负担转嫁到普通农民身上。寺院占田也很严重。按明人蔡清《蔡虚斋文集》卷一载,蔡清曾痛心疾首地说:"福建属郡人民,自永乐、宣德以后,多有田已尽、丁已绝,而其粮犹在者。……天下僧田之多,福建为最,举福建僧田,又以泉州为最。多者数千亩,少者不下数百亩。……而吾良民,旦旦疲筋骨,家无立锥之产。"就是说,天下佛寺所占的田地,以福建为最多,而福建佛寺的田地,又以泉州为最多,多者达到数千亩,少者也有几百亩。善良的农民,每天辛苦劳作,却没有一块属于自己的田地。农民失去耕地,被迫大批沦为地主的佃农,又受到残酷的压迫剥削。按乾隆《泉州府志·风俗》载,明末地主收租,"斗桷无定,催租仆役于桷外横征,加以淋尖"。因此,有的激成佃户组织起来杀地主,如"南安之变作,一日而杀田主数人。垒土堡于山巅,积谷其上,约无输租者。……永春、安溪俱望风起矣,酿祸数载"。辗转流亡入山区的,不但有那些不堪忍受压迫和剥削的佃农,还有许多失去土地或者遇上荒年无以为生的农民。

清代,泉州人口也不少。乾隆《泉州府志·户口》载,乾隆二十六年(1761 年),入册上报的丁口为十一万一千多。雍正年间,永春县升为州。清代的永春州,丁口为二万八千多。两者相加,则泉州丁口约为十四万。依此推算，总人口当在五十万人左右。这当中，漏报的问题仍然很严重。可是直至清代前期，泉州仍仅有耕地一万四千顷。可见人多地少的问题依然如故。土地兼并与不合理的沉重税负，仍是困扰泉州百姓的严重问题。农民无田可耕，沉重的赋税，仍必须承担，压得农民喘不过气来。雍正年间，福建布政使沈廷正，曾向朝廷提出这个问题，并请求实行摊丁入亩的办法，缓和社会矛盾。按《清史编年·雍正朝》载，沈廷正奏称：闽地许多家无寸土的贫民，所纳丁银与田连阡陌的富户相同。每丁有征银数钱至一二两者，穷苦百姓有的卖儿卖女去交纳，有的逃往外乡，又累及亲戚邻居，种种苦楚，实在可怜。雍正皇帝批示：这奏折很好，发给有关部门审议。可是不过官样文章罢了，哪有真正解决问题的决心！如此，自然不会审议出什么结果，也不可能提出什么有效措施，一切依然故我。

古代社会，是个农业社会，农民占人口的绝大多数，泉州也不例外。对于广大农民来说，土地和山场一直是赖以生存的最基本的生产资料。在一个自然经济占绝对主导地位的农业社会中，满足生存需要的最基本手段即耕种土地与经营山场，以此获取各项生活资料，在一定村落中生活的农民，很难再从外部获得这些资源。而泉州可耕地如此之少，人口又如此之多，不能不使矛盾更加尖锐，且长期得不到缓解。所以，正如乾隆《泉州府志·风俗》所言：泉州这个地方，土地贫瘠，百姓贫困，年成好的时候都没有什么储存，一季歉收，百姓马上就要挨饿了，嗷嗷待哺。

泉州在这个问题上，甚至比起同处闽南的漳州差多了。漳州尽管也属丘陵地带，土地也不是很多，毕竟有个九龙江下游平原，可耕地比泉州要多出不少，又比较肥沃，水利灌溉条件相对也比较好，而人口则又比泉州少得多。而且漳州的山场，也比较适宜经营，除可种树植竹外，还可以种植各种水果。漳州沿海的农民，还可以捕鱼为生。因此，矛盾也不如泉州突出。当然，泉州沿海的一些农民，亦如漳州一样，还有一个出路，那就是出海捕鱼。不过，泉州湾附近并没有大渔场，所产的鱼类并不是很丰富，以此为生也不是很容易。更重要的是，这毕竟只是濒海的少数农民有这样的条件，对于绝大多数的居于内陆的农民来说，又是难以这样做的。

那么，泉州的老百姓，还有多少谋生之路呢？似乎不多。譬如说，通过科举考试，改变命运，走出泉州，这当然不失为一条金光大道。可是姑且不说并不是所有的人都能读书，都能读得起书，即使能够读得起书，能够登科入仕的幸运儿，毕竟也是极少数，比例低得可怜。因为登科入仕并不容易，科举是淘汰率极高的行当,获取科名的过程也是不断被淘汰的过程。这是一座金字塔,塔尖只能容纳一个人,越往上攀登就越艰难,当少数幸运者跃上一个新台阶后,更多的人只能被无情地抛弃。这无疑是对读书人的巨大压力。这种压力,由于名落孙山所带来的可怕后果,变得更为巨大。这就注定,所有企盼科名的读书人,必须为此付出沉重的代价,必须具有一种勇于拼搏的精神。又譬如说,向内陆其他地方发展,到他方去谋取生活资源,这确实也是一条生存之路。历史上的泉州,也有相当一批人,迫于生计,不得不向浙江、广东、海南、江西、湖南、四川等地迁移。这同样也困难重重,姑且不论迁徙本身的艰难,即使可行,人多地少的矛盾,内陆各地也比比皆是。正如府志所说:泉州这个地方,离中原太遥远,而且中间山阻水隔,泉州人要往他方去谋求生计,实在也不是那么容易的事。因此,这同样得有一种拼搏精神。再譬如说,经商。这固然可以求得生存,甚至发家致富,改变命运,可是姑且不论古代经商乃四业之末,本身需要一种务实精神,即使真的勇于摆脱思想羁绊经商,亦需要冒很大风险,尤其是海外经商,风险更大,更需要一种拼搏精神。

生存是人生的第一要务,人总是要生活的,肚子饿了,总得吃饭,总不能坐以待毙。既然人多地少的基本矛盾始终难以解决,人们的基本生计始终面临无法克服的难题,如此人们为了生存,总得想出一点生存的办法,寻求一条生路,无论这办法是什么,无论这条生路如何风险重重,也无论它是否为社会所认可,毕竟总是寻求一条活路。历史上的泉州人,所表现出的拼搏精神,很大程度上正是在这样的基本背景下产生的。

三、中原文化的基因遗传

泉州鲜明文化性格的形成与发展,亦与中原传统文化的基因有不小关系。中原汉民南迁泉州,带来了中原文化,这对泉州文化性格的形成与发展无疑也产生了不小的影响。

文化是有遗传性的,某种文化行为与观念一旦形成,是很难在短期内被轻易剔除的。中原文化是泉州文化的根,泉州文化是中原文化的支系。泉州汉民社会由于是从秦汉时期随着中原和北方汉民不断南迁泉州才逐步形成的,而当中原和北方汉民在汉末魏晋时期开始大规模迁移泉州的时候,中原地区的文化早已相当发达,已有了几百年甚至上千年的辉煌。入唐以后,更是争奇斗艳,异彩纷呈,呈现出前所未有的繁荣局面。徙居泉州的中原汉民,不仅带来中原先进的生产技术,带来中原的生活方式和风俗习惯,而且带来中原的思维方式与价值观念。这是因为迁居泉州的中原汉民,在中原祖地即已深受中原文化的熏陶,长期的熏陶塑造了他们的社会人格,使他们已经从心理上、文化上、精神上认同中原文化,对中原文化具有高度的认同感。这种社会化经历打下的深刻烙印,不能不对他们徙居泉州后的行为方式与价值取向发生重大的影响。当他们离开中原祖传的基地,来到泉州这一新的生存基地时,传统社会人格意识不仅难以被剥离,不大可能摆脱深远的故土文化之根,反而由于其他因素的刺激作用,很容易在新的环境中重新获得自己的存在,并且得到进一步的发展。所以,中原移民进入泉州的过程,也是中原文化在泉州传播的过程。

南迁泉州的中原和北方汉民,承继和弘扬的中原文化观念甚多,就其与泉州鲜明文化性格形成有关的观念,最主要有两种:一是和而不同的对待外来文化的包容观念,二是尊宗敬祖的慎终追远观念。

源远流长的中华文化,向来具有对外来文化的包容精神,即求同存异,兼收并蓄。所谓求同存异,就是能与其他民族的文化和谐相处;所谓兼收并蓄,就是能在文化交往中吸收和借鉴其他民族文化中的积极成分。中国的传统文化是以儒家文化为代表的文化,维系中华民族精神的主体文化是儒学。中国传统文化向来具有巨大的包容性,对外来文化向来不排斥,这种包容性集中体现在儒家文化的多元开放的文化理念上。孔子的“君子和而不同”,《周易大传》中的“天下一致而百虑,同归而殊途”,都是主张思想文化的多元开放。这种多元开放的文化理念,一方面,使儒学不断吸收和融合其他各家各派的思想,成为一种绵延不绝的思想体系。另一方面,这种多元开放的文化理念极大地影响了中国传统文化,使之形成了兼收并蓄的传统。泰山不弃拳石,故能成其高;沧海不遗点滴,故能成其大。中国历代思想家多主张海纳百川和兼收并蓄。在诸子百家时期,儒家在初创之时,创始人孔子正视文化差别,主张用先进的华夏文化消除差别,实现华夷一统。他提倡君子坦荡荡,胸怀要宽广。孔子还主张“学而时习之,不亦说乎”。这当中的“学”,无疑也包括向外族人民学习。孟子把孔子誉为“集大成”者,对孔子思想中的包容性大加赞美。他继承了孔子的这种胸怀,认为海洋的博大胸怀是人类应当效法的,发出了“观于海者难为水”的慨叹,很多主张极大地丰富了中国传统文化中的包容思想。孔孟之后,从荀子到朱熹,也主张实行兼容并包,相辅相成。在多种文化的碰撞中,相互吸纳,相互补充,正是中国传统文化生生不息的动力所在。中国固有的传统文化根基深厚并且富于包容精神,其结果是不断吸收外来文化并不断同化外来文化。外来文化的进入丰富了中国传统文化,却并没有使中国传统文化丧失其特有的本色。中国传统文化向来主张有容乃大,大乃久。文化上的包容性,使中国传统文化在内部形成丰富多彩与生动活泼的局面,在外部则向世界开放,不断接受异质文化的激发,不断吸纳外来文化的营养,从而使自身具有更强的生命力。可以说,中国传统文化之所以博大精深,川流不息,正是由于其吸纳百川的结果。中国传统文化的这种包容性,被南迁泉州的中原和北方汉民所承继,使泉州汉民社会自形成伊始就具有较为开放和包容的色彩,并且由于泉州特定的生存环境,尤其是海外交通活动的活跃,得以不断强化和发展,显得愈来愈鲜明。

中华民族向来就有尊宗敬祖观念。在中原地区,还在原始社会末期,随着农耕文明的创造,就开始形成一个个以血缘关系为纽带的农业聚落。在这样的农业聚落中,最终确立了父权在家庭中的统治地位。随着父权家长制形成,社会对祖先的崇拜亦开始萌芽。私有制和国家产生后,血缘关系作为农业聚落内部一种调节机制,已在社会生活中发挥着重大作用,并为国家统治机构所吸收而成为宗法制度。西周时期就已经形成了系统而完整的宗法制度。宗法制度是由氏族社会父系家长制演变而来的,是王族贵族按血缘关系分配国家权力以便建立世袭统治的一种制度。宗法制的目的,是防止贵族之间因为权力和财产的继承问题发生争夺,维护贵族统治集团内部的稳定与团结。宗法制度是一个非常复杂的制度,核心是嫡长子继承制,世袭官位。在宗法制度下,从始祖的嫡长子开始传宗继统,并且世代均由嫡长子承继。宗法制的实行,形成了一个严格的等级制度,尊卑有序,保证贵族在政治上的垄断和特权地位。正因为宗法制以父系血缘关系为准绳,按血统远近区别亲疏,确定权力传承的标准,因此而内化为孝悌伦理观念,形成一种尊宗敬祖的传统。可以说,中国人的宗族观念、认祖归宗、尊宗敬祖的忠孝观念都源于宗法制度。尽管严格意义上的宗法制度在西周末年已经开始瓦解,但宗法制对中华民族的影响却是全方位且持久的,成为民族传统和社会心理的重要内容。尤其是尊宗敬祖、认祖归宗、万事孝为先、不忘宗族等现象与观念,更成为中华民族传统文化的重要组成内容,对中国社会产生了深远的影响。秦汉以来,南迁泉州的中原和北方汉民,同样带来了这些观念,使泉州的汉民社会同样自形成伊始即有颇为浓厚的尊宗敬祖观念。而且,这种观念由于泉州移民社会的特点,以及汉民社会形成后长期又有大量的百姓向海外迁移,因而得以不断强化和发展,显得愈来愈鲜明,浓烈的尊宗敬祖观念,又衍生出浓烈的爱乡爱国观念,长盛而不衰。

第二节　文化性格的突出特点

文化性格是社会大众的精神品格,是社会大众的生活观、理想观、价值观,是社会大众价值取向与行为方式的基本底蕴,历史上泉州所形成的文化性格,内涵极为丰富,就其最为突出者而言,主要表现在求真务实、爱拼敢赢、开放包容、崇祖爱乡等几个方面。

一、求真务实的行为意识

求真务实,讲求实际,实事求是,认识事物的真谛,并以此作为行为的指导,这是泉州最为突出的一种文化性格,这种文化性格在历史上泉州人的社会活动中,得到了突出的体现,它既表现在经济方面和政治方面,亦表现在思想方面和文化方面。

求真务实,可谓泉州文化的风骨。何谓"风骨"? 就是诚实端直的风度与气质。风骨既指为文赋诗的品质和风格,亦指人的品性和性格。就为文赋诗风格而言,它体现为有个性和力量,端直言辞和骏爽意气互为一体,作品具有刚健遒劲格调。就人的品性和性格而言,它指具有独特于其他人的观念和行为,独特的行事作风,独特的行为表现,诸如有诚实的心,有不凡的抱负,有高尚的情操,有刚正的气概,威武不屈,坚韧不拔。唐宋以来的泉州人,无论治学为官,或者从事经济活动,崇尚风骨,乃是基本的价值取向。这种泉州风骨的形成,始自唐代,首开其先河者,人们公认是唐贞元年间与韩愈同登"龙虎榜"的泉州进士欧阳詹。

欧阳詹,字行周,泉州南安人。按李贻孙《〈欧阳四门集〉序》载,欧阳詹从小勤奋好学,且有自己独特见解,"言秀而多思,率人所未言者"。未登进士前,诗文已"振发于乡里之间。建中、贞元时,文词崛兴,遂大振耀,瓯闽之乡不知有他人"。唐贞元二年(786 年),欧阳詹怀着"射百步期必中,飞三年而必鸣"的心情,踏上了赴京会考之路。他在长安大概候考了六年。贞元八年(792 年),经"五试于礼部",终于获得"甲第",以《御沟新柳》《明水赋》等赢得陆贽等主考官赞誉,以优异成绩与当时著名文人贾棱、韩愈、李观、李绛、崔群等 22 人中了同榜进士。贾棱第一名,欧阳詹第二名,韩愈第三名。因为该科人才济济,时人称为"龙虎榜"。宋代泉州进士刘昌言曾有咏欧阳詹诗云:"一举首登龙虎榜,十年身到凤凰池。"

欧阳詹登进士榜后,尽管为官时间很短,且官位仅止于国子监四门助教,然而对于泉州乃至福建文教事业的发展,影响却非常深远,而他所倡导并践行的"风骨",更是为后来历代泉州人所高度认同。这种风骨的理论基础,源自欧阳詹那篇《自明诚论》。按《欧阳行周集》载,欧阳詹在文中称:"自性达物曰诚,自学达诚曰明。上圣述诚以启明,其次考明以得诚。苟非将圣,未有不由明而致诚者。"接着引公孙弘自明诚而为卿大夫,管仲自明诚而辅佐齐桓公,商鞅自明诚而辅佐嬴政并变法,张良自明诚而辅助刘邦。他进一步论证,"既明且诚,施之身,可以正百行而通神明;处之家,可以事父母而亲兄弟;游于乡,可以睦闾里而息讼争;行于国,可以辑群臣而子黎民;立于朝,可以上下有序;据天下,可以教化平"。自明诚是有心者都能达到的。可见所谓"自明诚"者,即独立思考,不人云亦云,敢"言人之所未言者",敢于发表具有独特见解的新理论、新观点。文中列举了商鞅变法及张良辅佐汉室等非常之举动,指出皆因他们有独立思考而独具卓识。强调人的真知卓见与独立见解的意义。显然,这种独到的见解,既有见识,亦有胆量。

欧阳詹居官治学,正因倡导"自明诚",求真务实,独立思考,并有许多真知灼见,风骨独树一格,得到高度评价。他去世后,韩愈哀叹他"不显荣于前",又恐其"泯灭于后",满怀深情地写了《欧阳生哀辞》,不仅介绍生平,且称"其文章切深,喜往复,善自道"。福建都团练观察使李贻孙为其文集作序云:"其文精于理、切于情,宜司当代文柄,以变风雅。"正确评价其风骨,并肯定其价值。《新唐书·欧阳詹传》称,"其文章切深,回复明辨"。《欧阳行周集》收入《四库全书》,《四库全书总目提要》称:"其集有大中六年(852 年)李贻孙序,称韩侍郎愈、李校书观洎君,并数百岁杰出。今观詹之文,与李观相上下,去愈甚远。盖此三人同所举进士,皆出陆贽之门,并有名声。其优劣未经论定,故贻孙之言如此。然詹之文实有古格,在当时纂组排偶者上。韩愈为《欧阳生哀辞》,称许甚至,亦非过情也。……惟王士禛《池北偶谈》摘其《自明诚论》,谓'尹喜自明诚而长生,公孙弘自明诚而为卿,张子房自明诚而辅刘,公孙鞅自明诚而佐嬴'诸句,以为离经叛道。则其说信然。然宋儒未出以前,学者论多驳杂,难以尽纠。亦存而不论可矣。"欧阳詹有胆有识的文章,因为触犯了礼教藩篱,清初墨守成规的王士禛指责他是"离经叛道,狂悖谬悠之论"。这与李贽孙"宜司当代文学之柄,以变风雅"的评价正好相反。这说明自唐开始,泉州治学居官者就以高见卓识面世,以摆脱羁绊的刚劲锐辩之气形成风骨,具有甚大的社会影响。因此,欧阳詹被誉为"泉州风骨"的开启者。

欧阳詹开启的泉州风骨,得到世人的高度赞赏,并为历代泉州人高度认同,不断继承并加以弘扬,产生了极为深远的影响,成为唐代以来泉州文化的突出品格。泉州府县志的记载,也说明了这一点。民国《南安县志·风俗》云:"南安先泉郡而治,风俗最古。自唐欧阳四门以文章破闽越之荒,嗣是家诗户礼,颖秀而文者多见重于朝廷。益以紫阳过化,流风遗泽,陶淑后生,遂彬彬然与邻治称'海滨邹鲁'矣。"乾隆《泉州府志·风俗》称,泉州自欧阳詹后,为官者优秀品格得到不断塑造:"凡仕宦所至,任事行法,不善委曲徇人。虽有权门幸路,莫肯投向,尤耻于面谀而短于辞说。见贪污无检者,辄群然鄙贱之。"泉州人文之胜,敢与中原争雄。摛藻撷华之士,无不考虑家族光辉如元珠,个人完美如拱璧。可见泉州风骨已经扎根于泉州人的思想深处,并突出地体现在他们为人处世的行为上,因而成为泉州宝贵的人文传统,亦扩大了泉州的社会影响,极大提高了泉州的知名度。

泉州求真务实的文化性格,从经济方面看,表现得最为突出。历史上泉州人的经济活动,尤其是经商活动以及向海外迁移,无疑正是求真务实的文化性格的突出体现。因为无论是经商或迁移,在中国传统社会中,始终是传统观念的"异端"。中国传统社会立国的基本国策是以农为本,视商为末,鄙薄商人。中国古代社会很早就把百姓分为四个等级:士农工商。农本商末,这是传统社会的基本价值评价。在中国漫长的封建社会中,统治者长期秉持"重农抑商"政策,视农耕为本商业为末,社会长期弥漫着浓厚的"农本商末"思想,经商向来被世人所鄙视。同时,中国人向来"安土重迁",不轻易背井离乡,离开生于斯长于斯的故土,迁徙他乡。因此,在传统社会中,人们要摆脱这些传统观念的羁绊,并不是那么容易的事。然而历史上的泉州人,能够务实地看待自己的生存环境,深刻地认识到陆上生存环境的不佳以及有利的海上交通活动,认识到持守农业为本以及固守家园的艰难,没有为这些根深蒂固的传统观念所束缚,敢于摆脱这些观念的羁绊。正是基于求真务实的观念,因此,尽管同样处于农业社会,可泉州重农抑商的情况,与中国其他许多地方相比较,显得并不那么严重。泉州人热爱家园却没有死守家园,他们可以向外移居,寻求拓展新的生存空间。对于人们的经商行为,社会一般不表示反对,而且还予以认同。人们都认识到持守农业为本的艰难。即使是深受儒家传统教育的学者,亦是如此。这在明代表现得更为突出。明代厉行海禁政策,位于滨海的泉州百姓生计受到极大影响,也激起了极为强烈的反弹。泉州学者身处其境,面对愈演愈烈的海禁与违禁经商的较量,不能不有深刻的感受,并对海禁政策的后果及其危害性进行深刻的反思,在此基础上,重商思想不断发酵,纷纷通过著述表达自己的见解,公开对海禁政策表示质疑,并对百姓的经商行为给予高度肯定,这无疑是对农本商末传统的勇敢突破。李光缙、李贽、何乔远等,都是突出代表。清代,泉州学者李光地等,亦以某种形式表达了对明代泉州这些学者的重商思想的赞许。

泉州求真务实的文化性格,从政治方面看,尤其是为官为宦者的宦海经历看,亦表现得颇为突出。历史上的泉州,为官为宦者数量众多,许多人在政治舞台上有优异表现,得到世人的高度评价,并载入史册,流芳后世。这种优异的表现,就是具有颇为鲜明的崇真务实品格,不随波逐流,不拉帮结派,不媚附权贵,刚正不阿,特立独行。封建社会的官场,朝廷大臣为争权夺利,屡屡拉帮结派,钩心斗角,尔虞我诈,互相倾轧,已成痼疾。然而纵观历史上泉州的为官者,大多能秉持正直,公正处事,既不暗植私党,亦不依附帮派,尽管受到孤立,甚至受到攻击,亦淡然面对。留正、梁克家、李廷机、黄克缵、李光地等人,都是典型代表。封建社会的官场,权大于法,手握权柄的达官显宦,出于一己之私,往往唯我独尊,滥用职权,网罗党羽,打击异己,泉州许多为官者,不媚权贵,无畏排挤。封建专制社会,皇帝高高在上,拥有对臣民生杀予夺的大权,朝臣大都唯唯诺诺,诚惶诚恐,可是历史上泉州的为官者,亦有许多人能唯国是忠,以国家社稷为重,并不唯皇帝之命是从,即使被贬职被罢官甚至招致杀身之祸,亦义无反顾。所有这些,从根本上说,正在于求真务实的为官态度,而其底蕴则在于泉州求真务实的文化性格。

泉州求真务实的文化性格,从思想领域看,尤其是学者读书治学的经历看,同样表现得颇为突出。历史上泉州学者读书治学,大都有鲜明的个性特征,这就是始终坚持务实态度,不人云亦云,反对"泥古",反对思想僵化和绝对化,注重实际,独立思考,敢于疑古,勇于批判,敢于提出新见解,因而有不少的理论创新。突出的表现,除了重商思想外,理学方面的创新,颇有代表性。泉州学者尽管并非理学的创立者,然而对于宋代以来理学的形成、丰富、发展以及创新,却做出了甚大的特殊贡献。南宋时期,泉州不仅为朱熹理学的形成提供了重要的实证基地和思想素材,而且为其传播发挥了不小的作用,泉州安海甚至有"闽学开宗地"之称誉。明代,王阳明理学兴起,朱熹理学受到严重挑战,面临巨大危机。以蔡清为代表的泉州一大批理学家,坚定捍卫朱熹理学,不仅对朱熹理学要旨做出深刻阐述,而且对朱熹理学精髓加以进一步发挥,丰富和发展了朱熹理学。泉州成为维护朱熹理学的重要阵地。清初,泉州学者李光地,竭力倡导学者读书治学应"明实理",就是探究真理,判断是非,"发明道理"。圣贤学问并非完美无缺,并非完全没有任何可以怀疑之处,人的认识应随实践拓展不断深化,对事物认识不能停留在古人思想理论层面上,不能以古人言论为绝对标准。清初程朱与陆王门户之争,仍然非常激烈。泉州人李光地汲取程朱理学以理为本的思想和陆王心学以心为本的思想,创造了一个融合程朱陆王思想的以性为本的新体系,作为对宋明道学的总结,从而成为清初理学思想的集大成者。李光地建立的别具特色的理学体系,无论从整体还是诸多细节上,都具有突破传统和革新传统的积极意义,孕育着近代人文主义的思想因素。这种理论创新,就其底蕴而言,无疑是求真务实的思想。

　　泉州求真务实的文化性格,从文化方面看,亦表现得颇为突出,这就是崇尚实学风气,倡导"务实学",主张学以致用。继欧阳詹之后,北宋时期,泉州又涌现出多位以务实学著称而名闻神州大地的人物。曾公亮在军事科学方面的成就,就是典型。吕惠卿亦是典型,治学以务实用著称,走的是"通经术,晓政事"的道路,把治学与为政联系起来,并运用所学以济世,被王安石称为"登用大儒"。其著述成为变法的精神支柱。南宋时期,泉州得朱熹"过化",文人学者恪守朱子"博学、审问、慎思、明辨、笃行"的教诲,读书治学更讲究务实,泉州因此有"海滨邹鲁"的称誉。迨至明代,泉州务实学之风更为世人所瞩目,涌现出蔡清、陈琛、张岳、王慎中、李光缙、何乔远、蒋德璟、俞大猷等大批有相当影响的人物,大大提高了泉州在全国的知名度。蔡清极力反对"无用之空言",提倡"有体有用之言",并在行事上加以践履和验证,实现修齐治平的志向。张岳官至湖广川贵总督,既是大将,又是大儒,除研究理学,亦研究天文、兵法等"经济大业",著有《历代兵鉴》。李光缙宏览博物,按乾隆《泉州府志·李光缙传》载,"不沾沾举子业","日研经史及朝章民隐,以备经济"。蒋德璟官至礼部尚书兼东阁大学士,深研历代典章、九边要塞、河漕、屯盐、水利等,著有《御览备边册》《蓟水三卫考》诸书,对加强边陲防守具有重要价值。俞大猷既是名震四海的抗倭名将,也是军事科学家,所著《韬钤内外篇》极有创见,为明代重要军事学著作。这些泉州人,正是明代泉州"务实学"的代表,他们治学方向不同,学术见解不同,学术成就与贡献亦不尽相同,可是有一点完全相同,即承继先辈传统,皆有"明经笃行之意"。清代的李光地,更是弘扬光大了这种传统。按《榕村语录·学一》载,李光地这样概括自己的读书治学思想:"吾学大纲有三:一曰存实心,二曰明实理,三曰行实事。"这三句话,言简意赅,将其务实学思想表述得颇为明确。首先是存实心的基本指导思想。读书治学应重视务实,要有真本领,要干实事,不要说大话,说空话,讲虚文,因为说到底,只有存实心,务实学,读书治学才有意义,没有治国安邦的真才实学,只会空谈,这种人是不能用来治理天下国家的,甚至终因空谈贻误国事。其次是明实理的治学方法。读书治学,存实心还得明实理,才能达到治学目的。最后是行实事的目标宗旨。读书治学,归根结底是要学以致用,匡世济民,经邦治国。因此,六艺之外,亦要研究"专门之学",诸如天文、历算、地理、历史、军事、水利、治国经验,甚至音韵、乐律、工艺等,所有这些,都是有用之学。李光地身体力行,可以说是那个时代百科全书式的学者。所有这些,基本底蕴亦正在于求真务实的思想。

二、爱拼敢赢的进取精神

爱拼敢赢,不甘安于现状,不甘落于人后,勇于进取,敢于拼搏,这正是泉州最为突出的一种文化性格。这种文化性格在泉州人的历史社会活动中,始终表现得颇为突出。

泉州人爱拼敢赢的文化性格,在经济领域的活动中,表现得最为突出。从唐五代或者说,至少从宋代开始,泉州人在经济方面,尤其是外向型经济活动,就开始表现出颇为热情与积极的态度,而且一发不可收。一方面,积极发展各种外销商品,泛海经商,把丝、棉、瓷器、铁器等物品运载出海,换取香料、珠宝、皮货等番货及白银,作为重要的谋生手段。另一方面,越来越多的人开始向海外移居,拓展新的生存空间。

唐代,泉州的海外贸易已日渐兴盛。宋元时期,海外贸易更是跃上一个高峰,泉州港热闹非凡,号称东方第一大港,到这里来做生意的番商,难以数计,货物堆积如山,而从这里出发的商船,亦远达几十个国家。宋代惠安人谢履《泉南歌》可以作证:"州南有海浩无穷,每岁造舟通夷域。"无地可耕的泉州人,穷则思变,造起一艘艘商船,带着收购来的货物,扬帆海外,去同番人做生意,以此获取利润,养家糊口。据乾隆《永春州志·艺文志》载,北宋绍圣二年(1095年),永春知县江公望在《多暇亭记》中,曾对泉州港香料珠宝交易的繁盛，做了形象的描述。这里的海船驶往别的国家，顺风之时，日夜兼程，很快就可行进数百里，珍珠玳瑁、犀象齿角、丹砂水银、沉檀等各种香料，以及稀奇难得的宝贝，大批大批地运回来，巨商大贾，路上到处都是，摩肩接踵，来来往往，十分热闹。而且政府依靠这个港口的税收，也得到了不少的好处。明清时期，政府厉行海禁，严禁私商贸易，且政策严酷，一旦逮到，惩罚很重。然而没有土地的泉州农民，既然有相当一部分衣食来自海洋，禁止他们依靠海洋进行海外贸易，无异于断绝他们的生路。为了生计，他们坚决加以抵制和反抗，想方设法摆脱这种禁锢。于是无论官府怎么禁止，许多泉州人并不理会，你禁你的，我做我的，犯禁下海通番现象一直非常普遍。万历《泉州府志》称：从晋江石湖、安平驶往番国的船舶，大半到日本、越南、柬埔寨及南洋诸岛国进行交易。顾炎武的《天下郡国利病书》则说，泉州及漳州两府的商人，贩私于东洋西洋，替代务农及正常经商的收入，比比皆是。所有这些，正是拼搏精神的突出体现。

宋代以后，尤其是明清时期，泉州人的另一重要谋生之路，就是向外移居，特别是向海外的移居。大量的海外移民，主要涌向两个地方，一是台湾，二是南洋群岛。宋元时期，泉州即有人移居台湾，而大规模的迁移始于明末清初。明末郑芝龙据台时期，清初郑成功复台以后的郑氏政权时期，清政府统一台湾以后的康、雍、乾、嘉时期，出现大批迁移台湾进行开发的三次移民高潮。一批又一批的泉州百姓，相继不绝地涌向彼岸，一场由南到北、由西到东的垦殖运动，在台湾轰轰烈烈地展开。这些移民，不仅数量众多，占当时大陆移民的近半，而且成为台湾的新主人，为台湾的垦殖开发立下汗马功劳，为台湾经济的繁荣做出了巨大贡献。至于泉州人旅居南洋群岛，历史同样悠久，唐代已经出现，宋、元时期继续增加，明清时期则规模庞大。明初，印尼各地的华侨，总数已有几万人，整个南洋地区华侨总数已达十万以上，其中泉籍华侨人数约占近半。嘉靖以后，倭寇屡犯泉州，往南洋谋生的人就更多了。清代，泉州人徙居南洋高潮迭起，经久不衰，据估计至辛亥革命时已有八十万人。至抗战爆发时已达一百三十万人。而今日祖籍泉州的九百多万华侨华人中，百分之九十居住在南洋各国。徙居南洋的泉州人，数百年来在南洋虽屡经变故，遭遇各种压迫与挫折，但仍然能够顽强地生存下来，并在事业上不断取得发展，成为当地社会经济中一支具有举足轻重作用的力量，这当中，顽强的拼搏精神，无疑是重要因素。

泛海经商与迁移海外，无疑是泉州人爱拼敢赢的人文性格的突出表现。

虽然付出的代价也很大,但无论怎么说,结果还是颇为引人注目。在中国漫长的古代社会中,大部分地区的社会经济活动,长期基本上是周而复始,没有多大变化,一直处于相对的沉寂之中,而泉州人的这种做法,取得的成就,显得甚为耀眼。直至近现代,这方面的拼搏精神,仍然表现得很突出。"文革"期间及改革开放以来的历史,也是很好的佐证。

泉州人爱拼敢赢的文化性格,在追求登科功名方面,表现得甚为突出,不仅读书人众多,而且甚为刻苦。历史上的泉州,读书风气之兴盛,读书人读书之勤奋,从一些地方文献的记载,亦可略见一斑。《闽书·风俗》载:明代泉州"儿童诵读声闻于道,士挟一经,俯首忧心"。乾隆《泉州府志·风俗》载:明代泉州"诗书弦诵之风达于七邑","泉郡人文之盛,甲于全闽,人占毕而户弦歌……经学之儒彬彬辈出,党塾子弟年方幼龄,多有能诵十三经者。晋邑岁科童子试者几五六千人,他邑亦不减十之二三,虽有佳文,不能以入觳也"。道光《晋江县志·风俗》载:晋江自嘉靖隆庆以来,士人读书多开元、承天二寺,至于文庙、两庑、尊经阁、先贤祠宇及附廓山寺,"皆老生耆宿受徒之所"、"十室之内,必有书舍。保贩隶卒之子,亦习章句"。明代陈叔刚《重建夫子庙碑记》云:"南安去郡治最近,号称剧邑,百里之间,弦诵相闻。"对于众多的读书人而言,科举提供了一种极富诱惑力的前景,一种可从根本上改变个人命运,青云直上,荣华富贵,封妻荫子,光宗耀祖的美妙前景,一旦金榜题名,就可享受到种种的利益与荣耀。但是举业又是一种淘汰率极高的行当,科举是一座金字塔,塔尖只能容纳一个人,越往上攀登就越艰难,当少数人跃上一个台阶后,更多的人则被抛在后面。按《泉州古代科举》载,以清代的泉州为例,各级考试时,大约八十名童生取一名秀才,八十名秀才取一名举人,八名举人取一名进士。据此计算,六千四百名童生才考取一名举人,五万名左右童生才考取一名进士。如果考虑到科举考试年龄与次数不限,可以重复参加,因而各级考试每次均有以前的落榜者这一因素,大约也要三十名童生才能出一名秀才,两千名童生才能出一名举人,两万名童生才能出一名进士。可见科名是何等艰难,获胜科名的过程也就是不断被淘汰的过程,真正能够到达顶峰摘取桂冠的,毕竟是极少数的佼佼者或幸运者。这又是对所有企望科名的读书人的重大压力,这种压力由于名落孙山所带来的可怕后果,而变得更为巨大。这也注定所有企盼科名的读书人必须为此付出巨大代价。因此,自唐代至清代,无数的泉州士子为了科名二字,刻苦攻读,付出了令人难以想象的代价。宋代惠安人吴岗,攻读多年后,参加进士考试,因辞赋均考不好而落第,于是把平时所写的辞赋全部焚烧掉,然后又开始新的攻读,终于在绍兴八年(1138年)登第。明代惠安人王约,长期苦读不倦,即使在嘉靖年间倭寇侵袭,兵荒马乱,人心惶惶的时候,仍手不释卷,终在万历时举进士。明代惠安人张瑞,从小苦读,日以继夜,隆冬盛暑不辍,以至"肌形癯削,呕血数升"。虽然如此,仍"披吟自如",可见是何等刻苦。功夫不负有心人,终在嘉靖十七年(1538年)举进士。明代惠安人林玑,终日苦读却不能背诵,每夜自己罚跪,直到所学能够记住,万历年间终于中了举人。他在北上参加会试途中,在船上仍读书不停,撑船的人听得实在太多了,于是不无嘲弄地对他说:"相公,你所读的东西,我都已经能背了。"如此勤苦,会试终于中试,但还来不及殿试,突然发病死了。诸如此类,方志中的记载,比比皆是。科名的艰难,由此可见一斑。所谓"两耳不闻窗外事,一心只读圣贤书",所谓"为伊消得人憔悴,衣带渐宽终不悔",大概就是很好的诠释吧。所以,隆庆《泉州府志·风俗》载:"国朝科第文物之盛,彬彬与上国齿。今间里山海之间,家诗书而户业学,即卑微贫贱之极,亦以子弟知书为荣。故泉中冠裳之士,往往发自寒薄。"

泉州人爱拼敢赢的文化性格,在思想领域和政治舞台各个方面,亦有颇为突出的表现。诸如,思想方面,敢于挑战传统的礼教。唐宋以来一些泉州学者,在继承儒学传统的同时,亦表现出某种"远儒"倾向。随着时间的推移,尤其是进入明代后,对于宋代以来的道学愈来愈表现出怀疑态度。明代中后期,泉州学者李贽,无畏传统的重压,敢于离经叛道,公然以"异端"自居,以鲜明的人本精神,大无畏的气概,极为愤激的言辞,挑战道学的神圣和威权,深刻揭露封建纲常礼法的虚伪性,振聋发聩的呐喊,"开古今未开之眼",震撼整个思想界,震惊全国,成为暗夜思想界一道亮丽的光芒,而且以自己留下的禁不止焚不完的著作,竖起一座巨大的思想家的丰碑,开创了中国文化思想的启蒙时期。在政治舞台上,历史上泉州许多为官者,敢于直面积弊,敢于变法。封建社会的官场,不乏奸佞之徒,祸国殃民,危害极大,泉州不少为官者,疾恶如仇,敢于指击权奸,同这些乱臣贼子坚决斗争,铁骨铮铮,名垂青史,令人赞叹。封建社会,朝政腐败,日积月累,积重难返。泉州许多为官者,敢于直面现实,对于各种弊政既有深切感受,往往不顾个人得失,直言敢谏,无情揭露和针砭,希望最高统治者改弦易辙,采取切实措施,革除弊政。他们匡国济世的情怀,获得时人和后世的颂扬。泉州不少为官者,在危机四伏的封建社会中,面对重重的弊政,基于忧国忧民之心,不仅勇于大胆揭露,而且义无反顾,甘冒风险,敢于积极参与变革,虽遭受排斥打击,甚至招致杀身之祸,亦无怨无悔。北宋王安石变法运动中,泉州人曾公亮、吕惠卿、蔡确等人在其中所起的重要作用,就是最为典型的代表。在反抗外来侵略,维护国家统一方面,有如明代的俞大猷。当时倭寇肆虐东南沿海,泉州人奋起反抗,不仅与倭寇进行坚决斗争,而且涌现出俞大猷这样的抗倭英雄。清初,郑成功挥师东渡台湾,收复被荷兰殖民者窃据三十多年的宝岛。清初三藩之乱爆发后,以李光地为代表的许多泉州人,坚决反对这种分裂割据行为,积极出谋献策,协助朝廷平定福建的耿精忠叛乱。郑成功去世后,盘踞台湾的郑氏政权,逐渐蜕化为分裂割据势力,严重威胁国家的统一。泉州人施琅,力主武力征剿。泉州人李光地,甘冒风险,举荐施琅为主帅,率师统一台湾,施琅亦不负众望,统一了台湾。可见无论是收复台湾,或者统一台湾,泉州人皆做出特殊的突出的贡献。凡此种种,既成为泉州历史文化亮丽的风景线,亦从不同侧面折射出泉州人的拼搏精神。

三、开放包容的经世心态

思想不保守,开放包容,且虚心学习别人长处,兼收并蓄,取人之长,补己之短,以此作为经世行为的指导,这也是泉州最为突出的一种文化性格。这种文化性格在历史上泉州人的社会活动中,同样得到了突出的体现。

历史上,泉州人的开放包容精神,首先突出体现在开放性。既表现为主动地走出去,走出泉州,走出福建,走出国门,同海内外各地人民进行各种交往活动,同时也表现为热情地迎进来,热情接纳来自国内各地同胞以及海外各种番客。

唐宋以来各个时期,泉州皆有大批人离开故土家园,前往国内各地和海外各国。这些走向海内外的泉州人,或从事商贸活动,或从事土地垦殖,或从事手工业工作,或为官从政,或求学游学,或充当友好使节,等等。就数量看,最主要是从事商贸活动与土地垦殖。就活动地区看,足迹遍及全国各地,以及亚非许多国家。国内的江浙、广东的潮州和雷州半岛、海南岛、台湾,国外的东南亚各国,都是主要活动地区。明清以来,台湾和东南亚各国,更是活动的最重要地区。唐代,泉州渔民已经把澎湖和台湾岛作为停泊处。宋代,泉州人已经有人徙居台湾。元代,泉州人往台湾的人数有所增加。明清时期,泉州人更是大批前往台湾,既有农民,亦有商人、官吏、士兵、知识分子、城市平民、手工业者、僧侣等。不过,农民始终是渡台大军的主体,渡台后主要从事土地垦殖。一批又一批的泉州农民,相继不绝地涌向彼岸。他们既为自己寻找到了新的生存发展空间,亦为台湾的早期开发做出了重大贡献。东南亚各国,亦是泉州人很早就前往的地方,且经久不衰。唐代,泉州已有人前往东南亚谋生,从事商业和手工业活动。五代,泉州有更多人前往国外谋生。留从效还派人出使占城。宋元时期,泉州人的外向活动更为活跃,许多人通过海上丝绸之路,前往亚洲、非洲各国。东亚的高丽和日本,中南半岛的越南、柬埔寨、泰国、缅甸,南洋群岛的马来半岛,印度尼西亚群岛的三佛齐、阇婆、渤泥,菲律宾群岛的麻逸、三屿、苏禄,南亚的天竺、南毗、锡兰,西亚的大食,非洲的埃及和坦桑尼亚等,都有泉州人的足迹。明清以来,尽管长期实行禁海,然而并没有阻挡住泉州人走出国门的步伐,泉州人依然通过各种方式,走向世界各地,既有出海经商,亦有移居海外。

历史上的泉州人,积极主动地走出泉州的同时,亦热情接纳前来泉州的异地他乡人。对于来自国内各地的同胞,泉州人热情接纳。诸如,唐末至五代,北方战乱,干戈四起,大批落难士子和文人,为躲避战祸,纷纷南下,进入泉州。泉州人对于这些落魄同胞,并没有歧视他们,拒绝他们,反而表现得颇为热情,真诚地予以接纳。当时,泉州刺史王延彬,还花费不少钱财,特地在城北的潘山设了个招贤院,安置中原那些前来避难的士大夫,使得这些来到泉州的落难士大夫,重新获得一个较为安定的生活环境,能够过着比较悠闲自在的日子,许多人因此乐不思蜀,就在泉州定居下来,终其余生。晚唐著名诗人韩偓,就是较为典型的一例。宋元时代,进入泉州的北方同胞仍然很多,除了皇室贵族及官场中的落魄者之外,还有不少普通的百姓。泉州对于这些北方来客,无论是官是民,仍然热情接纳,使其在泉州能自由自在生活。因此,这些北方同胞,大都对泉州颇有好感,给了泉州不少不错的评价,有些赞誉还是出于名人之口。诸如,朱熹对泉州的称赞,李邴对泉州的留恋,还有其他许多人的赞美,讲的话都颇为动听。平心而论,泉州人也无愧于这样的好评。即使到了近现代,泉州人对于来自国内各地的同胞,仍然颇为热情。现代的弘一法师,就是个较典型的例子。弘一法师因偶然机缘,来到泉州后,泉州人的热情深深感动了这位佛学大师,因此晚年十几年时间,大部分居住于泉州,直至最终圆寂于泉州。泉州人对于外国来客,同样热情接纳。泉州地处海滨,是个港口城市,历史上曾有众多外国人沿着海上丝绸之路来到泉州。这些外国来客,既有来自阿拉伯、印度、锡兰、东南亚、琉球,亦有来自非洲、欧洲、美洲;既有前来经商,亦有作为友好使节而来,或者前来传教和旅行。泉州人对于这些外国来客,无论来自何方,无论什么身份,皆热情接纳,并提供各方面的便利。

南朝时期,印度僧人拘那罗陀,来泉州九日山翻译佛经,泉州人为之提供了一个不错的环境,让他能够专心致志做翻译。唐代,来泉州的番客逐渐多了起来,主要是来经商,也有旅行。泉州人对于这些外国人同样是颇为热情。五代,统治泉州的王延彬,热情招引番客前来经商,泉州人也是很赞成的,人们称王延彬是"招宝侍郎",就说明这一点。宋元时代,来泉州的番客就很多了,尤其以来自阿拉伯地区的居多,主要是番商,据称有万人以上。众多的番商番客来到泉州后,泉州人热情接纳,提供各方面便利,尤其是生活上的方便,允许番商番客杂处民间,甚至专门辟出土地给予建造番坊,所以,出现了番客聚居的番人巷。又选择侨番任番长,一般事务自行管理。明清以至近现代,泉州人对于境外的来客,同样热情接纳。

开放是一种姿态,也是一种思维,包容是一种气度,也是一种涵养。开放包容,就是用积极乐观的心态去看待问题,用一颗善良的心去包容万物。历史上的泉州人,无论是在异地他乡,或者是在泉州,大多能以包容的态度,友善地对待异地他乡人。

历史上,泉州人前往海内外各地,无论是到什么地方从事何种活动,无论是暂时居留或者长期定居,大都能与人为善,以包容的态度,真诚地同当地人民交往,和睦相处。其中商贸活动以及迁移定居,最为典型。前往海内外经商或者迁移海内外各地的泉州人,大都能本着相互理解的精神,尊重当地的社会制度,尊重当地的文化习俗,真诚地与当地人民交往。特别是在国外经商或者定居国外的泉州人,更是热情充当中国与所在国之间的和平友好使者,积极促进中国与所在国的经济、文化、科技交流,努力推动中国与所在国之间友好关系的发展。

泉州人外地为官,就是一种典型。他们往往较有开阔心胸,较能包容别人。清初的李光地就是一个代表人物。当时,满汉民族矛盾极为尖锐,反映在朝廷上,则是满汉官员的矛盾,满官排斥汉官,汉官则看不起满官,双方往往各自结成朋党,互相倾轧,搞得朝廷乌烟瘴气。这种针锋相对的争斗,相当程度上已经没有是非原则。李光地身为汉族官员,始终不抱族群之见,亦不卷入朋党之争,尤其对于那些正直的满族官员,更是甚为尊重,甚至与之结为朋友。这种包容精神,赢得许多满官的敬重。

泉州人这种包容精神,亦突出地表现在对待来到泉州的异地他乡人,尤其是那些来自国外的番商身上。泉州人充分尊重他们的生活习俗,允许他们保留自己的信仰,建立自己的教寺,开办自己的学校,教子弟学习番文,称之为番学。蔡绦《铁围山丛谈》卷二载:"大观政和,四夷向风,广州、泉南请建蕃学。"大观、政和是北宋末年宋徽宗年号,即 1107—1118 年。可见当时的泉州,对番商是非常宽容的。甚至默认番商的某些特权。诸如,番商与泉州人争斗,打伤泉州人,犯了罪,可不用中国刑法,而用番国刑法,皆用赔牛赎罪。这特权当然是官府给的,不过,泉州人也未见表示反对。据《宋史·汪大猷列传》载,直到南宋孝宗时,宁波进士汪大猷知泉州,才改变这种做法。他说:"安有中国用岛夷俗者,苟在吾境,当用吾法。"泉州人本着包容态度,真诚对待番商,甚至有不少人与之通婚,繁衍出"半南番"子孙。泉州《荣山李氏族谱·垂戒论》中,就有族人娶波斯妇女为妻的记载:"有从妻为色目人者,有从母为色目人者,习其异俗。"这也是一种包容的表现。清代至近代,泉州人对于来自西方的传教士,同样表现出颇为包容的态度。

泉州人开放包容的精神,还表现在无论是前往异地他乡,或者是对待来到泉州的异地他乡人,皆能虚心学习他人的长处,以博大的胸怀,海纳百川的气度,兼收并蓄各种外来的技术与文化。

纵观泉州历史,前往海内外各地的泉州人,大多没有故步自封,能够以较为客观的态度,正确看待自己,正确看待他人,认识别人的优长所在,并以较为虚心的态度,真诚地学习别人的长处,吸取他们的优秀文化,以此丰富自身的文化。这一点,在泉州文人学者身上,表现得甚为突出。历史上,走出泉州的文人学者,比起来到泉州的外地文人学者,数量要多得多。他们走出泉州后,不仅开阔了视野,增长了见识,而且通过与外地文人学者的交流,取人所长,兼收并蓄,不断丰富自己的知识与创作技巧,从而使自己的著述水平得以进一步提高。从唐代至清末,泉州那些有影响的文人学者,大都曾经走出过泉州,而那些有影响的著述作品,相当部分也是在离开泉州后在外地创作的。唐代的欧阳詹,五代的谭峭,宋代的钱熙、陈从易、曾会、郑褒、吕惠卿、谢伯景、张读、曾诞、梁克家、庄绰、曾公亮、林外,明代的张岳、黄河清、苏浚、王畿、李廷机、王慎中、黄吾野,清代的李光地、陈万策、黄虞稷、许邦光、陈庆镛、黄宗汉、陈棨仁、吴鲁、吴增等,都是如此。其中欧阳詹、李贽、李光地,最为典型。欧阳詹的代表作《韩城县尉厅壁记》《暗室箴》《自明诚论》等,都是在离开泉州后撰写的。李贽那些最富战斗力的著作,《焚书》《续焚书》《藏书》《续藏书》等,也是在走出泉州后,结识了李逢阳、徐用检、焦弱侯、耿定理等大学者,接触了不少新思想,受到很大触动,从而撰写出这些具有重大影响的著作。李光地在京城,曾向知名学者顾炎武学习音韵,又向知名学者梅文鼎学习历算,从而使其学问更为广博。至于走向海外各国的泉州人,大多同样亦有这种兼容精神,在真诚地与所在地人民交往的同时,注意吸收当地的文化,诸如建筑艺术和宗教艺术等。可以说,正是这种兼收并蓄精神,既丰富了泉州文化,亦促进了泉州文化水平的提高。

历史上的泉州人,对于前来泉州的异地他乡人,亦能兼收并蓄,取人之长,补己之短。例如,对于境外来客带来的某些技术,泉州人不仅没有排斥,而且加以吸收利用。清初,身为大学士的李光地,就明确提出,西洋人的技术发明,不能视之为奇技淫巧,应当加以利用。

近现代,西方传教士来泉州传教的同时,西洋某些现代生活用品也传到泉州,并很快为泉州人所接受。泉州人对于来自国内的同胞,尤其是文人学者,同样也是这种态度。从唐代开始,不断有中原和北方文人学者进入泉州。唐代,有南来"高士"隐逸诗人秦系,还有姜公辅、薛播、席相、常衮等。唐末五代初,有韩偓、李洵、崔道融、郑戬、罗隐、徐寅礼等。五代有詹敦仁、刘乙,宋代有朱松、朱熹、蔡襄、王十朋、真德秀、游九功、李邴、赵思诚等。元代有陈旅、黄贞仲、王翰、孔公俊等。明代有罗伦、陈谳、曾樱、黄道周、叶向高等。清代亦有辜朝荐、沈光文、邹召南、曾之传、鲁鼎梅、陈寿祺、林春溥等。这些人大都是当时学界才俊,才识学问为世人所公认。他们进入泉州后,不仅继续从事著述活动,且与泉州文人学者在一起,成为文朋诗友,共同切磋学问,讲学传道,吟诗作赋,促进了泉州文人学者著述水平的提高。正如清末同光派诗人陈衍在《补订〈闽诗录〉叙》曰:"文教之开兴,吾闽最晚。至唐始有诗人,至唐末五代,中土诗人时有流寓入闽者,诗教乃渐昌。至宋而日益盛。"又如乾隆《泉州府志·风俗》所云:"泉自唐以来,席相、常衮倡导于前,蔡襄、王十朋诸贤激扬于后,重以紫阳过化之区,薪传不绝,乡先生遗泽类足以陶淑后辈,海滨邹鲁之称,厥有由也。"这些评价是较为恰当的,既反映出入泉的外地文人学者对泉州文化水平的提高有不小影响,也反映了历史上泉州人的兼收并蓄精神。

四、崇祖爱乡的浓烈观念

崇祖爱乡,这也是泉州最为突出的一种文化性格,这种性格在历史上泉州人的社会活动中,同样得到了鲜明的体现,尤其是在外迁的泉州人身上,表现得更为突出。

崇祖爱乡,首先是崇祖,即尊宗敬祖。祖宗崇拜的观念,作为由血缘关系引发的崇拜,并非泉州人所独有,中国大部分地方同样存在。不过,泉州人表现得异常突出。这与移民社会的背景有不小关系。历史上的泉州人,作为中原汉民的后裔,在泉州开基繁衍过程中,从中原带来了祖宗崇拜,不断弘扬光大,成为神州大地上祖宗崇拜最引人注目的一个地方。尊宗敬祖的观念,也可以称之为木本水源观,这是泉州社会观念中最为核心的一种观念,同时又是最为基本的一种观念,它深深扎根于泉州人思想深处,表现得最为突出也最为普遍。尊宗敬祖观念的产生,发端于血缘关系的逻辑。既然祖宗是自己的源头,是木之本水之源,那么尊宗敬祖观念的产生也就是顺理成章的事情。而尊宗敬祖观念的强化与延续,则与社会,尤其是家族组织的教化有关。家族组织为增强家族的向心力和凝聚力,总是不厌其烦地向族众灌输尊宗敬祖的观念,要求族众始终具有慎终追远的情怀,并把它与儒家传统的伦理道德观联结起来,上升到孝道的高度。尊宗敬祖就是孝道,只有尊宗敬祖才谈得上孝道,否则,也就是不孝。家族组织均很强调尊祖。泉州《紫云黄氏宗谱·序》云:“良世人道亲亲也,亲亲故尊祖,尊祖故敬宗,敬宗故睦族。”南安《梅溪吴氏族谱·序》云:“水有源,木有本,溯源寻根,以避忘本;宗有功,祖有德,歌功颂德,以鞭后昆。”尊宗敬祖不仅头脑中要时时惦记着祖宗,而且对于涉及祖宗的一切事情,诸如造祠堂、修祖墓、修纂族谱、设置祭田、祭祀祖先之类的事,均不可随意怠慢,均要热情地切实地履行自己的职责和义务,惟诚惟敬。尊宗敬祖是不受时空限制的,无论族人是在祖传的居地,或者已离开祖传居地,迁居异地他乡,祖宗也是忘不得的。因此,这种尊宗敬祖观念,深深扎根于泉州人的脑海中,并以代际传播的方式,一代代延续下来。

泉州人的尊宗敬祖观念,是泉州社会文化观念体系中的重要观念,更是泉州家族文化体系中的核心观念,由这个核心观念出发,又衍生出摇篮血迹观、光宗耀祖观、敦亲睦族观等诸多观念。

摇篮血迹观念,就是很重要的一种观念。这种观念的发生,不仅在于祖居地是自己生于斯长于斯的地方,曾经留下了许许多多的深刻记忆,无论浪迹天涯海角,也无法轻易忘却;而且,它实际上也与尊宗敬祖观或木本水源观念有着密切的关系,或者可以说也是由尊宗敬祖观或木本水源观念衍化出来的一种观念。既然祖宗是那么重要,永远不可忘记,那么,祖宗开基的居地自然也就成为重要的圣地,自然也是永远不可忘记的。因此,泉州社会,尤其是各个家族组织在大力宣扬尊宗敬祖观念的同时,总是大力宣扬"摇篮血迹"的重要意义,要求族人无论身在何方,居于何处,均不可忘记摇篮血迹,这也是尊宗敬祖观的体现。倘若族人对摇篮血迹漠然视之,那也是忘祖和背祖,同样也是不孝的一种体现。族人长期接受这种观念的灌输,对于这种观念同样不能不深深认同,无论身居何处,都是如此。

光宗耀祖的观念,这种观念的发生既与尊宗敬祖有关,亦与家族组织为提升家族的地位和声誉的动机有关。因为在家族组织看来,尊宗敬祖爱戴祖先有很多具体的表现,不仅要对祖先的祭祀必诚必敬,而且还有很重要的一方面,就是不能给祖宗丢面子,更不能往老祖宗面上抹黑。相反,子孙均应发奋努力,积极拼搏,建功立业,给家族增光,为老祖宗争气。如此,老祖宗面上有光,家族面上有光。所以,家族组织在大肆宣扬尊宗敬祖的同时,也锲而不舍地向族人灌输光宗耀祖的观念,并且还辅之以各种家族褒奖的手段,不断强化族人的这种观念。诸如,对于那些可以光宗耀祖的族人,在祠堂祭祖时给予特殊的待遇,甚至给予树碑立传,并在族谱中载入其优秀事迹等。

敦亲睦族的观念,主要体现在两个方面:一是为贫困宗亲提供某种程度的经济扶助。族中贫困不能举火者,孤寡残疾无助者,无力婚娶者及无力营丧葬者,以及因遭遇灾荒及其他不测事件而濒临破产者,都是扶助的主要对象。为这些贫困宗亲提供支持,使他们的生死婚丧有所保障,生活起码能保持在低水平的状态上。如此,使族人时常能够更真实地感受到家族的存在,感受到一祖相传血脉相通的家族含义,感受到家族的作用,体会到加强血缘关系的必要性和重要性,自觉不自觉地增进家族的认同感和归属感,增强族众的亲和力和家族的向心力,保持家族的稳定,避免贫困族人离开家族,外出谋生或流离失所,甚至可以防止族人因生计无着,铤而走险,为匪为盗,不仅破坏社会秩序,也势必严重影响家族的稳定和声誉。二是资助兴办族塾和族中公益事业。经济条件较好的族人,应捐资兴办族塾,建塾舍,聘请塾师,供族中儿童上学,为家族培养科第人才。此外,应积极关心族中公益事业,主要指挖池塘、修水渠、修道路、修桥设渡、建雨亭、凉亭等。简言之,倡导"守望相助,患难相恤"的家族道德,强调家族内部的相互扶持和相互救助的重要性,树立敦亲睦族的家族道德观,把它作为必须遵循的基本道德准则。这些观念,同样深深扎根于泉州人的脑海中,并以代际传播的方式,一代代延续下来。

　　泉州人的崇祖爱乡观,正是由尊宗敬祖观以及由此衍生出的各种观念所构成。基于尊宗敬祖观念,必然重视摇篮血迹,重视自己的祖地;基于尊宗敬祖观念,必然希冀衣锦还乡,光宗耀祖;基于尊宗敬祖观念,必然要敦亲睦族,而敦亲睦族同样必然重视祖地。崇祖爱乡观,正是这样形成的。而且这种观念可谓根深蒂固,不仅继续留在祖传居住地的泉州人怀有这种观念,以此作为处世为人的一个重要准则,即使离开祖传居地的泉州人也是如此。当泉州人离开祖传的居地,前往外地寻找经济上更为适宜的居地,在外地拼搏时,祖地家族所带来的这种观念并没有因环境的改变而抛弃,而是依然非常浓烈地存在,一旦获得合适的土壤,就很易于重新生长发育起来。而且,这种观念具有代际传播的功能,外迁的泉州人不仅自身承袭了这些观念,也以各种方式要求子孙后代加以承继,实际上也仍以祖地的种种教化方式,对其子孙不断进行这种观念教育。所以,即使外迁的先祖去世了,但是这种观念并不会就此而终结,仍然会为子孙后代作为不可抛弃的遗产承继下来,深入脑际之中,在更大范围影响这些人的思维方式和行为方式,并一代代传递下去。如此,外迁的泉州人,即使他们在外地形成了新的家族支派,也不可能割断与祖地的联系。历史上,大量外迁的泉州人,尤其是前往台湾和东南亚的泉州人,无论是什么身份,也无论身居何处,始终怀有慎终追远的情怀,表现出浓烈的崇祖爱乡之情。他们始终对祖地祖宗念念不忘,怀有高度尊崇之情。当他们离开泉州祖家,往往要把祖宗神主带上,随身而行。到了新居地后,在居所最重要位置设个神龛,恭恭敬敬地予以安置。如果是在新开辟的地方,往往用家乡的地名作为新开地的地名,以示乡情记忆。当有了较好的经济基础后,就开始仿照祖地做法建造祠堂,供奉祖地列祖列宗神主。同时,承袭祖家传统,依时举行隆重的祠堂祭祖,同样表现得极为恭敬。对祖家涉及祖宗之事,往往同样非常热心。祖家造祠堂修祖墓,修族谱设祭田,他们或主动发起,或积极响应,表现出高昂热情。祖家每年祭祖典礼,他们总要克服困难返回参加,实在回不来,也要想办法将祭费集中起来寄回祖家,表达心意。前往海外的泉州人,大多是出于无奈,为生活所迫,为寻找较好的生存空间,更好的发展环境,不得不背井离乡,浪迹天涯。他们外迁之后,依恋故土之情始终十分的浓烈,怀有浓厚的故土情结,无论身居何处,对于故土总是怀有深厚感情,念念不忘遥远的家乡,摇篮血迹观极为鲜明。许多人前往海外后,克服种种艰难困苦,经常返回故土。不少人迁移海外后,辛苦拼搏多年,年老时又回祖地度过晚年。也有不少人,生前未能叶落归根,返回泉州家乡,去世之前交代亲属,将骨骸送回祖家安葬。这样的例子,泉州族谱中有许多记载。这种故土情怀,即使到了近现代,依然表现得颇为突出。同样,因为有这种观念,有些外迁亲人生前未能返回祖家,去世之后,祖地家族亲人总是依其遗愿,想方设法将其遗骸拾回祖家,即使冒着生命危险,也在所不惜。泉州人不畏艰难困苦,外迁拼搏,无疑首先是为了改善自身的生存状况,然而也不乏光宗耀祖的动机。他们在外地辛勤奋斗,如果说有什么强大的精神力量为支撑,那么光宗耀祖的观念无疑也是其中之一。当他们在外业有所成后,尤其是发财致富成为富翁后,首先想到的也是祖宗,往往要返回祖家,向列祖列宗报喜,在老祖宗神主牌位前摆上丰盛的祭品,衷心感谢列祖列宗的庇护,感谢祖德宗功,同时往往还会摆些酒席,与祖地宗亲分享喜悦。祖地家族的宗亲,同样也会为之高兴,为之自豪,为之骄傲,同样会做出某些相应的行动,对他们为家族争光表示热烈庆祝。前往海外的泉州人,关心祖家的亲人,关心祖家的发展和进步。他们秉持敦亲睦族的精神,积极帮助祖地的亲人,对贫困不能举火者,孤寡残疾无助者,无力婚娶及无力营丧葬者,因灾荒及其他不测事件濒临破产者,总是给予扶助。祖家建族塾或学堂,他们或亲自返回创办,或主动发起创办,或大力资助。祖家各种公益事业,挖池塘修水渠,修桥造路等,他们总是慷慨解囊,甚至独力举办。泉州民间族谱中,这方面记载比比皆是。千百年来,这些不忘回报家乡的行为不断地延续,直至今天。所有这些,基本底蕴无疑正是崇祖爱乡的浓烈观念。

第三节 文化性格与泉州社会

泉州鲜明的文化性格,是泉州文化的重要底蕴,这些重要的文化性格,既塑造了泉州文化的突出特色,铸就了泉州不凡的历史,而且在相当程度上宣示了泉州社会的未来。

一、塑造泉州的文化特色

泉州鲜明的文化性格,作为泉州文化的基本精神底蕴,它对于泉州历史文化的影响既甚为广泛且甚为深远,泉州历史文化的方方面面,无不为其所蕴含所濡染,并在不同程度上打上烙印。

方言文化。泉州方言作为泉州族群的外在标识,作为泉州文化的重要载体,具有突出的开放性和融合性特点。一方面,它随着历史上泉州族群板块对外流动的脚步,也跟着流向四方,尤其是台湾和东南亚等地;另一方面,它在坚守中原古音古语的基础上,也不断吸纳各种外来新词语新字音,尤其是在对外交往中,也吸收了许多来自海外特别是东南亚各地的语词。这种特色的形成,无疑既与泉州开放包容的文化性格有着直接的关系,而且从根本上说亦与泉州开拓进取的文化性格密切相关。爱拼敢赢的精神推动了泉州人不断走向四方,而开放包容的精神又使泉州人较易于接受四方各种语言元素,并融入自己的语言体系中。

海丝文化。泉州耀眼的海丝文化,既是泉州历史文化一个非常突出的特色,亦是泉州文化性格的高度集中的体现。历史上泉州人的海丝活动,无疑充分体现出泉州人爱拼敢赢的精神,勇于开拓不断进取的精神,不折不挠砥砺前行的精神;充分体现出泉州人求真务实的思想,不为传统观念所羁绊,不为社会现实所束缚;充分体现出泉州人勇于开放的意识,高度包容的心态,兼收并蓄的宽广胸怀;充分体现出泉州人崇祖爱乡的家国情怀,无论身居何处始终心系桑梓,始终同故土家园保持紧密联系。所有这些突出的特色,亦正是泉州文化性格的突出特点。因此可以说,泉州具有鲜明特色的海丝文化,正是泉州突出的文化性格的产物,是由泉州突出的文化性格直接塑造出来的。

家族文化。泉州极为兴盛的家族文化,既是泉州历史文化的重要组成部分,亦是泉州文化性格的突出体现,尤其是崇祖爱乡的浓烈观念的突出体现。历史上的泉州,是福建乃至中国家族文化最为兴盛的一个地区,多彩多姿的家族文化,不仅始终是泉州传统文化的固有成分,是泉州基层社会传统的组织特征和文化特征,深刻地影响了一代又一代的泉州人,而且伴随着历史上一批又一批的泉州人向外迁移而播迁台湾及东南亚各地,弥散于外迁泉州人社会的各个领域,成为其社会生活的重要组成部分,成为其维系与泉州祖地密切关系的一根极为重要的无形纽带。这个特色的出现,基本底蕴正在于崇祖爱乡的浓烈观念,而其核心则是尊宗敬祖观念。由尊宗敬祖的观念出发,又衍生出摇篮血迹观、延续香火观、光宗耀祖观、敦亲睦族观等。因此,尊宗敬祖必然眷念桑梓,心系故土家园。泉州家族文化的长盛不衰,基本要义正在于此。因此可以说,泉州家族文化的突出特色,家族文化的根深蒂固,同样亦是泉州突出的文化性格的产物。

宗教文化。泉州多元的宗教文化,既是泉州历史文化的重要组成部分,同样亦是泉州文化性格的突出体现。泉州有"宗教博物馆"之称,历史上宗教文化极为繁荣,不仅宗教林立,争奇斗艳,几乎世界上所有影响较大的宗教,都曾经在这里拥有一席之地,留下了各自的活动踪迹,令人叹为观止,而且又有繁多的俗神崇拜,令人眼花缭乱,影响同样既大且深。这种颇为奇特罕见的神灵崇拜现象,无疑是泉州宗教文化非常突出的特色。这种特色的形成与不断延续,同样与泉州突出的文化性格有着极为密切的关系。勇于拼搏且强烈企求获得成功的文化性格,使泉州人在自身努力奋斗的同时亦企盼冥冥之中各种神灵的保佑。由于各种神灵皆有消灾祛祸纳福迎祥的功能,具有突出务实文化性格的泉州人不能不对各种神灵怀有高度的敬畏之情;兼收并蓄的突出文化性格,使泉州人能以开放包容的心态接纳各种来路不同的神灵。基于许多神灵乃是家族先祖遗留下来的家族保护神,尊崇敬祖的根深蒂固观念亦使泉州人对这些神灵始终不离不弃。如此,多元宗教文化的形成并长期延续下来,也就不难理解了。

民俗文化。泉州多姿多彩的民俗文化,同样既是泉州传统文化的重要组成部分,亦从不同侧面体现出泉州族群的文化特色。在泉州民俗文化中,无论是日常的衣食住行,或者岁时节日习俗,还是婚丧喜庆习俗,皆有不少突出的特色。诸如饮食中的海外元素,民居中的西洋建筑,出行中的华侨出洋习俗与种种禁忌,频繁的祭神活动,隆重的祭祖活动,以及婚姻重视礼仪,丧葬重视风水,喜庆讲求排场等。这些突出的特色,从表现上看,部分与泉州突出的文化性格有直接关系,部分则似乎并没有太直接关系。然而实际上,皆可以从泉州突出的文化性格中找到某种答案。诸如,饮食中的海外元素,民居中的西洋建筑,乃是因为泉州人在海外拼搏的历程中,以兼收并蓄的观念带回到泉州的产物。又如出海的种种禁忌,以及出行中的华侨出洋习俗,既是泉州人希冀海上活动的平安,本身亦是泉州人拼搏精神的某种体现。又如泉州人频繁的祭神活动,既与泉州人突出的务实文化性格有关,亦与泉州人突出的拼搏精神有关,即在这种拼搏进取和进程中,求得神灵的庇护。又如喜庆讲求排场,婚姻重视礼仪,这也与泉州人爱拼敢赢的精神不无某种精神上的联系,亦即"输人不输阵"的心态。再如丧葬既重视风水,同样亦重视排场,这与泉州人突出的尊宗敬祖的文化性格有直接关系,某种意义上也可以说是尊宗敬祖的文化性格衍生的产物。

文学艺术。泉州色彩斑斓的文学艺术,同样既是泉州传统文化的重要组成部分,亦从不同侧面体现出泉州族群的文化特色。泉州地方文学和民间艺术,无论是文学,或者戏曲,或者各种工艺,同样皆有不少突出的特色。诸如,大量的诗歌散文,广泛流传的民间故事,以及各种歌谣及童谣,皆表现出突出的贴近生活贴近现实的特色;又如各种形式的戏曲艺术中,所表现出的引人注目的神气色彩;再如雕刻和陶瓷等工艺中,所表现出的洋色彩。这些突出的特色,同样与泉州突出的文化性格有着直接或间接的关系,同样都可以从泉州突出的文化性格中找到某种答案。文学贴近生活贴近现实的特色,正是泉州突出的求真务实的文化性格的真切体现。戏曲艺术中引人注目的神气色彩,既是开放包容的文化性格的产物,某种意义上亦是务实的表现,同时亦与崇祖的文化性格有关,因为戏曲中的神气色彩突出的表现乃是"娱神"的功能,而所娱之神中祖宗神灵亦是重要的对象。至于雕刻和陶瓷等工艺中所表现出的洋色彩,则无疑与泉州人突出的开放包容的文化性格有着直接关系。

思想文化。泉州历史上的思想文化,同样既是泉州传统文化的重要组成部分,亦从不同侧面体现出泉州族群的文化特色。历史上的泉州,学者治学,无论是经学、史学,或者经济,同样亦皆有颇为突出的特色,有许多令世人瞩目并得到广泛赞誉的思想创新。最为突出的特色,就是没有随波逐流,并不人云亦云,反对"泥古",反对思想僵化和绝对化,注重实际,独立思考,敢于疑古,勇于批判,敢于提出新见解,因而有不少理论创新。泉州学者在理学方面的创新,对传统"农本商末"观念的大胆质疑,以及敢于挑战传统的礼教,无疑是最为突出的表现。而所有这些表现,皆与求真务实的文化性格有着密切的关系,归根结底,正是求真务实的文化性格使然。

政治文化。泉州历史上的政治文化,尤其是大量从政为官者在官场中所表现出的文化现象,同样既是泉州传统文化的重要组成部分,亦从不同侧面体现出泉州族群的文化特色。历史上的泉州,大量的为官者,居官为政,无论官位高低,无论顺境逆境,同样亦皆有颇为突出的特色,有许多得到广泛赞誉并名垂青史的政治行为。最为突出的特色,就是低调为官务实从政,务实对待官场纷争,实事求是处理政事,崇尚保持独立思考,认定真理努力践履,特立独行不惧孤立,针砭时弊不畏权势,破旧立新敢于变革,勇毅改革无怨无悔。所有这些,人们称之为"泉州风骨",这亦成为泉州历史文化一道亮丽风景线。政治舞台上的这种风骨,无疑既与泉州突出的求真务实的文化性格有着密切的关系,亦与泉州突出的勇于拼搏的开拓进取精神有不小关系。因此,可以说,正是爱拼敢赢、求真务实、开放包容、崇祖爱乡这些鲜明的文化性格,塑造了泉州文化的突出特色。

二、铸就泉州的不凡历史

泉州突出的文化性格,作为泉州人的基本精神底蕴,作为泉州社会文化的传统,不仅塑造了泉州鲜明的文化特色,而且对于千百年来的泉州社会历史产生了巨大且深远的影响,铸就了泉州颇为精彩的历史。

政治方面。科第人才辈出,名官众多,涌现出许多杰出人物。科举制度自隋朝诞生后,一直为以后的历代封建王朝所采用,作为中国封建社会最主要的一种人才选拔与官吏选拔制度,历经唐宋元明清多个朝代,直到1905年才被废除,经历了1300多年的漫漫长路,为封建国家贡献了几十万名各类官员。勇于拼搏的泉州人,自唐代中叶开始登上科场竞争的舞台,自此一发而不可收,创造了辉煌的业绩。中唐以后,泉州以欧阳詹为代表的一批优秀学子,千里迢迢奔赴长安应试,不负父老乡亲的殷切期望,初试才学即取得了不俗的成绩。宋代是泉州科举的第一个辉煌时期,举业取得了前所未有的成就,进士人数达1400多人,不仅位居福建各府州较前列,且在全国也占有一定地位。这期间,开始出现一个家庭或家族先后有多人登第的空前盛况,形成了所谓的科第世家。元代,由于元王朝并不重视科举,加上其他因素作用,泉州举业中落,登科榜者不多。明代是泉州科举的第二个高峰时期,举业再度辉煌,再次达到一个新的高峰,成就不仅可与宋代相媲美,某些方面甚至超过宋代,出现"一科两元五十八举人"和"一时六相九尚书"的盛况。明代的泉州,不仅进士数和举人数在福建占有很大比列,进一步跃居福建各府州前列,且取得状元、榜眼、探花等高科名的人数,也位居福建各府州前茅。伴随着举业再度兴盛而来的,是一大批新的科第家族的涌现。清代,泉州科举仍然有着颇为可观的绩效,举人数与进士数仍然位居福建各府州前列,基本保持了科举强府的地位。千年科举,泉州人取得了不凡业绩。按《泉州古代科举》载,从唐贞元八年(792年)欧阳詹登进士榜至清光绪三十一年(1905年)废科举,前后1100多年,泉州荣登科榜者为数众多,簪缨鹊起,科第蝉联,成就斐然,登科举者达6000多人。其中进士2454人,数量上长期居全省各府州前列。进士当中,文进士1808人,特奏名进士492人,武进士154人。不仅登科中举者人数众多,且各种人才济济。历代进士中,单一甲进士就达32人。其中文状元6人,即五代的陈逖、黄仁颖,宋代的梁克家、曾从龙,明代的庄际昌,清代的吴鲁。武状元2人,即明代的庄安世,清代的黄培松。榜眼有欧阳詹等18人。探花有杨葆中等6人。同时,出现了不少兄弟进士、父子进士、祖孙进士、祖孙三代进士和四代进士,形成不少书香门第、簪缨之族。历史上泉州这些登科中举者,大都成为封建朝廷的命官。因此,泉州历代为官者数量众多,跻身高位者亦不少,宋代至清代位居宰相或大学士的近20人。数量众多的为官者,在政治舞台上大显身手,并涌现出不少在全国有相当影响的政治人物。例如,宋代名相曾公亮、曾从龙、留正、梁克家,改革家吕惠卿、蔡确,元代名官卢琦,明代以清廉刚正著称的大学士李廷机、蒋德璟、史继偕,抗倭英雄俞大猷,驱逐荷兰殖民者收复台湾的民族英雄郑成功,以及名臣苏浚、黄克缵等,为平定三藩之乱及统一台湾做出重大贡献的大学士李光地,率师统一台湾的施琅,以"直声震海内"著称的陈庆铺,以及名臣许邦光、黄宗汉等。这些著名人物的勋业或气节,名垂青史,也极大地提高了泉州的知名度。泉州人这方面的成就,无疑与勇于开拓进取、务真求实的文化性格有密切关系。

经济方面。唐代以来,尤其是宋代以来,泉州的经济发展长期居于福建的前列。唐代,泉州的社会经济在此前几百年渐次发展的基础上持续发展,且速度加快,开始在全国崭露头角。商业及海上贸易繁荣,泉州港迅速发展为中国南方的重要港口,成为中国对外通商贸易四大港口之一,海内外商人云集泉州。五代十国时期,泉州社会经济继续保持较好的发展态势,成就颇为引人注目。宋代,泉州社会经济在唐五代以来的基础上得到进一步发展,经济地位迅速上升,跻身全国发达地区行列,尤其是南宋时期,泉州港更为繁荣,成为东方大港,"巷官影里三州路,涨潮声中万国商"。这正是泉州社会经济,尤其是海外贸易繁盛的写照。泉州经济在全国具有举足轻重的地位。南宋初年,朝廷市舶司收入为二百万缗,占朝廷财政收入百分之二十。南宋泉州市舶司收入,已与广州市舶司并驾齐驱。据推算,绍兴末年,泉州市舶司的年收入有近百万缗之多,几乎占全国市舶司收入的近半。宋代的泉州,建了两座驰名中外的大石桥,即位于泉州城东的洛阳桥和位于晋江安海与南安水头交界的安平桥,这两座大石桥的建造,更是泉州社会经济繁荣的某种体现。元代,泉州的社会经济在经历了元初的兵祸之后,又有较大的恢复和发展,泉州港在元代发展为世界著名大港。明代的泉州,官营海外贸易衰落,而私商海外贸易却空前繁盛,社会经济尤其商品生产仍有相当程度的发展。诸如,明代的泉州,织染业相当发达,同时设有染局和织造局,故有

"织染为天下最"之盛誉。此外,陶瓷业、铁器业、造船业、制茶业等,亦颇负盛名。清代的泉州,社会经济尽管因清初迁界而一度受到不小影响,然而从整个清王朝存续的时间看,这毕竟是个较短暂的时期,复界以后直至清末,泉州社会相对安定,经济开始恢复和发展,并一直保持了较好的态势。农业生产力提高,手工业方面某些传统的具有优势的部门继续取得进步,如陶瓷、冶铁、造船、制茶等,商品交流更为频繁,商业也更加繁荣,私商海外贸易始终没有停止,且规模依然不小。税收方面,泉州府的税收一直居于福建各府州之首。近代以来,尤其是现当代,泉州经济发展仍长期居于福建前列。泉州人这方面的成就,无疑与勇于拼搏、务真求实、开放包容的文化性格有着极为密切的关系。

思想方面。历史上的泉州人,思想比较开明,比较开放,并不怎么因循守旧,敢于摆脱某些传统观念的束缚,并涌现出多位在这方面具有很大影响的人物。最为突出的表现,莫过于重商思想。明代最为典型。那个时期社会主导思想依然固守重农观点,视商为四民之末,商业活动为士大夫所不齿。文献上的记载,也都鄙薄商人。可是泉州却出现了以李光缙为代表的"异端",对儒家传统的"农桑为本,商为末"的小农经济观念发起挑战,一反以往鄙薄商人,视商业活动为投机取巧与唯利是图之人所为的传统观念,高度评价商人的商业活动,甚至主张儒者为贾,热情赞扬妇女经商。除李光缙外,在何乔远、李贽、王慎中等泉州学者的著作中,也都不同程度地表现出这种思想。中国资本主义发展迟缓,原因诸多,但当其萌芽之际,缺乏有识之士能摒弃传统观念,肯对这种萌芽加以注意,以致难以形成舆论及系统的学术理论去指导实践,也是原因之一。从这个角度看,李光缙、何乔远,李贽等人,能够顺应时代潮流,敢于冲决"重本抑末"的小农经济藩篱,给予当时的商业活动及商人以较高的评价,这种鲜明的重商思想,是有胆有识的,难能可贵,也颇为引人注目。再如,敢于对儒家传统道德教条进行批判,出现了像李贽这位典型的"叛逆"者。李贽这位勇猛战士对道学的无情痛击,不仅在当时产生了巨大影响,振聋发聩,而且也极大地影响了后代。应当说,唐代以来,泉州的知名度不断提高,社会声誉不断上升,在福建以至全国都有愈来愈大的影响,无疑与思想领域的这种建树有不小关系。而泉州人所以能有这些思想建树,无疑与勇于拼搏、务真求实、开放包容的文化性格有着密切关系。

文化方面。历史上的泉州,尤其是唐代以来,文化方面的成就也颇为引人注目。唐五代时期，泉州文化日渐繁荣。欧阳詹是唐代有一定地位和影响的文学家，而在福建文学发展史上，则是第一个走向全国的文学家，故被称为闽地的"文祖"，对泉州乃至福建文化的发展，产生了重大而深远的影响。宋代，泉州文化空前繁荣，文人学者数量大增，并涌现出一批在不同领域卓有成就的人物。军事科学家曾公亮，以文臣辅政之余，辑世界上第一部兵书集成《武经总要》；方志学家梁克家，不遗余力搜求，留下了传世不朽之作《三山志》；文学家林外，一曲《题临安邸》，成为千古名篇；史学家吕夏卿，一部《唐书直笔新例》，乃为修史者鉴；经学家吕大奎，甚丰的经学著作享有盛誉，被称为"紫阳高弟"。这期间泉州人文荟萃，群星璀璨，庞大的知识阶层大显身手，所创造出的精神财富令世人瞩目，影响已远远超出泉州或福建，而是具有全国性的影响。这些业绩，不仅折射出宋代泉州人文之盛，表明泉州已成为全国重要的一个文化区，也极大地提高了泉州的知名度。所谓"海滨邹鲁"的赞誉，也正是在这样的背景下形成的。元代，蒙古贵族对汉族文化进行压制与排斥，极力抑制汉族文化的弘扬，使泉州文化发展受到一定程度的抑制，但是也出现了蒲寿晟、释大圭、卢琦等几位在文学方面颇为成就的人物，给泉州社会留下深刻的历史印记。明代的泉州，文化再度繁荣，有几个方面成就特别突出。例如《易》学研究。从事研究的学者上百人，出版有关论著上百部，被称为"清源学派"，把《易》的研究推向顶峰，使泉州成为全国《易》学研究中心。再如四书研究。当时，泉州学者对四书的研究风气很盛，学术著作共有一百多部。其中蔡清的《四书蒙引》，林希元的《四书存疑》，陈紫峰的《四书浅说》，王振熙的《四书达解》，这四部名气很大的书，作为科举的指导读物被推向全国。就社会影响而言，明代并不亚于宋代。文化方面有大家出现，影响全国。蔡清是大理学家，为明代朱子学者第一人，影响遍及全国。陈琛、张岳、林希元三人，为明代中后期最有代表性的福建朱子学者。著名文学评论家王慎中，被誉为"嘉靖八才子"之首，是开明代中叶以后文坛上反复古主义先河的人。布衣诗人黄吾野，则是明代与李攀龙、谢榛、王元美及沈加则齐名的诗人，所谓"山有武夷，人有孔昭"，反映出其诗歌的地位之高。何乔远的洋洋巨著《闽书》，乃是明代福建的一部百科全书，具有相当高的价值，不愧是一位著名的方志学家。张瑞图的书法，闻名全国。所有这些，也正是继宋代之后泉州文化再次达到一个高峰的基本标志。明代的泉州，曾有所谓"人文之盛，甲于闽省"之美誉。清代，泉州文化活动依然相当活跃，有很多可圈可点之处。清代前期，泉州学者致力于复兴理学,成就突出,著名学者有李光地、李光坡、李清馥、陈迁鹤、陈万策、官献瑶、王命岳等,许多理学著作风行一时。文学方面,著名者有回族诗人丁炜,有文学家林嗣环,还有施世纶、吴鲁等。语言学方面,黄谦著《汇音妙语》,首创"三推成字法"拼音方案,影响很大。史志方面,著名学者有黄虞稷、陈允锡、陈伦炯等人,所撰著作及所编志书,皆有重要价值。科学方面,著名军火科学家丁拱辰,积极主张学习西方,撰写了《演炮图说》,成为中国近代第一个正确而完整论述西洋武器的人。正因历史文化积淀深厚,泉州成为国务院公布的首批历史文化名城。而这方面成就,无疑与勇于拼搏、务真求实、开放包容的文化性格有着密切关系。

三、预示泉州的未来路向

泉州突出的文化性格,作为历史上泉州人的重要行为底蕴,作为泉州历史上积淀下来的重要思想传统,不仅对于泉州的历史与现实具有重大的影响,而且对于泉州未来的发展路向,仍将继续产生不可忽视的影响。

历史上的泉州人,绵续千余年的社会活动,表现出的各种突出行为,所蕴含的鲜明人文精神,无疑是泉州历史的重要组成部分,是泉州优秀文化性格的突出体现。这些优秀文化性格,弥经久远而不改,深深扎根于泉州人的思想深处,成为泉州优秀的文化传统,成为泉州社会重要的价值取向和行为准则,是不会轻易改变或褪色的。它既是泉州历史的铭刻与现实的记录,同时也是泉州继往开来的某种宣示,某种程度上预示着泉州未来的发展路向,预示着泉州将会有个更加灿烂辉煌的明天。

泉州突出的文化性格,向世人明确地宣示,勇于拼搏的泉州人,永远不会安于现状,不会满足于曾经的辉煌,在未来的历史发展进程中,无论有多少激流险滩,无论有多少艰难困苦,必将继续保持开拓进取的精神,以高昂的热情,不折不挠的意志,顽强的毅力,排除各种阻力,克服各种困难,不断地开拓,不断地创新,推动泉州社会经济的不断发展,推动泉州文化的进一步繁荣,推动泉州各项社会事业的更大进步,任何力量也阻挡不了泉州人前进的步伐。

泉州突出的文化性格,也向世人有力地宣示,泉州人在未来"一带一路"倡议实施进程中,必将继续以求真务实的态度,弘扬历史优良传统,热情参与海上丝绸之路的建设,坚持深化改革,加大开放步伐,不断扩大同海丝沿线国家和地区以及世界其他国家和地区的友好往来,加强彼此之间经济、文化、科技的交流与合作，继续本着包容的态度，相互理解、相互尊重的精神，积极发展同世界各个国家和地区人民的友好关系，继续弘扬兼收并蓄的精神，虚心向世界各国人民学习，汲取别国优秀的文化，学习别国先进的科学技术，取人之长，补己之短，推动泉州现代化建设不断更上一层楼。

泉州突出的文化性格，还向世人清楚地宣示，迁移海外的千百万泉州人及其后裔，在未来的历史进程中，无论身居何处，无论时间如何流逝，也无论外部环境发生什么变化，他们必将继续保持慎终追远的传统，继续与泉州祖地保持密切的联系，继续弘扬崇祖爱乡的精神，心系故土，情牵桑梓，爱国爱乡，无私奉献，关心故土家园的经济建设，关心故土家园的社会进步，积极参与祖地的各项建设，热情支持祖地的各项事业，为把泉州建设得更加美好奉献心力，为推动中华民族伟大复兴的中国梦的实现添砖加瓦，做出自己的新贡献。

第三章　泉州独特的方言文化

泉州方言俗称泉州话,在 19 世纪之前是闽南方言的代表,历史悠久,被称为"古汉语的活化石",是泉州地区乃至整个闽南地区的传统语言,亦是中国最具影响力的一种方言。它既有对中原古语古音的鲜明继承性,又有突出的融合性和开放性特点;既是泉州传统文化的组成部分,又是泉州传统文化的重要载体;既是泉州传统文化的重要象征,又是认识和理解泉州文化特色不可或缺的透视角。

第一节　泉州方言的形成发展

泉州方言作为一种特定的区域族群语言,历史源远流长,它形成于秦汉至西晋时期,又随着泉州汉民族群的发展而不断丰富发展,并随着泉州族群对外流动的脚步跟着流向四方,尤其是台湾和南洋各地,成为中国影响力最大的一种方言。

一、泉州方言的历史形成

泉州方言形成于秦汉至西晋时期,经历了颇为漫长的历史过程,影响的要素固然甚多,然而主要是由不断南迁泉州的中原和北方汉民逐步孕育出来的,是在早期中原和北方汉民带入泉州的周秦雅言通语的基础上逐渐形成的。

泉州原是闽族人和闽越族人的聚居之地,中原和北方汉民南迁入泉之前,闽族人和闽越族人是泉州的土著居民,已先后在这片土地上生活了很长一个时期。尤其是闽族,更是历史悠久。早在新石器时期,闽族人就已在泉州繁衍生息。史书记载与考古发现均证明了这一点。包括泉州在内的整个福建地区称之为"闽",自古已然,最早有此称呼,至少可以追溯到周朝。中国最早的王朝典章制度总集《周礼·夏官》中,已有关于"七闽"的记载。七闽是拜蛇为祖先的,是蛇图腾的氏族社会。闽族的产生和发展,经历了相当长的时日,这个过程中,闽族人创造了具有特色的土著文化。只不过,这一发展进程,后来因越族的迁入而改变了轨迹。历史上的越人,以浙江中部绍兴为中心,活跃于陆海之间,南部与闽中毗邻,因此与闽中有着天然的联系。春秋战国时期,越族逐步发展强盛,建立越国,并攻灭吴国,称霸东南地区。战国中晚期,诸侯争霸,楚威王破越,越族四散奔走,许多人进入福建,到达泉州。越族人大批进入闽中地区后,利用先进的生产技术与强大的军事组织,主宰了闽中社会,并与闽族土著发生融合,形成闽越族。越族人与中原文化早有接触。尤其是越王勾践,早就自称为夏禹后裔,同北方齐鲁晋卫已经有共同的民族意识。越族人进入泉州后,尽管这个时期泉州与中原尚没有建立有效的行政关系,但是越族人也在泉州传播吴越文化和中原文化,这也为随后中原人进入泉州传播中原文化创造了一定的条件。不过,因为中原人尚没有直接进入泉州,泉州方言形成的关键要素尚未介入。

泉州方言,作为泉州汉民族群的交际工具,它的基础和主体是中原汉语,具体而言,主要是中原的上古汉语,通常称之为周秦雅言,或周秦通语。周秦雅言是中国最早的通用语言,其音系为华夏传统的上古音系,最早流行于黄河流域以洛阳为中心的中原地区,故而又称河洛雅言。公元前770年,周平王建立东周,定都洛邑,即今河南洛阳。自此,洛阳雅言渐渐成为整个东周时期雅言的基础。春秋时期,孔子讲学,三千弟子来自四面八方。据传,孔子正是用洛阳雅言来讲学的。按《论语·述而》载:"子所雅言,《诗》《书》、执礼,皆雅言也。"直到西晋时期,洛阳雅言一直是汉语标准语,本质上并没有发生变化,并且在这期间流播泉州。语言是人类创造的,又随着人类的流动而传播,所谓"语随人走",说的就是这个道理。古代社会中,区域性的人口迁移,对于语言的传播,无疑具有至关重要的作用。泉州方言的形成,归根结底也是移民的结果。中原周秦雅言进入泉州,正是由早期中原汉民南迁泉州时所带入,并在多种因素相互作用下,逐渐发展成为独立的泉州方言。中原汉民南迁泉州,泉州地区居民逐渐易主,当始于秦汉时期。

秦代,中原汉民已开始进入泉州。自秦代开始,中原政权对南方的影响逐渐扩展到僻远的闽中,闽越族一度被秦王朝纳入统治范围。秦始皇剪灭六国统一中国之后,设置了闽中郡。秦代的闽中郡,范围基本包括今天的福建省境、浙江南部及江西东北部一带。也就是说,整个福建均为闽中郡地。

尽管这个时候福建基本上仍由闽越土著统治,中央政府并没有派来守尉令长之类的军事与行政长官,只是名义上的行政统治,然而基于各种各样的因素,中原汉民开始陆续进入福建,进入泉州。

秦始皇二十五年(公元前222年),秦王朝派大将王翦统率大军攻克楚国,夺取吴越故地,平定江南及北越。按《史记·秦始皇本纪》载,是年,秦"降越君,置会稽郡",秦朝的势力开始进入江南。秦始皇二十九年(公元前218年),越族叛乱,秦始皇派屠睢率50万大军进击岭南。3年后,又有任嚣、赵佗击越。秦始皇三十三年(公元前214年),秦王朝平定岭南后,置桂林、南海、象郡3郡。从此,广大的南方百越地区,正式纳入秦王朝版图。秦朝为巩固南越地盘,不仅把大批汉族士兵及罪犯迁往岭南与越人杂处,而且允许南征的汉军随带家眷奴婢迁往岭南。按《史记·淮南衡山列传》云:"尉佗使人上书,求女无夫家者三万人,以为士卒衣补。"按《汉书·高帝纪》记载,秦曾移中原之民于南方,"前时秦徙中县之民南方三郡,使与百粤杂处。会天下诛秦,南海尉佗居南方长治之,甚有文理,中县人以故不耗减"。秦徙中原汉人于百越,虽无明确记载迁徙了多少人,然而要能与之杂处,应当要有相当的数量。这一做法,既巩固了汉文化在百越的地位,又起了同化百越居民的作用。

秦王朝苛政猛于虎,短短十多年的残暴统治,就激发了尖锐的阶级矛盾和民族矛盾。公元前209年,陈胜、吴广首先揭竿而起,振臂一呼,天下响应,共伐暴秦。接着,项羽造反于会稽,刘邦聚众于沛县,反秦烈火燃遍中原大地。随后,刘邦与项羽又逐鹿中原,天下依旧大乱,南越的秦军主帅赵佗,兴兵绝道,切断通往中原的陆路,无法返回中原故土的秦兵,有些辗转进入泉州。乾隆《泉州府志·方外志》关于"大道"和"大道岩"的记载,亦佐证了这一点。现在泉州清源山"峭壁游"岩下,仰望可见崖壁间隐约有"……开青壁"三个巨字崖刻,据释全文为"大道开青壁",此即当年大道清源山修真之后,后人凿刻以纪念之。因年代久湮,上截岩石崩塌,故只见"开青壁"3个巨字而已。这是秦时中原汉民入闽来到泉州的一个实证。秦始皇征徭役30万以筑长城,又兼苛政猛于虎,避秦而南来泉州者当不只大道一人。

秦代中原汉民陆续进入泉州地区,自然也带来中原地区通行的周秦雅语,尽管这期间进入泉州的中原汉民人数可能很少,但是因为语言本身具有极大稳定性,而且因为中原文化乃是较为先进的文化,因此,进入泉州的中原汉民,没有也不可能放弃自己的语言,这就使得周秦雅语开始在泉州传播,扎根落户于泉州地区。这也正是泉州方言形成之始。不过,因为这期间进入泉州的汉民数量不多,尚无法成为泉州地区的新主人,相当程度上也难以同化融合当地的闽越土著,汉语也还不可能取代闽越族语言,需要假以时日,借助更多的操同种语言的汉民出现于泉州,这种语言的优势方能进一步显示出来。进入汉代以后,越来越多的中原汉民继续南迁泉州,正是推动泉州方言形成的重要力量。

秦末农民大起义爆发后,闽越族人民也加入这场汹涌澎湃的反秦浪潮中。闽越王无诸和东海王摇,率领部伍北上,联手诸侯灭秦。闽越族人民在这场轰轰烈烈的反秦斗争中,同中原人民并肩作战,建立了不可磨灭的历史功勋。秦王朝在各族人民的共同讨伐中灭亡了。由于楚霸王项羽在分封各路义军及诸侯时,未封无诸以及摇等闽越王族,因此在秦亡之后长达 5 年的楚汉战争中,无诸以及摇等闽越首领又率闽中兵佐汉击楚,追随刘邦军攻入武关,直捣咸阳。闽越军队跋涉关山,深入中原,参加中原地区的农民起义和楚汉战争,同中原地区人民关系之密切,受到汉族文化的濡染是可想而知的。这对于随后中原和北方汉民继续入泉,闽越人学汉语,汉越两民族的融合,无疑起了极为重要的作用。

西汉初年,汉高祖因无诸为汉王朝的建立贡献了力量,且汉王朝无力进入闽越地区直接实施统治,因此复立无诸为闽越王。无诸凭借着自己的军事实力和才干,结束了闽越地区种族分隔与政治势力割据的局面,建立起统一的闽越王国。无诸立国后,同汉廷保持良好关系。无诸死后,子孙屡有攻杀,且拒绝向汉廷朝贡。西汉元封元年(公元前 110 年),因统治闽越国的余善公开反汉,汉武帝派朱买臣兵出四路进入闽越国征讨,终于灭了闽越国。汉武帝派兵入闽平定闽越人叛乱,这本身就是西汉一次较为集中的中原汉人移民入闽的活动。驻防的军队和官吏,是汉代中原汉人迁闽的主要成分。这些军队入闽后,有些人就在闽地定居下来。诸如,泉州许书纪先生所撰的《许姓开闽综合性概述》云:“据谱牒记载,许姓入闽时间甚早,上追两汉。……最早为西汉汉武帝左翊将军许滢,字元亮,于建元六年(公元前 135 年)奉命来闽平定叛乱,镇守泉州西南百里外之同安境上。世传此地称营城(滢与营同音),他在该地驻节七年半,平息叛乱,立了大功,深受汉武帝嘉许,敕旨永镇该地,以固东南边陲。铜符虎节,兵卫森严,一如小国之君。从此定居于其城之胡壶山。许滢有子十五人,分镇福建各地。闽越为蛮荒之地,土著反复无常,时生叛乱,许滢施以教泽,归化中地风尚。民谚‘未有同安,先有许督'。明代南安钱塘乡许氏宗祠有一对联:'开闽者三,西汉唐初五季。'由此可见,许氏开闽时间之早与影响之深。许滢卒于汉武帝后元元年(公元前88年),墓葬同安从顺里五虎山之西,墓表题曰:'故汉上柱国左翊将军许公墓。'子孙世代守护。"汉兵定居闽越地之后,又成为中原移民。同安紧靠泉州,汉时隶属泉州。汉兵驻扎同安,部分汉兵可能就成了泉州的居民。

汉武帝灭了闽越国之后,认为闽越地势险要,而越族人剽悍且多反复,路远难制,遂采用秦代迁徙六国豪强的策略,下令把闽越官僚贵族及大批闽越人迁移于江淮一带居住。"悉徙其众于江淮之间,东越地遂虚"。迁徙的民众据估计有10万人左右,这是汉廷继对南海、东瓯国施行"虚地徙民"政策之后,对闽越人第三次采取"虚地徙民"政策,也是最大的一次政治移民。按《泉州府志·建置沿革》云:"武帝元鼎五年(前112年)闽越乱,元封元年(前110年)灭之,徙民于江淮,虚其地。"又注曰:"东越狭多阻,闽越人悍,数反复,故皆将其民徙处。"大批闽越官僚贵族和军队被迫迁往江淮之间,其他闽越人大都逃亡进入山林,成为后世之所谓"山越"。随后,汉王朝开始加强中央对闽中地区的统治,不仅派遣大批军队入闽,并于汉昭帝始元二年(公元前85年),在闽越故地重设建制,称为冶县,即今福州市,开始加强对闽中地区的实质性管治。泉州为冶县地。闽越土著大量被迁徙,西汉中央政府派遣大批军队入闽,并在闽中设立了实质性的行政机构,中央集权统治的强化,为北方地区汉族人民继续入闽创造了有利条件。汉代北方汉民迁闽定居,除军队及随军队入闽的相关人员外,有些贬官者、谪戍者、犯罪者及其家眷,往往亦被遣送到这里。此外,尚有些避世亡命者。同时,正是从这个时候开始,分散于闽中各地的先秦遗民,亦纷纷寻找安靖之处,相聚到此时已人烟稀少且又适宜繁衍生息的泉州地区。

自西汉设冶县到东汉末年,历时三百多年,泉州长期较为安靖,与外界少有战事纷争,没有遭遇过中原那长达半个多世纪的黄巾之乱和随后的军阀混战及三国纷争的破坏。福建偶有战事都集中在闽北和闽东,直至东吴军队入闽,战火也只祸及闽江周围。同时,闽越土著势力不断被削弱。中央政府大规模的迁徙政策,加上通过设置行政机构强化控制,使泉州一带的闽越土著遭到沉重打击,大为失势,数量大大减少。闽越土著已无法形成强大的力量,对南下的中原和北方汉人构成严重的威胁。从地理环境看,泉州位于福建东南沿海,依山傍水,北有戴云山横贯东西,成为北面屏障;南面为浩瀚的大海,东为莆仙平原,西则丘陵起伏。中有晋江流域,形成近四百平方公里的泉州平原,成为劳动生息的理想地方。泉州地区既便于农耕,亦便于渔猎。泉州位于亚热带地区,气候温和,四季如春,湿润多雨,终年不冻,古称"温陵"。稻麦一年二熟,自然条件优越于北方。这些因素的交互作用,不仅使此前已迁入泉州的汉人得到相对独立的发展,而且也继续吸引着中原和北方汉人不断地进入泉州。南迁的中原和北方汉民与逃遁山林复出的闽越人交往,融合这些闽越遗民并同化他们的闽越文化。这个时期,正是中原和北方汉民逐渐扩大在泉州的地盘,成为泉州方言形成的关键,有力地推动了泉州方言的形成。

中原和北方汉人大规模迁移泉州的第二个时期,是在东汉末年至西晋年间。东汉末年,中原战乱再度兴起,人民四处逃亡,闽中既为人烟稀少的边陲之地,不少逃亡的中原和北方汉民,更是大量进入泉州。诸如,泉州惠安的锦田黄氏,据嘉庆《惠安县志》记载:"始祖隆公,为东汉会稽令。东汉末乱甚,于建安年间,弃职避世入闽。"这则记载说明,锦田黄氏早在东汉末年就已经来到泉州了。东汉末年,孙吴集团崛起于江东,为了扩展势力范围,着意向南方发展,经营闽中。从建安元年(196年)起,孙吴先后5次派遣军队入闽,经过前后数十年的经营,不仅在闽地建立了建安郡,基本上建立和巩固了对福建的统治,而且更带动了大批北方汉民入闽。东吴军队5次入闽,时间跨度达60多年,大体过程如下:第一次为建安元年(196年)。孙吴南下攻打会稽,会稽太守王朗不敌,由海路逃奔东冶,福建侯官长商升起兵支持王朗。孙策则遣永宁长韩晏领南部都尉,率兵讨伐,后又以贺齐代替韩晏领都尉职,击败商升部,占领侯官。第二次为建安八年(203年)。孙吴将领贺齐进兵建安,即今建瓯,并把南部都尉从浙江迁至建安。福建反吴势力洪明、洪进、苑御、吴免、华当、吴五、邹临等,先后被打败,孙吴确立了对福建闽江流域的统治。第三次为建安十三年(208年)。孙权派余姚长吕岱为督军校尉,与将军蒋钦等共同率军入闽,消灭了会稽东冶的吕合、秦狼起义,平定东冶5县。第四次为吴嘉禾四年(235年)。孙权又派吕岱督率刘纂、唐咨等进兵,攻打会稽东冶的随春。在孙吴的进攻下,随春投降,被吕岱任命为偏将军,使领其众。孙吴"得恶民以供赋役"。第五次为吴太平二年(257年)。建安、鄱阳、新都三郡"山民作乱",吴中书令钟离牧出任监军使者,镇压了建安等地的"山越"动乱,山越军首领黄乱、常俱等被逐出其部伍,以充兵役。东吴军队5次入闽,每次都有大批将士参加。诸如,按陈寿《三国志·贺齐传》载,建安八年(203年),孙吴贺齐部队第二次入闽,"郡发属县五千兵,各使本县长将之,皆受齐节度"。可见将士数量甚多。战争结束之后,部分吴军将士就留驻福建,并与当地人通婚,建立家庭。也有某些携带家眷的吴军将士,就此定居福建。这期间,亦有不少中原汉民南迁泉州。诸如,嘉庆《惠安县志·寓贤》记载:"黄兴,吴孙权将也,与妻曹氏入闽,居邑南之凤山。"东吴时期,由于北方汉人继续南迁,闽中的闽江流域及沿海地区,北方汉人的移民社会形成初步的规模。当时建安郡辖下已有建安、南平、将乐、建平、东平、邵武、吴兴、侯官、东安9县。人口也迅速增多。据近人的研究,东汉末年至三国时期,闽中的人口,包括遗留下来的闽越族人,大约有20万至50万人。三国吴景帝永安三年(260年),东吴即建东安县于泉州西门外的丰州,属建安郡,辖地约今南安、晋江、同安3县。这正是由于中原和北方汉民不断入居泉州,并在泉州繁衍生息,泉州地区人口增加,社会经济已发展到一定规模,才需要在丰州置县加强管理。

西晋初期,泉州仍然相对安定,因此入迁的中原和北方汉民持续增加。泉州的考古发现和地方史志记载亦说明了这一点。1984年,南安丰州镇旭山村庙下自然村发现一批晋朝冢墓,这当中就有一座西晋初年冢墓。从墓中挖掘出大批墓砖、陶灶、陶碗、陶罐、陶器盖、陶釜等文物。墓砖均有模印"大康五年立"字样。大康即太康。西晋太康五年,即公元284年。从墓的结构及随葬品看,墓主人应系由中原迁入的士大夫阶层,这也说明西晋时期入居泉州的中原汉人已经不少。另一个有力的证据是,泉州汉人寺庙的兴建。主要有两座:一是玄妙观。泉州玄妙观位于现今泉州城南的晋江岸边,始建于西晋太康三年(282年)。晋太康年间称为白云庙,唐朝时改名中兴观,又改名隆兴观。北宋大中祥符年间改名天庆观,元代元贞初年改为玄妙观。按乾隆《泉州府志·坛庙寺观》云:"玄妙观,在府治南,晋太康中为白云庙。"二是延福寺。延福寺在南安丰州旭山附近,濒临晋江,肇建于西晋太康九年(288年)。据乾隆《泉州府志·坛庙寺观》云:南安"延福寺,在县西九日山下,晋太康时建,去山二里许"。按乾隆《泉州府志·山川》云:九日山"自晋以来,缙绅先生以及方外之侣多登憩焉"。这也表明,当时已有不少中原和北方汉人在泉州定居,开发晋江两岸,晋江下游沿岸已形成相当规模的汉人社会,并具有较为发达的经济和颇为繁荣的文化。

东汉末年至西晋时期,中原和北方汉民继续不断南迁泉州,继续扩大在泉州的地盘。因此,最晚至西晋末年,随着中原和北方汉民不断南迁进入泉州,以及这些南迁泉州的汉民在泉州不断的繁衍生息,中原和北方汉民及其后裔已逐渐占据了整个泉州地区。他们带来了中原和北方地区先进的生产技术和生产工具,对泉州地区的开发做出了重大贡献,逐渐取代原来的闽越族人成为泉州的新主人,繁衍生息形成一个经济文化较为发达的汉人社会,从而完全改变了原来比较落后原始的闽越社会风貌。中原和北方汉人不断南迁泉州的过程,既是泉州闽越土著文明逐渐衰亡的过程,是中原文明在泉州逐渐扩展的过程,亦是泉州方言逐渐形成的过程。中原和北方汉民逐渐成为泉州的新主人,他们带来的是中原上古汉语,亦即周秦雅言。在与闽越人的交流中,由于闽越遗民逐渐减少且较为分散,周秦雅言以压倒性优势占据主导地位,并且加大了融合闽越遗民文化及同化闽越语言的力度,形成了保留上古汉语本色的泉州方言。

魏晋时期,中原方言更迭,从而与泉州方言所代表的上古汉语有了许多不同点。中原方言更迭的原因,主要是人口流动。东汉末年至三国时期,中原战事迭起,人口骤减。据《晋书·地理志》载,东汉永寿三年(157年),全国人口有5648万人,迨至西晋太康元年(280年),下降为1616万人。前后一百多年,人口减少了将近四分之三。鉴于中原地区地广人稀,西晋统治者实行重赏政策,招募已投边地的士民回归,从而引起西北郡县居民东迁南渐,导致潼关东西及黄河南北华胡杂处戎狄各半。所以朱芳圃1931年在《晋代方言考》中说:“即汉时一方之言,至晋时或变为通语……中原方言,几无一焉。此何故乎?盖中经大乱,人民迁徙,互相融化之结果也。故方言之剧变,当在汉末丧乱、三国纷争时代。”中原方言经历这场大调整,面貌已是全新。唐初刘知几《史通·言语》指出:“魏晋年近,言犹类今。”这进一步说明了魏晋时期中原通语与唐朝的通用语已经比较接近。可见永嘉时期北来移民的语言,已经不再是原来的周秦雅言了。魏晋之际中原地区正是北方话口语和周秦雅语交杂使用时期,《切韵》正好反映了这个时期复杂的语音现象。成书于南朝的《世说新语》,就表现出当时北方话的特征,诸如出现了疑问代词“那”,连词“但”,系词“是”,副词“都”,句法上出现了“被”字句。董达武先生在《周秦两汉魏晋南北朝方言共同语初探》中,亦谈到魏晋南北朝北方话的变化,诸如以“太阳”代“日”,词尾“子”“儿”的出现,“其”字用作主语宾语,“被”字句的出现等。泉州方言从形成开始直到今天,始终没有北方话这些封闭性词语和句法特征。由此亦可以推论,泉州方言的形成必定早于魏晋。①

二、泉州方言的发展演变

泉州方言尽管在西晋末年之前已经形成,然而由于东晋以后中原和北方汉民仍继续大量南迁泉州,且出现几次相对集中的大规模迁移,入迁数量比起此前更是多得多,这些新的移民带来了不同时期不同地点的汉语方言,不断为泉州方言的发展注入新元素,从而亦使泉州方言更为丰富多彩。

从东晋时期开始,直至南宋时期,相当长的时间内,泉州相对安定的社会环境,优越的自然条件,加上闽越土著势力不断被削弱,因此,不仅使东晋之前已入居泉州的汉人得到相对独立的发展,而且也继续吸引着中原和北方地区的汉人不断地进入泉州。尽管这个时期泉州方言作为独立的区域语言已经形成,而且不断得到强化和巩固,因而这些继续南迁泉州的中原和北方汉人,已经没有也不可能从根本上改变泉州方言的基本面貌,然而也不能不承认其对于泉州方言的丰富发展发生不小的作用。中原和北方汉民不断大量南迁泉州,就对泉州方言的发展影响而言,大体又可分为两个阶段,一是东晋至隋朝末年,二是唐朝初年至南宋末年,前者主要是使泉州方言增加了大批吴语词,后者则主要是带来中原 7 世纪至 13 世纪的不少新语词。

东晋至隋朝,前后近三百年时间,历经东晋、南北朝、隋朝三个时期。这三个时期,无论是史书的记载,或者考古的发现,均表明有不少中原和北方汉人继续南迁泉州。尤其是东晋末年的孙恩、卢循农民起义期间,以及南北朝时期的梁朝侯景之乱期间,更是出现了两次规模颇大的迁徙活动。

东晋时期,南北分立,社会动荡不安,北方汉人大批南下。东晋末年元兴年间,三吴八郡爆发农民起义。农民军在孙恩的领导下结集了数万人,转战东南地区,杀郡守县令,建立地方政权。元兴元年(402 年),孙恩战死,余众 2000 多人,公推其妹夫卢循为首领,继续转战于闽浙沿海。元兴二年(403 年),卢循率农民军由永嘉攻入晋安,在福建活动三年。卢循败亡后,余部散居福建沿海,构成晋代北方汉人入泉的一次高潮。据宋人乐史《太平寰宇记·泉州风俗》载,当时泉州就有不少卢循的余部,"遗种逃叛,散居山海,至今种类尚繁"。又称:"泉州清源郡,秦、汉土地与长乐郡同。东晋南渡,衣冠士族多萃其地,以求安堵,因立晋安郡。"可见南渡的北方汉人不仅

---

① 参阅林华东:《泉州方言研究》,厦门:厦门大学出版社,2008 年 4 月,第 21 页。

定居于闽江流域,而且也有不少又南迁至晋江两岸。泉州民间一些族谱,也记载其家族祖先是这期间从中原南渡入闽。晋江《儒林张氏联宗谱》云,东晋末年,有"郎中令曰祎,宗迁入闽,居晋江之古陵"。南安《梁氏族谱》称,其祖先于"晋室乱离,梁芳一族随晋渡江,大衍于钱塘、合浦间。孙遐仕安帝,恒玄篡,逃闽。……因家南安。"考古发掘也证明了这一点。1984 年,南安丰州狮子山发掘的两晋南朝墓,有东晋墓四座,墓葬时间分别为东晋咸康元年(335 年),宁康三年(375 年),太元三年(378 年),义熙十二年(416 年)。其中宁康三年的墓葬,还出土了一颗"部曲将印"和有"陈文绛"字样的长砖等物件。此外,永春城关牛头寨也发现有东晋纪年的砖室墓。以上说明,东晋时期,又有大批中原和北方汉民徙居泉州。

南朝宋齐梁陈四个朝代,前后 170 年,又不断有北方汉人南下迁入泉州,规模最大者,当推梁朝末年侯景之乱期间及随后的南迁。侯景之乱,是梁朝将领侯景发动的武装叛乱。梁太清二年(548 年),侯景在安徽寿阳起兵叛乱,先是攻占梁朝都城建康,将梁武帝活活饿死,掌控梁朝军政大权,相继拥立三个傀儡皇帝,最后自立为帝,国号汉。4 年后侯景被杀死,叛乱终于平息。这场战乱历时 5 年,三吴沦为战场,长江中下游兵祸连连,侯景叛军在江东烧杀抢掠,社会经济遭到极大破坏,建康、江陵、广陵等繁华城市皆化为荒凉之地。唐人李延寿《南史·侯景传》云:"千里绝烟,人迹罕见,白骨成聚如丘陇焉。"未遭杀戮的人民被迫纷纷逃难。福建地近江东,自然成为避乱之所。因此,这个时期,大批难民从长江中下游辗转入闽,构成了汉人入泉又一个高潮。唐人姚思廉《陈书·世祖本纪》云,天嘉六年(565 年),三月乙未诏:"侯景以来,遭乱移在建安、晋安、义安郡者,并许还本土。其被略为奴婢者,释为良民。"从这道诏书可知,侯景之乱三吴难民足迹遍及福建,且数量众多。

隋朝,中原和北方汉民仍不断入泉,泉州人口持续增长。隋初,北方不少失意的贵族入迁泉州。如陈后主叔宝三个儿子及其族人,就流入泉州。民国《永春县志·流寓传》载:"镜台翁,相传为陈后主叔宝之子。隋既平陈,镜台挈两弟及宗族引兵南奔,据桃林场之肥湖(一名毗湖,今称蓬壶)。后隋帝有旨,令释兵为民。仍令有司四时祭其祖。遂居肥湖之瑞峰。南安曾井曾氏以长女妻镜台,而以次女、三女妻其两弟。镜台生三子,曰鸣、曰珙,分处德化、仙游;曰缘,居肥湖。威应侯名不传,世称御史大夫,为民后隐陈岩之峭峰。岁时往返,挈鞍秣马于桃源驿。一夕,憩于驿东偏,留弓剑而逝。

其后屡著灵异,乡民即其地立庙祀之,在官田。宋封威应侯,又曰显应。支裔犹存。御史中丞名易简,从兄镜台入闽为民后,居慕仁里之溪西。"这些人所繁衍的后裔,成为永春的望族。

总的来看,东晋至隋朝,北方汉人入泉经历了卢循起义军入闽、侯景之乱难民入闽这样两次高潮。当然,北方汉人入泉是个日积月累的过程,并非都是在高潮时一拥而入,在非高潮时也陆续有不少人入泉,只是不像高潮时人数那么多那么集中而已。东晋至隋朝时期,南迁入泉的北方汉民,不仅数量比汉代和三国时期有明显增加,而且移民身份的构成也更为广泛,有官吏、名流、将士、士族、豪强、农民、佃客、部曲、逃户、起义者、流放者、罪犯、道士、和尚等。这当中,既有衣冠大族和豪强士宦,亦有下层贫民和逃亡流寓者。可以说,北方社会的各个阶层人士,都有大批成员或代表人物在这个社会大动荡时期南迁入泉。随着泉州地区进一步开发,人口不断增加和社会经济发展,到了南朝梁天监年间(502—519 年),又从晋安郡分出一个南安郡,辖有泉、漳、兴化等地。

东晋至隋朝期间,南迁泉州的北方汉民,主要是讲吴语的居民。这些移民尽管数量不少,然而因为大多是避乱而来,且又分散各地,带来的语言,包括吴语在内,已经客不压主,无法取代泉州当地语言。不过,由于人数众多,还是给泉州方言及闽语其他次方言带来不小的影响,语言交融促使闽语内部各次方言进一步趋于一致,留下了一批吴语词汇。这期间南迁泉州的北方汉民,给泉州方言注入了新鲜血液,使泉州方言无形中增加了一批吴语词。下述 3 个字在历史文献中指明是古代吴语,现在仍保留在泉州方言中。"裚",即衣袖。泉州方言读[ŋ⁵⁵]。《方言》称:"裯襘谓之袖。"郭璞注:"(襘)衣标,音橘,江东呼裚,音婉。""瀳瀳",冷的意思。泉州方言读[ts'in⁴¹]。《集韵》称:"瀳僾淜,楚庆切,冷也,吴人谓之瀳。""健",未下过蛋的小母鸡叫"鸡健"。泉州方言读[luã²²]。《尔雅》称:"未成鸡健。"郭璞注:"今江东呼鸡少者曰健,音练也。"可见这期间北方汉民南迁泉州,确实给泉州方言带来了不小影响。

唐代至南宋,前后六百多年时间,历经唐、五代、北宋和南宋几个朝代。这期间,中原和北方汉人继续大批南迁泉州,尤其是唐初、唐末五代、南宋期间,更是出现了三次规模颇大的迁徙活动,对泉州方言的进一步丰富发展,同样产生了不小影响。

唐初,闽南九龙江流域爆发"蛮獠啸乱",唐王朝为加强对闽南的控制和统治,高宗麟德年间(664—665年),朝廷派曾镇府领诸卫将军衔由中原率部镇闽,驻扎九龙江东岸;高宗总章二年(669年),复派陈政、陈元光父子率府兵进军闽南。叛乱平定后,朝廷准陈元光之请,在泉州和潮州之间置漳州,委陈元光任漳州刺史,把所属军队分布于闽南各地。陈军将士所到之处,且守且耕,招徕流亡,就地垦殖,建立村落,互相婚配,繁衍后代。据《颍川开漳族谱》云,陈政先是统率府兵5600名入闽,后又以兵少请援。朝廷命陈政两位长兄陈敏、陈敷领兵南下。估计入闽的这两支军队有万人左右,从征部将官佐有58姓,这些人最终在漳州落籍定居。陈政、陈元光父子被尊为开漳始祖。这批南下的北方汉人及其后裔,也有不少后来迁徙到泉州居住。唐代前期,除了陈政、陈元光父子率军征蛮并在闽南驻扎下来这一大规模的军事移民外,尚有不少北方汉民陆续迁移闽中。据《颍川陈氏族谱·序言》载,现居住在泉州、莆田、厦门一带的陈姓家族,大部分都是在唐代前期迁入福建的。始祖陈忠,唐初人,原籍京兆万年,其子邕入闽。后迁入嘉禾岛,子孙分布于兴化、泉州、厦门、漳州各地,是目前福建陈姓一个最大支派。泉州有些著名的姓氏,亦是在唐初入迁的。诸如,黄姓,唐初有黄岸、黄崖兄弟,分居两处,黄岸居莆田,黄崖则迁居泉州。

唐代中叶以后,中原多故,福建僻处东南,战火未能蔓及,社会比较安定。同时,自汉晋北方汉人不断南迁以来,福建的开发已经有了一定规模,初步具备较好的生产生活环境。因此,安史之乱后,北方汉人迁移入闽逐渐增加。泉州施姓,据杨绪贤《台湾地区姓氏堂号考》载,唐代中叶由河南光州入闽,"唐之中叶,始由河南光州迁徙入闽,有秘书郎承公者,宅居于泉州钱江乡……嗣是而子孙蕃衍,支分派别"。据同书载,泉州、莆田、漳州一带的蔡姓,源于西汉末年的蔡勋,亦是于"唐中期迁闽"。唐代后期,随着中原地区再度动荡,尤其是唐僖宗乾符年间,中原爆发了黄巢农民大起义,战乱更是一发不可收拾。因此,更多的中原汉民南迁进入泉州。例如,泉州高姓,据民国《崇政同人系谱·氏族篇》云:"唐僖宗中和元年(881年),其入闽始祖钢,避黄巢之乱,挈眷由淮南西路光州固始入闽,占籍于福州怀安县……其后遂迁安平,子孙蕃衍,瓜分散处,或居晋江永宁,或迁南安埕边。"又如,泉州的另一大姓傅氏,据泉州《武荣傅姓族谱纪要》云,傅姓是得姓始祖,传到傅实是第69世,乃开泉始祖,880年奉敕率军入闽,被唐僖宗钦命为威武军节度招讨使,随后又授银青光禄大夫检校尚书左仆射。傅实入闽后,建第宅于泉州仁凤门外皇山南麓,东海之滨。王潮、王审知入闽进入泉州后,傅实带领全家及队伍退居南安周井堡。鉴于傅实手中掌握着不小的武装力量，王氏不敢贸然进攻。王审邦任泉州刺史，专门上奏朝廷请傅实协同治理军政事宜。结果，傅实被赐予爵位，食邑千户。傅实有八个儿子，分居晋江、南安、泉州、漳州等地，繁衍生息，聚族而居，成为闽南一个巨家大族。

唐朝末年，王潮、王审邦、王审知兄弟率兵据闽，形成中原汉民迁居泉州的又一次高潮。当时，王氏兄弟乘中原大乱，率领光州和寿州五千农民军南下，浩浩荡荡，转战安徽、浙江、江西、广东。光启元年（885年），从汀州进入福建，受到福建百姓的欢迎。次年八月，占领泉州，随后占领福州，闽中各地纷纷降服。唐昭宗李晔只得于文德元年（888年），任命王潮为泉州刺史，随后又任命他为福建观察使，尽有闽中五州之地。王潮死后，弟王审知继位。907年唐亡，王审知被后梁太祖封为闽王。王审知死后，儿子王延钧正式称帝，改国号为闽。闽国是中原移民在福建建立的第一个地方性割据政权，这个政权在福建存在了几十年，对于促进北方汉民入泉影响很大。这期间入泉的北方汉民，主要由几部分组成：一是随王潮、王审知兄弟入闽的部属，利用政治上的优势，各自在福建寻找合适的地点定居下来，从而成为地方上的显姓。王潮、王审知兄弟是以军队占领福建的，闽国建立后，数万的军队部属绝大部分都定居于福建。泉州晋江石龟许姓，据《石龟许氏族谱》载，"始祖许受仕唐，随王潮入闽，镇漳州之诏安，改而入泉，侨居晋江十七八都间石龟，后支派分栖"，称为"石龟许氏"。泉州儒林张氏，据《儒林张氏联宗谱》云："时有张姓随潮兄弟由河南光州固始入闽，并居同宗之张林。"泉州何氏，据《闽南何氏大宗谱》载："何氏闽南开基祖何安抚，河南光州固始县人，于唐僖宗光启二年（886年）入闽。"二是众多北方的政客、士子、文人入泉。当时随王氏兄弟入泉的中原人士，除了军队之外，还有众多落难的政客、士子、文人等。泉州廖姓，据安溪《廖氏族谱》载："唐昭宗时，官国子祭酒，朱全忠篡唐，避乱入泉，隐于小溪场，后嗣蕃衍，居闽南者甚众。"泉州孙姓，据泉州《孙姓族谱》载："先世居河南光州固始，唐末五季之乱，南迁入闽，居泉州东门。"泉州张姓，据杨贤绪《台湾区姓氏堂号考》载：始祖"张天觉，河南光州固始人，唐代后期参与平定王仙芝乱，僖宗乾符五年（878年）入闽，封南剑州刺史。至朱温篡唐，弃官走避闽南，居泉南檗山贤坂里，即今南安县前坂村"。王氏注重搜罗人才，礼贤下士，发展文化，使僻远的泉州成了落难士子和文人的最好避难所，中原许多颇有名气的文人学者，相继南迁泉州。按《十国春秋·闽》"审邦条"载：中原文人学者陆续入泉，"审邦遣子延彬作招贤院礼之,振赋以财。如唐右省常侍李洵,翰林承旨制诰兵部侍郎韩偓,中书舍人王涤,右补阙崔道融,大司农王标,吏部郎中夏侯叔,司勋员外郎王拯,刑部员外郎杨承休,宏文馆直学士杨赞图、王偁,集贤殿校理归传懿及郑璘、郑戬等,皆赖以免祸”。三是漂泊不定的僧人。王氏父子为了政治统治的需要,特别崇信和倚重佛教,许多漂泊不定的僧人纷纷南下入泉。如当时著名的高僧长庆慧棱,以及兴圣国师神晏等。中国佛教禅宗大盛于泉州,与这期间王氏政权礼佛及僧人大批入泉是分不开的。四是北方各地的汉民。唐末五代北方汉族入泉的主要成分固然是随王潮、王审知入闽的光州固始一带汉民,但在这股南迁的大潮中,亦有不少北方其他各地的汉民,既有普通贫民,亦有仕宦、流卒、商贾等。

中原和北方汉民徙泉最后一次高潮,是在南宋。南宋赵氏政权偏安东南一隅,长江以北往往成为战场,与浙江相邻的福建相对安定,地位显得尤为重要。宋南渡后,宋宗室贵族和中原地主官僚,以及不甘受异族压迫的中原人民大批南移,流入泉州亦复不少,加上繁衍,为数更是可观。以南宋皇族宗子在泉州的人数为例,据南宋泉州太守真德秀《真西山文集》载,这个迁入泉州的皇族,最初只有三百多人,后增至近三千人。据道光《福建通志·宋侨寓》云:“高密赵存诚,帅广东任满,和仲弟思诚,挈家寓刺桐城。季弟明诚,即著《金石录》者,在金陵身故,有几个儿子也到泉州依两伯父。”南宋末两个短命皇帝赵昰、赵昺在福建即位,随这两位皇帝而来的不仅有赵宋宗室一大批人,更有北方的不少忠义之士随之保驾抗元。如南安梅山侯氏家族,就称其始祖于宋末扶助宋室入闽,按《南安侯氏族志》云:开基祖侯宗贵,“公系大宋进士,历官太常寺正卿,岁居河南光州府固始县。古传公有子九人,迨有宋季世,因避难与其子扶幼主来闽,驻公舍于泉州之西街古榕境旧馆驿。后令五子复回原籍,公与四子同留住武荣,卜居泉州之南安十八都,以公姓侯故名侯安乡。建置田宅,采择吉地而开基焉”。又如泉州郑氏,按陈加锥《同安主要姓氏》载,始祖“郑獬,字毅夫,安陆人,北宋皇祐年间(1049—1054 年),举进士第一,通判陈州。神宗朝为翰林学士,权知开封府。苗裔随南宋政权南移……迁温陵府”。郑思肖《心史·大义略叙》称:“泉州素多宗子,景炎二年丁丑(1277 年),闻张少保至,宗子纠集万余人,出迎王师。叛臣蒲寿庚闭城三日,尽杀南外宗子。”虽然由于蒲寿庚降元,泉州南外宗惨遭屠杀,保驾的赵宋军队也大部没有留在泉州,但在这场剧变中,仍有相当一些中原北方汉人滞留泉州,赵氏宗室也有部分幸存。在泉州《南外天源赵氏续谱》中,就记载着不少幸免于难的宗室。

总之,从唐初至南宋末年,中原和北方汉民继续不断迁徙泉州,既出现几次较为集中的迁徙,零散移居更是时时有之。这期间入泉的中原和北方汉人带来的语言,已经是中古时期的北方方言。是时泉州方言已经根深蒂固,北方方言同样已经无法改变泉州方言系统,而只能"入乡随俗",最终融入泉州方言。以开漳始祖陈政的部下为例,就很能说明这一点。陈政的部下大都为中原将士,当中有个名叫丁儒的当了漳州司马,赋有《归闲诗二十韵》,当中曰:"土音今听惯,民俗始知淳。"由此可知,漳州的土音与丁儒的中原音不同,但丁儒经过一段时间接触,已能听懂漳州土音。漳州土音与泉州土音类同,皆属于泉州方言,统称闽南方言。

唐代至南宋,进入泉州地区的大批中原和北方汉人,同样对泉州方言的发展产生了不小影响,这些移民所带来中原 7 世纪至 13 世纪的不少语词,无疑是进一步丰富了泉州方言。以下诸词就是这期间中原和北方汉民带到泉州方言中并被保留至今的,"教示",亦即教导训示。泉州方言读[ka⁴¹ si⁴¹]。唐元稹《估客行》称:"父兄相教示,求利不求名。""亲情",亦即亲戚。泉州方言读[ts'in⁴⁴ tsiã²⁴]。清蒋防《霍小玉传》称:"生自此心怀疑恶,怀忌万端。夫妻之间,无聊生矣。或有亲情,曲相劝喻,生意稍解。""衫裤",亦即衣服。泉州方言读[sã⁴⁴ k'ɔ⁴¹]。《敦煌变文集》称:"初定之时无衫裤,大归娘子没沿房。""眠床",亦即床铺。泉州方言读[bin²⁴ ts'ŋ²⁴]。唐李延寿《南史·鱼弘传》载:"有眠床一张,皆是蹙柏。""人客",亦即客人。泉州方言读[laŋ²⁴ k'e⁴¹]。唐杜甫《感怀》云:"问知人客姓,诵得老夫诗。"白居易《酬周从事》称:"腰痛拜迎人客久。"上述这些词语,在泉州方言中仍被作为基本词在使用,千余年来保持不变。从中可以看出泉州方言很有意思的层次感。

作为闽南方言早期的代表,随着泉州方言的形成与发展演变,它与闽语其他次方言的差异亦日渐明晰。闽语是全国七大方言之一,它包括闽北、闽东、闽中、闽南和莆仙 5 种次方言,内部彼此相对独立,互相难以通话。它们的差异,主要是在语音,其次则是词汇。以泉州方言为例,它与其他次方言有着两条极为明显的界限,即有无撮口呼和 6 个辅音韵尾。泉州方言没有撮口呼,但有完整的 6 个辅音韵尾,其他方言恰恰相反,它们有撮口呼韵母,但鼻辅音韵尾只有 1 个。用这些特点与全国各大方言比较,闽语其他次方言与吴语较为接近,泉州方言则与粤语、客家话较为接近。闽语内部的分歧,是由多种因素酿成的。就泉州方言来说,它与闽语其他次方言的内部差

异,主要由于以下三个因素:

首先是移民来源不同。最早进入福建的汉人先民来自不同时期不同地方,主要有两类:一是秦代中原军民及其后裔和部分直接从中原入闽的移民,二是江东南下的吴地汉人。第一类移民是用周秦上古汉语同化闽越土语,逐渐形成泉州方言;第二类移民主要来自江南浙北,带来的语言是当时的吴语,是用古吴语同化闽越土语的。虽然古吴语也是以秦汉时期的古汉语为主流形成的,但是毕竟与泉州方言的形成有所不同,这就是闽语内部既有一致性,又有明显区别的一个原因。从古吴语的形成看,它与泉州方言的形成具有相同之处,主要表现在于其主体语言都含有周秦中原汉语和古越语的成分。因此,这两者语言主流是基本一致的。这应当是今天闽语内部具有许多一致性的历史成因。同时,也可以看出,造成闽语内部差异的原因是入闽汉人带来的语言差异。由于江东南下入闽的汉人汉语较多地表现出两汉语言的特点,它融合的土著语言先是吴越语然后才是闽越语等,这不能不从语源上与秦代军民及其后裔带来的汉语显示出这样那样的区别,最终使得泉州方言无法与闽语其他次方言通话。

其次是当地土著有别。造成差异的另一个原因,是当地土著有别,闽越语底层语言的影响不同。福建古为七闽之地。七闽就是七个部落,语言亦各有差异。后来越族入闽,与七闽土著融合为闽越族,闽越语言内部的差异性仍然存在。汉武帝迁徙闽越于江淮之时,闽江流域上游及北部山区,有部分闽越遗民逃遁进入原始山林。而当时的晋江流域、九龙江流域、木兰溪流域及闽江流域下游,亦有部分闽越遗民,或以船为家,成为后来的疍民;或渡海进入台湾,成为高山族的始祖;或漂洋过海到东南亚各国,变成其他民族的祖先。由此看来,汉人入闽时,福建的闽越遗民是南少北多。南下入闽的汉人,经历了两个阶段,即冶县成立至汉末时期汉越互化,以及三国时期的越融于汉,汉语在与闽越语交融中最终占据上风。当然,由于闽越语言内部存在差异,因此,汉语扎根落户所在地区的不同,也必然会出现某些差别。不过,这种差别究竟有多大,目前已经无从考究。北部地区众多闽越遗民改习汉语,应该在这个时期就完成了。南部地区由于向外迁移了不少闽越遗民,闽越语对汉语的影响,比北部地区要小得多。

最后是双语干扰。闽语内部分歧的另一个原因,是双语干扰。这可以从四个方面来看:一是两宋之际客赣方言进入福建,使闽西北及闽中方言受到不同程度的同化,属于闽南方言的龙岩话也因此发生变异;二是福州作为福建省政治、经济、文化中心，是人口流动最大的地区，各种方言混杂，各个时期不同层次的方言交流，也使闽东方言逐渐异于其他方言；三是闽北地区与赣语、吴语交界处的闽北方言发生了较大变异，尤其是与吴语交界的浦城，几乎完全变成吴语区；四是莆仙方言处于泉州方言北上和闽东方言南下的中间地带，从历史上看，莆田一直隶属于泉州，语言本也接近于泉州方言，但是由于木兰溪流域相对独立于晋江流域和闽江流域，这又为莆仙方言的独立和巩固创造了条件。莆仙话中有个清边擦音，这个声母在今天黄山和粤方言中的四邑、粤西、桂南等支系中都还保留着，可见具有共同的根源，即古越语在现代汉语方言中的化石。北宋初期始析泉州置兴化军，这时它的方言大概已经从闽南方言中分化出来了。莆仙方言是在泉州方言的基础上受闽东方言影响而产生的新方言。总之，把泉州方言纳入闽语系统来比较分析可以看出，由于共时的双语干扰，即客赣方言的介入，终于造成从东往西闽语的成分逐渐减少，客赣方言成分逐渐增多的分布现状。闽语的从南到北的方言间差别，则是由于历时的双语干扰，即入闽汉人不同的语言层次背景和闽越语底层的不同造成的。当然，以上所说共时和历时的双语干扰，是相互联系相互作用的，同时又因实际情况的不同而有不同程度的表现。

三、泉州方言的传承流播

泉州方言形成后，尽管不断发展演变，然而基质始终没有出现多大变化，千百年来一直成为泉州乃至整个闽南地区的方言，而且伴随着唐宋以来大批闽南人陆续向外迁移的脚步，亦不断向外流播，成为中国最具影响力的一大方言。

语言作为人类最重要的交际工具，是与人类社会相依存的。一般而言，语言的生命力是很强的，某种语言，只要有一定数量的人共同使用，形成一定的语言环境，这种语言就会长存不灭。方言的使用情况也是如此。后来之人若非人多势众，就很难改变原来的语言环境，他们要在这种新的社会环境中获得生存，只能"入乡随俗"，学习当地语言，自己原来使用的语言，亦将逐步被当地语言所取代、所同化，至于其后代则更不用说了。这就是人们通常所说的"语境优先"规律。

泉州方言作为一种独特的方言，它的形成、巩固与发展，正是循着这条规律进行的。当闽越人被大量北迁之后，泉州地区如同一片无水的洼地，中原和北方汉民如同开闸的大水涌进这块东越故地，拓荒发展。这些泉州汉人的先民在与闽越遗民相处过程中,用汉语的优势同化与替换了闽越语,形成泉州方言。泉州方言形成之后,千余年来,泉州尽管在不同时期又接受了来自不同地方的大量移民,并且给泉州方言注入了不少新元素,然而泉州方言的基质并没有发生重大变异,始终显示出极大的稳定性。这些后来进入泉州的移民者的方言,已经无法取代泉州方言,同样只能学习早已形成的泉州方言,自身亦逐渐融入泉州社会。

从历史的角度看,泉州方言不仅自身具有极大稳定性,而且成为闽南方言早期的代表。闽南方言是一种超地区超省界的汉语方言,它主要通行于闽南地区、粤东潮汕地区、台湾地区大部分,雷州半岛以及海南省部分地区。此外,福建中部及东北部某些地区,浙江、江西、广西、江苏某些地方,亦讲闽南方言,成为泉州方言岛。唐宋以来,泉州有许多人出洋谋生,相继向海外移居。人语相随,东南亚诸国,相当部分华侨和华裔以泉州方言作为交流工具。闽南方言分布如此广泛,究其"正宗",应是福建的泉州、漳州和厦门地区,而泉州方言则是闽南方言早期的代表。泉州方言即泉州话,分布在今天泉州的鲤城、丰泽、洛江、台投、晋江、南安、石狮、惠安、安溪、永春、德化和金门等 12 个县、市、区,使用人口达 870 多万人。泉州方言既是闽南方言的重要组成部分,更是闽南方言早期的代表。

泉州方言所以称为早期闽南方言的代表,这是由泉州在闽南地区的政治、经济、文化地位所决定的。众所周知,泉州既是闽南最早开发的地区,亦是福建较早开发的地区。早在唐代,泉州社会经济已经十分繁荣。当时福建有 6 个地区,即泉州、福州、建宁、延平、汀州和漳州,泉州位居 6 个地区之首。宋元时期,泉州海外交通贸易达到鼎盛时期,刺桐港与埃及亚历山大港齐名,成为海上丝绸之路的重要起点。泉州因此而成为闽南地区政治、经济和文化中心。泉州不容置疑的主导地位,使泉州方言具有极大权威性,不断地影响着漳州和闽南各地的方言土语。例如,闽南最古老的剧种梨园戏,以及南音这种闽南著名的古老曲艺,自从诞生之日起,即以泉州音为标准音,直到今天依然如此,始终没有因为闽南标准音的转换而受到影响。再如,清代嘉庆年间,泉州人黄谦编写的韵书《汇音妙语》,一直被当作闽南各地韵书的蓝本。由此可见,泉州音在历史上影响之大。厦门话正好是泉漳之间一种土语,正所谓"半漳半泉厦门腔"。鸦片战争之后,当时尚隶属于泉州府同安县的厦门,被开辟为五个通商口岸之一,从而逐渐成为闽南对外贸易和进出海外的中心。厦门话也因此逐渐扩大影响,厦门音终于取代泉州音,成为闽南话的代表。然而显而易见,这种地位的转换,不过是近代以来的事,也就是一百多年来的事,比起泉州方言千余年来的主导地位,可谓相去甚远,不可同日而语。

以泉州方言为代表的早期闽南方言,不仅在形成之后继续吸纳了不少外来新元素,而且唐宋以来亦随着闽南人大量外迁的脚步而不断向外流播,影响亦日益扩大。这种拓展同样得益于人口板块迁移。中外语言的发展史告诉人们,某种语言或者方言,离开原始交际区域,并要在新的区域站稳脚跟,必须有相当数量的使用该语言或方言的人口,而这些人口又必须是相对集中地聚居在一起,否则,这些人口的语言或方言必然被排斥,直至被同化,无法形成地理上的扩展。语言学上把这种集团迁徙称为板块迁移。板块迁移的优势,就是能较完好地保留迁移前的语言面貌。泉州方言亦是如此。它所以能直接继承上古汉语系统,就是得益于板块迁移。同样,它所以能够获得不断拓展,亦是得益于板块迁移。

唐宋是泉州人口剧增的时期。据唐代李吉甫《元和郡县志·江南道五》记载,唐代开元年间,泉州户数已达 50754 户。据朱维幹先生所著《福建史稿》载,北宋皇祐年间,即 1049—1054 年,泉州人口达到 80 万人。是时,福建经济迅速发展,泉州经济也发展到高度繁荣时期,刺桐港的开发与繁华即为明证。随着泉州社会的发展,对外经济与文化交流日益鼎盛,泉州人口随着航运和生活的需要,开始大批向外流动,同时也带去泉州方言,使泉州方言的流播不断拓展。这种流播大致有四个方向:

泉州方言向西南进入潮州。唐代以后,潮州"獠蛮"已平,生存环境转佳,泉州移民不仅给潮汕地区带去较先进的经济文化,同时也为潮州闽南话注入新鲜血液,使潮语不至于在长期与"獠蛮"少数民族语言及粤语的接触中发生太大的变化。潮州居民发展到了明代,也开始逐渐向外飘海进入海南岛。早在宋代,泉州人就由泉州出发进入海南岛,从那儿载回槟榔和吉贝等物。据《桂海虞衡志》载,琼崖海面常有事故发生,船民有侥幸脱险的,无计回归,就地而居,代代相传。这些人与后来去的潮州人,在与当地土著的语言交融中,基本保留了泉州方言的特征。此外,顺便一提的是,向西迁徙的还有一路,是于五百年前由漳州一带出发,或经南海入合浦南流江,或溯西江而上进入广西,最终定居于桂林东南地区壮族自治区,今日其使用闽南方言的人口达 15 万人。

泉州方言向北而上直达浙南。浙南舟山群岛一带,是中国最为重要的一大渔场。历史上的泉州人,许多人靠下海捕鱼为生,浙南渔场亦成为重要目标。唐宋以来,许多泉州渔民为捕鱼谋生,溯福建海岸线扬帆北上,直达浙南。由于从泉州到浙南海域距离遥远,泉州人在北上途中沿途都有停泊处,而且不少人因为各种各样的原因,最终在这些停泊处定居下来。如此,从泉州至浙南的沿海地区,沿途出现了不少泉州方言村。尤其是浙江南部的洞头、玉环、平阳、苍南,以及舟山群岛一带,构成一片泉州方言区。同时,福建境内闽东和莆仙方言区的濒海地带,亦均散布着不少泉州话村庄。现在浙南约有 130 多万人使用泉州方言。

泉州方言浮海而东进入台湾岛。泉州人开发台湾宝岛历史悠久。秦汉以来,台湾和祖国大陆在政治、经济、文化上一直有着密切的联系。三国时,孙吴曾派官兵渡海入台。唐代,泉州渔民已经把澎湖和台湾岛作为停泊处。12 世纪,南宋政府在澎湖设立巡检司,加强对澎湖和台湾岛的行政管理。当时台湾与澎湖的汉人通行的就是泉州方言。从现有文字记载看,北宋末南宋初,泉州人已经有徙居台湾。元代,泉台关系进一步密切,泉州人移居台湾的人数也有所增加。永春《岵山陈氏族谱》,南安《丰州陈氏族谱》中,均发现有元代族人迁台的记载。大规模的迁移始于明末。明末郑芝龙据台时期积极招纳沿海人民赴台参加开发,清初郑成功复台以后的郑氏政权时期和清政府统一台湾以后的康、雍、乾、嘉时期,是三个最重要的时期。这三个时期出现了泉州人大批迁移台湾进行开发的三次移民高潮。台湾经过中古的泉州移民和近代的这三次大迁徙,泉州方言终于成为台湾岛内的通用语。因此,今日台湾岛上的两千多万汉族同胞中,近百分之五十祖籍地在泉州,流行泉州方言。

泉州方言扬帆出海到东南亚。泉州是中国最著名的侨乡之一,是南洋华侨华人最主要的祖籍地之一。历史上的泉州地区,尤其是明清时期以来,大批人漂洋过海到东南亚各国经商,许多人最终定居于东南亚,在东南亚各地繁衍生息,成为泉州的海外侨民。唐代,泉州出国华侨渐多。五代时,华侨远航番国经商者更众。宋代泉州商人足迹遍及东南亚。他们从泉州港出发,向北到达新罗、高丽。海船由泉州放洋,穿过琼州海峡,到达越南、柬埔寨、爪哇。这个时期泉州海船还到过马来西亚、苏门答腊、古代阿拉伯帝国。到了近代,出洋的泉州人更是成倍增长。近代以来,移居印度尼西亚、新加坡、泰国和菲律宾等国的泉州人,更是成倍成批增长。例如,1822 年前后,每年约有 7 万名移民从厦门和广东海陆丰附近的樟林到达泰国,这当中有不少是泉州人。菲律宾闽南籍华侨就占当地华人总数的百分之八十,这当中以泉州人最多,次为漳州。泉州方言成为东南亚等地区的华侨的交际语言。当下泉州大约有 900 多万海外华侨华人,分布在世界五大洲 129 个国家和地区,其中百分之九十居住在南洋各国。

人语相随。今日泉州方言的分布,正是历史上泉州人口板块转移构成的。从泉州历史可以看出,自唐宋以来,尤其是近六百年来,不仅海上的渔捞是泉州人的特长,疏通中国南北各地的货物,开辟海上丝绸之路,泉州港亦曾执国中之牛耳。泉州人随帆而漂流,遇陆地而寄居,不仅沿中国的海岸线,而且在亚洲的东南诸半岛,凡海水潮汐所能达到之港湾,都有泉州人驻足之所。不仅海岸如是,既遇有江河流域之地带,舟楫可以往来者,亦到处有说泉州方言的帆影和村庄。泉州方言在向外流播的过程中,在吸收各个时期不同方言以及土著居民语言的同时,亦较好地保留了原有的语言体系。

历史上泉州方言是闽南方言的代表,20 世纪 40 年代,学界把泉州方言、漳州方言和泉漳混合型厦门方言合称闽南方言。今天全球使用闽南方言交际的人口,已经达到 6000 多万人[①]。闽南方言的流播之广,影响之大,就此亦可略见一斑。

第二节　泉州方言的突出特点

泉州方言作为泉州文化的重要组成部分,它的形成与发展是一个社会活动过程,是泉州人在长期的社会活动中的产物,因其在形成的初始阶段即带有自身某些突出的特点,且在随后的发展演变进程中同样有不少突出的特征,因而凝结出不少颇为突出的特色,主要表现为继承性、融合性和开放性。

一、继承性:古汉语活化石

泉州方言最为突出的特色,首先在于其继承性,它在相当程度上继承了上古汉语的重要语言特征,且一直保留至今,因此被当今的不少语言学家称为古汉语的"活化石"。

泉州方言所以被称为古汉语的活化石,主要在于它在形成与存续的过

---

①　参阅林华东:《泉州方言研究》,厦门:厦门大学出版社,2008 年 4 月,第 29 页。

程中,始终坚守上古汉语的语言特征。人们一般把汉语发展史分为四个时期。汉代以前称为上古时期,汉代至宋代称为中古时期,元代至鸦片战争称为近代时期,鸦片战争以来称为现代时期。这种划分法,主要标准或依据在于汉语语法与语音的变化,不同的语法与语音特征构成了汉语发展史的不同时期。

上古的周秦雅言,自形成之后,作为中原地区的通语,延续数千年,直到秦汉时期,这种状况才开始发生变化。自三国时期开始,北方汉语经历了一场长期的混化过程。导致这种变化的因素,主要是北方人口的流动,尤其是汉末至三国时期的大规模流动。这期间,北方战事迭起,人口骤减。据《晋书·地理志》记载,从东汉永寿三年至西晋太康元年,即公元 157—280 年,一百多年时间,全国人口少了近四分之三,由 5648 万人下降为 1616 万人。怪不得《魏书·陈群传》称:"况今丧乱之后,人民至少,比及汉文帝之时,不过一大郡。"西晋时期,因中原地广人稀,统治者重赏招募已投向边地的土民回归,从而引发北方人口大流动。当时,北方内部人口流动规模颇大,且无固定方向,北方汉语方言混化明显。随后,北方方言区域开始形成。关于这一点,从汉代与晋代学者所著的文字学著作中,亦可以得到很好的佐证。西汉的扬雄所著的《方言》,东汉的许慎所著的《说文解字》,都较详细地记载了那个时期的方言现状。但是他们的书中使用的方言地理,均无"北方"之称。到了东晋时期,郭璞注《方言》,始见"北方通语"字眼。可见伴随着人口的流动,北方汉语自两汉至西晋时期,经历了一场长期的混化和内部趋向一致的过程,因而郭璞才将"北方"作为一个独立的方言区域来看待。

汉代以后,中原和北方地区的汉语,历经几百年的混化,内部又逐渐趋向一致。唐初刘知几在《史通·言语》中指出:"魏晋年近,言犹类今。"说明魏晋时期中原通语与唐朝北方话已经比较接近。只不过,重新趋于同一的汉语,相较于昔日的周秦雅言,已经发生了很大变化。这种变化对于南方原来的吴语区,影响甚大。曾有学者撰文分析说,西晋永嘉丧乱之后,北方移民大量南渡进入建康地区,由于北来移民在人口、政治、经济等方面的优势,北方话就逐渐取代了建康地区的吴语。美国汉学家罗杰瑞 1983 年在《闽语里的古方言词》中也说,晋朝郭璞时代(276—324 年),中国主要方言的分歧是在北方和跨越长江叫作江东或吴的各地区之间。可见永嘉时期北来移民的语言,已经不再是原来的周秦雅言了。魏晋之际,中原一带正是北方话口语和周秦雅言混杂使用的时期。其语音状况令韵书编撰者深感为难,编成的韵书也留下许多令后人不解的疑团。《切韵》就是这个时期复杂的语音现象的集中反映。成书于南朝的《世说新语》，就表现出北方话的特征。

泉州方言是在早期中原汉人带入泉州的周秦雅言基础上形成的，它由于在东晋之前已经形成，之后入泉的中原和北方汉人也未能动摇其主导地位。因此，在魏晋南北朝雅言通语发生变化之时，泉州方言并没有参与演变，从而保留了较多上古汉语的特点，它在语音、词汇和语法方面，都有许多跟上古汉语相同或相似之处。泉州方言保留的不少上古汉语特征，在闽南方言之外的其他汉语方言中，已经基本不复存在。泉州方言被称为古汉语的活化石，正是基于这样的历史与现状。

丰富多彩的古音特征。泉州方言被称为古汉语的活化石，首先是它继承了上古汉语的声母系统，没有经历中古时期这方面的语音演变，而在韵母和声调方面，则较为完整地继承了中古音系的特征。泉州方言保留上古汉语语音，这可以从声母和韵母两方面来看。从声母看，上古汉语的许多重要的语音现象，诸如"古无轻唇音""古无舌上音""古多舌音"等，这些都还保留在泉州方言中。例如，上古没有轻唇音，轻唇读重唇，泉州方言至今仍把非组读同帮组，如"飞""蜂""肥""微"等。上古没有舌上音，舌上归舌头，泉州方言至今把知组读同端组，如"猪""抽""除""程"等。上古多舌音，泉州方言中，至今仍有许多章组字音读同端组的，如"唇""振""召""注"等。此外，就声母系统而言，泉州方言较为完整地保留了上古汉语的原形。泉州方言有15个声母，18世纪末泉州人黄谦，在其所著的《汇音妙语》中，对此已经做过明确的分析。上古汉语有19个声母，这一点已是人们的普遍看法。现代著名音韵学家黄侃，曾从审音角度出发，认定周秦古本音是19个声母。当代语言学家郭锡良先生，在其所著的《殷商时代音系初探》中，通过对已识的殷商时代甲骨文的分析，亦得出殷商时代的声母是19个的结论。尽管这些学者所确认的时间不同，而且在匣母与群母上的看法也有不同，但是认定19个声母的主体格局却是一致的。当代古文字学家赵诚，在其所著的《商代音系探索》中，也曾根据少数同音假借和谐声字对商代音系做过探索，并认为商代声母是不分清浊的。倘若以泉州方言的15个声母对照先秦的19个声母，可以看出，泉州方言基本继承了上古汉语的声母格局，除了浊音声母"定"清化外，"明""泥""疑"3个浊鼻音字，只有当韵母为鼻化韵时，泉州人才会发出浊鼻音。不论赵诚先生的商代音系不分清浊的推论是否有理，而泉州方言保留上古声母系统则是显而易见的事实。从韵母看，泉州方言韵母也保留一些上古汉语的痕迹。诸如"骑""蚁""寄"等字,都还保留着上古歌部故音。此外,上古之部的不少字,诸如"子""思""词""史""事""士""滋""兹"等,现代汉语读音已变,而泉州方言仍保留上古韵音。就泉州方言的韵母和声调系统看,应该说是基本保留了中古音系的特征。泉州方音的韵母可以分为阴声韵、阳声韵和入声韵。古汉语中的入声韵和阳声韵的 6 个辅音韵尾,以及几个塞音韵尾,泉州方音至今还都保留着。诸如"压""入""节""值""目""酷""庵""深""单""宣""房""阳"等。泉州方言也还保留古汉语平、上、去、入 4 个调类。诸如"开"为阴平,"草"为阴上,"世"为去声,"笔"为阴入等。

古色古香的语词传承。泉州方言保留了许多上古汉语的特点,从语词传承方面亦可以看出。在语言体系中,词汇是最容易引起变化的。泉州方言历经近二千年的发展,不断吸收来自不同时期的北方方言语词并传承至今。例如,《诗经·小雅·信南山》有:"执其鸾刀,以启其毛,取其血膋。"这当中的"膋"指"脂肪、油脂",泉州话至今还在使用。泉州民谚:"日时走啪啪,暗时点猪膋。"意即白天四处闲逛,晚上才点油灯干活。又如,魏晋南北朝时期的"龅",亦即龅牙、门牙外露,南朝梁顾野王《玉篇·齿部》云:"龅,齿露。"唐宋时期的"衫袴",亦即裤,按《敦煌变文集·不知名变文》称:"初定之时无衫袴,大归娘子没沿房。"这些语词就保留在泉州方言中。此外,诸如"人客""眠床"等词语,亦都还保留在泉州方言中。至于近代汉语,在泉州方言留下的词语就更多了。中古时期的"精肉""旧年""路头""面桶""趁钱""趁食""头先""敢是"等许多词语,仍在今天的泉州方言中使用。值得一提的是,泉州方言虽然包含了各个历史时期各个层次的古汉语积淀,然而它的闪光之处则是始终保留了许多古汉语根词和单音词特点。诸如,锅为"鼎",书为"册",筷子为"箸",中午为"昼",眼睛为"目",晒为"曝",吃为"食",走为"行",跑为"走",害怕为"惊",黑为"乌",香为"芳",太阳为"日"等。这些仍然都是泉州方言的基本词。北方方言中的双音节词,如今在泉州方言中大都仍为单音节词,保留了古汉语词汇的特点。诸如,椅子为"椅",桌子为"桌",盘子为"盘",尾巴为"尾",座位为"位",鸭子为"鸭",寒冷为"寒",舒畅为"畅",稳妥为"稳",宽阔为"阔"等。尤其是一些先秦书面语中的词语,至今还在泉州方言中大量使用。诸如,"糜",亦即稀饭。《礼记·月令》称:"行糜粥饭食。"《释名·释饭食》称:"糜,使米煮烂也。"又如,"食",亦即吃。《诗经·魏风·硕鼠》称:"硕鼠硕鼠,无食我黍"。再如"冥",亦即夜晚。《诗经

·小雅·斯干》称:"哙哙其正,哕哕其冥。"郑玄笺:"正,昼也;冥,夜也。"《玉篇·冥部》称:"冥,夜也。"再如,"脰",亦即颈。《公羊传·庄公十二年》云:"万怒搏闵公,绝其脰。"何休注:"脰,颈也。"泉州方言有"摇头拌脰"之说。再如,"沃",亦即浇。《左传·僖公二十三年》有"奉匜沃盥",孔颖达疏:"沃,谓浇水也。"《说文》云:"沃,溉灌也。"段注:"自上浇下曰沃。"再如,"丈夫",亦即男子。《国语·越语》云:"生丈夫,二壶酒,一犬;生女子,二壶酒,一豚。"《战国策·赵策四》云:"丈夫亦爱怜其少子乎?"所有这些,无疑都是很好的说明。

宝贵的上古汉语语法遗存。泉州方言的存古性,从语法传承方面亦可以看出,尤其是在下述两个方面:一是古老的构词方式。现代汉语普通话偏正式构词方式是:修饰语+中心语。诸如:皮鞋、红旗、膏药、汽车、水牛、鸡蛋。中心语+修饰语的构词方式,在普通话中极少出现。有如:熊猫,即像猫一样的熊;脑瓜,亦即像瓜一样的脑袋;虾米,即像米粒的虾;脸蛋,即蛋状丰满的脸;蚕蚁,即像蚂蚁状小而黑的蚕;蜗牛,即像牛一样吃草的蜗。在泉州方言中,中心语+修饰语的构词方式,属于很正常的现象。诸如:蔬菜称为"菜蔬",日历称为"历日",拖鞋称为"鞋拖",台风称为"风台",客人称为"人客",堂亲称为"亲堂",额头称为"头额",前头称为"头前",花菜称为"菜花",线面称为"面线",围墙称为"墙围",前台称为"台前",银钱称为"钱银",膏药称为"药膏",公鸡称为"鸡翁/鸡公/鸡角",母鸡称为"鸡母/鸡僆"。有人认为,这类说法是受了壮侗语族各语言的影响。实际上,这是上古汉语在泉州方言中的遗存。中心语+修饰语在上古汉语中曾大量使用。从《诗经》看,《大雅》的"桑柔"就是"柔桑",亦即柔弱的桑;《国风》的"羔羊"即"羊羔",现代汉语至今还并存"羔羊"和"羊羔"两种说法;《国风·将仲子》有"无折我树杞""无折我树桑""无折我树檀",这当中的"树杞""树桑""树檀"应是杞树、桑树、檀树。古代地名、人名也有许多是把修饰成分放在后面的。诸如,"城濮之战"就是"濮城之战",今天河南省南界的"鸡公山"即"公鸡山"。而"帝尧、祖甲、祖乙、祖丁",实际上就是"尧帝、甲祖、乙祖、丁祖"。泉州方言中,中心语+修饰语的说法,在古诗文中大都可以找到实证。诸如:公鸡称为"鸡翁",母鸡称为"鸡母"。北魏张丘建《算经》中有:"鸡翁一,值钱五;鸡母一,值钱三。"元代杂剧关汉卿的《刘夫人庆赏五侯宴》,还有这样的说法:"鸡母你如何叫唤?"又如,称客人为"人客"。杜甫《感怀》诗:"问知人客姓,诵得老夫诗。"再如,称日历为"历日"。唐朝太上隐者《答人》诗中有:"山中无历日，寒尽不知年。"元关汉卿杂剧《温太真玉镜台》中，亦还保留"历日"一词。二是古汉语语气词的传承。虚词是语言发展演变中最有特色亦最具生命力的一种成分。某些专家或学者研究汉语史时认为，古代汉语的语气词在现代汉语中没有获得继承。实际上，在泉州方言中就保留了部分古汉语语气词。主要有：乎、尔、耶、不、无、未等。这些语气词在句中都读轻声。可以把它们分成两类：乎、尔、耶、不，来自上古汉语。无、未，来自中古汉语。"乎"在甲骨卜辞中就已出现，而后文言文传承了下来，主要是表示疑问和反诘语气。例如，《礼记·檀弓上》曰："鹿裘亦用绞乎？"《国语·周语》曰："敢问天道乎？"泉州方言的"乎"，亦与上古汉语的用法相同，至今仍用来表示猜度疑问和反诘语气。例如，泉州话称为"这本册好看乎？"（即："这本书非常好看吧？"）"恁序大人最近敢好乎？"（即："您父母亲近来可好吧？"）泉州话"尔"，也写作"耳"，在上古汉语表示"仅此而已"。例如，《荀子·非相》曰："叶公子高入据楚，诛白公，定楚国，如反手尔。"又如，《史记·项羽本纪》曰："从此道至吾军，不过二十里耳。"泉州方言中的"尔"，至今保留上古汉语这一用法。例如，"今日没加带钱，袋仔总偌两三箍银尔"（即："今天没多带钱，口袋里只有两三块钱"）、"从者去文化宫三里路尔"（即："从这儿到文化宫三里路而已"）、"这字总偌你不八尔"（即："这个字就你不认得"）。"耶"在上古汉语中与"邪"相通，属同音异形词，通常表示疑问和反诘的语气。例如，《庄子·大宗师》曰："父邪？母邪？"又如，《庄子·齐物论》曰："然则物无知邪？"；再如，《左传·昭公二十六年》曰："不知天之弃鲁邪？"泉州方言中的"耶"与上古汉语的用法比较接近，用来表示一般询问语气。例如，"汝说个许个人是谁耶？"（即："你说的那个人是谁呀？"）、"伊在咧创甚物耶？"（即："他在干什么呀？"）。"不"放在句末用作语气词，也可以上溯到甲骨卜辞。在董作宾的《殷墟文字》中就有例句："丙子卜，今日雨不？""庚申卜，王贞，余伐不？"《史记·张仪列传》曰："子去寡人之楚，亦思寡人不？"《世说新语·方正》还保留作为句末语气词的用法。例如，"尊君在不？"泉州方言的"不"（俗字写作"唔/怀"）与上古汉语的用法也比较接近，可放在句末，表示询问或祈求的语气。例如，"汝要食饼不？"（即："你要吃饼吗？"）"者领衫共我洗一下好不？"（即："这件衣服帮我洗一下好吗？"）"未"与"无"先后出现于汉唐时代，均是一般疑问语气，但"未"主要询问事态变化，"无"则用来询问现实状况。例如，《史记·田蚡传》曰："君除吏已尽未？"又如，《汉书·外戚传》曰："太后独有帝，今哭而不悲，君知共解未？"白居易《问刘十九》曰："能饮一杯无?"泉州方言中的"未"与"无",至今仍保留古汉语的以上用法。例如,"恁迄块祖厝起好未?"(即:"你们那座祖屋盖好了吗?")、"大车开未?"(即:"汽车开走了吗?")、"汝有接着批无?"(即:"你接到信了吗?")、"这个字汝看有水无?"(即:"这个字你看漂亮吗?")综上可见,泉州方言对古代汉语的坚守与传承。

二、融合性:闽越语言遗存

融合性是泉州方言的又一突出特色,泉州方言在与闽越土著遗民的长期接触中,亦受到闽越语言一定程度的影响,吸纳了闽越语中的部分词语,形成带有闽越族语言元素的特色方言。

泉州原为闽越族人聚居之地,中原人民入居泉州之前,闽越族人就已经在这块土地上繁衍生息。他们拥有自己的语言,形成自己的文化。秦汉时期,中原人民陆续徙居泉州,闽越人不断减少而且日趋分散,数量上愈来愈处于劣势,兼之文化水平较低,因而中原移民及其后裔逐渐成为泉州地区的新主人,不断融合并最终同化了泉州的闽越土著,他们从中原所带来并不断传承的汉语,亦逐渐成为泉州地区占主导地位的语言,而闽越语则不能不逐渐沉入底层。然而中原人民取代闽越族人成为泉州地区的新主人,毕竟是一个颇为长期的过程,前后历时大约数百年。在这个颇为漫长的岁月中,中原移民及其在泉州繁衍的后裔没被闽越族所同化,恰恰相反,他们不仅以自己的力量优势征服了闽越族人,而且以自己先进的文化融合同化了闽越遗民。然而由于他们长期与闽越人朝夕相处,不能不受到闽越语的影响,并吸收了闽越语的一些成分。

泉州方言吸收闽越族人的语言元素,主要表现在语词方面。诸如,泉州方言中的"墟"这个单词,就颇能说明问题。"墟"在泉州方言中是"集市"的意思,这正是古闽越语的沉淀。据周振鹤、游汝杰先生在其所著《方言与中国文化》书中的分析,"墟"作"集市"义解,乃是古越语底层词在方言中的遗存。今天的壮、侗族语言仍把集市称为"墟"。古代属于古越语地区的闽、粤,今天的方言仍保留"呼市为墟"的习惯。[①] 而古汉语中的"墟",本作"虚"解,是"大丘""故城、废址"的意思,当"墟市"解始于唐宋时期,是从南方方言

---

① 周振鹤、游汝杰:《方言与中国文化》,上海:上海人民出版社,1986 年 10 月,第 213 页。

的古越语底层词进入北方古汉语书面语的。从"墟"这个词的使用，可知中原汉人南下定居闽、粤时，南北方文化的接触和交流。汉人在定居泉州的过程中，先进的汉语逐渐取代了古闽越语，而古闽越语中类似"墟"这样的语词，就在泉州方言中沉淀下来，成为泉州方言的底层成分。

分析今天的泉州方言，仍然可以发现某些古闽越语的遗迹。泉州方言的某些动物名词，往往带有一个没有实义的词头。例如，泉州方言把"苍蝇"称作"胡蝇"。宋代科学家沈括所著《梦溪笔谈·杂志》说："闽人谓大蝇为胡蝇。"这里的"胡"字，并非"胡萝卜"的"胡"字的意思。"胡"字古音跟云南德宏傣语的动物名词语音相近。这正是古闽越语的遗存。[1] 此外，泉州方言中称"蟑螂"叫[ka^{44} tsua$ʔ^{24}$]，称"跳蚤"叫[ka^{44} tsau^{55}]，称"泥鳅"叫[kɔ^{44} liu^{44}]，称"蚯蚓"叫[kau^{24} un^{55}]，称"蚂蚁"叫[kau^{55} hia^{41}]，称"蝼蛄"叫[kau^{24} pe$ʔ^{4}$]。这些动物词头的发音，同样跟德宏傣语的动物名词词头[ka]非常接近，这些都很可能就是古闽越语的底层沉积。

泉州方言中还有某些动植物名词，它们的构词成分和构词方式，同样也保留着古闽越语的特征。例如，泉州方言称一种常见的鱼叫"巴哴"[pa^{44} laŋ^{44}]。今天的壮、侗、傣族语，均称鱼为[pa]。巴laŋ^{44}即laŋ^{44}鱼。又如"荸荠"，泉州方言叫作"马荠"[be^{44} tsi^{24}]。这当中的第一个音节，也是古闽越语果子类名词的遗存。古闽越语称果子一类词为[ma]。"荸荠"，今天的广西武鸣壮语叫[matai]，亦即"地下的果子"之意。而泉州方言中的"荠"，则是汉语成分。这是汉语与闽越语二语的合璧。尤其值得注意的是，这两个词素的词序排列，也皆同于"巴laŋ^{44}"，均为修饰语后置。这也正反映出汉藏语系古闽越语和古汉语语法上的某些共同特点。

除上述而外，今天泉州的方言中，亦还保留着其他某些古闽越语词。例如，泉州方言称"柚子"叫"抛"[p'au^{44}]，温州话写作"橐"，绍兴话写作"脬"，福州话写作"棓"，但是以上诸词，在《说文》和《广韵》中，皆无"柚子"一义。倒是泉州方言这个"抛"，乃与广东东江侗话[p'au]音相近。"抛"是南方一种果树，因此"抛"一词很可能是古闽越语词。再如，泉州方言称"水母"叫"虼"[t'e^{22}]。宋代丁度等人所著的《集韵》，书中引《南越志》说："水母，东海谓之虼。"这可能也是古闽越语的遗留。

---

① 周振鹤、游汝杰：《方言与中国文化》，上海：上海人民出版社，1986 年 10 月，第 120 ～121 页，第 123～125 页。

综上所述,早期南迁泉州的中原人民,在融合同化闽越土著的过程中,所形成的泉州方言,由于受到闽越土著语言的影响,也吸收了它的某些语言成分。不过,总的说来,泉州方言尽管融合了某些闽越语词,然而并没有因此发生质的变化,仍然基本保留了上古汉语的主要面貌。

三、多元性:海外语言吸纳

开放性是泉州方言的另一个突出特色,泉州方言在发展演变的过程中,在坚守汉语古语古音的基础上,亦不断吸纳外部的新词语新字音,尤其是来自域外的新词语,从而大大丰富了现代泉州方言。

唐宋以来,泉州社会经济日益发展,海外交通日趋发达,泉州人海外活动越来越活跃,同世界各国人民频繁接触,泉州文化流向海外,海外文化亦输入泉州。这种文化上的交流和相互影响,必然要在语言上体现出来。泉州方言中的外来词和域外语言中的泉州外借词,就是这种文化交流和相互影响的体现。

泉州方言中的外来词,倘若从其来源看,主要有三个途径:一是与西域文化的交流;二是与东南亚文化的交流;三是与英美西方文化的交流。这三种文化交流为泉州文化输入了许多新概念、新事物,同时也带来了一批外来词。

泉州方言中的外来词,倘若从借用的时间看,主要大概有四个时期:一是汉唐盛世时期,丝绸之路的开通,佛教的传入,引发出中外文化的诸多接触和交流;二是宋元时期,泉州港的崛起,海外贸易的兴盛,使泉州出现"苍官影里三州路,涨潮声中万国商"的繁荣局面,泉州与东南亚文化发生大量的接触和交流;三是晚清到"五四"时期,随着国门被西方列强打开,泉州也舶来了域外的科学文化;四是 20 世纪 80 年代以来,中国大规模的改革开放,西方先进的科学技术文化大量传入,泉州不能不深受影响。

泉州方言中的外来词,倘若从内容看,主要体现在饮食文化、宗教文化、商业文化、体育文化等方面。饮食文化最为突出。诸如,中国人日常食用的菠菜,旧名菠薐菜。泉州话叫"菠伦菜"[$po^{44} lun^{24} ts'ai^{41}$],这种叫法就是个典型的外来词。据宋人王溥所撰的《唐会要》称:"太宗时尼婆罗国献菠薐菜,类红蓝,实如疾藜,火熟之,能益食味。"依此可见,这种蔬菜无疑是种舶来品,是唐初从当时的尼婆罗国输入的。"菠伦"系源于古国名 palinga,亦即今天南亚的尼泊尔。由于菠伦菜不仅是引进的,而且作为蔬菜而言口味也很不错，所以，历史上的泉州，长期流传这样一句俗语："要食着食菠伦，要穿着穿绸裙。"又如，西红柿。泉州方言称"西红柿"叫"甘仔得"。这种叫法，源于菲律宾的他加禄语 kamati。由此可以得知，泉州的西红柿，是从菲律宾所在的东南亚一带引进的。外来语借词的大量出现，既反映了泉州地区与域外经济文化交流的不凡广度与深度，亦体现出泉州人以及泉州方言的开放性。

　　泉州方言中的外来词，主要得益于中外人员往来，具体而言，就是历史上有大批外国人前来泉州，所带来的某些语言为泉州人所吸纳，而泉州亦有大批人移居海外，并从海外带回某些词语，亦被泉州人所吸纳。典型者如宋元时期，由于海上运输和国际贸易的发展，泉州有数以万计的外侨。当时，印度人、波斯人、犹太人、阿拉伯人、欧洲人，相继从海外而来。泉州人把这些来自世界不同角落的外国人，统统称之为南海番人，简称"番客"[huan⁴⁴k'e⁴¹]。这些番客有的娶泉州妇女为妻，所生的孩子泉州人叫作"半南番"[puã⁴¹lam²⁴huan⁴¹]。南宋末年泉州名人蒲寿庚，就是一个典型的半南番。大量外国人进入泉州的同时，泉州人亦纷纷扬帆出海，足迹遍及东南亚，许多人最终移居海外。这些人被称作"过番"[kə⁴¹huan⁴⁴]。这些过番侨民在侨居地娶女结婚，这类妇女被称作"番婆"[huan⁴⁴po²⁴]。泉州港衰微后，南海番人减少，"番客"一词被转指华侨，而用"番仔"[huan⁴⁴ã]指称外国人。大批前往海外的泉州人，尤其是那些"过番"的"番客"，虽然定居海外，仍然与泉州祖地保持着密切关系，经常回到祖地，许多人晚年又回祖地定居。泉州与海外的这种大量人员往来，频繁的交流与密切的接触，为泉州方言注入了许多外来词。

　　泉州方言引进的外来词，有源自属于南岛语系的马来西亚与印度尼西亚的马来语：肥皂，泉州话叫"雪文"；手杖，泉州话叫"洞葛"；钱，泉州话叫"镭"；铝锅，泉州话叫"沙厘锅"；礼帽，泉州话叫"招瓢"；市场，泉州话叫"巴刹"；街廊，泉州话叫"五骹忌"；棉或木棉，泉州话叫"加步"；咖啡，泉州话叫"糕啤"；阴沟，泉州话叫"隆沟"。源自于菲律宾他加禄语：钱，泉州话叫"帕叟"；西红柿，泉州话叫"甘仔得"；吕宋雪茄烟，泉州话叫"达马哥"。再如，源自近代及现代英语：商标，泉州话叫"目头"；扳手，泉州话叫"拾八"；出界或糟糕，泉州话叫"懊赛"；飞速通过，泉州话叫"述"；推，泉州话叫"速"；量词的局，泉州话叫"锦"；巧克力，泉州话叫"烛龟蜡"；客车，泉州话叫"中巴"；衬衫，泉州话叫"恤衫"；出租汽车，泉州话叫"的时"。泉州方言中有大量外来词,由此可略见一斑。

文化交流包含着双向性,域外语言文化对泉州的影响,在泉州方言中留下了明显的印记,而历史上泉州的文化和方言,同样也对别的国家有过较大影响。也就是说,语言和文化的交流和接触,总是相互渗透相互受惠的,这也可谓是"投桃报李"的某种注释。

泉州方言对于欧洲的影响,最大的当要数"茶"[te^{24}]了。16 世纪后期,茶叶开始传入欧洲,"茶"这个词也被借入西方语言。现代英语"茶"叫 tea,法语叫 thé,德语叫 tee,都源于泉州方言"茶"的读音。这些国家的茶叶是从泉州海路输入的,可见文化的交流与语言的借用往往是同步的。英语中有不少与茶有关的词语,诸如,bohea,意指武夷茶;oolong,意指乌龙茶;congou,意指工夫茶。这些词语正是从泉州方言中翻译过去的。还有个颇为有趣的现象是,英语在翻译"红茶"和"绿茶"时的方式:"绿茶"叫 green tea,"红茶"叫 black tea。从改"红"为"黑",可以看出英语与汉语思维角度的不同,汉语选取茶水的颜色,英语选取茶叶的颜色。当然,也许还有其他因素。

泉州是全国著名的侨乡,是南洋群岛众多华侨华人的祖籍地。泉州华侨在远航东南亚各国经商时,也带去泉州的方言和文化。泉州人带去泉州文化,诸如崇拜祖先、厚葬死者、数世同堂等风俗习惯。南洋的菲律宾,许多人的姓名也源出华侨之姓。据说吕宋岛上的仁加因市(Lingayeb)名称,是因为中国盲人林加延而得名的。菲律宾他加禄语中,亦可以找到许多泉州方言借词。例如:hatsing,泉州话叫"打喷嚏";diko,泉州话叫"二哥";bihun,泉州话叫"米粉",亦即粉干;kuga,泉州话叫"姑爷";ukoy,泉州话叫"乌糕"。在马来西亚与印度尼西亚的马来语中,也有不少来自泉州方言的借词。例如:

Tiongkok(中国)　ongte(皇帝)　kiaopau(侨胞)　kangsin(奸臣)

Kongsi(公司)　bio(庙)　konggo(讲古)　potehi(布袋戏)

Apek(阿伯)　tangmin(同门)　singse(先生)　bazang(肉粽)

Bapao(肉包)　beleko(麦芽糕)　bepang(米芳,即爆米花)

bihun(米粉)　angki(红柿)　caipo(菜脯,即萝卜干)　teko(茶钴)

Kiamcai(咸菜)　misoa(面线)　popia(薄饼,即润饼)　uttau(熨斗)

泉州方言的开放性,由此同样可略见一斑。

第三节　泉州方言的文化意蕴

泉州方言作为泉州文化的组成部分,作为泉州文化的重要载体,它的形成以及近两千年的存续,既是泉州文化形成的重要象征,又是泉州文化的本源记录,既成为泉州文化的重要外在标识,又在相当程度上折射出泉州文化的诸多突出特性。

一、泉州文化的形成印证

泉州汉民文化作为一种特定的区域文化,是由多个子文化构成的文化系统,诸如语言文化、民俗文化、家族文化、宗教文化、戏曲文化等。这当中,语言文化是一个特殊的重要构件。因为语言既是泉州汉民族群人与人交际的基本工具,亦是记录泉州文化的重要媒介。语言是人类社会特有的现象,是人类社会活动创造的产物。人类之所以有文化,而别的动物没有文化,除了脑力发展的差异之外,便是人类具有语言能力。

文化与语言是同步发生的,没有语言就没有文化。语言是文化形成和发展的前提,文化正是借助于语言传播而获得积淀。人类有了语言,于是也就有了文化。就泉州文化来说,亦是如此。泉州汉民文化的形成,泉州方言乃是重要的象征。由于泉州方言是随着泉州汉民族群的形成而形成的,而长期以来人们通常认为泉州汉民族群的形成主要是在西晋末年的永嘉之乱后,中原汉民方才大规模南迁入居泉州,并在这个基础上形成泉州的汉民族群社会,这就把泉州方言的形成设定于西晋末年以后,从而也认定泉州汉民文化的形成是在西晋末年以后。人们所以认为中原人民大规模南迁泉州并在泉州形成汉民族群是从西晋末年开始,应当说也有一定的史料依据。西晋末年的永嘉年间,泉州仍然较为安定,而西晋统治阶级内部爆发了诸王混战,中原部分士族和大批劳动人民为逃避战祸,纷纷南迁,有些亦进入福建,进入泉州。按《泉州府志·风俗》云:"永嘉二年(308年),中州板荡,衣冠始入闽者八族,以中原多事,无复北向,故六朝仕宦名迹,鲜有闻者。"按《泉州府志·风俗》引《唐十道志》云:"清源郡,秦汉土地与长乐同,晋南渡衣冠族,多萃其地。"宋王象之《舆地纪胜·泉州》亦云,晋江"在县南一里,以晋之衣冠避地者多沿江而居,故名"。据陈国仕《丰州集稿》载,唐欧阳詹为晋江县郑季实撰写的《有唐君子郑公墓志铭》亦云:"公讳晚,字季实,其先宅荥阳。

永嘉之迁,远祖自江上更徙于闽,今为清源晋江人。"泉州民间一些族谱,也记载其家族祖先是在这个时期从中原南渡入泉州。泉州印塘《杨氏族谱》称:"其先弘农人,永嘉过江,迁于闽越。祖某漳州长史,父某泉州南安县丞。"南安《梁氏族谱》亦称,先祖于"晋室乱离,梁芳以族随晋渡江,大衍于钱塘、合浦间。孙逞仕安帝,桓玄篡,逃闽。⋯⋯因家南安"。然而倘若因此判定泉州汉民族群主要形成于西晋之后,却未必能够成立。因为如前所述,泉州汉民族群的形成,固然是个长期的历史过程,而从西晋末年直到南宋,确实又出现了几次中原和北方汉民南迁泉州的高潮。不过,实际上,自秦汉以来中原汉民已经开始不断南迁泉州。迨至西晋末年,历经几百年迁徙及自然繁衍,泉州汉民人口已经不少,汉民族群已经形成。与此同时,泉州方言也已经脱离中原汉语的演变,形成自己的发展轨道。因此可以说,西晋末年泉州汉民文化已经形成雏形。关于这个问题,西晋永嘉丧乱之前,泉州汉民所建的两座大型宗教建筑物,即延福寺与玄妙观,亦是个非常有力的佐证。玄妙观建于西晋太康三年(282年),延福寺建于西晋太康九年(288年)。这两座规制宏敞独步泉南的大型宗教建筑物,一座是佛教大禅林,一座是道教大宫观,它们的建造清楚地表明,泉州汉民宗教文化此时已经形成。它们的建筑时间,均早于永嘉之乱20多年。

二、泉州文化的本源记录

泉州文化作为一种区域文化,是中华文化的组成部分,是中华文化大系统中的一个子系统。中华文化之根是中原文化。中原文化是黄河中下游地区的物质文化和精神文化的总称。中原地区是中华文明的摇篮,中原文化是中华文化的重要源头和核心组成部分。中原地区在古代不仅是中国的政治经济中心,也是主流文化和主导文化的发源地。中原地区以其特殊的地理环境、历史地位和人文精神,使中原文化在漫长的中国历史中长期居于正统主流地位,中原文化一定程度上代表着中国传统文化。泉州文化正是源出于中原文化,它与中原文化有着千丝万缕的关系,中原文化是泉州文化的母体和主干。这一点,从泉州方言可以得到很好的佐证。历史上,北方官话区长期以中原官话为标准来规范自己的词汇和语法系统,中原官话是中原大地共同的语言。追溯至上古时代,商族的语言在中原与夏族语言和诸多原始汉语方言融合后,成为华夏语,是中原官话的雏形。以中原官话为标准音的华夏语,后来成为东周通用全国的雅言,进而发展成为汉代扬雄《方言》

所提及的"通语、凡语"。上古的周秦雅言,自形成而后,作为中原地区的通语,延续了上千年,直到秦汉时期,这种状况没有发生重大变化。不过,自三国时期开始,北方汉语经历了一场长期的混化过程,发生了重大变化。而泉州方言却依旧保持其基本底色。泉州方言是在早期中原汉人带入泉州的周秦雅言基础上形成的,它由于在东晋之前已经形成,且随后入泉的中原和北方汉人也未能动摇其主导地位,因此在魏晋南北朝雅言通语发生变化之时,泉州方言并未参与演变,从而保留了较多上古汉语的特点,它在语音、语法和词汇方面,都有许多跟上古汉语相同或相似之处,且一直保留至今。泉州方言继承上古汉语的语音,保留了丰富多彩的古音特征。泉州方言继承上古汉语构词方式与语气词,保存了宝贵的上古汉语语法。更为重要的是,泉州方言传承了中原上古汉语大量古色古香的语词。在语言体系中,词汇是最容易引起变化的。泉州方言尽管在形成过程中,在与闽越土著遗民的长期接触中,亦受到闽越语言一定程度的影响,吸纳了闽越语中的部分词语,形成带有闽越族语言元素的特色方言。而且泉州方言在发展演变的过程中,亦不断吸纳各个时期北方民众带来的同时代的汉语新词语新字音,尤其是来自域外的新词语,从而大大丰富了现代泉州方言。然而泉州方言的闪光之处,在于始终保留了许多中原古汉语根词和单音词。关于这一点,前面已有不少阐述。不妨再举个例子。泉州方言词中的"鼎",就很有典型性。秦汉之前的"鼎",是全国通用的烧饭做菜的炊具。随后,中原汉人南下把这个词带到南方,至今仍保留在泉州方言中。而秦汉之后的北方人,已把"鼎"改称为"镬"。当"镬"这个词南渡进入吴语区之后,北方话又用"锅"来取代"镬"这个词。然而泉州方言自形成之后,始终坚守"鼎"这个基本词,没有再发生更替。泉州方言的本源记录,这正是很好的说明。泉州方言保留的不少中原上古汉语特征,在泉州方言之外的别的汉语方言中,已经基本不复存在。泉州方言所以被称为古汉语的活化石,正是基于这样的历史与现实。这个活化石的称誉,正是泉州文化的本源记录,它清楚地表明,泉州文化来自中原文化,根源于古老的中原文化。泉州方言所保留的大量中原古汉语语词,是上古时期中原人民实践活动创造的语言,凝聚着中原人民的心血和智慧,从中亦可窥见中原早期文化的许多内涵与特征。因此,泉州方言作为泉州文化的本源记录,亦折射出泉州人民对于中原文化的高度认同,包括对中原文化许多优秀文化传统与优秀文化精神的认同。

三、泉州文化的外在标识

泉州文化是一种精神与物质互为一体的社会现象,它既是各种人文精神的体现,同时亦是各种物质的存在。泉州方言作为泉州文化的组成部分,作为泉州文化的载体,亦是这样一种社会现象。泉州文化所以不同于别的各种区域文化,固然表现在诸多方面,诸如,不同的经济行为,不同的生活方式,不同的文化习俗,不同的宗教信仰等。然而不同的语言乃是一个最为基本的特征。泉州方言,作为泉州人进行经济、政治、思想文化活动和交往的工具,是泉州文化最为直观的一个表现。而且语言具有极大的稳定性,某种方言一旦形成之后,不可能在一朝一夕之间改变,既不可能轻易消失,亦不容易被取代。泉州方言亦是如此。作为植根于泉州民间的文化形态和文化载体,泉州方言由于有着深厚的民间文化土壤,因而自形成以来,已历经千百年的风风雨雨,依然延续不改。因此,它也就成为泉州文化的一个重要特征,成为泉州族群区别于其他非泉州方言族群的一个最显著的外在标识。泉州文化存在的一个重要基础,就是泉州族群成员以相同的方言为联结。泉州方言作为泉州文化的重要标识,对于泉州人而言,可以通过这个特殊标识来体察和辨认不同的族群,可以滋生族群成员对族群的认同和相互之间的认同,因而具有不容忽视的意义。这个文化标识,对于迁移到外地的泉州人而言,意义更为重大。凭着这个特殊的标识,人们可以在新的聚居地找到自己的乡亲,并联结一定的乡亲群体,将同乡同地的人联结起来,使之构成一定的社会群体。中国有句家喻户晓的俗语:"美不美,家乡水;亲不亲,故乡人。"说的也正是这个道理。什么是故乡人?首先就是操着故乡的方言,有着共同的乡音。故乡人之间所以特别亲切,当然也正是这种故乡的乡音。没有这种共同的乡音,这个故乡人的亲切感也就会大打折扣了。正是因为有这种共同的乡音,使故乡人无论相遇于何处,不仅容易相互辨认,相互认同,而且彼此之间有种天然的亲切感,更易于结成新的社会群体。这在历史上泉州人大量外迁的台湾和东南亚各地,表现得最为典型。早期迁移台湾和东南亚的泉州人,往往以地缘关系组合群体,把一定地缘关系的移民联结起来,作为一种劳动组织,以获得共同的基本生存资源。这种地缘关系组合的社会群体,起到了两种作用:一则有利于增强凝聚力。这种组合方式,因为有着同乡关系,有共同的语言,比较容易相处,有助于协调利益诉求,排解纷争纠葛,增强凝聚力和亲和力,形成较大的合力。移民群体内部的统一与团结,有利于大规模的土地垦辟,防范和抗击各种突发的自然灾害,有利于济急解危,扶弱救难,增加信息交流,提供机会分享等。二则便于抵御外部侵扰。当遇到外部侵扰时,同籍移民组合的群体,往往构成一个联系紧密的整体,彼此相互支持,"朋比齐力而自护",团结一致共同对外,保障群体成员生命财产的安全。如此,对于移民群体来说,无疑意味着更为强大的生存和发展能力,使之能在竞争激烈的社会中占有一席之地,获得更多的经济和政治利益,得以生存并不断发展。这种地缘式的群体,亦有利于强化移民的祖籍意识,保持与祖地的密切联系,保持祖地的文化传统,包括语言文化的传承。因此,对于大量外迁的泉州人及其后裔而言,泉州方言又成为他们的文化之根的象征,成为他们维系同泉州祖籍地关系的重要纽带,也是一根永远剪不断的纽带。这根纽带目前仍然存在,且仍将继续长期存在下去,使泉州籍乡亲继续与泉州故土保持密切联系,继续发挥爱乡爱国的精神。

四、泉州文化的特性折射

方言作为根植于民间的文化形态和文化载体,承载着一个族群在长期历史过程中累积的大量文化信息,体现着一个族群对世界的基本认知方式和成果,每种方言都能表达出使用者所在族群的世界观、思维方式、社会特性以及文化、历史等。方言所体现的地方特色是普通话无法比拟的,从某种意义上来说,方言更能代表地区文化特色。

传承千年的泉州方言,作为泉州族群文化的重要部分,有着丰厚的泉州文化底蕴,蕴含着浓厚的泉州族群特色。研究泉州方言,可以从中窥见泉州的历史文化风采,领略到这块热土的人文历史等诸多现象。泉州文化别具一格的突出特色,尤其是突出的文化精神,从泉州独特的方言中,亦得到了非常鲜明的体现。典型者,莫如泉州人爱拼敢赢的精神。泉州人很喜欢讲的三句方言:"输人不输阵""后生不打拼,老来没名声""输赢笑笑",这三句话在泉州可谓家喻户晓,耳熟能详,很有代表性。第一句"输人不输阵",表达的就是一种积极进取的人生态度。意思是说,人生在世,不应安于平庸,得过且过,甘居人后,庸庸碌碌;应有志气,应有抱负,敢为人先,出人头地,争取成为人生的赢家,方不枉人生一世。第二句"后生不打拼,老来没名声",有点类似于国人传统所说的"少壮不努力,老大徒伤悲"的意思,表达的是青少年时候就应当努力,必须努力,奋力打拼,为后面的人生打下一个较好基础,如此方能有个美好的晚年。倘若青春年少不努力,浑浑噩噩,无所成就,待到年老之时,就会被人瞧不起。人过留名,雁过留声,青春年少时的拼搏,正是为了年老时有个好名声,不致懊丧,不留遗憾。第三句"输赢笑笑",表达的则是对待拼搏成败应有的态度。在泉州人看来,人生首先应当拼搏,拼搏亦意味着某种冒险,未必都能成功,或许赢得胜利,或许遭遇失败,这都很正常,不值得大惊小怪。成功固然很好,可也不必过于得意,不应忘乎所以。倘若遭遇失败,更应当有种正确态度,坦然面对,笑对现实,不必耿耿于怀,怨天尤人,更不应灰心丧气,从此一蹶不振,应当有种不折不挠的精神,继续拼搏,顽强前行。换句话说,要有乐观的心态,豁达的人生态度,既要敢于赢,也要敢于输,赢得起,也输得起。这也就是所谓笑对人生吧。又如求真务实的精神,泉州方言中"罔讲空","老实呷有底"等,表达的就是求真务实精神。就是说,务实求真,应是人生处世基本准则,为人处世,不能蹈虚空谈,应当实事求是,脚踏实地,做老实人,办老实事。忠厚老实之人,或许也会遭遇挫折,最终将会成为赢家。再如,开放包容的精神。泉州方言称,人要有"腹肚",要"大肚量","有量才有福",表达的正是一种包容精神。就是说,要有一种大气度,不可鸡肠小肚,心胸狭窄,容不得别人,应当胸怀宽阔,善于包容别人,肚量大,自有福报。再如,崇祖爱乡的精神。泉州方言中的"要顾祖""罔背祖""罔忘祖""罔豁记咧摇篮血迹"等,表达的正是这种精神。祖宗是木之本水之源,裔孙无论迁移何方,居于何处,都不应忘记祖宗,忘记祖宗世代居住的地方,忘记生于斯长于斯的故土家园。否则,就是对祖宗的背叛,是对祖宗的大不敬,不敬也就是不孝,这是为人子孙都应恪守的准则,都应遵循的伦理道德。诸如此类,不胜枚举。

总之,泉州独特的方言,突出体现了泉州人的价值取向,亦充分折射出泉州文化的价值,无疑就是泉州人宝贵的文化遗产。

第四章　泉州耀眼的海丝文化

泉州是海上丝绸之路的一个重要起点,海外交通很早就颇为发达,唐宋以来,围绕海上丝绸之路的种种活动,泉州人创造了耀眼的海丝文化,扬誉中外,它既是泉州历史文化重要的组成部分,更是泉州传统文化精神最为典型的集中体现。

第一节　唐至宋元的海丝辉煌

唐五代,泉州海丝活动已甚为活跃,令人瞩目。宋元时期,泉州海丝活动更是盛况空前,泉州港号称世界第一大港,海外贸易甚为兴盛,中外人员往来络绎不绝,文化和科技交流不断扩大,海丝文化高度繁荣。

一、声名远播的东方大港

泉州海外交通历史悠久,源远流长。泉州地处福建东南部,北面依山,与外省联系的陆路交通十分困难。南面临海,海岸线很长,沿海港汊繁多,遍布天然港口。蚶江、石狮、祥芝、永宁、深沪、福全、围头、东石、安海、后渚、石井、崇武等港口,均适宜于船舶的停靠,都是很好的登舟之处,具有发展海上交通的优越条件。泉州沿海的百姓,自古就练就出超凡的驾驭海洋波涛的本领,具有高超的扬帆出海能力。

早在先秦时期,中原汉民进入泉州前,泉州地区的闽越人,已经以善于造船和航海而著称。按《汉书·严助传》载:"越,方外之地,剪发文身之民也。……处溪谷之间,篁竹之中,习于水斗,便于用舟。"东汉袁康《越绝书》卷八亦称:越人"水行而山处,以船为车,以楫为马。往若飘风,去则难从"。闽越人建造和使用的船只,主要有独木舟、方舟、戈舟、楼船等。闽越人建造海船,并能航行大海,已有相当的航海能力,能与东亚和东南亚进行海上贸易。秦汉以后,随着闽越国的灭亡和汉族大批入闽,闽越人的造船技术及航海活动,亦为入主闽地的汉人所继承。

三国至南朝,中原汉民大批南迁泉州,带来先进的生产技术和科学知识,推动了泉州社会经济的发展,为海外贸易提供了重要的物质基础,促进了泉州航海和造船技术的提高,泉州海外交通架构初步形成。南朝时期,泉州已有与海外交通的文字记载,有大船前往海外贸易,是当时中外交通的一个重要港口。

唐代,泉州社会经济在此前几百年渐次发展的基础上,进一步得到发展,速度是愈来愈快。尤其是安史之乱后,全国经济重心南移,泉州经济在这前后开始崭露头角。由于社会仍相对安定,北方汉民继续大量南迁,进一步带来了中原先进的生产工具和技术,人口不断繁衍,劳动力增加,十分有利地促进了社会经济发展。由于泉州地方官员在这期间都较为重视发展经济,采取了不少促进经济发展的措施。更由于原有社会经济已有一定基础,加上泉州劳动人民的勤劳与智慧,泉州的社会经济有了更加显著的进步。农业方面,突出表现在耕地面积的扩大与水利的兴修。山区进一步开辟耕地,沿海开始大规模围垦土地,出现了许多围垦的"埭田"。唐贞元至太和年间,泉州先后开凿了几个大池塘,最著名的有可溉田 300 余顷的尚书塘,以及仆射塘和天水淮等。此外,泉州城东的东湖,是州境诸湖中最大的湖,唐朝时湖面达 40 顷。有了这些湖塘淮,泉州平原的浇灌问题大部分得到解决。手工业也有显著进步。冶铁、制盐、制茶、铸钱、陶瓷、造船等都有较大发展。作为土贡的绵丝、蕉葛等纺织品,颇有名气。陶瓷业亦较发达,现已发现这个时期的古窑址几十处,当中以沿海的晋江居多。人口增加也折射出经济发展。民国《南安县志·风俗》云:"南安虽有东晋衣冠之族,然开族至今,番昌者多自唐始。"按《元和郡县志·泉州府》载,元和年间,泉州人口已经接近上州资格了。所以,泉州府升为上州,南安和晋江相继升为"紧县"。社会经济的繁荣,无疑为海外贸易的发展提供了重要的物质基础。

中国是个有着悠久历史和灿烂文化的国家,中国人很早就知道养蚕缫丝,制成各种纺织品。中国丝绸沿着陆上丝路和海上丝路向世界各地传播。唐代中期以前,陆上丝路是丝绸外销主要途径,骆驼和马是主要交通工具。唐代中期以后,政治、经济发生重大变化。"安史之乱"导致陆上丝路中断和阻塞,北方社会经济遭到严重破坏,南方成为唐朝经济重心,陆上丝路急剧衰落,海上丝路日趋兴盛,成为丝绸瓷器等外销的主要途径。这期间,大食帝国阿拔斯王朝加强海上交通,迁都巴格达,丝路西段由陆路转向海路,海丝成为中外经济文化交流主要途径。唐朝为彰显国力宣示国威,亦为了获取税收及珠宝香料,实行对外开放,甚为重视海外贸易,鼓励番商前来中国。当时,不少波斯、阿拉伯商人,经过南洋群岛,前来滨海港口城市泉州贸易。据《全唐文》卷七五载,唐太和八年(834年),针对"慕化而来"的南来番舶被过重征税,番商"嗟怨之声,达于殊俗"的问题,唐文宗在《太和八年疾愈德音》中,明令各地"不得重加率税",并要求岭南、福建、扬州地方官员,应对番客"常加存问"。朝廷允许外商来往流动,自为交易,不得重加率税,有利于中外经济文化交流和发展。唐代海丝的兴盛发达,推动沿海港口城市发展,形成广州、泉州、扬州、明州、福州、登州等港口。泉州地方政府为招引番商,亦于城内胭脂巷建立供商人集中居住的番坊。

唐代泉州海外交通的发展,从外国人的记载中得到很好的反映。据成书于唐会昌年间的阿拉伯著名地理学家伊本·胡尔达兹比赫所撰《道里邦国志》载:"从栓府至中国的第一个港口鲁金,陆路、海路皆为一百法尔萨赫。在鲁金,有中国石头、中国丝绸、中国的优质陶瓷,那里出产稻米。从鲁金至汉府,海路为四日程,陆路为二十日程。汉府是中国最大的港口。汉府有各种水果,并有蔬菜、小麦、大麦、稻米、甘蔗。从汉府至汉久为八日程,汉久的物产与汉府同。从汉久到刚突为二十日程,刚突的物产与汉府、汉久相同。中国的这几个港口,各临一条大河,海船能在这大河中航行。这些河均有潮汐现象。在刚突的河里可见到鹅、鸭。"[①]学者有比较一致的看法:鲁金是交州,汉府是广州,汉久是泉州,刚突是扬州。就是说,伊本·胡尔达兹比赫将泉州与广州、扬州、交州并列为中国对外贸易的四大港口。

五代时期,先后统治泉州的王延彬、留从效、陈洪进,采取发展海外贸易的政策,促进泉州海外交通进一步发展。据乾隆《泉州府志·王延彬传》载:王延彬任泉州刺史,"凡三十年,仍岁丰稔,每发蛮船,无失坠者,人因谓之招宝侍郎"。后晋开运元年(944年),留从效出任晋江王,进一步拓展海外贸易,鼓励所属各县到南洋诸国开展商贸活动,陶瓷、铜铁泛于番国。留从效还派人出使占城。据《清源留氏族谱·鄂国公传》载,留从效"出身微寒,知人疾苦,在郡专以勤俭养廉为务"。在他统治泉州时期,"陶瓷铜铁,远泛于

---

　　①　[阿拉伯]伊本·胡尔达兹比赫著,宋岘译注:《道里邦国志》,北京:中华书局,1991年,第71~72页。

番国,取金币而返,民甚称便"。

为了适应泉州海外交通发展的需要,主政泉州的王延彬、留从效、陈洪进,还相继扩建泉州城。唐末的泉州城,周围只有三里,设四个城门。唐天祐年间(905—907年),王延彬首先扩大西城门。南唐保大四年(946年),留从效在城外又建罗城和翼城,城门扩大到七个,周围扩大到二十里。北宋乾德年间(963—968年),陈洪进又扩展了东北面城墙。留从效扩建泉州城时,据黄仲昭《八闽通志·古迹》云:"重加版筑,旁植刺桐环绕。"此后,泉州以刺桐港闻名于中世纪。刺桐是由海外传入的一种树,泉州在晚唐时已有咏赞泉州刺桐的诗篇,唐大中年间,陈陶所作《泉州刺桐花咏兼呈赵使君》诗云:"海曲春深满郡霞,越人多种刺桐花。"刺桐花已普遍种植。唐末五代以后,泉州环城都可见刺桐树,刺桐因而成为泉州的标志和代名词。

宋代,各种因素的推动,泉州海外交通活动更为活跃,泉州港进一步发展,地位不断上升,南宋时已超过广州成为中国最大的港口,元代时更成为世界东方第一大港,成为中外经济、文化、科技交流的重要门户。

北宋的建立,结束了五代分裂割据的局面,统一的中央集权封建国家社会秩序相对安定,经济领域的某些变革,大力奖励垦殖的政策,激发了农民的生产积极性,促进了泉州社会生产力的发展。唐五代以来,中原人民继续大量南迁泉州,加上先前已迁泉州的中原汉民人口的自然增长,为泉州农业和手工业发展提供了充足的劳动力。因此,入宋以后,泉州社会经济获得长足发展。

农业方面,耕地面积有所扩大,又修建不少水利工程,推广优良品种,采用新式农具,改进耕作技术,促进了粮食产量的提高。经济作物种植普遍,种类增多,产量提高,典型者如棉花、甘蔗、茶叶、水果等,都是全国闻名的产品,茶叶更是受到海外各国欢迎的重要出口商品。

手工业方面,纺织、陶瓷、冶铁、制酒、制糖等,发展更是令人瞩目,丝绸、瓷器、酒等,同样成为海外各国欢迎的重要出口商品。典型者如丝织业。宋朝,朝廷重视和鼓励植桑养蚕,刺激了泉州丝织业发展,泉州丝织品已与盛产丝绸的四川、江浙齐名。南宋时,泉州市舶使赵汝适在《诸蕃志》中记载,泉州纺织品已远销日本、朝鲜、越南、柬埔寨,印度、斯里兰卡、菲律宾、印尼、马来西亚、坦桑尼亚等国。诸如,北宋崇宁四年(1105年),泉州商人李充往日本贸易,所带货物中有三种精美的丝织品:象眼40匹,生绢10匹,白绫20匹。元朝,元世祖诏修《农桑辑要》,大力提倡栽桑种棉,泉州桑蚕丝织业继续发展,生产的丝绸不仅数量多,而且质地优良。元人汪大渊《岛夷志略》记载当时中国的出口商品,其中丝织品有丝、缎、绢、罗、布等五十多种,这些丝织品经泉州等港口,运载销往东亚、南亚、东南亚、阿拉伯、非洲等七十多个国家。这些丝织品中就有一大部分是泉州生产的产品。元朝来中国的摩洛哥旅行家伊本·白图泰说:"此地织造锦缎,也以刺桐命名。"这些丝绸既是外销商品,亦是皇帝馈赠友好国家的珍贵礼品,如元朝皇帝赠送印度摩哈美德王"花缎五百匹,其中百匹系在刺桐织造,百匹系在汉沙制造"。① 瓷器业也很典型。宋代泉州生产的瓷器,销往东南亚各国和日本等地,在东南亚各地和日本的出土中均有发现。元代,泉州制瓷业更加发达,按《马可·波罗游记》载,泉州德化"烧制瓷杯或瓷","大批制成品在城中出售,一个威尼斯银币可以买到八个瓷杯"。② 伊本·白图泰也说:"至于中国瓷器,则只在刺桐和隋尼克兰城制造。系取用当地山中的泥土,像烧制木炭一样燃火烧制。……瓷器价格在中国,如陶器在我国一样或更加价廉。这种瓷器运销印度等地区,直至我国马格里布。这是瓷器种类中最美好的。"③再如,冶铁业和冶铜业。铜、铁等铸造品是当时的外销商品。据《诸蕃志》等书记载,泉州的生铁、铜鼎、铁针等,远销到三佛齐、佛罗安等地。铜、铁钱更被各国视为珍宝而大量外流。社会经济的进一步发展,为海外贸易提供了丰富的商品。

宋元时期,泉州造船业发达,造船技术和导航技术都处于世界先进水平,有力地推动了泉州海外交通的全面发展。首先,造船业兴盛发达。按《泉州府志·风俗》载,宋人谢履《泉南歌》云:"州南有海浩无穷,每岁造舟通异域。"宋人乐史《太平寰宇记》将"海舶"列为泉州土产,可见泉州海船相当普遍。宋元时期,福建的官船场有泉州、福州、漳州、兴化,打造各种战船、运兵船、漕船以及官府使用的座船等,所造海船质量居全国之首。李心传《建炎以来系年要录》卷三十载,南宋建炎三年(1129年)春天,监察御史林之平奉命到福州和泉州招募海船,当年冬天即有二百余艘大船自闽中抵达明州

---

① ［摩洛哥］伊本·白图泰著,马金鹏译:《伊本·白图泰游记》,银川:宁夏人民出版社,1985年,第551、456页。

② ［意］马可·波罗著,梁生智译:《马可·波罗游记》,北京:中国文史出版社,1998年,第218~219页。

③ ［摩洛哥］伊本·白图泰著,马金鹏译:《伊本·白图泰游记》,银川:宁夏人民出版社,1985年,第545~546页。

海域。宋代,泉州还造了许多战船。按乾隆《泉州府志·名宦》载,绍兴年间,黄彦辉权知晋江县,"会朝命滨海诸县造船,……例造九艘,其成独先"。傅仁知晋江县,"会治战船,仁躬督其役,劳费半他邑,而事独先成。"宋代,泉州除官营造船业外,私营造船业也很发达。按韩元吉《南涧甲乙稿·连南夫碑》载,绍兴初年,连南夫知泉州,"朝廷下诏福建造舟",他建议以度牒买商船二百艘,可"省缗钱二十万"。可见当时泉州民间造船很多,价格亦比较低廉。元朝,朝廷多次命泉州造船。据《元史·世祖纪》载,仅在至元十六年(1279年)到至元十九年,朝廷因欲东征日本,连续几次命泉州造船,且数量甚大。至元二十八年(1291年),意大利旅行家马可·波罗等,奉忽必烈之命,护送阔阔真公主远嫁波斯。忽必烈下令备船十三艘,每艘船四桅十二帆,从泉州扬帆启航。这些四桅船,就是在泉州建造的。宋元时期,泉州所造的海船,无论坚固性、稳定性、适航性,在当时都具有世界先进水平。1974年泉州湾后渚港挖掘出的长近二十五米的宋代海船,1982年泉州市法石乡发掘出的一艘南宋古船,都充分证明了宋代泉州造船技术的先进。造船业的发达,航海技术的先进,是泉州海外交通发达的重要原因。

宋元时期,朝廷积极鼓励对外贸易,实行对外开放,更加有力地推动了泉州海外交通的发展。北宋时期,西部少数民族政权兴起,战事连绵不断,阻断了传统的中西交通要道陆上丝路,对外交往贸易逐渐转向南方海路。北宋建立后,随着政权巩固,开始采取鼓励对外贸易政策,其至指派使臣到海外"招诱"番商来华贸易。据《宋会要缉稿·职官四四》载,太宗雍熙四年(987年),"遣内侍八人,赍敕书、金帛,分四纲,各往海南诸番国勾招进奉,博买香药、犀牙、真珠、龙脑。每纲赍空名诏书三道,于所至处赐之。犀牙、真珠、龙脑。每纲赍空名诏书三道,于所至处赐之"。北宋政和五年(1115年),福建市舶司"出给公据,付刘著收执,前去罗斛、占城国说谕诏纳,许令将宝货前来投进"。泉州市舶司的设置,亦是北宋发展海外贸易的举措。北宋初期,朝廷仅在广州及杭州、明州设市舶司。北宋中期,广州港的海外贸易呈现中衰,泉州港的海外贸易则发展迅速。哲宗元祐二年(1087年),朝廷在泉州设市舶司,因应日渐繁盛的泉州海外贸易。此后,泉州市舶司与广南市舶司、两浙路市舶司并称"三路市舶司"。南宋建炎元年(1127年),朝廷颁布命令,赋予泉州港与两浙路等同地位,并拨付10万贯专款"专充市舶本钱"。孝宗乾道三年(1167年),朝廷专诏"截拨二十五万,专充抽买乳香等本钱",扩大泉州港对外贸易活动。元朝,统治者依然十分重视对外贸易,采取各种措施鼓励,继续在泉州设立市舶司,泉州一度上升为"行省"。元世祖忽必烈竭力争取"素主市舶"的泉州阿拉伯后裔巨商蒲寿庚,授其行省中书左丞职,赋予其"镇抚濒海诸郡"重任。随后,元朝设置了泉州等 4 处市舶司,申明开展海外贸易及善待番商政策,加封泉州海上女神妈祖为天妃,鼓励沿海百姓从事海外贸易。在元朝所设的杭州、庆元、广州、上海、温州、澉浦、泉州等 7 处海关中,泉州市舶司居于十分突出的地位。按《元史·食货志》载,至元十八年(1281 年),朝廷规定:"商贾市舶物货,已经泉州抽分者,诸处贸易止令输税。"至元三十年(1293 年),朝廷下令各市舶司"悉依泉州例",在抽分之外,"取三十分之一以为税"。大德三年(1299 年),朝廷建泉州至杭州海关水站,"自泉州发舶,上下递接",泉州成为连接海内外的一个最为重要的交通枢纽港口。朝廷的重视和鼓励,使泉州地方官员都不敢怠慢。宋代泉州地方官员重视祈风,就是典型例证。古代船舶海上航行主要靠风力。船舶依赖风帆和随季节变化的季风,这是大规模航海活动的重要条件。宋代统治阶级重视祈风之举,按《西山文忠公文集·祈风文》载,两知泉州的真德秀说:"惟泉为州,所恃以足公私之用者,番舶也。舶之至时与不时者,风也;而能使风之从律而不愆者,神也。是以国有典祀,俾守土之臣,一岁而再祷焉。"泉州祈求通远王来保佑顺风,每年夏季和冬季,主管海外贸易的市舶司长官和地方军政长官参加,在南安九日山昭惠庙通远王祠举行祈风典礼。九日山现尚存祈风石刻 10 方,是宋代统治阶级重视海外贸易的重要物证。

正是上述多种因素的推动,宋元时期,泉州港更加繁荣,地位不断上升。北宋中期,泉州港已成为"有蕃舶之饶,杂货山积"的繁荣港口,这与广州港海外贸易中衰形成鲜明反差。北宋,泉州港对外贸易的国家和地区有三十多个。为了海上交通安全,人们开始在沿海交通要道修造石塔,多系僧侣建造,但起到航标的作用。诸如,宋政和间,僧祖慧、宗什建于石湖金钗山的六胜塔。绍兴年间,僧介殊建于宝盖山的万寿塔,又名关锁塔,俗称姑嫂塔。南宋时期,泉州港海外贸易更为兴盛。建炎元年(1127 年),朝廷赋予泉州港与两浙路等同地位。南宋时期,泉州港地位一直与广州港相等,发展到非常繁盛阶段。泉州港海上交通航线日益发展,南宋吴自牧《梦粱录·江海船舰》云:"若欲船泛外国买卖,则自泉州便可出洋"、"若有出洋,即从泉州港口至岱屿门,便可放洋过海,泛往外国也。"曾任职泉州市舶司二十多年的赵汝适,所著《诸番志》中,凡记载中国与东南亚诸国、印度、阿拉伯及北非各国的航线距离、日程、方位,多以泉州为基准。该书记述泉州港到占城、真腊、凌牙门、阇婆等地航行时间,福建商人与南洋诸国经商贸易盛况。泉州港海上交通航线有泉州至占城,泉州至三佛齐、阇婆、渤泥,泉州至印度及阿拉伯,泉州至东非、北非,泉州至菲律宾,泉州至朝鲜、日本等航线。国内航线有泉州至广州,泉州至澎湖、台湾,泉州至浙江,泉州至江苏、山东等航线。南宋,泉州对外贸易的国家和地区达到五十多个。元朝,泉州港地位远超广州,成为全国最大港口乃至世界著名港口;对外贸易的国家和地区更是增加到九十多个,航迹所及范围,东至朝鲜、日本,南通南洋诸国,西达印度、巴基斯坦、阿拉伯和东非。泉州港在世界海上贸易的地位不断升高。总之,到了元代,泉州港不仅是中国第一大港,更是东方第一大港,而且已经成为世界级的最大通商贸易港口之一。

二、扬帆海外的泉州客商

唐代至宋元时期,泉州人不畏艰险,扬帆出海,通过海上丝绸之路,前往亚洲和非洲各国,足迹遍及亚非许多地方,或进行商贸活动,或从事农业,或从事手工业,或作为友好使者,对于促进中外政治、科技、文化交流做出了巨大贡献,写下了光辉的篇章。

唐代,泉州商人跨出国门,漂洋过海,前往东南亚各地,前往波斯湾,已经络绎不绝。从东南亚出土的墓葬及相关方志记载,可以得到充分证实。菲律宾礼智省的马亚辛,发现营造于唐高宗显庆六年(661年)间的郑国希墓。该墓碑记载,郑国希原籍福建南安。这是已知的东南亚最早的福建人坟墓。晋江《安海志》记载,唐代南安石井人林銮仙,造船通航渤泥,又有名叫王尧的商人,从渤泥运木材来石井,作为造船材料。渤泥即现在的印尼。这也说明,当时已有不少泉州人前往东南亚谋生。唐代,泉州生产的瓷器,从泉州港运往世界各地。在波罗洲的文莱发现的唐代双耳罐,与安溪唐墓出土的随葬品毫无异样。在马来半岛发现的唐代耳罐和惠安山腰唐墓出土的器物也很相似。在埃及古城福斯塔特和印度古城勃拉·米纳巴的废墟上曾发现唐代瓷片,其中有的与福建唐瓷产品相似。这些事实都表明,当时已有泉州人往东南亚经商或居住。五代,泉州人出洋经商者更多。按《五代史》载,河南上蔡人刘安仁,晚唐随黄巢起义军入闽,最终定居南安,"商贾南海",成为当时南安有名的海商。五代闽国晚期,吏治腐败,弊政百出,泉州人前往海外谋生者更多,东南亚仍是主要目的地。泉州《清源留氏族谱》载:

留从效主政泉州时,"陶瓷铜铁,泛于番国,取金贝而还,民甚称便"。据李长富《南洋侨史》载,福建闽南是唐代海交活动最活跃地区。南安陈氏族裔陈匡范,就是利用海外贸易,成为富商巨贾。王延义治闽时,陈匡范当上了国计使,生意更加兴隆,日进斗金,人称"心中之宝"。

宋元时期,泉州既有许多著名港口,更有大量的海商。著名的港口,外港有后渚港、石湖港、蚶江港、安海港、围头港、永宁港,内港有法石港、圆通港。众多的海商,则由本地海商、外地海商和外国番商构成。本地海商可分为舶商、散商、南外宗子海商、僧人海商、海员水手等。最多的是舶商。舶商是有独立身份的海商,有的自己出资打造船只,有的租用他人船只,出海必须得到政府批准。这些商人,为了生存和发展,泛海做私商,把丝、棉、瓷器、铁器等物品运载出海,换取香料、犀角、药物等番货及白银。同时,越来越多的人开始向海外移居,拓展新的生存空间。

宋元时期,泉州与世界各国的海外交通往来,既有奉朝廷之命的使节,也有从事商业活动的商人、传教士、华侨等。他们主要前往东亚的高丽和日本,中南半岛的交趾、占城、真腊、暹罗、蒲甘,南洋群岛的马来半岛,印度尼西亚群岛的三佛齐、阇婆、渤泥,菲律宾群岛的麻逸、三屿、苏禄,南亚的天竺、南毗、细兰,西亚的大食,非洲的埃及和坦桑尼亚等。他们在沟通中外经济、政治、文化往来中做出了重大贡献。

宋元时期,高丽和日本是泉州重要交通对象。中国与朝鲜是唇齿相依的邻邦,泉州与朝鲜有着悠久的友好往来和通商贸易的历史。宋朝与朝鲜半岛高丽王朝的陆路交通为辽、金所阻隔,双方往来主要通过海路。泉州是宋朝与高丽海上交通的重要港口,有许多泉州商人直航高丽。高丽政府对中国商人热情欢迎,安置于专门的宾馆,对中国商人运来的货物,常"以方物数倍偿之"。因此,泉州商人趋之若鹜,常常成群结队到高丽贸易。按苏轼《东坡全集》卷五六载,苏轼在《乞令高丽僧从泉州归国状》中说:"窃闻泉州多有海舶入高丽,往来买卖。"按《高丽史》卷十载,北宋到高丽的泉州商人,最多的一次竟达一百五十人。粗略估计,北宋到高丽的泉州商人达上千人。泉州海商运往高丽的货物,主要有绫绢、锦罗、白绢、金银器、瓷器、茶、酒、钱币,带回来的货物主要有金、银、铜、人参、毛皮等。泉州商人不但与高丽进行经济贸易,而且注意发展与当地政府的关系。宋朝对高丽的外交,除传统的海外来贡外,还带有借高丽之力共同对付辽国的战略意图。宋神宗即位后,又实行联合高丽反对辽国的策略。泉州海商在这一外交活动中起了积极作用。北宋熙宁元年(1068年),宋朝遣泉州海商黄慎赴高丽,转达神宗的通交意图。熙宁三年(1070年),宋朝再遣黄慎出使高丽,得到高丽王朝的积极回应。熙宁四年(1071年),高丽遣使到宋朝,从而开始了宋朝与高丽外交往来新局面。熙宁二年(1069年),泉州商人傅旋,"至彼国述朝廷之意"。南宋建炎元年(1127年),两浙安抚使叶梦得,委托泉州大商人柳悦和黄师舜,前往高丽经商时打听金朝动静。高丽王朝通过宋朝商人延请宋朝文人、工匠、医师等,前往高丽供职和传艺,泉州商人在其中发挥了不小作用。《续资治通鉴长编》卷二六一载,熙宁八年(1075年),泉州商人傅旋持高丽礼宾省帖,乞借乐艺等人。按李心传《建炎以来系年要录》卷七八载,有的泉州海商为高丽购买图书,雕造经板。泉州海商徐戬,就是当中一位。高丽王朝对到来的宋商密试其能,诱以官职使之留居。有多名泉州人在高丽为官。诸如,高丽显宗时,泉州海商欧阳征被封为谏官。高丽文宗时,泉州商人肖宗明被封为宣引赞之事的官职。元朝,泉州与高丽往来仍未中断。中国与日本也是一衣带水邻邦,泉州人与日本的往来历史悠久。北宋崇宁元年(1102年)和崇宁四年(1105年),泉州商人李充两次到日本贸易。据日本古代典籍《朝野群载》卷二十载,李充从泉州带去"象眼四匹,生绢拾匹,白绫拾匹,瓷碗贰百床",到明州办理手续,由两浙路市舶司发给公凭,然后航抵日本进行贸易。

宋元时期,中南半岛的主要国家有交趾、占城、真腊、暹罗、蒲甘等,这些国家与泉州有密切的交往,亦是泉州商客前往的主要地区。交趾在今越南北部和中部,秦汉以来,中国均在其地设立郡县,唐设安南都护府。宋初,交趾自立,与福建保持交通贸易往来。宋朝,许多泉州商人到交趾,受到交趾统治者的欢迎,甚至被委任为官。安南李朝和陈朝创建人李公蕴和陈日照,都是晋江安海人。安海李公蕴家族和陈日照家族,都以贸易于安南著名。李公蕴和陈日照都是先往安南贸易,定居成为安南华人,然后做了安南官,最后登上王位。按沈括《梦溪笔谈》卷二五载:"大中祥符二年(1009年),安南人共推闽人李公蕴为主。"占城在今越南中部,是中国与海外国家贸易的中转基地,泉州商人到占城的很多。北宋时,泉州商人邵保,先到占城贸易,后又招募人到占城贸易。南宋时,到占城的泉州海商有陈应、吴兵、王元懋等。纲首陈应到占城自贩货物,并载乳香和象牙及使人入贡。《宋会要辑稿·番夷七》载,乾道三年(1167年)十月,福建市舶司言:"本土纲首陈应等,昨至占城番,番首称欲遣使副恭赍乳香、象牙等,前诣太宗进贡。今应等船五只,除自贩物货外,各为分载乳香、象牙等,并使副人等前来。"纲首吴兵载占城进奉物到泉州,有白乳香、混杂乳香、象牙、附子沉香等,数额甚大。泉州商人到占城贸易,与当地官民建立了友好关系,在两国关系中起了中介作用。有些泉州商人寓居占城,并与当地妇女结婚。《夷坚志》卷三载:泉州人王元懋,在寺院里长大,边做杂役,边师从僧人学习外语和外国知识。后随商舶到占城,因精通番汉文字,深得占城王宠爱,嫁以王女,"留十年而归"。王元懋还让吴大为纲首,率领三十八人,"同舟泛海,一去十载"。元朝时,泉州商人到占城贸易往来不绝。占城出产象牙、香料、黄腊、犀角等,泉州商人运去瓷器、色布、绢扇、漆器、金银首饰等,与占城交换。真腊,即今柬埔寨。真腊是宋元时期中南半岛大国,宋朝时与泉州有贸易往来。按《诸蕃志·真腊国》载:"真腊接占城之南,东至海,西至蒲甘,南至加罗希,自泉州舟行顺风月余日可到。"元朝时,泉州与真腊仍有贸易往来,据周达观《真腊风土记》载,泉州的青瓷器销往真腊。暹罗,即今泰国,又称罗斛。北宋时,暹罗派使臣到中国,与宋朝建立友好关系。《宋会要辑稿·职官四四》载,政和五年(1115 年),宋朝在泉州恢复市舶司,特派刘著等人,"前去罗斛、占城国,说谕诏纳,许令将宝货前来投进"。南宋后期,暹罗国王曾慕名招徕中国工匠。据晋江《磁灶吴氏族谱》载,磁灶吴氏族裔,曾有多人"泛海传艺"。13世纪中叶,暹罗国势渐盛,积极发展与元朝的友好关系,多次遣使朝贡。元朝与暹国常有使节往来。按贡师泰《玩斋集》卷九载,泉州德化县尹杨秀,原为宋市舶司官员,降元之后,曾奉命出使暹国,"以其主来朝"。泉州两义士孙天富、陈宝生,亦到罗斛经商。蒲甘,缅甸宋代称蒲甘。按《岛夷志略·乌爹》载,元朝,泉州商人运去金、银、五色缎、白丝、丁香、青白瓷器等,换取蒲甘大米、黄腊、木棉、细布匹等。

宋元时期,南洋群岛的马来半岛,印度尼西亚群岛的三佛齐、阇婆、渤泥、古里地闷,菲律宾群岛的麻逸、苏禄等地,都是泉州商客经常前往的地方。马来半岛包括佛罗安、登流眉、单马令、凌牙斯加、凌牙门、彭坑、吉兰丹、丁家庐等。按《诸蕃志》和《岛夷志略》载,宋元时期,泉州与该地区有贸易往来。

宋代,从泉州往三佛齐贸易,先至凌牙门销售三分之一货物,再往三佛齐。三佛齐是宋代东南亚强国,位处南海之中,诸番水道之要冲,来自中国的商品,多运到三佛齐集散中转。三佛齐与泉州关系密切。莆田县西天尾镇,有块立于南宋绍兴八年(1138 年)的《祥应庙碑记》,碑文曰:"郡北十里,有神祠,故号大官庙。大观元年(1107年)……次年赐庙曰祥应。谨按,侯官五季时已有初宇。泉州纲首朱舫,舟往三佛齐国,亦请神之香火而虔奉之。舟行迅速,无有险阻,往返曾不期年,获利百倍,前后之贾于外番者未尝有是。"按《宋史·汪大猷传》载,三佛齐曾向宋朝要求购买铜瓦三万,朝廷"诏泉、广二州守臣督造付之"。明人马欢《瀛涯胜览·爪哇国》,亦有类似记载。马欢还记述闽粤人移居旧港情形,"旧港,即古三佛齐国是也……国人多广东、漳泉人逃居于此"。

宋代,阇婆亦是泉州商舶住泊的重要港口。阇婆统治者为促进对宋贸易,积极招徕宋商,热情接待前来贸易的宋商。泉州商人接踵而至。元朝,阇婆改称爪哇,泉州人前往爪哇依然不少。元朝先后九次渡海用兵。至元三十年(1293年),元朝发兵两万,战船千艘,远征爪哇,正是从泉州后渚港启航。泉州沿海许多人被招募为水手、兵勇。后来,元军损兵折将,无功而返,被招募的泉州人,有不少留居当地。元人周致中《异域志·爪哇国》载:元"泉州与爪哇之杜板间,每月有定期船舶通往,流寓其地之粤人及漳泉人,为众极繁"。

渤泥,即文莱。宋代泉州与渤泥关系密切。1972年,文莱有个穆斯林公墓,发现一块南宋汉字墓碑,上面刻有:"宋泉州判院蒲公之墓,景定甲子,男应、甲立。"景定甲子年,即南宋景定五年(1264年)。从碑文推断,为这位卒葬于此地的"判院蒲公"立碑的两个儿子蒲应、蒲甲,应该是定居文莱的泉州蒲氏家族裔孙。

古里地闷,即今帝汶岛。元朝,泉州与古里地闷经常有商贸往来,泉州吴宅有许多人到古里地闷定居。《岛夷志略·古里地闷》载:"昔泉之吴宅,发舶稍众,百有余人,到彼贸易。既毕,死者十八九,间存一二,而多羸弱乏力驾舟随风回舶。"

泉州与麻逸、苏禄的交往。宋朝,中国商船从泉州出发,至渤泥,然后再北上往麻逸贸易。元朝,开辟了泉州经澎湖至琉球再到麻逸的新航线,双方交通往来更加方便,贸易日益兴盛。苏禄,据《岛夷志略》记载,元代泉州等地商人用赤金、八都剌布、青珠、瓷器、铁条等与苏禄交换降真、黄腊、玳瑁、珍珠等。按朱里曾氏家谱《朱山考略》称:"南宋时,苏观生先生二世孙光国,于咸淳十年(1274年)随泉州亲戚往苏禄国营生,开苏厝徒夷之始。"晋江温陵董氏家族所修《温陵沙堤分派永宁宗谱》记载,宋末元初,"十四世,柳轩,开族吕宋大明街"。汪大渊《岛夷志略》中,亦有闽南人"往麻逸国、苏禄"的记载。

宋元时期，泉州人还扬帆前往南亚、西亚诸国，甚至非洲。南毗，12—13世纪，南毗国力强盛，商业发达，是东西方海上贸易中心。元朝时期，南毗称马八儿，与元朝保持友好关系。泉州是两国友好往来的重要门户。按《元史·马八儿等国传》载：元初，杨廷璧出使俱兰国，从泉州出海，到马八儿国，受到热情接待。泉州永春人尤贤，充任元廷使节，出使马八儿国访问。《闽泉州吴兴分派卿田尤氏族谱》载："元镇国将军加九锡，充马八儿国宣抚使尤公贤。……于至元十三年（1276年）归世祖，授虎符，招威将军、管军万户，……十七年（1280年）入觐……授占城、马八儿国宣抚使……奉旨招谕，盖南毗也。航海逾年，始至马八儿国。宣上威德，国人风从而靡，治舟以归。"细兰，即锡兰，元朝称僧加剌。盛产猫儿眼、红宝石、红玻璃、青红珠宝、珊瑚等，与泉州民间有贸易往来。西亚大食，大食的阿巴斯王朝，领土相当于今天伊朗和阿拉伯半岛。泉州与阿拉伯的友好往来，唐朝已经开始。宋元时期，有泉州商人到阿拉伯经商，也有泉州人奉使波斯。元大德二年（1298年），泉州人奉使霍尔木兹，蒙波斯哈赞大王特赐七宝货物呈献朝廷、归家后五年，卒于泉州，墓碑今犹存。非洲，从《诸蕃志》《岛夷志略》可以看出，宋元时期，泉州与非洲有贸易往来。北非埃及福斯塔特出土有德化白瓷，坦桑尼亚基尔瓦岛大清真寺遗址出土有德化白瓷等。

三、云集泉州的海外番客

宋元时期，泉州海丝活动的盛况，还突出表现在海外各国大量番商番客沿着海丝之路来到泉州。这些纷至沓来的番商番客，带来了海外各国的货物和文化，对促进中外政治、经济、科技、文化交流做出了不小贡献。

早在南朝时期，泉州已有海外来客的记载。印度僧人拘那罗陀来泉州翻译佛经，就是很好的证明。佛教产生于印度，泉州与印度的往来也是从佛教开始。据释道宣《续高僧传·拘那罗陀传》载，拘那罗陀到梁安郡，住建造寺翻译《金刚经》，又从梁安港换乘大船，欲还西国。这里所说的梁安即当时的南安，建造寺即南安九日山下延福寺。拘那罗陀又名真谛，南朝时的西天笠人，即今印度优禅尼国人。少年时学通佛教典籍，尤其精于大乘之说。后泛海至扶南国，即今柬埔寨。南朝梁武帝大同年间，梁武帝派人送扶南国使返国，访求名德和大乘诸论。拘那罗陀随其来华，先到广东，后到南朝都城建康。梁武帝深加礼敬，让其居住于保云殿。拘那罗陀欲翻译佛经，可是时

值侯景之乱，建康不得安宁，于是辗转浙江、江西、广东等地。陈永定二年
（558年）到达福州，重新核定所翻之经论。陈天嘉二年（561年），从福州来
到泉州，住南安九日山下延福寺，翻译《金刚经》等。翌年9月，自南安"泛舶
西引，业风赋命，飘还广州。后留其地，翻经八载，至太建元年（569年）圆
寂"。拘那罗陀在华二十三年，居泉州一年多。南安九日山，今尚存拘那罗
陀翻经石。按乾隆《泉州府志·南安九日山》载："梁普通中，僧拘那罗陀尝
翻《金刚经》于此。"拘那罗陀来泉州翻译《金刚经》，这是有文字记载最早来
泉州的外国人。

唐代中后期，泉州港迅速发展为中国南方重要港口，海外尤其是阿拉伯
番舶常到，泉州既有来自海外各国的商人和侨民，亦有在这里登岸的外国使
节。按《全唐诗》卷二○八载，唐天宝年间，曾任起居舍人的江苏进士包何有
《送李使君赴泉州》诗云："傍海皆荒服，分符重汉臣。云山百越路，市井十洲
人。执玉来朝远，还珠入贡频。连年不见雪，到处即行春。""市井十洲人"说
的是泉州有来自海外各地的外侨，"执玉来朝远，还珠入贡频"，说的是在泉
州登岸的还有外国使节。唐会昌年间，山西进士薛能《送福建李大夫》诗中，
有"秋来海有幽都雁，船到城添外国人"的诗句，说明泉州确实是外国商人乐
于往来的商埠。按陈懋仁《泉南杂志》卷上载，为加强对来自海外的使节和
商人的管理，泉州设"参军事四人，掌出使导赞"。明何乔远《闽书·方域志》
载：穆罕默德"门徒有大贤四人，唐武德中来朝。遂传教中国。一贤传教广
州，二贤传教扬州，三贤、四贤传教泉州。卒葬此山，然则二人，唐时人也"。
又称泉州城内有宋代清净寺，城外有二贤圣墓。这些记载说明，阿拉伯人来
泉州，唐朝已经开始，阿拉伯的伊斯兰教，唐武德年间已传播泉州。唐朝，位
于印度北部的天竺国，又有僧人来泉州弘法。印度僧人智亮，前来泉州弘
法，住锡开元寺，四时都袒一膊，称袒膊和尚，后移居德化戴云山。他长期在
泉州弘法，能写汉诗，现存两首。他死于泉州，其徒泥亮肉身于开元寺大殿。
唐代，泉州城内胭脂巷建供番商集中居住的番坊，亦从侧面证明这期间泉州
番商众多。

宋元时期，泉州港更是热闹非凡，来到这里做生意以及从事其他活动的
番人，更是络绎不绝，难以数计。北宋诗人李邴《咏泉州海外交通贸易》诗
中，赞誉泉州港曰："苍官影里三州路，涨海声中万国商。"正是泉州港商贸繁
盛的形象写照。元朝泉州吴宅人吴澄《吴文正公集》卷十六载，这位元代著
名文人盛赞当时泉州港的繁华说："泉，七闽之都会也，番货远物，异宝珍玩

之所渊薮,殊方别域,富商巨贾之所窟宅,号为天下最。"元代意大利旅行家马可·波罗在游记中写道:"到第五天晚上,便到达宏伟美丽的刺桐城。刺桐城的沿海有一个港口,船舶往来如织,装载着各种商品,驶往蛮子省的各地出售。这里的胡椒出口量非常大,但其中运往亚历山大港以供应西方各地所需的数量却微乎其微,恐怕还不到百分之一。刺桐是世界最大的港口之一,大批商人云集于此,货物堆积如山,买卖的盛况令人难以想象。"①比马可·波罗晚到泉州的摩洛哥旅行家伊本·白图泰也说:"我们渡海到达的第一座城市是刺桐城……这是一座巨大的城市,此地织造的锦缎和绸缎也以刺桐命名。该城的港口是世界大港之一,甚至是最大的港口。我看到港内停有大艨克约百艘,小船多得无数。"②所有这些,从不同侧面反映了当时泉州港的繁荣。

宋元时期,前来泉州的外国人,就身份而言,既有商人,亦有传教士,还有友好使者。就来源国而言,同样遍及世界各地,几乎泉州人足迹所及的地方,都有当地人民前来泉州。不过,就数量而言,最多的还是来自西亚地区。

宋代来泉州的西亚番商很多,或杂处民间,或聚居城南。祝穆《方舆胜览·福建路泉州》载:"诸番有黑白两种,皆居泉州,号番人巷。每岁以大舶浮海往来,致象、犀、玳瑁、珠玑、玻璃、玛瑙、异香、胡椒之属。"可见当时来泉州进行贸易的,黑人白人皆有,并且长居泉州,定期运来琳琅满目的海外物品,交易品类繁而不杂。南宋绍兴年间,波斯人在泉州东坂创建穆斯林公墓。北宋大中祥符二年(1009年),阿拉伯人在泉州涂门街建造清净寺。宋元时期,泉州有清净寺六七座。宋元时期,来到泉州的著名阿拉伯人有蒲罗辛、蒲寿庚兄弟和佛莲等。蒲罗辛运载乳香到泉州,抽解值30万缗,补承信郎。蒲寿庚先世为阿拉伯人,侨居占城,后迁居广州,富甲一时。其父蒲开宗,从广州迁至泉州,居法石云麓。嘉泰四年(1204年),蒲开宗任安溪县主簿。绍定六年(1233年),为承节郎。他热心公益事业,重修龙津桥,重建长溪桥。蒲寿庚兄弟因平定海寇有功而得官。景炎初,以福建、广东招抚使身份主市舶,拥有大量海舶,善于在海外经商,"致产巨万","家僮数千"。宋元之战时,投降元朝,以拥有的海舶交元军进攻宋军,被元朝封为昭勇大将军,

---

① ［意］马可·波罗著,梁生智译:《马可·波罗游记》,北京:中国文史出版社,1998年,第217页。

② ［摩洛哥］伊本·白图泰著,马金鹏译:《伊本·白图泰游记》,银川:宁夏人民出版社,1985年,第551页。

又授予闽广都督兵马招讨使兼提举福建、广东市舶,后又任江西行省参知政事,泉州分省平章政事等。蒲寿庚的女婿巴林海商佛莲,侨居泉州,从事香料和珠宝贸易,在泉州拥有庞大船队,发舶八十艘,死后家中有珍珠一百三十石。

宋元时期,南亚诸国也有不少人来泉州,主要是传教和经商。北宋雍熙年间,天竺僧人罗护那航海至泉州,番商竞持金缯珍宝以施。他在泉州城南买地建造宝林院,这是外国僧人在泉州建的唯一一座佛教寺院。南宋嘉定年间,南毗国人罗巴智力干父子来泉州经商,"居泉之城南"。元至元十八年(1281年),马八儿国的泰米尔商人圣班达·贝鲁玛获元廷恩准,在泉州建印度教寺院,称为番佛寺。泉州与印度贸易频繁,印度商人经常来泉州。摩洛哥旅行家伊本·白图泰说:他看到一艘满载货物的船从泉州开往印度。泉州烧制的精美瓷器,大量运往印度等国。他还说,1342年元顺帝派使臣去印度,馈赠其国王摩罕美德的锦缎五百匹是泉州织造的刺桐缎。《马可·波罗游记》亦称:印度一切船舶运载香料及其他各种重要货物,有的就来到泉州城刺桐港。泉州开元寺东西塔、洛阳桥的金刚宝塔、九日山舍利塔、关锁塔等宋代石塔上,刻有印度古文字兰查体或悉昙体梵文,也刻中文"唵、么、尼、钵、咪、吽"六字真言。六字真言是观音为使众生脱离六道轮回所发的心咒。佛教徒将六字真言刻在建筑物上,五方佛会常驻于斯,用法力保护建筑物,福佑行人,捐助修建的人也会因此积德,取得成为菩萨的资格。

泉州木偶艺术历史悠久,它与印度文化也有一定关系。泉州的掌中木偶,即布袋戏,方言读音与梵语"补吒利"音相近,今天印度还用"补吒利"来名傀儡,可见泉州与印度的傀儡是有密切关系的。佛教传入泉州后,对泉州民俗产生很大的影响,如普度节。佛教称盂兰盆会,是佛教徒为追荐祖先而举行的盛会。盂兰盆是梵音,意思是救倒悬。据《盂兰盆经》载,释迦弟子目莲,看到死去的母亲在地狱受苦,如处倒悬,求佛救度。释迦要他在七月十五日即僧众安居终了之日,备百味饮食,供养十方僧众,可使其母解脱。佛教徒依此经而举行盂兰盆会。此风俗传入泉州后一直流传至今。

宋代,东亚的高丽和日本,亦有不少人到泉州。当时,高丽僧人来泉州,从苏轼《乞令高丽僧从泉州归国状》中可以得知。高丽商人赴泉州贸易的人日渐增多。《建炎以来系年要录》卷七八载,绍兴四年(1134年),"高丽罗州岛人光金与其徒十余人泛海诣泉州"。宋人赵彦卫也说,高丽船舶运载人参、银、铜、水银等物,来到泉州贸易。日本商人也常来泉州贸易,据《诸蕃志·倭国》记载,倭国"多产杉木、罗木,长至四五丈,径四五尺,土人解为大方板,以巨舰搬运至吾泉贸易"。日本僧人庆政上人,曾侨居泉州,嘉定十年(1217年)回国,带回福州版《大藏经》的《大般若经》《大宝积经》《妙法莲花经》等。庆政还从泉州带回用波斯文写的文书。宋时寓居泉州的阿拉伯穆斯林,泉州人称之为"南番回回"。庆政带回日本的南番文字为阿拉伯文的诗歌集。庆政带回日本的佛经和波斯文书,对于日本的译经事业和中国印刷术的传播起了促进作用。

宋元时期,东南亚各国亦有不少人前来泉州。唐时交趾爱州日南(今越南河内)人姜公辅以直谏触怒皇帝,贞元八年(792年),被贬为泉州别驾。常与刺史席相游东湖,泉州人为纪念两人,在东湖建二公亭。姜公辅经常上九日山造访隐居于此的秦系,并筑室东峰。姜公辅卒后,秦系将他安葬于东峰南麓,墓保存至今。因姜公辅居于九日山东峰,人们称东峰为姜相峰,以示对他的崇敬和怀念。泉州与占城有过深入的交往。由于泉州商人对沟通占城关系起了重要作用,泉州成为接待占城使节的口岸。当时的占城稻,耐旱,成熟期短,收成好,适合泉州地理环境和气候,宋真宗时引入。按乾隆《泉州府志·物产》载:"宋真宗以福建田多高仰,闻占城稻耐旱,遣使求其种,得一十石以遗其民,使莳之。"估计占城稻当首先在泉州落脚,渐之向闽中、闽北等地推广。北宋政和年间,真腊商船到泉州贸易。楼钥《攻媿集·汪公行状》载,南宋乾道七年(1171年),四艘真腊船来到泉州。蒲甘,北宋时,亦有蒲甘商船来到泉州,运来金颜香等货物,进行交易。三佛齐,按林之奇《拙斋文集·泉州东坂葬番商记》载,很多三佛齐海商到达泉州,南宋时"三佛齐之海贾,以富豪宅生于泉者,其人以十数"。渤泥,按《宋史·渤泥传》载,北宋元丰五年(1082年),渤泥王锡理麻诺,"遣使贡方物,其使乞从泉州乘海舶归国,从之"。宋元时期,泉州与菲律宾关系密切。按《岛夷志略·三岛》载,许多三岛"男子尝附舶至泉州经纪,罄其资囊,以文其身。既归其国,则国人以尊长之礼待之,延之上坐,虽父老亦不得与争焉。习俗以其至唐,故贵之也"。

宋元时期,北非和欧洲也有不少人来泉州。北非有摩洛哥旅行家伊本·白图泰,欧洲人在南宋时已有人来泉州。《光明之城》作者意大利安科拉人雅各,南宋末年来泉州经商,见到许多欧洲人。元朝,意大利旅行家马可·波罗、鄂多立克、马黎诺里都曾到过泉州,在他们的游记中都留下有关泉州的记载。元朝来泉州传教的方济各会刺桐主教有哲拉德、裴莱格林、安德烈佩鲁贾、詹姆斯·佛罗伦斯、威廉·甘勃尼等。元代亚美尼亚妇人在泉州建有天主教堂。元代客死于泉州的阿拉伯人的墓碑也用宰桐即刺桐来称泉州。元代泉州主教安德鲁 1326 年给教皇的信,自称"寄自刺桐"。

宋元时期,泉州海外交通发达,对外贸易兴盛,朝廷为了加强海外贸易管理,在泉州设立市舶司,进行管理、征榷、抽解、禁榷、博买等。地方政府对番商番客礼遇有加,允许"民夷杂居",也允许"族居一处",并沿唐制于城南辟专门居住区番坊,选择侨番任番长,一般事务自行管理。为了解决侨番子女教育问题,又允许开办番学。蔡绦《铁围山丛谈》卷二载:"大观、政和,四夷向风,广州、泉南请建番学。"甚至给予番商番客某些特权。番商番客与泉州人争斗,打伤了泉州人,可不用中国刑法,用番国刑法,赔牛赎罪。据《宋史·汪大猷传》载,直到南宋孝宗时,汪大猷知泉州,才改变这种做法。他说:"安有中国用岛夷俗者,苟在吾境,当用吾法。"这种曾经的宽容包容态度,无疑为番商番客创造了宽松的环境,使其能在泉州安居乐业。

大量番商来到泉州贸易,刺激了泉州商品经济的繁荣,尤其是纺织业、陶瓷业、冶铁业、制茶、制糖业等的发展,从而促进了泉州城市的开拓。王象之《舆地纪胜·福建路》载,北宋末宣和年间,泉州"城内画坊八十,生齿无虑五十万"。这里的"城内画坊八十",系指城市基层单位厢坊有八十个;"生齿无虑五十万",指人口有五十万。按宋人郑侠《西塘集·代谢章相公启》载,泉州成为"驿道四通,楼船涨海,农士工商之会,东西南北之人"。按刘克庄《后村大全集》卷一五四载:"温陵大都会,朱门华屋,钿车宝马相望。"意大利人雅各·德安科纳所著《光明之城》亦称,这里"有各种各样不同的市场,如丝绸市场、香料市场、陶瓷市场、珠宝市场、书籍市场、牛市、马市、草市、鱼市、肉市等"。"这里的商店数目比世界上任何城市的商店都多,商店里有各种各样的商品,有一条叫三盘街,出售丝绸,名类不下二百种"[①]。商品经济发展,商品交易从市区向城外延伸,形成大批墟市和草市镇。镇市有:溜石镇、石井镇、潘山镇。草市有:围头市、法石港、后渚港、谢店市、五店市、池店、新店等。以晋江安海镇为例,明万历《安海志·城池》云:"安海于宋全盛时,东有旧市,西有新市,因竞利而后设镇,市曰安海市,镇曰安海镇。今市散处,直街曲巷,无非贸易之店肆,约有千余座。盖四方射利者所必趋,随处

---

① 〔意〕雅各·德安科纳著,〔英〕大卫·塞尔本编译,(中)杨民等译:《光明之城》,上海:上海人民出版社,1999 年,第 173～175 页。

成交。"

　　随着商业的发展,人口的增加,城市不断扩大。北宋乾德年间,节度使陈洪进拓宽郡城东北地。宣和二年(1120年),郡守陆藻增筑外砖内石城墙。绍兴二年(1132年),郡守连南夫重葺城墙。绍兴十八年(1148年),郡守叶廷珪,陶土为砖,取蛎为灰,以筑城基。按乾隆《泉州府志·邹应龙传》载,嘉定四年(1211年),郡守邹应龙,因"郡城故单薄,应龙以贾胡簿录之资请于朝而大修之,城始固"。可见泉州城这次修建,直接借助番商资金。如此,时人有"泉仰贾胡"之说。宋代的泉州,番商对地方财政和城市建设的作用,亦使地方官员不能不刮目相看。按《八闽通志·城池》载,宝庆元年(1225年),郡守游九功砌泉州城瓮门,复即南罗城外筑翼城,东自浯浦,西抵甘棠桥,沿江为蔽,以石成之。长四百三十八丈,高盈丈,基阔八尺。元至正十三年(1353年),因淮西盗起,监郡契玉立修城,"东西北仍罗城,南仍翼城旧址,役僧道编氓分筑。高二丈一尺,周围三千九百三十八丈"。

　　宋元时期的泉州,海上丝绸之路繁盛,大批番商前来贸易,政府依靠这个港口,获得巨额税收。按《宋会要辑稿·食货》载,北宋初,市舶司收入为三十万缗,占国家财政收入百分之十八。南宋初,市舶司收入为二百万缗,占国家财政收入百分之二十。南宋泉州市舶司收入,已与广州市舶司并驾齐驱。据推算,到了绍兴末年,泉州市舶司年收入已经接近百万缗,几乎占全国市舶司收入的一半。同期,南宋全部岁入,估计约四千五百万缗。据《宋会要辑稿·职官四四》载,高宗赵构曾说:市舶利润最为丰厚,假如政策措施得当,收入动辄以百万计,岂不是远远胜于向百姓收取赋税吗?我所以很重视这个问题,正是希望借此减轻百姓一些负担!元代,泉州市舶司收入数额仍然巨大,在国家财政中占据重要地位。按《马可·波罗游记》载:大批商人云集泉州,每个商人必须缴交投资总额百分之十为税收,所以,大汗从这里获得巨额收入。除上缴朝廷外,地方财政也受益不浅。泉州太守真德秀曾说:泉州作为一个州,有什么能够保证州府各项开销的收入呢?那就是海外贸易了!

　　宋元时期,大批番商番客来到泉州,亦促进了中西文化交流,不仅使泉州吸纳了诸多海外文化元素,给泉州文化增添了不少色彩,亦促进了中国文化和先进技术向海外传播。诸如,火药和指南针。北宋末年,指南针作为导航仪器已应用于航海。宋代,许多阿拉伯人到泉州和广州经商,火药和指南针就是通过海路传到阿拉伯,然后再传到欧洲。

第二节　明清以来的泉州海丝

明清时期,因为朝廷对外交往政策的变化,尤其是长期实行禁海政策,泉州海上丝绸之路活动受到巨大的影响,官方的海外交通活动受到严重抑制,远远不如宋元时期繁荣。然而民间的海外交通活动,仍然长期以犯禁下海的形式存在,且仍然异常活跃,令世人瞩目。

一、明代泉州的海丝变化

明代,国内外形势发生重大变化,明朝的对外政策也发生重大变化,长期实行禁海政策,官方包办与周边国家的贸易,实行朝贡贸易。这个时期泉州还是福建市舶司所在地,是明朝与琉球朝贡贸易的港口,仍是对外交往的重要城市。与此同时,民间百姓不顾禁海,犯禁下海者,活动异常活跃。

明朝建立后,朱元璋为防止逃亡海上的张士诚、方国珍等反明残余势力卷土重来,也为防范屡屡骚扰东南沿海的倭寇,巩固海防,保障海疆安全,很快便实行严厉的禁海政策,严格限制对外贸易,禁止私商出海,并且反复重申禁令。按《明太祖实录》卷二三一载,洪武二十七年(1394 年),再次下令"禁民间用番香番货","敢有私下诸番互市者,必置之重法"。明朝实行禁海,严禁私人出海贸易,严禁沿海百姓与海外往来,而与周边国家的贸易则由官方包办,实行朝贡贸易。所谓朝贡贸易,就是与明朝建立关系的国家,在朝贡名义下随带货物来华贸易。这种制度既是为了加强对海外贸易的控制和垄断,亦是在政治上宣示作为海外诸国的宗主国地位。明朝为了发展官方海外贸易,不断派遣使臣分赴海外,招徕海外诸国进行朝贡贸易。泉州也有些人充当使臣。按泉州《清源林李宗谱》载,洪武九年(1376 年),族裔林驽"奉舶西洋",8 年后,再次奉令"发舶西洋忽鲁谟斯"。林驽奉使西洋,当是联系西洋国家与明朝发展贸易关系。明代的朝贡贸易,明确规定贡道,要求朝贡船舶必须停泊于指定港口,按规定路线将贡品运到南京。日本贡船规定泊于台州或定海,真腊、占城、暹罗、满剌加等国贡船泊于广州,琉球贡船永乐初规定泊泉州,由设在泉州的市舶司接待。

明朝洪武初年,朝廷在福建、广东、浙江设置市舶司。福建市舶司设于泉州,管理对琉球的贸易。泉州也成为明代中外使节进出的主要港口。洪武三年(1370 年),御史张敬之、福建行省都事沈秩出使渤泥。永乐十三年

（1415 年），少监张谦奉使渤泥，均是从泉州出发。外国使节也从泉州登陆。永乐三年（1405 年），又在泉州设来远驿，接待海外诸国贡使。按《明史·食货志》载，永乐三年（1405 年），"以诸番贡使益多，乃置驿于福建、浙江、广东三市舶司以馆之，福建曰来远，浙江曰安远，广东曰怀远"。成化八年（1472年），福建市舶司从泉州迁到福州。泉州自洪武初设置市舶司至成化八年市舶司迁福州，前后六十多年，作为琉球朝贡的正道，在中琉交往中扮演了重要角色。明朝与琉球的朝贡期，明初规定一年一贡，亦有一年二贡、三贡，甚至多贡，诸如洪武二十九年（1396 年），达七贡。永乐十一年（1413 年），亦达六贡。福建市舶迁往福州前，贡船大多数按规定在泉州进行朝贡贸易。琉球入贡的物品有马、刀、金银酒器、玛瑙、象牙、降香、檀香等，明朝赐给的则以瓷器、铁器、文绮、沙罗为主。琉球国航海造船业十分落后，明初，明朝为确保朝贡贸易顺利进行，特赐给琉球海船。迨至永乐年间，已赐给琉球海船三十多艘。这当中，就有泉州崇武经百户所掌之船送给中山王。按《崇武所城志·战船》载："百户经，掌勇字五十九号，四百料官船一只。此船后送琉球国中山王，差长史郭祖尾去国。"按龙文彬《明会要·琉球》载，洪武二十五年（1392 年），明太祖赐给琉球"闽人三十六姓善操舟者，令往来朝贡"。明朝将这些善操舟者赐给航海技术落后的琉球国，亦是为了保证朝贡贸易的进行。闽人三十六姓到琉球，琉球国王"即令三十六姓择土以居之，号其地曰唐营，亦称营中"。闽人三十六姓移居琉球，成为琉球对外关系活动的主要角色，且将中国科技文化传播到琉球。这三十六姓中，明确记载祖籍泉州的有蔡姓的蔡崇，泉州南安人，因是宋端明殿大学士蔡襄六世孙，在明朝赐琉球三十六姓中居显赫地位。按《明实录·成化五年三月》载："琉球中山王长史蔡璟，以其祖本福建南安人，洪武初，奉命于琉球国，导引进贡，授通事，父袭通事，传至璟，升长史。"除蔡姓外，据冲绳《吴江梁氏家谱》载，奉迁琉球的三十六姓中之梁姓，"乃闽吴杭江田人也，系南渡相臣梁克家之后"。吴杭即长乐县，梁克家系泉州人。三十六姓中梁氏虽迁自长乐，远祖却在泉州。

　　明代，泉州在中琉友好交往中发挥了重要作用。在中琉友好交往过程中，有泉州籍从客与护使都司和冠带通事，有泉州与琉球的科技文化交流等。明代，册封琉球的使臣，封舟过海，皆有从客随行。从客多为使臣选择的文人、书画家、琴师、高僧、道士等各行各业多才多艺的艺人。万历三十四年（1606 年），使臣夏子阳、王士祯从客中，就有泉州人王元卿。按乾隆《泉州府志·王元卿传》载，王元卿，晋江人，为郡诸生，颇有名气，尤长于诗。中琉友好交往中,翻译人才发挥了一定作用,泉州人林易庵就是其中一个。据《清源林李宗谱》卷三载,林易庵生于明永乐十二年(1414 年),卒于弘治二年(1489 年)。成化二年(1466 年),"率长子琛引琉球入贡,以年迈表辞,蒙恩钦赐冠带荣身。初,公谱晓译语,蒙道府荐为通事官也"。林易庵作为引琉球入贡的通事,这与其家族背景有密切关系。他出身于泉州航海经商世家,曾祖父林间"常依家客航泛海外诸国",祖父林弩,洪武初年"奉命发舶西洋。娶色目人,遂习其俗,终身不革。今子孙繁衍,犹不去其异教"。由于泉州与琉球关系密切,往来频繁,双方文化交流也很多。姚旅成书于万历末年的《露书》,载有明代福建子弟到琉球演戏,所演的就是泉州梨园戏。琉球民俗亦受到泉州不小影响,突出表现在四个方面:一是泉州镇风、保平安的风狮崇拜,随着中琉友好交往和泉州人移居琉球,这种风俗也传到琉球,并发展成为具有镇邪、镇冲、镇煞等多种功能;二是保护房屋的石神石敢当,传入琉球,通常放置于住宅正面,村庄和街巷口对着直冲过来的道路,以及桥梁或丁字路口,用来镇煞,压制不祥;三是泉州风水观念传入琉球,琉球人崇信风水,并使用风水一词;四是民俗节日,琉球许多民俗节日与泉州相同,诸如五月初五日称"端午节",各地有赛龙舟,十二月廿四日祀灶君公,是夜灶神上天,以一家所行善事奏于天帝,正月初四日接神,七月十四日祭祖宗等。泉州与琉球亦有科技交流。明初,琉球野国总管到惠安,将甘薯苗和栽培技术带回琉球,进行栽培、种植、推广。日本番薯就是从琉球引进的。琉球优良品种也传播到泉州。泉州有种优良花生品种叫琉球花生,壳薄粒饱满,就是从琉球引进的。泉州还成为明代琉球与西方交往的桥梁。明朝时葡萄牙、西班牙、荷兰等殖民者,先后到达泉州。按张天泽《中葡早期通商史》载,第一个访问泉州的葡萄牙人马斯卡伦阿斯,正德十二年(1517 年)任"圣地亚哥"号船长,经由泉州前往琉球访问。抵达泉州时,无法在信风季节前往琉球,暂时逗留泉州,并与泉州商人进行贸易,发现"在泉州可以赚到与广州同样多的利润"。万历三年(1575 年),西班牙修士拉达和马任为使节,由两名军官助手陪同,率十五名成员组成使团来福建。拉达既是修士,也是科学家,精通数学、地理和天文,到达泉州后,官府组织队伍欢迎,后又派专人护送到福州。

明朝初期,郑和七次下西洋,泉州发挥了重要作用。明朝建立后,随着政权的稳定,为宣示国威,发展对外关系,不断派使臣分赴海外。最著名者,是郑和七次下西洋。自永乐三年(1405 年)至宣德八年(1433 年),郑和先后七次率领庞大船队,浩浩荡荡,经太平洋入印度洋,访问了南洋、印度、波斯及东非等地的三十多个国家,促进了中外经济文化交流,加强了中国与南洋诸国关系的沟通,也有力地推动了泉州大批商人、水手、农民、手工业者,沿着这条路线到南洋各地经商谋生。泉州沿海许多地方,亦与郑和下西洋有密切关系。永乐十五年(1417年),郑和第五次下西洋,从泉州启航。郑和曾到泉州灵山圣墓行香,祈求圣灵庇佑,且立碑为记。郑和还到泉州清净寺礼拜,到天妃宫行香祈求妈祖保佑航海平安,并奉修泉州天妃宫。郑和在泉州招募水手、武装人员、杂役、翻译等。泉州是当时重要的造船之地,又是重要的海外交通港口,有许多熟悉阿拉伯、南洋等地情况的人才和通事,所以郑和在泉州补充船队技术人员和通事等,泉州大批富有航海经验和具有各种技能的人,纷纷被郑和招聘,跟随出使西洋。所以,郑和随行人员中有不少泉州人。诸如,晋江蒲氏家族的蒲和日,就是被郑和聘为翻译。再如,安溪湖头宗城邓回,按该家族清同治年间所修《邓氏族谱》载,邓回任泉州卫千户所百户,随郑和下西洋。永春《留安刘氏族谱》载,族裔刘尾治,字孟福,在南京从军,宣德六年(1431年),"从官往番邦",在苏门答腊殉职。这些随郑和下西洋的泉州人,有些在船队到达爪哇巴达维亚、旧港、文莱、马六甲等地后,没有再返回泉州,留居当地,成为早期华侨。诸如,泉州人白丕显,又称本头公,入伍当兵,永乐三年(1405年),随郑和到菲律宾苏禄,死于菲律宾,坟墓及生前住所至今犹存。晋江深沪镇科任村吴望,随郑和下西洋,被封为中营先锋,曾到暹罗。据《卫所武职选簿》载,随郑和下西洋的泉州人还有:蒲妈奴,晋江人,福州右卫试百户;纪均安,晋江人,镇东卫试百户;石玉,泉州卫副千户。泉州卫百户陈旺、李贞保、周寿,永宁卫指挥使干八秃帖木儿,指挥同知钟宣,指挥金事李实,正千户穆赟,副千户潘祜、宋德,百户徐海、李忠等。随郑和下西洋的泉州人,奉其信仰的神灵香火以行。乾隆《泉州府志·方外》载,晋江青阳石鼓庙的顺正王,"明永乐中,里人有从中官郑和使西洋者,奉神香火以行,舟次恍惚,见其灵助,和还朝奏闻,敕封顺正王"。锡兰王子定居泉州,亦与郑和下西洋有关。郑和第一次下西洋,船队曾到锡兰,即今斯里兰卡。永乐七年(1409年),郑和第二次下西洋又经锡兰,向当地寺院布施金银钱币、铜香炉和烛台等物。同年,郑和第三次下西洋,回航途中又访问锡兰。郑和访问锡兰,加深了中锡传统友谊,促进了两国政治、经济、文化交流。永乐至天顺年间,锡兰遣使访问中国。按台湾《世氏族谱》载,泉州锡兰王裔是巴来那王裔,永乐年间来华入贡,留京学习,后留居泉州,取姓"世"。锡兰王裔居泉州后,与上流社会人士通婚,积极参与善举活动,融入泉州上流社会。其后裔接受儒家文化和宗法思想,建大小宗祠,修族谱《世氏家传》,订族规《锡兰祖训》,重视以儒家思想教育后代。在《锡兰祖训》中说:"吾家世读儒书,凡事须依礼而行。"有的还通过科举成为明朝官员。

明代的泉州,海丝活动转为私商,百姓犯禁出海众多,甚为活跃。明朝建立后,采用极端手段,推行严酷海禁,严禁百姓出海和对外通商。可是诚如《明史·食货志》所载,闽南可耕地非常缺乏,人口又非常稠密,那些非常坚硬又十分瘠薄的实在长不出多少五谷杂粮的土地,也都有人耕种。耕地如此珍贵,土地诉讼案件因此特别多。按道光《福建通志·海禁》载,福建沿海地区,地少人多,粮食主要仰靠于周边省,"民本艰食,自非户挑步担,逾山度岭,则虽斗石之储不可得。福、兴、漳、泉四郡皆滨于海,海船运米可以仰给。在南则资于广,而惠潮之米为多;在北则资于浙,而温州之米为多"。明朝实行禁海,"寸板不许入海",福建粮食供应困难,米价暴涨,百姓生计难以维持,只好冒禁出洋市贩。更有甚者,进入正统年间,明朝统治日趋腐败,赋税徭役日重,土地兼并也愈益严重,许多农民处于无田可耕状态。无地或少地的沿海农民,或者利用紧靠大海的地理条件,泛海做私商,把丝、棉、瓷器等物品运载出洋,换取香料等番货及白银,作为重要的谋生手段;或者干脆迁移海外,尤其是南洋各国。明朝推行严酷的禁海,视正常海交贸易为走私,无地或少地的泉州人,许多"资衣食于海",禁止出海,无异于断绝重要生路。因此,为了维持基本生计,寻求新的生存空间,或者博取更大利润,必然设法摆脱这种不合理禁锢。况且,泉州沿海港汊甚多,统治者要不折不扣落实禁海政策,也有点力不从心。于是永乐、宣德以后,泉州犯禁出海日渐兴盛,犯禁出海通番日趋普遍,参与者越来越多,规模越来越大,手段也越来越偏激,终至举国闻名。

明代泉州的港口,大多成为犯禁出海之地。当时的泉州,有洛阳港、后渚港、石湖港、祥芝港、永宁港、深沪港、福全港、金井港、围头港、东石港、安海港。这些港口,除后渚港外,余者都成为私商贸易活动口岸,安海港为最盛。安海港内海面开阔,是天然避风良港,扬帆一出海门,便为外海,最有利于私商贩海。所以,大量私商贸外船只从这里出发,外国走私船也常到这里交易。何乔远《闽书》载:安海紧依大海,出海经商太方便了,所以,安海商人比徽州商人还厉害。大批商人从这里出发,前往海外与番人做生意,基本可维持生计。围头港也是私商贸外重要港口。明代黄堪《海患呈·海港》载，嘉靖二十六年（1547 年）三月，就有日本走私船十几艘，停泊于围头港湾。四方逐利的商民，云集于此交易，人来人往，络绎不绝，冷清的海滩成了热闹的私商贸外市场。私商贸外之盛，可以想见。明代泉州私商贸外，路途广阔，自北而南，日本、台湾、菲律宾、印尼、越南、柬埔寨、印度等，无所不至。万历《泉州府志》载：从晋江石湖港和安海港驶向番国的商船，大半是到日本及南洋诸岛国交易。当时，安海商人常假借贩运货物往福州、广东高州及苏州、杭州之名，取得买卖通行证，然后载着货物扬帆出外海，径直前往越南、日本、吕宋等地，交易获利。郑芝龙与乡亲泛海走私，中国台湾、日本、菲律宾等地，就是最常去的地方。按谢肇淛《五杂俎·地部二》云：他们经商的范围很广，"海上操舟者，初不过取捷径往来贸易耳，久之渐习，遂之夷国，东则朝鲜，东南则琉球、吕宋，南则安南、占城，西南则满剌加、暹罗。彼此互市若比邻，然又久之遂至日本矣。夏去秋来，率以为常，所得不赀，什九起家。于是射利愚民辐辏竞趋"。私商贸外货物，也是品种繁多，五花八门，主要是把国产丝、绸、棉、瓷器、铁器等物运载出海，换取香料等番货及白银返回。据《安海志·物类篇》载，安海游商深入安溪、永春、德化，收换棉麻等布，运往"高州、海南及交趾、吕宋"出售。铁器也是重要私商贸易货物。按乾隆《安溪县志·风土》载："若夫出铁之人，以入海货诸东南夷，人走死地如鹜，何论犯禁也。"

　　明代泉州违禁贸易者，虽有不少外地人，有不少外国人，可主体无疑是泉州人，数量相当可观。主要有两种：一种是官僚、地主、巨商，即"豪门巨室"组成的海外贸易集团。另一种是由中小商人、破产农民、渔民、小手工业者等参加的违禁贸易。顾炎武《天下郡国利病书·福建六》称："泉漳两郡商民，贩东西两洋，代农贾之利，比比皆然也。"何乔远《闽书》也说：多年来，泉州沿海私商，不断前往番国，尤其是吕宋。最初往吕宋的私商，获利数倍。后来，各地私商纷纷涌到吕宋，利润也就薄了。可是前往吕宋的还是络绎不绝。数量最可观者，亦当推安海。很会做生意的安海商人，每每奔逐于走私番船所窃踞的岛屿，与之交易，获取暴利。明代泉州人李光缙在《景璧集》中，亦多处提到安海商人，说安海人大多做生意，四处出动，足迹遍及国内各地。而且冲风突浪，跑到海外岛国，甚至是很荒凉的地方，同番人交易。明代泉州不少著名的私商，郑芝龙、黄程、李寓西、陈斗岩、曾友泉等人，都出自安海。黄程在广东香山澳为海商，也经营对日贸易。李寓西徙居南澳，与番人做生意,还学会讲番语,获利成倍于别的私商,渐渐发迹。后来,吕宋商埠渐兴,又扬帆往吕宋,获利甚多,成为大富翁。安海不少商人纷纷仿效,前往吕宋。安海的许多家族,诸如黄、杨、陈、柯姓家族,甚至是众多族员纠集一起,共同下海走私,名闻一时。明末称雄海上的郑芝龙海商集团,也是以安海乡族为基地,有许多家族成员围绕身边。

明朝统治阶级面对如此之多视朝廷禁令为儿戏的沿海百姓,当然不会听之任之,除不断重申禁令外,也不断推出压制措施,诸如派出官军进行围剿,手段极为严酷,试图加以制止。然而禁越严反抗愈激烈,因为泉州沿海的百姓,不少要靠大海为生,或下海捕鱼,或出海贸易,以此获得生存资源。这不过是个简单的道理,连封建统治阶级所修的正史,也不得不承认这个现实。正如《天下郡国利病书·福建六》所言:"海者,闽人之田也。海滨民众,生理无路,兼以饥馑荐臻,穷民往往入海从盗,啸聚亡命。海禁一严,无所得食,则转掠海滨,海滨男妇束手受刃,子女银物尽为所有。"这段话说得颇为到位,也颇为正确。大海对泉州沿海百姓来说,无异于是农民耕种的田地。推行极端海禁政策,不论该禁不该禁,统统全禁,既禁私商外贸,连百姓捕鱼也禁,片帆不得下海,这种做法,无论出于什么动机,无论有多少理由,总是因噎废食,做得太过分了。可是凡事物极必反,百姓既然要生存,就不会坐以待毙,必然要突破束缚。于是配备武器,武装护航,用武力保护贸外活动,防备官军的追捕,海商集团变成武装海商集团,一个接着一个,相继亮相于历史舞台,纵横驰骋于泉州海上。这些武装海商集团,被官府笼统称为海盗或海寇,这与其行为不无关系。虽然他们大多并非真正意义上的海盗,并非纯粹从事海上劫掠的匪盗。正如明人郑若曾《筹海图篇》所言:嘉靖初年,撤销市舶司,重申海禁。允许私商贸易时,海寇转为商人,禁止私商贸易时,商人则转为海寇。所以,开始禁的是商人,后来变成禁海盗。明朝把这些亦商亦盗的私商,称为"海寇"。当时,闽南私商中最负盛名的"海寇"是林道乾、林阿凤、李旦、郑芝龙等。明朝官兵曾多次追捕,始终未能如愿。泉州人李旦,"以商船为事",经营海外贸易,初往菲律宾马尼拉经商,后航海到日本贸易,侨居长崎平户。南安人郑芝龙,随李旦到日本,寄居门下,"以父事之"。李旦把几艘船和大量财富交他监管,委托他在越南、柬埔寨经商,郑芝龙出色完成任务,给主人赚了厚利,并获得巨大信任。天启年间,李旦去世,郑芝龙继承李旦位置,成为李旦海上商贸集团首领。仅几年间,就称雄于福建沿海。明朝开始视郑芝龙为海寇,屡次企图剿灭,未能得逞,反而被穷追猛打。

无可奈何之下，明朝只好改变策略，招安了事，封予官位，后又不断加官晋爵，擢升至福建都督。因此，终明一代，明朝虽然费苦心，严厉禁海，且不遗余力在沿海进行反走私斗争，可是就泉州湾的反走私斗争而言，并没有高奏凯歌，反而付出了惨重代价。泉州人犯禁出洋，始终络绎不绝，泉州海丝，始终颇为繁忙和活跃。

明代的泉州，犯禁出洋络绎不绝，移居海外者亦日益增加。据推算，明初，印尼各地的华侨，总数至少有五万多人，整个南洋地区华侨总数应不少于十万人，其中泉籍华侨人数约占近半。这些移居海外的人，既有往海外经商后定居海外的，也有往海外从事农业或手工业的。这方面，泉州民间族谱有大量记载。例如，石狮灵秀镇容卿村蔡氏家族，据《容卿蔡氏族谱》载，嘉靖至崇祯年间，就有二十八位族裔往吕宋谋生，不少人最终定居吕宋。晋江安海飞钱陈氏家族，据《飞钱陈氏族谱》载，明代共有十三位族裔迁移南洋，当中有一位往真腊，十二位往吕宋。晋江安海颜氏家族，按《安海霞亭东房颜氏族谱》载，明代共有三十五位族裔前往南洋各地，许多人最终定居南洋。安海金墩黄氏家族，据《金墩黄氏族谱》载，明代有十四位族裔迁移南洋。南安蓬华镇华美村洪氏家族，据《霞锦洪氏族谱》载，明正德年间，族裔洪瑶庆往吕宋谋生，接着其兄洪凉庆也往吕宋，随后家族中不少人也纷纷跟进。顾炎武《天下郡国利病书》卷九三载："是时，漳泉民贩吕宋，或折关破产，及犯压各境不得归，流寓土夷，筑庐舍，操佣贾杂作为生活；或娶妇长孙者有之，人口以数万计。"据科尔哈斯所编的《官方文件》称，明代天启五年（1625年），从泉州港开往巴达维亚城的商船，带来三百六十名小贩，肩挑着中国的瓷器到处叫卖。仅1625—1627年三年间，就有1280人到达巴城，其中回国的不到三分之一。明代中后期，泉州人到文莱经商贸易和从事种植的亦很多。暹罗、安南等地，亦有寓居的泉州人。

二、清代泉州的海丝活动

清代，朝廷沿袭明代海禁与朝贡相结合政策，泉州海丝活动继续受到抑制。但是泉州先民并没有停止商贸活动，私商外贸依然颇为活跃，民间对外文化交往仍旧频繁不断，尤其是百姓大量迁移海外，更是这期间海丝活动的重要内容。这个时期泉州在加强中外经济文化交流方面同样发挥了不可忽视的作用。

清朝建立后，基本沿袭了明朝的海禁政策，主要原因则是郑成功抗清力量不断增长,极大威胁清朝的统治。清廷认为,郑成功很难剿灭,因为有沿海奸民暗通线索,贪图厚利,贸易往来,给以粮物资助。顺治十三年(1656年),清廷恢复明朝厉行的海禁,极为严厉,"片帆不许下海",严禁商民船只私自出海,违者重典伺候。康熙七年(1668年),重申禁止海外贸易,并严格规定,地方甲长敢于同谋,或者放纵,统统处以斩首。知情不报者,处以绞刑。不知情者,杖一百,流放三千里外。所在州县官员革职,且永不叙用。道府官员降职二级,巡抚降一级。两年后,又规定,凡官兵抓获出海贸易,将犯人货物及家产一半给予奖赏,另一半充入官库。以后又不断重申这些政策。但是严厉的海禁,未能完全切断郑成功反清势力同内地的联系。顺治十七年(1660年),清廷又实行严酷的迁界政策,下令北起江浙,南至广东,所有各省沿海三十里百姓一律迁居内地。泉州是迁界重点,晋江、惠安、南安三县沿海百姓,被迫内迁二十至五十里,并挖界沟,筑界墙,劫难空前。界外房屋村庄,悉数焚毁,化为废墟。奉命内迁的百姓,官府又不管不顾,得不到妥善安置,死者甚多。直到康熙二十二年(1683年),清朝统一台湾,才下令展复旧界,前后历时二十三年。迁界对于泉州社会经济破坏严重,也严重打击了泉州海上交通贸易。

郑成功的父亲郑芝龙,建立的海商集团,是亦商亦盗的武装集团。清顺治十八年(1661年),郑芝龙被清朝斩杀,郑成功继承家业,保存郑芝龙原来的海商资本并加以扩大和发展。郑成功抗清时期,为了抗清和收复台湾,以金门和厦门为主要根据地,积极经营海外贸易。郑成功去世后,郑氏政权继承这种做法。郑氏海商集团的贸易对象,首先是日本。郑芝龙把日本作为主要贸易对象,开辟从泉州安海至日本长崎的航线,郑成功继承发展了这种贸易关系。郑氏海商集团由中国向日本输出的货物,主要有手工业品、农产品、果品、金属、书册、古玩、医药;由日本向中国输入的货物,主要有金、银、铜、刀、海参、鲍鱼等。郑氏海商集团与吕宋、暹罗、柬埔寨、越南等国也有贸易关系。据林仁川《福建对外贸易与海关史》载,1655年,郑氏海商集团船只二十四艘,自中国沿岸开去各地贸易,其中开向巴达亚七艘,开向东京二艘,开向暹罗十艘,开向广南四艘,开向马尼拉一艘。1656年,郑氏海商集团六艘戎克船前往柬埔寨,收购了很多鹿皮和其他货物运去日本。郑氏海商集团的航海贸易活动,在中国对外贸易史上占有重要地位,而且在沟通中外交通和扩大政治影响方面也有一定意义。

清朝统一台湾后,取消海禁。康熙二十三年(1684年),清朝开放海禁后，分别在广东、福建、浙江、江苏四省设立海关，管理来往船舶，征收税收。福建设立闽海关。是年，泉州亦设立海关，同时创设法石、秀涂、洛阳、陈埭、马头山、安海六个分关。海关职能主要是管理船舶、稽查出口商品、征收关税等。清廷宣布开海贸易后，仍然对海外贸易商品、贸易船只及贸易货物等实行种种限制。清廷对出海船舶的管理十分严格，船只的规格，出洋的地点，进出口手续办理等，都有规章。出口商品的控制亦颇为严格，特别是有关国计民生的物资和军用品，要么禁止，要么限制出口。米谷粮食作物出口严加控制；禁止商船携带武器；铁因是制造武器的原料故严禁出口；黄铜既是制造铜钱的原料，又可制造兵器，故亦禁止贩卖。乾隆时期，又把生丝列为禁运之物。嘉庆年间，茶叶也被禁止出洋。此外，禁止百姓搭乘海船私自出国。如此，海外交通活动仍然受到严重抑制。尽管如此，随着沿海复界和海禁放宽，泉州的海丝活动，尤其是民间海丝活动，开始复活起来，除了继续与海外进行贸易外，大批百姓漂洋过海迁移海外，文化交流亦更加扩大。

　　清代的泉州，官方海外贸易基本停止，然而民间对外贸易仍然甚为活跃，参与人数同样众多，私贸范围同样广阔，尤其是与东南亚各国最为突出。这此民间对外贸易既促进了经济活动开展，亦促进了中外经济文化交流。惠安崇武文献黄氏家族，按《崇武文献黄氏家谱》载，该家族明代初年即有族裔往海外经商，足迹遍及日本、琉球、越南、暹罗。清代，仍有不少族裔到这些国家经商。清代，崇武的五峰村，享有"石匠之村"的美誉，许多人既是石雕的能工巧匠，又是经商的好手。江峰《崇武镇的石雕工艺》载，五峰村的蒋金辉，少年时随父亲在厦门和南洋开石店，后到台湾经营石雕工艺。蒋双家也在厦门开设"蒋泉记"石店，长子蒋添泉到缅甸仰光开设分店，"内外配合，盛极一时"。石狮鳌江余氏家族，据石狮《鳌江余氏二房家谱》载，族裔余世唏公，生于乾隆年间，"一生律度，艰辛劳苦，跋涉台湾，逐利吧岛，竭力经营，挥金如土，荣宗孝友，流芳传古"。晋江安海灵水吴氏家族，据《灵水吴氏长房懿甫公派家谱》载，族裔吴垂烧，生于咸丰年间，长大后往南洋经商，"一生俭朴，孝友家风。外出经商，以仁以义。在家贸易，以信以忠"。晋江梅林蔡氏家族，据《梅林蔡氏族谱》载，族裔蔡江公，生于同治年间，光绪年间往南洋经商。族裔蔡江春，"素学机艺，良工精制，远适南洋，经商不计，名利兼全，荣归故地"。南洋的新加坡、印尼、吕宋，皆是清代泉州人前往经商的重要地方。李天锡《华侨华人民间信仰研究》载，道光初年，泉州晋江祥芝的帆船直航新加坡后，每艘南来的帆船都附载石柱栋梁、砖瓦、琉璃，经过 20 多年时间,建成天福宫,供奉妈祖、关圣帝君、保生大帝。德化浔中镇人陈洪照,生于康熙末年,少年勤奋好学,青年时考中秀才,精通汉唐古文,后随商船赴印尼,寄居本县华侨黄甲家,广交华侨各界人士,往咬留吧、万丹、三宝垄,"询悉夷邦掌故,凡气候、疆域、人物、风俗,俱熟睹而详记之",归国后著《吧游纪略》。需要指出的是,上述所举事例在当时不少是犯禁出洋贸易的。尽管清代泉州的犯禁出洋贸易,规模虽远不如明代,可是仍然颇为引人注目,且仍给清朝皇帝们留下了深刻印象。清朝的几位皇帝,每每提到闽南沿海,总是摇头叹息。按《清史编年·雍正朝》载,雍正七年(1729年),时任福建观风整俗使的刘师恕,发现违禁出洋贸易问题很严重,向雍正皇帝报告:晋江那个地位显赫势力强大的施琅家族,竟然带头禁令,出洋贸易,且窝藏海盗。皇帝无言以对。按《清史编年·乾隆朝》载,乾隆二十九年(1764年),钦差大臣舒赫德,向乾隆皇帝奏报福建查办闽南陋规案的大致情况,乾隆皇帝联想到违禁贸易及海盗问题,大为感慨地说:"闽省海滨地方,风俗自来刁健。"

清代,大批泉州人出洋,移居海外成为华侨,这是泉州海丝活动的重要内容,亦是泉州海丝活动的新特点。清初朝廷虽然重新实行海禁,但仍无法控制泉州人出洋,许多人冒险偷渡到南洋谋生,出现了"禁者自禁,渡者自渡"现象。海禁取消后,前往南洋更加便利,泉州人"群趋若鹜",成群结队奔赴南洋,迁移东南亚渐成高潮。泉州族谱的记载,就是很好的佐证。据南安石井《曾氏族谱》载:"迨海氛平后复界⋯⋯家资荡然,不得不涉海经营,受禀父命往番邦吕宋生计。"南安石井洪氏家族《洪氏族谱》载,清代不少族裔迁居暹罗,且有两位族裔在暹罗国任官员,即洪应科和洪传友,康熙四十九年(1710年),洪应科和洪传友还受暹罗国王之命前来中国向清廷进贡,如今两位族裔坟茔还在泰国的内皆地区。清初,南安东田镇埔边村范氏家族的范鸿埕,前往吕宋谋生,并娶当地番妇为妻,成家立业,生儿育女,成为当地商豪。晚年归乡时,所带行李达十三担之多。据民间传说,范鸿埕与大学士安溪湖头人李光地私交甚笃,曾托李光地带三件宝贝进贡给康熙皇帝,这三件宝物即金酒瓶、金酒杯、玉柿,康熙皇帝甚是喜欢,特赐予爵位,还让祖厝竖起贡旗,皇帝御笔题匾:望重外国。康熙二十二年(1683年),清军攻占台湾后,大批随郑成功东渡台湾的泉州人,转赴南洋诸国谋生,其中有数百人逃到菲律宾。同时,据有关史料记载,郑成功的儿子郑明曾率领数船人马,前往印尼三宝垄定居开发。这当中,有不少是泉州人。在马来半岛,据泉州永春《留安刘氏族谱》载,乾隆年间,永春丰山陈氏族裔陈臣留,前往马六甲谋生。据说他善用中草药治病,曾治愈苏丹妻子的绝症,苏丹便赐予他大片土地以供开垦。于是陈留臣回到永春祖家,带了数百名亲友同乡到马六甲从事种植。永春夹祭郑氏家族的郑玉书,在其为家族所修的《永春夹祭郑氏族谱》中称:夹祭山多而耕地少,自十世起,丁口日蕃,舍迁居各地外,何能生存?十五世后,海禁大开,南洋各属,谋生较易,族人浮海而南者,如过江之鲫。晋江福全蒋氏家族,民国期间蒋文泽编纂的《福全蒋氏族谱》载,清末咸丰至光绪年间,有六位族人迁移南洋。永春达埔镇官林李氏家族,民国年间重修的《官林李氏七修宗谱》载,清代,移居南洋的族裔有二十多人,分布在南洋各地。晋江苏厝苏氏家族,据《朱山考略》称,仅仅在清乾隆五十一年(1786年),出国逃生者一百六十余人。徙居南洋的泉州人,成为当地社会经济中一支具有举足轻重作用的力量,亦为中外文化交流作出巨大贡献。最为典型者,莫如许多泉州人移居南洋,带去泉州的民间信仰。诸如,道光十年(1830年),移居新加坡的泉州人创建金兰庙,主祀清水祖师。道光十六年(1836年),移居新加坡的南安人梁壬癸发起创建凤山寺,供奉广泽尊王。新加坡裕廊律有座泉州通淮关帝庙,亦是移居新加坡的泉州人所建。这对于繁荣新加坡文化,无疑起了不小作用。

清代泉州人出洋,经商或从事其他职业,同时亦有文化交流,除了南洋地区外,日本也是重要地方。清代,泉州到日本经商且侨居日本的也很多。据崇武《文献黄氏族谱》载,宝夫公,讳良珠,生于万历年间,商游于日本,籍长崎澳。光绪十八年(1892年),泉州浔美人万廷璧渡日,在神户经营新瑞号,后加入同盟会,曾捐巨资赞助武昌起义军火。清初旅居长崎的泉州人很多,有的人入日本籍。他们能晓日、汉两种语言,幕府委以唐年行事,负责裁判在港口的中国人违法犯禁或争吵的是非曲直,兼管长崎的丝绸贸易。泉州人担任唐年行事的不少。例如,江七官,侨居日本五十一年。再如,吴荣宗,晋江人,清初任唐年行事,娶日本人为妻,病逝于长崎,墓今犹在。其子继承唐年行事。又如,周振官,清初到日本,是位天主教徒,后死于日本,侨居日本三十九年。唐年行事将泉州的航海、造船、习俗等传播到日本,在传播中外文化方面起了重要作用。清代到日本弘法的泉州僧人很多。泉州僧人觉海,明末崇祯年间率了然、觉意到长崎,觉海被延请为福济寺开山,觉意为监理。清顺治年间,延请泉州安平人蕴谦戒琬为住持,被称为"重兴之祖"。随后,木庵性瑫也开法于福济寺。住持福济寺的泉州僧人还有:第二代住持永春人慈岳定琛,第三代住持永春人东澜宗泽,第四代住持晋江安海人喝浪方净,第五代住持安溪人圣垂方炳,第七代住持晋江人鹏正鲲。住持宇治黄檗山万福寺的泉州僧人有:第二代住持木庵性瑫,第七代住持悦山道宗。东渡日本的泉州僧人还有大眉性善、雪机定然、忍仙等。清代,泉州籍僧人东渡日本,对中国佛教在日本传播起了推动作用,同时促进了中国文化在日本的传播。嘉庆五年(1800年),清廷派出翰林院修撰赵文楷为正使、内阁舍人李鼎元为副使,册封琉球,闽安左营都司泉州人陈瑞芳,领百户护头号船。按李鼎元《使琉球记》卷四载,陈瑞芳到琉球后,"严施法令,约束兵役,举国人民无不感仰"。不幸的是,因患痢疾,卒于琉球,年仅43岁。琉球国王将葬银五百两,另备银七百两,交给出使中国的陪臣毛国栋,准备交给陈瑞芳的子孙。

总之,清代泉州的海丝活动并没有停止,尤其是民间海丝活动,仍然非常活跃,除了继续与海外进行贸易,大批百姓漂洋过海迁移海外,泉州仍与世界各国友好往来,促进了中外经济文化交流,亦为世界经济文化的发展做出了贡献。

三、近代以来的泉州海丝

近代,由于中国半封建半殖民地的社会环境,泉州海外交通陷于困境之中,海丝活动受到极大压抑。新中国成立后,尤其是改革开放以来,泉州港获得了新生,旧貌换新颜,海丝活动焕发出新的青春和活力。

1840年鸦片战争爆发,清政府以失败告终,1842年与英国签订了不平等的《南京条约》,开放包括厦门和福州在内的五处口岸。随后,腐败无能的清政府,又与西方列强签订了许多丧权辱国的条约,中国逐步沦为半封建半殖民地,泉州社会经济日益沦落。与此同时,在西方列强经济侵略和扩张策略影响下,厦门和福州作为对外通商口岸,逐步取代了泉州海外交通地位,泉州港外贸业务全由厦门港取代,船舶运输转向以国内沿海航线为主,规模亦不断萎缩。泉州人往南洋经商或移居南洋,亦主要通过厦门港,泉州海丝活动陷入困境之中。

辛亥革命后,清政权被推翻,中华民国建立,泉州港虽有所恢复,国内航运在民国初期一度颇为兴盛,然而经营环境并没有得到根本改善,依然困难重重,发展步履维艰。而且,仍然不能经营外贸业务和海外客运。1937年,日寇发动全面侵华战争,战火蔓延到福建。日寇不断骚扰沿海地区,福建港口及航运长期被封锁,与各外国口岸的通商全告中断。交通断绝,港口贸易大幅萎缩。泉州港受到进一步打击。抗日战争胜利后,福建沿海封锁解除,海外交通恢复,福州、厦门、泉州等港口相继复兴。泉州港航运业务逐渐恢复,一度出现短期的繁荣。可是好景不长,国民党发动全面内战,社会经济崩溃,国民党败军溃逃,沿海许多船舶被征用被破坏,泉州港航运又遭致命打击,整个泉州港贸易业务大为衰落,甚而枯竭和停港。

1949 年,中华人民共和国成立,泉州港也因此获得新生,进入新的发展时期。然而因为台海关系等多种因素的影响,相当长一个时期内,发展仍然受到不小制约,步伐依旧缓慢。新中国成立后,福建省成立航务局,统一管理全省港务和航政,并对福建水路运输业实施社会主义改造。福建受海峡两岸军事对峙影响,沿海港口航运处于封闭状态,台湾海峡南北分隔,无法直接通航。福建航运以泉州为界,形成南以厦门、北以福州的南北两个中心点和航区,仅限省内及邻省航线,且必须在武装护航下才能开展海上运输。1951 年,泉州湾港区经国家批准,对外国籍船舶开放,才开始有轮船进出泉州外港秀涂锚地。1955 年,因军事原因,改由莆田涵江港进出。1959 年,泉州港对外关闭,禁止所有船舶进入泉州湾,少数经过泉州港的小型船舶也要隐蔽航行。因此,泉州港的建设受到极大影响,港口投资甚少,发展缓慢,航道也因此失修失养,淤塞日益严重。1964 年,泉州后渚港着手新建千吨级码头,修建计划因"文革"爆发被搁置。1977 年,后渚港建成两座五百吨级浮码头,这是泉州港靠泊能力最大的码头,泉州港告别没有正规码头的历史。1978 年,出入泉州港的轮船,恢复正常航线通航。

1978 年,中共十一届三中全会召开,随后开始实施改革开放政策,福建沿海港口发展环境大为改善,这也给泉州港的发展迎来了前所未有的良好机遇。1979 年,泉州后渚港被批准为外贸物资起运点,通航香港。1980 年,泉州重设海关机构。1983 年,国务院批准泉州港为对外开放港口,泉州港正式恢复对外籍船舶开放。1985 年,泉州港务管理局从福州港务管理局分离,不再隶属福州港务管理局,成为与福州港务管理局并行的独立的港务管理机构。按《泉州海丝史话》载,1996 年,泉州港划型为大型港口。1998 年,泉州港开始科学规划,明确发展方向,编制完成总体布局规划。从 1981 年开始建设三千吨级码头泊位,到 1990 年投资建设十万吨石油专用码头,泉州港开始上规模、上等级的建设,重心逐渐向大型化、深水化转变。2009 年,泉州肖厝、鲤鱼尾、斗尾、石湖等四个深水码头泊位群初见雏形,尤其是斗尾青兰山三十万吨级原油码头建成投产,为福建省最大的一座深水码头。

2010 年底,泉州港已建成码头泊位 103 个,当中有 19 个万吨级以上深水泊位。设计通过能力 8400 万吨,其中集装箱 136 万标箱,形成泊位功能比较齐全的港口。同时,大力整治航道,完善航标设施,着力提升通航等级。1987 年,首次对后渚港外航道清理疏浚,从此结束不能通航万吨级海轮的历史。2007 年,湄洲湾一期航道工程完成,全长 300 公里,可全天候通航十万吨级船舶。2008 年,建成湄洲湾三十万吨级航道。2010 年,泉州湾口至石湖十万吨级深水航道工程,围头湾十万吨级通海航道工程,相继完成。航道的建设,解决了通航能力滞后的突出问题,为泉州港的进一步发展奠定了坚实基础。

经过改革开放三十多年的发展,泉州港面貌焕然一新。按《泉州海丝史话》载,货物吞吐量,1949 年 5 万吨,1978 年 29 万吨,1990 年 100 万吨,1997 年 1000 万吨,2010 年 8450 万吨,位居全国沿海港口第十八位。2015 年更是达到 1.022 亿吨。集装箱吞吐量从无到有,从少到多,1990 年 180 标箱;2010 年 136 万标箱,全国排名第十二位,全省首位;2015 年 201 万标箱,是全国内贸集装箱运输五大港口之一。泉州港重新焕发出古港风采,走上"主打内贸集装箱,兼顾外贸集装箱"的发展之路。目前,泉州港货物吞吐量和集装箱吞吐量,全国排名地位与全省排名位置双双名列前茅。泉州已经开辟了与菲律宾、韩国、日本、阿拉伯等 23 个国家和地区有着各种国际运输航线。今日的泉州港,已经成为福建省原油进口和成品油出口的重要基地,是泉州建材、陶瓷、鞋帽、服装、食盐内外贸出口的重要集疏中心,石油、钢材、煤炭、食糖、化肥、酒类等进口的重要集疏中心,为推动泉州内外贸经济发展,促进海内外经济、文化、人文交流,促进泉州建成现代化工贸港口旅游城市,奠定了重要的基础,扮演着十分重要的角色,发挥着巨大的作用。

泉州是中国唯一获得联合国认定的"海上丝绸之路"起点城市。泉州与海丝沿线国家和地区关系源远流长。泉州与海丝沿线国家和地区的因缘际遇,商缘、文缘、亲缘联系着五洲四海。随着中国"一带一路"倡议的实施与不断推进,新的时代,新的挑战,新的际遇,新的起点,新的开拓,新的前景,泉州正积蓄无穷力量,以海纳百川的胸襟,勇立潮头的拼搏精神和冲风逐浪的意志,重振海丝世界大港雄风,冲向世界,走向更加广阔的天地!

第三节　海丝历史的文化解读

泉州的海丝活动,长期活跃的海丝之路,既是泉州历史的重要记录,是泉州历史的特殊组成部分,也是泉州传统文化性格的集中体现,是泉州突出的文化精神的很好注释,而且还是泉州现实的铭刻,未来的某种宣示。

一、泉州务实思想的折射

求真务实,讲求实际,这是泉州最为突出的文化性格。这种文化性格在历史上泉州人的海丝活动中,得到了突出的体现。泉州人的海丝活动,最主要是经商与迁移海外。正是在这两个方面,充分体现了泉州人的务实精神。因为无论是经商或迁移,在中国传统社会中,始终是传统观念的"异端"。在中国漫长的封建社会中,统治者长期秉持"重农抑商"政策,视农耕为本,商业为末,社会长期弥漫着浓厚的"农本商末"思想,经商属于"逐末"行为,本身并不为社会所赞赏,甚至为社会所鄙视。而当朝廷厉行禁海时,这更是公然违反朝廷法令的行为。同时,中国人向来"安土重迁",不轻易背井离乡,离开生于斯长于斯的故土,迁徙他乡。因此,在古代社会,人们要摆脱这些传统观念的羁绊,并不是那么容易。没有务实的态度,没有求真的精神,显然是不行的。然而历史上的泉州人,不受这些传统观念所羁绊,敢于冲破这些观念的束缚,这从根本上说,正是务实精神的作用与体现。基于务实精神的泉州人,能够正视自身生存环境的基本特点,即不佳的陆地生存环境与便利的海上交通,进而对自身的生存行为做出务实的选择。不佳的陆地生存环境是由多种因素所构成,诸如人口压力大,土地兼并长期十分严重,吏治腐败社会黑暗,剧烈的社会动荡,天灾频繁肆虐等。人多地少,则是最为基本的问题。自唐代以来,至少自宋代以来,人稠地狭的矛盾越来越突出,成为一个极为尖锐的社会问题,严重地困扰着泉州人。人多地少的严酷现实,逼迫泉州人向外寻求新的生存空间。

泉州面向大海,紧靠大海,东南面就是浩瀚的海洋,拥有几百公里的海岸线,且有良好的天然港口。大海虽然不能给泉州人提供足够的鱼虾,却给泉州人提供了一个向外活动的广阔空间,一种与海外交往的有利途径。依靠这种空间与途径,泉州人不仅可以与海外进行贸易活动,获得一些生存资源,而且可以更便捷地向海外进行移居,寻求新的生存空间。常言道,靠山吃山，靠海吃海。既然在泉州本土获取生存资源是那么困难，向内陆其他地方发展也不容易，而濒海的自然条件又提供了另一种生存之道，为了生存的泉州人，当然只得好好利用这个难得的机缘了。正是对此有深刻的认识，海上贸易与海外移居，成为唐宋以来泉州人两种颇为突出的经济行为，也就不难理解了。因此，尽管同样处于农业社会，可泉州重农抑商的情况，与其他地方相比较，显得并不那么严重，对于人们的经商活动，社会一般也不表示反对。同时，泉州人热爱家园却没有死守家园，纷纷向海外移居，寻求拓展新的生存空间。如此，泉州人长盛不衰的海外活动，也就顺理成章了。诚如乾隆《泉州府志·风俗》所言：泉州"民无所证贵贱，惟滨海为岛夷之贩"。这话说得很到位。老百姓没有多少谋生途径，也没有什么可以用来表明自己的富贵与贫贱，唯有利用紧临大海这一地理条件，通过与海外夷人做生意，来证明自己的生存能力了。

二、泉州拼搏精神的体现

勇于进取，敢于拼搏，这亦是泉州最为突出的文化性格。这种文化性格在泉州海丝活动历史中，同样得到最为生动的注释。因为无论是泛海经商，获取利润，还是移居海外，寻找新的生存空间，毕竟都是很辛苦的事，充满艰险与困难，不仅要同恶劣的自然环境作斗争，而且要同各种人为的阻挠力量作斗争，这确实都需要一点奋斗精神。安于现状，固守家园，没有一点闯劲，没有一点冒险精神，显然是不行的。仅以海上航行而言，本身具有很大风险。浩瀚的海洋，波涛汹涌，暗流环伺，稍有不慎，船就会被卷进海底；遭遇台风，船随时会被打翻，呼天不灵，叫地不应，只能坐以待毙，尽归鱼腹。泉州人漂洋过海，沉船丧生之事，不胜枚举。南安诗山《霞宅陈氏族谱》记载，四百多名族裔往南洋谋生，遭遇多起海难，多名族裔丧生。安溪参内《二房参镇罗黄氏族谱》载，清代有十八位族人出洋时葬身大海，大多是遭遇狂风船被打翻，亦有船发生故障沉没，亦有被海贼所害。仅仅一个家族，族裔出洋旅途中，就有这么多人死于非命，足见出洋的凶险。元代汪大渊《岛夷志略》载，元代泉州吴宅吴姓百余人同时出洋往帝汶贸易，大部分都死在途中或帝汶，回来时只剩十分之一二。而且如果是违禁出洋，如果被官军抓捕，是要被治罪处以刑罚的。

大海上的旅程，始终充满艰险，无疑是极为严峻的考验和挑战，即使安全到达海外目的地，仍然要面对恶劣的自然环境及险恶的社会环境，遭遇各种各样的苦难。诸如,明清时期至近代,泉州人大批迁移的南洋地区,每年大部分时间气温都甚高,瘴气熏蒸,经常发生流行性疾病,许多泉州人到南洋后,或因气候不适引起疾病而丧命,或因染上流行性疾病而死亡。南洋恶劣的社会环境更是充满凶险,尤其是西方殖民者在南洋建立殖民统治后,采用残酷的殖民统治政策,对华侨肆意欺凌,甚至杀辱,制造了各种屠杀华侨华人的惨案,使南洋的泉州移民深受其害,生灵涂炭。例如,在菲律宾,1603年和1640年,西班牙殖民者对华侨大开杀戒,相继进行两次惨无人道的大杀戮,死难者近五万人,大部分是闽南人。按道光《晋江县志》载,当时,居住于吕宋的数万泉州和漳州人,"为所杀无遗"。在印尼,1667年,亦即清康熙六年,荷兰殖民者大肆杀戮华侨,制造骇人听闻的"红溪惨案",许多泉州华侨同样在这场杀戮中死于非命。泉州族谱于此有不少记载。因此,倘若没有一定拼搏精神,是无法承受这些自然和社会的风险的。然而历史上泉州人,长期的海上活动,尤其是海外贸易,始终表现出颇为顽强的拼搏精神,面对种种的艰难困苦,无所畏惧,不屈不挠,虽然付出的代价也很大,但无论怎么说,结果还是颇为引人注目。在中国漫长的古代社会中,大部分地区的社会经济活动,长期基本上是周而复始,没有多大变化,一直处于相对的沉寂之中,而泉州人的这种做法,取得的成就,显得甚为耀眼。直至近现代,这方面的拼搏精神,仍然表现得很突出。改革开放以来的历史,也是很好的佐证。

三、泉州包容意识的标本

开放包容,兼收并蓄,这也是泉州最为突出的一种文化性格,这种文化性格在历史上泉州人的海丝活动中,同样得到了很好的注释。这种开放包容的品格,既突出表现在泉州人对待来到泉州的外国人的态度与行为,同时也表现在泉州人到海外后对待居留国所在地人民的态度与行为。因为海外交通活动,重要的交往对象是海外各个国家和地区的人民。这种交往活动,本身需要有某种开放的思想,封闭保守,难以走出国门。而且,要发展同海外各个国家和地区人民的友好关系,同样也需要某种包容精神。因为各个国家和地区的人民,历史文化不同,生活习惯不同,社会风俗不同,宗教信仰不同。不仅有诸多不同,而且有很大差异,甚至有某种程度的矛盾与冲突。如此,只有本着包容的精神,相互理解,相互尊重,方能友好相处,实现互利共赢。如果没有这种包容精神,显然也是不行的。何况各个国家和地区的人民,都有自己优秀的历史文化,都有自己的长处,相互学习,可以取人之长,补己之短。这也进而要求在同各国人民交往的过程中,能够理性看待别人的长处,虚心学习别人的长处,有某种兼容并蓄的精神,有宽广的胸怀,海纳百川有容乃大的气度。固步自封,夜郎自大,显然是不可能的。纵观泉州海丝活动的历史可以清楚地看出,泉州人无论是到海外后对待居留国所在地人民的态度与行为,或者是对待来到泉州的外国人的态度与行为,无不表现出高度的开放包容精神。历史上曾有众多的泉州人通过海上丝绸之路前往亚洲、非洲各国,主要是东亚的高丽和日本,中南半岛的越南、柬埔寨、泰国、缅甸,南洋群岛的马来半岛,印度尼西亚群岛的三佛齐、阇婆、渤泥,菲律宾群岛的麻逸、三屿、苏禄,南亚的天竺、南毗、细兰,西亚的大食,非洲的埃及和坦桑尼亚等,或进行商贸活动,或从事农业或手工业工作,或作为友好使者,许多人甚至最终定居于当地。

前往海外各国的泉州人,无论前往什么国家,无论是充任友好使者还是经商,无论是短暂逗留或者是迁移定居,都能够本着包容的态度,尊重所在国的政治制度,尊重所在国人民的文化习俗,真诚地与所在国人民交往,友好相处,努力发展同各国人民的友好关系,增强与各国人民之间的友谊,同时注意吸收所在国人民的优秀文化,并将所在国优良的粮食和经济作物品种引进到泉州。

从泉州海丝活动的历程亦可以看出,历史上曾有众多外国人沿着海上丝绸之路来到泉州。这些外国来客,既有来自阿拉伯、印度、锡兰、东南亚、琉球,亦有来自非洲、欧洲、美洲,主要是前来经商,亦有作为友好使节而来,或者前来传教和旅行。泉州人对于这些外国来客,无论来自何方,无论是什么身份,大都表示欢迎,并热情予以接纳,为之提供各方面的便利,尤其是生活上的方便。允许他们杂处民间,甚至专门辟出土地给予建房聚居。泉州人能够本着相互尊重的精神,尊重他们的生活习惯,尊重他们的文化习俗,尊重他们的宗教信仰,让他们开办自己的学校,教子弟学习番文,让他们保留自己的宗教,建立自己的教寺。泉州人能够本着与人为善的态度,以宽阔的胸怀,平等地对待他们,真诚地与他们交往,友好相处,长期保持融洽关系,甚至有不少人与之通婚,繁衍出"半南番"子孙。泉州人能够以海纳百川的气度,虚心学习他们的长处,认真吸取他们的优秀文化,尤其是吸收他们的建筑艺术与宗教艺术,以此丰富自身的文化。身居海外的泉州人还特别注意吸收所在国人民的先进技术,并将所在国优质的粮食和经济作物品种引进到泉州,对促进中外政治、科技、文化交流做出了巨大的贡献,写下了光辉的篇章。所有这些,无疑正是泉州人开放包容精神的突出体现。

四、泉州崇祖爱乡的见证

崇祖爱乡,这也是泉州颇为突出的一种文化性格,这种文化性格在泉州人海丝活动的历史中,同样得到了很好的见证。历史上,沿着海上丝绸之路扬帆出海的泉州人,尤其是前往海外各国的泉州人,无论是什么身份,也无论身居何处,始终怀有慎终追远的情怀,表现出浓烈的崇祖爱乡之情。迁移海外的泉州人,始终对祖地祖宗念念不忘,怀有高度尊崇之情。当他们离开泉州祖家,往往要把祖宗神主带上,随身而行。到了新居地后,在居所最重要位置设个神龛,恭恭敬敬地予以安置。有了较好的经济基础后,开始仿照祖地做法建造祠堂,供奉祖地列祖列宗神主。同时,承袭祖家传统,依时举行隆重的祠堂祭祖,同样表现得极为恭敬。对祖家涉及祖宗之事,往往同样非常热心。祖家造祠堂修祖墓,修族谱设祭田,他们或主动发起,或积极响应,表现出高昂热情。祖家每年祭祖典礼,他们总要克服困难返回参加,实在回不来,也要想办法将祭费集中起来寄回祖家,表达心意。前往海外的泉州人,大多无疑是出于无奈。他们为生活所迫,为寻找较好的生存空间,更好的发展环境,不得不背井离乡,浪迹天涯。他们外迁之后,依恋故土之情始终十分浓烈,怀有浓厚的故土情结,无论身居何处,对于故土总是怀有深厚感情,念念不忘遥远的家乡,摇篮血迹观极为鲜明。许多人前往海外后,克服种种艰难困苦,经常返回故土。不少人迁移海外后,辛苦拼搏多年,年老时又回祖地度过晚年。也有不少人,生前未能叶落归根,返回泉州家乡,去世之前交代亲属,将骨骸送回祖家安葬,依恋家乡之情始终十分浓烈。这样的例子,泉州族谱中有许多记载。这种故土情怀,即使到了近现代,依然表现得颇为突出。

泉州人不畏艰难困苦,外迁拼搏,无疑首先是为了改善自身的生存状况,然而也不乏光宗耀祖的动机。他们在外地辛勤奋斗,如果说有什么强大的精神力量为支撑,那么光宗耀祖的观念无疑也是其中之一。当他们在外业有所成后,尤其是发财致富成为富翁后,首先想到的也是祖宗,往往要返回祖家,向列祖列宗报喜,在老祖宗神主牌位前摆上丰盛的祭品,衷心感谢列祖列宗的庇护,感谢祖德宗功,同时往往还会摆些酒席,与祖地宗亲分享喜悦。祖地家族的宗亲,同样也会为之高兴,为之自豪,为之骄傲,同样会做出某些相应的行动,对他们为家族争光表示热烈庆祝。前往海外的泉州人,关心祖家的亲人,关心祖家的发展和进步。他们秉持敦亲睦族的家族精神,积极帮助祖地的亲人,贫困不能举火者,孤寡残疾无助者,无力婚娶及无力营丧葬者,因灾荒及其他不测事件濒临破产者,总是给予扶助。祖家建族塾或学堂,他们或亲自返回创办,或主动发起创办,或大力资助。祖家各种公益事业,挖池塘修水渠,修桥造路等,他们亦总是慷慨解囊,甚至独力举办。在泉州民间族谱中,这方面记载比比皆是。千百年来,这些不忘回报家乡的行为不断地延续,直至今天。

第五章　泉州兴盛的家族文化

泉州是福建乃至中国传统家族制度最为兴盛和完善的一个地区，家族文化上下越千年，始终是泉州基层社会传统的组织特征和文化特征，是泉州传统社会生活极为重要的组成部分，它支配着或者弥散于泉州社会各个领域，政治、经济、文化、宗教、伦理、道德、家教、习俗等，无不深深地打上其烙印，并随着大批泉州人向外移居而薪传台湾及东南亚各地。

第一节　泉州家族文化的演化

泉州家族文化指的是泉州家族关系，以及由此发生的种种体制、行为、观念和心态，它在秦汉至唐五代时期逐步形成，并在宋明时期得到强有力的持续推动，从而不断丰富和发展，明清直至近代，始终非常兴盛。现当代巨大的社会变革，使它受到极大冲击，然而仍具有引人注目的顽强生命力。

一、泉州家族文化的形成

家族文化是一种观念，也是一种生活形式，泉州家族文化的形成，是由不断南迁的中原汉民逐步孕育出来的。而其发生和形成的理由，主要在于争夺生存空间的竞争，农业社会的生产特点，中原家族文化的烙印，以及巨家大族的推波助澜。

漫步泉州大地，无论在宁静乡村，或繁华市镇，无论是绮丽堂皇的民居楼房，或庄严肃穆的家族祠堂，门前上方匾额上，随处可见镶刻着这些醒目大字：太原衍派、清河衍派、陇西衍派、颍水传芳、南阳传芳、上谷传芳、天水堂等。这些作为姓氏郡望标志的字眼，既折射出泉州家族文化的独特风情，让人直接感受到泉州居民慎终追远的情怀，领略到泉州家族文化的浓郁韵味，也透视出泉州居民与中原地区的关系。

翻阅泉州民间族谱,大多数家族在追溯祖先源流时,都清楚地载明根在中原,祖先来自中原,本家族乃是中原某个望族某个分子徙居泉州的后裔。尽管这些记载未必完全翔实,但今天泉州人的祖先大多来自中原地区,并非历史的虚构。

从秦汉至宋代,中原汉民不断南迁泉州,既出现几次较为集中的迁徙,零散的移居更是持续不断。泉州家族文化,正是随着这些汉人不断进入泉州逐步形成和发展起来。

中原汉民南迁泉州,不仅迁徙过程中历经艰辛,而且来到泉州后仍面临着许多艰难,尤其是残酷的争夺生存空间的竞争。艰难的迁徙与争夺生存空间的斗争,使中原汉民在徙居泉州过程中,不能不重视家族的作用。单个移民家庭往往显得势单力薄,需要结成一定的群体,形成某种合力。在当时社会调控力量不强的背景下,以血缘关系为基础的家族乃是最为有效的群体,亦是移民最为现实的选择。家族作为家庭的联合能构成更有实力的群体,离开了家族,移民便困难重重。对于缺乏生存空间的家庭来说,家族是获得生存空间的基本组织保障,因为单个家庭孤军奋战很难获得必要的生存空间;对于已获得新的生存空间的家庭来说,依靠家族力量与天奋斗与人奋斗,巩固生存空间并不断拓展,同样至关重要。中原汉民南迁泉州的过程往往统率家族乡里子弟,整族整乡迁徙。到了泉州后,基本上又是聚族而居。这种以血缘为基础的群体,在险恶的自然环境和社会环境中,能够起到相互扶持、相互保护的作用。

徙居泉州的中原汉民,尽管有部分是贵族官吏,然而大部分是平民,尤其是农民。对于这些农民来说,徙迁的基本目标,是寻找土地和山场作为基本生产资料。在当时自然经济占绝对主导地位的农业社会中,满足生存需要的基本手段是耕种土地与经营山场,以此获取各项生活资料,在一定村落中生活的移民没有也不可能从外部获得这些资源。因此,中原移民到泉州,大部分即与土地结下不解之缘。泉州可供耕作的土地不多,随着人口增加,人稠地窄,矛盾日渐尖锐,争夺土地和山场的斗争是必然的。家庭不仅要依靠家族占有土地和山场,而且农业生产的特点使生产协作必不可少,在当时社会条件下,从帮助对象的可靠性出发,无疑亦得依赖有血缘关系的亲属。移民依靠家族,这既是一种血缘关系,也是一种生产方式。这种生产方式把血缘亲族联结起来,作为劳动组织,以获得必要的生存资源。离开了家族,人们便难以生存。而且要寻找新的发展机会,要想获得更多利益,也离不开亲属的支持。因此,推进密切的家族内部血缘联系,无疑就有了极为强大的动力。

　　家族文化既是一种物质存在,也是一套观念形态的东西。南迁泉州的中原汉民,由于中原家族文化早已相当发达,因而在原族居地即已普遍深受家族教化。家族教化塑造了他们的家族人格,强化了他们对家族的认同感和向心力,使他们有较强的家族秩序观念,已经从心理上、文化上、精神上高度认同家族文化。这种家族教化经历打下的深刻烙印,不能不对他们徙居泉州后的价值取向与行为方式发生重大的影响。当他们离开中原祖地来到泉州这个新的生存基地时,传统家族人格意识不仅很难被剥离,而且由于其他因素的刺激作用,很容易在新的环境中重新获得自己的存在,并且得到进一步的发展。中原移民背井离乡,翻山越岭到泉州,无论为官为民,无不为了图存发展。他们在泉州再建起家园,繁衍生息,在这个历程中,无论得意者或失意者,都不大可能摆脱深远的故土文化之根。他们不免要时时飘荡起怀乡的思绪,追忆着远方的北国家山。他们企盼兴旺发达,希冀荣宗耀祖,亦祈祷祖先祖地神灵驾临泉州,相伴相随,显灵显圣,保佑人丁兴旺,纳福迎祥。于是保持故土生活方式,再现故乡人际秩序,就不仅仅是物质的要求,同时也是精神需要了。这种精神成分从物质存在生长出来,反过来巩固了物质存在的必要性,使家族文化的再现具备了物质与精神的双重秉性。

　　应当指出,这里也不乏巨家大族的推波助澜。中原汉民南迁泉州,尽管大部分是避乱而来,然而南迁的几次高潮中,又是以征服者和统治者的身份进入泉州,成为泉州新主人,这更增强了他们的优越感和自豪感。于是他们不仅切断了泉州闽越土著的文明,而且为了巩固自己的地位,显示自己的优越与威势,往往以门第相高,以世阀自豪,以此进一步增强家族凝聚力,激发人们借助家族力量,谋求更多的政治经济利益。这里有两个重要的时间节点。一是东晋至隋朝。这期间,中原汉民入泉出现第二次高潮,又是大批汉人徙居泉州。这些入泉移民逐渐占据了整个泉州地区,并且同化融合了泉州的闽越遗民,繁衍生息形成一个经济文化较为发达的汉人社会,从而完全改变了原来比较落后原始的闽越社会风貌。魏晋时期,正是中原士族崇尚门阀的时代。徙居泉州的中原汉民,不仅带来中原先进的生产技术和生产工具,对泉州地区的开发做出了重大贡献,而且带有不容置疑的优越感,往往以世胄自居,看不起当地土著,血缘家族的关系显得十分重要。二是唐末至五代。唐末五代乱离和王审知兄弟率兵据闽,形成中原汉民迁居泉州的又一个高潮。王氏兄弟带领大批中原汉民入泉,且兄弟父子相继主政泉州几十年,对泉州家族文化的形成,产生了巨大推动作用,崇尚和重视家族血缘关系,成为一种社会风气。究其原因,主要在于随王氏兄弟入泉的大批光州固始老乡,占据泉州后,聚族而居,且纷纷成了泉州的统治者,互相拔用,使统治者居高临下的优越感,又夹带着家族血缘的优越感。在此情势下,泉州居民对于家族的标榜和依赖,愈益成为一种现实的需要,不仅与王氏兄弟入泉有关的家庭,大肆夸耀门庭,以进一步提高家族声誉,巩固自己在社会上的地位,获取更多的政治经济利益,即使与王氏兄弟入泉毫无关系的家族,为在社会上不受歧视,获得一席之地,亦纷纷改换门庭,借托祖籍光州固始。明代郑岳《莆阳文献》卷七云:"王氏初建国,武夫悍卒,气焰逼人,闽人战栗自危,谩称乡人,冀其怜悯,或犹冀其拔用。后世承袭其说,世祀邈绵,遂与其初而忘之尔。此闽人谱牒所以多称固始也。"为何托籍附会并加以标榜,这段论述基本道出缘由。泉州汉人族谱中的"家族源流",大都记载出自光州固始,这些记载固然有一定真实性,然而亦有不少牵强附会。这种现象的出现,正是崇尚门第之风的某种结局。

正是在上述背景下,唐五代时期,泉州家族文化逐渐形成。倘若与中原地区比较,这已经晚了一大步。在中原地区,早在周秦时期,血缘关系已在社会生活中发挥着重大作用,并为国家统治机构所吸收而成为宗法制度。魏晋以来,世家大族式家族组织自始至终伴随着门阀士族制度存在和发展,并且同它紧密地结合在一起。隋唐时期,门阀士族受到了沉重打击,到唐末五代,门阀士族制度已无可挽回步向没落。而在泉州,从秦汉至唐末五代,正是家族制度逐渐形成的时代。当然,社会环境不同,泉州家族文化在这个阶段的形成,对泉州地区的开发,对泉州经济文化的发展,积极意义不可否认。

二、泉州家族文化的发展

宋元时期,泉州家族文化进一步发展,明代进入了全面发展的繁盛时期,原因主要在于,社会的反复动荡推动了家族组织的构建,统治阶级的倡导和宋明理学家的鼓吹促进了家族礼教的发展,社会经济的发展为家族组织的活动提供了重要的物质基础。

宋代至明代,泉州社会经济获得了长足发展,然而与此同时,阶级矛盾、民族矛盾、统治阶级内部矛盾错综复杂,非常尖锐,社会相继出现多次大动荡,呈现出很不稳定的状态。

　　泉州多半是山岳和丘陵,适宜于耕种的土地不多,入宋以后土地兼并更加严重,拥有土地的农户日少,失去土地沦为佃农的农户日多。封建政府则巧立名目搜刮,赋役繁重,还有"四年而预借五年之税"。沦为佃农的农民,收成的大部分缴给地主,日益陷于贫困,活不下去的人比比皆是。不堪重负的农民,只好揭竿而起。北宋时期,泉州即爆发多次农民起义。进入南宋,农民反抗更是此起彼伏。康熙《仙游县志·郑振传》载:"绍兴十三年(1143年),闽南农民勃起,有曾少龙、周老虎、何白旗、詹铁义诸部,多至数万人,联合围攻泉州,全闽震动。"泉州知州真德秀《真西山文集》,亦有不少这方面记载。

　　历史上的泉州,尽管没有发生长期的大规模的战乱,然而短期战乱却时有发生。宋末元初宋元争夺泉州港的战争,元末泉州亦思巴妥兵乱,就造成泉州社会严重动荡。南宋景炎元年(1276年),蒙古贵族攻下临安,挟帝北行。陆秀夫在温州奉益王,为帝于福州。元兵入闽,宋帝走泉州,不少泉州人响应,组织义兵,参与抗元斗争。元兵占据泉州后,大肆屠杀掳掠。蒲寿晟的《郊外有感》诗,描述了严重兵灾的祸害。元统治者实行民族歧视政策,残酷剥削和压迫,使战后残黎无法安宁,百姓流离失所,处处满目凄凉。泉州家族谱牒,于此有不少记载。元朝统治者的暴虐,使泉州百姓无以为生,农民起义亦相继不绝。元代中后期,泉州统治阶级内讧,发生亦思巴妥兵乱,兵祸延续十多年,泉州大受荼毒,受灾甚为惨烈。泉州府城及惠安县城惨遭蹂躏,无数村落化为灰烬,社会经济遭到严重破坏,百姓被杀死饿死不少,甚至出现人吃人的惨景。按《八闽通志·刘益传》载:"那兀纳据泉州,虐邦民以取财物,不得者多置于死。"卢琦的《忧村氓》诗,形象地反映出战事惨烈和泉州百姓罹难深重。不久之后,明军又在泉州和元兵战斗。泉州《清源林李宗谱》说:蒙古贵族统治泉州时,战祸屡屡,殃及无辜,我族生灵,惨遭涂炭,四处颠沛流离。在泉州家族族谱中,这样的记载比比皆是。持续的兵祸,使许多家族遭到毁灭性的摧残,元气大伤,但也为家族组织进一步发展注入强大动力。

　　明朝建立后,泉州社会一度较为稳定,但是这种局面未能维持多久。进入正统年间,统治日趋腐败,赋税徭役日重,土地兼并也愈益严重。官僚地主竞相兼并土地,且想方设法把赋税负担转嫁到普通农民身上。大批农民失去耕地,沦为地主的佃农,又受到残酷压迫剥削,激发了个别佃户组织起来杀死地主的反抗行为。无地或少地的沿海农民,有的则利用紧靠大海的地理条件,泛海做私商,作为重要谋生手段。明朝推行严酷海禁,无异于断绝他们的生路。被迫得走投无路的泉州沿海私商,便配备武装以防备官军追捕,有时在海上也进行弱肉强食活动,走上亦商亦盗的畸形道路。这些私商也经常互相残杀,闹得泉州沿海不得安宁。嘉靖至万历年间,倭寇为祸泉州沿海几十年,更成为一项极为严重的社会问题,给泉州百姓带来极大祸害。嘉靖三十六年(1557年),倭寇分别劫掠了惠安、南安的沿海地区。次年,又从晋江龟湖突至安海劫掠。嘉靖三十八年(1559年),倭寇在泉州浮桥焚毁民居,又到新桥进行骚扰,杀死乡兵与居民一千多人。嘉靖三十九年(1560年),倭寇又攻入崇武城,据城四十余天,造成了严重后果。同年,倭寇攻入安溪县城,也窃据四十余天,县署和民房烧毁殆尽。嘉靖四十一年(1562年),倭寇两次攻陷晋江永宁卫,大肆烧杀掳掠,血泊漂尸,死伤积野。倭寇大肆为祸,前后几十年,泉州百姓生命财产的损失难以数计,沿海许多城镇村落成为废墟,一片荒凉,加剧了社会动荡。清初,清王朝为了围剿郑成功,断绝百姓对郑军的粮草支援,颁布迁界令,界外房屋村庄,悉数焚毁,化为废墟。奉命内迁的百姓,官府又不管不顾,得不到妥善安置,死者甚多。据《清史编年·康熙朝》载,康熙二年(1663年),福建巡抚许世昌奏报:沿海迁界百姓,死亡达八千五百余人。可是按当时礼科给事中胡悉宁的说法,没有造册上报的还多着呢!在泉州民间族谱中,于此同样有不少记载。所有这些,无不给社会带来剧烈震荡,也给百姓带来严重苦难。

天灾频繁肆虐,亦加剧了社会的动荡。泉州属丘陵地貌,抗旱抗涝能力很差,古代又缺乏水利工程,大部分地方只能靠天吃饭。泉州又处于沿海,每年都要遭遇几次强台风。所以,水、旱、风灾历来十分严重。此外,还有瘟疫、地震等。伴随天灾而来的,往往就是饥荒,谷价暴涨,斗米百钱,饿殍遍地,饥民无数。南宋嘉熙四年(1240年),泉州出现大饥荒,每斗谷涨到五百文钱,贫苦百姓没有食物可吃,"死者相枕藉"。按乾隆《泉州府志·祥异》载,至正十三年(1353年),泉州发生大面积饥荒,那些还能走得动的人,老幼相互扶携,纷纷涌入永春。卢琦令寺院及富裕之家拿出食物给予充饥,救活了不少人。卢琦因此被《元史》列为循吏,可这样的官实在也是少得可怜。至正十四年(1354年),泉州粮食大歉收,道路上到处都是饥民及饿死的人,甚至出现"人相食"的惨景。随后,又发生大疫,又有无数百姓死于非命。明代中期以后,天灾频仍,时疫横行。按乾隆《泉州府志·祥异》载,明嘉靖二十三年(1544 年),"是年至明年,泉州相继大旱,民饿死者载路"。明正统元年(1436 年)至崇祯十七年(1643 年),泉州大水灾有十八次,大旱灾十一次,大风灾七次,震灾二十二次。而且,时有瘟疫。嘉靖四十一年(1562 年),府城发生大瘟疫,十人中大约有七个呜呼哀哉,有的全家无一人幸存。市肆寺观,尸相枕藉,整个府城惨不忍睹,一片凄凉,侥幸活下来的人,谈瘟色变,整天躲在家中,连家门都不大敢出。每当出现一次严重天灾,往往生灵涂炭。自然灾害频繁肆虐,使许多百姓无以为生,被迫离开故土,外出寻求生存之路。

天灾人祸频仍,社会动荡剧烈,到处弥漫着不安焦虑情绪,百姓希望有个安定环境,能够过上平和生活,但是封建统治者腐败堕落,鱼肉百姓,争权夺利,本身就是造成社会动荡的根本原因,又如何能够依靠他们来保护百姓生命财产。家族成员从自身种种经历中,越来越深刻地认识到,弱肉强食的社会环境,族人相互保护、相互扶持的重要性。如此,泉州社会发展的基本趋势,就是家族人际关系纽带的强化,家族组织越来越严密。明清时期,泉州各地家族竞相仿效,修筑堡寨,亦是在动荡不定的社会环境中,为了抵御外部侵袭,保护本族生命财产安全,联合起来采取共同行动的一种反映。

宋代以来,泉州家族制度进一步发展,亦与封建统治阶级积极鼓励家族组织发展有很大关系。一方面,社会普遍的动荡和分化,统治阶级要完全控制个体小农,保证充足的赋役来源,变得比较困难。于是需要在政权之外寻找某种社会组织形式,作为新的辅助手段,加强对农民的控制。家族组织不仅能把族员附着在土地上,局限在分散狭小圈子里,且可以利用族长族绅的地位,挟持祖宗声威,用族规家法治理族众,加强对族众的控制,使其不致起来反抗。家族组织能够保证封建国家赋役来源,又能利用族产赈济贫困族众,缓和阶级矛盾,削弱农民反抗意识,稳定封建统治秩序。另一方面,社会的动荡,家族内部分化也不可避免。统治阶级为使家族保持稳定,亦非常需要家族组织,把族裔聚拢于一块,互相扶持,互相帮助,使其不致衣食无着,到处流徙,铤而走险。因此,大力倡导发展家族组织,通过与家族组织的接轨来实现其统治控制,达到维护统治秩序的目的。封建统治者对家族组织的支持,主要表现在三个方面:一是精神旌表。皇帝或官府对那些有影响的家族进行表彰,给诰封,立牌坊,推广维护封建秩序,强化纲常伦理,实现尊尊亲亲,以巩固与维持家族制度。二是物质奖励。主要对那些在某个方面有影响的家族赐给粟帛和免除赋役,使它们在经济上得到好处,以此吸引别的家族仿效。如德化许氏,是个累世同居共财的"义门",宋真宗时,朝迁颁布诏令,免其赋役,且每年赐给米千斛。三是法律保护。宋以来历代法律都承认族长和家长对家族和家庭的统治权,包括对族众的惩治权和有限的处死权。族长和家长如果不行使这些权力,那就是失职,就要受到法律追究。同时,封建法律对破坏家族制度的行为进行制裁。当然,家族制度与封建国家统治秩序并非完全一致,两者之间也存在不少矛盾,甚至冲突。因此,历代统治者也想控制家族势力,然而统治者对家族组织的利用却是强化了它,使它以自己的逻辑执行社会政治体制的部分意志。

宋代以来,泉州家族文化进一步发展,与宋明理学家积极鼓吹有不小关系,尤其是与泉州有着不解之缘的朱熹,更是起了不小推动作用。朱熹大力鼓吹尊祖敬宗的家族制度,写出很多文章,从理论高度论证家族制度的必要性与重要性,为其存在与进一步发展制造理论根据,且对其进行精心设计,明确规范具体内容。朱熹设计的家族制度,是组织严密、法度严格、族长领导的社会组织。凡聚族而居的同宗之人,都用血缘关系纽带聚合起来,用族规和家法来规范言行和相互之间的关系。朱熹设计了一个后来广泛流传的宗子祭祖方案:每个家族均建立独立于住宅的祠堂,里面设立供奉高、曾、祖、祢四世神主牌位的四龛。而且初立祠堂时,皆要设立族田,由宗子掌握,供祭祀之用。族田来源由族众按规定捐赠,即将族中田地抽出二十分之一为每龛祭田,四龛祭田总数为族中土地五分之一。朱熹设计的家族制度,相当完整又十分具体,除了后来形成的族谱没有谈到外,大凡祠堂、族田、祭祀、家礼、家法、族长等体现家族制度形态结构的主要内容,都详细地提出来了。由于朱熹对家族制度的竭力鼓吹,由于朱熹是后来被列入孔庙配祀的理学权威,由于朱熹与泉州有着特殊的关系,由于朱熹《家礼》对各种家庭礼仪都规定得十分详备,加上后来统治阶级的思想家们对家族制度进一步倡导,使朱熹所设计的家族制度,在泉州产生了广泛而深刻的影响。乾隆《泉州府志·风俗》称:"四民各修其本业,吉凶仪式,多依宋子家礼。"翻阅泉州族谱,可以看到,族规或家训中,"务依朱子家礼",是各个家族共同的训示。

家族组织的发展必须有相应的经济为基础,尤其是祠堂的建筑,坟墓的修造,族学的创办,族谱的修撰,以及大规模的祭祀活动等,没有资金就难以举办。宋代以来,泉州工商业活动的发展,正好为家族组织的发展提供了所需要的资金。许多从事工商业活动发财致富的人,在社会现实环境的影响和家族观念感召下,慷慨捐献钱财,举办家族各项事业。清代朱象贤《闻见偶录》中,有这样一则记载:"蔡廷魁,字经五,泉州南安人。少贫落魄,游粤东……资日起,亟迎举父母以养。厥后营室庐奉父母归,构土堡以居族人,立大小宗祠,置祀产,俾族人沾光泽,有服之属无令有鳏居失业者。设书塾,捐修脯以课子姓,计所费较遗子者过半焉。"这是较典型的致富后把相当部分资产捐给家族事业的人,一般致富者捐的比例没有这么大,但从泉州族谱的记载中可以看出,致富后捐资创办家族事业者比比皆是,官方所修志书亦有不少记录。按乾隆《泉州府志·乐善》载:"曾邦庆,字维章,晋江人。生而根器淳厚,事父母尽欢。丁播迁之变,父母相继沦丧。弃举业,出走四方,归家颇饶裕。即议建祖祠,为族人倡修葺远代祖茔。""吴锡琏,字文真,南安人。性淳厚,笃于本。滨海播迁后,连丁两丧,寄迹于外,独力经营得饶裕,遂移兄弟眷口团聚粤中,而宗祠祀田祖茔亦以次修建。"又如:"叶方荣、方菁,安溪人,同胞兄弟,俱为诸生。好施予,曾捐银百两倡修祠宇。"再如:"柯士元,晋江塘市人,捐贡生。……捐银四百两倡建祠宇,仍备春秋祭费。"

正是上述多种因素的作用,泉州家族文化在入宋后进一步发展,并在明代中期进入繁盛时期,且延续至近代,突出表现在四个方面:一是家族组织日趋严备。家族组织由祠堂、族谱、族产、族长等基本要素构成。祠堂越来越普遍化,规制也越来越宏大。族谱的修撰越来越普遍,逐渐形成制度化。族产,尤其是族田,大量增加。家族组织机构,更加完善,不但明确"族""房"系统,且设族长和房长等首领。二是家族礼制日趋严格。家族组织纷纷制定具体的家训族规,把一般家族礼制与本家族情况结合起来,使家族伦理家法化,并成为具体的家族生活准则,规范族众行为,强化家族治理权威,且载入家谱。三是家族活动频繁。家族组织的活动,尤其是围绕各种有形物的活动,愈来愈普遍化、制度化,且规模亦愈来愈大。四是家族观念强化。尊祖敬祖观、延续香火观、光宗耀祖观、敦亲睦族观、摇篮血迹观等,这些家族观念不断强化,对于维护家族制度与家族秩序,意义重大。

三、泉州家族文化的绵延

泉州家族文化根深蒂固,直到中华人民共和国成立时,典型的家族文化始终没有出现根本性变化。20世纪50年代以来,持续不断的巨大社会变革,家族文化受到前所未有的冲击,发生了历史性嬗变,然而时到今日,远未达到瓦解的程度。

中华人民共和国成立后,相继发生的一系列社会变革,使泉州家族文化受到巨大冲击,尤其是土地改革、合作化运动、人民公社化和改革开放,构成了四次冲击大潮。土改运动中,族长与族权被废弃,祠堂与族田被没收,族谱被焚烧,家族活动被禁止,仪式赖以进行的物质基础被摧毁。而且农会和党支部等新型组织的建立,贯彻的是超家族的组织原则,以社会经济政治关系中的地位为依据,而不再以血缘关系中的地位为依据。所有这些,极大地触动了泉州家族文化,打破了血缘秩序为基础的家族体制,家族意识也被削弱了。土改后不久进行的合作化运动,把分散的个体经济改造成集体经济,将绝大部分社会成员组织在超家族的生产组织中,并实行统一经营与集体劳动原则,这在很大程度上削弱了家庭的生产功能,从而也进一步削弱了家族的权威。1958年建立的人民公社,把社会成员纳入超血缘的且规模比合作社更大的组织中,进一步限制了血缘关系作为秩序依据的作用。公社既是统一经营管理的经济组织,同时也是行政组织,且与国家权力相衔接,有着强有力的后盾,成为社会基层不可替代的权威,家庭和家族功能进一步被削弱,家族权威进一步退缩。1978年以来的改革开放,生产力的充分焕发,城乡政策体系的变革,市场机制的相应扩展,产业结构和经济结构的变化,商品经济的活跃,对社会生活的深层结构产生了一系列重大影响,对泉州家族文化发生了深刻的作用,它所赖以存在的基础受到前所未有的冲击。

半个多世纪以来的政治变革和社会变革,从不同角度、不同层面对泉州古老的家族文化进行了持续冲击,使其基本要素发生了前所未有的嬗变,呈现出逐渐消解的趋势,部分内容被扬弃,部分内容被改造,某些新内容开始形成。最为根本的表现,乃是家族功能弱化,家族权威削弱,家族观念淡化。

泉州各个家族传统上一直执行着维持家族存在的几大功能,包括生存、维持、保护、绵延、族化、文化等,而社会体制无力包揽这些功能。目前,这些功能相当部分已为社会体制承担,家族执行功能总体上已不占主导地位。如生存功能,指家族以各种活动保证和促进家庭扩大生存资源,从而保证家族持续存在和兴旺。这种功能,在生产资料公有化和集体劳动组织建立后,随着家庭对家族的依赖转向对超血缘关系的集体组织的依赖,曾受到前所未有的冲击。改革开放以来,愈来愈多的家庭加入全社会提供生存资源的体制,主要依靠商品市场而不再依靠家族获得生存资源,导致家族生存功能弱化。又如维持功能,指家族通过各种手段维持内部秩序。传统上泉州家族的维持功能格外强大。目前,这种功能相当程度上已转由社会体制承担,在大多数地方已经萎缩了。表现主要在两方面:一是家族维持秩序的范围大大缩小,通常只限于分家析产及婚嫁丧娶等纠纷,民事和刑事案件由政府机关和司法机关处理;二是家族成员的法律意识强化了,纠纷请族老解决的老办法已不通用,通常直接找村委会或居委会或乡镇政府,甚至更高机构。再如保护功能,指家族利益的保护。可分为族员、财产、利益、名誉四方面。家族在这四方面的利益如果受到侵犯,家族有义务保护。目前,社会体制的司法功能已相当强大,家族利益可通过司法机关得到保护,家族的保护功能大大弱化。再如绵延功能,指家族不断生育出新的男性后代,充实因死亡而减少的族员,保证家族作为生命群体持续存在并不断壮大。目前的泉州,尤其是在城镇,计划生育政策的实施,使这种功能已大大弱化。再如族化功能,指家族如何使不断产生和成长起来的年轻族员认同家族文化。目前的泉州,族化功能已受到现代社会的种种冲击,总体上亦呈弱化趋势。再如文化功能,指家族向族员提供某些独特的文化活动。现代文化娱乐的发展,大大冲击了家族原有的文化功能。

泉州各个家族,传统上拥有很大权威,这在当代遇到了巨大挑战,发生了重大变化。首先是社会体制权威极大地削弱了家族权威。以公共权力为基础的权威逐步在家族中建立起来后,以血缘关系为基础的家族权威逐渐削弱,以公共权力为基础的权威逐渐加强。每个家族都发生了这种变革,程度有所不同,总体而言,家族权威已经决定性地削弱了,以公共权力为基础的权威在大多数场合成为主导权威。其次是家族权威基础发生很大变化。传统上的家族权威,往往集中在族老身上,权威基础由血缘辈分决定,不依后天因素为转移。目前,血缘关系已不再成为社会地位的正式依据,按血缘等级划分的社会等级已不再成为正式体制,以社会关系为依据的新的地位系统已形成。血缘等级已成为某种潜在因素,时而有作用,时而没有作用。家族重大事务的决策,大多已转到较有能力的族员身上,虽然这些人未必是辈分高的人。最后是家族权威威慑性大大降低。家族权威在某种范围内和某种程度上依然存在,然而已逐渐失去了惩罚的威慑性。过去,族员以家族为获取生存资源的主要依靠,受到家族惩罚意味着失去依靠,也意味着在家族中受到精神贬损。现在,族员可以越来越多地依靠社会体制获得生存资源,家族已构不成主要依靠,家族惩罚虽在精神方面仍有作用,但在物质方面的威慑性大大降低,甚至微不足道。很多年轻族员,甚至连精神威慑性也大大下降了。

家族成员本来具有浓厚家族观念,这是泉州传统家族文化的重要特性。

持续的社会变革,经济、政治、文化的新陈代谢,物质环境的不断变化,既作用于家族客观的诸方面,亦有力地作用于家族主观的诸方面。族员加入现代社会,意味着加入社会政治、经济、法律和文化等领域,这些领域的现代因素强化着族员现代化观念的成长。现代化成为不可抗拒的力量,把社会观念从家族观念上剥离下来,造成长期积淀下来的家族观念的变化。家族在客观变迁的同时,观念形态的稳定性也被动摇了,以适应已大大变化了的外部环境。这种变化是从家族观念向社会观念的转换,从传统观念向现代观念的转换。这种转换从多个方面表现出来,主要在于血缘观念、地缘观念、辈分观念、等级观念、家庭观念、亲属观念、权利与义务观念等。在这些方面,人们的观念均已表现出程度不等的变化,总体上逐渐趋于淡化。

泉州家族文化在当代受到猛烈冲击,总体上呈现出逐渐弱化现象,然而远未达到瓦解程度。这既有观念问题,亦有物质因素。从观念而言,家族观念是长期延续的观念,本身具有某种稳定性。家族成员生活于家族文化环境中,对于家族观念有很强认同感。家族观念转变是个过程,是伴随着社会发展进行的,且意识形态的东西往往更难一下子被剔除,在较长的时期内,家族观念仍将存在,继续影响家族的思维方式和生活方式。从物质因素而言,家族文化存在的基础相当程度上仍然存在。首先是亲属关系网络没有瓦解。泉州各个家族,历来有个庞大的亲属体系,它既根源于血缘关系,又是血缘关系和社会关系的复合。现当代的社会变革,尤其是计划生育政策实施,传统亲属体系逐步萎缩,然而依然存在较为紧密和广泛的亲属关系网,亲属体系并没有瓦解。尤其是在广大乡村,亲属关系仍如一张庞大的网,把家族成员紧密编织在一起。其次是聚族而居的基本格局仍然存在。社会变革的浪潮,尤其是改革开放大潮,使愈来愈多族员离开族居地,这意味着家族活动地缘基础的削弱。不过,族居仍然相当程度地存在,尤其是远离城区的广大乡村,家族基本上还是以共同地域为基础,地缘基础仍颇为牢固。最后是家族仍存在执行功能,家族的执行功能尽管相当部分已为社会体制承担,然而社会体制仍然无以全部承担这些功能,为家族保持部分功能留下了空间。如生存功能。经过几十年社会变革,很大程度上已为社会体制所替代,然而家族在某种程度上仍是依赖它,尤其是改革开放后,家庭再次成为生产的基本单位,意味着家庭生产功能再度强化,又使家族执行生存功能得到一定程度强化。又如,保护功能,并没有全然消失,在某些地方,尤其是乡村,传统家族观念的作用,加上基层政权并不都是那么强而有力,这个功能仍然颇为强大。再如,族化功能,尽管受到现代社会种种冲击,总体上仍在发生作用,主要通过宗族教化、礼俗教化、祭祀、丧葬、婚娶、过年等各种活动体现出来。

正因如此,家族文化目前仍然颇为活跃。家族组织仍以某种形式存在,并有相应的某些管理制度。家族组织诸多有形物亦仍然存在,诸如祠堂、族谱、家族神庙等。围绕这些有形物,家族组织仍然经常开展活动,且规模仍然颇为浩大。而且可以预见,它在相当长的一个时期内仍将继续存在。家族文化作为历史的产物,影响是多元的,作用也是复杂的,它所包含的宗法、迷信、保守的成分,具有明显的消极作用,然而无论历史和目前的表现形式如何,它也包含着正面的因素。

第二节 泉州家族组织与活动

泉州传统家族文化,是由多种要素构成的,除了诸多家族观念外,家族内部的组织,家族组织的运行制度,家族组织的各种有形物,这些有形物的建设,以及家族举办的其他各项重要活动,亦皆是重要的组成部分。

一、家族组织的基本形态

家族组织是家族文化的基本构件,泉州传统的家族组织,突出体现于家族内部纵向的层级组织,各个层级的功能及相互之间的关系,相应的组织领导者,以及家族组织的各种有形物。

家族以血缘关系为纽带,同一个男性祖先的子孙,具有相同的血缘,这是家族组织的基础。然而血缘关系只是家族的生物属性,本身并不具有社会属性的意义,不可能使家族真正构成一个有机的整体。家族聚族而居,亦只是种自然形成的现象,固然是构成家族组织的基础,但本身也并不是家族组织,不能由此认定聚族而居就是家族组织。血缘关系和地缘关系要具有社会属性的意义,还必须通过某种形态的组织来实现。唐代以来,泉州家族文化进一步发展,家族组织日渐完备。

泉州传统的家族组织,内部的纵向组织,大体上分为两个层级或三个层级。两个层级即家族、家庭,三个层级是家族、房族、家庭。在三个层级的组织中,房族是较为特殊的层级。房族是家族的分支,亦是以血缘关系为基础形成的,通常是家族开基祖有几个男性后代,就分为几房,但也有些家族,因为各种因素,直到传衍几代后才形成房族。泉州规模稍大的家族,大多皆有房族,没有房族的家族不多,往往是繁衍缓慢的结局。两个层级的组织,家族直接统率家庭。三个层级的组织,家族更多的不是直接统率家庭,而是通过对房族的作用控制家庭,房族则直接统率家庭。房族有房长,是房族首领。家族有族长,是家族最高首领。

泉州传统的三个层级家族组织中,各个层级在社会生活中承担的功能不同,然而许多功能又是相互交叉或重叠的。家族作为最高层级,凡涉及整个家族大事,负责统筹协调,并组织实施,承担统率者作用。房族承担的功能甚多。许多规模较大的经济活动,单独家庭难以承担,房族作为家庭联合体,较有能力实施,诸如筹集资金与人力建糖房、磨坊、小桥,修道路、筑水渠、挖池塘等。这类与族众生活密切相关的事情,虽然也有由整个家族共同承担,但更多的是房族自己做,因为受益往往只限于房族,难以惠及整个家族。房族亦建小宗祠堂,修纂房谱,有的还设塾学作为本房子弟教化之所。房族的功能还表现在祭祀、立嗣、分家析产、婚丧嫁娶、处理外部纠纷等。家庭是生产和生活的基本单位,主要承担维持生计的生产功能、生活功能、生儿育女的繁殖功能及部分祭祀功能。但是无论家庭或房族,所承担的功能,往往又涉及整个家族。尤其是房族承担的许多功能,往往与家族有密切关系,都需要家族协调各个房族协力解决。某些规模较大的活动,不仅单个家庭难以承担,即使某个房族也有困难。因此,又需要家族统一协调,充分发挥家族的凝聚力。

在泉州传统家族社会中,家族组织有内部和外部许多事务需要处理,族长、房长行使族权的范围颇为广泛,主要表现在四个方面:一是管理族田族产收入与主持家族房族各项活动。泉州历史上的各个家族,家族内部各个房族,都有相当数量的族田和或多或少的其他族产,这些族田族产的收入管理之权,掌握在族长、房长手中。族长、房长不仅掌握族田族产经营管理权,诸如设置、招租、定约、轮换等事宜,而且经管使用和分配。族长、房长控制族田族产收入,并以此为基础主持家族房族各项活动。二是主持家族房族内部各种矛盾纠纷处理。族人分家析产,由房长或族长主持。族人土地和房宅出卖,买卖过户须由房长或族长监督,避免本族产业外流。族人娶嫁和立嗣,须先征得房长或族长同意,如果是立嗣,尚须由房长或族长主持仪式,立约作证。族众发生纠纷,须及时向房长或族长报告,由房长或族长调解评判。如果不先报告房长族长,径自报官申理,房长、族长有权处罚。房长、族长做出裁决后,当事者即使觉得吃亏,也得服从。这里,房长、族长起着协调与裁决的重要作用。三是对违反族规家法的族人的处罚权。族长、房长掌握处罚权,既有封建国法的默许,更有家法族规的明确规定。族人违反族规家法,族长、房长作为族权的代表,就会行使手中权力进行惩处。惩处的方式,大体有几种:其一,带到祠堂训斥教育,或者加罚拜祖宗,使其悔悟,这多属于情节较轻者;其二,带到祠堂罚款,加罚劳役,这为情节较为严重者;其三,带到祠堂杖责,有时也加罚劳役,这为情节严重者;其四为处死,这为情节特别严重者。族长、房长对族人有限制的处死权,这是族权的最高表现。不过,通常并不轻易使用。四是掌握家族房族与外部交往权力。族长、房长对于地方上的事务亦有一定权力。当家族或房族与别的家族出现纠纷时,族长、房长又成为家族房族代言人,出面与之交涉。当矛盾无法调解,发生武装冲突时,族长房长又具有统率权,担任救助守御的领导。此外,族长房长族权还表现在与官府打交道,在这类事件中,又是家族房族的象征,家族房族权力的代表。

泉州传统的家族组织,除了内部纵向的层级组织和相应的领导者外,尚有不少重要的有形物,诸如祠堂、族谱、族田、族学等。这些有形物,既是家族组织的重要构件,亦是家族组织的重要象征。

祠堂是最为重要的构件。祠堂是家族组织的中心,是家族组织最重要的有形物。泉州聚族而居的家族,大都皆有祠堂,既有家族祠堂,亦有房族祠堂,甚至有房族内部支派祠堂。这些祠堂,层级不同,供奉对象也不同,但都是死去的祖先的"家",供设着祖先神主牌位。所谓"神主",就是嵌在木座上的长方形小木牌,上面写着某某祖先的名讳、生卒年月。每一对祖先夫妇一块木牌,这木牌即是祖先的象征。大殿正中根据朱熹《朱子家礼·祠堂》的设计,设置一个正龛,左右两边各设一个配龛。倘若奉祀对象太多,亦将配龛设在左右厢房配殿中。神主摆法有一定规则,正龛之中居始祖神主,始祖以下诸祖神主分列两侧,井然有序。正龛供设多少神主有较明确限定,通常是从家族现在的最长辈算起,仅设考、祖、曾祖、高祖四世神主。超过四世的神主则迁到配龛上去,而始祖是永远摆在正龛上,不能迁到配龛的。泉州家族有所谓"百世不迁"和"五世则迁"俗语,反映的就是这种现象。至于配龛供设多少神主,没有统一规制,依具体情况而定。历史悠久祖先繁多的家族,供设的神主也就较多。祠堂既是安置祖先神主之地,且承担着四个重要功能:一是祭祀祖先。祠堂既然供奉着列祖列宗神主,自然是家族或房族祭祖的地方,这也是祠堂最基本的功用。二是讨论家族或房族事务。家族或房族遇到重大事情,诸如建祠堂、修族谱、设祭田、建族学、推举族长或房长、同其他家族打官司等,祠堂是讨论决定的场所。三是宣讲家族礼法。祠堂春秋祭祖,祭祀仪式开始前,往往由族长、房长本人或指定专人向族众"读谱",讲述祖宗艰难创业史,宣读族规家法,宣讲祖先劝诫训勉之辞。四是执行族规家法。族长房长根据族规家法,在祠堂里审理族众各种纠纷,做出评判。族长、房长发现族员严重违反族规家法,则把族众召集到祠堂,陈述事实情节,界定错误性质及处罚标准,当众宣布。倘若杖责处罚,亦在祠堂实行。

族谱是以特殊形式记载的家族发展史,为家族组织的活动建立档案,亦是泉州传统家族组织重要的有形物。泉州家族组织的族谱,正如祠堂一样,亦有不同层级之分,有涵盖整个家族的族谱,有房族的房谱,亦有房族支派的家谱或家乘。不过,这些不同层级的谱牒,名称往往混淆。泉州家族谱牒,尽管格式不大一致,详略有较大差别,基本内容不外乎四个部分。一是家族世系和血缘关系图表。这是最主要内容,往往占据很大篇幅,详细记载全族男子名讳、字号、派行、生卒年月、葬地、配偶姓氏及生卒年月,生了几子,子何名等。民国前很少记载女儿,这也是对男性偏爱的表现。进学中举者,为官为宦者,还要记载简历。二是刊载本族家法族规家范。这类东西的记载,主要是便于读谱时向族众宣讲,要求族人永远恪守,并能据此惩罚有损家族声誉和利益的族众。三是祠堂、祖墓、族产、族田坐落方位、形胜地图,以及墓志等。四是家族的历史。族谱都有篇"家族源流"或"族姓渊源"放在谱首,叙述本族姓氏由来,始祖渊源,迁徙过程,兴盛始末,祖宗事迹等,篇幅不是很大,却是向族众进行宗法思想教育的重要工具。族谱对于家族组织来说,作用是多方面的。首先,它是确认族众血缘关系亲疏的重要依据。可防止因年代久远或异姓及同姓异族迁入造成血缘关系混乱。其次,它也是向族人灌输家族观念的重要工具。家族组织通过祠堂读谱,通过宣讲谱中所载宗功祖德,使家族观念在族众思想上扎下根来,从而达到"收族"目的。最后,它也是家族组织惩罚族人的工具。在家族社会中,族人名字载入族谱,表示得到家族承认,不入谱或被削去谱名,则是奇耻大辱。家族组织也利用这点作为处罚族人的手段,使族人行为受到劝奖惩儆,家族道德规范进一步体现,家族权威得到加强。

家族房族拥有共同的族产,亦是家族组织重要有形物。历史上泉州各个家族以及内部房族的族产,差异较大,内容和规模与家族大小、强弱及经济发展程度密切相关。族产包括族田、商店、糖房、焙灶等,但就大多数家族而言,数量最多影响最大的是族田,既有属于整个家族的族田,有属于各个房族的族田,亦有属于房族支派的族田。族田收入的用途,大致可分为以下几项:一是祭祀祖先。这是最主要用途,因此族田往往又称祭田。祭祀时需要的牺牲、祭品、用具,宴席会饮,戏班演戏,都出自族田。祠堂修理,谱牒修纂续修,祖墓修葺,墓庐管理,家族迎神赛会等开支,往往也出自族田。二是培养族中青少年读书。首先是创办族塾聘请塾师,供族中儿童上学。其次是补贴族中学子学费,成绩优秀又极为贫困者,还补助衣帽费。再次是资助应举赴考子弟衣服用品和路费等。最后是奖励取得功名的子弟。三是赈济贫困族人。祭祀有余时,收入可赈济族人。族中贫困不能举火者,孤寡残疾无靠之人,无力婚娶及无力营丧营葬者,遭遇天灾或劳动力死亡濒临破产者,皆可赈济,避免流离失所。四是族中各种公益事业。挖池塘、修水渠、修道路、修村溪小桥、设渡、设雨亭、凉亭等,这些方面的费用,往往也由族田收入支付。族中对外交往花费,包括与外族纠纷,甚至诉讼等,亦由此支付。因此,族田族产是家族组织赖以存在的物质基础,在传统家族组织的基本构架中,具有与祠堂和族谱同样重要的作用,它从经济上把族众有效地纽结在一起。家族组织的大量族田,直到中华人民共和国成立后才被废除。

族学是家族组织用来培养青少年族众的专门教育机构,是家族最高的文化中心,亦是传统家族组织的重要构件。历史上泉州各个家族,大多有属于初级教育的族学,亦称族塾,个别家族还有较高层次的书院。家族中的房族,亦有不少有族学。族学的大量创办,对于家族组织而言,主要承担两个重要职能:首先,为家族培养政治人才。在封建社会中,家族的社会声望与地位,同族人为官者多寡有着密切关系,为官为宦者越多,社会声望和地位就越高,就越受到人们敬重。反之,则会受到轻视。在封建社会中,政治权势往往伴随着经济利益。族中达官显宦越多,家族能够获得的经济好处也就越多。族人要为官,首先,必须读书,通过科举入仕。封建社会的初级教育,尽管官府也有办些学堂,毕竟数量极为有限,基本上是由民间承担。家族组织创办族学,让族中子弟接受启蒙教育,为进入更高级的学堂打下基础,将来登科入仕,荣宗耀祖,为家族争光。其次,维持家族既定秩序。族学是家族教化的重要场所。族学不仅传授识字断文,学习基本文化知识,增强谋生能力,而且灌输维持家族秩序所需要的封建伦理道德思想。这些思想,内容广泛,孝敬长辈、友爱兄弟、励节矢忠、尽职为国、耕读为本、勤俭治家、戒骄戒奢、知书识礼、律己严格、待人宽厚、诚实勇敢、安分守己、不沾染恶习陋俗等。尽管灌输这些东西的途径有多种多样,但是利用族学无疑亦是很有效的手段,可以进行更为集中也更为系统的灌输,所谓"知书识礼",表达的也正是这个道理。族学把家族组织运行所需要的伦理道德观念和处世哲学灌输给族中子弟,族中子弟接受了这些思想观念,反过来对于家族秩序的维护必然起到积极的作用。因此,族学对于家族组织的维持发展,具有重要意义。家族组织的族学,在中华人民共和国成立后方告终止。

二、家族组织的运行制度

家族内部严格的血缘辈分等级制度,是泉州传统家族组织与治理规则的基础,家族的族规家法,则是家族组织的主要规章制度,亦是家族组织权力运用的基本准则。

从家族组织内部各个层级的基本功能可以看出,姑且不论家庭本身是生产生活的基本单位,即使房族和家族,从严格意义上说,亦都是个经济利益集团。家族内部各个房族之间,房族内部各个家庭之间,皆存在着较为密切的利益关联。因此,家族组织作为一个利益共同体,要充分实现自身功能,就必须有相应的组织制度,作为治理规则,协调家族内部关系,维持家族秩序。如果家族秩序遭到破坏,家族的存在和发展就会出现危机。以血缘关系为基础的辈分的应用,正是其组织与治理规则的基础。

家族内部严格的等级辈分制度,是家族制社会结构的一个显著特征,也是泉州传统家族文化一个重要组成部分。辈分是血缘关系的阶梯,是家族维持运行秩序的标志。血缘辈分关系的实质,亦是儒家思想中的人伦等级思想的反映。诚如《礼记·丧服小记》所言:"亲亲、尊尊、长长,男女之有别,人道之大者也。"

家族内部的辈分制度,建立于血缘辈分关系基础上。随着家族不断繁衍发展,家族往往通过自己的一套符号来确定内部辈分关系,即辈序与辈字。辈序表明世系,辈字则是辈序标识。一般而言,习惯以名字中第一个字使用辈字,亦有在第二个字使用辈分用字。泉州各个家族都有各自早就排定的长远辈字,某些家族辈字甚至可管用千年以上。泉州延陵黄龙吴氏家族,清康熙年间编定六十四个通族辈字,从 12 世起使用,可用一千多年。黄守恭为开宗始祖的紫云黄氏,亦是泉州大家族,裔孙尽管在南安、惠安、安溪等地开门立户，支派繁多，但都使用祖传的六十个辈字。辈字的选择，甚为讲究，精心编排，逐字推敲，费尽心机斟酌，都是吉利典雅字眼，每个字皆有特定含义，总体上具有深刻厚重含义，高度浓缩着某种价值取向，表达对子孙的激励与期待，即永不气馁，充满自信，崇圣学贤，兴旺发达，人才辈出，荣宗耀祖。

辈字本身尽管有一定意义，毕竟比较抽象，无论字眼如何高贵典雅，本身毕竟只是种符号，并无什么实际意义。辈字的真实意义在于，它实际上反映了家族内部的血缘关系，代表了家族内部的等级关系。族裔在名字中使用辈字，同家族的人，便可一目了然地辨认出属于哪一辈，然后就可明确自己应该怎么称呼对方，采取什么样的态度。因此，辈字体现了家族内部人伦关系的秩序，通过辈字可以确定别人或自己在家族社会秩序中的辈分。从这一辈分出发，又决定了各自不同的权利和义务。权利与义务互为一体，不可分割，每个角色在享有某种权利的同时必须履行某种义务。辈分划分了家族内部不同的等级，使房族和家族从横的方向上下划分为不同的群体，制约着房族和家族内部的权势关系。一般情况下，辈分高的人拥有较高权势。辈分高，在房族和家族内部意味着声望高，意味着有较大权势。反之，辈分越低则意味着地位较低，意味着较少有发言权，更多只能是倾听与服从。下辈对上辈不仅要尊重，且应俯首顺从，唯唯喏喏。下辈对上辈表现出不满、异议、顶撞，都被视为"没大没小"，都是无礼表现。下辈即使是大富之人，对上辈也不得违礼，否则，家法伺候。泉州《南外天源赵氏续谱·族规》载："族中有恃其富贵不存尊卑名分之礼，而骄倨傲慢于族人者，族长亲率诸尊辈切责之，使改而止。"类似于这样的戒条，并非仅是个别家族特有，而是普遍的规范。辈分高的人即使言论行为有问题，辈分低的人也应缄口，不能妄加评议，否则也是无礼。当然，家族对于辈分高的人的言行同样也有规范，辈分高的人也必须注意检点自身言行，但是对于辈分低的人，要求往往更为严苛。

如果说辈分划分了家族内部不同的等级，并使这种等级性表现为一种社会关系，那么应该说这种等级性开始并不是由社会关系所决定，尊重不是由社会关系获得的，而是由血缘关系所决定，后来这种血缘等级关系获得了社会关系的意义。血缘关系本身制作出一种生物学上的等级阶梯，每个人根据其在血缘上的亲疏远近排定地位。辈分体现了房族和家族内部的等级制度。血缘关系和辈分关系都是不能逾越的。从现代社会的角度看，这种由血缘关系获得的尊重,比起由社会关系获得的尊重,无疑是较为原始的,也是较为落后的。严格的辈分等级制度不能不使族众思想受到较大束缚,压抑了族众个性的发展和创造性精神的发挥。但是从历史的角度看,这种以血缘关系为基础的尊重又具有某种合理性。无论房族或家族的运行都需要某种秩序,辈分等级制度正是应运而生的一种秩序。家族制度的发生和存在与社会行政体制的调控力量有密切关系。社会行政体制调控力量越强,家族制度生存的空间就越小。古代农业社会,物质生产的低水平使社会行政体制功能不够强大有力,往往只能在社会上层和中层发生有效作用,而没有足够力量全面控制作为基层的家族群体。社会调控意味着某种类型的社会关系,是一种秩序,家族组织制度意味着血缘关系,同样也是一种秩序,只不过它是以生物学为基础形成的秩序。然而在社会秩序难以把自己的逻辑贯彻到分散的家族群体中去的时候,自然形成的家族群体以血缘关系为秩序依据,这是必然的选择,也是合乎逻辑的。在社会关系未能有效地扩展到四荒八野的林林总总的家族群体中时,血缘关系就外显为一种秩序,只要这种秩序未能被更强有力的社会秩序所取代,它的存在就有合理的解释。社会行政体制能量不够为家族组织存在提供条件,使自然产生出来的血缘群体秩序得以存在和发展,并使它以自己的运行方式执行社会行政体制的部分意志。因而辈分等级制度尽管有阻碍家族进步的一面,但是却为家族稳定提供了有效的调控方式,使其不致陷于无序状态。

正由于辈分制度对家族组织具有重要意义,家族组织对维护辈分制度十分重视。辈字择定后,不仅要求族众严格遵行,不得违犯,而且作为家族规制载入族谱,昭示族人。永春《桃源蓬莱巷乡梁氏族谱·序》云:"敬祖宗而明统绪,辨昭穆而别亲疏,不为不重……不时观阅,悼知某房是吾族亲,某房是吾房亲,某房是吾小功缌麻之亲。譬之于树而干生枝,由枝生叶,次第相续而不乱。如此则孝悌之心油然而生。"家族所以强调血缘关系,强调长辈之尊,正因为血缘关系是家族组织立族之本。假如抛弃了血缘关系上的尊卑观念,那么家族组织和制度便无从谈起。石狮祥芝《温陵芝山刘氏大宗世谱·凡例》云:"吾宗子孙虽蕃,字行须统同一表,不必立异为高,名须择先世所未有者。近失于稽考,故希之后复有希,廷之后复有廷,殊于昭穆有紊,且非故家体貌。今俱改正,且编十六字以为子孙将来字行,云:大光汉胤,克绍尧宗,维贤与德,永世其家。凡此意味深长,将来依此传承可也。"这里至少反映出三点:一是同宗辈字必须统一,绝不可标新立异,另搞一套;二是使用共同的辈字,同宗族员可凭着这辈字相互认同,增强团结和对家族的向心力;三是新降生族员取名须慎重,切不可与祖宗名字重复,否则将会导致家族世系紊乱,血缘关系模糊不清,血缘秩序混乱。辈分既然是维系血缘秩序的重要标志,故是绝不允许发生紊乱的。家族组织不遗余力维护辈分的严肃性,正是为了维护辈分等级制度,维护家族血缘秩序。也正因如此,每个家族新男性成员降生后,稍稍懂事,前辈往往就要进行"辈分"教育,使他懂得本家族辈序辈字,他又是属于什么辈分,对于不同辈分的同族人该怎么称呼,使用什么样的言语,采取什么样的行为方式。

传统家族组织中以族长、房长为代表的族老阶层,正是由于讲究辈分而衍生出来的,是家族和房族内部辈分最高的群体和个人。族老拥有特殊的地位和权威,并非由知识和能力决定的,而是由血缘关系决定的。族老阶层及其权势的形成,是家族文化这根粗藤上的必然之果。既然家族文化本身体现了一种血缘等级制度,那么族内辈分高的长者在处理家族事务中居于主导地位,拥有的地位和权威便是既定的不可否认的,亦是顺理成章的事情。泉州传统文化历来承认并巩固这种权势结构。族老是家族组织的掌权者,是房族和家族的主宰。族长是家族权力系统的代表。从古代直到中华人民共和国成立,族老在房族和家族中长期拥有绝对居高的地位,拥有不可动摇的权威。族老不仅起着家族性协调的功能,而且起着社会政治性协调的功能。族老作为家族内部的领导阶层,对于家族组织的控制与管理,使家族得以正常运行并发挥其职能,保持既定的秩序起了重要作用。

需要指出的是,家族的族长、房长作为家族房族的最高首领,尽管拥有很大权威,充当家族房族事务的主要协调者与仲裁者角色,但是就通常情况而言,族长、房长对于族权的运用,并非没有限制的,这种限制首先表现在必须以族规、家法、家范、祠规等为基本准则,这些族规家法,可以说就是传统家族组织的基本规章制度。

泉州传统的家族组织,正如中国各地家族组织一样,向来没有明确的法律条文调节人与人之间的行为,而是依照约定俗成和继承下来的习俗和习惯,根据家法、家范、族规、族训、乡约、祠规等为基本规范和准则,维持家族内部秩序。这些族规家法,把一般的家族礼制与本家族情况结合起来,使家族伦理家法化,并成为具体的家族生活准则,作为对家族子孙的劝诫与约束,强化家族治理的权威。这些族规家法,涉及范围颇为广泛,诸如重纲常、尊祖宗、孝父母、友兄弟、敬尊长、亲师友、训子孙、睦邻里、严治家、尚勤俭、力本业、节财用、完国赋、息争讼、恤患难、禁欺凌等。基本内容是侧重于族众言论行为的规范,明确哪些事必须做,哪些事可以做,哪些事不能做。可以做和不可以做的标准,是违反不违反封建国家法律和伦理道德,是否有利于家族秩序的维持,两者在很大程度上又是一致的。这些族规家法,被载入族谱,既是族人必须共同遵守的家族之法,亦是族权行使的依据。族长、房长行使族权,首先亦必须遵循这些共同的规范。家族内部管理的核心精神,不外乎两个方面:敬宗与收族。敬宗,就是强调传统的追溯,建立家族血缘关系的尊卑伦序。收族,则着眼于现实,寻求家族内部长期的聚而不散,团结合作的有效途径。族长、房长履行司法功能,衡量和判断族员日常行为,就是围绕这些基本精神,决定对违规族人进行惩处,依据首先正是这些规定。族长、房长行使处罚权,不能完全排除带有主观色彩,凭感情好恶行事,但这毕竟是很次要的,因为倘若如此,族长、房长既不可能使族众信服,且可能导致家族秩序混乱。正因族长、房长首先是以族规家法为准则,而这些族规家法作为家族基本治理原则,已深深印刻在族众脑际中,使他们也认同族长、房长按族规家法行使族权。

三、家族组织的重要活动

泉州家族文化兴盛与长期绵延,除了完备的家族组织及各种组织制度外,家族组织各种有形物的建设,尤其是祠堂、祖墓、族谱、族田、族产、族学、家族神庙等,以及围绕各种有形物开展的各项活动,亦是突出的体现。

祠堂是家族组织的象征,是家族组织的重要标志。泉州家族祠堂的建造,可以追溯到唐宋时期。泉州开元寺中的檀越祠,建于唐垂拱年间,奉祀紫云黄氏开基祖黄守恭,尽管这是寺中僧人所建,然而寺中还有守恭公祠及奉祀黄守恭四子的"四公祠"。晋江西塘头锦马林氏大宗祠,亦始建于唐末五代初。宋元时期,建祠堂的家族更多。德化美湖阳山陈氏祠堂,始建于南宋年间。石狮祥芝刘氏祠堂,始建于元代至治年间。泉州延陵"黄龙吴氏家庙",位于泉州新门外岐山村,始建于元代至正年间。明代,随着家族制度发展,建造祠堂成为各个家族的主要追求,祠堂建造进入竞相仿效时期。唐宋以来已建祠堂的家族,或修葺扩大旧祠堂,或建造新祠堂,祠堂数量和规模不断扩大。尚未建祠堂的家族,也纷纷开建祠堂。南安梅溪吴氏祠堂,始建于明代初年,后几次修葺。南安金坑王氏祠堂,始建于洪武年间,至清末又有多次或续建或重建。晋江龙湖吴氏大宗祠,始建于嘉靖初年,后几次重修。安溪鹏雏太原王氏祠堂,始建于嘉靖年间,康熙年间重建。德化浔中土坂村邓氏祠堂,万历年间邓钦建修建,至今保存完好。晋江龙湖衙口施氏宗祠,始建于明崇祯年间,清顺治年间迁界时毁,康熙年间重建,占地 1000 平方米。南安石井郑氏宗祠,清康熙年间建,民国年间重修。德化美湖阳山陈氏祠堂,始建于南宋年间,明嘉靖年间和清光绪初年两次遭兵毁,光绪末年依原形重建。因此,绝大多数家族皆有祠堂,甚至有数座。惠安玉坂王氏家族,既有玉坂王氏祖祠,又有龙塘王氏祖祠、妈祖宫祖祠、尾角刊祖祠、车厅刊祖祠等。安溪官桥,小小的山珍黄氏家族,既有山珍黄氏祖祠,还有山珍二世新厅小宗祠,内园小宗祠等。洛江罗溪黄氏建大宗祠于西头埔,各房又建小宗祠于前溪宫路、狮头埔等地。惠安山腰庄氏,族众数万,大小祠堂数量连其族人都说不清,据说有百余座。泉州还有不少超地域的大宗祠。这是由于家族人口不断增殖,族员不断外迁,开拓新的生存空间所致。因此,各地同远祖的族人,在远祖肇基地建总祠。泉州浮桥外的黄龙吴氏大宗祠,就是闽南各地延陵黄龙族裔的共同祖祠。永春湖洋桃源庄氏大宗祠,是闽南各地桃源庄氏的共同宗祠。泉州开元寺内的守恭公祠和四公祠,是闽南各地紫云黄氏共同的宗祠。20 世纪 50 年代至 70 年代,祠堂修造受到严厉限制。改革开放后,泉州各地又掀起了修建祠堂热潮,或修茸,或扩建,或改建,或重建。自此而来,各个家族的祠堂,基本上得到恢复,面貌焕然一新,甚至比过去华丽堂皇,蔚为壮观,亦成为泉州家族文化传承的一个最显著标志。

　　泉州家族组织的活动,祠堂祭祖无疑是非常重要的内容,是最隆重最盛大的祭典,亦是家族组织进行家族教化的最重要形式。泉州各个家族,无论巨族寒族,向来极为重视。泉州南外天源赵氏家族,按《南外天源赵氏族谱·家范》云:"立祠堂以奉先世神主,出入有事必告正,至朔望,必参恭。俗节必荐时物,四时祭祀,各用仲月,卜日行事。冬至祭始祖,立春祭先祖,秋季祭祢,其仪悉遵文公家礼。""祭祀以报本,当尽诚敬以行礼预祭。"祠堂祭祖分春祭和冬祭,日期有所不同。秋祭一般是冬至日,春祭一般在新春正月。祠祭日期选定后,全族动员,认真准备,购买祭品,备办筵席,组织鼓乐仪仗。所需费用,祭田少的向族众摊派,祭田多的则用祭田收入。备办祭祀具体事务一般采用轮值,方式又有所不同。轮值者有祭田可耕,个人花费不多,主要是多操劳。祠祭仪式有详细规定,且大多载入族谱,作为固定规制。参加的族众,仪表、礼节、行为、言语等,亦有严格要求。应事先更衣,整齐服装,有官名官爵者,要冠服顶戴齐备。祭祀仪式由族长或宗子主持。主祭人若干,皆应为德高望重的耆老。除主祭人外,通常设通赞、执事、读祝文各 1 人。读祝文即宣读致祖先的祝辞,又称祭文,虽基本上不属宏篇大论,然有一定格式,内容无非是歌颂祖德宗功,请求列祖列宗庇护。例如,惠安《锦田黄氏大宗族谱》中记载的光绪年间祭文,先是依惯例开列祭祀对象,从黄氏入闽始祖会稽令道隆公起,历唐、宋、元、明、清先祖及闻达之人,洋洋洒洒,竟罗列了九十八名,然后云:"维我锦田,肇基桑莲,来自固始,派衍闽泉。自唐迄今,科甲蝉联,理学才子,配享三贤,设主大宗,昭穆秩然,功爵齿德,附列几筵。值兹春冬祭,追本明礼,孙致者,序拜阶前,献牲酌酒,列祖陈筵,行匪读祝,书诚告遣虔,祖其垂庇,昌炽绵绵。"各个家族祭文几乎如是,千篇一律。读罢祭文,在主持人指挥下,依次奠拜行礼,仪式极其繁琐,单是反复跪拜就足以让人不知所以,整个仪式倘若不写成清楚的稿子照念,任何人也无法把它背诵出来。尽管仪式繁琐,然而所有致祭者无不表现得极为虔诚严肃,该跪则跪,该拜则拜,直至主持人宣布礼毕。仪式完毕,通常都要举行宴会,"聚吃"一通,凡参加祠祭者都可列席这种由公款支付的宴席,美美地享受一餐。因为菜肴总是丰盛的,无论富族寒族,在这一场合都不寒酸。当然,座位有讲究,不可造次。不同的位置体现的是尊卑长幼秩序。但是不管怎么说,这种肃穆的祭祀与欢乐的宴饮相结合,敬宗收族效果更加显著。此外,祠祭之夜,往往还雇请戏班演戏,叫作"娱神",实际上也是"娱人"。族众美餐一顿后,再去看戏,又是一番难得的精神享受。祠堂祭祖,目前在泉州各个家族依然普遍举办,规模同样甚大,场面同样甚为隆重。要求虽不如过去严格,基本规制并没有本质变化。永春湖洋桃源庄氏大宗祠,1995 年重建落成大典,闽南各地及东南亚裔孙数万人齐集,共同祭奠,规模之宏大可谓当今罕有。这也是家族文化传承的重要表现。

族谱是家族组织的重要构件,亦是家族组织活动的主要项目。家族修纂族谱,既是为了"溯渊源分疏戚序尊卑",确保血缘关系的清楚,不致造成混乱,亦是为了颂扬祖德宗功,宣扬伦理道德,施行家族教化。因此,泉州家族组织向来极为重视。宋元时期,泉州一些大家族就有修谱。延陵黄龙吴氏族谱修于南宋,谱载为其写序的有朱熹、文天祥、王十朋、真德秀等名士。南宋名将石狮祥芝刘氏开基祖刘锜派下,珍藏的《温陵芝山刘氏大宗世牒》,扉页有宋高宗御书"精忠贯日",有同僚岳飞、名郡守王十朋、理学家朱熹、大臣蔡元定、章颖、南宋宰相刘家外甥文天祥等人亲笔题字,还有元代和明代名臣和地方官题字。泉州儒林张氏家族,亦是在南宋修谱。按《儒林张氏联宗谱·序》云:"宋淳祐四年(1244年),员宗公拾煨烬始修成谱。"惠安锦田黄氏家族,北宋咸平年间进士黄宗旦修谱,南宋宝祐年间进士黄岩孙续修。元代,仍不断有家族修谱。青阳孙氏家族,元至正年间修谱。明代,泉州家族修谱之风愈益盛行,这从家族族谱记载中可以得到很好证明。惠安峰城刘氏,按《峰城刘氏族谱·序》载,族谱始于明代刘子命倡导:"积十五年之苦心修成族谱。"南安梅溪陈氏,明代太学生陈介石始修谱。泉州薛氏家族,明代中期开始修谱。泉州坂头黄龙吴氏,明代永乐年间开始修谱,宣德年间重修。泉州南外天源赵氏族谱,按《南外天源赵氏续谱·序》称,元灭宋,泉州南外宗正司皇族受祸惨烈,南外宗正司文书和房屋全部被毁,皇族私谱也丧失了。事过了二十年,天下安定,元统治者对赵氏皇族的镇压也停止了,泉州幸存的赵氏子孙已沦为平民。为了不忘祖先,着手搜集资料,整理成一本简略族谱。明朝建立后,赵氏子孙出仕当官,代有名贤。《宋史》的宗室世系刊行后,他们对照史料,补充扩大,成为一部完善的《南外天源赵氏族谱》。因祖宗是宋朝皇帝,此谱便不同凡响,黄绸包扎,专人看管,索阅时须焚香求爻,爻准许,才可观看,十分神秘。明代不仅家族有谱,家族分支或各房也有修谱。明清时期,泉州各家族不仅纷纷修谱,而且还定期续修。由于每过一段时间,家族中总有娶进媳妇,孩子出生,增加人口,又会有老人逝去。家族会设置新的族田,兴旺的家族还会购进公产,族田公产虽不准买卖,但实际上免不了有不肖子孙偷着出卖。此外,随着时间的推移,家族还会发生其他各种变化。因此,必须续修族谱,把各种变化记载到谱中,方能保证家族血缘关系的准确,同时也保证家族其他变化的清楚。族谱间隔多长时间续修,各个家族不大一样,往往视实际情况而定,但不少家族规定"三世一修"。诸如,温陵芝山刘氏,按《温陵芝山刘氏大宗世牒·凡例》云:"制置公九传以下不用图例,只略仿武荣傅氏义例而曲通之,凡三世为一编。"不管怎么样,谱不能长期不续修,否则被认为不孝。因此,各家族都把修谱和续谱作为子孙义务写进族规,保证族谱续修相沿不断。家族子孙不能不重视这项工作。南安码头诗口吴氏,按《黄龙诗口纪略》载:"所有谱牒,毁于倭氛。十世乔木公搜辑于灰烬之余,始创而修之。"随后,清道光年间及民国年间,又有两次续修。晋江翁氏家谱始修于唐,历宋、元、明、清代有续修。晋江儒林张氏一、三房房谱,从明代到民国,曾先后于明景泰年间、正德年间、崇祯年间、清雍正年间、乾隆年间、嘉庆年间、同治年间、民国年间共八次续修。儒林八房大坪满进公派下家谱,从明洪武年间至清光绪年间六次续修。儒林张氏安溪东市满来派下家谱,从明天启初年至民国初年,也有五次续修。晋江青阳庄氏族谱自明永乐初年至天启末年,修过六次,天启年间状元庄际昌编修的《重修青阳庄氏族谱》则为详谱。如此,续谱成了家族组织一项永久性事业。泉州家族修谱,都有"凡例",实际上是基本原则或基本指导思想。基本指导思想,不外就是"隐恶扬善"和"为亲者讳"两句话。一是扬善,只写好的。表彰忠孝,表扬道德,表举节义,是扬善的三种基本表现。二是隐恶,不写坏的。祖先族人做了坏事,除特殊的某些事项外,通常不准写进族谱。20世纪50年代至70年代,族谱续修一度中断。改革开放后,泉州各个家族又纷纷开始续修族谱。诸如,泉州桃源庄氏,晋江沙堤太原王氏,衙口浔海施氏,南安石井营前洪氏,康美阜阳苏氏,码头大廷载氏,安溪大乾林氏,永春蓬壶高丽林氏,桃源凤山康氏,桂洋锦水林氏等,亦均在改革开放以来续修族谱。当代续修族谱,尽管内容有较大变化,基本原则并没有变,仍是隐恶扬善。而其基本出发点,亦无本质区别,即防止血缘关系混乱并准确记载家族发生的大事,增强家族凝聚力和向心力。很多家族子孙所以仍然很重视这项工作,正是因为在他们看来,修谱和续修谱仍是一种义务,一种职责,仍是孝道的某种表现。

族产尤其是族田的设置,亦是泉州传统家族组织的重要活动内容。泉州家族组织设置族田,从现有文献记载看,大体可以追溯到唐末五代。随着北方汉民不断迁入泉州,聚族而居传统的形成,家族制度的发展,家族为了祖先祭祀有稳定来源,开始设置主要作为致祭用的族田。唐末开基南安水头的杨氏家族,据《杨氏家谱》载,开基后不久即设置了族田。宋代,随着家族组织的发展,朱熹等理学家大力鼓吹"敬宗睦族",对家族祭祀的大力倡导,并把族田的设置作为实现这个目标的重要手段,促进了族田设置的风气日渐兴盛。同时,宋代族田的兴起,亦是由于社会动荡不定,为防止子孙在社会经济旋涡中没落下去,祖宗遂提留族产,给子孙留下一份永久性财产。这种动机直到民国期间依然在起作用。族田的设置,作用已不仅是为了祭祀活动,亦是为族众提供经济补助。因此,宋代泉州家族设置族田的越来越多。泉州不少族谱中都有宋代置祭田的记载,诸如晋江西坑锦马林氏家族,惠安龙塘王氏家族,清源留氏家族,晋江江氏家族等,皆在宋代设置族田。元代,族田的设置更多,规模也更大。晋江青阳庄氏家族,按《青阳庄氏族谱》载,族田就是于元代开始大量设置。庄氏作为当时青阳一大家族,所置族田数量很大。泉州坂头吴氏家族,按《金榜吴氏族谱》载,亦是元代开始设置族田,且数量甚大。明代,随着家族组织的发展进入新阶段,族田的设置也越来越普遍。一般的家族在建祠设祭的同时,也大力筹集资金扩置族田。按乾隆《泉州府志·风俗》云:"百人之族,一命之官,即谋置祠宇祭田。"也就是说,每个家族必建立祠堂以安置祖先神主,每个祠堂必公置产业以供祭祀。族田成了家族组织的重要特征,完全没有族田的家族组织是不存在的。明清时期,泉州家族组织族田的普遍设置,从族谱的记载中可以得到最清楚的反映。这时期各家族所修的族谱中,几乎均有族田设置的记载。家族族田的设置与增殖,途径有多种,最基本的途径是祭产提留。即每当分家析产时,提取一定数量田产作为祖、父辈的赡养费,祖、父辈死后,这些田产便成了祭田。这种分家时提留祭产的方法,是泉州族田增殖的最主要手段。其次是派捐。向族人派捐以增加族田的现象,在泉州民间也有不少。派捐名目多种多样,因族因时而异。较常见的是家族向登科出仕者摊派"喜钱"。尽管这是一种派捐,但被摊派者往往也乐于接受,这不仅有家族精神的感召,而且实际上也是成就与荣誉的标志。有的族人娶媳妇、生男孩,也是大喜事,不能忘记祖宗,家族即向其派征"娶妇钱"和"报丁钱"。再次是义捐。各家族积极鼓励族人义捐族产。在家族精神的有力感召下,某些发达富裕的族人,经常自动捐银购置田产,充作族田,有的族人捐献的族田数量还是很大的。此外,有些家族组织还采用向族人集资的办法,或利用家族现有的余额资金购置,或用家庭经营工商业活动的收入购置。总之,通过各种途径增加族田。族田与其他族产一样,都属于全族公有,不能买卖、转让或馈赠,所以称为公田。除族田外,随着泉州社会经济的变迁和家族组织的发展,家族的其他族产也在不断扩大。宋元时期,家族族产基本上仅限于族田、山场、房屋、桥渡、水利工程、碾房、沿海滩涂等,别的方面很少。明代,随着泉州社会商品经济的发展,各个家族为了自身生存和发展,经济方面也不断进行自我调节,加强家族组织直接掌握的经济收入。除了继续增置和经营族田外,不少家族开始涉足工商领域,特别是通过出租经商店屋和管理手工作坊等途径,筹措家族的活动经费,增值家族的财产,诸如店屋、生息银两等方面。族产的项目增加,呈现多样化的状况。例行泉州洋塘杨氏家族,按《印塘杨氏族谱》载,明代不仅有大量族田,而且曾把族款借出生息。而有的家族不仅盖房作为店铺出租,收取租金,而且直接经营各种能获利的经济活动,以此扩大家族的经济基础,增强家族的经济实力。诸如,从南安水头迁入泉州城内西街的象运王氏家族,按《龙塘王氏族谱》载:"在城西有糖房、典当、焙灶,均设在傅府山下。另在涂山街水门市场内尚有店铺一间,租作渔店,所收租金悉充为交轮忌辰、祭祖等用,每年由各房轮流凭折收取支用。"可以看出,该家族所经营的范围是较广的,族产规模也比较大,因而"象峰王"在泉州尽人皆知。

　　创办族学,亦是泉州传统家族组织活动的重要内容。泉州家族组织向来重视创办族学,这种重视有多方面的原因,从根本上说是为了提高家族的生存能力,使家族得以更好地维持和发展。经济是基础,创办族学的关键是经费。许多家族组织为保证族学有较稳定的经济来源,纷纷专门设置了书田,或称学田,以其收入作为族学经费。家族的祭田收入,在保证祭祀这个首要用途外,倘有较大余额,也有部分作为族学经费。此外,族中为官为吏发财者,或经商致富者,在家族精神感召下,往往也慷慨捐资族学,或独力举办,或提供资助。泉州家族创办族学,从现有史料记载看,宋元时期已经兴起,可以说也是随着家族组织发展而不断发展起来。元初刘君辅在石狮祥芝创办的芝山书塾,是这个时期泉州较为著名的族学。按《温陵芝山刘氏大宗世牒·芝山书塾记》载,刘君辅幼年丧父,无依无靠,发奋努力,曾任县主簿。后弃官经商,经营渔业,经营有方,成为富甲一方大财主,拥有三十六个庄园,年收田租八万四千石。发家致富后,在祥芝大堡创立芝山书塾,聘请丘葵和林兴祖等名师任教。该书塾随后又加以扩建。从记载可以看出,当时芝山书塾规模颇大。明代,泉州社会经济特别是商品经济的发展,为族学的发展提供了经济基础。家族组织的高度重视与积极倡导,家族中的士绅或发财致富的族人乐捐其成,族学的设置越来越普遍。安溪山珍黄氏家族,按《山珍黄氏家谱》载,明代隆庆年间,"七世一晖设书馆于牛头寨埔。清中叶,山珍设有书房仔三处,即后厝书房仔、洋中书房仔和顶新厝书房仔,雇师课笃族中子弟"。南安梅山芙蓉李氏家族,元末肇基后,传六世至李白水,家族振兴,把"士勤于读,富诗书"作为族规,并先后营造了六处书房,成为家族开发子弟智力培养人才的重要场所。刘君辅元代于祥芝建芝山书塾后,祥芝一带户诵诗书,兴学重教之风颇盛。明代,祥芝人邱有岩辞官后,在故里筑书室,课督子孙。即使是普通家族,也重视家族子弟教育。明代石狮境内又建了不少族学,兴学之风代代相传。至清代,族学规模不断扩大,较著名的有莺山书舍、三泰书斋、下沙书房、石埕书轩、欧厝书斋等。直到民国年间,石狮港塘仍有私塾存在。惠安崇武在明清时期也建有许多族塾,如靖江的霞张馆、思德馆、吉兴馆,莲西的何家祠、刘家祠、蔡厝蔡氏家族的东篱馆,詹厝詹氏家族的西园馆,海门詹氏家族的詹厝馆,潮乐张氏、黄氏、魏氏、邓氏家族的张宗祠、黄宗祠、魏厝祠、邓厝馆等。族学在明清时期的普遍化,正如《泉州府志·风俗》云:"极至十室之内必有书舍,保贩隶卒之子亦习章句。当是时师严而尊,学徒已婚冠而为弟子员矣。"族学的一个重要目标,是为家族培养政治人才,也就是通常所说的士绅人物。家族对子弟教育的投资,亦收到不小成效。惠安张坑张氏家族,元末开基后,建塾学"龙山书室"为子孙读书之处,以"非力学无以树门户"为族训。明代弘治至崇祯年间,有自张纶至其六世孙计六代均出举人的佳话,更有张岳、张峰兄弟两进士,张岳及其孙、曾孙四代三进士的盛事。张岳更是官至都察院右都御史,总督湖广川贵军务。总之,大量族学的兴办,不仅对于家族教化与家族秩序的维持具有重要作用,而且对于扩展民间基础教育和传播民族优秀传统品德也有不可否认的积极意义。但是从族学教育的内容看,由于注重于传统伦理道德的教化,而轻视科学实用的知识普及,因而到了近代,已越来越不适应时代前进的要求。中华人民共和国成立后,族学为政府创办的学校所取代。

泉州传统家族组织的活动,除了上述几项最重要活动外,实际上较为重要的活动还有不少,诸如祭扫祖墓,建造家族神庙与祭祀家族保护神,以及举办族中各种公益事业和赈灾救贫等。所有这些活动,动机无疑是非常明确,就是增强家族组织的向心力,增进族众对家族的认同,以及相互之间的认同,凝聚族众心力,共同推进家族各项事业的发展,增强家族的生存和发展能力,提高家族的社会声望和地位,获得更多的政治利益和经济利益。简言之,是维持家族运行秩序的需要,是家族生存和发展的需要。这些家族活动,本身是以家族观念为指导的,而它反过来又强化了家族观念。家族组织的这些活动,时至今日,尽管时代变迁很大,但有不少仍在举办,亦表明家族文化的经久不息,具有极为强大的生命力。

第三节　泉州家族文化的外播

泉州家族文化绵延千年,始终是泉州传统文化的固有成分,是泉州社会生活重要的组成部分,它不仅深深地影响了一代又一代泉州人,而且随着历史上大批泉州人向外移居而播迁台湾及东南亚各地,对泉州与台湾同胞及东南亚侨胞的关系产生了极为深刻的影响。

一、家族文化薪传台湾岛

今日台湾岛上的两千多万汉族同胞中,百分之四十多祖籍地在泉州,仅此一点即足以表明台湾与泉州关系的非同一般。在泉台关系诸多难以割断的纽带中,家族文化乃是最为突出的一条,无论历史抑或现实都是如此。

泉州人隋唐以来就与澎湖岛往来,而最早徙居台湾的,根据现有文字记载,是北宋末南宋初德化县苏姓的《德化使星坊南市苏氏族谱》。元代,泉台关系进一步密切,泉州人移居台湾的人数也有所增加。永春《岵山陈氏族谱》,南安《丰州陈氏族谱》中,均发现有元代族人迁台的记载。大规模的迁移始于明末。明末郑芝龙据台时期,清初郑成功复台后的郑氏政权时期,清政府统一台湾后的康、雍、乾、嘉时期,是三个最重要的时期。这三个时期出现了泉州人大批迁移开发台湾的三次移民高潮。

迁移台湾的泉州人,由于绝大多数是农民,渡台之后,又与土地结下不解之缘,被固定在相对集中的一块块土地上生产与生活,为家族文化的复生与存在提供了基本载体。由于移民社会生产力水平低下,以及农耕性的特点,决定了在一定地域中生活的移民,要想获得必要的生存资源,不能不依靠群体的力量。家族作为家庭的联合则能构成更有实力的群体。由于移民所处的社会,社会体制功能不够坚强有力,没有足够的能量全面控制作为基层的移民群体,这也为移民家族共同体提供了存在的空间,使自然衍化出来的血缘群体秩序得以成长,并使它以自己的逻辑执行社会体制的部分意志。由于渡台的闽南人在原族居地时,已从心理上、文化上、精神上认同了家族文化,移居台湾后,传统家族人格意识也很难被剥离。由于移民背井离乡,跨越海峡,在台湾再建家园的历程中,充满艰难与辛酸,不免时时飘荡起怀乡的思绪,也希冀祖地祖先神灵驾临台岛,显灵显圣,保佑平安吉祥,兴旺发达。因此,泉州移民渡台后,家族文化依然相伴相随,在台湾这块土地上复生和绵延。

渡台泉州人在台湾重拓家园的过程中,以泉州家族文化为蓝本,发酵出的一整套家族文化系统中,虽然注入了一些新的色彩,但仍较为完整地保留了其文化源头的外观形态和内在逻辑。

带有宗亲源头标识的血缘性群体性质。以血缘关系为标准,将同一血缘的家族成员联结起来,组成紧密的人际网络,家族共同体的成员凭着血缘相互认同,这种宗族性是泉州家族文化的基质之一。这一基质在渡台泉人社会中得到非常鲜明的再现,且与祖地家族直接联系起来。渡台泉人往往以血缘为基础形成新的家族共同体,每个新家族均有以父系血缘为中轴的宗姓,凡同一家族繁衍的后代,虽然由于家族人口的膨胀可能已分居好几个地方,然而均带有相同的宗姓。这宗姓不仅是从泉州带去的,而且为使家族成员更清楚家族的源流,更便于对家族的认同和相互之间的认同,许多泉籍移民家族的宗姓还冠以祖籍宗姓的特殊标识。南安诗山霞宅陈氏家族的陈宗赏,清光绪年间携带家移居台湾,成为台湾霞宅陈氏开基始祖,后裔分布于台中、台北、基隆、新竹等地,皆自称"霞宅陈氏"。晋江"龙山派"曾氏,明末清初,乡亲大批渡海去台湾开发、繁衍,裔孙也都自称"龙山曾氏"。泉州紫云黄氏的后代,有的随郑成功收复台湾,并定居台湾,有的在其他时期到台湾开基繁衍,裔孙遍布台北淡水、深坑、万华等地,皆自称"紫云黄氏"。晋江张林儒林张氏家族,从清代至民国即有 230 多位族人移居台湾,裔孙均称"儒林张氏"。泉州桃源庄氏后裔分布于台湾 80 多个村庄,人丁多达 10 余万人,皆自称"桃源庄氏"。此外,诸如"金墩黄氏""铺锦黄氏""参内黄氏""安平颜氏""玉井蔡氏""下涌赖氏""龙塘王氏""沙格王氏"等,也都是祖籍宗姓的特殊标识。如此,虽血缘关系可能超越族居的地理界线,却不会改变宗亲源头的意义。

带有祖籍村落标识的族居方式。地缘性的族居方式,同一宗姓的家族生活在特定的村落基地,血缘关系和亲属关系在这里联结起来,并从这里辐射出去,这也是泉州家族文化的基质之一,它在渡台泉州人的社区格局中同样得到突出的体现,且也与祖地家族联系起来。泉籍移民家族基本上仍以共同地域为基础,生活在相对集中的地域之上。这里,血缘关系和地缘关系表现出某种程度的合一,血缘关系的定格形成地缘关系,地缘关系则成为血缘关系的投影。血缘关系为家族共同体提供了无形的连带,地缘关系则为家族共同体提供了有形的连带。渡台泉人在台湾形成的新族居地村落,很多也直接采用泉州原族居村落的名称。例如,台湾姓氏源流编辑室编《台湾姓氏探源》载,南安石井的院前,原称"院里"。明崇祯年间不少人随郑芝龙到台湾垦荒定居,并沿用家乡"院里"为居台的村名。后来,随郑成功收复台湾的石井院里人总兵官李林和李成立等十二位乡亲,在台湾鹿港附近开垦田园,盖起村舍,也起用祖籍石井院里的村名。南安丰州北门街长寿铺的"燕山黄"裔孙黄基源,迁移台北定居后,以"黄厝"为村名。南安长布黄氏家族清初有大批灾民移居台湾,繁衍成数千人大族,其驻地也使用故乡之名

"长布"。南安玲苏乡苏泽恩等人,清康熙年间带领族人移居台湾嘉义县开发,以祖地祖家姓氏"苏"定村名为"苏厝"。此外,诸如台湾花莲的"枫树村",台北的"小洋坑村",澎湖的"下井村",彰化县福兴乡的"粘厝庄",台北市汕头街的"洪厝"等,也都是某一家族在泉州族居地的名称。显而易见,正如宗姓冠以祖籍标识一样,族居地使用祖籍村落名称,这种同样带有纪念性意义的做法,目的也是更易于对家族的体认,同时也更明确地表示自己是泉州某村落家族的分支,与祖地家族一脉相承。

同出一源的辈分等级制度。家族内部以血缘关系为基础的严格的辈分等级制度,是泉州家族文化的另一个重要特征。渡台泉人所形成的家族共同体中,基本上承继了这一组织结构原则。渡台泉人所形成的家族不仅都严格使用辈分来划定内部的等级关系,区分上下尊卑伦序,而且辈序辈字也直接从泉州家乡承袭过去。这一则是因为祖地原家族实际上都有早已排定了的辈字,都是经过祖先精心编排的,往往可以使用几百年,有的甚至可以管用千年以上,每一位移民渡台时本身在某一家族辈序中都已有明确的辈分序号。二则也是对祖地家族这套维系血缘关系秩序制度的认同,尽管这种认同在很大程度上是基于现实的需要:维持新家族共同体的内部秩序,使其不致出现无序化,造成家族的混乱,削弱家族的生存能力。因此,两岸同出一系的家族往往有相同的世传辈序。例如,按台湾姓氏源流编辑室编《台湾姓氏探源》载,台湾嘉义、台北、新竹等地的"双溪衍派"李氏,使用的就是祖地南安溪东村李氏家族从九世起的二十五个辈字。台南市飞鸾村和嘉义市雁入内村的曾姓,使用的就是祖地德化凤阳村曾姓的四十个辈字。此外,诸如台湾土城何氏家族与祖地惠安辋川试剑村何氏,台湾苗栗县三叉乡杨氏家族与祖地安溪三洋乡杨氏家,台湾嘉义布袋咀周氏与祖地晋江白沙村周氏,台湾木栅张氏与祖地安溪大坪儒林张氏,台湾台中鸭母寮王氏与祖地南安象运王氏,台湾台中清水乡王氏与祖地安溪蓬州乡王氏等,字辈也是相同的。当原有辈字用完后,两地又有联合新编。但就大多数家族来说,要用完共同的辈字并不容易。例如,台湾紫云派黄氏子孙尽管在不同的地方开门立户,但共同使用从泉州携带过去的紫云黄氏的世传辈序,而这辈序有六十字,可用六十世。辈分的高低通常意味着威望的高低和权势的大小,社会地位可以逾越,血缘地位不能逾越,这些原则在两岸家族中也是一致的。

家族谱牒的抄录与编修。泉人渡台后经过一段时间的繁衍,逐渐形成新的家族。这一新的家族也如同祖地的家族组织一样,为使家族成员最大限度地达到家族认同,保障家族系统的存在和延续,增强家族的凝聚力,采取各种形式的活动强化家族意识,这些活动往往也与祖地家族有着非常密切的关系。通过族谱的修编或抄录,达到"溯渊源,分疏戚,序尊卑"的目的,就是其中非常重要的活动。渡台泉人繁衍到一定阶段后,有的开始自己编修家谱。安溪龙门的翁氏族人明末肇基台南竹围后,清末开始自行修谱。民国五年(1916年),族亲翁朴赞从台湾返回祖家时,带回了这部分派台湾的翁氏族谱。该族谱至今依然完好地保存着。渡台泉人编修族谱时,往往要与祖地家族的族谱相结合,正是为了使后代不忘本源。石狮"铺锦"黄氏渡台族裔编修族谱时,也到祖家抄录族谱,有的泉人渡台后,为使子孙不数典忘祖,早已把族谱抄录过去。但从清代以来,两岸族人共同修谱的现象则更为普遍。泉州许多家族的修谱活动,往往有台湾族裔参加。渡台族人所以也很重视祖地家族的修谱工作,同样也为了借此纪念水源木本,子孙后代不至于数典忘祖。这种海峡两岸族人共同修谱的传统习惯,也构成了泉台家族文化联系中的一大特色。直至当代,两岸宗亲共同修谱,仍然延续不断。泉州老家族人在修谱时,更是始终没有忘记把徙居台湾各地的族人载入族谱,说明虽远隔两岸,从来都把这些外迁者视为本家族的成员,从不见外。

修造祠堂与祭祖祀神等活动。祠堂是祖先之象征,祭祖之圣坛,也是家族其他活动的重要场所。泉人渡台定居后,随着人丁的不断繁衍,也开始营建祠堂,作为供祖先神主牌位和举行集体祭祖的场所。他们在台湾兴建的族姓祠堂实在多不胜举。这些祠堂的建筑与泉州祖籍祠堂也有着很密切的关系。不仅许多祠堂沿用祖籍祠堂的名称,而且有的祠堂连建筑形式也模仿祖籍祠堂。例如,分派于鹿港的晋江永宁鳌西林氏族人所建的"林厝祠堂",分派于彰化粘厝庄的晋江衙口粘氏族人所建的"桓忠堂",晋江衙口施姓在台族人所建的"临濮堂",惠安安头乡陈姓在台族人所建的"琅玗陈氏宗祠"等。安溪三洋乡杨氏在台湾苗栗镇的族人,所建的祠堂称"凤莱厝",不仅名称与祖地祠堂一样,而且建筑风格也是一个式样,都是三十六翘脊七十二台阶。实际上,关系还不仅仅在于名称与建筑风格。祠堂镂刻的那些歌颂祖先功德的楹联,许多亦是对祖先祖地的追忆。渡台泉人所建的祠堂中,总是供奉着祖地列祖列宗的神主牌位,甚至连祭祖的时间,仪式也与祖地如出一辙。积极参与祖地祠堂和祖茔的修葺及祭扫,也是泉州渡台族人的一个非常普遍的现象。明清以来,泉州祖地修建祠堂,台湾宗亲总是积极响应,纷纷捐资,乐观其成。清乾隆年间,晋江鉴湖张氏分派于台湾的族人张士箱,经营拓垦事业,田园之利甚丰,成为台绅绅之首,财富也大量回馈故乡,新建大小宗祠,设置祭田,整修祖茔,并重修家乘,为祖地家族留下不少东西。直到现当代,仍有许多台湾宗亲积极参与祖地祠堂修造。泉州祖地祭祖,台湾的宗亲亦积极参与祭祀。每当清明节,家族中分派于台湾的族人,亦经常派人回泉州祭扫祖墓,与族亲畅叙骨肉情谊。

礼俗性的调节手段。渡台泉人的家族共同体,正如祖地家族一样,它没有正式的明文规定的法律约束族员行为,而是依靠家族习惯和约定俗成的戒律来规范家族内部的人际关系。这些礼俗很多也正是从泉州祖地家族承继的遗产。祖地家族在自身长期的活动中发展出的整套礼俗规范,渡台泉人自幼生长在这样的环境中,不断参加各种家族文化活动,久而久之就被族化了。族化塑造了移民的家族人格,使他们认同家族礼俗,把其作为社会生活赖以维持和延续的原则。无数只能靠体会领悟的格言训诫,萦绕着他们的头脑,不断地潜移默化,成为心理积淀和行为模式。这些礼俗规范也被渡台泉人所承继,在新的家族共同体中发生作用,成为不可分离的组成部分。例如,渡台泉人家族共同体借助祖地家族的族规族训,维持家族的秩序,而族规族训正是家族礼俗的重要内容之一。据泉州黄氏宗史研究会编纂的《黄氏宗史谱》载,泉州紫云黄氏有一首认祖诗,又称铙钹诗。相传紫云始祖守恭公与圣僧将一铙钹裂为四片,分予四子分散前往四县,并附铙钹诗,为日后祭祖相认凭据。诗云:"骏马登程往异方,任从随处立纲常。汝居外境犹吾境,身在他乡即故乡。朝夕莫忘亲命语,晨昏须荐祖前香。苍天有眼长垂佑,俾我儿孙总炽昌。"该诗便成了黄氏族人的共同祖训。清同治年间,台湾金墩乡黄氏宗亲来晋江潘湖村认祖时,在黄氏祠堂高声朗诵认祖诗,以示不忘祖训。他们从台湾送来的一张楠木案桌和一张八仙桌,现在仍摆在潘湖黄氏祠堂。

渡台泉州人所播迁的家族文化,它所包含的宗法、迷信、保守的成分,无疑是有明显的消极作用。然而无论其历史和目前的表现形式如何,也包含着不少合理的因素,有不可否认的正面效应。它使渡台移民获得了一种较为有效的依靠,从而增强了自身的生存和发展能力。移民家族作为一个紧密的团体,在台湾大规模垦殖开发的历史进程中,也发挥出相当积极的作用。同时,作为泉州移民文化中居主导地位的文化,泉州移民的家族文化已放大成了社会文化,融入台湾社会之中,成为台湾文化不可分割的部分,增添了台湾文化的色彩。同样不可否认的是,泉州移民所播迁的家族文化的核心,乃是中国社会几千年遗留下来的宗族观念,是"木本水源""敬亲睦族"的思想感情。这些观念与感情,通过代际传播的方式,不断传递给下一代,成为渡台泉州人后裔维系同祖籍地关系的重要精神纽带,一根永远剪不断的纽带。

二、家族文化移育东南亚

泉州多姿多彩的家族文化,亦随着明清时期泉州各家族大量族裔迁移东南亚,在东南亚广泛传播,并不断承袭下来。尽管外观形态有较大差别,基本宗旨与精神并没有本质不同,它无论对于东南亚泉州族裔群体的生存发展,抑或对于东南亚族裔与泉州祖地的关系,亦皆产生了颇为突出且颇为深远的影响。

泉州族裔最早迁移东南亚,现有比较可靠的证据是在唐代,当时已有泉州商人到东南亚经商或居住。宋元时期,泉州海外交通空前繁荣,前往东南亚经商甚至移居者也随之增多。明朝初年,厉行海禁,泉州沿海人多地少,生计无着的家族裔孙,冒险出海前往东南亚仍为数不少。明代中叶至鸦片战争前夕,泉州族裔往南洋垦场耕种者越来越多,迁移东南亚进入新的发展阶段。1840 年鸦片战争后,中国逐渐沦为半封建半殖民地,泉州农村经济凋敝,民不聊生,各个家族许多族裔不得不漂洋过海。鸦片战争到民国末年,是泉州族裔前往东南亚的高潮阶段,移居东南亚者规模空前。在这个过程中,泉州家族文化也在东南亚泉州族裔社会中复生和蔓延,这其中有多种因素的共同作用。

泉州宗亲背井离乡,远离故土,前往东南亚披荆斩棘,艰难困苦的开基创业历程,随时可能遭遇的各种天灾人祸,使他们深感个人力量的单薄,唯有加强团结,结成较大的群体,形成某种合力,才能获得生存和发展的基本保障。在东南亚移民社会的环境中,结成这种群体的对象选择,首先无疑是有血缘关系的宗亲。拢聚来自同一家族的宗亲,变个人力量为群体力量,是最为现成的选择,最为有效的办法,也是宗亲们最为熟悉的东西,无疑就是借助祖地家族的传统,强调血缘关系,强化宗亲感情,通过某种组织形式,把宗亲们重新组织起来,相互扶持,相互帮助。泉州各家族族人往东南亚,往往相携而行及牵亲引戚。按《岛夷志略》载,元代泉州吴宅族人"百有余人"同时出洋帝汶,寓居当地。家族有人先移居某地,往往又相互引介,不断有宗亲迁移到那个地方。永春《留安刘氏族谱》载,乾隆年间,陈臣留到马六甲,获得大片可开垦土地,回家带了数百名亲友同乡到那里从事种植。泉州南门外亭店杨氏,宗亲相互牵引前往菲律宾,至民国初达到六百多人。这些迁移特点,使宗亲们到东南亚后,往往相对集中居住,形成血缘性很强的聚落。从泉州诸多族谱的记载中,均反映出族裔到东南亚后落籍相对集中的情况。诸如,晋江《金井蔡氏族谱》载,明万历年间往东南亚一百五十位族裔,绝大部分居吕宋;安溪《金谷河图郑氏族谱》载,光绪年间大批族人往马来西亚,多聚居亚庇斗亚兰;安溪山珍黄氏宗史研究会编纂的《安溪山珍黄氏族谱》载,嘉庆年间往印尼众多族裔,多聚居东爪哇泗水老果占卑。宗亲相对集中的居住,为泉州家族文化在东南亚的传承,提供了良好的地缘条件。

东南亚各地的泉州家族宗亲,在东南亚重拓家园的过程中,重新成长发育起来的家族文化,固然由于社会环境条件的较大变异,各个方面的具体内容,有不小的变化,带有东南亚社会的某些特色,呈现出自身某些新的色彩,然而从整个文化系统看,并没有本质的变化,祖地家族文化乃是基本遵循的蓝本,相当程度上仍承继了祖地家族文化的外观形态和内在逻辑。

家族特殊标识。泉州各个家族在历史发展进程中,为了慎终追远,亦为了便于家族成员对家族的认同和相互之间的认同,形成以郡望、堂号为标志的各自某些特殊标识。这是泉州家族文化的一种特征。这个特征在东南亚宗亲社会中得到鲜明再现。宗亲们无论居于东南亚何地,也无论是否形成新的家族支派,皆承袭泉州祖家的宗姓标识,作为自身在东南亚的特殊标识。诸如"颖川陈氏""太原王氏""陇西李氏""紫云黄氏""儒林张氏""黄龙吴氏""安平颜氏""阜阳苏氏""榜头白氏""下涌赖氏"等。正因为有这些特殊标识,宗亲之间无形的难以从外部辨识的血缘关系,变得更易于体察和辨认。宗亲们无论身居东南亚何处,彼此可以凭着这些特殊标识相互认同,从而组成联系更为紧密的人际网络。

建立宗亲组织宗亲会与一姓会。家族组织是家族文化的组织形态,亦是泉州家族文化的重要构件。东南亚的泉州族裔,普遍建立宗亲会,亦是对祖地家族文化的认同。东南亚宗亲会固然与祖地传统家族组织有较大不同,即血缘关系远近疏密参差不齐,这是族裔在东南亚的居住特点所决定的。然而一定的血缘关系无疑仍是基础。这些宗亲会,按照血缘关系疏密程度,可以分为两类:一类是血缘关系较为紧密的小宗宗亲会,成员均出自泉州祖地本家族肇基祖。诸如,石狮家族宗亲在菲律宾的锦里张氏宗亲会,钞坑颜氏宗亲会,沙堤董氏宗亲会,金曾杨氏宗亲会,永宁陈氏宗亲会,祥芝赤湖蔡氏宗亲会,晋江永宁西岑施氏族裔在菲律宾的临濮堂宗亲会,南安康美阜阳苏氏族裔在印尼棉兰的阜阳苏氏宗亲会,安溪蓬莱大垅林氏族裔在马来西亚、新加坡的林氏宗亲会等。一类是血缘关系较为疏松的大宗宗亲会,根据共同祖先远近的不同,大体又可分为三种:一是共同的闽南祖先,如马来西亚燕山黄氏总会,菲律宾锦绣庄氏宗亲总会;二是共同的开闽祖先,如新加坡林氏九龙堂家族总会;三是共同的北方远祖,如印尼泗水的延陵吴氏公会,菲律宾马尼拉的江夏黄氏宗亲总会等。此外,还有许多一姓会,如印尼雅加达林氏宗亲会、叶氏公会,马来西亚南安刘氏公会、永春周氏公会、王氏总会、张氏公会,新加坡刘氏公会等。这些宗亲总会和一姓会,实质上都是家族血缘组织的扩大。

承袭血缘辈分制度。家族内部以血缘辈分作为等级关系的基本依据,这是泉州传统家族组织的基本原则,亦是泉州家族文化的重要特征。东南亚各地的泉州宗亲,尤其是聚族而居的血缘聚落,小宗宗亲会组织,基本上承继了这个组织原则,使用辈分区分上下尊卑伦序,且辈序辈字也直接从泉州祖家承袭过去。因为祖地家族都有早已排定的辈序辈字,经过祖先精心编排的辈字,往往可使用几百年甚至千年以上,每个族裔前往南洋时,在家族中都已有明确的辈分序号和辈字。如此,东南亚与泉州同一派系的族裔,往往带有相同的世传辈序和辈字。例如,按王人瑞主编的《增补龙塘王氏族谱》载,泉州龙塘王氏在新加坡的族裔,使用的祖地辈字:贻谋以燕奕,台鼎振家声,诗书光祖德,显扬立其名,兆祥堆孝友,锡克笃忠贞,钦尔子若孙,先绪永丕承。辈序辈字表面上只有象征意义,实际上乃是血缘地位的标签。在这种人伦秩序中,辈分越高,通常意味着应获得越多的尊重,拥有更高的地位。社会地位可以逾越,血缘地位则不能逾越。这些原则,在南洋宗亲群体中,同样基本适用。不过,大宗亲会和一姓会组织,血缘地位已经大大淡化,社会地位成为重要依据。这既是由于这些组织中血缘辈分序号已不一致,不同支派家族辈分序号难以准确对接,更是由于南洋商业社会的特性,经济能力和社会声望成为获更多尊重的依据。

建造祠堂与祭祖。祠堂与祭祖,亦是泉州家族文化最为重要的显性特征。泉州族裔定居东南亚后,随着人丁不断繁衍,经济条件改善,也开始营造祠堂,相继兴建了许多祠堂,作为供奉祖先神主牌位和集体祭祖的场所。

例如,泉州锦绣庄氏宗亲于菲律宾建的锦绣庄氏家庙,泉州延陵黄龙吴氏宗亲于菲律宾建的让德堂,泉州虹山彭氏宗亲于印尼望加锡建的虹山堂,泉州龙塘王氏宗亲于马六甲建的植槐堂,南安阜阳苏氏宗亲于印尼棉兰建的武功堂,等等。这些祠堂,许多沿用泉州祖祠名称,有的建筑风格模仿泉州祖祠,祠堂中亦总是供奉着泉州祖家肇基祖先,并仿照祖地做法,依时举行祭祀活动。不过,也出现不小的变化。从建造的祠堂看,固然有许多小宗祠堂,但是更多的则是合建的大宗祠堂,甚至宗姓祠堂,奉祀共同的祖先。诸如,菲律宾马尼拉的江夏黄氏宗祠、延陵吴氏让德堂,新加坡的太原王氏宗祠,马来西亚的陈氏大宗祠,新加坡的白氏公所等。这些祠堂的建造,使已颇为疏远的血缘关系再度得到重视,然而亦使祠堂供奉的主要对象发生了变化,其中固然仍然有泉州祖地祖先,但是更多的居于主要地位的则是开闽始祖,中原和北方远祖,甚至是中原和北方的得姓始祖。如此,集体祭祖尽管祭祀时间、物品、程序、仪式等,基本依照祖地做法,然而主祭对象和主祭人也发生了相应的变化。

修纂族谱与族史。族谱是家族发展的历史记录,亦是泉州家族文化静态结构中的重要组成。东南亚的泉州家族裔孙,对于族谱同样非常重视。宗亲们为使子孙不致数典忘祖,并达到敦亲睦族的目的,或把祖家族谱直接携带到东南亚,或派人回祖家抄录而去。他们在东南亚人丁繁衍众多后,逐渐形成新的家族支派,也开始编修本支派谱牒。

东南亚的泉州族裔,在东南亚各地修了不少族谱。诸如,菲律宾的晋江深沪侯氏族裔,编修《菲台沪侯氏族谱》;菲律宾的延陵黄龙吴氏,编修《让德堂吴氏族谱》等。南洋宗亲修谱的基本动机,亦与泉州祖家修谱如出一辙。新加坡的安溪榜头白氏族裔,据新加坡白氏公会编《安溪榜头白氏族谱》载,1989年修纂《榜头白氏族谱》时,新加坡白氏公会常务主席白志勇明确指出:"编纂族谱,旨在报本寻源,追念祖德,且由此而敦宗睦族,贤其贤而亲其亲,出入相友,守望相助,患难相扶,则宗人相亲相睦,千派万支,归于一宗。"东南亚族裔修谱,必定要与泉州祖谱相对接,而且体例也基本仿照泉州祖地祖谱。除此而外,东南亚宗亲因组织形态变化,修谱亦有新特点。一是较多修纂大宗谱。如菲律宾江夏黄氏宗亲总会修纂的《江夏黄氏大成宗谱》。二是以特刊方式修纂宗史。新加坡白氏公会所编《纪念特刊》,菲律宾延陵吴氏宗亲总会编纂的《纪念特刊》等,都是特殊形式的族谱。

移居东南亚的泉州族裔,继承泉州祖地的传统,利用一定的血缘关系或泛血缘关系,构成为联系较为紧密的群体,强调宗亲之间的感情,使人际关系带有浓厚的情感关系,这对于身居异国他乡没有多少外部力量可以依靠的他们而言,对其生存和发展无疑具有重要的积极意义,有助于增强群体的凝聚力和亲和力,济急解危,扶弱救难,相互帮助,相互支持。因此,对于移民宗亲来说,就成为具有较大合力的团体,就有了更强的生存能力,使他们在东南亚能够扎下根来,不断开创自己的事业,也为东南亚社会经济的繁荣发展做出了巨大贡献。东南亚宗亲传承的泉州祖地家族文化,核心乃是中国社会几千年遗传下来的敬宗睦族观念,是"木本水源"的思想情怀。对于广大东南亚宗亲而言,这些观念与感情已被赋予一层新的特别的意义,即成为强烈的故土情思的寄托,增强了他们对祖地的向心力,也成为他们维系同祖地关系的重要纽带。正是这根重要纽带,使他们始终与祖地保持密切关系。几百年来,一代又一代的东南亚宗亲,不断回到泉州祖家,寻根拜祖,修谱建祠,畅叙亲情,慷慨解囊,举办公益,就是最有力的证明。这种行为,反过来推动了祖地家族文化的发展,使之更加繁荣,弥久不衰。尽管随着岁月流逝,东南亚宗亲社会家族文化已发生了嬗变,传统家族文化许多表面形态亦已有所消解,然而慎终追远的精神价值仍然顽强地传承下来,继续在东南亚宗亲社会中发挥作用。

第六章　泉州多元的宗教文化

泉州素有"世界宗教博物馆"之称。历史上宗教林立,争奇斗艳,宗教文化极为繁荣,几乎世界上所有影响较大的宗教,都曾在这里拥有一席之地,留下了各自的踪迹。除此而外,鬼神崇拜之风盛行,民间信奉的俗神特多,令人叹为观止,影响既大且深。这种颇为奇特罕见的现象,是泉州历史文化一个非常突出的特色。

第一节　多种宗教并存的要因

历史上的泉州,多种宗教并存,神祇信仰极为庞杂,且长期延续不衰,既有历史传统的因袭,亦有社会现实环境的作用;既有内部的原因,亦有外部的作用。是多种因素相互作用下形成的产物。

一、信仰传统的历史因袭

泉州人的神灵信仰,作为一种文化现象,它的形成和发展有一个历史过程。首先是与泉州汉民社会的形成和发展直接联系在一起的。由于泉州汉民祖先大多来自中原地区,中原汉民进入泉州前,泉州原是闽族和越族聚居地,因此它既有对中原传统信仰文化的继承,又受到闽越族土著神灵信仰传统的不小影响。

泉州是个移民社会,汉民祖先大多来自中原地区。迁居泉州的中原汉民,无论何时迁居泉州,无论迁居泉州前是什么身份,在中原故土已深受中原传统文化熏陶,已经高度认同中原传统文化。这种中原祖地文化熏陶打下的深刻烙印,不能不对他们徙居泉州后的思想观念与行为方式发生重大的影响。当他们离开中原南迁泉州后,中原传统文化不仅难以被剥离,反而由于其他因素的刺激作用,很容易在新的环境中重新获得自己的存在,并且得到了进一步的发展。神灵信仰正是如此。

中原汉民进入泉州,是从秦代开始,大规模移居则在汉晋之后。在此期间,中原的神灵信仰已甚为繁荣,甚为普遍。既表现在宗教信仰,也表现在鬼神崇拜。从宗教信仰而言,主要是道教和佛教。道教是中国自己创立的宗教,源发于先秦诸子百家中以老庄思想为代表的道家。东汉至魏晋南北朝,是道教形成和确立的时期。东汉后期黄老道形成实体,太平道、天师道等民间原始教团相继成立。后经魏晋南北朝数百年改造发展,道教的经典教义、修持方术、科戒仪范渐趋完备;新兴道派滋生繁衍,并得到统治者的承认,演变为成熟的正统宗教。隋唐至北宋时期,由于统治阶级的尊崇,道教极为兴盛,社会影响极大。发源于印度的佛教,汉代正式传入中国,被视为神仙方术的一种。东汉建造的洛阳白马寺,是佛教传入中国后的第一座寺院。佛教传入中国后,由于与中国文化发生融合,因而传播甚快。南北朝时期,佛教已传播于全国,出现了不同学派。隋唐时期,佛教进入鼎盛阶段,形成很多具有中国民族特点的宗派。宋代以后,佛教各派趋向融合,儒、佛、道矛盾也渐趋消失。

就鬼神崇拜而言,更是源远流长,历史悠久。早在原始社会,鬼神崇拜就已存在。先民基于万物有灵的认识,在经历了对自然神崇拜、图腾崇拜、祖先崇拜后,形成了对神灵崇拜的雏形。先民除了认为万物有灵而产生对神的崇拜外,还认为人死后灵魂不灭,又产生了对鬼的崇拜。自此而来,这种鬼神文化始终对中国社会影响极大,成为中华传统文化重要组成部分。

中原移民背井离乡,翻山越岭来到泉州,无论为官为民,无不为了图存发展。他们在泉州再建起家园,繁衍生息。在这个神奇的历程中,无论得意者或失意者,都不大可能摆脱深远的故土文化之根。因此,徙居泉州的中原汉民,不仅带来中原先进的生产技术和生产工具,而且带来了中原文化,带来了所信仰的佛教和道教,以及各种各样的鬼神。他们企盼兴旺发达,希冀荣宗耀祖,也祈祷各种神灵驾临泉州,相伴相随,显灵显圣,保佑平安无事,人丁兴旺,纳福迎祥。于是传承中原故土的文化,就不仅仅是物质的要求,而同时也是一种精神的需要了。这种精神的成分从物质的存在生长出来,反过来巩固了物质存在的必要性,使中原宗教文化在泉州的再现具备了物质和精神的双重秉性。中原汉民大规模进入泉州后不久,西晋太康年间,就在泉州建造了两座规制宏敞独步泉南的大型宗教建筑物,一座是佛教大禅林延福寺,一座是道教大宫观玄妙观。这从一个侧面印证了佛教与道教传播的时点。这两座大型宗教建筑物在这期间的建造,清楚地表明,中原汉人入泉开拓,带来了中原文化,带来了所信仰的佛教和道教。

泉州原是闽越族人聚居之地,中原汉民进入泉州之前,闽族和越族是泉州的土著居民。新石器时代,闽族已在泉州这片土地上繁衍生息,从事农业和渔业等方面生产。战国时期越族入泉,并与闽族土著发生融合,形成闽越族。泉州这些闽越族先人,鸿蒙未开之时,生活于这片蛮荒之地,环境十分恶劣,在与大自然的搏斗中,对于自然力的恐惧与无奈,使他们相信冥冥之中有鬼神,祈求鬼神的保佑。因此,闽越族在文化上有个重要特征,乃是"信鬼神,重淫祀",巫术十分流行,名扬天下。司马迁《史记·封禅书》说:"越人俗鬼,而其祠皆见鬼,数有效。"就是说,越族人信鬼,祠宇中供奉的都是鬼像。汉武帝时,派大军灭亡了闽越族政权。可是闽越族并没有灭亡,部分闽越人躲入深山老林,后来有不少与南迁的汉民融合。闽越人的"好巫尚鬼"传统也没有退出历史舞台。中原汉民进入泉州后,逐渐占据了整个泉州地区,并且同化融合了这一带的闽越遗民。中原汉民不断南迁泉州的过程,也是泉州土著文明逐渐衰亡和中原文明逐渐扩展的过程。闽越族消失后,尚鬼信巫的风气仍在泉州存续下来,这对于后来的泉州人产生了极为深远的影响。

二、泉州特定的生存环境

历史上的泉州,宗教林立,鬼神崇拜盛行,这种奇特罕见的现象,从根本上说,无疑与泉州特定的生存环境有着极为密切的关系,而频频发生的自然灾害,甚为险恶的社会环境,显然起了极为重要的作用。

泉州属于亚热带地区,气候温和,四季如春,湿润多雨,很适宜于农作物的种植,这是自然条件的最为优越之处。可是泉州又是个自然灾害频繁肆虐的地方。泉州属于丘陵地貌,抗旱抗涝能力很差,古代又缺乏水利工程,大部分地方只能靠天吃饭。泉州又处于沿海,每年都要遭遇几次强台风。所以,水、旱、风灾历来十分严重。伴随着洪水、干旱灾害而来的,往往就是严酷的饥荒,家园破碎,生灵涂炭,饿殍遍地。此外,还有地震、瘟疫等。泉州处于中国一个主要地震活动带,经常发生地震,亦不乏大地震。典型者如明代万历年间,泉州就发生多次大地震。按万历《泉州府志·祥异类》载,万历二年(1574 年),泉州发生大地震,随后又有暴雨三日,洪水泛滥,房屋大量倒塌,人畜溺死甚多。万历三十年(1602 年),泉州大地震,暴风淫雨,民房毁坏甚多。万历三十二年（1604年），泉州大地震，沿海覆舟甚多，郡城和各县甚多庐舍倾倒。明万历三十五年（1607年），泉州又发生大地震，洛阳桥断裂，东岳庙全部倒塌，清净寺等寺庙受损，知府衙门大门和府学棂星门倒塌，郡城从东北向西南的雉堞几乎都倒塌，街上巨大的石牌坊也部分倒塌，大型建筑物因此几乎受损坏。而且大灾之后又往往有大疫，几乎成为规律，更是雪上加霜。嘉靖四十一年（1562年），府城发生大瘟疫，十个人中大约有七人丧生。有的全家无人幸存，市肆寺观，尸相枕藉，整个府城惨不忍睹，一片凄凉。侥幸活下来的人，谈瘟色变，整天躲在家中，连家门都不大敢出。

恐惧产生神。天灾频仍，时疫横行，人们既难以预测，难以解释，更难以抗拒。面对强大的自然力，面对可怕的自然灾害，人类往往显得那么渺小，那么软弱，自然而然产生高度的恐惧感。人们渴求有某种外部力量，帮助自己消灾祛祸，保护生命财产安全。可是现实的世界中，这种希望往往又是那么渺茫。在此情况下，人们在很大程度上只能把希望寄托于虚幻的世界，寄托于冥冥之中的各种神灵，祈祷它们大发慈悲，显灵显圣，驾临人间，拯救自己。各种神灵信仰的产生且持续存在，这是极为重要因素。

如果说，各种天灾频繁肆虐是神灵崇拜盛行且持续存在的重要土壤，那么各种人祸造成的苦难无疑同样也是它的重要基础。历史上的泉州，各种尖锐的社会矛盾，导致社会经常处于动荡之中，人们在惶恐不安中生活，不能不使神灵崇拜具有强大的推动力。

历史上的泉州，长期存在着许多突出的社会问题。首先是残酷的争夺生存空间的斗争。泉州土地狭小，可供耕作的土地不多，随着中原和北方汉民不断迁入及随之而来的自然繁衍，人口不断地增加，人稠地窄的矛盾日益显露出来，争夺生存空间的斗争是必然的。因此，经常爆发大规模械斗，给百姓生命财产带来巨大损失，造成了社会的动荡。长期激烈争夺生存空间的斗争，使人们不能不重视神灵的庇护作用。其次是统治阶级的暴虐。历代的封建统治者为了满足私欲，不顾百姓的死活，肆意鱼肉，横征暴敛，贪婪残暴者，比比皆是。生活于社会底层的百姓，整天艰辛劳作，生活却极为困苦，尽管也有过各种形式的反抗，然而往往以失败而告终，换来的是统治者更加残暴的祸害。无可奈何的百姓，只能把希望寄托于神明。最后是战乱祸害。历史上的泉州，尽管没有发生长期的大规模的战乱，然而短期战乱却时有发生，宋末元初，宋元统治者争夺泉州的战争，元朝中后期泉州的亦思巴妥兵乱,明朝嘉靖到万历年间为祸泉州几十年的倭寇侵扰,清朝顺治至康熙初年清王朝围剿郑成功抗清斗争的海禁与迁界,就是较为典型的代表。各种各样的战乱兵祸,无不给泉州社会造成激烈的动荡,带来惨烈的祸害。深受其害的百姓,面对随时可能降临的灾难,往往无能为力,同样不得不寄希望于神祇,企求神明的庇护。

泉州神灵崇拜的盛行,除了历史渊源与生存环境外,生老病死这些人生的基本问题,种种烦恼与困惑,种种的不如意,亦是不可忽视的重要因素。固然,生老病死,是自然规律,谁也无法抗拒,然而在泉州人的意识与诠释中,基于历史的因袭,往往又不能不更多地与神灵联系在一起。典型者,诸如生育。在传统社会中,家庭既是社会生产生活的基本单位,又承担着传宗接代的重要功能。因此,不能不带来极为严重的男性偏爱。家庭必须有男性后代,否则,宗姓无人继承,家庭断了香火,对不起列祖列宗。所谓"不孝有三,无后为大",表明了繁衍男性后代是对家庭的直接强制命令。男性偏爱使家庭把无后视为大患,富贵之家要有人传宗接代,贫穷家庭也要有人承接香火,于是无论如何总得有个儿子。可是在古代社会中,生个男孩并非人们自己可以把握。如此,自然只能求神帮助。泉州人非常崇拜观音菩萨,正因观音菩萨据称具有"送子"功能。又如疾病。在古代社会中,医学很不发达,许多疾病难以医治,人们无奈之下,亦只好向神明求助。在乾隆《泉州府志·孝义传》中,记载了许多孝子为疗治父母亲疾病而求神的故事。元代泉州人黄道贤,父亲病得厉害,他四处求医,没有效果。于是某天夜里,燃香祷告,祈求苍天神明,要求减掉自己十二年寿命,延长父亲寿命,父亲的病竟然真的好了,且恰好又活了十二年。德化人张兴渭,母亲患病,百药无效,走投无路,向苍天神明祈告,"欲割肝以进",母亲的病马上痊愈。南安人杨尔恂,父亲患疽病,他与妻子黄氏,日夜向神明祷告,愿以身代。某夜梦中得神宣示,可以活人的血敷于患处,病即可愈。于是他取刀割股,滴血以进。明代晋江人钱应增,事母至孝,母亲病重,求医问药,均无效果,祷告苍天,请求割股肉疗母病,连卜三卦,均得允准。于是他果断割下股肉,掺在粥中给母亲吃,病很快好了。这些故事,亦从侧面反映出神祇崇拜为何盛行。

泉州神灵崇拜的盛行,亦与人们求生存求发展过程中有许多难以把握之事有不小关系。人们求生存求发展,固然需要拼搏,可是在拼搏过程中,往往有诸多难以预测、难以把握的事,同样只能寄托于神明了。所谓"谋事在人,成事在天",表达的就是这个意思。例如,海上活动,可谓泉州人勇于拼搏的典型,可是意外风险甚多,无论捕鱼还是从事海外贸易,或者移居海外,无不充满难以预测的死亡风险,随时有丧命的可能。海上活动的风险,助长了泉州人的神灵崇拜。洪迈《夷坚志·泉州杨客》讲述的故事,颇有代表性。杨客经营海上贸易十多年,每次出海,遭到风涛之险,必然大呼神明保佑,并指天发誓,许诺如能避开祸害,将拿出重金,酬谢神佛。于是他每次安全回来后,兑现承诺,又是装饰塔庙,又是大肆祭祀。这则记载,可以说正是对泉州神灵崇拜盛行原因的某种注释。再如,科举。登科中举固然风光无限,可是科场竞争又是极为激烈极为残酷,人们感到命运实在难以预料,难以把握。于是,便有种种神话,种种传说,使科举考试更具某种神秘感,乾隆《泉州府志·拾遗》就载有不少这类故事。明代晋江人陈让,未中解元时,读书于泉州城内,每夜回家,经过陈翁桥,总听到桥上鬼神喊:"陈解元来了!"听了很是高兴,可是连续几次乡试,皆不中。嘉靖十年(1531 年),再次应试,公榜前,又经那座桥,鬼神寂然无声。回家后,对老婆说:每年过桥,鬼神都以解元喊我,今年无声无息,是不是我做了什么事,对不起神明? 就在这年,中了解元。明代晋江人林欲楫,未中解元前,读书于宜亭馆中。这馆的东壁,悬挂着魁星大人像。某次,林家仆人杨茂,偶然到馆中,恰好林欲楫外出,就在馆中睡了一觉,睡中梦见魁星神说:"亏了我六年。"惊醒,非常奇怪,将梦中情形讲给人听,也都无法理解。就在这年,林欲楫中解元,谜底解开,原来,他因父母先后去世,按规制守丧,不得参加考试,耽搁了六年。这类故事,亦真亦幻,但流传甚广,且载入府志,亦折射出泉州神灵崇拜为何如此盛行。

三、海外交通的宗教吸纳

泉州宗教林立,有"世界宗教博物馆"之称,这种罕见奇观的形成,与历史上海外交通发达有直接的关系。海外贸易兴盛,带动了中外文化的更多交流,并因此吸纳了来自世界各地的多种宗教在泉州安家落户。

唐宋时期,泉州港迅速发展,不仅很快成为国内的大港,且逐渐成为世界级的大港,成为中外商品的汇聚地。随着中外贸易的繁荣,数以万计的外国商人纷至沓来,涌入泉州,不少人甚至干脆居住这里。这些来到泉州的外国人,不仅带来了琳琅满目的外国商品,而且同时也带来了他们的文化,带来了所信仰的宗教。这些外国人所带来的异国他乡文化,无疑是他们的先辈在长期的历史进程中逐渐形成并不断延续下来的传统,也是已经被他们高度认同的文化。因此他们来到泉州后,是不大可能抛弃自己的文化之根的。至于他们所信仰的宗教,更是他们早已固化了的传统,是他们最大的精神支柱,最为重要的思想寄托,更是他们在异国他乡生活的慰藉。他们视之为生命,甚至是比起自己的性命更为重要的东西。因此,他们来到泉州后,无论是否定居泉州,亦无论定居泉州时间有多长,都不可能放弃这些宗教信仰。

历史上的泉州人,对于那些来到泉州的外国商人,以及旅行者和传教士,长期表现得颇为热情,对于他们所带来的文化,包括宗教信仰,亦表现得颇为宽容。究其原因,很重要的一点,正在于泉州人务实的精神,包容的态度。前来经商的外国人,不仅带来各种各样的番货,而且把中国出产的某些货物推销到番国,让泉州人获利颇丰,不少人甚至成为富翁。泉州人是比较讲实际的,对于这些番商所带来的大量番货,以及随之而来的滚滚不断的财源,自然不会轻易加以拒绝,甚至是求之不得。如此,泉州人并不反对番商的到来,相当程度上甚至表示欢迎。既然欢迎番商前来经商,甚至欢迎他们在泉州住下来,那又怎么能够拒绝他们的文化呢? 怎么能够摒弃他们的宗教呢? 要知道,物质与精神是不可分离的,洋货与洋教几乎总是联系在一起的。如此,泉州人在接纳各类洋人的同时,不能不接纳各种各样的洋教,这是顺理成章的事。于是泉州建起了"番坊",建起了"来远驿",成了一个文化交汇区,成了一个宗教自由港,外商外侨可以自由的活动,风俗习惯被认可了,信仰与传教亦获得了自由。在这样的背景下,佛教来了,伊斯兰教来了,婆罗门教来了,景教来了,摩尼教也来了。

历史上的泉州,人们对于各种外来宗教的包容态度,从精神的层面看,与泉州人传统上神灵信仰的庞杂有千丝万缕的关系。入主泉州的北方和中原士民,由于成为泉州的新主人后,就有泛神崇拜的传统,既信奉道教和佛教,又有诸多来路不同的鬼神崇拜。因此,泉州人对于各种各样的神灵,不管是宗教的神祇,或者是民间的鬼神,不管是本地产生的神灵,或者是外面进来的神灵,本身就不能不心存忐忑,怀有某种本能的敬畏之心,不敢抗拒,不敢轻易冒犯。而且同样重要的是,在泉州人看来,既然是神,自然就有神力,都有自己的利害所在,都有用处。尽管来自海外,这神力同样可以利用,让其同时存在,可以取长补短,弥补其他神祇的不足,增加保护系数,使自己得到更多的也更可靠的保佑,帮助解决更多的现实问题,实现自己的理想与梦想。简言之,在泉州人的心目中,多一种宗教,多一些神祇,或许不仅没有坏处,还有意想不到的好处。至少亦希冀这些神灵普度众生,保佑自己,平安吉祥。于是兼收并蓄,来者不拒,多多益善,泉州人不仅在思想上愉快地接受了各种宗教,而且在行动上表现得很配合,都表示出十分亲切友好的态度,热情地欢迎他们的光临,大方地为其提供生存的空间,提供发展的条件,让他们统统进来,让他们自由发展。于是就出现了人们所看到的奇观:多种宗教不仅相安于一座城市,相安于一座山头,甚至相安于一座庙宇之中。这种文化现象,一直流传至今。

泉州这种多元宗教的奇观,既是泉州成为历史文化名城一个重要组成部分,也是泉州开放包容文化性格的一个突出体现。因为这既是开放的产物,又确实需要包容精神。每一种宗教,都有各自特定的崇拜对象,都有各自不同的神祇。虽然这神祇或者是唯一的,如伊斯兰教的真主安拉,基督教的上帝,或者是众多的,如佛教的诸多菩萨,婆罗门教的诸多神灵。可是每一种宗教的教徒,无不认为自己所信奉的神祇,才是真正的神祇,是真正万能的,无所不知无所不能的,能给普天之下芸芸众生真正带来幸福,是最伟大的至高无上的神祇。所以,从本质上说,宗教之间是互相排斥的。可是泉州这块不大的土地上,在这人口并不多的地方,竟能同时容纳下这么多相互冲突的宗教,这实在是不容易! 倘若没有更为宽广的胸怀,更为包容的态度,尤其是更具兼收并蓄的精神,行吗? 当然,这些宗教并非昂首挺胸在泉州生根,实际上又都在接受汉化的基础上才站稳了脚跟,这又说明了中华文化之强大。

第二节　宗教林立与好巫尚鬼

历史上的泉州,不仅各种宗教寺庙林立,而且鬼神信俗特多,可谓五花八门,难以胜数,令人眼花缭乱。这种颇为奇特、颇为罕见的现象,是泉州文化最为突出的一个特色。

一、名不虚传的泉南佛国

历史上的泉州,长期以来,佛教极为盛行,风光无限,既有闽南佛教三大丛林之称的开元寺、承天寺、崇福寺,有著名的东西塔,还有多得数不清的佛寺,因而素有"泉南佛国"之称。

闽南名刹泉州开元寺,大门两侧悬挂着这么一副楹联:"此地古称佛国,满街都是圣人。"几百年来,泉州人一直对这副楹联津津乐道,品味不已,当作一张亮丽的历史名片。因为这楹联据说乃是出于南宋大名人朱熹之手。这副楹联的上联说明,早在南宋以前,泉州就已经有了"佛国"的称谓。

佛教盛行,并不是泉州独有的现象,全国许许多多的地方也如是。佛教作为一种多神教,自东汉时期传入中国后,因水土较为适宜,加上聪明的中国人对之进行的本土化改造,很快就流行开来,且身价不断提高,到了南北朝时期,竟出现"南朝四百八十寺,多少楼台烟雨中"的壮观景象,这是人所皆知的。

不过,佛教在泉州,确实有着非同寻常的地位,非常的引人注目。泉州的历史文化,相对于中原而言,在唐代以前,整体要落后一大截,这是没有什么疑义的。然而就佛教文化而言,似乎是差距最小的一个方面。最迟在公元3世纪的西晋时期,佛教便已经来到泉州,并很快扎下根来,开出艳丽迷人的花朵。公元288年,泉州便建起了第一座佛寺,即位于南安九日山下的延福寺,且规模颇为宏大,构筑颇为堂皇。而且自此之后,一发而不可收。南朝梁武帝时,印度高僧拘那罗陀来华传教,途经泉州,看中了这个地方,曾住九日山延福寺,讲佛、播道、译经。九日山至今犹存有这位高僧的翻经石。而直到这时,泉州的经济文化总体上仍然大大落后于中原。

隋朝的泉州,佛教继续得以发展,寺院和僧侣不断增加,影响亦愈来愈大。隋朝泉州的佛寺,见于史书记载的,就有龙山寺、圆通寺、灵鹫寺、天竺庵等四座。可见佛教已经有相当的基础,已经逐渐取道教而代之,成为泉州最大的宗教。

唐代,泉州建造了四十多座佛寺,足见佛教生命力之强大,兴盛之快速。名气最大者,当属建于开元年间的开元寺,这既是泉州现存最早的唐代佛寺,也是泉州现存的最有代表性的佛寺,闻名海内外。开元寺位于泉州西街,风景优美,原是泉州紫云黄氏的大桑园,黄氏族人黄守恭崇佛,就将桑园的部分土地献给佛徒建寺。开元寺建造之后,随着佛教信徒的激增,很快由2座支院发展为22座支院。唐至五代,仅开元寺门下就有各派佛学宗师34人,以禅宗、净土宗、唯识宗和南山律宗最为盛行。唐代泉州佛教兴盛的另一重要标志,就是开始出现本土的大师。南安人义存禅师,佛学很有造诣,唐代咸通年间,曾主持当时闽中规模最大的佛寺福州雪峰山广福寺,门徒千人。晚年还归故里,泉州刺史王延彬也建寺请他主持。弘法数十年,有《雪峰语录》《雪峰清规》等传世。他的高足弟子慧棱禅师,在泉州招庆院讲经传

道,听者甚众。泉州开元寺开山祖师匡护,也是位高僧,善讲《上生经》,听者
常达千人。

　　五代,泉州的佛教进入鼎盛时期。当时,南方十国中,唯有闽国和吴越
佛教最为炽盛。王氏据闽,极端佞佛,福州而外,则是泉州。王延彬主政泉
州,好谈佛理,大肆舍田施财,设坛建寺,扶持佛教可谓不遗余力。因此,佛
寺占有大量土地。据《福建通志·王延钧传》载:王延钧为闽王时,将所有田
地重新丈量,并分为3个等级,上等的膏腴之田拨给寺观僧道,中等的给予
土著,下等的则给流寓的农民。好佛的王延彬主政泉州时,建了许多佛寺,
并对每座大寺院都拨给上好寺田作为供养,仅拨给招庆院和招福寺两座寺
院的田租,就达10余万担。所以,万历《泉州府志·田土》载:王氏据泉州,
上等的膏腴田地全部为寺观所占有,农民能够得到的只剩下那些贫瘠的田
地。即使如王延彬、陈洪进这样的大家族,往往也将田地施舍给佛寺,留给
子孙的并不是很多。所以,寺庙经营出产的稻米,比起自耕农民生产的还
多! 五代末年,留从效据泉州,不仅将其别墅"南园"改建为南禅寺,给田租
谷九百石,并以毁废的招庆寺的业产归入南禅寺。福建的王氏统治者迷佛,
还大量剃度僧尼,优礼僧人。据《福建通志·王延钧传》载:五代,闽王王延
钧,"度民两万为僧"。这当中,泉州占有相当大的比例。又据同书所载:王
氏统治福建期间,虽然也颇为重视创办学校培养人才,可是在崇佛佞佛方
面,却放任寺庙恣意扩充,大肆度僧。因此,对民风产生了非常严重的影响。
统治者给剃度的僧人许多优惠政策,生计艰难的百姓,自然纷纷涌入佛寺。
统治者大肆倡佛,大造寺院,大造佛塔,大铸佛像,大印佛经,老百姓崇佛迷
佛,皈依佛门,也主动地或者被动地把有限的钱财投进佛事,或者购供品奉
献给佛,或者作为香火钱捐赠给佛寺,或者干脆把财产献给佛寺。如乾隆
《晋江县志·仙释》所载:晋江人义英,出家开元寺浴宝院。闽王王审知要抄
佛经,听说他书法不错,征召前往誊抄,后送给一笔数额不小的奖金。他用
这笔钱,买田30亩,捐给寺院。这样的事例,不胜枚举。因此,五代的泉州,
崇佛成风,继续大造佛寺,使寺院林立,规模空前。据《十国春秋·闽》载,闽
王政权时期,建造佛寺267座,泉州就占了54座。而按泉州方志载,当时泉
州有佛寺几百座,仅南安就有大小佛寺140座。现在尚可查到的五代泉州
佛寺名,就有近30个。五代泉州建造的佛寺,除与开元寺一起构成泉州佛
教三大丛林的承天寺和崇福寺外,较著名的尚有水陆寺、崇先广教寺、空相
院、保福寺、方广寺、法石寺、金池寺、凤凰寺等。此外,开元寺内分别建于唐

末和五代的那两座大佛塔,即镇国塔和仁寿塔,俗称东西塔,高达40多米,雄伟壮丽,也是佛教繁荣的证物。与此同时,又涌现出多位高僧,翻译了大量佛经,编纂了不少颇有影响的佛教著作。例如,义存禅师的三传弟子,泉州招庆院释静、释筠两禅师,录其师父言行成《祖堂集》,不仅是禅宗的重要经典,更是后人了解当时社会和语言状况不可多得的文献。此书收入《续修四库全书》。又如,释省登主持泉州招庆寺时,著有《泉州千佛新著诸祖师颂》,也是10世纪禅宗的重要经典。再如,泉州开元寺释叔端,佛学造诣亦颇深,著有《宗镜四缘》《艺苑搜隐》等佛学经论。他的弟子晋江人道昭,深通《唯识》,著有《真书唯识论解》,被称为"唯识大师"。据府志载:宋代初期,泉州的城镇乡村,山林原野,处处都是寺庙,"存者凡千百数"。佛教欣欣向荣的景象,由此可见。

正因为唐五代的泉州,已是佛寺林立,僧徒众多,所以,当时南安延福寺的无等禅师,就于九日山一大岩石上,刻下了4个极为醒目的大字:"泉南佛国。"这也就是泉南佛国名称的由来。

宋代,佛教在泉州进一步发展,佛寺庵堂比比皆是,有寺名可考的就达四百余座,现尚留存的有近三百座。泉州佛教的三大丛林,此时规模更为宏大。开元寺竟然建有120所支院,寺僧常常达到上百人。开元寺的原额田,分布于晋江、南安、惠安、同安、安溪、永春及仙游、莆田、龙溪等县。至于其他的寺院,占田虽没有这么多,但也为数可观。承天寺进一步拓展,全寺占地达七十五亩,规模仅次于开元寺。崇福寺于宋初即大大拓展,时任平海军节度使的陈洪进,为出家为尼的女儿拓建了千佛庵。崇福寺内有个"镇山之宝"千人鼎,高约两米,宽约一点七米,相传亦因寺院兴盛时,有僧人百数,此鼎即可用来供应饭食。九日山的延福寺,在宋代亦有重大发展,支院有54所。此外,晋江的龙山寺、南天寺,南安的雪峰寺、天柱寺,安溪的清水岩,惠安的科山寺等,香火也都非常之旺盛,远近驰名。宋代,封建王朝滥卖度牒度僧,泉州僧尼队伍更是迅速膨胀。南安蓬华的天柱山,潮州海阳人肖来子法师云游到此,建起一座天柱岩寺,住寺12年,僧众发展到178人。开坛讲经,四方来听者多达1800人,声名大振。北宋初期,泉州度僧已十分泛滥。据《宋会要辑稿·道释》载,北宋太宗年间,泉州已剃度为僧的有数万人,尚未剃度而准备剃度的还有4000多人。当时的泉州,户数不到20万,而僧人如此之多,比例如此之大,可见佛教之盛行。所以,南宋初年,朱子在泉州,看到佛教欣欣向荣的盛况,当是没有什么疑问的。客观而论,这位先生对佛教盛行并不是很愉快,可他不能不承认现实,从现实又联想到历史,因而写下那副对联,应当说也是大有可能的。至于朱熹为何对佛教盛行并不是很赞赏,甚至很不满,而且带头采取抑佛行动,诸如禁止女妇剃度为尼姑,主要还在于佛教盛行,势力如此强大,老百姓如此痴迷,已严重危及儒教的地位,为维护儒教的绝对主导地位,他不能不挺身而出,大声疾呼,并身体力行,带头采取抑佛行动了。但是朱熹的见解以及所采取的实际行动,在泉州所产生的效果似乎并不是很大。

元代,泉州佛教在全国占有举足轻重的地位。据陈棨仁的《闽中金石录》载,元延祐三年(1316 年),亦黑迷失为仁宗皇帝、皇太后、皇后祝寿,同时为自己及家人祝福延寿,在全国选定百所寺院,每座寺院给予一笔颇为可观的经费补贴,同时要求这些寺院,每月宣读指定的佛经。这当中,泉州就有大开元万寿禅寺、开元寺、承天寺、崇福寺、光孝寺、水陆寺、法石寺、延福寺、西禅寺等 11 所寺院,被荣幸选中,比例之大,足见此时泉州佛教仍多么兴盛。

明清时期,以至近现代,佛教在泉州,依然长盛不衰,泉州人迷佛崇佛的热情,依然没有消减。所以,乾隆《泉州府志》称,泉州人"好佛法",这并非自说自话,自吹自擂,而是很有历史依据的。20 世纪,高僧弘一法师慕名前来泉州,看到的仍是非常兴盛的景况,着实为之感动,为之吸引,流连忘返,干脆不走了。于是就留在这里,与泉州结下了十四年的因缘,且最终圆寂于这里,这又是一个很好的例证。

"文革"期间,佛教在泉州同样受到严重摧残,一度面临灭顶之灾,奄奄一息。不过,因为它在这块土地上,毕竟有着极为深厚的基础,所以,野火烧不尽,春风吹又生,时过境迁之后,它的巨大的生命力,再次充分地展示出来了,令人惊叹。当今的泉州,无论城市,还是乡村,寺院遍布,随处可见,且大都富丽堂皇,挺有派头。这块土地上,依然到处是供佛之人,且依然是那样虔诚。佛寺之中,常年人头攒动,香火缭绕。就说大开元寺吧,每月农历廿六,仍有成千上万善男信女到寺中"勤佛",场面十分壮观。泉州的寻常百姓家,"家家念弥陀,户户供观音",家中的厅堂上,大都供奉着观音佛祖,让她享受人间香火,同时保佑芸芸众生。泉州人对于普陀山的南海观音,更是崇拜有加,前往朝拜者络绎不绝,泉州机场建成之后,最为繁忙的航班,始终是前往舟山普陀山的航班,也是很好的佐证。可见泉州无愧于"佛国"这个称号。

千余年的崇佛,不仅使泉州人与佛教结下不解之缘,有着特殊的深厚的感情,也提高了泉州的知名度。因为泉州的名山胜景,许多都与佛教建立了友好关系,甚至是因佛教而扬名海内外。诸如,被誉为泉州第一山的清源山,所以闻名遐迩,吸引过许许多多的文人骚客慕名前来,留下不少墨迹,不少故事,就与佛教有着十分密切的关系。山上既有招庆院、楞伽院、泰嘉寺等好几座佛寺,还有诸多岩洞,直接发佛号而取名,如观音岩、弥陀岩等。著名的瑞象岩的得名,亦与佛教有关。南安的九日山,因有闽南最早的名刹延福寺,还有附近莲花峰的石亭寺真觉和尚隐居之地,所以,此山虽不高,有佛则灵,成为福建名山之一。此外,晋江的紫帽山,南安的杨梅山,惠安的科山,也都因有著名的佛寺,而远近闻名。再如,开元寺与东西塔,因其历史悠久,建筑宏伟,声名远播,更成为泉州的一张历史名片。古往今来,大凡来泉州的外地人,都会慕名前往观瞻一番。1962年,郭沫若老先生访泉州,看了那一双凌空石塔,诗兴大发,挥笔写下"石塔双擎天浩浩"的诗句。

二、争奇斗艳的多种宗教

历史上的泉州,佛教虽然极为盛行,风光无限,却也未能一统天下,使泉州的芸芸众生统统皈依于它的灵光之下,而是各种宗教林立,且均有不凡的表现,争奇斗艳。

多种宗教共存于一个地方,客观而论,同样也并非泉州特有的现象,中国的许多地方,这种现象也长期存在,诸如佛教与道教的共存,可以说是非常普遍的事。佛教与伊斯兰教的共存,佛教与基督教的共存,也是较为常见的事,并不值得大惊小怪,甚至三四种宗教共存,互为邻居,且你中有我,我中有你,也不是什么新鲜事。

可是泉州却绝对高出一筹。历史上的泉州,长期以来,既不仅仅是两种宗教共存,甚至也不是三四种宗教共存,而是有十来种宗教共存,几乎世界上所有影响较大的宗教,都曾经在这里拥有一席之地。佛教之外,道教、伊斯兰教、古基督教、摩尼教、印度教、日本教、犹太教和拜物教等,都曾在泉州传播和发展,留下了各自的踪迹。而且并存的各种宗教,除佛教而外,还有好几种宗教,均有不凡的表现。

道教,流行甚早,也很有市场。西晋太康年间,当时经济文化都还很落后的泉州,就建了一座很有名气的道教宫观,即玄妙观。唐五代,道教更是辉煌一时,新建扩建了不少宫观,还涌现出一些著名的道士,典型者如五代时的晋江人谭峭，深得道法，道学造诣声名远播，在全国道教史上占有一席之地。被闽王昶奉之为国师，又被南唐后主李煜赐号"紫霄真人"。所著的《化书》流传至今，被认为是继《道德经》《南华经》之后道教的又一部经典著作，被收入《四库全书》，还是五代泉州人唯一被收入该文库的一部经书。宋代，泉州又出了一位很有名的道家，即吴本，以医济人，施药治疫病，传得神乎其神，且被宋仁宗封为妙道真人，在闽南影响深远，尊为保生大帝，至今在海峡两岸犹有巨大影响。宋代，泉州人在清源山南麓凿出一尊道教始祖李老君的大石像，高达5米多，厚7米多，宽7米多。据载，它原是一块天然巨石，有"好事者"稍加雕琢，也就成了这尊大石像。大石像坐北朝南，双耳垂肩，左手依膝，右手凭几，两眼平视，凝视着前方的泉州府城，仿佛在洞察飞驰的历史，在思考人世间的沧桑变幻。神采是那样动人，气势是那样不凡，大有仙风道骨之概，可又像平常老人那样和蔼可亲。所以名闻遐迩，仍是当今泉州的一张名片，不仅游客络绎不绝，甚至登上了央视每天的天气预报栏目。明清时期，泉州继续建了许许多多的宫观，诸如真人慈济宫之类。

伊斯兰教，在它创立后不久，就已开始进入泉州。泉州市区东郊的灵山上，有颇受关注的伊斯兰教石墓两座，那墓中躺着的两个人，按明代何乔远《闽书》所载，乃是伊斯兰教创始人穆罕默德四位嫡传高徒中的两位，即"三贤"与"四贤"。相传唐武德年间，即618—626年，穆罕默德派门徒四人来华传教，一贤到广州，二贤到扬州，三贤沙士谒及四贤我高仕，莅临泉州。穆罕默德教导他们，要把真主的声音传播开去，哪怕是遥远的中国也要去。后来，两人死于泉州，葬于此山。葬后山上屡显灵异，山因此称灵山，墓称圣墓。此说的真假，虽然一直颇有争论，不过，伊斯兰教很早就进入泉州，这圣墓历史悠久，且墓中之人在伊斯兰教中身份较高，却应当是事实。所以，成为国家级文物保护单位。宋代，伊斯兰教在泉州继续得到大发展，标志就是坐落于泉州涂门街上那座令人叹为观止的清净寺。这座阿拉伯式古建筑，乃是依照叙利亚大马士革伊斯兰教礼拜堂的形式而建的，全部用青色或白色的花岗岩建造，巍峨壮观。始建于北宋大中祥符二年（1009年），至今已有千年历史了。现为国家重点文物保护单位。事实上，宋元时代，泉州的清净寺远不止这一座，只是其他的清净寺都毁于元末明初的战乱之中。虽然如此，今天的泉州，就在灵山圣墓与清净寺附近，仍有穆斯林后裔五六万人，这也说明伊斯兰教在泉州非同小可的影响。

摩尼教，这是公元3世纪中叶，波斯人摩尼创立的宗教。这一在世界上风靡一时的宗教,亦很早就在泉州占有一席之地。大约在唐代就进入泉州,宋元时期颇为盛行。泉州城南不远处的万石峰下,目前尚存有一座摩尼教教寺,俗称草庵,就是明证。此庵创建于元代至元五年(1339年)。庵的正厅后侧有一堵巨岩,壁上镌有一圆形佛龛,龛内精刻着一尊摩尼光佛浮雕坐像,高达一点五米,全身均为灰白色,面部则为青草石色,而手部又是粉红色,端坐于莲坛之上,背后光圈射出波形毫光,颇为奇特。庵门还有一楹联云:万石峰中,月色泉声千古趣;八方池内,天光云影四时春。这楹联,形象地道出了草庵的胜景。摩尼教于明初开始衰落,已很难见到它的踪迹,而泉州这座摩尼教草庵,竟成了全国绝无仅有的宝贵史迹。所以,也成了国家级文物保护单位。

婆罗门教,这个发端于古代印度的宗教,唐代进入泉州,在泉州同样有一席之地,同样有不少罕见的遗物。泉州开元寺大雄宝殿殿后廊中那两根独具特色的青石柱,就是婆罗门教罕有的遗物。柱高三点七米,十六角形。柱顶、柱中和柱下三部分,又雕作四方形,四方形的四面各刻一圈圆屏形,屏中均有一幅石刻图,形象地描绘出印度古代婆罗门教的神话故事。诸如因背信婆罗门教而被贬成大象和鳄鱼的两个神祇互斗的故事,力大无比的毗湿纽挖取魔鬼心脏的故事,婆罗门教信奉神之一的斜里西那爬树的故事等,这些神话故事都是宣传教义的。当然,这两根大石柱是从别处移入的,原来另有所属。泉州的婆罗门教石刻有数百方之多,当中,毗湿纽立雕造像是十分珍贵的一件。此外,泉州新门外浮桥边的那根充满神秘色彩的石笋,据说也是罕见的婆罗门教的遗物。此石确似竹笋,高三米,上尖下粗,象插地的大石杵,系用五段经过琢制的花岗岩垒叠而成,全形呈圆锥状。这石笋最迟在北宋就有了。据考证,它亦是婆罗门教传入中国的产物。因为婆罗门教以该教湿婆神林伽生殖器为象征的崇拜物,类似石刻。所以,这根年代久远的石笋,同样成为重要的文物,泉州人对之始终充满一种神秘的敬畏之情。晋江水流经这里,称之为笋江;泉州太守在这里所造的大桥,称之为笋桥。当那根石笋在宋代被郡太守高惠连击断后,泉州人对这位太守恨得咬牙切齿。

古基督教。欧洲的古基督教,起源于巴勒斯坦,宋代进入泉州。古基督教,有聂斯脱里派和天主教的圣方济各会派。聂斯脱里派传入中国后称为景教,即上帝的阳光普照之义。景教曾一度衰落,到元代重新兴起,改称为也里可温教。元代在泉州东门建了两座大教堂。从泉州几十年来拆卸城垣、挖掘城基获得的数十方也里可温墓碑石,足以证明元代泉州也里可温教是十分盛行的。泉州地区发现的也里可温教,有刻着十字架莲花的,有刻着飞天的。飞天还有手捧圣物向着十字架的。十字架和飞天的雕刻,不同派别有所不同。泉州还曾发现有浮刻着象征圣灵的头大鼻高的飞鸽的基督教碑刻。

至于其他各种宗教的遗物,诸如教寺、牌坊、佛像、墓碑、石刻,亦同样不少。南亚的印度教,元末在泉州城南建了座极为华丽的教寺。西亚的犹太教,唐宋时亦已在泉州传播,留有遗物。

泉州人对宗教的这种态度,不仅在古代表现得十分突出,而且这种传统一直延续到近现代。就说近代吧,外国传教士为了打开古老中国的大门,纷纷借传教之名进入中国,而泉州也很早就成为他们的乐土。事实上,早在清朝中朝,这一情况就已经发生了。据《清史编年·乾隆朝》载,清乾隆十八年初(1753 年),福建巡抚陈宏谋奏称:龙溪县拿获民人崇奉西洋邪教。乾隆皇帝说:西洋人崇奉天主教,那是他们国家的习俗,可是福建广东沿海的很多愚民,也信奉这种宗教,真是很不对头呵。当然,这种宗教,认真深究起来,与邪术的煽动鼓惑,还是有一定区别的。乾隆这里所指的闽广沿海"愚民",泉州就有不少。鸦片战争以后,泉州这样的"愚民",就更多了。因此,天主教、基督教传教士纷纷涌入,大行其道,很快在泉州有了一大批的信徒,从城镇到乡村,均建了相当一些教堂。

泉州历史上这些外来宗教,活动时间与范围不同,信众不等,影响也有差异,但毕竟在泉州均拥有一席之地,留下鲜明的历史印记。这些面目各异来路不同的宗教,连同原有的道教及佛教,济济一堂,使泉州成为名副其实的"世界宗教博物馆"。

这种现象,在全国似乎确实不多,甚至可以说是极为罕见。换言之,曾在中国其他地方存在过的宗教,小小的泉州几乎都曾经拥有过,而在中国其他许多地方所没有存在过的宗教,小小的泉州也大都存在过,而且有好几种,还存在得像模像样,颇有一些气候。这些宗教,既有中国土生土长的,诸如道教,然而更多的则是从世界各个角落引进的洋教。仅此一点,就令人叹为观止,也足以令泉州人浮想联翩了。

更为令人称奇的是,这么多的宗教,长期以来,竟然能在泉州和平共处,彼此相安无事,且似乎相处得还挺不错。要知道,在世界宗教发展史上,不同的宗教之间,互相排斥,互相压制,甚至因为彼此互不买账而大打出手。

宗教战争,一直普遍存在。可是纵观历史,宗教冲突之类的事,泉州似乎从来也没有发生过。而且在泉州的地面上,各种宗教的友好相处,不仅体现于一座城市中,体现于同一座山,体现于同一个街区,甚至体现于同一座庙宇中! 倘若到泉州城内的涂门街转一圈,你就会发现这方圆不过3里的街区里,非常密集地分布着泉州非常重要的儒教文庙、道教玄妙观、佛教承天寺、伊斯兰教清净寺、民间信仰关帝庙和天后宫等。这些庙宇散落在这小小的地方,高低不一,形状各异,争奇斗艳,真是不可思议! 至于像清源山、清水岩等名山,道教与佛教平起平坐,亲切友好,开元寺中的佛教与婆罗门教,热情拥抱,甚至融合为一体,那更是很平常的事了。泉州各地,像这样多种宗教共济一堂的现象,比比皆是。

洋洋大观的各种宗教,如此友好地共存于泉州,使这里无异于一个宗教的大乐园,成为宗教的自由讲坛,成为思想自由交流的市场,这确确实实是泉州宗教信仰的最大特色。所以,有人感慨地提出,这是人类的奇迹,也是人类宗教和平相处的典范。

三、民间纷繁的俗神信仰

泉州人对于神灵的痴迷,除了佛教盛行,多种宗教并立之外,还有个同样也是很奇特的景象,那就是甚为盛行的"尚鬼",对于各种各样的鬼神,崇敬得不得了。鬼神满天,众生怵怵。

历史上,泉州的鬼神崇拜之风盛行,巫祝大行其道,有文献记载为证。乾隆《泉州府志·风俗》称:泉州人颇为迷惑于鬼神之说。民国《福建通志·风俗》说:永春州民勤劳俭朴,可是丧祭信巫尚鬼。德化民风,负气尚争又尚鬼。总之,各种文献,众口一词,皆称泉州人尚鬼。

泉州人尚鬼,既有闽越文化的遗风,还与泉州特定的生存环境有密切关系,与生老病死这些人生基本问题有不小关系,而且这与泉州没有统一的宗教信仰有不小关系。鬼神崇拜是迷信,宗教也是迷信,都是信神信鬼信上帝,都相信冥冥之中有种支配力量,主宰着世间万物。泉州既然没有一统天下的上帝,各种鬼神自然就有兴风作浪的空间,人们既然不是坚定的宗教信徒,自然容易成为广泛的鬼神信仰者。泉州人的尚鬼,突出表现于多个方面,令人叹为观止。

信奉的鬼神特多。泉州人所信奉的鬼神,可谓五花八门,难以胜数,令人眼花缭乱。这些鬼神,就其来源看,既有外地引进的,诸如妈祖女神、关帝大爷、二郎神、伍子胥、郑和等,也有本地自行制造的,诸如郭圣王、苏夫人姑、保生大帝、三平祖师、石狮城隍、惠安青山王、晋江镇海宫六姓府、青阳石鼓庙顺正王、德化石牛山法主公等。就其类型看,既有人化的鬼神,亦有物化的鬼神。人化的鬼神,指的是那些历史上有过贡献的人物,无论这贡献是在泉州,还是在外地,都被当作神来敬拜。例如,前述的妈祖、关帝等,均属于这一类。大都是有名有姓,也有某些是不知姓名的。物化的鬼神即自然神,则来自原始的自然物崇拜,非常庞杂,数量繁多。例如,天神、日神、月神、寿星、雷电公、山神、土地神、灶神、门神、床神、树神、花神、河神、井神、戏神、石敢当、田头公等,甚至连污秽之地的厕所也有厕神,几乎无处不有,无物不信。反正,只要与生活有关的东西,几乎都有神灵,都能给予精神安慰,都信,数量之多,足以申报吉尼斯世界纪录。众多的鬼神,担负的职能各有不同。妈祖神,即天妃娘娘,是泉州俗神信仰中最高的女神,十分伟大,她与通远王各路王爷等众神灵,共同承担着海上交通护航的职责,在泉州有广泛的信众,甚至移居港澳台及东南亚的泉州籍人,也信奉她。关帝大爷这位引进的神祇,则是泉州俗神信仰中最高的男神,主要职能是驱除凶邪,保佑众生的平安。土地神,主要职能是保护村落平安,赐给年成丰收,让百姓安居乐业。因为这些鬼神来路庞杂,且实在是太多了,所以老百姓甚至常把自己信奉的鬼神弄得讹错颠倒,莫名所以。

信奉鬼神的人特多。历史上,泉州人的鬼神信奉,不仅信奉对象繁多庞杂,且信奉的人数也一直非常的可观。无论落后的乡村,还是繁华的城镇;无论是与外部接触颇多的沿海,还是僻远闭塞的内陆山区。鬼神崇拜都具有十分广泛的基础。各行各业的男男女女,无论务工务农,经商入伍;无论是读书的,还是为官的。大多非常热衷于这一行当,乐此不疲,深深沉迷于其中,没有多少人能置身局外,不为所惑。甚至许多所谓的宗教信徒,竟然也加入这个行列中,着实有点令人不可思议。许多泉州人信奉的鬼神,往往数量惊人,达到数十个,甚至上百个之多。而一个鬼神在泉州,信奉它的人也往往非常之多,所占人口比例非常之大。诸如"土地公",就是泉州人普遍信奉的神,且信得诚惶诚恐,十分虔诚,城乡大部分人的家中,那个供奉土地公的摆设,就是最好的证明。因为人们相信这神祇神通广大,不仅可使风调雨顺,带来五谷丰登、六畜兴旺,保一方众生安居乐业,而且各地土地神能互通信息,将甲地的财源引向乙地,可使钱财广进。所以,生意人尤其信奉。关帝大爷,信奉的人也极多,涂门街的关帝庙,整天人头攒动,香火缭绕。还有人们家中普遍供奉的"帝爷公",无不表明了这一点。天妃娘娘,信奉的也很多,尤其是在沿海,更是普遍敬奉。在天后宫里,每天善男信女络绎不绝,便是明证。还有坐落于南安诗山的那位郭圣王公,信众也是了不得。总之,各种鬼神在泉州的信众极多,甚至,要远远超出那些信奉宗教的人。虽然泉州宗教林立,可是如果从信众的数量看,反而不如鬼神,它的信众在泉州只能当配角,唱主角的当属于各种鬼神的信奉者。泉州涂门街的关帝庙与清真寺比肩而立,一个是俗神的住所,一个是宗教的圣地,可关帝庙的人气,比起清真寺,无疑是要旺得多了,颇能说明问题。

恐惧鬼神的事特多。泉州人不只是一般的怕鬼神,而且是非常的怕,要是鬼神有点风吹草动,那更是不得了,马上满城风雨,惶惶不可终日。这种高度的恐惧,很早就已经开始了,文献对此有不少记载。万历《泉州府志·祥异类》就记有这么一件事:明代嘉靖三十九年(1560年)冬天,泉州地面上谣传有"马鬼"出现,危害民间。有人看见马鬼裹着一团火球,就像火星陨地,妇女一旦触犯,立即昏迷倒地,得用桃柳枝条鞭打,才会苏醒过来,否则就死去。于是郡中人家,每天一大早,家家户户悬挂桃柳枝条,一到夜晚,妇女们聚集一起,露天而坐,男子们则守在外围,鸣锣敲鼓,通宵达旦,吓唬马鬼。官府竟然无法禁止。于是有些戴着黄帽子的巫婆神棍,乘机在街市出卖驱鬼神符。这些巫婆神棍被官府抓起来后,从其身上搜得所谓"火星",马鬼终于现出了原形,老百姓悬着的心才放了下来。这样的事例,不胜枚举。千百年间,这种恐惧心理一直在延续。在泉州,尤其是乡村,有许许多多关于鬼神的恐惧故事,也经常有这里或那里闹鬼的传说。这种社会风气的熏染与沉淀,使泉州人普遍对鬼神怀有一种很敬畏的心理。人们常说,头上三尺有神明,认为鬼神无时不在无处不在,并对鬼神抱着宁可信其有、不可信其无的态度,从来不敢在言语中对他们有不恭敬或亵渎之词。小孩如有这样的言行,大人们会立即加以呵斥,并在口中念念有词,祈求鬼神宽恕小孩不懂事造成的冒犯。这种恐惧心理,对于死去的人表现得尤为厉害。泉州人认为,人死之后,灵魂不灭,这灵魂就是鬼,就是神灵,十分可怕。敬畏鬼神,对人死之后的鬼魂念念不忘,使泉州人对死去的人不仅要定期祭拜,而且丧葬本身也充满鬼神崇拜,有很多迷信禁忌。死人初气绝,要把家中的猫缚起来,泉州人认为猫如从尸体上跃过,会发生"尸变",变成恶鬼害人。报丧不可进入人家大门,只在门外高声喊叫,说完即索讨清水漱口而回,表示破除不祥。尸体入殓时,凡属生肖与死人相克之人,即亲如孝男,亦不得在旁视殓,以免相冲,被死去的鬼魂所贻害。

请示鬼神的事特多。既然鬼神无处不在,无所不知,相比之下,肉眼凡胎的尘世俗子是那样的无知,那样的陋识浅见。所以,遇事绝不盲目而行,而是先得垂询鬼神的意见,让鬼神指点迷津,如果得到肯定,那就放心地去做,否则,即便表面看来多么有理由,也万万不可造次,不敢轻举妄动。请示的方式,不外就是抽签,或者卜卦,或者干脆双管齐下。有时,请教了一处鬼神还不够,还得再请教另一处的鬼神,听听又是怎么指示的,反正鬼神多得是,方便得很。虽然,这说到底也是对鬼神的不大尊重与信任,不过,这样做心里就更踏实了。至于请示的事情,那可实在是太多了,例如:婚嫁之事。能否讨个好媳妇,能否找个好丈夫,所找的准媳妇如何,所嫁的准丈夫如何,是否妥当,前景是否美妙。生儿育女。不孝有三,无后为大,能否生个男孩,传宗接代,延续香火,何时能够生出。求取功名。苦苦读书,能否登科中举,何时功成名就,倘若登科无望,出路又在何方。寻找职业。究竟要干哪一行,经商好不好,能不能赚大钱,何时才能赚大钱,或者为什么赚不了大钱。职场升迁。官场上混,何时能升官,能否升大官,何时升大官,或者为何老是升不了官。置业投资。口袋有些钱,建房好不好,买地行不行,房应建于那里,地应置于何方。疾病问题。生了病,是不是得罪了鬼神,能不能治愈,该怎么治,请什么样的大夫,吃什么样的药。死亡问题。重病缠身,百药无效,究竟还能活多久,能否多活几天。家事问题。磕磕碰碰,诸事不顺,究竟问题出在哪里,是否触犯了鬼神。还有出门谋职好不好,何时出门好;这趟生意能否做下去,是否可以赚大钱;田地里该种些什么,何时播种好;家禽家畜病了到底怎么办,有没有治愈的希望。甚至家里老母猪为何不下崽,何时才能下崽;母鸡要不要抱窝孵小鸡,何时抱窝好。总之,大到人的生老病死,小到六畜兴旺,凡属于与自己有关的事,不管自己看得清看不清,拿得准拿不准,都得请示鬼神,简直到了凡事必问的程度。如此不厌其烦,也不怕鬼神厌烦,因为在人们看来,鬼神就是专门干这些事的,不仅不会觉得烦,而且还很乐意呢。

祈求鬼神帮忙的事特多。既然鬼神的能量如此之大,所以,人们在向鬼神问询的同时,自然也要向鬼神祈求。因为即使鬼神给了理想的答案,毕竟并非现实,要确保使之成为现实,还得借助鬼神的力量,何况许多事情,鬼神给出的答案,并非自己所愿,甚至与自己的理想背道而驰,那就更得祈求鬼神帮忙了,请鬼神大发慈悲,运用神力,改变不利的状况。如此,所有向鬼神垂询的问题,诸如上面所罗列的各种事,无论希望娶个好媳妇,嫁个好女婿,生个男孩子,还是企盼登科中举,赚大把的钱,升大大的官,无不也都成了向鬼神祈求帮忙的事由。而且,许多事情,祈求鬼神的帮忙,往往比向鬼魂问询显得更加重要,因而也更加突出。诸如,出门谋职,特别是要出远门,到外埠经商或到南洋谋生,启程之前,往往得到神庙,烧香拜神,求神灵护佑,再卜取一张神符,或再弄个香火袋子佩挂于身上,藏在贴身衣袋里,作为护身符之类。最为典型者,莫过于对待疾病的态度。人病了,无论俗医能否治愈,往往先想到鬼神,求鬼神帮忙,尤其是当俗医无能为力,久病不愈时,更是如此了。无论富家大户或普通百姓,家人或子孙往往弄个弥病祭,祈祷病人消灾弥难。按乾隆《安溪县地·风俗》载,宋代,曾任安溪县令的陈宓称安溪:"时人信巫纸多烧,病不求医令自活。"万历《泉州府志·风俗》称:泉州,人死后请来佛陀做法事,患了疾病则求巫师画符祈祷。道光《惠安县志·风俗》也说:惠安人颇为信鬼神,乡村贫穷,无医无药,有病就向神祷告,这种风气至今犹然存在。可见这个问题历史悠久,且极为严重。至于人老了,祈求鬼神多给活几天;人死了,祈求鬼神保佑活着的人;发生天灾了,祈求鬼神行行好;出人祸了,祈求鬼神别发怒。那更是司空见惯的事了。如此多的祈求,当然也是不得已的事,无可奈何的办法。而对于鬼神来说,或许也不会觉得不耐烦,甚至还挺高兴,至于是否愿意帮忙,是否真的能帮得上忙,那又是另外一回事了。

敬奉鬼神的所在特多。最为普遍也是数量最多的敬奉地点,乃是泉州人家中的厅堂里,大多设有一个神龛,供奉着各种神佛。同时,家中的土地公神位,厨房里的灶公神位,也是许多人家中的必设神位。街上的许多店铺里,甚至某些工厂作坊中,也都要在显眼的位置,设个漂漂亮亮的神龛,供奉着财神爷。此外,无论乡村城镇,供奉各种各样鬼神的各种各样的大小宫庙,随处都可见到,且历史悠久。乾隆《泉州府志·风俗》云:"郡城内多淫祠。"这"淫祠",就是供奉各种鬼神的宫庙。明代,曾任惠安县令的叶春及,于此也深有感触。他在所著的《惠安政书·淫祠》中说:"闽人俗鬼,尤好解祠之事。邑仅仅幅员八十,丛祀至五百五十一。"按他的说法,小小的惠安县,方圆不过八十里,却有供奉鬼神的宫庙551座,真是令人难以置信。泉州其他地方,情况大同小异。直到当代,据泉州市道教文化研究会1990年调查,在区域面积不大的泉州市区,就有大小宫庙六百余座,供奉各种神佛二百多尊。乡村更是宫庙林立,各村不仅有全体村民共同供奉的全村性保护神,且有各家族各自供奉的家族保护神。所以,每个村庄一般都有一座以上的宫庙,大一点的村庄,则往往有几座甚至十几座宫庙。这些宫庙分布在村庄各个角落,或者野外的田间地头,山中林间,甚至在一块大石头或一棵大树下,都可以看到这种大小不一的宫庙。各个村庄中,还普遍有供奉土地神的庙宇。这土地神,也即村落之神,它管辖的范围大约只局限于一个村落,因此各个村落都有自己的土地神,各村都建一所土地祠,内供土地神塑像或画像或牌位。而这土地神的形象,乃是个手拄拐杖面目慈祥的白胡子老公公。

祭祀鬼神的"世事"特多。既然信鬼神求鬼神,所以就有各种各样的祭祀;既然所信所求的鬼神如此庞杂,所以祭祀鬼神的活动也特多。这些活动,泉州人通称之为"世事",既有全域性常规的,区域性常规的,区域性非常规的,也有某个家族特有的,甚至有单个家庭独有的。共同的常规的世事不少,例如,正月初一日春节,正月初九日"天公"诞辰,正月十五日元宵节,二月初二日土地公生日,清明节,四月初一日洗太子,五月初五日端午节,七月初七日"七夕",七月十五日盂兰会,冬至,腊月初八日"腊八节",腊月二十四日"送神",腊月二十六日天神下降,除夕,等等。此外,每逢农历初一、十五日,各家各户都要摆上供品,燃香祭拜。除正月外,每月的初二、十六日都是土地公的神诞,无不郑重其事地点香烧纸钱,进行祭拜,俗称"做牙"。同一天,街上的各个商铺,以及各种从事手工艺的人,也都进行祭拜。区域性的常规的祭祀,所祭大都是地域之神,对象繁多,既有几个村落或一个村落的保护神,诸如王爷公之类,也有祭各种来路不同的鬼神,诸如每年农历七月初一日至七月底,乡村至城镇的每个地区,逐日轮番祭祀,俗称普度。实际上就是鬼节,既祭亲人的鬼魂,也祭孤魂野鬼。区域性的非常规祭祀,有为达到综合目的的报年祭,也有为达到单项目的的求雨祭、平安祭等。久旱无雨,庄稼枯死,乡民们焦虑无奈,认为是老天爷在惩罚,于是来个求雨祭,请鬼神行行好,降雨吧。发生疾疫,这是意外祸事,也是鬼神怪罪了,于是有平安祭,全村人甚至数村人举行祭祀,祈求鬼神,祛除凶灾,保佑村落平安,无病无疾。家族性的祭祀,不仅祭家族祖先,还有并非家族祖先而与家族兴旺有关的鬼神。一个家庭,往往也独自进行各种祭祀,结婚生子要祭祀,发了大财要祭祀,盖个房子要祭祀,有人出远门要祭祀,有人病了要祭祀,亲人死了,为祝福早日升入天堂,也得来个超度祭。正因祭祀实在太多,泉州有句俗语,"世事厚猫毛",说的就是一年到头都有世事,平均起来几乎三两天就有一个。这在全国恐怕也是不多见的了。

　　泉州人对鬼神的崇拜,推动了泉州人对风水的迷恋。至少从宋代开始,风水之说在泉州已颇为盛行,且愈来愈同超自然力的神灵联系在一起,愈来愈神秘化。这种现象,无疑也与泉州人对鬼神的迷信有密切关系,两者可谓相辅相成,互为补充,互相促进,具有殊途同归异曲同工之妙。迷信鬼神使泉州人十分看重风水,而注重风水又使泉州人对鬼神更加敬畏。

　　重视风水,当然也不是泉州人的发明,而是中国传统文化的组成部分。众所皆知,风水之说,肇自于汉代"天人合一"的阴阳五行说,原义无非是自然环境对人的生存状态影响颇大,人们要在自然环境中生活得更舒服,必须根据自然力的特性,适应自然规律。随着这种学说的流行,国人逐渐将某些迷信成分掺入其中,诸如生辰八字、命理等。不过,因为泉州人本就迷信,本就对鬼神充满敬畏,所以,风水堪舆之说到了泉州,很快进一步异化,迷信的成分被大大地扩展了。泉州人对风水的看重,自然环境的意义虽然表面上还存在,可是实际上,焦点已在于超自然的东西,在于对世间万物起支配作用的神灵身上,"天人合一"中的"天",已不是普通的自然力,而是某种极为神秘的令人恐惧的神的化身了。

　　泉州人迷恋风水,何时而起,不得而知,据说也与朱熹有一定瓜葛。朱子好研堪舆,颇有造诣。据乾隆《晋江县志·学校志》载,泉州别称温陵,这别称的播扬与朱子的风水理论直接相关。朱子在泉州,讲学于"小山丛竹",认为这是块风水宝地。他说,小山高坡位于泉州城北,乃清源山龙脉入城的重要之处,地气独温,因此称温陵。经他这么一说,"温陵"之名愈传愈广。朱子在泉州一带,关涉风水地理之事,数见于方志等文献。可见泉州人迷恋风水,固然未必起自于朱子,况且客观而论,朱子对泉州人的鬼神情结,也颇不以为然。可是朱子的这种爱好,无疑是对泉州人产生了不小的影响。

　　因此,至少从宋代开始,风水之说在泉州已颇为盛行,且愈来愈同超自然力的神灵联系在一起,愈来愈神秘化。元代的泉州,曾流行一部关于堪舆墓穴的手写本,题为释大圭撰作,真伪难辨,但是由此可见,这个时候,泉州就已经有风水学的专著了。明代的泉州,风水之说更是大行其道,普通百姓十分迷恋,文人士大夫们也非常迷恋,几乎为世所罕见。所以,明代的泉州,既有大量文盲半文盲出身的风水大师,还有不少文人出身的风水专家。明代以后,直至近现代,泉州人对风水的迷恋,热情丝毫不减,不仅混饭骗钱的风水先生众多,以清高自居的文人也仍有不少风水专家。清代,泉州大文人李光地，以及相当一些文人学者，也都大讲堪舆，笃信风水。清末晋江举人曾振仲，亦是一位善于风水之术的人，名气颇大。

历史上泉州人的风水迷恋，表现于诸多方面。从大的方面看，典型者，莫如用风水的理论，来解读整个泉州的人文与财气运势。府志明确记载：风水先生宣称，泉州郡城周围，有清源山和紫帽山两山，遥相对峙，秀颖甲天下，可是紫帽山的支脉，犹如一个人垂下两只手，一直延续至晋江边，"不相管摄"，无法互相兼顾，所以，泉州"人文盛而财赋损也"。明代泉州有个淮右和尚，还把泉州的风水地脉绘成图册，并逐一加以阐释，说得有鼻子有眼睛，活灵活现，把泉州人说得一愣一愣，深信不疑。泉州人迷恋风水的另一突出表现，则在建筑方面。泉州人注重阳宅的风水，更注重阴宅的风水。阴宅，坟墓也。

泉州这种"信巫尚鬼、重淫礼祀"的民俗，长期风行，显然与居主流地位的儒家思想有矛盾，乃是一种远儒文化。因为儒家从来主张"未知生，焉知死"，"未能事人，焉能事鬼"，提倡"敬鬼神而远之"。所以，历代地方官府和本地某些士大夫，对这种异质于儒家文化的习俗，很不理解，很不以为然。在他们看来，如此痴迷鬼怪，不怕老天怪罪而怕鬼神祸害，弄了数不清的华丽堂皇的鬼庙，捏造了千百种的离奇古怪的鬼神，天上的飞禽，地上的走兽，水中的龟鳖，土中的尸骨，甚至荒山野岭中的枯木，统统成了神，塑上神像，反复叩头，祈求赐福，真是怪异，甚至有点怪诞了。批判劝导之余，地方官府甚至立法禁止，大拆"淫祠"，禁止迎神赛会。可是这种禁止终究流于形式。新中国建立后，提倡移风易俗，甚而大破"四旧"，此风一度销声匿迹，随后却又再度显现蔓延，令人深思。

迷信鬼神，亦如迷信宗教一样，有可以理解的缘由，除了历史的渊源之外，还有许多现实的人所力不能及的因素。诸如，许多自然现象的难以解释，许多社会问题的无法解决，许多人生问题的变幻莫测，尤其是生老病死的种种烦恼与困惑，以及种种不如意。既然有这么多难以抗拒的东西，难以把握的事情，难以解决的问题，那么，人们将希望寄托于冥冥之中的鬼神，也就不难理解了。尽管这些希望无疑是虚幻的，毕竟是一种心灵的寄托，但总是一种希望。只要人类不能完全解释自然界的各种现象，只要社会依然未能实现真正的大同，只要人类无法达到谋事在人，成事也在人的境地，鬼神成为迷信的产物，就会有存在的基础。

第三节　宗教文化的历史影响

历史上,泉州人的宗教信仰,以及繁多的鬼神崇拜,它不仅对于泉州社会生活的诸多方面产生了深刻的影响,而且亦随着历史上泉州人的大量外迁而向外传播,尤其是在台湾和东南亚各地,从而在这些当地社会中产生了深刻的影响。

一、神灵崇拜的社会弥散

泉州人蔚为大观的神灵崇拜,历史悠久,源远流长,是泉州传统社会生活极为重要的组成部分。从古代直至当代,千百年来始终长盛不衰,弥散于泉州社会各个领域,尤其是在民俗、家族、戏曲、经济、民风等方面,无不深深地打上其烙印。

首先是民俗文化。泉州民俗文化,无疑与神灵崇拜联系密切,甚至可以说达到水乳交融的地步。各种民俗活动,几乎都有神灵崇拜的成分。岁时节日,婚丧喜庆,大肆祭神,自不必说,即使普通的衣食住行,也往往与神灵结下不解之缘。例如,饮食。泉州向来有不少人素食,这是宗教文化的影响。佛教是禁止杀生的,所以佛教徒的饮食是素菜。在泉州,除了佛教徒外,还有大量佛教居士,既有许多居家设佛堂长斋奉佛俗称"菜姑"的女居士,亦有不少居家设佛堂长斋奉佛俗称"菜叔"的男居士,这些佛教居士和佛教徒一样食素菜。又如住房。泉州人住房的厅堂,都得设个"佛龛",通常主位是观音菩萨,左边是土地公,右边为灶君公。这是基本的,其他神可视情增补。再如,出行。泉州人出行,往往前往神庙抽签卜吉,或卜取一张神符,或一个"香火"佩挂于身上,求神灵保佑。迎神赛会,这种泉州民间长盛不衰的民俗活动,亦颇为典型。新春正月,泉州民间在祭祖团拜的同时,往往接着举行规模盛大的迎神赛会。按《泉州旧风俗资料汇编·温陵旧事》云:"泉中上元后数日,大赛神像,妆扮故事,盛饰珠宝,鼓乐震天,一国若狂。"又称:"吾温陵以正月谓之朝拜,亦曰会。盖合闾里之精虔以祈年降福,亦遵古傩遗意,相沿已久,事亦无足甚非者。凡会皆于正初择其境之齿德而裕财者首其事,鸠金订期设醮,然后迎神。周其境内,人家置几棱,焚香楮甚恭。绅富家之先有所祈请者,妆为神像,名曰赛答。假面盛饰,高擎其座及于楣檐,正神入座端拱……位置既高,道上下转折,凝然不动,足称绝技。"争奇斗艳,招摇过市，观者如蚁，所谓"迎神装阁旦，游行使人看，娟优百十人，如花相斗粲。琵琶度曲又铜琴，短调唱来《荔镜传》，曲声柔，人意乱，如蚁附膻来不断"。这种迎神赛会，往往是抬着各自的"境主"或"铺主"，在其管辖区域游行一周。当它游行所到的地方，各家在门前摆上香案表示欢迎。此外，还有舞狮、游灯，这是迎神赛会的同时，普遍流行的习俗。这些活动，既有娱乐意义，更有崇神功能。时至今日，这种风俗在泉州仍甚为盛行。

　　其次是家族文化。泉州兴盛的家族文化，亦同样始终与神灵崇拜高度结合。千百年来，泉州的各个家族，除了祖宗神灵信仰外，还崇奉不少家族保护神，在家族组织的活动中，家族神庙的建造及家族保护神的频繁祭祀，也是重要的组成部分。各个家族在纷纷塑造和粉饰自家祖先的同时，也十分重视家族保护神的塑造与祭拜。有的家族将祠堂与神庙合而为一，但更为普遍的则是建造独立的神庙。几乎各个家族都有自己的独立于祠堂之外的神庙，不少家族还有好几座，甚至多达数十座。自古迄今，各个家族的族众，无不非常敬畏各种各样的神祇，祭拜神祇之风始终十分盛行，并形成根深蒂固的家族神祇观念。家族信奉的不少家族保护神，都是家族历史上承继下来的保护神，族人始终无法离弃，始终怀着深深敬畏之情。尽管这些神祇不少并非家族独有，实际上是家族所在地，甚至附近诸多家族共同的保护神，但是这并不妨碍族人对这些保护神的敬重。族人建造的大量神庙，庙中供奉的各种神祇，既有中国各地普遍崇奉的佛陀菩萨、名闻遐迩的关帝爷，以及本地形成的被泉州各地信众尊为保生大帝的吴真人，在安溪名气甚大的显应祖师，还有在泉州名气并不很响亮的雷万春、五谷仙等。这些神祇，尽管来路不同，名气有大有小，各自担负的主要功能也不大一样，但是在族人看来，无疑都有神奇的力量，都能给家庭和家族带来庇佑，起到保护家庭和家族平安吉祥、兴旺发达的作用。因此，家族不仅建造了大量神庙，而且始终对这些保护神恭敬有加，频繁祭祀，虔诚侍奉，希冀神祇赐给福祉，借助各路神祇的各种神力，为家庭和家族驱凶祛邪，消灾弭难，保佑平安，兴旺发达。直至现当代，族人对于这些家族保护神，依然不离不弃，频频祭祀，香火不绝。聚族而居的村落或社区格局使家族组织无法抛弃自己的各种保护神，而家族组织对这些保护神的崇拜反过来强化了各种神灵的存在。

　　再次是戏曲文化。泉州的戏曲文化，同样始终与神灵崇拜结下不解之缘。泉州戏曲文化的最大特色，乃是浓烈的"神气"，尤其是戏剧。这种神气最为突出的表现，既在于戏剧内容有不少鬼神故事，诸如《朱文走鬼》《目莲救母》之类,更在于戏曲戏剧功能的"神化",即所承担的"娱神"功能。泉州人好戏演戏,固然是为了娱人,往往也是为了娱神。甚至娱神的功能比娱人的功能更为突出,演戏很大程度上是给鬼神欣赏的。所以,大凡各种鬼神的节日,各种较大规模的祭祀,大摆祭物的同时,往往要辅之以演戏。诸如,正月初九日天公诞辰,敬祭天公,演戏娱神必不可少。元宵节期间,迎神赛会,演戏酬神也是重要内容。妈祖等重要神祇生日,自然要演戏酬神。村落祭祀保护神,往往也要请戏班来演戏。家族组织较大规模的祭神,同样也请来戏班演戏。家里有人死了,办丧事做功德,也演戏酬神,有演傀儡"目莲救母"节目的,亦有演打城戏的"目莲"节目的。祭有名有姓的神,诸如关帝大爷、保生大帝、清水祖师、郭圣王、苏夫人姑、临水妈、青山王等,也要演戏。祭没有名字或已记不起名字的孤魂野鬼,典型者如普度,也要演戏。普度之时,不吝钱财,家族中或村落中的主事人敛钱,请来戏班,演戏酬神,梨园戏、高甲戏、傀儡戏、打城戏,均可来凑热闹,多台戏同时开演的现象,甚至几台不同的戏种同时演出,并不鲜见,节目多数仍是"目莲救母"之类的故事。加上那爆竹烟花,漫天飞舞,夜空闪亮,真正是盛况空前。泉州人敬奉的鬼神特多,要酬谢的鬼神自然也多,所以频频的演戏娱神,也就不足为奇了。神灵信仰催生出戏曲的娱神功能,造就了戏曲的长期繁荣,戏曲的娱神功能又维护了神灵的地位,使神灵信仰更加深入人心。时至今日,泉州的城镇乡间,仍然演戏不断。只不过,主要不是给人看,而是给神看,因为它的娱神功能还在。所以,各种戏剧在泉州,仍然得以保存下来,仍有相当的市场,这在很大程度上还得归功于神灵信仰。

复次是经济活动。泉州长盛不衰的神灵信仰,也一直对泉州社会经济活动产生着影响。鬼神满天,刺激了迷信产业的发展,使之显得特别繁荣。宗教盛行,多种宗教各行其道,以及繁多的俗神崇拜,使得宫观寺庙以及教堂的建筑,成为民间社会活动的重要项目。这些建筑工程,皆需要大量建筑材料,以及大量的人力。寺庙宫观需要供奉各种神像,既有木雕泥塑,亦有石雕瓷塑,这些神像的塑造,同样需要大量的人力物力。宗教节日以及各种俗神的祭拜活动,需要大量的各种各样的祭祀用品,诸如冥币、香条、香烛、鞭炮、灯笼等。举行祭祀活动时,更是需要大量的祭品。如此,迷信产业的发展与繁荣,也就不足为奇了。这种发展与繁荣,突出表现在三个方面:一是投入巨大。无论是宗教机构,庙宇宫观的所有者,或者是个人,涉及这类神灵崇拜建筑物的建造与装饰,以及围绕各种各样的神灵所开展的各种祭拜活动,无不高度重视,充满高昂的热情,不惜耗费钱财。二是从事或参与者甚多。既有大量的迷信者,大量的庙宇宫观管理人员,有许多专门从事神像雕塑的民间艺人,有许多制造和贩运各种祭祀用品的人,还有许多以装神弄鬼为职业的人,诸如大量的巫婆神棍,专为遭病遭灾的人家画符念咒,驱邪逐鬼,消灾祛病。三是有许多专营祭祀鬼神用品的店铺。无论在城市或乡镇,均有这样的店铺,各种祭祀用品琳琅满目,小到香烛、冥币,大到神像、神龛,无所不有,生意兴隆。神灵信仰盛行催生了迷信经济的繁荣,迷信经济的繁荣反过来为神灵信仰提供了物质保障。时至今日的泉州社会,由于多种宗教仍然大有市场,各种俗神信仰更是根深蒂固,长盛不衰。因此,迷信产业仍然颇为繁荣。这从泉州城乡仍然随处可见的专营祭祀鬼神用品的店铺中,无疑也可以得到很好的佐证。

最后是社会民风。历史上的泉州,各种宗教信仰以及繁多的俗神崇拜,对于泉州的社会民风亦有不小的影响。宗教,尤其是佛教、伊斯兰教、基督教这三大宗教,都有此岸与彼岸两个世界,亦即现实世界与未来世界。现实世界是苦难的世界。佛教最有代表性,教义的核心基点就是一个“苦”字,宣扬人生皆苦。可是无论是佛教或者伊斯兰教,还是基督教,面对现实世界的苦难,又都强调忍耐受苦,逆来顺受。这对于泉州历史上数量众多的崇佛者而言,无疑是影响很大,人们大都表现得颇为安天乐命。宗教在宣扬现世苦难的同时,又大肆宣扬来世的美妙,要求人们把希望寄托于来世。佛教的“西方极乐世界”,伊斯兰教及基督教的“天国”,就是来世的天堂,就是彼岸世界。天堂固然非常美妙,然而欲想进入天堂却需要创造条件。什么条件?简言之,就是现世不做或少做坏事,多做好事,积德行善。佛教讲得最为明白,“苦海无边,回头是岸”,这就是高度的概括。佛教强调因果轮回,因果报应,恶有恶报,善有善报,来世报,现世报,举头三尺有神明,故要积德行善,奉献自身,救苦救难。不仅仅是宗教,就是泉州人所崇拜的各种神灵,亦大多是德与善的典型。例如关帝、保生大帝、妈祖、清水祖师、青山王、法主公等,无不都是这类人物。泉州人所以崇拜这些神灵,亦正在于这些神灵具有的德与善的品格。如此,泉州人信仰宗教,崇拜各种俗神,不能不受其影响,受其感染。突出效应在两个方面:一是较为安分守己,民风相对淳朴。芸芸众生,烧香磕头,吃斋念佛,敬畏神灵的同时,不能不较为注意自身的行为,注意约束自己,各种胡作非为之事相对较少。二是好义乐善。好义,就是见义勇为。既重利又尚义,这是泉州传统民风的突出特点。乐善,就是踊跃行善,慷慨好施,这同样是泉州传统民风的突出特点,突出事例比比皆是,不胜枚举。因此,泉州府志将"乐善"作为社会突出风尚,并非没有道理。而所有这些,显然与神灵信仰有一定的关系。

二、泉台两地的深深神缘

泉州的宗教信仰与俗神崇拜,既是泉州民间大众的精神家园,心灵的依托,亦随着历史上泉州人大量迁台而纷纷以分香、分灵、漂流等形式登陆台湾岛,在台湾岛上生根发芽,成为台湾与大陆文化同根同源的突出表现。

唐代到元代,泉州汉人移居澎湖和台湾,都会随身携带祖地信仰的各种神灵,作为渡海的保护神。定居台澎后,对这些保护神,会以某种形式供奉,开展某些祭祀活动。明代,随着泉州人民迁移台湾渐多,并在明代后期逐渐形成高潮,泉州的神灵信仰在台湾的传播也逐渐加速,许多民间神灵,随着移民纷纷登陆台湾。而且随着台湾逐渐开发,移民经济实力增强,开始建造神庙供奉这些神灵,并进行集体祭祀活动。典型者如妈祖、保生大帝、王爷、土地公、观音等神灵,这个时期已相继登陆台湾,并扎根台湾,在移民社会中广为流行,有着相当大的影响,并且渐渐成为台湾民间最为流行的几种神灵。妈祖信仰。泉州沿海居民因经常奔走喜怒无常的大海,随时有可能发生船覆人亡惨剧,特别崇拜海神。除海龙王外,还有许多具有地方特色的航海保护神,诸如妈祖、通远王、水部尚书等。妈祖乃是代表。妈祖,又称天妃、天上圣母、天后等,原名林默娘,宋代湄洲岛人。据载,生前是位能"预知人幸福"的女巫,死后被当地人奉为神灵,建庙祭祀。妈祖从开始成为神灵就具备海上保护神职能,并得到官府承认,先后赐给各种封号达十四次,等级从"夫人"晋升到"妃",影响也扩大到东南沿海各省。明代,泉州沿海百姓移民台湾,船上都奉祀妈祖神像,保佑船只平安。清赵翼《陔余丛考》卷三十五载:"台湾往来,神迹尤著,土人呼神为妈祖。倘遇风浪危急,呼妈祖,则神披发而来,其效立应。"保生大帝信仰。泉州民间信仰的医神甚多,保生大帝影响最大。保生大帝又称吴真人、大道公、花轿公等,原名吴本,北宋同安白礁人。据宋人杨志《青礁慈济宫碑》载:自幼不吃荤,长大后不娶妻,致力于医病救人。医术甚为高超,医德十分高尚。死后,百姓奉为医神,建庙祭祀,并多次请求朝廷敕封,直至获得"保生大帝"封号。在泉州人心目中,保生大帝地位与关帝、妈祖相同。明代,保生大帝信仰亦随泉州移民传入台湾,逐渐成为台湾最有影响的一尊神灵。见于文献记载的台湾最早的保生大帝庙,是在荷据台湾时期。王爷信仰。王爷信仰在旧时泉州各地甚为流行。因为过去环境恶劣,缺医少药,瘴疠瘟疫横行,天灾水患不断,百姓生命财产常常受到很大的威胁。人们认为这是邪魔妖道鬼怪在作祟,而王爷被认为是可以驱除瘟疫,保护一方水土平安的神祇,于是在民间就形成一种非常普遍而主要的信仰。王爷庙之多,仅次于土地公庙,居第二位。过去在王爷信仰兴盛的地区还有烧王船的习俗。烧王船是驱除瘟神活动中重要的一环,其意义就是赶走瘟疫,为民众带来平安。王爷信仰是台湾民间的强势信仰,因为台湾同样环境非常恶劣,老百姓生命财产时时受到威胁。民众大都认为这是邪魔妖道鬼怪在作祟,只有王爷可以驱除瘟疫,保护乡里,于是在民间形成一种非常普遍而主要的信仰。台湾奉祀的王爷,主要是来自泉州。土地公信仰。土地公又称福德正神。其基本职能是保佑风调雨顺,五谷丰登,六畜兴旺。土地公信仰,中国各地大同小异。古代社会,土地是农民生存基本资源,生长五谷供人享用,给百姓恩惠最大。因此,塑造出主管五谷的土地神。土地公在神界地位并不高,只是低级小神,经常独居于小小土庙里。可是职能与百姓生活密切,又有副慈善面孔,和蔼可亲,没有“官架子”,祭祀仪式又简单,深受百姓欢迎,成为普遍奉祀对象。泉州各种神庙,土地公庙数量最多,农村田头地角,屋前宅后,街头巷尾,大大小小土地公庙,随处可见。明代,泉州大批移民入台,多从事农耕,终年开垦土地,必然把土地公当作守护神奉祀。何况正如福建祖地那样,在移民心目中,土地公体恤百姓困苦,还能镇压病魔,禳灾祛祸,甚至保佑发财。观音信仰。观音菩萨职能是救度受苦众生,普度到极乐世界。观音具有大慈大悲道行,能用眼睛观察声音,芸芸众生中有人患难,只要诵念观音名号,她就会寻声前来救助。由于平时求助者甚多,总是有求必应,最终成为泉州影响最广信众最多的佛教俗神,特别是广大妇女对观音的崇拜,影响甚至超过佛祖释迦牟尼。因为观音还有送子职能。唐宋时期,泉州各地都有观音寺。明清时期,供奉观音寺庙不可胜数,观音进入家家户户,百姓厅堂神龛上,大多皆有敬奉。台湾最早的观音寺是鹿港龙山寺,建于南明永历七年(1653 年)。相传,当时泉州安海龙山寺肇善和尚,带着一尊亲自雕刻的观音石像,前往普陀山朝圣,途中遭遇风暴,船只失去控制,随浪漂流到鹿港,遂就地结庐苦修,草创龙山寺。若干年后,肇善又回安海,恭迎神像分灵鹿港。后人修建鹿港龙山寺,从拆下的红瓦背面,还见到“泉城阮协兴号”字样。至今,鹿港龙山寺门外,仍立着一块“衍自安海龙山寺”石碑,记录着与泉州的神缘关系。

明郑时期,泉州神灵在台湾的传播进入一个崭新时期。1661年,郑成功挥师东渡,收复被荷兰殖民者窃据三十八年的台湾,从此开启了台湾明郑政权时期(1662—1683年)。明郑政权尽管存续时间不长,然而这个时期,随着泉州人民大批入台,尤其是郑成功重视中华传统文化,积极鼓励与推动大陆民间信仰在台湾传承,使泉州民间信仰风靡台湾,各路神祇大举登台。

郑成功抗清斗争,争取佛教支持,亦崇信闽南俗神,攻台之时,奉祀妈祖、保生大帝等为大军护航。因为明郑推崇佛教,郑经建弥陀寺,陈永华建龙湖寺,台湾佛教由此兴盛。明郑推崇佛教的同时,泉州各种俗神更是纷纷入台,大放异彩。这些俗神中许多是初次亮相台湾,当中有几位原是泉州重要俗神,这期间登陆台湾后,相应建起各式神庙,亦从此成为台湾最主要神灵。其一,保生大帝。郑成功复台时,数万东征部队,不少是泉州人,将保生大帝神像供奉在战船上,祈求保佑一帆风顺,旗开得胜。收复台湾后,保生大帝信仰在台湾迅速传播。最为著名者,乃是台南学甲慈济宫和台南镇北坊慈济宫。学甲慈济宫,相传建于南明永历十五年(1661年)。当时,保生大帝保佑郑成功复台部队顺利在学甲头寮登陆,为了答谢恩德,就在登陆处建了座小庙祭祀。因为灵显,崇拜者越来越多,被公认为是台湾保生大帝开基祖庙。其二,关帝。泉州涂门街有座通淮关岳庙,大约建于明初。民间传说最为灵异,信徒最多。明清时期,泉州人移民台湾,许多人都要到关帝庙乞求香火,带往台湾。台湾最古老的关帝庙彰化关帝庙,建于南明永历二十三年(1669年),神像就是从泉州通淮关帝庙分灵的。自此而后,关帝信仰在台湾大为盛行,成为台湾最主要的一尊神灵。其三,玄天上帝。又称上帝公、真武大帝,航海保护神和降妖镇邪河神。泉州航海业较发达,玄天上帝受到高度崇拜,明清时期,泉州有不少玄天上帝庙。文献记载,郑成功复台时,玄天上帝被供奉船上,奉为保护神。收复台湾后,大力推崇玄天上帝,修建了许多庙宇,诸如,彰化田中顺天宫、云林虎尾永兴宫、嘉义北社尾玄隍宫等。其四,广泽尊王。又称保安尊王、郭圣王、郭王公等。原名郭忠福,泉州南安郭山人,生于唐末,以孝闻名。卒后,乡人立庙祭祀。生前只是个牧童,成为神祇后,被赋予各种职能,几乎无所不能,据说十分灵验,有求必应,是泉州颇有影响的神祇,两次被朝廷敕封。明郑时期,广泽尊王信仰传入台湾。据台南《西罗殿志》载:郑成功复台时,南安郭氏族裔,恭奉郭圣王分身,来到台南府五条港,以当码头工为生,剽悍勇武,成了码头老大。供奉郭圣王的处所,亦由简陋的"圣公馆",发展为规模宏大的西罗殿,且随着时间的推移,一次比一次修建得华丽堂皇。据《台湾庙神记》载,台湾祀广泽尊王的庙宇有五十多座。其五,城隍。又称城隍爷,道教俗神。主要职能是保护城池,后扩大为主管本城降雨抗旱、放晴防涝、五谷丰收、生儿育女、发财致富、消灾弭祸、生死寿夭等阳间之事,甚至职掌阴司,勾管一城亡魂。城隍信仰在泉州颇为盛行,尤其是石狮永宁城隍、安溪城隍、惠安青山王城隍最为著名。台湾城隍爷根在大陆,有些城隍庙分灵于泉州。台湾最早的城隍庙,建于明郑时期。郑成功复台后,就在台南建造府城隍庙。此外,清溪城隍,据《泉州道教》中的台湾中寮安溪城隍庙"沿革志"载,郑成功入台时,安溪张氏和施氏两个家族的宗亲,迁居台湾的同时带去安溪城隍的神像两尊,在台湾建庙供祀。数百年来,分灵在台湾各地的"清溪城隍"庙宇,为数竟已经达二百二十一座。康熙统一台湾后,郑成功建造的城隍庙被承继下来,仍作为台湾府城隍庙。明郑时期,泉州民间信仰在台湾迅速传播,有关文献记载也可得到佐证。按蒋毓英年间所修《台湾府志》载,台湾当时已有宫庙三十二座,主要分布于台南、凤山、诸罗。这些神庙,许多为泉州移民所建,创建于明郑时期。明郑政权在台二十余年,泉州移民兴建如此之多的宫庙,在台湾历史上实属空前,也表明由泉州人带到台湾至今仍为台湾民众信奉的众多神灵,这时已基本到位。

康熙二十二年(1683年),施琅率军统一台湾。次年,清廷于台湾设府,直接隶辖于福建省,台湾与大陆关系更加密切。清治时期,泉州移民继续大量入台,泉州人信仰的许多神灵继续传入台湾,较有影响的有清水祖师、田都元帅、张法主公、诸多著名的王爷神,以及永宁城隍等。清水祖师。安溪蓬莱山清水岩,始建于北宋,系清水祖师文化的发祥地。供奉于清水岩的清水祖师,与妈祖、保生大帝、广泽尊王并称为闽南四大信仰,也是台湾四大神明。清水祖师生于北宋,俗姓陈,为民祈雨、修桥造路、施医济药、造福百姓,神力不凡,成为泉州很有影响的神祇。清代,安溪渡台的乡亲,有不少人将清水祖师携带往台湾,并在台湾建了不少神庙,著名者如台北市艋舺的清水岩,台北县三峡镇的长福宫,台北县淡水镇的清水岩及万华祖师庙等。据称,清水岩在台湾的分炉分庙就有近两百座。田都元帅,戏神的代表。台湾历史最悠久的田都元帅庙,位于台南市西势村,称元帅庙,建于雍正三年(1725年)。鹿港大有里玉渠宫,建于乾隆三十年(1765年),晋江分香而去,凡到台湾演出的戏班,皆往该庙祭拜。张法主公,又称张圣君。原名张兹观,南宋福建永泰人,少年得道,神通广大,能祈雨、除妖、治病,神话在闽地

245

广泛流传。清代中叶,张法主公信仰随闽地移民传入台湾。宜兰再兴宫是台湾最早的法主公庙,创建于乾隆六十年(1795年),香火是泉州德化县移民所带去。台北大稻埕法主公庙,从泉州安溪县分香而去,建于同治年间。

各种王爷神。历史上的泉州,人们为驱除瘟疫,消灾弭难,创造出各种各样的王爷神,已知姓名或只知姓氏的王爷神就有六十多位,不知名也不知姓者更是难以数计,成为一个庞杂的神群系统。著名者如萧王爷、池王爷、丁王爷、张王爷、许王爷等。清治时期,这些王爷神,也大多被渡台的泉州人带到台湾。如萧王爷。大名萧望之,汉宣帝时的将相、太子师傅,被宦官诬陷,饮鸩自杀,后昭雪赐祭。这位王爷神,尽管并非泉州王爷神中年代最早、官爵最高、知名度最响的神,然而身兼文武,位至将相,又是太子太傅,具有独特的优势条件。泉州富美渡口那座奉祀萧王爷的神庙富美宫,因地处交通要道,行人商贾云集,使萧王爷成为泉州王爷神总管的最佳人选,富美宫也自然成为泉州的"王爷行宫"。清治时期,泉州渡台的萧王爷信奉者,把萧王爷带到台湾,使台湾的萧王爷信仰颇有影响。又如泉州民间很有影响的池王爷,据说是因舍身抗瘟神而备受人们崇敬。史称池王爷叫池梦彪,隋朝地方官,与瘟神是至交朋友,某日酒宴中,瘟神向池王爷吐露奉天帝之命,欲在辖区内传播瘟疫。池王爷十分关心百姓的安危,询问瘟神,用何种方法施毒,瘟神自囊中取出瘟药,池王爷一把抢过来,吞入口中,毒性发作,满脸黑斑,眼珠突出,瞬时而逝。民众感恩戴德,建庙奉祀。这尊池王爷,同样被渡台的泉州人带到台湾,并且在台湾同样拥有不少信众。丁王爷出于晋江陈埭镇信仰回教的丁氏家族,所以成为王爷神,来路与池王爷的传说颇为相似。据完颜仲仁载于《泉州道教文化》的"晋江民间信仰庙宇"称,丁王爷"原名鸿基,曾为太子内帘官,因遇瘟神来此处散播毒药,为害下方,被他遇见。为保全众生,他奋然夺其毒药吞食,身死成神,因毒药发作,故脸面乌黑"。所以,至今丁王爷的塑像仍然也是乌黑色。丁王爷在晋江一带香火甚盛。清治时期,泉州人入台时,亦把丁王爷带到台湾。乾隆年间,晋江龙湖粘氏家族粘尚渡台时带去的主要保护神,正是这位丁王爷。台湾云林县口湖乡仑中村的下仑福安宫,主要奉祀的也是这位丁王爷,据说是全台湾唯一的抓贼神明。张王爷与许王爷,亦即张巡与许远,泉州民间尊之为保仪大夫,或者称为保仪尊王,或者合称为文武尊王,是泉州民间不少人所奉祀的两尊王爷神。清治时期,随着泉州人大批渡台,这两尊王爷神亦被带到台湾。台北县深坑乡内湖中顺庙,有清初泉州陈姓移民从家乡带来保仪尊王香火。后和当地开垦者商议,为祈求五谷丰登和全家平安,买了尊谢恩神像,成立神明会,凑齐一笔基金,先用利息充作祭费,后基金增多,拿出部分建庙,香火旺盛。当地人作为保护神,祈雨、驱蝗、打仗等都要求保仪尊王保佑。奉祀保仪大夫为主神的台北景美镇集应庙,就是泉州的张氏家族和高氏家族宗亲所建。据载,张氏家族和高氏家族宗亲渡台开发景美时,从祖地带去张巡和许远这两尊神,随后就在景美镇建集应庙,奉祀于庙中。因此,在台湾出现了不少奉祀保仪大夫的神庙,现有以张巡、许远为主神的宫庙十八座。此外,诸如,杨五使公。清乾隆十五年(1750年),泉州安溪祥华乡河图村余氏家族分派于台湾基隆的宗亲,在基隆建造大德庙,奉祀杨五使公。李府千岁。南安侯安侯氏家族宗亲,清代康熙年间渡台,开垦彰化县三寮湾,随身带去家族主要保护神李府千岁,即宋代钦赐进士李苗。薛大巡。据石狮市宝盖镇龟湖《铺锦黄氏族谱》载,龟湖铺锦村黄氏家族,从清代康熙年间起,许多族人陆续迁居台湾,不少宗亲聚居于彰化鹿港,并把石狮祖家神庙集英堂中所供奉的佛祖,以及清晖堂中所供奉的薛大巡等神祇,恭迎到鹿港供奉,作为保护神。所以,台湾王爷神信仰非常普遍,极其炽烈,据称全台湾有1000多座王爷神庙。石狮永宁城隍。清治时期,随着石狮人大量进入台湾,永宁城隍也被分炉到台湾鹿港等地。清道光十九年(1839年),聚居于台湾鹿港的石狮鳌西林氏宗亲,回到永宁祖家,恭请城隍到台湾鹿港,并建城隍庙奉祀。据蔡尔辇的《石狮城隍庙兴衰史话》所做的调查统计,台湾各地主祀与附祀永宁城隍的庙宇有一百多座。惠安青山王城隍。青山王,原名张悃,五代时闽王部将,于惠安青山抵御海寇有功,死后百姓立庙祭祀,成为惠安县影响最大的一尊神。台湾最早的青山王庙,是台北贵阳街青山宫,建于咸丰六年(1856年)。是年,艋舺瘟疫,无法抑制,人心惶惶,移民从惠安请来青山王,百姓纷纷捐资盖庙。也是在这期间,惠安几个信徒为修建青王山庙,捧着青山王神主到台北万华募捐,据称到万华后显灵,被留在万华,百姓建庙供奉。据称,台湾有二十三座青山宫,均是先后从泉州分炉过去。此外,泉州人信仰的文昌帝君、财神、玉皇大帝、石敢当等,也相继登陆。如此,信仰神像大大增加。因此,清治时期,泉州民间信仰的神灵大多已经被请到台湾,几乎都可以在台湾找到他们的分身。

泉州众多的神灵信仰登陆台湾后,长期保持与泉州祖地的密切联系。如台湾信众往泉州进香谒祖,在台湾历史上相当活跃和普遍。最近三十多年来,更是络绎不绝。王爷信徒谒祖。台湾王爷信徒认定王爷的根许多在泉州,不畏艰难险阻,以能到泉州祖庙进香谒祖为幸事。1991年,高雄市数十名萧太傅信徒特意乘小船跨越海峡,直达泉州富美宫进香,在海峡两岸引起轰动。据泉州富美宫统计,1988年以来,台湾各地先后到富美宫进香谒祖的宫庙已有数百座。仅2005年到2012年底,就有175批7067人次。到泉州法石文兴宫祖庙谒祖进香的信众亦甚多。台中海滨里文兴宫、台中协兴坛、台中清水镇高美文兴宫、彰化永安宫、华林镇顺天宫、苗栗合兴宫等,多次到法石文兴宫进香谒祖。田都元帅信徒谒祖。台湾现有二百多座庙宇附祀田都元帅,皆认定南安罗东镇坑口宫庙为祖庙,并纷纷前来寻根谒祖。台北行德宫捐巨资修建祖庙,还立下名为《虔诚之心万里迢迢专程认祖缘起》碑,记述寻根谒祖过程。2017年,行德宫又有七十四名信众,来到罗东坑口宫,拜谒祖庙,延续两岸神缘。城隍信徒谒祖。1990年以来,台湾城隍信徒纷纷到福建寻根谒祖。石狮永宁城隍庙和安溪凤山城隍庙,更是台胞进香谒祖圣地,来进香的台胞络绎不绝。据《福建日报》2010年6月2日报道,2010年6月1日,鹿港城隍庙组织的谒祖进香团六十多人,前来石狮永宁城隍庙进香谒祖。法主公信徒谒祖。台湾法主公信仰起源于福建德化。德化石牛山有法主公祖庙,保存较完整法式,引起台湾法主公信徒极大兴趣。1997年,宜兰县信徒黄明胜专程到石牛山石壶祖庙,拜黄法传为师,学习这些法式。1989年以来,台湾法主公信仰者到石牛山进香谒祖络绎不绝。玄天上帝信徒谒祖。台湾玄天上帝信徒也到福建祖庙进香。泉州法石真武庙内墙壁上,就挂着数面台湾玄天上帝弘道协会、高美文兴宫、第一行宫、外澳接天宫等台湾宫庙进香时赠送的锦旗。2000年,台湾高雄过田仔北极殿十七位信徒,参访泉州玄妙观、法石真武庙,无不感慨地说:"泉州与台湾仅一海相隔,无论从宗教信仰、风俗习惯和语言上看,彼此相似地方太多了,在泉州就如同在台湾一样,感到特别亲切。"南安县凤山寺是台湾广泽尊王庙祖庙。随着两岸文化交流恢复,台湾进香团纷拥而至。仅1990年,就有五十七个进香团。近几年,南安凤山寺祖庙每年接待台湾香客数以万计。2013年,第四届凤山文化节在南安凤山寺开幕,台湾六十座宫庙、近一千名信众、一百五十尊广泽尊王神像、十九顶神轿组成的进香团参加,阵容庞大。仪式结束,带着广泽尊王金身返台。2015年,第五届凤山文化节在南安凤山寺开幕,台湾又有信众一千余人拜谒广泽尊王。观音信徒谒祖。观音信仰在台湾影响最大,观音寺随处可见,现有六百多座。泉州安海龙山寺与台湾观音寺有特殊关系,台湾许多龙山寺皆从安海龙山寺分香而去。

近三十多年来,到安海龙山寺进香谒祖的台胞络绎不绝。关帝信徒谒祖。台湾现有关帝庙三百五十六座。近三十多年来,泉州通淮关岳庙,每年都有数以万计台胞前来进香谒祖。1990 年,泉州通淮关岳庙完成修建后,台湾关帝庙也开始到这里进香谒祖。2010 年,台湾百座关帝庙 1800 多信众,携手西渡海峡,到泉州通淮关帝庙进香谒祖。这是关帝信仰传入台湾四百多年来,台湾信众到大陆进香谒祖规模最大的一次。2016 年,台湾中华道教关圣帝君弘道协会一百余名信众,又前来泉州关岳庙进行交流。台湾信众往泉州进香。台湾同胞不辞劳苦,纷纷到大陆祖庙进香谒祖,绝对不单单只是"神缘",只是某种神祇信仰的行为,当中还蕴含着传统文化的认同,蕴含着"怀故乡"的强烈感情。显然,通过进香谒祖宗教信仰活动,爱国思乡、两岸同根的情怀得到进一步升华。台湾信众络绎不绝前往泉州的同时,泉州寺庙赴台交流的也有不少。妈祖信仰交流。自 1994 年妈祖文物赴台展出以来,祖国大陆妈祖文化团体赴台交流已达 20 多次。影响最大的有:2002 年泉州天后宫组团直航赴澎湖交流。王爷信仰交流。1993 年,泉州富美宫董事长应台湾方面邀请,率团访问台湾三十多座分庙,被台湾媒体评为"对提升两岸宗教文化交流甚有助益"。泉州蚶江五王府信仰交流,2009 年和 2010 年,两次组团赴台交流,受到台湾信众热烈欢迎。玄天上帝信仰交流。1997 年 9 月 21 日,台湾玄天上帝弘道协会组团到泉州法石真武庙进香,并邀请玄天上帝金身到台湾举行巡礼弘法活动。同年 9 月 25 日,法石真武庙玄天上帝金身飞抵台湾,上千位热心信徒前往接驾,玄天上帝金身在台逗留四十多天,巡礼了二十座宫庙。1999 年 11 月,南安荣溪宫玄天上帝金身也应邀往台湾环岛巡礼,广结神缘。1999 年 12 月,应台湾玄天上帝弘道协会邀请,泉州市道协第三次赴台交流访问团二十人,参访了桃园北天宫、玄天宫、台北真庆宫、宜兰接天宫、台中北天宫等二十四座宫庙。

　　所有这一切表明,泉台千百年来形成的"神缘",已深深融入两岸同胞生活中,成为共同精神家园。两岸同胞这种"神缘",几百年来,尽管历经风雨,依然长盛不衰,具有强大持续力与凝聚力。这是一根无形的又是力量巨大的精神纽带,把两岸同胞的心紧密联系在一起,保持双方友好往来,任何外部力量也无法将之割断。这无形的精神纽带,对于维系两岸血浓于水的骨肉之情,对于未来的两岸关系,仍将具有不容忽视的桥梁作用。尽管历史进程不无曲折,然而不断地交融发展,始终是基本潮流,任何力量也无法从根本上加以改变,时至今日,仍然如此。

三、神灵信仰的南洋传播

泉州是中国著名的侨乡,是南洋众多华裔最主要的祖籍地之一。历史上的泉州,尤其是明清至民国时期,大批人漂洋过海,前往南洋各地谋生,许多人最终定居南洋,在那里繁衍生息。据不完全统计,泉州全市大约有九百多万祖籍泉州的华侨华人,分布在世界五大洲 129 个国家和地区,其中百分之九十居住在南洋各国。随着大批泉州人徙居南洋,泉州多元的宗教文化,尤其是民间崇拜的各种俗神,亦被带到南洋,在南洋各地落户生根,广泛传播开来,成为南洋泉州籍华侨华人传承中华传统文化的重要组成部分,并对他们保持与泉州祖地的密切关系同样产生了颇为突出且颇为深远的影响。

泉州人背井离乡,远离故土,奔赴南洋披荆斩棘,艰难困苦的开基创业历程,随时可能遭遇的各种难以预测、难以把握的凶险灾祸,不能不给他们的精神世界带来巨大的冲击,造成剧烈的震荡,时常产生惶惑与不安。他们在重建物质家园的同时,同样需要重建新的精神家园,作为心灵的依托,排解忧愁的情绪,抚慰焦虑的思想,寄托疲乏的灵魂。这个精神家园的构建,在南洋移民社会环境中,最为现实的选择,最为现成的办法,也是最为熟悉的东西,无疑就是祖地的宗教以及各种各样的俗神。借助泉州祖地的各种神灵,借助祖先所信奉并遗传下来的保护神,让这些神祇也驾临南洋,显灵显圣,作为消灾祛祸的坚强庇护,纳福迎祥的重要依靠。

泉州人前往南洋,往往相携而行及牵亲引戚。《岛夷志略》载,元代泉州吴宅"百有余人"同时出洋帝汶,随后寓居当地。某个村落或某个家族有人先移居某地,往往又相互引介,不断有乡亲和宗亲迁移到那个地方。永春《留安刘氏族谱》载,乾隆年间,陈臣留到马六甲,获得大片可开垦土地,回家乡带了数百名亲友同乡到那里从事种植。泉州南门外亭店杨氏,乡亲和宗亲相互牵引前往菲律宾,至民国初达到六百多人。这种迁移特点,使乡亲和宗亲们到南洋后,往往相对集中居住,形成地缘性与血缘性很强的聚落。从泉州诸多族谱的记载中,均反映出泉州人到南洋后落籍相对集中的情况。诸如,晋江《金井蔡氏族谱》载,明万历年间往南洋一百五十位族裔,绝大部分居吕宋;安溪《金谷河图郑氏族谱》载,光绪年间大批族人往马来西亚,多聚居亚庇斗亚兰;安溪《官桥山珍黄氏族谱》载,嘉庆年间往印尼众多族裔,多聚居东爪哇泗水老果占卑。乡亲和宗亲相对集中的居住,为泉州宗教文化在南洋的传承,提供了良好的地缘条件。

因此,随着泉州人大量南渡南洋,他们也在南洋传播泉州人所信仰的宗教。如佛教。随着南洋华侨日增,经济上也有较大成就,中华传统文化在南洋迅速传播,佛教亦在南洋某些地区进一步得以薪传,随之而来的是对僧人的需求。闽南某些出家为僧的人,也接踵进入南洋,传授佛教,弘扬佛学,帮助兴建寺庙,推动佛教在南洋的传播。如释转逢,俗性王,南安洪濑四都人,清光绪初年生。十二岁出家于南安小雪峰寺。为弘扬佛教,不遗余力,弘法布教于星洲、马来西亚。1924年任南普陀寺住持,创办闽南佛学院。1932年,挂锡开元寺任住持,大力整顿寺规。他戒行甚为精严,是当时闽南甚有名望的僧人,所主持的寺院,无不厉行清规,严肃道风,受到海内外佛教界敬重。抗日战争期间,前往星洲,到新加坡龙山寺任住持,1952年在星洲圆寂。又如释性愿,俗名洪水云,法号古志,南安石井古山人,清光绪年间出生,十三岁在厦门南普陀寺受戒,曾任南普陀寺监院、泉州承天寺代理方丈。1937年应菲律宾佛学会之邀,赴菲律宾弘法,主持信愿寺。开元寺转道法师,闽南佛教界耆宿,居新加坡,兼任开元寺住持多年,建树甚多。1931年,由星洲首次回国,作六十寿辰,开三大坛大戒,戒期五十天,男女戒徒千余人,盛况空前。1942年,转道七十初度,已经为新加坡佛教做出很大贡献。

迁移南洋的泉州人,不仅在南洋传播佛教,而且对泉州祖地信仰的各种俗神,同样极为崇拜,往往随身携往南洋。宋代,泉州人到南洋经商者日多,侨居者亦不少。这些前往南洋的人,已经把祖地的神灵带往南洋。莆田县西天尾镇,发现的那块立于南宋绍兴八年(1138年)的《祥应庙碑记》,碑文中称:"泉州纲首朱仿,舟往三佛齐,斋请神之香火而虔奉之。舟行迅速,无有阴险,往返曾不期年,获利百倍,前后之贾于外番者未尝有是。"明清时期,尤其是清代后期,随着泉州人大量迁移南洋,泉州民间那些著名的神灵,清水祖师、郭圣王、妈祖、关帝等,亦纷纷被带到南洋作为保护神,建庙奉祀。安溪人供奉清水祖师,南安人供奉广泽尊王,惠安人供奉灵安尊王,晋江、南安、惠安"三邑人",还信奉观音、佛祖和各种王爷。观音信仰传播。清康熙十二年(1673年),泉州移民在马六甲创建了敬奉观音的寺庙青云亭。清嘉庆五年(1800年),移居马来亚槟榔屿的泉州人,联合当地来自国内其他地方的华侨,共同创建了敬奉观音的广福宫。在新加坡,清道光十九年(1839年),泉州移民陈笃生发起集资,在华侨商号非常集中的直落亚逸街,兴建天福宫,作为闽籍华侨祭祀与集会场所。1840年,天福宫落成,陈笃生担任天福宫大董事。在缅甸,清咸丰十一年(1861年),以泉州人为主体的华侨,集资于仰光建造了庆福宫,又称福建观音亭。玄女信仰传播。安溪榜头白氏族裔,1928 年在新加坡所建的九仙宫,即玄女妈宫。是祠堂与神庙的混合体,前厅供奉玄女,后厅供奉白氏祖先神位。总之,19 世纪前后,南洋各地的泉州华侨,建造了一批批庙宇宫祠。

迁移南洋的泉州人,在南洋传播祖地崇拜的各种神灵,1991 年新加坡亚洲研究会出版的林孝胜所著《潘家村史》,可以说提供了一个颇为典型的样本。按该书所载,清咸丰年间,南安炉内潘不少人参与林俊起义,后来起义被镇压,许多人只好出逃南洋。当时大量逃往新加坡,在兴利芭形成了一个名叫潘家村的聚落。20 世纪 30 年代中期,已达六十多户四百多人。这些来自南安炉内潘的华侨,每家家中都设有神座,左边供奉土地神,右边供奉祖先遗照和灵位。潘家村人所信奉的神祇,除了那位已经被神化的祖先潘府大人外,还有甚多,亦都是从泉州祖地带去,主要有:大伯公,即土地公,农历二月初二日,家家户户祭拜;"天公",即张天师,农历正月初九日诞辰,是日,潘家村人无不加以祭祀,且在村中建有一个天公坛;财神,潘家村人普遍供奉的神祇;观音佛祖,由于是"送子娘娘",该村妇女普遍信奉,以求多子多孙也;关帝公,因能主持公平正义,并能生财有道,甚为崇拜;九皇爷,即海龙王,也是保护神;仙公,村中有个叫"风仙洞"的庙,奉拜仙公,每年两祭,平时村民还常到里面求神医病,或抽签求财;灶君,农历十二月廿四日,送灶王爷上天;法主公,村民由南安祖家自己带"香火"来,放在家中奉祀。此外,潘家村中许多人的日常生活,如住宅的坐落,坟墓的位置,结婚或安葬的日期,也向不同的神祇请教或请"风水先生"决定。可以说,这是南洋的泉州华侨承袭祖地神祇的较典型标本。迁移南洋的泉州人,诸如此类的神祇崇拜与祭祀活动,可谓不胜枚举,且形式和内容与泉州祖地没有根本的差别,只不过某些具体做法略有不同罢了。

泉州人在南洋的活动及其所传承的泉州宗教文化,从历史或现实的角度看,无疑包含着许多合理的因素,具有不少不可否认的正面价值。主要表现有三:一是充实南洋宗族乡亲的精神生活。泉州乡亲在南洋构建的精神家园,宗教文化占有重要的位置。徙居南洋的泉州人,把祖地宗教文化移植到南洋,极大地丰富了移民乡亲的精神世界,充实了他们的精神生活,成为他们心灵的重要栖息地和重要的精神支柱。艰难困顿的时候,能够从中寻求支持和鼓励;忧愁烦恼的时候,能够从中寻求慰藉和庇护;思乡怀祖的时候,能够从中寻觅故土的亲切气息;欢乐喜庆的时候,能够从中获得继续奋进的更为强大的动力。精神层面的这种价值,反过来促进了物质层面的效应。几百年来,泉州宗亲在南洋顽强拼搏,取得了令人瞩目的巨大成就,谱写出许多辉煌动人的创业篇章,应当说与宗教文化赋予的精神力量有着密不可分的关系。二是丰富南洋群岛文化色彩。南洋群岛色彩斑斓的文化,是由包括多种移民文化所构成。移民文化中,中华文化占有重要一席之地。明清时期,随着中国闽粤地区居民大批进入南洋,中华文化在南洋迅速广泛传播。在中华文化大系统中,包含了几种色彩不同的地方子文化系统。颇有特色的泉州文化,乃是其中之一。在泉州的移民文化系统中,宗教文化既是最为直观的体现,也有其他代表性的文化。因此,泉州乡亲在南洋传承的祖地宗教文化,实际上已在南洋放大成了社会文化,融入南洋社会之中,成为南洋文化不可分割的部分,既促进了中华传统文化在南洋的传播,也为南洋群岛的文化增添了色彩。2020年,厦门、泉州、漳州和马来西亚马六甲联合申报的"送王船——有关人与海洋可持续联系的仪式及相关实践"项目,列入联合国教科文组织人类非物质文化遗产代表作名录。泉州和闽南其他地区信众共同带去的王爷信俗,已经被中马两国的相关社区视为共同遗产,见证了"海上丝绸之路"沿线的文化对话。三是增进南洋乡亲与祖地情感。南洋乡亲传承的泉州祖地宗教文化,对于广大南洋宗亲而言,这些信仰已被赋予一层新的特别的意义,即成为强烈的故土情思的寄托,增强他们对祖地的向心力,成为他们维系同祖地关系的重要纽带,致使他们始终与祖地保持密切关系。几百年来,一代又一代的南洋乡亲,不断回到泉州祖地,寻根拜祖,修理寺庙,畅叙亲情,慷慨解囊,举办公益,就是最有力的证明。例如,南安金淘莲坑人杨肇基,据《莲坑杨氏族谱》载,清咸丰年间往菲律宾经商,"黄金累万,富甲通都",获得巨大成功后,捐资于金淘祖地开办道南义塾,修建南安县署,建造路桥,而且修筑庙宇。晋江龙湖人吴身谋、吴修乳,旅居菲律宾,据1992年编纂的《岱阳吴氏大宗纪念刊》载,慷慨解囊,捐献巨资,兴建祖地小学校舍、宗祠、溪桥、道路,又修建觉海庵。旅居南洋的泉港山腰人庄德枝,据《桃源锦绣山腰庄氏族谱》载,捐资在枫亭、沙格、峰尾、山腰等地建教堂。晋江东石人黄秀烺,据《江夏黄氏大成宗谱》载,1859年生于晋江深沪,转往菲律宾谋生。经过20余年艰苦奋斗,成为菲律宾华侨巨富,独资修葺泉州开元寺仁寿塔。这种行为,反过来推动了祖地宗教文化的发展,使之更加繁荣,弥久不衰。至今,泉州许多寺庙的香客,仍然不乏东南亚华人,也说明了这一点。

第七章 泉州多彩的民俗文化

泉州民俗文化,亦是泉州文化的重要组成部分,历史上的泉州人,在长期的生产生活过程中,形成丰富多彩的民俗文化,既承继了中华民俗文化的诸多传统,又具有鲜明的地方特色;既是泉州文化特色的重要体现,亦折射出泉州文化的不少突出观念。

第一节 色彩斑斓的衣食住行

民俗文化是一种生活文化,亦是一种生活方式,涵盖面甚为广泛,民间民众的衣食住行,既是日常生活的最基本需要,又是民俗文化的最基本表现。泉州民俗文化的多姿多彩,从民间民众的衣食住行习俗,就可以得到突出的体现。

一、普罗衣冠与惠女服饰

泉州民间民众的衣冠习俗,作为一种物质性社会民俗,既有鲜明的时代特征,又有引人注目的地方特色,前者突出表现在普通民众的衣冠方面,后者则突出地体现于名闻四方的惠安女服饰。

汉语成语"衣食住行",含义简单明了,指人们的穿衣、吃饭、住宿、行路,是人生的基本需求。衣字为何排在最前面,似乎有点令人费解。因为众所周知,衣服和食物相比,人们可以不穿衣服,却不可以不吃饭,所以食字似乎应排在首位。实际上,国人把衣字排在首位自有其道理。衣不仅冬季可以保暖,夏季可以防晒,且还有个重要功能,就是遮丑。穿衣首先让人类从万物中脱颖而出,食物则让人类得以延续生存,所以食字只能排在衣字后面。衣让人们时刻记得人之所以为人,是有道德约束的。衣字在食字之前,张扬的是古人把道德品质看得尤为重要,重视自身道德甚于重视食物。

历史上的泉州人,对于穿衣的理解,同样没有背离中华传统文化的审美观。道光《晋江县志·风俗》称:"上古草衣卉服,太朴无华。后世乃易为冠裳,一洗乾坤之陋矣。"就是说,衣冠亦是用来审美的,使人看起来更符合文明社会关于人的定义。人之所以不是禽兽,衣冠正是重要区别。文明社会的人所以不同于原始社会的人,衣冠进步同样是重要区别。既然衣冠并不仅仅只是为了自身保护的功利目的,同时亦成为某种精神追求的需要。因此,泉州人对于衣冠不能不高度重视,并把"正衣冠"作为基本审美要求。这种重视,集中体现在既有"崇俭黜奢"传统,又能与时俱进。表面上看来,两者似乎有些矛盾,实际则不然,又是高度统一的,皆是出于"重衣冠"的价值理念。

从历史角度看,泉州人穿衣,素有"崇俭黜奢"传统,追求简朴,反对奢华。亦如道光《晋江县志·风俗》所言:"晋居首县,亦闽中下邑,都人士罕见五采彰施。自教化兴而文明盛,学士大夫日出乎其间,则人皆重冠裳之饰而贵贱无淆。仕宦大家立朝束带,历代以来,品服荣身悉遵定制,典至巨也。下逮士农工商,本宜崇俭黜奢而分又不宜僭越。韦布之士雅观而已,苔笠之夫蔽体而已。修族世所鬶用高曾规矩者,亦无虑贻讥不衷,安有衣服在躬而不知其名之罔耶?而命妇至于庶人之妻,亦皆准此。"这段话,可视为泉州古代服饰民俗的概括。就是说,人们固然重视衣冠,并不以吸引眼球为目标,罕见穿得花里胡哨,无论普通平民或贵族士大夫,无论贫穷或者富有,皆以"崇俭黜奢"行世,保持俭朴传统。这当中,那些达官显贵,名门望族,起了不小示范作用。

历史上的泉州,居官为宦者穿着,大多循规蹈矩,简单朴素。五代后期,永春人留从效,出身寒微,后成为泉州统治者,仍保持朴素本色,治理泉州17年,"服用之具,皆去华饰",平时都穿百姓所穿的粗布衣服,常把官服挂在府衙大门旁,只是坐堂议事或外出公务才穿戴。明朝,曾任礼部尚书的晋江人黄凤翔,则把"衣勿求华"列为重要信条,训饬子孙,并为泉州宦家子弟所遵用。那些官宦贵妇,甚至是受有封号的贵妇,亦以俭朴为美德。明末内阁大学士黄景昉《温陵旧事》载,古时泉州命妇赴公宴,皆着葛布袄,有葛覃遗风。某次内宴,赴宴女郎皆靓妆盛饰,"李太常凤岳公之恭人至,即钦假归娶者,年在二十五六,所着外袄殊不鲜。及就席,主人请宽外衣,其衬袄乃旧苍布衫,肩有绽补处,诸靓妆者皆自失"。社会上层人物的这种行为,无疑是对社会穿着风尚有榜样作用。

255

官僚贵族崇尚简朴,平民百姓亦受影响。古代社会,普通平民百姓,大都生活贫困,本就没有奢华资格,许多人连维持基本生计亦颇为艰难,能有衣可蔽体,已经心满意足,更是没有讲究的可能。某些人即使或因经商,或因开矿,或因经营土地山场,发财致富,然而受传统观念约束,加上达官显贵影响,穿戴同样朴素。乾隆《安溪县志·风土》称:"冠履服饰之工而丽者,未尝鬻于市。"华丽的服饰,即使有能工巧匠能够制作,亦鲜见现身于市场,因为鲜有需求者。社会崇尚穿着简朴,于此亦可窥见。

崇俭黜奢,并不等于守旧。历史上的泉州人,尽管素有"崇俭黜奢"传统,然而并不保守,更不泥古,衣冠穿戴亦随着时代变化不断演进,无论男女皆是如此。

泉州人服饰与时俱进,从男性身上得到突出体现。清代泉州男装,分为便服与礼服。便服上着短式汉装,款式初为大裾,后改对襟,下着宽筒深裆裤,折叠腰间系以裤带。礼服为大裾右衽长衫,外加马褂。马褂有马甲式和汉装式两种。某些男子有戴帽,尤其是老人和儿童。帽子有瓜皮帽、布风帽、纱猴帽、羊毛帽、虎仔帽等。瓜皮帽亦可作礼帽,官绅豪富为显示身份,帽前常缀碧玉或玛瑙。虎仔帽为周岁幼童所常戴,红色居多,顶为双耳,后为垂巾,额前缀一银孩儿或"福"字。鞋子多为自制平底布鞋,配以白布袜。平民百姓,许多人整年没鞋穿,打着赤脚。长途肩挑和远行,则穿草鞋。民国初期,新旧文化形态激烈碰撞,服饰式样发生重大变化。20世纪30年代,具有划时代意义的中山装,亦在泉州逐渐流行。40年代,穿着范围已由城镇扩展到乡村。同时,穿西装者也日渐增多。男学生与女学生相同,统一着装,初中和高小学生穿童子军服,戴船形或平边"童子军帽";高中学生穿中山装,戴"鸭舌帽"。俗称"招瓢"的呢礼帽,自外国传入后,亦由上层社会逐渐扩展到城乡平民。鞋袜亦有不小变化。男式全革皮鞋、全胶雨鞋、皮革凉鞋,逐渐进入人们生活中。新中国成立初,西装和长衫几乎绝迹,灰色和蓝色"列宁服""干部服""八角帽",风靡一时。20世纪50年代后期至60年代,青年男装,多为小翻领对襟衫,西式长裤。"文化大革命"期间,两种服装颇受男性欢迎:一是男式绿色军服,青少年中十分时髦,这主要与当时"全国人民学解放军"大气候密切相关;一是沿海地区渔民常穿的"讨海衫",汉装样式,用荔枝树干熬汁染成的暗红色粗布衫,具有耐穿不易脏的实用性,年纪较大者颇为喜爱。改革开放后,观念更新,加上泉州地处侨乡,同海外交往频繁,男性服装变化甚大,完全打破了呆板单调的服饰格局,各种质地各种款式的服装,琳琅满目,或本地名牌,或海外进口。走在潮流前列的青少年,追求品牌,打扮前卫,尤其偏爱富有朝气的 T 恤衫、牛仔裤、运动服等。色彩单调的中山装仍为老年人所常服,不失老者风度。儿童服装更是五彩缤纷,价格甚至不亚于成人服装。泉州男装最为大众化的当为茄克衣。出席庄重的场合,男人多穿西装,结领带,穿皮鞋。

男性服饰随时代演进,女性服饰更是如此。清代泉州女性服装,上装为右衽"大裾衫",下装为裙或裤。裙有布裙、绸裙、百褶裙等,农家妇女多穿宽筒"斗笼裤"。上装与下装同色居多,年老妇女多选黑、蓝、褐 3 色,年轻女子不拘,大致夏求淡雅,冬多浓艳。富有人家女装,襟、袖、裙、裤边缘,常以配色镶边美化。城镇妇女多缠足,得穿木后跟的尖头绣花布鞋。农村妇女多天足,劳动时习惯赤足,只有出嫁、过年或祭祀时才穿鞋。城外妇人负担入城时,常穿"芒屩",即用芒草编织的草鞋。民国改制,思想观念变革,泉州女性服饰民俗急剧变化,不愿为封建传统礼节束缚的开放妇女,力求依照自身主观情趣表达对现实生活的感受。经改进后的旗袍,20 世纪 40 年代在泉州城镇已成为通式女服。被称为"番仔衫"的连衣裙,也出现在侨乡"番客婶"身上。中学和小学女生,则穿上衣衫配黑裙学生装。缠足妇女大多放脚复原,穿上自制的合脊尖头鞋,俗称"半缚鞋"。胶底鞋、皮鞋、凉鞋、雨鞋等也渐渐进入妇女生活,以黑色横带"纽边布鞋"最为普遍。袜子有针织线袜和丝袜。新中国成立后,衣着以朴素为荣,女性服装色彩和式样均较为单调,年轻女性多穿机织花大裾衫,稍后则以穿西式长裤为多。人们在家里休歇常穿的木屐,亦为塑料拖鞋所取代。松紧鞋、田径鞋、尼龙袜等,也开始流行。"文化大革命"期间,绿色军装、军鞋、军帽,女性青年亦甚为喜爱。改革开放以后,思想大解放,衣着发生巨大变化,服装讲究美观和时髦,注重质地和品牌,女装款式变化繁多,令人目不暇接。鞋袜亦由经济实用转向高档趋时,高跟或半高跟的皮鞋凉鞋,普遍受到欢迎。

谈到泉州女性服饰民俗,不能不说说惠安东部传统的"惠女装"。这种惠东女服装,基本格局为黑裤、蓝衣、黄笠,具有很强的色彩感染力,可谓别具一格,被视为"中国服饰精华的一部分"。而且这种服装还有个非常突出的特点,即"包头露肚",因此名闻遐迩。有首打油诗,形象地勾画出这种服装的特征:"封建头,民主肚。节约衫,浪费裤。"所谓"封建头",因为头部被头笠和头巾包裹得仅露出一张脸;所谓"民主肚",因为腰部却暴露无遗;所谓"节约衫",因为上衣短得连肚脐也遮不住;所谓"浪费裤",因为大筒裤的裤脚宽度竟达近 40 厘米。如此,所谓思想的"封建"与"民主",衣料的"节约"与"浪费",在惠东女身上奇特而又有机地结合在一起,生动地表达了一种内涵甚为丰富的审美观。至于这种服饰是何时出现,又是为何出现,人们众说纷纭。无论如何,它成为泉州传统服饰的一道独特景观。直到现代,依然随处可见。

二、日常饮食与特色风味

民以食为天,饮食在人类生活中占有十分重要地位,是人类生存和延续的最基本需求。泉州民众的饮食民俗,作为一种物质性的社会民俗,亦如衣冠民俗一样,有着突出的地方色彩和鲜明的时代特征。

历史上的泉州,人们的日常饮食,受本地物产特点影响,具有鲜明地方色彩。泉州主产稻米,又有大麦和小麦,丘陵地带及山地普遍种植"番薯",亦即地瓜。因此,一日三餐,主食原料为大米、番薯、大麦等。内陆山区,大米为主;沿海地区,番薯和大麦为主。惠安为泉州主要食薯区,素有"番薯县"之称,全年食粮中,番薯大约要占九个月。大米煮饭分为稀饭与干饭。稀饭,泉州人称"糜",既有淡糜,亦有咸糜。所谓咸糜,即把蔬菜、海鲜等食品直接与大米煮成,有芥菜糜、芋头糜、蚵仔糜等。干饭同样亦有淡饭与咸饭之分。咸饭同样种类繁多,有芥菜饭、南瓜饭、萝卜饭、芋头饭等。至于番薯为主食的吃法,同样有多种,既有番薯汤、番薯干汤、番薯粥,亦有以大麦或小麦掺些番薯或番薯干煮成的麦糊粥,还有番薯磨浆滤过淀粉后的薯渣煮成的"薯渣糊"等。

历史上的泉州,无论沿海或内陆山区,人们的日常饮食,亦如穿衣一样,长期颇为简单朴素,吃得很差。番薯为主食的惠安,普遍是三餐皆稀,只不过稀的程度有所不同。惠安石匠有这样的方言顺口溜:"石头硬固固,日光炎曝曝,喝糜架洛洛,菜尾咸卓卓。"大米为主食的地区,民众一日三餐,基本上也是稀饭,大多是大米与番薯或番薯干混搭煮成的稀饭。普通百姓要吃上一餐干饭,尤其是纯大米做成的干饭,往往需逢年过节或祭祖祀神,方有这种难得的享受。平常的日子,煮餐菜饭或菜粥,就算是改善生活了,俗称"加菜"。主食如此,副食也是如此。寻常人家的佐食之物,大多是自家腌制的瓜菜,或廉价的新鲜蔬菜,鸡、鸭、鱼、肉之类,往往要逢年过节方可尝到。泉州俗谚云:"死死六工尺,豆干菜脯蚵。"又云:"日日酱瓜豆豉,归年呣知肉味。"这些谚语,旧时的泉州,耳熟能详,家喻户晓,正是百姓日常生活的写照。

历史上的泉州人,日常饮食如此简单朴素,固然与崇俭的传统观念有关,更与生存环境恶劣密切相关。诚如《温陵旧事》载:"泉地狭而硗瘠,濒海之邑,耕四而渔六,山县田于亩者十三,田于山者十七,人谷少而人浮于食。饔飧所资,上则吴浙,下则粤之潮高,如数月海舶不至,则待哺矣。"可耕地少且贫瘠,人口又多,这个基本矛盾长期困扰泉州,粮食不足自给,需从外地调运进来,加上各种社会因素,使百姓经常遭受饥饿熬煎,"吃"的问题长期非常严重。诚如乾隆《泉州府志·风俗》所言:"民饭稻羹鱼为甘,于肉食不敢羡也。"普通百姓,长期处于食物严重匮乏状态,只求能够随便填饱肚子,根本不敢企求吃得好,有稀粥喝就谢天谢地了,哪里还敢奢望有肉吃呢!许多时候,连稀粥也难。

旧时的泉州百姓,正因为大多活得很苦,连吃饱饭这个基本问题都很难得到解决,整天过着饥肠辘辘的日子,因而最深谙"民以食为天"的道理,向来非常重视吃,并形成"重吃"的饮食文化。"重吃",是泉州百姓使用频率甚高的一个词语,表面上看,虽主要用于揶揄不懂事的小孩贪吃,实际上亦折射出成年人自身对于吃的重视,或者作为重视吃的自我解嘲。闲坐聊天,"吃"往往成为重要话题,泉州有俗语,"讲长讲短,讲食煞尾",正是最好的注释。熟人相遇,首先脱口而出的问候语,往往就是:"食未?"(吃了吗)听者自然会意,礼貌回应,并不计较其时其地是否妥当。至今,泉州人尚称外出谋生为"趁食",也是这个问题的折射。外出谋生为哪般?当然是为了赚钱,泉州人也叫"趁钱"。可是在泉州人的话语中,对于外出谋生,"趁食"使用频率要远高于"趁钱"。外出谋生"趁钱"做什么?用途当然多多,可在泉州人看来,首先是为了吃,能够有得吃,或者能够吃得好。因此,"趁食"往往取代"趁钱",直截了当,表明外出谋生的基本目标,作为它的出发点和归宿点。泉州人"重吃",从"趁食"这个高频率使用的词语,亦可略见一斑。

正因为重吃,泉州人喜欢"食桌"(吃宴席),重视聚吃。只要有机会,往往聚吃一通,其乐融融。祭祖祀神,婚丧喜庆,无疑是提供了很好的机会,成为"食桌"的理由。主办者无不极为重视,耗时费钱,认真"办桌",热情接待。应邀者亦欣然接受邀请,赴会聚吃。亲朋好友借此机会,济济一堂,聚吃一通。除此而外,家庭富裕之人,还会借助某些机会,提供聚吃。即使普通百姓,只要条件许可,亦会邀上几个人,聚吃一通,既加强联络,增进友谊,又借此大快朵颐。

正因为重吃,泉州人的日常饮食,亦如穿衣那样,虽崇尚简单俭朴,可也没有甘当苦行僧。当社会进步,生活水平提高后,同样发生了不小变化。新中国成立后,城乡百姓物质生活水平逐步提高,泉州人的日常饮食亦随之发生变化。尤其是改革开放后,更是发生巨大变化。主食结构已以细粮为主,主要是大米和面粉,番薯和薯干,反而成为充作调节口味的辅食。一日三餐,不再以稀为常,白米干饭成为寻常。除白米饭外,经常食用鱼肉等配料做成的各种咸饭。鸡、鸭、鱼、肉、蛋等,亦成家常便菜,点心也是普遍的食物。面食品也进入正餐。面条、线面、米粉,以及肉包、水饺等,渐成家常便饭。同时,日益讲究营养和口味多样化。人们仍然喜欢聚吃,然而已不是什么奢侈的事了。

正因为重吃,历史上的泉州人,在食物甚为匮乏的情况下,仍然充分利用有限的食材,创造了许多风味名吃。泉州地处山海之会,食料种类颇为丰富,既有山珍,亦有海味。自古以来,泉州人以"靠山吃山,靠海吃海"为摄食原则,内地县份食料以山货为主,沿海地区则重海味。在长期的饮食实践中,创造出不少风味佳肴。以晋江为例,新编的《晋江市志·风俗志》中,列举的颇有地方特色的菜谱就有:桂花蟹肉、珍珠蚝煎、通心河鳗、油焗红鲟、八珍芋泥、五香鸡卷、糖醋荔肉、汤煮鱼丸、清蒸鲈鱼、快炒红虾、归炖乌鸡、八宝香饭、虎咬菱草等。可见泉州沿海居民在食俗上首重海鲜。

泉州风味佳肴,以清鲜雅淡和荤香醇美著称,尤其以风味小吃闻名。这些传统佳肴小吃,尽管食材并不高贵,然而价廉物美,且风味独特,因而历久不衰,深受百姓喜爱。最为著名者,诸如蚵仔煎、五香鸡卷、菜粿、土笋冻、深沪鱼丸、崇武鱼卷等。蚵仔煎以新鲜牡蛎为主料,拌入番薯粉和韭菜,放入油锅反复翻煎,再打个鸡蛋泼在上面,煎至表面酥脆;五香鸡卷主料为猪肉,配以荸荠和五香料,再取网纱油膜或豆腐皮片,卷成圆条状,置于蒸笼内蒸熟,食用时再入油锅炸热;菜粿主原料为大米和白萝卜,皆磨成浆,放入蒸笼蒸熟,食用时切片放入油锅炸至表面脆黄,味道极佳;土笋冻主料为沿海滩涂中的土笋,形似蚯蚓,漂洗干净后放入锅中熬煮,使其胶质溶于水中,再盛于小碟中冷却成冻,色泽灰白,晶莹鲜嫩,清爽可口;深沪鱼丸主原料为马鲛鱼或鳗鱼,刮下鱼肉捣成鱼肉泥,拌上清粉和盐,置于石板上用木棒槌打,使之既有韧性又生脆,捏成小丸,放入开水煮沸即成。崇武鱼卷主原料亦为鳗鱼或马鲛鱼,取鲜鱼肉捣成肉泥,加入清粉、油葱、荸荠等搅拌,卷成条状,放入蒸笼蒸熟,食用时清炖或油炸皆宜。此外,诸如牛肉羹、烧肉粽、田螺肉碗糕、面线糊、菜头粿、五花肠、石狮甜粿、安海捆蹄、石湖红膏蟳、湖头米粉、官桥豆干、永春"榜舍龟"、源和堂蜜饯、花生汤、咸馅芋圆等，亦颇有名气。家乡小吃已经成为出外谋生者眷恋的印记。许多做法甚至被带到省外国外，成为泉州人记忆家乡的美食。

泉州人重吃，所以对于外部的食物与食谱，亦采取友好态度，包容接纳，变成自己的食物和食谱。泉州有些风味食品，实际上是外来物。泉州菜谱上有"咖喱鸡"和"咖喱牛肉"，以及"烧沙茶牛肉串"等，是独具蕉风椰韵的风味食品，所用调味品咖喱和沙茶来自南洋。泉州有"烧猪仔"和"烧肉粽"，据称是明清时期到两广为官的泉州人，从粤菜引进的。泉州人在烹调菜肴时，有炸葱头油习惯，喜欢吃"芫荽"（即香菜），以及"润芦"（即水芦），据称是受京菜的影响。泉州有些归侨和侨眷家庭，烹饪和饮食海外某些菜肴，诸如"印尼菜"和"越南菜"及"泰国菜"等，这也从一个侧面说明泉州饮食文化的开放性与兼容性。

泉州人重吃，亦重视作为吃的补充的饮料，尤其是茶和酒，在日常生活中也占有重要地位，成为与食物相辅相成的重要饮料。泉州人喜欢饮乌龙茶，尤其是驰誉中外的安溪铁观音。在泉州，饮茶之风风盛，是日常生活不可缺少的存在，且讲究饮法，号称品茶。客人到来，入门先敬茶，否则不足以待客，是相沿甚久的普遍民俗。安溪铁观音，亦被视为馈赠亲友的佳品，茶已经成为沟通感情的重要媒介。泉州人亦好酒。自古以来，酒在泉州人生活中占有重要地位。古代泉州人饮酒，既有高度的白米酒，低度的糯米酒，含有中药的药酒，亦有地瓜酿的中度的番薯酒。最有特色且大众化的酒，当推番薯酒。明代万历年间，番薯传入泉州后，泉州出现了番薯酒，并长期成为酒桌上的主角。酒多为家酿，用酒糟蒸造，称为烧酒。至今，泉州人还称饮酒为"啉烧酒"。旧时生活艰难，酒主要用来宴请宾客，普通百姓日常饮酒不多，通常是逢年过节，或喜庆日子，方能饮酒尽兴。随着生活水平提高，饮酒亦日渐成为寻常。泉州人饮酒，重酒不重菜。个人品饮，重饮不重菜，小菜一碟或花生半盘，也无碍饮兴。款待客人，即使满桌佳肴，如"无酒下菜"，主人也会自愧"不成敬意"。酬酢宴会，更离不开酒，无酒不成宴，以至宴席直接被称为"酒桌"。酒宴上常要闹酒，活跃气氛，调剂酒量。闹酒古时已有，泉州人俗称"喊拳"或"喝拳"。饮酒给人以物质满足，更给人以精神寄托。酒让得意者畅怀，助失意者超脱，使狂狷者放达，催入世者奋发，古今皆然。酒既用来请客，亦用来送礼，同样成为联络感情的重要媒介。

三、宫式大厝与西洋建筑

安居才能乐业,居住在人类生活中同样占有十分重要的地位,同样是人们最基本的一种需求。泉州传统的居住民俗文化,亦如衣食民俗文化一样,同样丰富多彩,既有突出的地方特色,鲜明的时代特征,且蕴含着不少重要的思想观念。

泉州传统民居,具有鲜明的地方特色,既有宫式大厝、石构民居、土楼等,亦有中西合璧式的洋楼,俗称"番仔楼"。既表现出多样性,亦表现出不同的时代特征与兼容性。尤其是宫式大厝这种传统民居的典型代表,颇为气派的造型,宏大的规模,精美的雕饰,更是引人注目。

宫式大厝,就是按皇宫式样建造的大住宅。所以,这种大厝又称"皇宫起"大厝。宫式大厝何时风行于泉州,似乎已不甚明了。泉州民间的说法则有两种,一说是五代十国时期闽王王审知所赐,一说是唐代宣宗皇帝所赐。无论两种传说是真是假,也无论它折射出古代泉州人的何种心态,总之,这颇有特色的大厝确实在泉州出现了。而且不能不承认,从大厝的基本造型看,确实带有宫式建筑的特征,虽远比不上皇宫的富丽堂皇,却也有点皇宫的气派模样。每座宫式大厝,气势都颇为恢宏,规模都比较庞大,且大多如皇帝的金銮殿那样,坐北朝南。间数一般三开间或五开间,纵深一般有二进、三进,亦有四进以至五进。如二进三开间大厝,是由"下落"、天井及两厢、"上落"三部分组成。大门左右各有一间下房,合称"下落"。"下落"之后为天井;天井两旁各有一间厢房,俗称"过水";过了天井为主屋正厝;中间是厅堂,左右各有前后房 4 间,俗称大房、后房,是住室和起居室,合称"上落"。厅堂面向天井,宽敞明亮。卧室房门悬挂布帘或竹帘,顶天窗甚小,房内幽暗。主体建筑两侧及后轩外面,大多还带有护厝,或各附一重,或各附两重。大厝之前,还有不小的照埕。照埕之前,则是围墙,将照埕连同整座大厝围合起来。大厝的主体建筑为硬山式屋顶,穿斗式木构架,上铺红瓦及瓦筒,配以燕尾形屋脊,檐角双双高翘,俗称"双燕归脊"。大厝的门墙厅堂富丽堂皇,雕梁画栋,装饰精美。所以,从外表看,大厝十分耐看。因此,至少自明清以来,稍有钱财的泉州人,建造住宅之时,宫式大厝的样式无疑成为首选。建造宫式大厝的风气,长盛不衰,直至民国时期,仍是农村民居的重要形式。目前的泉州,这种建筑物尚存不少,基本上是明清时期的建筑,最著名者有南安官桥蔡资深古大厝建筑群,南安石井郑运锦"中宪第",晋江江南杨阿苗故宅,晋江青阳庄用宾故居等。当中又以蔡资深古大厝最为典型,整个建筑群占地面积3公顷,宫式大厝15座,大小房间近四百,规模之庞大,闽南独一无二,故有"闽南建筑大观园"之称。

　　石构民居亦是泉州传统民居,在泉州传统民居中占有重要地位,尤其是在泉州沿海地区,更是普遍的存在。泉州依山面海,内陆山区多山,且盛产木材,传统民居以木结构为多,而沿海地区多是丘陵和小山,木材不多,花岗岩石却甚多,且经常遭遇强台风袭击,木结构亦不大适宜。因此,沿海一带百姓,以花岗石为材料,建起一幢幢石构民居。惠安最典型。惠安全境丘岗连绵,岩石嵯峨,石料资源非常丰富。民居使用石料的历史十分悠久,早在1500多年前,已经用石板做屋面,并以白灰、沙、黄土拌和的"三合土"灌缝,至今完好无损。这种石构民居,最大特色是石头当家,几乎所有构件都是石头制作,杂石奠基,条石砌墙,板石盖屋顶,屋梁、柱、拱、楼梯、门框、窗框、栏杆等构件,亦全用石料。这种石构民居,外观甚少装饰,有朴素自然之美,更为重要的是,可抗御强台风袭击,台风再大,巍然屹立,丝毫无损。广泛采用花岗石为建筑材料,是勤劳智慧的泉州人匠心独运的创造。

　　就地取材值得一说的还有泉州丰泽区浔埔村"蚵壳厝"。村民以海蛎壳作为墙体的原料,不仅可以防止海风腐袭,隔音效果好,而且冬暖夏凉。村民们还认为用"蚵壳"筑成墙体,坚固耐久,具有"千年砖万年蚵壳"一说。

　　土楼在泉州传统民居中,尽管数量不是很多,但也颇有地方特色,因而也有一定位置。土楼作为一种特殊的民居,泉州各县都有,最多的是永春、安溪、德化这些内陆山区。泉州土楼在建筑结构、平面布局和聚居方式诸方面,倘若与福建龙岩和漳州的土楼比较,显然存在着较大差别,因而有些建筑专家把泉州土楼称为土堡,以示区别,亦不无道理。不过,因为泉州人对土楼的叫法已约定俗成,甚至有些地方还以"土楼"为地名。泉州土楼或土堡的建筑,主要是在明清时期,较著名者有安溪官桥赤岭村"磐宗楼",永春五里街仰贤村山美土楼,德化盖德乡盖德土楼,德化三班乡硕杰村大兴土堡,惠安山腰前黄土楼村的定楼等。永春山美土楼占地面积3000多平方米,平面是正方形,中间平居三落,围墙内贴建之倚楼上有防卫走廊。盖德土楼又名金牌楼,最为典型,地面建筑面积2000多平方米,共有房间350多间。

　　在泉州传统民居中,中西合璧式的"番仔楼"亦颇有特色。这种民居,主要是华侨回家乡建筑,泉州许多地方都有,沿海晋江和石狮最多。明清时期,泉州有许多人往南洋谋生,这些人背井离乡下南洋,大多是为生活所迫,希冀有朝一日能兴业旺家,故一旦事业有成,即迫不及待地衣锦还乡,不惜巨资修建豪宅,福荫家中亲人。华侨建造豪宅,既有传统的宫式大厝,又有汇合中外建筑风格的洋楼,俗称"番仔楼"。大多由华侨自己设计,将海外见闻与祖地传统融为一体,既表现出西洋建筑风格,诸如科林多式圆形廊柱、绿釉面瓶式栏杆及百叶窗等,又保留泉州传统民居宫式大厝特色,诸如龙脊凤檐,华丽的外饰,砖石结构的门庭垣墙,楼房前后的花圃林木等。这种"番仔楼"建筑,并不太注重内部使用功能,而是力求外观豪华气派,这或许与主人衣锦还乡荣宗耀祖的心理有关。洋楼正大门门楣石匾上,大多会镌刻上醒目的姓氏郡望。正大门两边及石柱上,大多刻有隐含主人名字的冠头对联。这种中西合璧式的洋楼,成为泉州传统民居的独特景观,给外地人留下深刻印象,同样表现出泉州人在这方面的开放性与兼容性。

泉州传统民居,无论宫式大厝或者石构民居,无论土楼或者番仔楼,不仅外观上颇有地方特色,而且蕴含着泉州人关于住居的不少重要理念,其中风水观念、家族礼序观念和实用性观念最为突出。

泉州人历来注重风水,住宅作为日常居所,自然不能不高度重视。无论是何种类型的建筑,无不非常重视风水。选址十分慎重,坐向也十分讲究。建筑之前,最为重要的事情就是相地,都极为重视,往往得请个风水先生,认真勘察一番,努力寻求风水宝地。除此而外,建筑的坐向、布局、内部各种构件,亦甚为讲究。这以宫式大厝最为典型。宫式大厝的设计,除了讲究结构对称,忌讳两侧轻重不同,防止风水财源倾斜,还有一系列风水玄理讲究,典型者如阴阳合和、紫气、聚止等。阴阳合和,就是阴阳和谐地结合。北面为阴,南面为阳,反映于民居建筑,南北纵向为背阴面阳,东西横向为阴阳等值相济。紫气,就是福禄之气,幸运之气,从南而来或从东而来。聚止,就是接纳来的紫气,不能再让它飘离。所以,宫式大厝基本上都是坐北朝南,封闭围合,轴线明确,整体均衡,东西对称,门屋内凹,大门小窗,屋檐伸长,天井"受涵",门户交错,有前埕与后厝,有主厝与护厝,前面还要弄口池塘。除此而外,对灶台和水井的位置也极重视。这些理念,同样体现于其他各种民居建筑,只是表现形式与程度不同而已。何以如此重视?因为在泉州人的意识中,住宅并非只是住得舒服、不舒服的问题,而是与子孙繁衍家业兴旺息息相关的重大问题。

重视礼序,亦是支配泉州人建造住宅的重要观念。所谓礼序,就是亲亲、尊尊、长幼、男女之别，就是规范贵贱尊卑的礼俗定位。宫式大厝的建筑，同样是典型代表，无论整体布局，还是内部空间设置与相互关系，无不如此。主功能空间布局，讲究尊卑定位。依据《仪礼》所载，建筑四方的尊卑与主宾规制是：北为尊为主，南为卑为宾；东为主，西为宾。宫式大厝坐北面南，且北侧"后落"房较南侧"前落"房高大，而东厢房为主室，西厢房为客室，完全是按礼序规制来布局。严格按贵贱尊卑安排住房，更是礼序的重要体现。大厝主厝中间的厅堂，是整座大厝的核心，也是最为尊贵的地方，用来安放祖先牌位和各种神祇，同时作为最主要的室内公共活动场所。余下的众多住房，严格按照辈分大小分配，同一辈分则按长幼次序分配。厅堂两侧的大房，为最主要起居室，是最为尊贵的长辈居住之所。依次则为：大房旁边的两间边房，天井两侧的厢房，大门两侧的下房，护厝及后厝。整座大厝形成一个围合，亦是礼序观念的重要体现。正如《墨子·辞过》所称："宫墙之高，足以别男女之礼。"依此而论，大厝前埕用墙围合起来，使整座大厝成为一个封闭体，不就可以别此诸多之礼了吗？这种礼序观念，同样体现于土楼、"番仔楼"，以及"四房看厅"式的石构建筑，只是没有那么突出。这样做的目的很明确，就是使大家庭内部得以有序运行，保持大家庭或家族的稳定。

住宅的建筑，毕竟是用来作为日常居所，因此，泉州传统民居的建筑，亦皆颇为重视实用性，主要体现在舒适性与防卫性。就舒适性而言，无论宫式大厝、番仔楼，或者石构建筑，大多坐北朝南，具有冬暖夏凉的作用，住起来还比较舒适。土楼虽是围合式建筑，但具有冬暖夏凉的作用。石构民居与木构民居相比，尚具有经济耐用、寿命较长、不生白蚁、维修费用少等优点，且能抗御台风和防盐碱腐蚀。就防卫性而言，土楼宫式大厝，表现得最为突出，都是围合式建筑，四面围得严严实实，基本上与外界隔裂开来，俨然就是个封闭的小王国，本身具有较强防卫性，有利于避免外界各种侵扰。而且规模都比较大，房屋动辄几十间，可供几十人甚至几百人居住，满足举家聚居的需要，满足几代同堂的愿望。大家庭或家族成员聚居，生活在同一屋檐下，彼此间联系更为紧密，交流也更为频繁，有助于增进彼此沟通，形成较强烈的集体意识，增强凝聚力，一旦发生外部侵扰，或者其他重大事项，大家能同甘苦共患难，一座大厝或一座土楼，就是一个团结战斗的集体，有利于保持家族的安全。从历史的角度看，它们确实起到了这样的作用。如乾隆《泉州府志·捍卫志》有则关于安溪"磐宗楼"的记载，颇为典型。据云，磐宗楼建造者林昌,明代嘉靖年间,因外有倭寇肆虐,内有山贼出没,为保护族人安全,设计建造了"磐宗楼"。该楼楼体圆形,土木结构,高达十几米,墙上有许多洞孔,可向外射击。楼外挖有防护沟,宽少 2 丈许。嘉靖末年,倭寇劫掠安溪,族人"皆来楼中避寇"。倭寇大批人马"攻楼连二日"。林昌"率众抵御之",利用土楼有利的阵地,"毙贼四十余人",而楼中仅一人受伤,倭寇只好退走。

最后,应当指出,泉州各种传统民居,作为特定历史时代的产物,亦有各自的弱点与缺陷。如石构民居,因石构件笨重,加工与运输及安装较困难,且存在抗震性能差的致命弱点,具有潜在的严重危险。再如,宫式大厝,尤其是土楼,尽管有利于阻挡外部侵扰,但也带来个人隐私的暴露。至于番仔楼,内部使用功能亦有较大局限。因而随着时间的推移,特别是进入现当代,这些传统民居逐渐褪色,逐渐被取代,尤其是被新式楼房所取代。这也表明泉州的民居民俗,同样随着社会发展而演进,不断推陈出新。这种变化从根本上说,正是适应百姓不断改善居住条件的要求,进一步满足安居乐业的美好愿望。

四、出行习俗与种种禁忌

在人类的日常生活中,出行亦是重要的活动,历史上的泉州人,在泉州这个特定的环境中生活,亦形成色彩丰富且颇有特色的出行习俗,这些具有鲜明特色的习俗,尤其是种种禁忌,同样折射出某些突出的思想观念。

泉州人出行习俗的形成,同泉州山川地理有很大关系。泉州依山面海,大多是山地和丘陵。内陆山区,群峦连绵,山峰间峭壁陡岩,峡谷中溪流无数。沿海地区,多为丘陵和台地,溪流众多,纵横交错。泉州面向大海,海岸线漫长,海洋是获取生存资源的重要来源。因此,自古以来,泉州人为拓展活动空间,发展经济文化,不断修路造桥和造船,努力改善行旅交通条件,并形成相应的出行民俗。

古代泉州人的陆路出行,代步的交通工具有马、驴、畜力车、轿子等。南宋王十朋知泉州,咏洛阳桥诗云:"南通百粤北三吴,担负肩舆走駃牦。"可见当时洛阳桥上南来北往的人,步行、坐轿、骑马者皆有。宋代泉州妇女所乘之轿,甚为讲究,要用金漆,并雇妇女抬轿。驴亦是古代泉州的畜力交通工具,故高甲戏传统剧目有《骑驴探亲》。至于车,对于泉州人的行旅,影响亦甚大。宋代王象之所撰《舆地纪胜》,介绍泉州风俗形胜时说:"岩岩泉山,会于江浒,舟车四达。"可见当时的泉州,牛车或马车是重要交通工具。只不过,旧时泉州的牛车或马车,多用于运输货物,载人较少。20世纪20年代,泉州交通工具出现重大变化,黄包车、自行车相继出现,汽车也开始营运。不过,泉州人尽管使用交通工具历史悠久,然而很长一个历史时期内,普通民众出门远行或访亲会友,通常都是徒步行走。泉州人好义,自古以来,有不少便于行人的美俗,不仅常于大道旁边建亭供行人憩息避雨,且盛夏季节常有寺庙、商户和乐善好施人家,泡制大缸茶水,外写"奉茶"字样,免费供应过路客旅,消暑解渴。

泉州水路交通工具,主要是船。泉州造船业素来发达,不过,自古以来,泉州人主要将船用于货运和捕鱼,用于客运较少。在泉州水路行旅民俗中,倒是桥占有重要地位,文化内涵丰富。泉州的桥梁,唐五代以木桥为主,随后则以石桥为主。按乾隆《泉州府志》载,宋代泉州就有石桥一百多座。最为著名者,莫过于万安桥和安平桥,闻名遐迩。万安桥俗称"洛阳桥",与隋代赵州安济桥并列,是中国古代南北桥梁的代表。安平桥俗称"五里桥",是中世纪世界最长的石桥,故有"天下无桥长此桥"之称。古代泉州内地的要津之处,人们为便于行人小憩并避风雨,还建筑有廊屋式风雨桥,诸如德化惠政桥、永春通仙桥、安溪进德瑞云桥等。桥中两侧设长条座椅,供行人歇脚。泉州人素来好义,亦体现于建造桥梁,特别是僧人和华侨,表现最为突出,修建的桥梁比比皆是。南宋名僧惠安人道询,修建桥梁二百多座。华侨在家乡修建桥梁,历史悠久,数量众多,直至现当代,仍为数不少,亦体现出对故土家园的热爱之情。

泉州人在出行交通方面,长期以来形成了种种习俗,有的带有迷信色彩。旧时远行,须择吉日,方可启程。夏历初一、十五、廿五日,不出远门。夏历1年360多天,都有标明天干地支,并注明吉凶。要出远门,先看看是否可行。比较认真者,则从《通书》挑个"出行大吉"好日子,特别是要出远门,诸如到外埠经商,或到南洋谋生等,定要选个上上大吉日子,方才出门。有些人出行前,要往神庙抽签卜吉,并卜取一张神符,或取一个"香火",佩带于身上,藏在贴身衣袋里,祈求神灵护佑。所谓"香火",亦即香灰,即佛前焚香燃完的余烬。泉州人古代出行,常到某神灵显赫的寺庙,于神灵前乞取一撮香灰,小心翼翼地用绸缎包裹起来,并缝成小枕头状或鸡心状,再缝上丝带。旧时人们出远门,往返一趟不容易,必须安全顺利,故成为家庭大事,产生诸多忌讳。例如,出远门不能叙别,届时匆匆起程,担心辞别之时,倘若动了感情,说话失口,漏出不吉利话语,诸如"去了"或"走了"等隐有"死了"之意的话;或者举动失措,诸如摔倒家具,或打破碗,这是"倒了"或"破了"的不吉利之事。临行之时,不能让当事者脸容忧戚,或者黯淡。妇人容易激动流泪,应当尽量回避;当事者也不喜欢见流泪,最好笑脸相送。出行在外,亦有诸多谨记事项。诸如,对待旅伴。泉州俗语称:"在家日日好,出门朝朝难。"就是说,旅途中对待旅伴,即使素不相识,亦应亲切友好。又称:"同行不离同命。"意谓同行为伴,犹如乘同辆车,搭同条船,命运紧密联系,应当"同舟共济",即使步行结伴,亦是这样。途中若遇小事,最好息事宁人,泉州俗语称:"过路事。"意为路程走过,各自西东,何必认真计较。泉州俗语称,"穷厝不穷路"、"穷家富路",说的是出门远行,应带足钱,留有余地。同时,注意"财不露眼,物不离身",忌钱财外露,招惹灾祸。泉州俗语称:"在家靠父母,出门靠朋友。"意即出门在外,多结交朋友,该花钱应舍得花,且不吝助人,方能因缘际会,得到"好人缘",遇事有人相帮,且可获得机遇。这些习俗,影响深远。历史上的泉州人,出外谋生,颇为仗义,往往给人慷慨豪爽感觉,因而萍水相逢,容易与人结交为朋友,且情真意笃,从而对在外打拼带来不小帮助。这种习俗,时至今日,仍有甚大影响。

泉州人带新生儿首次出行,也有许多注意事项。必须选择吉日,方才出行。随身携带一个"香火",祈求神灵保佑一路平安。出行路上,每过一座桥,无论规模大小,父母都要停下来,并在桥上压下一小叠金钱,至少要有一张,以示对"桥神"之敬重,并祈求保佑小儿路上平安。倘若路经土地宫,或者别的什么神庙,父母亦必须停下来,恭敬地在神庙灵前焚香烧金纸,祈请神灵保佑小儿平安,然后才带小儿继续前行。幼儿倘是首次到外婆家,出门之前,额头上要涂些黑锅灰,意为与灶君辞行,祈求保佑小儿一路平安,泉州俗称"笃灶额"。从外婆家返回之时,额头上则要涂些红丹,表示受到外婆丰厚款待,长得红光满面。这些习俗,同样长期流传,影响深远,直至今日,虽有较大变化,变得较为简单,仍有相当的保留。

旧时泉州人出门,非常怕"犯煞",就是遇到倒霉事,或意外冲撞神灵,导致走霉运。所以,极其注意,竭力避免。出门路上,无论步行或坐轿骑马,倘若遇到出殡队伍,或迎神之类行列,万不可横冲过去,特别是不可从棺木前或神轿前横冲,如此易"犯煞"。倘若同路同方向而行,应自己放慢速度,略为拉开距离,尾随而行,切不能急躁,以免触犯大忌。倘若需要横路,应等待上述行列走过后,方可横穿过去。婚嫁、丧葬忌相逢,抬尸不得过村入乡,这些习俗,非常流行,根深蒂固,亦是怕"犯煞"。新中国成立后,破除迷信,移风易俗,人们心理有所改变,然并没有完全剔除。当今,公路上各类车辆,随处可见车上张贴佛符,或悬挂香袋,意图明确,驱邪避祸,亦可视为怕"犯煞"遗风。

历史上的泉州人,江河海洋是获取生存资源的重要来源,经常与之打交道。泉州俗语称:"行船走马三分命。"意为坐船与骑马,安全系数甚低,很容易出现意外,甚至死于非命。尤其是大海,浩瀚无边,波涛汹涌,暗流甚多,吉凶难测。事实亦是如此。历史上的泉州,人们同海洋打交道,遭遇难以数计的海难。如此,不能不对出海极其重视,并形成诸多习俗。这些习俗,封建迷信成分颇大,然而出发点亦很清楚,即避凶趋吉。

旧时的泉州,人们扬帆出海,首先亦要选择吉日。某些日子不可出海,不可启碇。农历正月初七日、二月初八日,绝不开航。正月初三日,正月十三日,绝不启碇,相传源于宋代杨继业初三日出征十三兵败。船只出海前,摆上牲品祭祀海神,祈求保佑。船上船下或船民家庭,都不能随便乱泼水,怕引发海上风浪。船上的饮食,要特别注意。碗碟杯盏,须向上摆放,即使汤勺瓢匙,亦须件件向上。吃鱼时候,吃完一边,要吃另一边,不得将鱼翻转过来,应先把鱼的中骨剔除,再继续吃底下一边。吃蔬菜或别的食物,不能用筷子乱翻乱搅,意味着翻江倒海,甚为忌讳。船上如载有女性,尚有不少特别禁忌。妇女不准横跨长橹,不准用手摸船舵或舵把,不准将衣服晾晒在船的长橹、船舵、帆车、缭仔索等重要部件。船上有孕妇产婴,是大好之事,应燃放鞭炮庆祝,并备办红包礼品送产妇,表示祝贺。倘若遇到漂浮死尸,得称为"好兄弟",须先烧些纸钱,再将尸体捞起,置于甲板,待至海岸陆地后,再予以埋葬。倘若碰到生人遇难,不可轻易施救,否则船上有人会成替死鬼。船上有人不幸亡故,用被单包裹尸体,并于船尾处放入海中,俗称"水葬"。船只载有尸体,倘要进港,须事先通知全港各船,皆用黑布蒙上船目,表示哀悼。船在中途停顿,或入港时泊靠码头,抛碇无法抛牢,应将船碇重新收起,锚头上扎上金器,再抛锚入水中,意为取金稳定。到达海港码头,抛锚之后,焚香烧金纸,俗称烧"稳锭"金纸,答谢神明保佑平安无事,并祈求保佑安全返航。

泉州华侨行旅习俗,很值得一提。明清以来,大批泉州人前往南洋,并形成某些特别仪式,有诸多注意事项。出洋之前,须先到公妈厅,焚香拜祖,向祖宗神灵辞行,表示尊宗敬祖,并祈求祖宗神灵庇佑,安全渡洋,在侨居地兴旺发达,俗称"拜公妈"。然后,向亲友告别。亲友得知后,要赠以家乡土特产,或者中成药,为其送行,俗称"送顺风",祝愿旅途及到侨居地后,皆能"一帆风顺"。倘若设宴送行,称为"送顺风桌"。家人为出洋亲人准备行装,须有一小包泥土及一小瓶井水,寓有饮水思源不忘故土之意。临行之时,家人须煮四个甜鸡蛋,放在家中水缸盖上,让出洋亲人吃下,预祝来日甜蜜圆满。特意在水缸边食用,亦是包含"饮水思源"之意。晋江有让出洋亲人吃豆腐的习俗,据说这样能适应海外水土,且豆腐的"腐"在泉州方言中与"富"谐音,亦是祝愿到海外能发财致富。倘若出洋是投靠亲友,还要带上一包竹心和铅钱片,泉州方言中,"竹心"与"得心","铅"与"缘"谐音,可见用意在于祈望出洋亲人与所投靠亲友有缘分,能得到真心真意栽培和提携。出洋者辞别家人,走出大门后,需"三回头",看望故居,表示出洋后,永不忘记家园亲人,争取早日归里团圆。抵达侨居地,要及时向家里和亲友寄信或寄钱,俗称寄"相探批",告知已平安抵达,或答谢"送顺风"之情。华侨返归故里,亲友闻讯,皆会赶来看望,并送鸡、蛋、面线、美酒、猪脚等礼品,甚至设宴接风洗尘,俗称"脱草鞋"。这与早期华侨归里,家乡交通不便,且要表示不忘本,故大多脚着草鞋走进家门有关。后来,随着时代演进和交通发展,归里华侨皆以车代步直抵家门,但是"脱草鞋"之称,已相沿成习。归里华侨要向为其"脱草鞋"的亲友回赠海外带回的礼品,其中以送针线最为流行,寓有"穿针引线",牵来牵去,情谊绵长之意。这些习俗,充分折射出华侨与家乡亲人彼此浓浓的眷念之情。

第二节　岁时节日的精神寄托

岁时节日,并非泉州人所创造,而是民族共有的传统节日。岁时节日民俗活动的基本内容,亦是民族的约定俗成。历史上的泉州,这些特定节日的民俗活动,本质上并没有背离民族传统,然而亦有颇为鲜明的地方特色,尤其是把焦点置于祀神祭祖、表达精神寄托上。

一、请求民间俗神的保佑

岁时节日是与民俗活动联系在一起的,各个特定的节日皆有特定的民俗活动内容,这当中祀神无疑是重要内容。历史上的泉州,人们对各种鬼神特别敬畏,崇信诸多俗神,因而岁时节日的民俗活动,祀神更是成为重点中的重点,表现得特别重视,借此祈求神灵的庇佑。

传统的岁时节日甚多,春节、元宵节、清明节、端午节、七夕、中元节、中秋节、冬至、除夕等,是最主要的节日。岁时节日的民俗活动,许多节日都含有祀神内容。历史上的泉州,诸多岁时节日祀神,尽管对象大多是国人传统所祀之神,然而往往进一步扩大范畴,借此罗列进更多的神灵。更为突出的是,往往表现出更高的热情,因而场面亦更为隆重,气氛更为热烈。最为典型者,莫过于农历正月祭天公,元宵节迎神赛会,二月祭土地公,七月祭七娘妈,腊月祭灶君公。除此而外,祭祀已世俗化的佛祖释迦牟尼,也在其中。

正月初九日玉皇大帝诞辰日,汉族传统节日,泉州俗称天公生。玉皇大帝,是天界最高神祇,统治三界内外十方诸神以及人间万灵,代表至高无上的天。泉州人素来极为崇敬。西晋太康年间,就建有玄妙观奉祀。泉州敬祀"天公"的日子,主要有正月初九日"做天公生",以及除夕夜子时"敬天公"。此外,凡是人生重大喜庆,诸如添丁、结婚、寿庆、盖房、登科中举,甚至经商发财,亦往往要祭敬天公。正月初九日最为隆重。人们说这天是玉皇大帝诞辰日,各家要备牲醴敬天公,并于厅堂点天公灯。某些地方早餐要吃线面加两个鸡蛋,表示长寿和走运。出外谋生者,大都要等做过"天公生"后才离家。是日,泉州传统民俗,在正厅天公炉下摆设祭坛,祭坛甚大,大多要用几张椅子,上面再叠张桌子。祭品甚为丰盛:有 5 种水果,称"五果";有 6 种干素菜,称"六斋";有公鸡、大鱼、猪腿,合称"三牲",或再加上 2 样,合称"五牲",甚至有全猪或全羊。还有数量甚多的红龟粿,以及酒和茶。祭拜之前,极为认真,全家老幼,斋戒沐浴,表示对天公极为敬重。祭拜之时,要点上漂亮的"天公灯"。祭祀开始,庄严肃穆,上香行礼,祭拜祷告,焚烧金纸,燃放鞭炮,气氛甚为热烈。重要内容是祷告,感谢天公的保佑,同时祈求天公再赐福,保佑合家平安,祛邪避灾,纳福迎祥,兴旺发达。某些至为虔诚者,家里祭拜犹嫌不足,奔赴附近天公寺庙,再行虔诚礼敬。

农历正月十五日元宵节,泉州俗称上元节。元宵节是中国传统节日,各地传统民俗活动,主要是赏花灯、吃汤圆、猜灯谜、放烟花,亦有游龙灯、舞狮子、踩高跷、划旱船、扭秧歌。泉州传统民俗活动,亦有上述不少项目,然而还有项很重要内容,就是迎神赛会,亦称赛神像,主要是敬神祭神。至于所祭的神,则是本村落或社区的保护神,泉州俗称"境主"或"铺主"。元宵节当天或过后数日,泉州各地往往举行迎神赛会,且规模甚为宏大。明代泉州人何乔远《闽书》称,泉州上元节,"大赛神像,装扮故事,盛饰珍宝,钟鼓震鍧,一国若狂"。这种迎神赛会,主要是抬着所尊奉的保护神,亦即"境主"或"铺主",在所管辖区域游行。迎神赛会开始前,各家各户要设祭坛,准备祭品牺牲。迎神赛会开始后,由德高望重者前往庙中请神,用彩轿将所祭之神恭恭敬敬抬出来,在所管辖区域游行一周。游行途中,鼓乐前导,参祭民众跟随游行,队伍浩浩荡荡,彩旗林立。当他游行所到的地方,各家门前已摆上香案,表示热情恭候。游行祭祀完毕,再将神恭恭敬敬送回神庙。神像出游之时,往往还伴有舞狮游灯,因而场面往往也十分壮观。是日,往往又是群宴会饮,演戏娱神。这种迎神赛会,据称可以吸纳附近风水,确保本村本社区平安兴旺。

二月初二日土地公诞辰日,汉族传统节日,泉州俗称土地公生。土地公,又称社神、土神、福德正神,是地界的神祇,主要负责一方土地事务,尤其是生产事务,并保佑一方平安。土地公尽管在神灵体系中级别不是很高,更无法与天公比尊,因为本身权力不是很大,且只是一方神祇,管辖范围只局限于某个村落或城区,可是在泉州人看来,因与人们日常生活关系甚为密切,所以并不因为他的级别较低而加以轻视,反而时常把他与天公并称,同样极为崇敬。自古至今,泉州无论城乡,皆建有数量众多的土地庙,供奉土地公。土地庙中供奉的土地塑像或画像,是个面目慈祥的白胡子老公公,慈眉悦目,银须飘洒,手挂拐杖,或站或坐,颇有福相,颇为接地气。这与高高在上的天公有较大不同。泉州家庭的厅堂,大多亦供奉土地公塑像或画像。这是阳宅所祀的土地公形象。阴宅亦祀土地公,只不过没有塑像或画像,只是一个神位。坟墓旁边,竖块石碑,上书"后土"二字,俗称"后土神",实际上正是土地公。泉州人祭拜土地公,二月初二日最为隆重。按乾隆《泉州府志·风俗》云:"二月朔。初二日,街市乡村敛钱演剧,寿土地神,称为头牙。"是日,泉州家家户户祭拜土地公,祭品同样丰盛,场面同样热烈。此外,村落或社区亦会举行集体祭祀。先由乡绅出面募集祭资,大体按人口摊派。祭礼大多亦由乡绅主持,地点往往就在土地庙前的旷地。仪式亦是供上祭品牺牲,燃烛、焚香、焚纸钱、放鞭炮、奠酒,同时推举德高望重者宣读祭文,大意是感激土地公的保佑,并祈望土地公新年继续加以庇护。社祭完毕,有时还有宴会,晚上有所雇的戏班演戏。可见其隆重。除此而外,泉州人祭拜土地公的日子还有甚多。泉州俗语称:"得罪土地公,鸡母鸡仔无法饲。"基于土地公是掌管一方土地之神,所以祀奉颇为频繁。农历每月初二日和十六日,皆要祭祀土地公,俗称"做牙"。日常生活中有重要事情,亦皆要敬祀土地公。诸如,盖房破土时,要先向土地公祷告。建筑期间,按时"做牙"。新居落成,乔迁之日要"谢土",亦是祭祀土地公。再如,新婚之日"拜天地",这"地"正是土地公。所有这些,皆是祈求人安、财旺、年丰。

农历四月初八日浴佛节,泉州俗称"佛诞节""佛生日"。这是佛教传入中国后兴起的节日,但又有中国传统文化的特色,包括浴佛、斋会、结缘、放生和求子等活动。相传四月初八为释迦牟尼诞辰。是日,僧尼皆香花灯烛,置铜佛于水中,进行浴佛,普通民众则争舍财钱、放生、求子,祈求佛祖保佑,同时伴生各种庙会。泉州素有"泉南佛国"之称,寺庙林立,僧尼队伍庞大,且俗众于佛教亦甚为迷恋。因此,这个本为佛教所有的节日,泉州亦有许多普通民众参与,自然也就甚为热闹。据旧方志记载,每逢此节到来之前,四月初一日这天,泉州寺院的僧人,就要遍走闾巷,募化人家,名曰"洗太子"。四月初八日这天,寺院要举行盛大活动,称为"浴佛法会",恭迎佛像,安座沐浴,用香汤为佛像洗浴,并祝圣绕佛,回向皈依,作为佛诞生的纪念。参会者除全寺僧侣外,尚有许多普通民众。这些信徒,沐浴更衣,到寺院礼佛,燃香,并参与浴佛、献花、献果、绕佛等,祈祷佛祖大慈大悲,发在愿力,保佑家人身体健康,家宅平安,财运亨通,事事顺利。是日,民间不育妇女,多去拜观音娘娘,乞求生子。总之,把自己的愿望,表现在这个佛教节日中。

农历七月初七日七夕节,泉州俗称"七娘妈生"。这与国人所理解的七夕节有颇大差异。七夕节以牛郎织女的民间传说为载体,然而泉州人却把织女演化成"七娘妈"。泉州民间关于七夕的传说,有两种说法:一是牛郎与织女相会的故事,一是七仙女与董永"百日缘"的故事。后来泉州人把这两种传说混为一体,说织女是天帝的第七个女儿,并尊称为"七娘妈"。泉州谚语云:"七月初七,七娘妈生。"可见七月初七日这一天,泉州民间是把它界定为七娘妈诞辰。如此,是日泉州人要举行祈祷活动,祭拜七娘妈,称"做七娘妈生"。这天中午,泉州各个家庭,皆要备瓜果菜肴七盘,胭脂花粉七件,剪刀七把,燃香七炷,酒盏七个,筷子七双,小型纸桥七乘,敬祀七娘妈。依此看来,泉州人不仅敬祀七娘妈,且把七娘妈六位姐姐也全都请来,共庆"七娘妈生"。至于为什么要做"七娘妈生",敬祀七娘妈,意图也很明确,即祈求七娘妈保佑。

农历腊月廿四日,灶王爷要上天述职,泉州民间传统要为之送行,俗称"送神"。灶王爷又称灶神,泉州俗称灶君或灶君司命。传说灶君是玉皇大帝所封的"九天东厨司命灶王府君",负责管理各家的灶火,因而受到泉州人崇拜。旧时的泉州,差不多家家灶间都设有灶王爷神位,人们称这位尊神为"灶君司命"。灶王龛大都设在灶房北面或东面,中间供上灶王爷神像。没有灶王龛的人家,亦有将灶王爷神像直接贴在墙上。人们认为,灶神来历不凡,是受玉皇大帝派遣而降临人间,身份相当于玉皇大帝的特派员,职责是维护各家各户的安宁和幸福,并监护各家各户一举一动。每年腊月廿四日,灶神要与其他神明上天,向玉皇大帝述职,奏报民间善恶。玉皇大帝听了灶神等神明奏报后,稍作准备,过了两天,腊月廿六日,要由诸神陪同,下凡视察人间善恶和疾苦,善者表彰,恶者惩处,俗谓"天神下降"。因此,泉州民间对灶神甚为敬畏,尊称为"灶君公",并要于灶神上天前为之"饯行",设香案叩拜,备极虔诚,称为"送神"。为让灶神"上天言好事,下界保平安",人们除备办丰盛菜肴外,且以酒糟抹灶门,谓之"醉司令"。贴纸剪神马于灶上,以让灶神纵马上天。供品中特备麦芽糖,使灶神口甜说好话。灶神陪玉皇大帝返回天庭后,第二年正月初四日又与诸神下凡"上班",各家各户又有"接神"之仪。热情敬祀灶神,用意非常清楚,辟邪除灾,迎祥纳福。这种风俗,目前仍然存在。

泉州岁时节日祭神民俗,除上述几个节日外,实际上尚有不少节日,亦包含有祭神内容。诸如,春节、端午节、中元节、中秋、冬至(俗称"冬节")、除夕等。春节为一年诸节之首,是日子正之时,亦即零点,时刻一到,人们即在家中厅堂设案,摆上供品,燃香点烛,恭拜"天公"。冬节早晨,煮甜丸汤为早餐。有些人家餐后留下几粒米丸,粘于门上,称"敬门神"。除夕晚上,各家各户要在厅堂桌上摆放三牲,敬奉厅中神祇,俗称"拜岁"。如此亦可见,泉州人对于俗神的高度重视与崇敬。

二、祈祷祖宗神灵的庇护

在泉州岁时节日民俗活动中,祭祀祖先亦是个重要内容,借助这些岁时节日,重申对祖先的崇敬与缅怀,并借此再祈求祖先神灵的保佑。泉州传统文化中突出的尊宗敬祖的人文精神,从这些岁时节日的祭祖活动中,亦得到了有力的佐证。

岁时节日的民俗活动,许多节日都有祭祖的内容,诸如春节、元宵节、清明节、中元节、中秋节、冬至、除夕等。泉州岁时节日的民俗活动,祭祀祖先成为最突出内容,主要也正是体现在这些岁时节日。历史上的泉州人,在诸多岁时节日活动中,同样无不对祭祀祖先极为重视,极为虔诚,礼诚礼敬,表现出高度的崇敬之情。最为突出者,除了各个家族普遍于元宵节期间举行大规模的祠堂集体祭祖外,莫过于清明节、中元节、冬至这三个节日的祭祖活动。

清明节祭祖。清明为二十四节气之一,既是时序标志,又是传统节日,时间约在每年公历 4 月 5 日,或前后一天。称之"清明",节令当与此时处于仲春或暮春之交,万物"洁齐而清明"有关。清明节是民间传统的溯源追本节日,主要活动为扫墓祭祖。泉州人极为重视,有这样的俗语:"清明不回家无墓无祖。"外出人员在一般情况下都会回家过节。扫墓亦称祭墓,因对象不同,有不同层次不同规模的活动。家族祭扫开基祖及以下远祖坟墓,全族均有人参加,规模最为庞大。房族和内部各个支派祭扫房族开基祖和支派先祖坟墓,规模亦较大。家庭祭扫高、曾、祖、考等直系近祖坟墓,规模大小视所涉及家庭而定,大多有好多个家庭参加,亦有可能只是一个家庭。扫墓日期为清明节前后 10 日内,倘若要修墓和拾骸移葬,则不用另行择日,凡事无忌。永春、德化两县,也有八月扫墓习俗,俗云此月墓门开。扫墓时要除棘草、培墓土、用红漆描碑文,献"纸钱",然后上供果、点香烛、烧金楮、放鞭炮,寄托哀思,缅怀先人。晋江深沪有妇人"哭墓"习俗,声调音旋韵转,情悲声凄,催人泪下。泉州清明节食俗是吃"润饼菜"和"清明粿"。是日中午,各家各户亦要以"润饼菜"和"清明粿"等为祭品,在厅堂祭祀祖先。"润饼菜"是以面粉为原料擦制烘成薄皮,俗称"润饼"或"擦饼",再卷胡萝卜丝、肉丝、蚝煎、芫荽等混锅菜肴,即可食用,甜润可口。"清明粿"是以糯米、小麦、地瓜干等碾粉做皮,包上糖豆沙馅,蒸制而成,香甜适口。清明节扫墓,并以"润饼菜"和"清明粿"祭祖,亦是泉州人对待死者"事死如生"之礼的重要体现。

七月半祭祖。农历七月十五日,道教称为中元节,佛教称为盂兰盆节,泉州民间俗称鬼节、七月半。节日习俗主要有祭祖、祀亡魂、焚纸锭、放河灯、祭祀土地公等。核心是追怀先人,敬祖尽孝。它与除夕、清明节、重阳节等,皆是民族传统的祭祖大节。乾隆《泉州府志·风俗》云:"中元祀先。寺观作盂兰会。"这项祭祀涉及面广,花费巨大,场面热烈,影响也很深刻。这种祭祀的形成较为复杂。据称是阎罗七月清理地狱,打开地狱大门,把阴间那些尚未超生的鬼魂全部释放出来,于是这些鬼魂纷纷来到人间觅食。那些有子孙和后人祭祀的鬼魂,回家去接受香火供养,而无主孤魂只好到处游荡,徘徊于任何人迹可至的地方觅食。所以,人们纷纷在七月举行"普度"和

"施孤"等布施活动,投食祭祀,诵经作法,以普遍超度孤魂野鬼,防止它们为祸人间,并祈求鬼神帮助去除疫病,保佑家宅平安。因此,某些地区在七月十五这天有普度习俗,称为"中元普度",后来更发展为盛大的祭典,称为"盂兰盛会"或"盂兰胜会"。如此可见,所祀对象既有自己的祖先,亦有那些孤魂野鬼。当然,首先是自己的祖先,让那些祖先神灵好好享用一番。如此,人们都极为重视,备办丰盛的祭品,举行隆重的祭祀,对尚未超生的祖先深切慰问,聊表子孙孝敬之心,同时祈求祖先保佑。

冬至祭祖。泉州人称"冬节小年兜",颇为重视,祭祖则是主要内容。泉州俗语称:"冬节不回家无祖。"所以,出门在外者,都会尽可能回家过节谒祖。冬节早晨,泉州人要煮"冬节丸"甜汤敬奉祖先,然后合家以甜丸汤为早餐。泉州人的"冬节丸",原料为糯米,磨粉制成粉圆,无馅而个小。节日前夕,家家户户要"搓丸",有红与白两色。冬至日中午,要再次祭敬祖先,供品用荤素五味。入夜,又举行家祭,供品中必有嫩饼菜,据说寓有"包金包银"之意,旨在祈望家庭兴旺发达。旧时如属大宗望族者,还于是日开宗庙祠堂大门,举行祭祖仪式,这与清明节那次祭祖,合称春冬两祭。祭仪十分严格,参加者虔敬至诚。安溪、惠安等地,冬节除祭祖外,还有某些与清明节同样的习俗,诸如可于是日前后 10 天内上山扫墓献纸钱,修坟迁地也百无忌讳。

泉州岁时节日祭祖习俗,除上述几个节日外,实际上,还有许多岁时节日活动同样含有这个内容。春节为一年诸节之首,祭祖亦是重要内容。是日子正之时,亦即零点,时间一到,人们就在家中厅堂设案,摆上供品,燃香点烛,恭拜天公,敬祀祖先。元宵节是泉州民俗重要的祭祖节日,不仅家族举行大规模的祠堂祭祖活动,各家各户亦要祭祖,用应节食品元宵丸汤供祀祖先神明,谓之祭春,并做家人早餐。泉州元宵丸闻名遐迩,制法独特,用炒熟花生仁去膜捣末,加上白糖、芝麻、蜜冬瓜、金橘泥,拌以葱白、熟猪油、香蕉油,捏成丸馅,沾湿后,置于盛有干糯米粉的盘中,反复数次滚转而成。煮熟后食之,香甜而不腻嘴。中秋节祭祖也是泉州传统民俗。中秋节中午,要用蒸熟的番薯、芋头和月饼等祭品,祭祀祖先神明,并作午餐。再如,除夕祭祖。除夕,泉州人俗称"年兜",是农历一年里的最后一天。在泉州民俗传统中,年兜日是全年祭祀祖先最重大节日。是日中午,要尽力备办丰盛菜肴敬奉。晚上,各家各户又要以三牲供果,敬奉厅中祖先神祇和灶君,俗称"拜岁"。除此而外,泉州人在端午节、七夕节等节日,亦往往有祭祖活动。

可见在泉州岁时节日的民俗活动中,祭祖同样占有极为重要的地位。

这既反映了泉州人对于祖宗的高度崇敬,通过敬祀仪式,来表达对祖先养育之恩的缅怀,同时也寄托着泉州人对于祖宗神灵的企盼,期望祖先幽灵显圣显灵,庇佑子孙,福荫后代。直到今天,岁时节日祭祖,仍是泉州人的主要活动内容。

三、寄托兴旺发达的梦想

泉州岁时节日民俗活动,尽管各个岁时节日内容不大一样,形式亦有较大差异,然而归根结底,就其基本目标而言,却是完全一致的,这就是兴旺发达,让生活变得美好。这种企盼,既突出表现于祀神祭祖活动,也充分体现于岁时节日其他各种各样的民俗活动之中。

春节迎春纳祥采喜气。泉州人过春节,称为"过年"或"过新年"。这个"新"字,本身就有去旧迎新之意,蕴含着对新的一年的美好企盼。因此,春节作为一年诸节之首,是一年之中最具喜气氛围的节日。历史上的泉州,是日子正之时,即零点一到,人们立即燃放烟花爆竹,震耳喧天,五彩纷呈,家家户户开门迎春纳祥,俗称"开正"。清晨,全家人纷纷起床盥洗,穿上早已准备好的新衣服。早餐合家吃面线加鸡蛋,吃蛋去壳,意在除霉气迎吉祥,面线则象征福寿绵长。早餐之后,出门走访邻居亲友,见面笑逐颜开,互道"恭喜",俗称"贺正"。对登门贺正的客人,主人必热情请甜,或吃糖果蜜饯,或喝甜茶,以示有个甜蜜开端。是日街头巷尾、村前厝后,人来人往,喜气洋洋。新中国成立后,春节定为传统节日,放假几天,常开展丰富多彩的文娱体育活动,使佳节气氛更加祥和与热烈。所有这些,要义正在于企盼迎祥纳吉。

元宵节吃元宵丸与闹元宵。正月十五日元宵节,据道家说法,是天官赐福之日,泉俗素称"上元小年兜",十分隆重。泉州人吃元宵丸,取其圆形,寓有全家团圆、吉利、美满之意。鲤城、晋江、惠安,元宵节要"请替身"和"过关限"。所谓"替身",是能立置的小笺纸人,家庭主妇要先备酒菜敬祭,并念道:"吃肉紧迫迫,吃酒跑溜溜,吃主人酒菜,替主人消灾。"然后焚烧掉。有的还用红纸剪扎成城门样关隘,再举行过关仪式。这是祈冀新年消灾消难,前途光明。沿海地区未成年女孩,常结伴祀"棕蓑娘"厕神紫姑。要备好食品及小红绣鞋或小衣衫,到厕所内上供,祝曰:"棕蓑娘,水芒芒,教阮绠,教阮纺。教阮绠布好布边,教阮做鞋好后跟。教阮举大针,补大裘;举针仔,挑绣球。举剪刀,剪花样,剪得照人照人样。"供品或边祝边吃,或祝毕带回,小红鞋或小衣衫则焚化。这是祈求来日心灵手巧,精于女红。闹花灯,亦寓意明确。花灯象征光明和美好。泉州闹花灯,南宋已闻名全国,当代仍为海内外所共赏。每逢元宵佳节,市区万灯齐挂,长街犹如星宿,灯光灿烂,人山人海。安溪龙涓山后村龙灯颇有特色,公众合备"龙头"和"龙尾",龙身则为各家各户灯笼,全村只擎一条灯龙,灯龙越长,象征人丁越兴旺。

端午节送瘟神和"采莲"习俗。五月初五日端午节,起源或称是为纪念屈原,或称是为避五月初五日"恶"日。泉州端午节习俗,与两种说法都有关。诸如包粽子、划龙舟祭水神或龙神、室内消毒、悬挂蒲艾、饮雄黄酒、浴蒲艾汤、制"午时茶",小孩更要胸佩"香袋仔"、臂系"长命缕"、额涂雄黄酒。名目不少,皆是避免"恶"日受外界邪祟侵害。实际上,农历五月并非只有初五是"恶"日,整个五月都是"恶"月。五月是盛夏之初,多雨湿热,灾害较多,恶疠病疫,常泛滥成灾。所以,泉州人习惯称端午节为"五月节",习俗也多集中于避恶禳灾。送瘟神与"采莲"是典型。乾隆《泉州府志·风俗志》载:"是月无定日,里社禳灾,先日延道设醮。至期,以纸为大船,送五方瘟神。凡百器用皆备,陈鼓乐、仪仗、百戏,送水次焚之。近竟有以木舟,具真器用,以浮于海者。"旧时泉州城乡,又有诙谐风趣的驱邪消灾习俗,叫"采莲",又称"唆罗嗹"。端午节清晨,采莲队伍出发,扮相邋遢的"铺兵"前导,手举长杆红旗,如醉似颠,后有四人敲锣打鼓,助以声势。又有几个男扮女装提花婆,动作滑稽,特别引人注目,最后有四人抬具木雕老龙头,徐行压阵。采莲队伍在"龙王出世除灾难啊,唆罗嗹哪,罗连哩罗嗹啦"乐曲声中,载歌载舞,游街闯巷,"铺兵"挨家挨户入宅,舞旗拂扫,驱邪求安,主人要礼施红包,并燃放鞭炮送出门,提花婆则回送白玉兰花,或小型木雕龙头。这"唆罗嗹"据说是古越族人辟邪去灾的咒语。这些习俗,用意非常清楚,请求神灵驱邪除祟,消灾灭祸,保佑平安。

七夕节关于牛郎织女故事的演绎及相应祈祥活动。七月初七日七夕节,这是从牛郎织女神话传说演变而来。泉州人把织女演化成"七娘妈",并把七夕节称为"七娘妈生"。泉州人有关织女的故事,尚有不少自己的演绎。按泉州民间传说,天帝原旨意是允许织女七日一会牛郎,可是喜鹊"报错喜",错传为一年一度相会,即七月七日相会。这是个不能原谅的错误。因此,人们在七夕大清早,把胭脂花粉用红髻索捆扎起来,抛到屋檐顶上,责罚喜鹊衔送到天河边,让织女梳妆打扮,以会牛郎。牛郎会织女时,喜鹊会纷纷飞至天河上,为之搭桥,名曰"鹊桥"。人们说,七夕过后,喜鹊头部皆秃顶,就是因牛郎牵牛过鹊桥时,牛蹄踩踏所致。是夕如下小雨,人们则称这是牛郎织女分手之际,彼此依恋不舍,挥泪告别。这种演绎,极富人情味,牛郎织女这对恩爱夫妻,每年须七夕才得以一会,是个悲喜交集日子,泉州人把它演化为织女诞辰,并举行相应祈祥活动,这大大地冲淡了"七夕"原来的悲伤气氛。这些故事情节的安排,曲折地反映出对美好生活的追求。泉州人还把七娘妈奉为保佑少年儿童的女神,新生婴儿第一个七夕,要拜七娘妈为"契母",亦即干妈,称"新契"。16岁才解除契约,称"洗契",都要举行一定仪式。这种做法,目的在于保佑少年儿童茁壮成长。泉州七夕亦有"乞巧"民俗,同样是美好愿望的体现。

中秋节吃番薯和芋头及"博状元饼"。八月十五日"中秋节",泉州习俗除了吃月饼和赏月外,尚有个颇有特色的重要习俗,即吃番薯和芋头。中秋节午餐,要吃蒸熟的番薯和芋头。这种习俗,据说是番薯内黄,芋头内白,寓有包金包银之意。很显然,寄托着发财致富的美好愿望。安溪湖头过中秋节,要特制质量较好的"芋包",分赠亲友邻居,受赠者要故意用贬语"回敬"。最怕没人嫌。嫌的人越多,送的人就越高兴。因为这意味着自己今年运气会好。泉州人过中秋节,尚有"博状元饼"习俗。这种习俗的出现,民间有不同说法,或称源于元末泉州人反元斗争,或称与郑成功抗清斗争有关。博状元饼多在中秋夜举行,所博状元饼是63个月饼,大小不等,分为状元、榜眼、探花、进士、举人、秀才6式,状元饼最大,只有1个,大如碗面,秀才饼最小,仅铜钱大,多达32个。玩时6枚骰子,轮流掷彩,博取各式月饼。博得的饼越大,就越高兴。夺得状元饼者,兴高采烈。所以如此,主要不在于物质,而在于精神,就是"博彩",希冀博得好运气。泉州中秋节,尚有月夜"听香"的特色习俗。当天晚上,隐匿于村落或道路旁边阴暗之处,听过往行人的话语,以此作为运途吉凶的预示。同样亦是希冀避祸得福。

冬至制作米料金锭银宝及吃"冬至丸"。泉州冬至习俗,家家户户"搓冬至丸"的同时,往往还会捏些小巧玲珑的东西,尤其是瓜果动物,金锭银宝。捏瓜果动物,俗称"做鸡母狗仔",寓意五谷丰登,六畜兴旺。捏金锭银宝,寓意更为明确,有金有银。可见象征兴旺吉祥,富有财气。冬节早晨,合家以甜丸汤为早餐。泉州人吃丸,称元宵丸为"头丸",冬节丸为"尾丸"。泉州方言中,"丸"与"圆"同音。如此,年初元宵吃元宵丸,年末冬至吃冬至丸,从头到尾都是圆。这就意味着全家人整年一切圆满,万事如意。冬至之夜,举行家祭,供品中必有嫩饼菜。嫩饼做皮,裹以各种菜肴,泉州人称为"吃嫩饼菜"。供品中要有嫩饼菜,寓意在于"包金包银",旨在祈望家庭兴旺发达。

除夕"围炉"与"跳火盆"。除夕,泉州俗称"年兜"。泉州除夕这天的节俗,主要有祭祀祖先、张贴春联、吃团圆饭、分压岁钱,跳火盆,辞年守岁等。除夕晚上,合家吃团圆饭,古称"围炉"。泉州俗语说:"年兜不回家无妻。"因此,这天晚上,外出的亲人除非特殊情况,否则都要回家团聚。聚餐之后,长辈要给晚辈分压岁钱,俗称"分过年钱"。晚餐之后,农村有"跳大盆"习俗,意为年谷大熟,燔柴报天。所谓"火盆",亦称"火群",是在家门口用干薯藤或稻草燃起的火堆。凡家中男子成员,依次皆从熊熊火堆上跳跃过去,就是男婴,亦要由成人抱着跳过,外出未归的男人,则由在家兄弟替跳。大家边跳边念:"发彩啰!火盆跳入来,新年大发财;火盆跳出去,新年有福气;火盆跳向东,新年银钱满厅房;火盆跳向西,新年财源入厝内。"沿海乡民则念:"发彩啰!新年好海路;发彩啰!新年好蛏蚝。"谣词各地大同小异。火盆跳后,各家主妇立即行动,将盆中灰烬收入火笼中,藏于房内床下,俗称"挑金挑银",寓意火红兴旺。亦有民俗学者认为,除夕"跳火盆",意在以火驱除身上之疫。除夕晚上,各家各户要在厅堂和房里桌上摆过年饭,饭上压有红橘、红蛋、年糕、硬币等,并插有"春花",或称"春枝",象征年年有余,吉祥如意,添丁进财。是夜,合家欢聚一堂,守岁迎春,灯火长明,俗谓守岁可为父母或长辈延年益寿,故又称"坐寿",含义非常明确。

可见泉州人重视岁时节日,并形成相应的诸多习俗,包括自己独创的不少习俗,并非仅仅只是在履行某些仪式,实际上有着深厚的思想意蕴,借此寄托生活的理想,表达对美好生活的向往与期望。

第三节　婚丧喜庆的价值取向

婚丧喜庆,亦是民俗文化重要组成部分。泉州传统的婚丧喜庆民俗活动,内容同样丰富多彩,且同样有着颇为浓郁的地方特色,诸如婚嫁极为重视仪礼,丧葬特别注重风水,喜庆喜欢讲究排场等,这些突出特色,既是特定历史环境的产物,亦蕴含着不少独特的价值取向。

一、婚姻重视财礼的解读

历史上的泉州,向来极为重视婚嫁,并形成一套颇为繁琐的程序,这些复杂的程序,核心是"礼"。各种各样的"礼",既包含精神层面的礼,亦包含物质层面的礼，两者往往又是相辅相成，密不可分。重视聘金和嫁妆，就是典型表现，表面上是重财，实际上亦是重礼。

男大当婚，女大当嫁，婚姻是人生终身大事，国人向来极为重视。中华民族素称"礼仪之邦"，礼是儒家思想中的核心思想，这亦突出地体现于婚姻。泉州又是南宋时朱熹过化之区，朱熹进一步阐说的儒家所极力宣传和提倡的"礼"，亦对泉州人产生了极为深刻的影响，泉州旧方志介绍泉州民俗时，屡屡提及"朱子过化"之语和《朱子家礼》，正是很好的说明。因此，泉州人向来重视婚姻，且极为重视婚姻仪礼。

历史上的泉州，婚姻长期由家庭包办，选择配偶的方式，亦如全国各地那样，长期盛行封闭式择偶，从提亲到相亲到定亲，全由家庭父母决定，男女当事人对自身婚姻大事，完全无权过问，听从"父母之命，媒妁之言"。这种择偶方式，并非从当事人的意愿出发，而是从家庭利益出发，首先考虑的是家庭利益，即合二姓之好，上事宗庙，下继后世。这种择偶方式，长期延续，用现代人眼光看，显然不近人情，然而从历史角度看，又有合乎逻辑的解释。在传统的农业社会中，家庭是社会的基本单元，是生产和生活的基本单位，担负着维持生计的生产功能、生活功能以及传宗接代的功能，因此婚姻既是个人的终身大事，又是关乎整个家庭的大事。基于稳定家庭的需要，儒家积极维护家长的至尊地位，子女必须服从父母，婚姻由父母决定，这亦是儒家"礼"的重要内容。倘若子女不听从家长安排，这既是违礼，亦是不孝。历史上的泉州，婚姻长期由父母包办，正是儒家"礼"的充分贯彻。

历史上的泉州，正因为对婚姻高度重视，且深受儒家婚姻伦理道德思想的影响，因而所形成并长期延续的婚姻习俗，极为重视仪礼，从婚前提亲、相亲、定亲，到婚娶，以至婚后，各个环节，皆有极为严格的讲究，程序非常繁缛。在这些复杂的程序中，"礼"始终是核心，贯穿于整个过程的各个环节。

泉州人婚姻重礼，首先表现在于婚前。结婚之前，必须先完成择婚和订婚这两项工作。程序甚为复杂。首先就是"提生月"，即由媒人把男女双方庚帖送到对方家，各自压置于厅堂神龛香炉底下卜吉，若三天内双方家中皆平安无事，称"三日圆"。若有一方没有"三日圆"，议亲必须取消。其次是相亲。经双方家长认可后，男方祖母、母亲或伯叔母、姑母等女性尊亲，择日前往女性家中，实查女方容貌、仪表等，称为"相亲"。这个过程除"相亲"外，相当于古代六礼之纳采、问名和纳吉，只是纳吉礼后来演化为订盟。婚前准备第一步择偶，即如此繁缛，足见人们对婚姻的重视。再次是订婚。订婚有

"压定""行大礼""送日头"等程序,相当于古代六礼中的纳征和请期。"压定"或称订盟,男方女性尊长把戒指、订仪、喜糖等礼品,送到女家,并亲自把戒指戴于嫁女手指,宣告婚事已定。"压定"后,男方还得三次备办丰盛彩礼,派人送往女家,称"戴手镯""送花"和"轿前盘",合称"行大礼"。清末以来,逐渐把"行大礼"合并为"轿前盘",称为"花叠盘"或"盘担"。送"盘担"时,要通知女方家庭迎娶吉日及冠笄时刻,称为"送日头"。某些地方把"压定"和"行大礼"合并举行。

泉州传统婚俗,婚前仪礼甚多,正式婚嫁时,更是有诸多仪礼。古人重婚礼,新郎须亲至女家礼迎新娘,这在古六礼中称"亲迎"。至清代前期,在泉州婚姻礼俗中,除个别宦族外,婚礼皆不亲迎,吉期到来,办好彩轿,遣媒送至女家。迎娶都在白天,新娘须头蒙乌巾,并要有两盏轿前灯,这当是袭古礼黑夜亲迎遗迹。新娘出嫁是大喜事,反而要哭嫁,表示悲伤,且神州南北皆然。新娘"哭嫁",可能是思相离而悲,或是随俗。花轿抵男家,鼓乐喧天,鞭炮齐鸣,喜气洋洋。新郎行至轿前,朝轿门踢一脚,这是下马威。轿内新娘,立马应战,还踢轿门一脚。这是用特殊语言,向观众宣称:日后男不惧内,女不示弱。随后,男家某位平辈男青年,或者下辈男孩,步至花轿前,揖请新娘出轿,再由男家福命大的女长辈,手牵新娘出轿,送嫁娘举起贴有红双喜字样米筛,遮于新娘面前,然后在三通喜乐声中,新娘慢步跨过火炉,踏上瓦片,进入洞房。遮米筛和踏瓦片,据说是为辟邪,安溪人有独到解释,称隐寓反清之意,源于明亡之后,孤臣遗老,尚望"反清复明",教诲新婚夫妇,"头不戴清朝天,脚不踏清朝地"。至于跨火炉,俗称可利用火神威灵,将新娘在家和沿途所招惹邪气,焚烧殆尽。新娘到夫家后,又有拜天地、挑乌巾、喝交杯酒、宴请宾客等节目。闹洞房则为是日婚礼压台戏。俗谓洞房不闹不喜,不闹不吉利,且在新婚七天内,可以连续闹,有"七日内不分大小"之说。闹洞房内容,大多是要新婚夫妇,当众做出种种亲昵举动,诙谐有趣。

泉州传统婚俗重礼,亦表现在婚后。婚日过后,婚姻仪礼尚没有结束。翌日清晨,新郎伴同新娘,原"牵新娘"妇人做前导,前往厅堂,先拜祖先,再依次与公婆及夫家诸亲属相见。这种习俗,后提前到婚娶当日下午。这是不可缺少的程序,只有拜过祖先,新娘方算男方家族的人,而要开始新生活,必须认识夫家长幼尊卑,这是对新娘伦理教育的必修课。新婚第三天,新郎要再陪同新娘,亦由原"牵新娘"妇人前导,进入夫家"灶脚",亦即厨房,新娘摸摸各种饮具和餐具,并到附近水井挑水。这些象征性家务劳动,目的是熟悉新生活环境,俗称"落灶脚",这是新娘进入家庭妇女角色的预演。中午,让新娘上厅堂,特设宴席,俗称"上厅桌",夫家女眷及外戚作陪。至此,新娘真正成为夫家成员。是日,尚有"探房"习俗,新娘之弟,或者堂弟,往姐夫家探望姐姐,男家要给这位"阿舅仔"馈赠红包,俗称"结衫带"。探房含义,据称是娘家对出嫁三天的女儿放心不下,特遣"阿舅仔"前来探望,看看是否满堂和睦,姐姐起居是否安好?同时,"阿舅仔"还有项重要任务,就是敦请姐姐回娘家会亲,邀请新姐夫到岳家做新女婿。探房是婚后亲家首次礼尚往来,必须宴请"阿舅仔",且筵席力求丰盛,唯恐款待不周。婚后第五天,新娘先丈夫回娘家,向娘家长辈行礼请安,诉说夫家三天新生活。娘家于中午设宴款待。会亲当日傍晚,娘家要宴请新女婿,妻舅或姻叔等主陪。如是午宴,则与会亲合并举行。这是新女婿初次到岳家,且与岳家主要亲人相识,故宴席亦极为隆重。散席之后,小夫妻带着"引路鸡"和"长尾蔗",同回夫家。现代,女儿回娘家会亲,或于婚娶次日。至此,婚姻仪礼基本完成。婚事过后,女儿与娘家之间,尚有送花及每年数次送节习俗。

泉州传统婚俗,甚为注重财礼,颇为引人注目。重视聘金,颇为普遍。诸如,婚前"行大礼"和"压定",中心内容都集中在钱物方面。旧时聘金亦称聘礼。普通人家送银元,约几十元至百元,也有数百至上千元,视家庭经济情况而定。然而,无论如何,数量不菲。富有之家,则送元宝,亦称银锭或金锭,数量更是可观。民国以后,改用钞票,或有使用支票,俗称银单,数额不等,但总体仍颇为丰厚。聘金除银元、元宝、支票外,尚有金戒指和金饰。除此而外,送给女家礼品还有猪肉、面线、花包、礼饼、礼糖、礼烛、礼炮、红绸等,合称"盘担"。这些聘金和礼品,装入特制的大盘,并写明目录。富有之家多达数十盘,普通人家也有好几盘。送礼之时,两人抬一盘。抬盘的队伍,前有吹班,吹奏乐曲;后有押送者,沿途燃放鞭炮。队伍走街过巷,浩浩荡荡,颇为壮观。新中国成立后,提倡婚事新办,聘金礼品皆较为简朴。改革开放以来,重聘金之风回潮,且节节攀高。各地数量不等,从数万元至几十万元都有。金银首饰及各种礼品,同样不菲。

泉州传统婚俗重聘金,亦重嫁妆,尤其是沿海晋江和石狮地区,更是引人注目。所送嫁妆,同样有银元、元宝、银单,有金戒指和金饰,有种种礼品,如布匹、被枕、箱笼等。同样装入特制大盘中,两人抬一盘。送盘之时,队伍同样浩浩荡荡。富有之家,送的银钱和金银首饰,数额甚大,礼品亦甚多,往往达数十盘。普通人家,不甘落后,无论是银钱,或是礼品,数量亦颇为可观。泉州俗语:"嫁查某仔乞贼偷。"生动而形象,意谓备嫁妆要花甚多钱,家中像被贼偷走那样。因此,泉州又有俗称女儿是"查某仔贼"。旧时聘仪通常称聘金,送元宝,亦称银锭、金锭者,乃富有之家,一般人家则送银元,约几十元至百元,也有数百至上千元不等,视各自家庭经济情况而定。民国以后,改用钞票,或有使用支票,俗称银单。新中国成立后,婚事新办,嫁妆同样变得简朴。改革开放以来,正如重聘金那样,重嫁妆之风亦回潮,且水涨船高,节节攀高,除送大额金钱,亦送汽车、银行支票,甚至房产。

泉州这种重聘金重嫁妆的民俗,从表面看来,颇有重钱财的嫌疑。应当说,不能完全排除这点。然而亦可视为重"礼"的表现。既然婚姻是如此重要,当然不可儿戏,必须有足够的"礼"。泉州话俗称"到礼",就是这个意思。什么叫"到礼"?除了精神层面的礼节外,当然还得有物质方面的体现。没有物质层面的体现,这"礼"似乎就要大打折扣,也就谈不上"到礼"。于是重聘金重嫁妆,也就顺理成章。聘礼越多,嫁妆越多,自然也就越"到礼"。从这个角度而言,重聘金与重嫁妆,亦正是重"礼"的心态历程,而不能仅仅视为贪婪钱财。何况从女方家庭来说,重聘金还有个现实考虑,即为女儿预留些钱财。在传统社会中,家庭往往兄弟众多,结婚后要分家析产,多些聘金,并当作嫁妆,就成为女儿的财产。因为嫁妆在分家时不属于析分对象,所以就有聘金转化成嫁妆这样的"礼"。到了当代,也有许多家庭已经降低聘金和嫁妆的要求,尤其是公职人员的后代。

二、丧葬注重风水的诠释

历史上的泉州,人们高度重视婚嫁,亦高度重视丧葬,同样形成颇为繁琐的仪礼程序,这当中最为突出的特色,无疑是极为注重风水,成为重中之重,它同样蕴含着泉州人某些重要的价值观念。

死亡是人生的终点,是人生舞台黑幕的永恒降落,丧葬则是亲人的最后告别,泉州人因此向来极为重视。这与中国传统孝文化有很大关系。孝在中国传统文化中占有十分重要的地位,被视为德之本。儒家经典著作《孝经》中,载有孔子对以孝著称的门徒曾子所说的话:"夫孝,始于事亲,中于事君,终于立身。"自古以来,衡量"孝"的普遍标准,主要是看对父母"生养死葬"的态度,因此丧葬仪礼孝亲特色十分显著。泉州人亦是如此,丧葬仪礼基本上围绕"孝"这个核心,并形成同样颇为繁琐的习俗程序。这从丧葬殓期、殡葬、服丧这3个阶段的仪礼,可以看得很清楚。

泉州的丧葬仪礼,首先是殓期,亦即人死后至入棺这个阶段。凡 50 岁或已当上爷爷或奶奶者,病危临终之际,皆要让其"上厅边",即卧于本家或祖厝厅堂边临时搭成的简易床铺上,儿孙和媳妇皆守候在旁送终。死者即将断气时,亲眷要边哭边为其更换寿衣,穿上鞋袜,动作要麻利,倘若断气前没有更换完毕,俗谓有"死者得不到"之嫌。死者寿终正寝后,立即用被单覆盖躯体与面部,亲眷围尸恸哭,治丧宣告开始。孝男出门,用瓦片从池塘旁或大路口取回一块泥土,土上插香,置于尸体脚尾处地上,表示"入土为安"。并置米饭一碗,上插竹筷一双,称"脚尾饭",或称"辞生饭"。亲眷要不断续香,焚烧冥纸,为死者前往阴间准备足够"盘缠"。为让死者在冥冥之中走向光明,尚须点一支白烛或一盏油灯,并注意不使熄火,称"点脚尾烛"。要在大门上挂块白布,或于原贴红联处覆盖白纸,让周围人们都知晓,并向堂亲姻戚报丧,给在外地或海外亲人发讯,子女须闻讯奔丧。向姻亲报丧,尤要慎重,并形成相应习俗。收殓之前,孝男年长者要手提小桶,领全家孝眷到附近公用水井乞水,回到家门口,取水一碗进屋洗尸,余水倾倒门外,然后为死者举行"辞生祭",即可入殓。入殓之时,凡生肖五行与死者相克者,皆应回避,避免犯"冲煞"。收殓之后,孝男孝女需将死者生前用过的日常生活用品,送至郊外或村外焚化,俗称"送草",或称"送脚尾"。事毕,再由道士在室内外袚凶驱邪,俗称"收乌"。

泉州的丧葬仪礼,殡葬是第二阶段。殡葬包括殡和葬。殡指殓而未葬这阶段,葬指埋葬死者遗体。殡期长短,各个时期不同。古代视死者地位尊卑,有专门规定。按《礼记·王制》载:"天子七月而葬,诸侯五月而葬,大夫、士、庶人三月而葬。"然而后人并未认真遵行此制,诚如《南安县志·风俗志》载,泉俗旧时停柩,"至有终身不葬或累世不葬,或子孙衰替忘夫处所,遂弃捐不葬者。悖礼伤义,无过于此"。被视为陋习。基于灵魂不灭观念,认为人死后灵魂在出殡前还会时常出入灵室,因此要设灵堂,点长明灯,子孙于柩旁铺有稻草的地上,轮流日夜守灵,且要择日请僧道做法事,超度亡魂,俗称"做功德"。开吊期间,亲友前来吊唁。泉州葬俗,土葬居多。出葬之前,死者亲属和亲戚至友,宗亲邻里,向死者做最后告别仪式。随后,开路鼓吹响起,出葬宣告开始。出殡仪式牌、铭旌灵幡、白红大灯前导,死者子孙扶柩哭送,亲友随后哀送。灵柩抵达墓地后,有祀"后土"、祭棺头、点木主等仪式。落棺葬毕返归,俗称"返主"。回家后,要"接主"和"安位"。而后丧家宴请送殡者,称吃"彩气"。

泉州丧葬仪礼,服丧是最后阶段。泉州民俗服丧,须"礼尽三年",实则两周年。葬毕七日内,每日均要由女眷于早、午、昏三次奠祭死者亡灵,啼哭哀念,早称"捧茶",午和昏称"捧饭"。葬后第三天,旧时孝男和孝媳及亲属,前往墓地探墓,并在墓旁"后土"前和墓前分别祭奠。七日之后,每逢初一和十五,方由女眷哭祭,直至撤奠为止。另外,尚有十四日祭,四十九日祭,百日祭等。去世周年纪念日,古称"小祥",现俗称"对年"。两周年纪念日,古称"大祥",现俗称"三年"。皆要备牲品致祭。倘若治丧期间没"做功德"者,要在这期间补做,否则因循旧制的子女会于心难安,认为未尽孝道,死者灵魂难以超升。三年过后,每逢死者生日要做"娩忌",卒日做"正忌"。普遍更重视"正忌"。另外,清明、中元、冬至等岁时节日,亦有扫墓、祭奠礼俗。

泉州传统丧葬习俗,最为突出者,莫过于极重风水。泉州人注重阳宅风水,更注重阴宅风水。阴宅,坟墓也。那么,什么才是好的风水墓地?说透了,无非就是向阳背风,高爽轩敞,前望广远,如果能望准某个吉祥目标,甚好,远处并有河水流过,有"活源"之意,更好。不好的风水墓地呢?就是迎风无阳,低湿狭促,杂木蔽荫,不仅不能远望流水,自身还有水浸可能。人死之后,尸体会腐烂,所以埋葬选择高阜之地,以免尸骸受湿受寒,这合乎人性与情感。但在泉州人看来,这还关乎家庭的兴旺衰微。这亦和朱熹有关。按朱子的理论,葬得佳穴,子孙兴盛,祭祀不绝;葬于不吉之地,先人形神不安,子孙亦有死亡绝灭之忧。这就是朱熹的"葬涉祸福论"。朱子的原意,主要在于提倡孝道。可是这套"葬先荫后"论,再与佛教生死轮回观相糅合,对于泉州殡葬习俗,浸染至深,影响极大。因此,至迟从宋代开始,泉州人高度重视墓地风水,已蔚为风气。元代的泉州,已有勘舆墓穴专著,颇为流行。

既然墓地如此重要,那就不能随便安葬。于是寻找风水墓地,成为历代泉州人一项重大任务,无论城乡,皆是如此。当然,这得费时费财,极为贫困之家,没有办法,只能随便找个地方,葬完了事。稍有积蓄之家,就不那么草率了,往往也得请个风水先生,审察一番,然后下葬。如此,至少求得一种心理慰藉。富豪权贵,更是甚为注意,往往不惜耗费银两,请来知名度最高的风水先生,四处寻觅,选择山环水抱之所,龙脉雄胜之地,择穴安葬。选择墓穴的风水先生,泉州人又称为山家或堪舆家,或以"天地人"三元相地,或以"天地人时"四维相地。无论哪一种,都是凭借罗盘,窥测方向,加上干支八卦及阴阳五行理论,进行推衍,判定出风水宝地。风水先生一旦裁定,主人不敢有任何怀疑,尽诚致敬,听凭指择。江西赣州是中国风水发源地,泉州人对赣州风水先生特看重，许多人家相地，特别要以重金请来赣州风水先生。据称，风水先生也为泉州人相出许多宝地，诸如泉州城东宋代宰相梁克家"五虎朝金狮"墓，南安榕桥宋代榜眼曾会"马蹄翻天"墓，安溪黄潭院后山宋代吴王刘锜"龙虾出港"墓，晋江下游大坠山顶刘锜四世孙刘文聚"双凤朝牡丹"墓，晋江东石型厝颜尚书"鲤鱼撞棺"墓，南安石井郑成功祖上"五马朝江一马回"墓等。这些古墓，取其山环水抱，地脉郁结，点穴而葬，皆有龙脉穴位之称，是远近闻名的风水宝地。此外，泉州各地山头，至今荒山野谷间残存不少石人，皆是当年达官贵人墓地，往往也伴有风水宝地的故事传说。按泉州民间传说，即使某些歹地和绝地，即风水极坏的墓地，经高超的风水大师点拨，也可避害趋利，不至于坏到哪里去。历史上，泉州有些文人，甚至不惜耗费时间与精力，研究堪舆之术，为自己死后择块墓穴宝地。明代，蔡清的老祖父蔡惠，深研堪舆之学，为自己择了个墓穴，众多风水先生亦认为，这墓穴风水"鲜有其匹"。子孙后来颇有成就，几个儿子，有秀才有举人，孙子蔡清更是大名鼎鼎，使泉州人更相信是墓地风水的作用。状元庄际昌，亦深迷堪舆之术，并在生前已筑了座坟墓，题了四个字："羹元真息。"

找到风水宝地，固然很好，可风水宝地既非人人可找到，也非一下子可找到，那又咋办？对于这个问题，很多人的答案是：尸骸不能下葬，直至找到"佳穴"为止！于是历史上的泉州，又出现一种颇为突出的现象，即所谓停枢，把尸体放于家中，干脆不葬，甚至几十年几百年不葬。泉州城内的留府埕，有个王姓人家，家有一副棺，停了近百年始葬。也是在这留府埕，曾有一明朝"七部棺"，至抗战胜利后才葬，历时三百余年。乾隆《晋江县志》谈到这种风俗，这样说：尸骸再世不葬，家属恬然安之，理由是要等找到风水宝地。《泉州府志》有段话，讲得也颇为到位：泉州人太注重风水之说了，郭璞《葬经》，递相研习，虽再世不葬，恬然安之。什么吉穴凶穴，"但为子孙者，苟得可安之地，妥其先灵足矣。然习俗之非，自昔已然，今则愈甚"。是啊，人死了，找个地方把尸体埋了，也就完事了。倘若这死去的祖先，真有所谓神灵的话，也算得到妥当安置了。话说得自然很有道理，可在许多泉州人看来，既然墓地关系到子孙后代兴衰，那就绝对不能随便！当然，停枢不等于不葬，最终还是要下葬，只不过，倘若找不到佳穴，那就得再等待。明代，晋江秀才郭允中，父母死后，尚未找到佳穴，自己积劳成疾，不久死去。死后，家中贫困，儿子尚未长大，也未能为他寻找佳穴，尸骸也只好放在家中。后来，儿子考上秀才，往外地赚得一些钱后，马上返家，找个风水先生，相了块好地,将两代先人尸骸葬了。不过,尸骸长期停放家中,毕竟不是办法,保管不当,会招来骂名,自己也会悔恨终身。明代嘉靖年间,倭寇祸害泉州,许多家中停放着先人尸骸的泉州人,为了履行孝子职责,倭寇来临时,往往不顾家人安危,先背起尸骸出逃。

即使找了个佳穴,可是真是假,毕竟有待实践的检验。事实上,很多是伪劣假冒,葬完之后,仍有凶事发生。怎么办?那就重新再找,重新再葬。所以,历史上的泉州,又流行"二次葬"。所谓"二次葬",就是重新寻找个风水宝地,然后把祖宗遗骸从原来墓中取出,安葬到新的墓穴中。这种做法,自己疲惫不堪,官府也不提倡,甚至加以禁止,视为"开掘之罪"。清代,泉州地方官府就发布过命令,凡搞二次葬者,倘若查访属实,即以不孝论罪,王法伺候。虽然如此,千百年的习俗,积重难返,岂是一纸禁令可轻易改变?无论城乡,举行二次葬者,仍然甚众。直至近现代,仍有相当的影响。

泉州这种丧葬重风水的民俗,尤其是长期停柩不葬以及"二次葬",明清以来曾被不少人视为陋习,受到讥讽和谴责,甚至遭到官府禁止。这不无道理。上辈人的墓葬位置,会影响后裔兴旺衰微,这种说法,未免过于微妙玄奥。墓地与死者家属运气,无疑是扯不上边,而且诸多做法,耗时费财。然而这里有两点不可忽视:一是对祖先的敬畏。既然葬地事涉祖宗亡魂安宁,素有尊宗敬祖传统的泉州人,自然心中惴惴,自然要尽量找个能让祖宗安宁的风水宝地。从某种意义上说,这也是"孝"的表现。朱子"葬先涉后"论,旨意不也正在于"孝"吗?长期停柩不葬,甚至重新再葬,泉州人似乎没有内疚之感,反而很心安理得,重要缘由也正在于此。二是对来日生活的希冀。向往美好生活是人之常情。古代科学不发达,人们有迷信思想,这不可苛责。既然好的风水墓地能使一家人丁兴旺,事业更加发达,而坏的风水墓地则会导致一家人平庸愚弱,式微不振,那么,为了自己,也为子孙后代,寻找一块风水宝地,也是合乎逻辑的。尽管这可能只是幻想,然而至少求得一种心理的慰藉,这也是可以理解的。可见这种民俗的内涵,委实比较复杂。

三、喜庆讲究排场的缘由

喜庆仪礼是人生仪礼中的重要部分,历史上的泉州,人们对于这些人生大喜事,皆形成诸多仪礼习俗,在这些传统习俗中,最为突出的表现是颇为讲究排场,且延伸到丧事,引人注目,这当中同样蕴含着某些价值取向。

在传统社会中,人生最大喜事,添丁名列前茅。生育是人类自身的生产,是家庭得以延续的保证,泉州人向来甚为重视,并有诸多仪礼。婴儿出生后,要派人向产妇娘家"报生",娘家要送来鸡蛋、线面、鸡等礼品,表示庆贺,并让产妇补养身体。倘若生男孩,要马上到祖祠燃放鞭炮,甚至鸣放火铳,向祖先报喜。生女孩则缺乏如此热烈气氛,所送礼品亦有别,亲友大多仅送鸡蛋,不送线面,避免有连续生女之嫌。婴儿出生第三天,要为婴儿洗澡,俗称"洗三旦"。中午请来客"吃鸡酒"。第七天和第十四天,皆要敬祀"床母"和"七娘妈"等妇幼保护神,并宴请亲戚邻居。这期间,要备办酒、鸡、鱼、肉等,择日送到婴儿外婆家,供献外祖"公妈",俗称"报酒"。外婆要回赠婴儿衣服、鞋帽及一只活鸭。婴儿生后一个月,俗称"满月",要"请送庚",外婆家要送来婴孩衣服、被仔、背巾等,以及避邪金银饰品。是日祀神宴客,赠送邻居"龟粿粽"。宴毕,请剃发匠给婴儿剃胎发,称"剃满月头"。婴儿出生4个月,要做"四月日"。仪俗与满月大同小异。婴儿周岁,俗称"度晬",是婴儿出生后最隆重的喜庆。是日要敬神祀祖,设宴请客,并以糯米或面粉为原料制作的"度晬龟"馈送亲友,祈望婴儿能像善爬的龟,尽快开步走路,又像龟那样健康长寿。外婆家又要送衣帽鞋袜、披风、童被、布料,以及八卦项链、长命锁链、手镯脚环等金银饰品。男子十六岁,视为"成丁",要做生日,要备办三牲寿面,前往宫庙酬神,并设宴请客。外婆家依例送衣帽鞋袜、鸡蛋、寿面、公鸡等,表示祝贺。

历史上的泉州,家庭添丁后,很长一个时期,仪礼繁多,且颇为讲求排场。集中表现在宴客与送礼。孩子降生后到周岁,设宴请客,就足够厉害,令人炫目。3日、7日、14日、周月、4个月、周岁等日子,无不都是宴客理由,有钱人家都会设宴请客,普通人家也要想方设法请几次客。凡是请客,务必尽心尽力,人数务必众多,菜肴务必丰盛,场合务必热烈,左邻右舍为之震动。赴宴的亲戚朋友,亦会带来贺礼,且尽可能出手大方。不然,姑且不论请客者高兴不高兴,自己也没有面子。十六岁生日,最为隆重,宰猪杀羊,祭祀祖先,酬谢神佛,设筵请客,场面更是热烈。亲友所送贺仪,亦颇为可观。这种传统民俗,无疑是基于传统的男性偏爱。男性偏爱使家庭视无后为大患,倘若家中生个男孩,表明人丁兴旺,香火有人承接,自然是天大喜事,值得隆重庆祝,大大张扬一番。于是欢天喜地,铺张操持,敬神祀祖,大宴亲友,顺理成章,成为习俗。

泉州喜庆传统民俗,讲究排场,婚嫁更是表现突出。如果说添丁是人生名列前茅大喜,那么婚娶同样也是如此。因此,历史上的泉州,婚嫁同样很讲排场。这有史书记载为证。隆庆《泉州府志》云：婚姻很耗费钱财。万历《泉州府志》说：婚嫁崇尚奢靡。就是说，婚嫁崇尚奢华，讲究排场，结婚很会耗费钱财。这种风气，沿海地区的郡城、晋江、石狮、惠安、南安尤为厉害。婚嫁的排场，既体现于聘金、嫁妆数额不菲，且"送盘"仪式场面隆重，亦突出体现于婚宴方面。无论婚嫁、宴会皆绝不随意，往往要竭尽所能，大肆铺排，甚至不惜负债，亦要搞得颇为气派。泉州人称之为"闹热"。如何"闹热"，当然得有场面，规模愈大，自然也就愈"闹热"。因此，普通人家婚宴，最少也得几桌十几桌，大几十桌也是寻常之事。至于富贵人家，更是"闹热"，往往几十桌为起点，直至上百桌，场面极为壮观。宴席上的菜肴，同样也毫不含糊，最少也得12道，普遍16道至18道，多则24道。山珍海味，搜罗其中，焖炸煎炒，轮番搭配，吃得宾客晕头转向。当然，按照习俗，赴宴的宾客，亦都会送来贺礼，数额基本约定俗成。泉州人称之为"铺排"，给"闹热"的排场助力，增添喜庆的热烈气氛。如此相辅相成，场面自然很"闹热"。这种民俗，今日仍甚为盛行，可见其强大生命力。

泉州喜庆民俗讲排场，盖房乔迁也同样如此。姑且不论建造宫式大厝或番仔楼，普通百姓盖座房子，尤其乔迁，亦颇为讲究排场。建造新房，尤其是漂亮的大房子，乔迁新居，自然亦是人生大喜事，或许一生亦难得一回，既大大改善居住条件，更是财源茂盛的体现，自然也是值得"闹热"的理由。如此，在房屋建造过程中，从奠基、上梁，直到落成，总有多次的宴请。每次宴请，也都颇为讲究，不吝花费。尤其是乔迁之时，更是非同寻常，喜气洋洋，甚为铺张，置办鸡鸭鱼肉，祭祀列祖列宗，并广邀亲朋，山珍海味，四方罗致，济济一堂，聚吃畅饮，十分"闹热"。被邀的亲朋好友，也是热情洋溢，拿出不菲的贺礼，给予"铺排"，表示热烈祝贺。这种风俗当今尚存，只不过房子变成别墅或楼房。

泉州民间，向来重视寿庆。家中有人高寿，五十大寿，六十大寿，七十大寿，八十大寿，都是值得欢欣鼓舞的事，不仅是个人的幸运，也是家人的福气，值得高兴，自然也应该张扬张扬。于是就有了各种各样的寿庆，有为老年人所做的寿庆，也有为年轻人所做的寿庆，甚至有为小孩子所做的寿庆。凡是寿庆，同样得大肆铺张，大宴宾客。而凡是寿宴，同样得丰盛可人，杯盘碗盏，琳琅满目，鸡鸭鱼肉，无所不有，山吃海喝，热闹非凡。当事之人，频频穿梭于宴桌之间，又是劝酒，又是揖谢，喜形于色，笑容可掬。受邀之人，频频举杯，祝福之语，满堂飞扬。当然，除了言语上的祝福外，同样还会有物质的祝福,拿出相应的银钱,给予"铺排",又俗称"意思、意思"。这种风俗,今日同样仍颇为流行。

历史上的泉州,倘若有人登科中举,中了进士或举人,意味着可当官了,前途无量,不仅自己春风得意,且给家族带来无限希望,怎能不张扬一番?于是欢天喜地,备办丰盛祭物,前往祠堂祖宗灵位前,供上祭品,燃放鞭炮,甚至鸣放"乡铳",向祖宗报喜,表达感恩之意,也借此显摆显摆。然后,又是丰盛的宴席,杯盘碗盏,斛筹交错,煞是"闹热"。热烈庆贺之后,还得在宗祠大门外立起两根高高的石龙旗,作为家族旌表,显示家族的荣耀,忙得不亦乐乎。或者弄了个像模像样的官,大肆铺张,争奢斗侈,那就更不难理解了。虽然这样的好事,毕竟只是极少数人家有幸获得,一般的百姓之家,机会是少之又少。

历史上的泉州,喜庆讲排场,丧事亦讲排场,且由来已久,各种旧方志,皆有这样的记载。乾隆《泉州府志》引宋《图经》说泉州:丧葬以俭薄为耻辱。道光《福建通志》引《嘉定条例》称泉州:民间有丧事,富有之家侈费而违礼,贫穷之户火化而伤恩。万历《泉州府志》称泉州:守孝祭奠,广泛罗致亲戚宾朋。乾隆《晋江县志·风俗》载晋江:守孝祭奠,罗列器皿,亲戚宾朋,大吃祭肉,大肆喝酒,并不忌讳是否撑得太饱,是否喝醉。即使乡村贫穷之家,亦将丧事视为大事,以不能广泛罗致亲朋好友为羞。可见至少在一千多年前的宋代,泉州丧葬风俗已颇为铺张。而此风绵延千年,竟然也没有多少变化。

泉州人丧事讲究排场,贯穿于整个治丧全过程。死者从气绝到埋葬,中间有诸多仪礼,皆有不少花费。尽管仪式繁简和费用丰俭,并无严格的统一规定,既因经济情况不同可有较大差异,亦因死者身份不同可有所不同。不过无论贫穷富有,无论贵贱尊卑,始终还是离不开俭薄为耻这个基本点。于是,就有许多铺张现象。如尸体收敛后,长期不下葬,除了寻找风水墓地因素外,讲究排场亦是重要原因。因为即使已有风水墓地,亦不可立即下葬,必须经过停柩,大肆铺张一番。要是不经停柩,尽速安葬,就会被视为草草应付,视为大不孝。如此,收殓后停柩,最少也得三天,多则数月甚至数年。此风绵延千年,直到中华人民共和国成立后,才基本消灭。不过,暂停数日者尚不乏其人。停柩期间,亲朋好友吊唁,络绎不绝,又吃又喝,钱财花费,自然不言而喻。停柩期间,要为死者设神坛,请僧尼、道士做功德,为亡灵超度,又是不菲的开销。做功德须糊纸厝,大多仿照宫式大厝,亦有仿照各式楼房,外表无不极尽华丽,金碧辉煌,内中各种设施俱全。这祭物虽是纸扎的,往往价值千金。又大烧冥币,并请来戏班为亡灵唱戏。做功德期间,人来人往,吃喝及其他各种费用,着实不少。诚如府志所言:泉州民间办理丧事,大多得请来僧人道士,鼓乐之声与哭泣之声,交织一起,大有一争高低之架势,而所焚烧的纸钱,数量更是惊人。出葬之时,亦是非常讲排场,仪式隆重而热闹。除了死者棺木衣衾应是最好的,送葬队伍越大越好之外,往往还得雇来鼓吹队,锣鼓唢呐,交错鼓吹;雇来弦管乐队,扛着乐器,奏起民乐;雇来化装表演队,夹在出葬行列中,边歌边舞。这些乐队与表演队,往往不只一队,大多有数队,甚至数十队。葬毕,照例又要大摆酒席,又是大规模聚吃。服丧期间,诸多祭奠,尤其是"做对年"和"做三年",同样颇为讲究捧场,祭品丰盛,场面隆重,煞是"闹热"。清末绅士辜沧芷之母的葬礼,民国军阀高义之母的葬礼,泉苑茶庄老板张伟人的葬礼,奢华的场面,非同一般,轰动一时,至今尤为人们津津乐道。

家中有人去世,本是伤心之事,至少不是值得庆贺的喜事,可是泉州人却丧事喜办,把丧事办得像喜事一样,热闹非凡。这在许多人看来,有点令人费解,甚至会严厉指责。可是泉州人自有自己的见解,俗称丧事为"白喜"。在泉州人看来,人死了,灵魂升天了,人世间各种烦恼也就不存在了,各种痛苦也就得以消除了,从此脱离了无边的苦海,如此不也是一种值得高兴的事情吗?而且先辈的在天之灵,也会保佑阳间的孝子贤孙,使之得以幸福安康,兴旺发达。既然白喜也是喜,把它办得热热闹闹,也就没什么奇怪了。

泉州喜庆讲排场的民俗,无疑是存在着很大问题,尤其是耗费大量人力物力,成为普通百姓的沉重负担,并受到不少尖锐的抨击。这不无道理,然而这种讲排场的风气,无疑与泉州人的价值观有很大关系。什么价值观?不甘落于人后!正如明代王应山的《闽大记》所说:"泉州人尚气好胜。"换言之,很有种爱赢的精神,凡事不甘落人之后。泉州有句很流行的俗语,"输人不输阵",正是这价值观生动的概括。人家大肆铺张,自己寒酸冷清,这在泉州人看来,是很没面子的事情。里子固然重要,面子比里子更重要,树活一张皮,人活一张脸。如此,也就顺理成章了。

第八章　泉州特色的文学艺术

泉州文学和民间艺术文化,亦是泉州文化的重要组成部分,内容同样丰富多彩,同样富有地方特色,无论文学或戏曲,或者各种工艺美术,皆是如此。诸多鲜明的特征,蕴含着泉州人突出的价值取向与思想观念。

第一节　泉州文学的实与虚

泉州文学形式多样,诗文、民间故事、民间歌谣等,数量繁多,个性亦颇为鲜明,题材具有浓厚的地方特色,与泉州社会生活联系紧密,内容创作带有突出的务实理念,极为重视作品对于社会大众的情操陶冶与精神导引。

一、务实意念下的诗文

在泉州文学作品中,诗文,尤其是诗歌,占有极为重要分量。历史上的泉州,文人学者崇尚实学,反映在诗文方面,数量繁多的诗文,贴近社会现实生活,其中许多作品得到过高度的评价。

我们所说的诗文,是诗歌和散文的合称。诗、词、辞、赋以及叙事与抒情的文章,皆可称为诗文。历史上泉州的文人学者,深受泉州文化务实精神影响,读书治学崇尚实学,重视经世致用,至于文学性则并不是特别看重。清代泉州翰林陈科捷有两段话,讲得颇为到位。他在《陈紫峰先生文集序》中说:"吾泉务实学,自欧阳四门以后,至宋为朱子过化之地,渊源所渐,骎骎与伊洛比盛。"他在《增刻吾野诗序》又说:"吾泉先辈敦尚实学,不大以风雅著声。"这两段话说明从唐代开始,泉州文人学者,同样形成"务实学"传统,如此,诗文成就并不是很耀眼。乾隆《泉州府志·风俗》则称:自宋代至明代,泉州"士以理学经济为务,耻为诗赋文词之习",所以直到清朝,"经学之儒,彬彬辈出"。至于文学,没有言明。言外之意,亦可窥见。它告诉人们,历代泉州文人,尤其是宋代以来文人,大多崇尚实学。何为实学?理学经济!说白了,就是修身齐家治国的四书五经,而绝非文学。诗赋词曲,在很多文人学者看来,属于虚学,华而不实,并不是很看重,甚至把吟诗作赋视为耻事。因此,都不大热衷,只是利用"余事"进行。所以,经学方面,人物辈出,文学方面,鲜有名家。历代泉州最有影响的文人,宋代曾公亮、吕惠卿、吕夏卿、梁克家、李迅,明代蔡清、陈琛、张岳、李贽、李光缙、何乔远,清代李光地、陈万策、黄虞稷、丁拱辰等,著述成就主要在经学、史学、医学、军事科学,而不在文学。

可是诗文毕竟是表达思想感情的重要手段,而且从唐代开始,诗赋成为科举考试内容,且沿袭至清末科举制废除。读书人要在仕途上有所作为,不能不耗费时间学习撰写诗赋,而诗赋亦是学校教学的重要内容。宋代,泉州就有"民向学,喜讲诵,好为文辞"风气。明代,更出现"家诗书而户弦诵"景象。这里所说的"文辞""诗书",当然也包含文学。虽然许多人是用"余事"进行,然而从创作实际情况看,还是颇为投入的,也下了不少苦功。因此,作品也不在少数。唐代至清代,泉州载籍3000多部著作,诗集或以诗为主的诗文集,至少占了2000部以上。而且当中亦有许多佳作。诸如,宋代的蔡确,被称为泉州才子,所作《夏日登车盖亭》诗,收入《千家诗》,得到甚高评价。宋代林外的《题临安邸》,成为千古名篇。元代,蒲寿晟是颇有成就的回族诗人,释大圭是著名的和尚诗人,卢琦的诗在诗坛占有一席之地。明代,布衣诗人黄吾野,才气横溢,诗作3000多首,是与李攀龙、谢榛、王元美、沈加则齐名的诗人。清代的丁炜,诗作数千篇,风格豪放,婉约兼容,著名诗人王士禛将其与宋荦、王叉旦等列为"金台十子"。所以,乾隆《泉州府志·风俗》又有段颇为豪迈语言:有人曾讥讽闽人,"韵学未工",不懂音韵,不会作诗,可是唐代以来,泉州以诗闻名者,数不胜数,就是吴楚这些出过很多名诗人的地方,亦未必能超过,笋水扬波,朋山绚彩,灵气钟情。客观而论,这段话说得颇有根据,并非自吹自擂。

然而,由于深受"务实学"观念影响,唐代以来泉州的文人学者,诗文创作的动机与目的,固然不乏自娱身心,毕竟不是主要方面,居于科举的现实需要,表达对社会现实的见解,始终占据着主导地位。因此,洋洋大观的诗文作品,从题材到内容乃至风格,无不带有鲜明的"实学"色彩,突出表现在以下几个方面。

崇尚朴实文风。历史上泉州的文人学者,向来反对浮靡文风,崇尚质朴文风。唐代欧阳詹,被称为泉州"文祖",开此风气之先,亦为后世泉州文人树立了榜样。自此而后,历代泉州文人,相延成习,并涌现出几位因引领文风潮流而受到高度赞誉的人物,亦提高了泉州文人在文坛上的知名度。晋江人陈从易,北宋初年进士,官至湖南转运使,精通诗赋,才思敏捷,真宗召对崇和殿,命即席赋瑞雪歌,他"援笔立就,真宗称善"。陈从易在文坛上的最大贡献,是在诗歌风格方面与杨大雅共同开创的"陈杨体"。按《宋史·陈从易传》载,真宗景德年间,辞采华丽的"西昆体"诗风盛行,文人吟诗作词,多以辞藻雕靡为能事。陈从易对这种浮华诗风很不以为然,大量作品始终坚持质朴文风,并与同任知制诰的杨大雅,共同奋力反对文坛上雕靡相尚风气,竭力倡导纯朴简约诗风,对矫正当时文风之弊,起了不小作用,被称为"陈杨体"。宰相王钦若甚为敬佩,欧阳修亦有很高评价。继陈从易之后,惠安进士郑褒在反对骈俪文体流弊方面亦颇有建树。齐梁以来骈俪文体的浮靡流弊,唐代韩愈和柳宗元等文学大家曾大力倡导古文运动,竭力反对。北宋初期,骈俪文体流弊依然严重,形式主义盛行,内容空泛肤浅。郑褒与著名文学家王禹偁继续坚持反对这种浮靡文风,得到著名文人张景极力推崇,蔡襄则称郑褒是欧阳詹后闽中文章写得最好的人。明代晋江人王慎中,嘉靖年间进士,官至河南参政。文坛上的最大影响,在于开明代中叶反复古主义先河。明初诗文,大多歌舞升平,先有杨士奇、杨荣等为代表的"台阁体",继之又有李东阳为代表的"茶陵诗派"。明代中叶,先有李梦阳为代表的"前七子",继之又有李攀龙为代表的"后七子",提出"文必秦汉,诗必盛唐"口号,反对"台阁体"的形式主义,形成声势浩大的复古主义运动,但又走上纯粹复古主义歧途,给文学带来新的重大危机。按《明史·王慎中传》载,面对文坛汹涌的复古主义浪潮,王慎中最先站出来反对,并与唐顺之、李开先等名士相互切磋,名噪一时,被誉为"嘉靖八才子",王慎中居其首,声名远播。

第二,贴近现实生活。历史上泉州的文人学者,基于"文以载道,言为心声"理念,诗文作品题材贴近生活,关注社会现实。抨击政治腐败,针砭社会黑暗,最为突出。宋代的林外,元代的卢琦、蒲寿晟、释大圭,清代的吴鲁,可谓典型。南宋晋江人林外,绍兴年间进士,官仅至县令,诗词却享有盛誉,正在于痛击时弊。千古名篇《题临安邸》,正是其典型代表作:"山外青山楼外楼,西湖歌舞几时休。暖风熏得游人醉,直把杭州作汴州!"这首诗,笔锋直刺偏安一隅的赵家小王朝,道出了郁结在心头的悲愤,同时警告赵家君臣:不能再骄奢淫、逸醉生梦死了,汴京沦陷之前,也是如此啊!元代惠安人卢琦,既是个良吏,诗歌亦很有造诣,故与陈旅、林以顺、林泉生被称为元末闽中四大名士,所著诗集《圭峰集》,后收入《四库全书》。揭露社会黑暗,鞭挞政治腐朽,抨击贪官悍吏,是卢琦诗歌的精华,因而受到推崇。晋江人蒲寿晟,所著《心泉学诗稿》,诗近三百首,主题都是反映社会现实,后收入《四库全书》,同样得到甚高评价。释大圭,俗姓廖,号梦观,晋江人,元代著名的和尚诗人。释大圭虽然为僧,但关心社会,这在所著《梦观集》中得到充分体现。该集中的诗歌,有很多政治时事诗,大都写于泉州"亦思巴奚兵乱"前后,深刻地反映了元末泉州统治阶级的腐败,社会矛盾的尖锐。《梦观集》亦收入《四库全书》,诗歌的风格,诚如《四库全书总目提要》所称:"气骨磊落,无元代纤秾之习。"吴鲁,晋江人,光绪年间状元,官至吉林提学使,善写诗,"主为时而作",代表作是《百哀诗》。光绪二十六年(1900年),八国联军攻掠京津,西太后挟清帝西逃,吴鲁被困于都城,置生死于度外,奔波于抗击侵略者的烽火中。但是清廷已腐败透顶,他不可能挽回丧权辱国的败局。于是以所亲历的庚子时事入诗,写出了《百哀诗》,以诗纪史,寄情抒愤。《百哀诗》共155首,主要内容是揭示义和团运动的本质原因,揭露清廷腐败无能,揭露八国联军暴行。近代诗歌史上,取材义和团运动和八国联军攻占北京的诗为数不多,成为专辑的仅有《百哀诗》。诗人以诗笔当史笔,形象地再现了这个重大历史事件,使《百哀诗》成为"警世之铎",具有鲜明的现实主义精神,被誉为"清末之史诗"。清末南安人吴增,登进士榜后官至内阁中书,目睹朝政腐败,辞官还乡。教学之余,吟诗撰文,著述不少,最为著名者是《泉俗激刺篇》,主要揭露社会黑暗和各种恶风陋习。

第三,同情百姓苦难。唐代以来,泉州文人创作的大量诗文,同情百姓苦难,反对暴政,主张仁政,亦是突出内容。在欧阳詹的诗文中,希望国家统一安定,使百姓能够安居乐业,占有相当的分量,所作《赠山南严兵马使》《许州送张中丞出临颍镇》《塞上行》等,既对百姓疾苦深表同情,同时颂扬平息战乱的良将。唐代王毂的《玉树曲》《苦热行》诗,讽刺统治阶级骄奢淫逸、歌舞升平的同时,还对百姓的苦难深表同情。唐代颜仁郁的《朱门》《客路》《城市》《贫女》《负薪》等诗,忧国忧民,反映出对清明政治的热切向往。元代的蒲寿晟、释大圭、卢琦,这几位元代泉州最有影响的诗文著述者,就其诗文内容与成就看,最主要也正是突出地表现了对百姓所受苦难的深切同情。卢琦的五言古诗《忧村氓》,被认为是元代反映百姓心声的最具代表性的诗,所作的《有事过居庸关》《惠安道中》《汀州道中》《中元回家感怀》《洗兵马》《昼梦》等诗,也都是抒写残酷战争带给人民深重灾难,反映人民愿望和呼声的时代悲歌。蒲寿宬的《种麦》《郊行有感》诗,以白描手法,展现宋末元初动荡之际泉州农村萧条荒芜景象,对惨遭战乱的农民寄以同情。释大圭的《梦观集》,大都写于元末泉州"亦思巴妥兵乱"前后,诗僧同情纷至沓来的天灾人祸带给人民的苦难,希望百姓过上安居乐业生活,在《苦旱》《南国》《吾郡》《筑城曲》《僧兵叹》《僧兵守城行》等诗中,得到充分体现。明代晋江人黄克缵,万历年间进士,曾5次出任尚书,人称"黄五部",关心民间疾苦,亦是其诗文重要特色。布衣诗人黄吾野,诗作涵盖各种体裁,内容广泛,游粤东时,眼见百姓流离失所,田园荒芜的凄凉景象,所写的《惠阳伤乱》,抒发出黯然神伤的感情。清代吴鲁的《百哀诗》,同样对人民的苦难寄予深切同情。

第四,颂扬诚实美德。提倡诚实正直,讴歌美好品德,亦是泉州历代诗文中的重要内容。在唐代欧阳詹的不少作品中,反复阐述修身利人的主张,提倡为人应正直诚实。唐代陈黯的《诰凤》以扬雄为例,说明为人臣者应正直,面对昏君,不可贪图官位俸禄而附和,甚至助纣为虐。他的《辨谋》则指出,人都有思谋,关键是不应为一己之私而谋,而应为天下百姓而谋。唐代欧阳秬《移陆司勋沔书》,通过对陆沔假归隐的讽刺,说明为人应诚实正派,不趋炎附势,不贪图官位俸禄。唐代王毂的《鸿门宴》《燕》《牡丹》,亦都表达了同样的见解。五代黄禹锡的《剑律怀古》,以剑明志,寒光闪烁,放射着凛然正气。北宋晋江人曾诞,举进士后在地方为官。哲宗皇帝浑浑噩噩,远忠臣近小人,朝政荒废,随意废皇后立新宠。曾诞曾三次寄书给在朝廷当谏官的好友邹浩,要他担当起谏官职责,劝告哲宗勤朝政亲正人,修德启天。邹浩开始犹豫不决,后虽欲正言直谏,无奈已失去机会,被弹劾削官。曾诞写了声动朝野的《玉山主人对客问》,用颇为尖刻的语言,论述邹浩"罪"由己咎。表面上看,这真不具朋友情谊,实际上用心良苦,体现了一种"真常"之道。明代惠安人李恺,嘉靖年间举进士后,官至湖广按察副使,后见朝政日非,邪佞当道,辞官归里,所著《介山诗文集》,有斥责官场贪污成风的腐败风气,有赞扬刚正不阿的官吏,得到同时代的高度评价。布衣诗人黄吾野,极为崇敬俞大猷的品德,俞大猷病逝,诗人非常悲痛,写了这样的挽诗:"大星落东海,涕泣满城哀。百战功徒在,千秋梦不回。云销天地气,世绝古今才。寂寞廉颇馆,空余吊客来。"

第五,抒发报国情怀。在泉州历代诗文中,作者或托物言志,或借题发挥,抒发理想抱负,希冀匡世济民,也是要表达的重要内容。欧阳詹在未登第前及登第后未授官前,都有作品表达怀才不遇之感,称自己"志在周孔堂,道适尧舜门",希望能"伫致如尧君",舒展才能,为国效力。所作《除夜长安客舍》,最有代表性。唐代的欧阳澥,所作《咏燕献主诗》及其他大量诗歌,大多是感叹怀才不遇,未能遇到伯乐。五代黄讷裕的《起行》《闽越王台》,追慕先王之心跃然纸上。北宋南安人刘昌言,被宋太宗称为"东南一奇士",所作《上吕蒙正诗》中,有世所传诵的佳句:"一举首登龙虎榜,十年身到凤凰池。"实际上,亦是理想抱负的折射。北宋晋江人蔡确,举进士后官至宰相,诗歌才能无愧于北宋泉州才子称号。据《泉州府志·拾遗》载,蔡确少年时诗文就写得甚漂亮,曾在一座寺里读书,时间长了,僧人厌烦,书房前恰好有些竹子,蔡确就在书房壁上题了首七绝,表明不凡的抱负,寄居此地是暂时的,将来必定有出人头地之日。诗云:"窗前翠竹两三竿,潇洒风吹满院寒。常在眼前君莫厌,化成龙去见应难。"明代抗倭名将俞大猷,既是武将,又能文善诗,所作诗词,豪迈雄伟,充满报国情怀。在所著《正气堂余集》中,收录诗作60首,当中的《饮马长城窟》,可见少年时即抱负大志:"臣十有五着青衿,十年稽古志何深。"明代惠安人康朗,嘉靖年间举进士后,官至贵阳巡抚,少时曾结庐于惠安大东山攻读,书写了三副对联,一曰:户外舞云烟,咫尺天衢万里;山中飞红紫,分明春色一家。二曰:破屋无遮头,时见风云际会;家贫虽彻骨,亦有经史良图。三曰:懒筑垣墙,恐天地笑人迂拘;大开门户,放山川入我胸怀。其不凡抱负,可略见一斑。清代晋江人施士洁,光绪初年进士,官至内阁中书,后辞官归家,时值唐景崧巡抚台湾,受聘到海东书院任山长。甲午战争爆发后,在台湾积极参加抗日。《马关条约》签订后,诗人无比痛恨,"誓不做日本国子民",写了《别台作》,挈家眷回到晋江,并疾呼:"尚方愿赐微臣剑,先斩和戎老桧头。"爱国报国情怀,跃然纸上。

二、民间故事的假与真

泉州民间故事,具有浓郁地方色彩,是泉州文学重要组成部分,它固然不乏虚幻色彩,内容有不同程度的夸张甚至虚构。然而它既是从生活本身出发,真实反映了泉州的社会生活图景,亦是着眼于现实生活,真实地传达出泉州民众的思想观念和价值准则。

泉州民间故事俗称"讲古",是泉州人创作并传播的口头文学作品,题材广泛,数量繁多,形式生动活泼,内容丰富多彩,具有浓烈乡土气息。这些民间故事,大体可分六种:一是历史人物故事。主要讲述泉州历史上著名人物,诸如梁克家、李廷机、张瑞图、俞大猷、秦钟震、郑成功、施琅、万正色、洪承畴、黄宗汉等人的故事。二是历史事件故事。主要讲述泉州历史上重大事件,诸如东西塔和洛阳桥建造的故事,倭寇侵扰、东西佛、御前清曲南音等故事。三是民间风俗和某些俗语形成的故事。诸如泉州端午节、七夕、普度、中秋节等风俗由来故事,以及民间流行的"胡哥柳嫂""七十三、八十四""猪仔打死才讲价"等俗语形成的故事。四是文人轶事和趣事。诸如"蔡六舍""阿代舍""端老伯""憨灶舍"等人物故事。五是名胜古迹和地名故事。诸如开元寺、清源山蜕岩、济东巷、台魁巷、买路头、狗屎埔、关刀埕、海青亭等故事。六是仙道鬼神和风水迷信故事。主要讲述泉州某些宫庙菩萨与传闻中的鬼怪和风水等方面故事,诸如"郭圣王""苏夫人姑""清水祖师""江夏侯"等故事。各种民间故事,描述简朴,情节感人,语言生动活泼,深为泉州百姓喜欢,口口相传,经久不衰。

泉州民间故事,大多采用象征形式,内容往往包含着超自然的异想天开成分,且大多情节夸张,充满幻想。然而作为民间文学的一部分,它不仅仅是种口头文学,更是一种重要的文化载体,是泉州文化的思想结晶和独特载体。这些民间故事,通过生动的叙事,具体的形象,独特而灵活的语言,真实地反映了泉州民众的思想感情和社会生活图景,呈现出特定历史时期泉州社会生活和经济发展状况,传达了泉州民众的思想观念和道德准则,体现了底层民众的生活世界,显示出其独特的自然观、人生观、价值观和世界观。特别重要的是,泉州民间故事以泉州民众的独特想象,巧妙地传达着泉州文化多种优秀的人文精神,诸如拼搏进取、义利和谐、重情重义、乐善好施、孝悌忠诚、尊宗敬祖等。具体内涵突出表现在以下四个方面:

第一,宣扬拼搏进取的价值取向。泉州人敢于冒险爱拼敢赢的进取精神,在泉州民间故事的文学想象中得到了丰富表现。诸如,《靠自己建大厝》,讲述赵氏夫妻靠辛苦开荒挖乌金转换成银子,最终建起了大厝。《瓮仔周巧雕转头狮》,讲述石狮学徒瓮仔周,敢于想象打破传统,努力创新,开创南派石狮独特雕刻技艺,获得成功。《黄吾野画麻雀》,讲述黄吾野出身贫寒,无钱买纸笔,依靠树枝砖头火炭画画,终于成才。《姑嫂塔》,讲述阿兄出洋谋生,返回时遭遇风浪,船沉海中,望眼欲穿的姑嫂因此化身为塔。《田螺肉碗糕》,讲述学徒陈阿福跨海到台湾谋生,学会田螺肉碗糕制作技艺,终于致富。《圆人会扁,扁人会圆》,讲述一位孤儿随堂叔冒险出洋谋生,奋斗不懈终成富翁。而另一位富翁不想进取,坐吃山空,最终沦为破落户,对比鲜明，寓意深长。《穷无穷种，富无富栽》，讲述吴润泽原来无所作为，导致家庭贫穷，后来努力拼搏，终于成为富翁。这些故事，都非常生动地诠释了泉州人为了更好生存，敢于冒险，努力打拼，开拓进取，不怕失败的精神追求，并对那些不思进取碌碌无为的现象，进行了警示和谴责。因此，"圆人会扁，扁人会圆""穷无穷种，富无富栽"等，就成为泉州到处流传的俗语。从上述故事可以看到，这种精神追求或表现为筚路蓝缕辛勤劳动的志气，或表现为勤学苦练勇于创新的毅力，或表现为不顾危险出洋谋生的勇气，或表现为远涉重洋苦学本领的坚韧，或表现为夹缝求生永不放弃的执着。这些故事不仅把泉州文化敢拼爱赢的内涵演绎得非常丰富和具体，而且也非常鲜明地彰显了泉州人追求进取的优秀特质。

第二，宣扬孝悌忠诚的生命追求。孝悌忠诚的行为品格，是中华民族几千年来大力倡导赞颂的优秀美德，思想内涵博大精深，诸如孝敬父母、和睦邻里、尊师重道、官民和睦等。泉州大量的民间故事，亦对这种传统美德有很丰富的演绎。诸如，《广泽尊王的故事》，讲述牧童郭忠福至孝，卖身葬父，侍奉亲娘。《有孝感动天，不孝遭雷打》，讲述大儿媳妇李氏不计嫌仇，不辞辛苦，侍候婆婆。《三家福》，讲述暗中互相帮衬支持的三家邻居的故事。《好兄弟》，讲述一对渔民兄弟，一个为救弟弟遇难，一个替哥哥尽孝。《兰竹荔枝》，讲述林大田夫妇，宁愿自己饿肚子，亦坚持资助老人。《蔡端蔡端，本府做官》，讲述泉州知府蔡襄，不辞辛苦为百姓建造洛阳桥。《国姓鞋》，讲述乡民历尽艰难为被清军围困的郑成功部队送粮，郑成功同样历尽艰难给运粮乡民送"国姓鞋"。像这样的故事，尚有《鬼报恩》《情义值千金》《瓮仔周得月华》《计牵姻缘》《李九我定席位》《孝感动天话朱鉴》等。可以说，这类故事在泉州民间故事中占绝大多数，无不都以美好的想象和动人的演绎，执着地倡导勤劳、善良、感恩、孝顺、忠诚、和睦的传统美德。为了强调和维护这种坚守，泉州民间故事也对不恪守孝道且行为恶劣的人物，进行了严厉的指责和惩罚。诸如，《有孝感动天，不孝遭雷打》，那个虐待婆婆的二儿媳妇张氏，最后让雷给劈死了。《不孝笋的故事》，山神也让竹笋变样，来惩罚不孝顺母亲的儿子和媳妇。

第三，宣扬乐善好施的人生态度。乐善好施，自古以来是泉州突出的优秀文化品格，亦是最能体现泉州人重情重义的人生态度的重要方面。按乾隆《泉州府志·风俗》载："习俗好义，凡郡中兴建大事及寻常施舍，虽家非素封亦耻居人后。"因此，乐善好施的精神追求，亦是泉州民间故事中表现得最生动感人的内容。诸如,《好善乐施刘君辅》,讲述元代石狮人刘君辅,热心社会公益事业,慷慨解囊,修建村中祠堂宫庙私塾,教导族人乡亲子弟读书。《李清泉造鹭江道》,讲述商人李清泉,慷慨捐资,兴建鹭江大堤。《李五的传说》,讲述富商李五乐于帮助困难民众,慷慨派发银元给村里民众,救济青黄不接。《金顶针》,讲述生根热情资助在南洋漂泊的同乡人阿奇,使之能回乡与亲人团聚。《三蛇酒》,讲述财主小姐救助落难的林明,自己却沦为乞丐。《新婚桌"抢吃"的来历》,讲述好心人连桂,长期资助落难书生,促其考上进士。《计牵姻缘》,讲述侠士陈振赐,设计帮助贫穷人家孩子林彬娶妻。此外,前面所说的《田螺肉碗糕》《情义值千金》,以及《兰竹荔枝》《好兄弟》《三家福》《义婢》等故事,其中热心助人的主人公,也都从不同的角度,生动形象地演绎了泉州民众乐善好施的文化精神。在这些故事中,不管是热心奉献的海外侨胞,抑或是默默互助的渔民兄弟,还是慷慨解囊的邻里乡亲,许多情节感人至深,让人们对乐善不倦的主人公油然而生敬意,并深刻感受到泉州人急公尚义、重情重义的人生态度和生命追求。

第四,宣扬海外侨胞热爱桑梓的故土情结。泉州是著名侨乡,历史上有许多人前往世界各地,尤其是东南亚各国谋生,这些漂洋过海的泉州人,身处异国他乡,怀乡念祖感情始终非常浓厚。这种尊宗敬祖的乡恋情结,泉州民间故事亦有很丰富的表现。诸如,《思乡曲》,讲述在吕宋艰难创业的林仁和林义兄弟,偶然中被熟悉的南曲勾起思乡之情,决定回乡与家人团聚。《补伯不爱闹热》,讲述在海外闯荡半辈子的补伯,好不容易回到家乡,再也难离故土,即使苏洛国王要求结伴上京,也婉言谢绝。《香火袋的传说》,讲述在海外开饭店的阿贤,收到妻子寄来内装故乡泥土的香火袋,幡然醒悟,想起唐山老家,改掉赌博恶习,努力攒钱,衣锦还乡。此外,《三保龙洞》《金顶针》《李清泉造鹭江道》《黄奕住建设厦门市》等,亦是这类故事的代表。这些民间故事,都传达出海外侨胞炽热而动人的怀乡念祖感情。这当中,不少故事还生动地表现出为家乡建设慷慨解囊,尽心尽力的慈善家形象,如李清泉和黄奕住等。这些侨胞对泉州故土有着深厚感情,尽管少小离家,长期在海外拼搏创业,然而始终挂念家乡建设,大力资助家乡救灾扶贫,建桥修路,兴学助医,以及其他各种社会公益事业,反映出爱乡爱民的赤诚之心。此外,诸如《妈祖的传说》《泉州文庙孔子像》《清水岩》等故事,都传达出了海外侨胞对泉州妈祖信仰、孔子信仰、清水祖师信仰等民间信仰的认同。这些民间故事所揭示的海外侨胞尊宗敬祖情结,对于弘扬海外侨胞的爱国爱乡精神,强化海外泉州人与家乡父老乡亲的情感交流,密切他们与故土家园的血肉联系,都具有十分重要的意义。

泉州民间故事积淀的丰富文化内涵,因为其丰富的艺术想象,生动感人的人物形象,扣人心弦的故事情节,独特有序的叙事模式,巧妙地传达着泉州人优秀的人文精神,传达着中华民族的传统美德。它不仅通过潜移默化的熏陶,提高了泉州民众的道德修养,而且对于当代泉州和谐社会的建设,亦有独特的价值和意义。

三、歌谣童谣的虚与实

泉州传统歌谣,亦是泉州民间文学重要的组成部分,种类同样繁多,内容同样丰富多彩,且乡土韵味浓郁。就表象而言,同样有不少夸张,甚至虚构色彩,然而立足点同样亦是现实,同样蕴含着泉州人关于现实社会人生的诸多价值观念。

泉州传统歌谣是闽南语的韵文作品,是以泉州方言为载体的民间文学。它是以口头方式创作和传播的,具有明显的泉州族群地域特征。这些民间歌谣,种类繁多,从内容出发,结合某些特殊功能,大体可分六种类别:一是儿童歌谣,主要是帮助儿童学习语言、认识社会、认识生活。二是生活歌谣,主要反映生活的酸甜苦辣。三是劳作歌谣,主要反映劳动的艰辛。四是婚嫁歌谣,主要反映婚嫁民俗风情。五是爱情歌谣,主要表达对爱情的追求。六是历史传说歌谣,主要是历史传说故事演绎。各种歌谣,大多易记易传,能诵能唱,和谐悦耳,富有艺术魅力,深受泉州人喜爱,久唱不衰,且随着历史上泉州人的足迹传播到台湾和东南亚各地。

泉州数量繁多的传统歌谣,作为民间集体创作的口头文学,正如民间故事那样,往往有着较为夸张的色彩,甚至带有某些虚拟成分。然而这些歌谣既是泉州民众传情表意和沟通感情的重要媒介,是民众调剂生活和自娱自乐的重要载体,而且它同样是以现实为着眼点,真实地反映出泉州民众的社会生活图景和思想感情。它记录了泉州的历史变迁,描绘了泉州风俗民情和社会情形,使人们可以从中了解泉州历史文化面貌,尤其是民俗风情。更为重要的是,它也是泉州人的审美意识和人格精神的某种昭示,通过歌谣传播道德规范,认识美丑。其具体内涵表现为如下几个方面。

第一,倡导穷则思变。穷则思变是中华民族的传统美德,亦是泉州文化向来提倡的品格。这种品格在泉州民谣中得到了非常突出的体现。《有钱无钱两重天》讲有钱人与无钱人,过的是两种截然不同的生活。《长工歌》讲家庭穷困,主人公只好做长工,替人做牛做马,受苦受难。《作田人真穷苦》讲种田人又穷又苦,吃不好穿不好,整天劳作,多数还欠租负债。《种田汉》讲庄稼汉辛勤劳作终年,仍无法维持生计,油盐柴米都艰难。《做生理　想趁钱》,讲趁钱不容易,挣不到钱难过年。《君子落泊是暂时》讲不能因穷困潦倒就丧失生活信心,有志气的人困境是暂时的,最终发迹也未迟。《讨海人真艰苦》《打石歌》《望卜好日后》,表达劳动辛苦的同时,亦企盼通过努力改变命运,过上好日子。《走船走马命》表述行船艰苦,遇上大风大浪更是随时有翻船的可能,犹如骑马,随时可能丧命。可是不能屈从命运,为了改变贫困处境,豁出性命也得拼。《新草鞋红织带》《过番歌》表达贫困农民为生活所迫,背井离乡,漂洋过海,前往南洋拼搏。《勤俭乾埔有通侢》讲勤俭男人能存钱。《会持家　凸凸富》讲既要勤劳,又懂得节俭,善于持家,家庭就会逐渐富裕,甚至建造大屋。《伶俐姿娘》歌颂好妻子在家操持家务,勤劳又节俭,把家安排得井井有条。《滥懒查某无人持》讲懒惰姑娘难出嫁。

　　第二,倡导家庭和睦。在传统社会中,家庭作为生产生活的基本单位及传宗接代的功能,因而使家庭稳定成为社会重要问题。稳定家庭,夫妻关系是重点。泉州社会向来高度重视,这种重视也突出体现于歌谣。《新妇谣》表现为人媳妇善于料理家务,烧水煮饭,内外洒扫,纺织缝补,侍候公婆,受人夸赞:"挑水做饭扫厅房,侍候两大人。布会织,衣会缝,上山种菜又捉虫,人人夸我会做人。操持家务,侍候公婆,里里外外,人人夸我会做人。"《好兄嫂》亦是赞扬贤惠妇女:"我家长幼亲情好,全靠我大嫂。脾气好,人缘好,疼小姑,敬二老,一家人,乐陶陶,邻里都把拇指翘。"基于妇女对家庭稳定的重要意义,择偶成为高度关注的问题。《番薯开花像喇叭》表现择偶是终身大事,必须谨慎,"要趁年轻多打拼,讨个贤妻才好命。若是粗心必有失,摊上恶妻不踏实。婚后三天两头回,夫妻生活不甜蜜"。《嫁翁歌》表现女子择夫同样得慎重,嫁个好丈夫,生活幸福;嫁错了人,毕生受苦。《好花栽在楼顶边》表现娶到好媳妇的愉悦:"一株好花楼上长,大人小孩把花赏。好男娶到好媳妇,叫起娘来声声甜。一株好花在北窗,风雨摧打花未央。好男娶到好媳妇,捧一碗来碗碗香。"《光棍谣》表现无法成家的苦楚:"后生未娶妻,年老无妻孥。无妻真是苦,出入形影孤。破衫无人补,冷粥难下肚。彻夜弄床铺,有病无人顾。"《冬至谣》表现冬至户户搓丸对家庭的意义:"孝敬灶井和祖先,保佑公婆活百年难遇。保佑夫婿多赚钱,保佑子女好延绵,保佑一家老小有财源。"《四节回家谣》反映外出谋生者,清明、中元、冬至、除夕都要回家。

第三,歌颂美好爱情。爱情歌谣,亦是泉州歌谣的重要组成部分。在传统社会中,婚姻由父母包办,社会并不提倡婚姻自由,然而爱情追求既是人性的表现,亦是家庭稳定的重要基础,因此亦反映到歌谣中。《手提茶篮挽茶叶》表现采茶姑娘暗恋青年男子:"采茶叶拎茶篮,脚踏茶枝软绵绵。见阿哥不敢叫,呼鸡又把老鹰喊。"《果子好食树难栽》表现年轻男子对女子的思恋,可不敢开口:"水果好吃树难栽,我爱娘子口难开。不知娘子喜欢否,娘子心思我难猜。"《少爷和婢女》表现富家大户的少爷,冲破门第观念,勇敢地爱上家中的婢女。《桃花搭渡》表现正月闹新春,婢女代为娘子送情书,赶紧搭渡过江。《竹笋离土节节柯》和《一枞好花》,表现青年男女相恋期间,纯真而又含蓄的情感。《婚姻到尾总会成》《十条丝线九条红》表现相亲相爱的男女,相互表白心迹。《摇船情歌》表现青年男女相亲相爱,中秋节相邀,摇船赏月:"今日相见笑眯眯,我唱歌来你摇船。摇来摇去好欢欣,真像相如和文君。八月十五月大圆,映入水底两个天。两人相邀去赏月,中秋月圆人也圆。"《鸳鸯戏水结成对》表达青年男女相爱,情真意切,盼望早日喜结连理:"鸳鸯戏水结成对,蝴蝶采花双双飞。阿哥和妹真情意,何时结成连理枝。"《娘子生成真四配》表现有情人终成眷属,洞房花烛夜新郎官的喜悦之情:"太阳已经落西山,哥想娘子千万般。今晚娘子来做伴,就是不吃也喜欢。"《我君去番邦》表现订婚的青年男女,男子到南洋谋生,答应赚了钱后回家成婚,可连续写了几封信,没有回音。《送别歌》《行船歌》《送哥》《十送君》《夫妻惜别》,表现夫妻新婚,男子要出外谋生,夫妻难分难舍,依依惜别,海誓山盟。《月仔月光光》表现丈夫出外多年未回返,妻子月光下的心酸。《六劝君》表现妻子思念出外谋生的丈夫,写信表达思念之情,劝君在外莫变心,早日返回家。

第四,宣扬莫染恶习。提倡谨积业以戒非,也是泉州文化的优秀传统。针对社会上的种种恶习,酗酒、赌博、盗窃、斗殴、吸食鸦片等,人们总是严厉批判。这种价值取向在泉州民谣中同样有突出体现,劝诫赌博最为典型。《劝赌博》表现赌博的危害:"赌博难致富,十赌九个输。三更两手空,四更偶得富。五更起大厝,鸡啼又输赌。赌场去不停,一生要受苦。"《无某真克亏》表现年轻人染上恶习,豪赌滥饮,不知悔改,终致娶不到老婆。又如《想当初》:"想当日,浪荡子,赌鬼兼戏迷,致今日,没钱又没米。猪八戒、孙悟空,师徒同行到西天，真经到手心安然。趁少年，得转变，不赌不逛小神仙，吹箫弹琴打秋千，我呀笑连连，笑啊笑连连。"《贼仔精　偷辞生》表现做窃贼行窃，没有好下场："小贼精，偷吃不害羞；惯行窃，整天四处溜。有时偷到手，有时却没有。肚子饿，摘桃也顺手。遇到一个老阿婆，叫一声众人吓得他无处躲。慌不择路跳下河，小命险些丢。"《草蜊公　穿红鞋》表现窃贼到处偷东西，偷鸡鸭，偷被单，甚至偷庙宇供品，最终被人逮住，要割掉鼻子以示警。至于抽鸦片，同样也是大恶习。《十劝乌熏哥》表现抽鸦片的各种危害，既坏了名声，毁了身体，且会倾家荡产，妻离子散。故切莫沾染，倘若沾染，万劫不复。如果已不幸沾染，应尽快戒掉，方是出路。诸如此类，在泉州歌谣中，比比皆是。

第五，关心儿童教育。孩童是未来的希望，泉州社会向来亦非常重视，并突出地体现于歌谣中。《婴仔捂捂眠》《小弟仔　嗨通吼》表现妈妈正忙，哄小孩子好好睡觉。《孝月娘》表现祈祷月亮姐姐保佑，帮助自己的小孩子，长出好头发，长出好牙齿，品尝好东西，不会塞牙。《拍铁哥》《抉米糕》《牵猴牵辇郎》《雷公岖岖弹》《天乌乌　要落雨》《虱母要嫁翁》等，表现让孩子晓得某些动物、水果、家具、亲属名称。《人插花　汝插草》《叫汝开门汝开窗》《天顶一垛铜》主要让孩子懂得某些生活常识，事情该怎么做才不会发生错误。《羞羞羞　抹面油》《月光光》《月娘月光光》《偷拿粿》《烰番薯》主要规范孩子的某些行为，诸如穿衣应当整洁，打扮应当得体，不乱涂乱抹，亦不要贪吃，否则会受惩罚。《阿姑汝来我嗨知》《芋圆头　草橄榄》《请外婆》等，引导孩子懂礼貌，讲礼节。《除夕夜　跳火盆》《过新年》等，是让孩子懂得某些民俗。《雨仔微微来》引导孩子懂得尊敬长辈，关心家人。《挨砻挨唏咐》《挨豆干　挨豆腐》《一枝竹子浮浮浮》等，要让孩子明白生活不容易，赚钱很辛苦，应勤俭节约，努力读书，艰苦创业，方能过上好日子。《偷掠鸡》《庠虾庠虼蚤》等，教导孩子不能干坏事，要做个正派人。

歌谣尤其是其中的童谣，其教化作用不可低估。进入 21 世纪以来，还有许多民间文学创作者，积极探索和创作新时代的泉州童谣，为弘扬中华优秀传统文化和社会主义核心价值观做出积极的努力。

第二节　泉州戏曲的人与神

在泉州传统文学艺术中，戏曲亦占有极为重要的地位。形式多种多样，内容丰富多彩,既继承和保留了中华古老戏曲艺术的诸多成分,也同样带有浓郁的地方特色,这当中尤以南音南戏最有代表性。

一、音乐活化石的南音

泉州南音,被称为"音乐活化石",列入首批国家级非物质文化遗产名录,入选联合国教科文组织"人类非物质文化遗产代表作名录",成为泉州一张音乐名片,驰名中外。南音,既保留了中原古老音乐的诸多要素,也折射出传统艺术审美观,构建了高度统一的形式美与内在美。

泉州传统音乐,种类繁多,南音、笼吹、十音、车鼓、钹仔鼓、花鼓唱、十番音乐、大号音乐、牌子吹、北管音乐等。其中南音最为闻名,也最有代表性。南音历史悠久,流行泉州上千年,在泉州传统音乐中占有绝对主导地位,长期获得诸多赞誉,甚至被称为"御前清曲"。据清末林霁秋《泉南指谱重编》称:康熙五十二年(1713年),康熙帝六十大寿,各地争先恐后,大献颂歌。当时,任大学士的李光地,想到家乡南音沉静幽雅,可奉献皇帝欣赏,于是写信回泉州征召南音高手。很快,挑选了晋江吴志、陈宁,南安傅廷,惠安洪松,安溪李仪等5人进京,到皇帝居所演奏。康熙帝听后,龙颜大悦,要给他们封官,这几位音乐人都没敢接受。康熙帝就一一送了礼物,并赐"御前清客,五少芳贤"几个字。当代,南音引起国内许多专家学者兴趣和高度评价,被誉为"中国音乐的活化石""中国民族音乐的根""一部活的音乐历史"。而且它昂首挺胸,走进国家最高音乐殿堂,由音乐家进行公开演奏。

南音在当代得到国人关注和高度评价,尤其是"活化石"的称誉,主要在于南音悠久的历史,保存的丰富的古代音乐文化遗制,所具有的历史研究价值。然而南音成为"中国音乐的活化石",具有如此顽强的生命力,无疑又与本身具有的音乐魅力有密切关系。这种音乐魅力,既在于形式上的优美,亦在于内容中蕴含的人文精神。这种内容与形式的优美结合,正是泉州人创造精神的体现。

泉州南音,又称南曲、南管、弦管,形成于唐末至五代。当时,中原大乱,大批移民南迁泉州,不少文人乐工随之南迁,带来了晋唐时代的宫廷音乐,并与闽南的民间音乐、戏曲音乐渗透融合,逐渐发展形成这种别具风格的音乐。宋代,南音已基本定型。自此而后,虽然王朝屡屡更迭,南音并没有受到多少影响,安然无恙流传下来,至今已有上千年。这期间,中国许多古代音乐失传了,仅剩下为数不多的几种,南音亦是其中一种。可见南音具有相当顽强生命力,也因此成为中国现存最古老的一个乐种。

更重要的是,南音保存着极为丰富的古代音乐文化元素。南音形成后千余年来,虽然也有某些变化,尤其是在宋代,又吸收了其他一些音乐元素,诸如宋代的细乐、清乐、南北曲、海盐腔、弋阳腔、青阳腔、昆山腔等,但是总体说来,相对固定,改变不多。因此,从乐器到乐谱,从乐理到乐曲,均保存了许多极为古老的东西。从乐器看,南音所采用的乐器,大多有着漫长的历史。南音"拍板"的形制,可以上溯到汉代。汉代奚琴的遗制,现在全国只有在南音中还保存于二弦;琵琶横抱而不像北方是竖抱,也可以上溯到汉魏时代;南音的洞箫亦属汉唐遗制,比现在北方的洞箫更为古老。从乐律看,南音的管门与隋唐的"清商三调",有着千丝万缕的联系,从中可以窥见隋唐的遗音。从音韵学看,南音的音韵和晋代的音韵,也有极为密切的关系,保存了中原的大量古语音。至于在戏曲史界已难以寻觅的海盐腔、早期弋阳腔、青阳腔及昆山腔的音调,在南音中也可以找到。这些正是南音最重要的历史价值所在。

所以,从音乐史的角度讲,南音被称为活的音乐历史,很有道理,被称为音乐的活化石,当之无愧。因为神州大地,这样的音乐已经不多,如此稀罕的东西,自然非常的宝贵。对南音进行深入的解剖,深入的研究,探讨其源流,意义多多。至少可以解决中国音乐史及中国戏曲史研究中的诸多问题,这就足够了。

可是问题首先在于,南音为何会成为音乐活化石?因为有着久远历史的中国民族音乐,洋洋大观,在历史的长河中,许多都已销声匿迹,不复存在了,而南音竟有如此强大的生命力,竟能千秋百代相传下来,且一直没有多大变化,实在是颇为神奇的事情,耐人寻味,也很值得探究。

南音成为音乐活化石,泉州对于中原的地理封闭性,以及由此产生的排他性,无疑是重要的原因。泉州僻在东南海隅,远离古代文化中心中原,周围山重水阻,所在闭塞,地理环境具有很强的封闭性。这种封闭性,客观上又意味着很强的排他性,能够较好地抵御各种外部文化的侵扰。一方面,封闭的地理环境,使泉州人不太容易走出去,对外的文化艺术交流,受到很大的限制。另一方面,外部的文化艺术,尤其是中原地区的文化艺术,也不太容易随时进入泉州,所谓春风不度玉门关,也基本适用于泉州。何况南音的根还是在中原,是从首善之区传来的,还有皇家音乐的血统。所以,一旦遇到来自外部的某种新音乐,必然产生强烈的排斥意识,形成强大的抵御力量,从而使外来冲击受到极大消解,未能产生较大的破坏作用。所以,历史上的泉州,外来的音乐不多,即使偶有渗入,也不足以对南音构成重大威胁,更谈不上能同化或瓦解南音了。相反,在强大无比的南音面前,谁也无可奈何,要么只能偃旗息鼓,要么甘拜下风,要么甚至为南音所融解。这样,使得南音有个相对安定的环境,能够远离各种干扰,在自己这片世外桃源,优哉游哉地一直唱下来,历经宋元明清几朝,很少有质的变化。

南音具有高度稳定性,所使用的语言亦功不可没。南音的唱词,从一开始用的就是泉州方言。以明刊本南音为例,它的曲词,全部采用泉州腔的闽南方言。当中大量的借音字,看起来令人费解,只有用泉州方言音韵解读,才能找出它的本字。而其本字,又有不少是颇为生僻的古汉语,甚至是有音无字的土话。这些古汉语组成的词汇,往往连《词源》《辞海》中都找不到,可见早就在语言海洋中沉没了。可是泉州南音界还有个严格的传统,就是强调"照古音"唱念道白。这种唱念道白的标准音,则以历史上泉州府治所在地的语音为准,邻近县城及乡镇带有乡腔的人士,要学唱南音,都必须先正音,更不用说距离较远的兄弟地区了。不错,南音的曲调,无论抒情、写景、述事,很多正是借着这些方言,衬托它的美妙、它的铿锵悠扬,从而感动人们。然而也正因此,它的奥妙,基本上也只有生于斯长于斯的人,才能领会。有时甚至连同样讲闽南话的漳州人,都不太能理会。明代何乔远《闽书·风俗志》就说:漳州龙溪,地近泉州,思想感情上与泉州靠得近,爱好也大体相同,所以,同泉州人交往密切,甚至连演戏唱曲,也定要使用泉州方音。可是毕竟发音习惯不同,某个音韵不和谐,听起来就像是楚语。读音如此讲究,使南音充其量也只能在使用闽南语的闽南、台湾、东南亚华人居住区传播,而在非闽南语地区,人们只能是莫名所以望曲兴叹了。所以,南音成为活化石,闽南方言功劳很大。

南音深受泉州人喜欢,这无疑亦是重要的因素。古代的泉州人,喜欢南音,自有他们的道理。古代文化娱乐生活太贫乏,可供消遣的音乐实在不多,南音作为一种地域音乐,作为泉州人自己创造出来的艺术,也颇为符合泉州人的口味。只要看看南音怎么唱,以及主要唱些什么,也就不难理解了。可以假定,如果没有自身独有的魅力,泉州人不会对南音那样一往情深。

南音柔美的旋律,无疑非常迷人。泉州南音分为"指套""大谱""散曲"三类,既有用于歌唱的声乐曲,又有用于演奏的器乐曲,是个内容丰富完整的音乐体系。指套,亦称"套曲",有词有谱,并注明琵琶指法,通常只用于演奏。大谱,即纯器乐曲,有标题、曲谱和琵琶弹奏法,没有曲词。散曲,有谱有词,通常由琵琶、洞箫、二弦、三弦等四件主要乐器伴奏,由歌唱者执拍板坐唱,或手抱琵琶自弹自唱。散曲数量最多,有上千首。各种类型的演唱或演奏,就其曲调而言,都具有共同的特点,即古朴优雅,清丽委婉。曲调委婉柔美,是泉州南音最为突出的艺术表现形式。泉州南音,起源于古代宫廷雅乐,具有宫廷音乐气质,曲调柔美,旋律虽也有起伏跌宕,然而总体平柔委婉,跳跃性并不大。这种美,尽管没有"骏马秋风冀北"那种高亢激昂,那种壮怀激烈,然而却是典型的"杏花春雨江南"式的柔美,婉转悠扬。这既与宫廷音乐的基因有关,亦与它被赋予的浓烈乡土气息有密切关系。柔美的旋律,舒缓的节奏,给人美的感受,无疑是南音最为迷人的地方,既可以调节烦躁的心境,抒缓紧张的情绪,且所表现出的幽远意境,亦令人心旷神怡,遐思无限。因此,自然深受泉州百姓爱戴。

南音所表达的思想感情,无疑亦是深受百姓喜欢的重要原因。南音所唱的内容很多,最多的是故土之恋与男女之恋。前者诸如以昭君出塞为主题,就有《自恨薄命》《心中悲怨》《心头伤悲》《西出阳关》《出汉关》《重台别》《山险峻》《想当初》《一心只望》《一望长安》《今生所望》《冬天雪花》《听见雁声悲》等。后者典型如陈三五娘的爱情故事,有《元宵十五》《因送哥嫂》《一封书》《三更鼓》《孤灯独对》《三哥回心》《共君相随》《马上郎君》《心头烦闷》《心内欢喜》《为着三哥》《今宵相会》《日落西山》《尽日相思》等。故土之恋,那种离愁别绪的韵律,那种缠绵悱恻的情调,加上那些思啊别啊闷啊之类的大寮曲,将那远离故乡怀念故土的情感,演绎得淋漓尽致,摄人心魄。所以,很能在河洛移民后代的泉州人中引起共鸣。爱情之歌,更得泉州人喜欢。因为从心灵深处来说,爱情也是泉州人热烈追求的美妙东西。可是在这片非常正统的土地上,爱情又是极端的缺乏,谈情说爱无异于洪水猛兽,正人君子无不讳莫如深。渴求爱情而又没有爱情,通过音乐加以抒发,无疑是最好的情绪表达方式。南音歌唱爱情,亦是唱得回肠荡气,扣人心弦,确实颇为迷人,不仅泉州人迷恋,有些外地人也欣赏。

所以,南音自诞生之后,在泉州一直十分流行,无论城镇或乡村,处处可见演唱,时时可闻丝竹管弦之声,成为最民间化的音乐。而且随着泉州人的足迹,传播到漳州、厦门和三明等地,进而跨越海洋,流播至中国台湾、港澳地区,直至东南亚地区,形成约有 6000 万闽南人的南音文化圈,受到海外朋友及国际友人的高度赞赏，成为海外侨胞和台湾同胞维系乡情的精神纽带。

二、南戏中的人性诉求

在泉州文学艺术中，戏剧亦占有重要地位，种类甚多，争奇斗艳，成为南派戏剧的重要基地，泉州人素来被称为"好戏"。然而泉州人好戏，既与泉州民俗活动和宗教信仰密切联系，亦与泉州人的精神追求有不小关系，即借助戏剧来表达各种精神诉求，也同时从戏剧中获得生活的认知，因而具有浓厚的地方特色。

泉州人好戏，很早就开始了，这是不争的事实。唐代，欧阳詹记述与师友在泉州东湖游宴时，就有歌舞。五代，王延彬主政泉州，更是大大推进了一步。宋代，民间歌舞百戏普遍发展，并孕育出属于自己的杂剧优戏，且迅速流行开来，遍及城乡。南宋，大批赵宋皇室宗子移居泉州，同时带来大量中原古都的皇家歌舞、戏曲，豢养家班、艺人。他们终日迷恋于此，达到如痴如醉程度。到了明清时期，泉州更成为公认的戏窝子，有优雅柔婉的梨园戏、粗犷诙谐的高甲戏、妙趣横生的提线木偶戏、小巧玲珑而惟妙惟肖的布袋戏和武功高超的法事打城戏。明代，泉州"七子班"甚为盛行。当时，曾在泉州为官的陈懋仁，所撰《泉南杂志》中写道：那些色艺俱佳逗人喜爱的戏子，豪富之家往往不惜重金买下，据为己有。然后时常让他们涂脂抹粉，登场演出。不过，唱的都是"土腔"，不知到底唱些啥，我常试图将它们译出来，却不得要领。可见虽然外人不解，但泉州人却乐此不疲。泉州的戏，不但本地风行，且已流播海外。明代莆田人姚旅，所著的《露书·风篇》说：琉球国平时演戏，装扮者以闽地子弟居多。该国宫廷中那些王家眷属，喜欢听"华音"，每遇演出，往往从帘中窥视。所演的戏，带有"福建土音"。这里说的闽地子弟，不少就是泉州人。至于福建土音，实际上是以泉州为主的闽南话。清代以至近代，情况并没多大变化，戏愈演愈多。民国时，泉州各地活跃着二百多个正规戏班。每逢民俗节日，中山路上能同时开演几十台戏，热闹非凡。晋江下辇村曾以区区一小村庄，创下同时开演 93 场戏的纪录。如今，这些"中国不多，世界少有"的稀有艺术，仍以其旺盛生命力，存在于泉州城乡。

泉州人好戏且戏多，正如泉州人对南音的喜欢一样，无疑是离不开戏剧的娱乐意义，与各种戏剧具有的赏心悦目功能有着密切的联系。首先，它们同样皆以泉州方言为表演语言，而且与传统古乐南音相结合，形成独立的戏曲声腔"泉腔"。唱的是泉州土腔土调,曲调柔和,旋律优美,加上较多插科打诨,生活气息浓厚。除了音乐唱腔外,角色行当和表演程式,也颇为引人喜欢。诸如,梨园戏的生、旦、净、丑、贴、外、末7个角色,俗称七子班,扮演人物,个个形象鲜活,表现优雅细致,程式严谨。再如,高甲戏作为泉州戏剧中传播最广观众最多的剧种,又称"九角戏",共有9个角色,即在梨园戏7个角色基础上再加上北、杂2个角色。高甲戏在角色方面以丑角表演最为突出,形象夸张的脸谱造型,奇特怪异的服装道具,幽默滑稽的肢体动作,风趣即兴的说白,逗人发笑的插科打诨,诙谐夸张的表演手法,滑稽和荒诞的故事情节等特征,具有极强的趣味性。至于木偶戏,无论提线木偶,或者掌中木偶,亦是如此。泉州各种各样的戏剧,各显神通争奇斗艳,皆有颇为引人注目之处。因而深受百姓欢迎。古代社会文化生活贫乏,戏剧自然而然成为重要的娱乐形式。

泉州人好戏,亦与泉腔南戏的精神含蕴有密切关系,泉腔南戏不仅题材广泛,内容丰富,而且在发展进程中形成颇具特色的南戏精神,主要体现在演出剧目的主题思想方面。

第一,歌颂纯真爱情。"爱情是文学永恒的主题",这句话同样适用于泉腔南戏。泉腔南戏中,大部分剧目都涉及男女爱情故事。最为典型者,莫过于《荔镜缘》,亦即《陈三五娘》。出身高贵的陈三,偶遇黄五娘,一见钟情,竟不惜抛弃高贵身份,扮作磨镜师,故意打破五娘宝镜,甘心卖身为奴三年进入黄府,目的在于接近五娘。这个泉州人自己创造的爱情故事,脍炙人口,历经数百年演出而不衰,甚至远播海外,颇为罕见。《吕蒙正》亦较典型。吕蒙正未成名前,衣衫褴褛,相府千金刘月娥,却为其与众不同的气质所吸引,坚决丢弃高贵门第,心甘情愿同吕蒙正去住破窑。在诸多爱情故事中,表现情真意笃的《郭华胭脂记》,颇有特色。书生郭华偶遇王月英,一见钟情,常到王月英家胭脂铺买胭脂,借以接近王月英。后两人产生感情,郭华约月英夜间到相国寺相会,当夜郭华被人邀去喝酒,醉倒昏睡于相国寺,待月英来赴约时却酒醉不醒,月英只得留下手帕包弓鞋做标记。郭华醒来,见怀中手帕弓鞋,知月英确来赴约,自己却醉酒不醒,懊悔不已,吞弓鞋而死。包公拘捕了月英,月英诉说缘由,哭悼郭华,郭华忽然复生,包公以两人情真,判才子佳人完婚。泉腔南戏爱情故事甚多,诸如张生与莺莺、英台与山伯、董永与七仙女、郑元和与李亚仙,以及当代创作的董生与李氏,等等,相爱方式和恋爱结局,各有特点不尽相同,或如愿以偿结成秦晋,或好事难成悲伤结局,然而总是以歌颂纯真爱情为前提展开故事。与此相对应,则是宣扬重然诺守情义,批判负心郎。最典型者,当属《朱文》《赵贞女》《王魁负桂英》《节妇吟》。《朱文》讲述朱文与女鬼一捻金相好,并收下定情物,后发现一捻金是女鬼,于是走避。神助一捻金复变成人,朱文实践约言与之结为秦晋之好。王魁和桂英相好时,信誓旦旦,表示如发迹当不相负,并到海神庙盟誓,可是高中之后,翻脸不认桂英,桂英愤而自杀,并化为厉鬼,把王魁抓到阴司算账。这是负心汉的可悲下场。《赵贞女》旨在批判蔡伯喈负义。《节妇吟》演绎了封建压迫下的女性悲歌。

第二,颂扬乐善好施。在泉腔南戏中,颂扬救危难扶困厄,帮贫困助饥寒,也是一种重要题材。较为突出者,诸如《韩国华》中的仆人义德,《吕蒙正》中的韩子义,《董永》中的七仙女。《韩国华》讲述社会最底层的婢女连理,送花到相公书房被相公奸污,得了身孕,即将临月,被主妇发现,赶出相府,只得逃出家门,并把孩子生在巷中,即今泉州东街的连理巷。仆人义德,得悉此情,连夜出来寻找,偷偷把连理安顿到惠安德世庵,并由老尼姑救助。义德抱回孩子,国华因而有嗣。连理在庵中苦熬16年,直到韩琦高中后,义德说出原委,母子终得团圆。这是发生在泉州的真实故事,演出特别吸引观众。《吕蒙正》中的韩子义,尽管自身亦属穷苦人,却对尚未发迹的吕蒙正非常同情,送给几乎沦为乞丐的吕蒙正一套衣服,让他去参加刘月娥抛球择婚,物轻情意重。此外,诸如对落魄的朱买臣和刘智远,剧中都给予很大同情。又如,"程婴救孤"和"苏英替死",牺牲自己救助别人,不折不扣的舍己为人精神,虽然救助对象或者尚可讨论,但单就舍己救人这一点,高尚情操无可非议,表现出的人道主义精神,永远值得歌颂。所有这些剧中,皆对穷苦人极表同情。这些同情或资助,往往是来自同一阶层的人民。劳苦大众互相同情,互相帮助,反衬了豪门富室的人情淡漠。吕蒙正虽然得到刘小姐绣球,却被刘丞相"打赶"出门,对比之下,反差更明显。

第三,颂扬励志向学。在泉腔南戏中,颂扬励志向学,亦是重要内容。梨园戏经常演出的《雪梅教子》,戏从雪梅断机开始,步步展开:商辂读书不认真,喜欢嬉游,母亲雪梅伤心,商辂向母亲保证,今后认真读书。雪梅要儿子找个保证人,商辂要让父亲担保,可父亲已死,要让爱玉来保,爱玉说商辂爱玩,也不敢担保。这种情况,深深触动了小商辂灵魂,决心痛改前非,自己保自己,保证好好读书,不再让母亲生气。于是双手捧起竹板,举至额前,跪在雪梅面前,请求重责。此时此刻,台上演员动真情,俱各泪流满面;台下观众也受感动,唏嘘而泣。盖因秦雪梅乃望门寡"烈女",过门来却做了已故夫君商霖与侍婢爱玉所生遗腹子的母亲,担负教育商辂成人的重大责任。悲痛往事与不如意现实交叉重叠,给年轻寡妇造成心灵上的沉重痛苦,在戏中都抑制不住地迸发出来,造成悲苦沉重的剧场气氛,引起观众的共鸣。旧时有条不成文规定,演《雪梅教子》不流泪,班主拿不到"戏钱",所以无论何时何地,演这个戏自必泪流满面,在这悲痛沉重的演出中,蕴含着劝谕青少年励志向学的思想。又如《苏秦》中的苏秦,落第后在家庭受到意想不到的冷遇,心灵受到极大刺激,励志苦学,为不让瞌睡影响攻读,竟将头用绳子扎在梁上,当头要瞌睡下垂时便被绳子拉醒,有时为不打瞌睡,竟用锥子刺痛大腿。由于这个故事是被编入儿童启蒙读本《三字经》中的,所以"头悬梁,锥刺股"的故事是家喻户晓的。科举时代,读书人是被"学而优则仕"这种人生理想驱使着的,所谓"十年寒窗无人问,一举成名天下知"。尽管如此,鼓励年轻人好学向上,大方向总是对的。

　　第四,宣扬孝道思想。在封建社会中,向来强调孝道,"百善孝为先",孝父母,敬公婆,是重要准则。在泉腔南戏中,亦注重歌颂孝道。梨园戏《寿昌寻母》,颇为典型。故事内容泉州人耳熟能详,朱寿昌7岁时即与生母分离,而不自知。直至任太守后,父亲老仆李推告知,当年父亲年老无嗣,再纳刘氏为偏房,生下寿昌后,刘氏被主母赵氏逼出府衙,刘氏临行时,嘱托李推日后将事实告知寿昌。朱寿昌知道实情,悲痛至极,辞去官职,往扬州寻母,历经艰辛,耗时三年,始在灵恩亭寻到生母。奏闻皇帝后,皇帝以寿昌弃官寻母,孝心可嘉,封寿昌为知府,封刘氏慈德一品夫人。寿昌寻母张扬了忠孝两全的思想。颇为典型者,尚有《赵贞女》。丈夫蔡伯喈,进京赴考,金榜题名,被牛相国招为女婿,在京城安享富贵,年老的父母,全靠赵贞女侍奉。家计艰难,又遇严重灾荒,赵贞女让公婆吃饭,自己吃糠。后来翁姑病死,无钱营葬,她剪去秀发卖掉,用来营葬,又用麻裙帕土,筑成高堆。至孝行为,同蔡伯喈形成强烈对比。梨园戏《董永》中的董永,也颇为典型。董永家庭贫困,欠了不少债务,父亲死后,无法营葬,为了尽孝,卖身葬父,给人做佣抵债。虽无钱娶妇,孝心人品却感动了七仙女,下凡来与之结成连理。这是孝道的善报。梨园戏《朱弁》中朱弁妻子王氏,亦是孝的典范:南宋新科状元朱弁,力主抗金,奉旨出战金国,不幸被俘,囚禁冷山。金兀术之女雪花公主,见而爱慕,求婚遭拒,结为兄妹。朱弁妻王氏,在家侍奉婆婆,至诚至孝,战乱中弃子扶姑。朱弁困金国16年,兀术感其忠诚,放他回国,公主长亭送别。戏中王氏舍弃亲生儿救助婆婆,这需要下多大决心,才能够做到,无疑是至孝典范了。

第五,宣扬忠诚报国。重视气节,忠诚报国,是传统戏剧的重要题材。泉腔南戏,亦不例外。《朱弁》中的朱弁,最有代表性。朱弁是南宋普通官员,被兀术羁留金营,并愿将女儿招他为婿,让他在金国当驸马爷,享受荣华富贵。这时,金人已攻陷汴京,徽宗、钦宗被北掳,山河破碎,诸多大宋官员,降的降跑的跑,"忠君爱国"已丢弃殆尽。朱弁身陷敌营,本来处境危险,岂料被兀术女儿看上,不仅可借此保命,且又有个如花似玉公主,在不少人看来,真是天上掉下个大馅饼。可是朱弁既不为兀术淫威所屈,亦不为雪花公主姿色所惑。只是感于公主深情厚谊,兄妹相称。坚守16年,执节守身,意志之坚,并不亚于苏武。忠诚报国节操,顽强毅力,不能不引起强烈共鸣。梨园戏《梁灏》,表演南宋两位官员,国难当头,释私怨泯恩仇,共同抗击外敌。梁灏与朱国等,本是宿仇。可是梁灏之孙梁庭训与朱国等之女朱秉静,相亲相爱,红叶题诗,宝剑定情。朱秉静到梁家"拜公",被认出是仇家之女,不被接纳。适值边关辽兵入境,朱国等镇守定州被围,镇守保州的梁灏之子梁仕俊,见死不救,导致定州失陷,朱国等退守狼山,驰书入朝请援。梁灏身居枢密院,在家庆寿,孙子梁庭训祝寿后,便欲回边关,梁灏侦知欲与朱秉静同行,竭力阻止。朱秉静女扮男装,追赶梁庭训,途中遇到欲往边关的梁灏。经过一番辩论,梁灏决定以国事为重,释私怨泯恩仇,并令梁仕俊赶赴边关,解救朱国等,又令梁庭训和朱秉静同往狼山,解救朱国等。朱国等驻守狼山待援,见朱秉静与梁庭训同来,又知定亲之事,欲杀死不孝女儿。幸而梁灏赶到,晓以大义,两家终于尽释前嫌,并结为秦晋之好,合力破敌。

第六,针砭势利之徒。重视亲情,针砭势利小人,亦是泉腔南戏着力宣扬的思想。梨园戏《苏秦》最为典型。苏秦初出茅庐,游说秦王,以失败告终,钱财耗尽,衣衫褴褛,神情黯然,落魄返回家中。家人嫌弃嘲讽,冷眼相待,嫂嫂坐在织布机上不理不睬,妻子周氏亦不为他做饭,甚至生身父母亦冷嘲热讽。看了着实令人寒心。苏秦深受刺激,发愤苦读,再度出发,游说六国联合抗秦,获得成功,身佩六国相印,衣锦返乡。家人热烈欢迎,嫂子伏地不起,不敢仰视。世态炎凉,人情冷暖,表现得淋漓尽致。《朱买臣》亦有相似情节。朱买臣尚未出人头地时,妻子赵氏冷若冰霜,甚至逼迫朱买臣写休书,朱买臣称自己50岁就会出头,可赵氏听不进去,强逼写下休书,并强按朱买臣手印,抢走休书得意而去。后来,朱买臣出人头地,出任会稽太守,赵氏却甚为落魄。朱买臣遇见赵氏打扫街路，用车把赵氏载入府衙，赵氏请求复合，朱买臣以"覆水难收"拒绝，赵氏惭愧，自缢而死。穷时求去，富时求合，赵氏的势利心态，在剧中暴露无遗。《百里奚》情节有所不同，同样针砭薄情寡义。百里奚贫寒之时，得到贤妻之助，始有出头之日，可是发迹后不认前妻，无情无义的势利行为，同样令人憎恶。

泉州南戏这些突出精神，不仅在旧时具有进步意义，今天仍可作为广大群众的精神食粮，继续起着教育人民的作用，鼓舞人们隐恶扬善，克服困难，不断开拓前进。

三、戏曲神气与打城戏

泉州历史上的戏曲，常常与神灵信仰紧密联系，具有浓郁的神气，这无疑也是非常突出的地方特色。戏剧从形色到内容，以至功能作用，都别具一格，这当中又以打城戏最为典型。

泉州人好戏，固然是特色，不过，严格地说，这并不只是泉州特有，国内许多地方，也有同样现象。只是泉州人表现得更为厉害，背景也更为复杂。泉州人在戏曲方面的真正特色，尚不在于好戏本身，而在于把这种爱好与鬼神崇拜紧密联系起来。敬畏鬼神，且敬奉的鬼神太多，使泉州人的戏曲，无论内容，还是功能，以至表现形式，无不蒙上浓厚的鬼神色彩，显得神气非凡。

在泉州传统戏剧中，就内容看，不少是鬼神故事，可称为鬼戏。梨园戏《朱文走鬼》，颇为典型。剧情大致是：东京穷酸秀才朱文，川口探亲，途中寄宿王某店中，晚上遇一女子叩门，自称王某之女，名叫一撮金。赖着不走，与之纠缠，使之认她为妻。定情之后，送朱文一绣袋，内藏五百文钱。越日，王某新开一茶店，请朱文试茶，朱文以五百文钱为贺仪，连绣袋一起丢下。王某拾得绣袋，认出是亡女遗物，怀疑朱文为挖墓贼，当朱文返回寻找绣袋，反复追问，朱文只好告以昨夜之事。王某不信，称女儿已死，并带他到神龛看一撮金生前塑像，认出就是昨夜灯下娘子，吓得连呼是鬼，仓皇逃走。一撮金追上，斥责他负义，他先是以种种法术将她驱退，而在充分证实她是人而非鬼后，两人相偕而去。

傀儡戏《目连救母》，亦是鬼戏典型。原来大意是：释迦弟子目连的母亲生前舍不得给游方僧饭食，死后沦为饿鬼。七月地狱门开，饿鬼出来求食，目连见亡母在当中，很不忍心，用钵盛饭给她吃，可未入口中就化成火灰。

目连求释迦拯救,答称:你母亲罪孽深重,当靠十方僧众威神之力,方有办法,你可在七月十五日僧众安居结束时,供予丰盛食物,使你母亲得以解脱。目连照办,救了母亲倒悬之苦,使之能够得食。不过在泉州,又加进唐太宗魂游地府、唐三藏西天取经等情节。这出鬼戏,在泉州地区,农历七月十五中元节,到处搬演,成为风俗,唐宋延续至现代,甚至有连演7天7夜,煞是热闹。只是神鬼居多,演员大多不爱演,后来逐渐演变成傀儡戏的专有剧目。

内容充满鬼神故事,也许还不能称为最大特色,因为这确实也不是泉州特有的现象,各地的传统戏剧,鬼神内容也颇为普遍。真正更有特色的是戏曲功能的"神化"。泉州人演戏或演奏民间音乐,甚至民间舞蹈,很大程度上是要给鬼神欣赏的,即娱神,而不仅仅是娱人。为何?按泉州人的见解,阳间的人们需要娱乐,可人们所敬畏的众多鬼神,更需要娱乐,这些生活在阴间的神灵,要是过得太郁闷,不高兴了,弄不好会兴风作浪,给阳间带来种种麻烦。所以,得小心侍候,让它们舒服,快快乐乐。怎么侍候?戏剧就是很好的贡品,既然它可给阳间的人们带来快乐,那么,同样可给阴间神灵带来愉悦。

泉州民间音乐,既作为各种节日庆祝的重要内容,亦被广泛运用于迎神赛会和喜庆寿诞等习俗仪式。南音如此,笼吹、大鼓吹、什音、牌子吹、车鼓阵,这些音乐形式,同样如此。迎神赛会,以及各种祭神活动,往往离不开这些音乐。此外,宗教音乐同样出现在这类活动中。泉州宗教音乐主要有道教音乐、佛教音乐、基督教音乐。泉州道教音乐可分为声乐和器乐,丰富多彩,形成歌、舞、乐三位一体的道教音乐体系,既用于道教的斋醮科仪,亦用于婚丧喜庆和辟邪等民俗法事活动。泉州佛教音乐用泉州话咏唱,配以法器演奏,佛事活动离不开这个内容。泉州基督教会有基督教会音乐,举行宗教活动时穿插进行。泉州各种形式的民间舞蹈,有如嗦啰莲舞、拍胸舞、火鼎公火鼎婆舞、大车鼓舞、宋江阵、高跷、邛狮、舞龙舞狮等,大多集唱、念、舞于一体,载歌载舞,既娱神,亦娱人。

戏剧更是典型。大凡各种鬼神节日,各种较大规模祭祀,大摆祭物的同时,往往要辅之以演戏。正月初九日敬祭天公,隆重祭仪与丰盛祭品自不必说,演戏娱神必不可少。元宵节及随后的迎神赛会,演戏酬神也是重要内容。妈祖等重要神祇生日,自然也要演戏酬神。村落祭祀保护神,往往也请戏班演戏。家族性的较大规模祭神,不论祭祖还是与家族兴旺有关的神祇,往往也搭个戏台,请来戏班演戏娱神。家有新居落成,或有人寿庆,或有人结婚,或生了可传宗接代的男孩,也演戏酬神。家里有人死了,办丧事,做功德,也演戏酬神。祭有名有姓的神,诸如关帝大爷、保生大帝、清水祖师、郭圣王等,要演戏。祭没有名字或已记不起名字的孤魂野鬼,典型者如普度,也从来不敢怠慢,也要演戏,以便让这些冥冥之中的无主孤魂,得以快乐。

酬神的戏种,大都没有特别的规定,梨园、高甲、掌中木偶、提线傀儡均可。不过,也有例外。靠近泉州府城一带,祭拜天公,定要提线木偶戏,由其相公爷出台念度牒,才能灵应,别的剧种的相公爷,没有这种特权。再如,新居乔迁,必先请提线木偶开场演出,以镇凶煞延吉庆,否则,新屋之中不能有任何鼓乐之声。至于剧目,也大抵如此。某些特定场合,必演鬼戏,诸如普度之时,《目连救母》之类,不可缺少。而大多数情况下,什么内容都演,帝王将相,才子佳人,忠君爱国,因果报应,诸如《苏秦》《高文举》《吕蒙正》《朱买臣》《王魁》《蔡伯喈》《董永与七仙女》《陈三五娘》都行。简言之,人可以看的,神就可以看。当然,具体让神看什么,有时还得征求神的意见,由他说了算。直至当代,城乡许多地方演戏酬神,还必须先进呈剧目于神灵前,由主事者从中选择几个剧目,然后卜卦选定,俗称"择出"。

既然要让鬼神高兴,所以,酬神的戏,不仅频繁,且一旦演起来,往往没完没了。演一场,演一天,算是最基本的了。演个三五天,连演二三十场,也不是什么稀奇事。更有甚者,一个星期,白天夜晚连着演。诸如普度,往往一演就是数天,或演傀儡,或提线木偶,或梨园,演戏之多,几乎全国罕见。有时,还同时上演几台戏,既有不同戏种,亦有相同戏种,鼓乐震天,争奇斗艳,热闹非凡。这样做,或许是要让神有更多选择,或许可让神随时换换口味。当然,一次酬神,演多长时间,演多少场,得看神的重要性及主事者的财力,不过,就当事者而言,无不尽力而为。

泉州人敬奉的鬼神特多,要酬谢的鬼神自然也多,所以,频频的演戏娱神,也就不足为奇了。民国《石码镇志·风俗》有这样一段话:崇尚鬼神,故多演戏。或者教小孩童登台演唱,称之为"七子班"。10多岁的妙美孩童,浓妆艳抹,声色俱佳,子弟辈观看后,深深迷恋,魂不守舍,挥洒重金,与之结识,称之为"做戏箱"。扮演旦角的人登台,眼送秋波,含情脉脉,称之为"落魁"。谁能获得两三次这种秋波,众人都觉得这人实在太荣幸了。光绪年间,这风气最盛。上面这段话,说的虽是泉州的邻居漳州,可在泉州,情形并无二致,甚至有过之而无不及。泉州与漳州同属闽南,风俗极相似,崇尚鬼神而整天演戏酬神奇观,偌大的中国,大概也只有在这两个地方才能看到。虽然,别的地方,亦有演戏酬神,可是,倘与泉州及漳州比较,无论数量还是规模,确实是小巫见大巫。

泉州戏剧的神气,尚不仅仅止于颂神与娱神,尚有更高层次的救神。在历史上的泉州人看来,娱神是让那些有地位的至少是有自由的鬼神更快乐;可是,阴间的鬼神,似乎还有很多被压迫者,它们在阴间受苦受难,连基本的自由也没有。这些鬼神,首先需要的不是娱,而是脱离苦海,获得自由。为此,对鬼神极为虔诚的泉州人,也想得很周到,办法呢,同样是用戏剧来解决。只不过,不是用来娱乐,而是用来拯救。于是,历史上的泉州,又出现了一种很奇特的戏种,专门用来解救被压迫的鬼神,这就是打城戏。

泉州的打城戏,又称法事戏、和尚戏或师公戏(即道士戏),是在僧道法事仪式基础上演变发展起来的剧种。泉州民间,每年农历七月都流行普度,请和尚或道士念经拜忏,超度亡魂。形式有两种:一是由和尚表演地藏王菩萨打开鬼门关,放出阴间冤魂的故事,俗称打地下城;一是由道士表演芭蕉大王巡视枉死城,释放屈死鬼魂的故事,俗称打天堂城。起初,这纯属法事仪式。清道光年间,这种打城仪式逐渐从法事活动中分离出来,根据佛经或善书中的故事编成小戏,购置行头道具,组织起半职业性质的戏班,在城乡搭台演出。光绪年间,泉州开元寺和尚超尘、圆明,为招揽法事,邀集一批会演戏的道士和居士,相继组织了两个打城戏班,即大开元班与小开元班,拥有几十号人马。至此,打城戏就由半职业性逐渐转为职业性了。

打城戏演出的剧目庞杂,可分为神怪剧、历史故事剧、武侠剧三大类。早期打城戏剧目以《目莲救母》为主,共有 12 部连本台戏。后来,吸收了不少京剧剧目,如《界牌关》《四杰村》《阴阳河》《庄子戏妻》《小五义》等。不过,总的看来,仍以神怪剧为主,打城仍是核心内容。这打城,又有各种不同打法。例如,道坛法事的打城,又分打文城和打武城两种,前者出演的人物有天尊、罗卜、雷有声、赦官及查某鬼等。至于后者,则讲述李世民魂游地府,目睹在人间为非作歹、死后被阎罗王打入十八层地狱的鬼魂,受尽破腹开腔、揪肠扯肚、过刀山、下油锅、磨里挨等酷刑,惨状惊心动魄,令人惨不忍睹。李世民看后,发了宏愿,回到阳间,诏令天下大做普度,超度地狱鬼魂脱离苦海。所以,无论怎么打,最后都是要将阴间鬼城打开,救出那些苦难鬼魂,使之轮回转世或上升天国。打城戏的表演动作,因要适应丧仪法事活动,深受提线木偶戏影响,侧重于跳跃跌扑,还有少林拳技、杂技、杂耍、舞蹈，以及所谓"大开笼"的恐怖表演，以此营造舞台气氛。而其音乐曲调，则是在佛曲和道曲基础上，大量吸收提线木偶戏的傀儡调，具有别具一格的宗教韵味。

可见这打城戏，从内容到形式，是种地地道道的鬼戏。它所要打的城，并非阳间的城池，而是阴间的鬼城。然而这别具风格的戏种，既是产生于泉州这个对鬼神特敏感的地方，自然也很适应泉州人的迷信活动。所以，自诞生之后，在泉州就大有市场。城乡民间每逢神佛诞辰，或婚丧喜庆，往往请来打城戏班，热闹一场。尤其是丧家出殡做功德，不论做几天，最后一晚，必有这个项目。此风流行数百年，直至当代，仍然到处可见。

神气十足的打城戏，无疑是泉州人在戏剧方面的最大创意。戏剧内容带有鬼神故事，本身还不足为奇，把戏剧作为娱神的重要方式，就颇有点地方特色了，而发明出这么一种纯粹的打鬼戏种，这就不能不令人称奇了。所以，这打城戏是种很独特的戏剧，是各地罕见的鬼神剧种，是全国唯一的宗教剧种，被称为"天下第一团"。如此，当然确是一大地方特色了，泉州戏剧的神气色彩，也因此表现得淋漓尽致。

所以，泉州人好戏，不是因为泉州人对戏剧特别喜欢，比其他地方的人有特别强烈的爱好，特别爱欣赏这种表演艺术，而是因为戏剧已被赋予某种特殊功能，演戏在很大程度上已带有特定目的，带有很实用的娱神作用。当然，撇开鬼神因素不说，泉州人对戏还是很有兴趣的，看戏对不少人来说也是种精神享受，至少是种无聊的排遣。可是如果同娱神的作用相比较，娱人其实还是处于较次要地位。泉州人有句俗语：先敬神，后敬人。娱神与娱人的孰先孰后，从这俗语已反映得很清楚，在娱神的同时，人们也享受戏剧的乐趣。正因为戏剧的这种神气，所以泉州人对它一直宠爱有加，它在泉州也一直拥有发展的肥沃土壤，拥有广泛的社会需求。当代的泉州，由于戏剧本身存在的内容、形式、节奏诸方面问题，也由于各种娱乐形式大大增多，戏剧的娱人作用已大大减退，大多数人对戏剧已无多大兴趣，可戏剧娱神功能并没完全消解。于是出现了很有趣的现象，不少乡村祭神，仍然演戏，虽然观众往往比演员多不了多少，甚至干脆就没有观众，可戏照演不误，且照样演得煞有介事，有板有眼。这种事实，也是娱神传统的很好佐证。

第三节　泉州工艺的恒魅力

泉州民间工艺,种类丰富,数量繁多,是大众的生活和民俗的艺术,雕刻、陶瓷、花灯等,异彩纷呈,皆是泉州艺术宝库中的璀璨明珠。精湛的技艺,奇妙的艺术魅力,驰名海内外,成为重要的非物质文化遗产。

一、石雕木雕的古与今

泉州民间雕刻,工艺久负盛名,石雕、建筑木雕、木偶头雕刻、砖雕、漆线雕、剪瓷雕、玉雕等,在中国民间工艺美术史上都占有一席之地,且直至当代仍不断推陈出新,尤其是石雕和木偶头雕刻,在海内外仍有不小影响。

泉州人很早就善于运用大自然赋予的各种材料,石头、木头、竹子、草等,创造出极具地方色彩的雕刻工艺美术文化。尤其是石头,泉州的花岗岩石有白、青、红、黑等色,蕴藏量极为丰富。目前在泉州各地,仍有大量宋元时期的石刻和石雕遗存,表明至少在这个时期,泉州的雕刻艺术已经甚为发达。

泉州民间雕刻,具有广泛群众基础,同社会生活联系紧密。民间雕刻是与人们物质生活和精神生活密切联系的艺术形式,通常是实用与审美相结合,实用目的与装饰趣味相统一。民间雕刻的创作目的,首先在于满足人们的日常生活需要。在泉州地区,无论石雕和砖雕,或者木雕,都与人们的日常生活息息相关,都具有物质使用功能,同时满足人们对美的渴望。尤其是泉州传统民居建筑,大量使用石雕、木雕、砖雕等艺术,它为能工巧匠们提供了施展绝技的机会,也往往成为民间雕刻工艺精彩的陈列馆。泉州民间雕刻,具有广泛群众基础,同泉州人的宗教信仰与民俗活动有着密切关系。宗教信仰兴盛,民间普遍重视礼佛,且盛行演戏娱神,寺观庙宇建筑,佛像的雕刻,木偶头像的雕刻,同样为能工巧匠们提供了施展绝技的机会,成为民间雕刻工艺赖以存在的基础,成为不断发展创新的强大推动力。

泉州民间雕刻工艺,源于黄河流域的中原文明,又融合吸收了闽越文化和海洋文化,形成富有地方特色的民间工艺。泉州地区独特的地理环境、自然资源、民俗风情和多元文化氛围,使泉州民间雕刻在题材、艺术表达方式、审美情趣等方面,都具有鲜明的地域特征。这种鲜明地方色彩,加上形式多样、技艺精湛,不仅使泉州民间雕刻在国内享有盛誉,且远播台湾和东南亚。

直到现当代，仍然如此。其中以石雕最为典型。

　　泉州石雕石刻，雕艺精湛，设计巧妙，随处可见各种鬼斧神工般的石雕石刻，常常令人叹服不已。惠安县最为著名。惠安石雕是中国南派石雕艺术的代表，使用的石材主要为花岗岩，传统石雕工艺流程包括捏、镂、摘、雕几道工序。据史料记载，五代时闽将张悃，被称为惠安境主，又称"青山王"，为防御海寇屯兵山霞乡青山，部下在青山传授中原石雕技艺，后扩大至惠安全境。明初崇武半岛的五峰村和五陈村，就已出现最早的石铺"和晟石店"，仅五峰村就有上百人从事石刻。这两村自明清至民国，除在本地经营石雕外，还到福州和厦门等地开设店铺，作品远销台湾和东南亚各地。惠安石雕艺人，无论是寺庙或传统民居建筑，无论设计多复杂、难度有多高的建筑工程，从构想到施工再到装饰雕刻，都可以逐个完成。许多作品历经几百年风雨，依然保存完好。这从闽台两地现存的许多古寺庙和古民居建筑中，可以得到充分证明。早期惠安石雕具有浓厚宗教色彩，除神佛造像雕刻外，还包括宫观寺庙的建筑设计、雕刻安装，以及各类塔、亭、柱、栏的建造雕刻。中华人民共和国成立后，惠安石雕有新发展，形成碑石加工、环境园林雕塑、建筑构件、工艺雕刻、实用器皿五大系列，以及圆雕、浮雕、线雕、沉雕、影雕五大工艺上千个品种。尤其是惠安人独创的影雕技艺，被誉为"中华一绝"，被称为"不朽的艺术"。20世纪50年代的北京人民大会堂建筑、20世纪60年代的集美鳌园建筑、20世纪80年代的毛主席纪念堂建筑，以及南昌八一起义纪念馆、南京雨花台纪念馆、湄洲岛妈祖雕像、厦门郑成功雕像，等等，都有惠安石雕艺人的经典作品。2006年，惠安石雕经国务院批准，列入首批国家级非物质文化遗产名录，惠安县也被文化部授予"中国雕艺之乡"称号。

　　建筑木雕是中国古代建筑长期使用的装饰手法，泉州古建筑木雕装饰艺术源远流长，雕刻技艺和工艺美学等方面，都有很高成就。泉州建筑木雕装饰艺术，集中体现在寺观宫庙建筑中，以及传统民居建筑，尤其是在宫式大厝中，典型者如泉州开元寺飞天木雕，南安官桥蔡氏古民居木雕，南安石井中宪第木雕等。大多是雕彩结合，有雕刻必有彩绘。建筑木雕一般分为大木雕刻和小木雕刻两类。大木雕刻主要指直接承受重量的梁、柱、枋、斗拱等构件的装饰雕刻，小木雕刻是指包括家具在内的细木工装饰雕刻。建筑木雕的雕刻技术，主要通过混雕、线雕、隐雕、剔雕和透雕这5种形式表现出来。混雕也称圆雕，是种立体雕刻；线雕是种线刻技艺，经常与彩绘结合；隐雕与剔雕均属浮雕，强调凹凸感；透雕也称镂空雕，具有空间穿透效果。

惠安木雕技艺同样最有代表性,兴起于唐五代,成熟于宋元,繁荣于明清,近现代更是声名鹊起。中华人民共和国成立后,惠安木雕不断创新发展,成为惠安经济发展的重要支柱产业。惠安木雕源于汉族文化的雕梁画栋,又与泉州传统民居宫式大厝建筑雕刻相辅相成,是流传至今的具有鲜明地方特色的民间工艺。它融合了泉州的风俗习惯,既具有古朴淳厚、线条流畅、刚直简洁、人物造型端庄的中原痕迹,又具有南方雕刻艺术细腻繁杂的特点,是南派雕刻艺术的典型代表。2007 年被列入福建省第二批省级非物质文化遗产名录。

泉州木偶头雕刻与泉州木偶戏兴盛紧密联系,明清时期日益兴盛,19世纪前,并没有专业作坊,皆由妆佛铺兼营,然而技艺已颇为精湛。这当中,西来意妆佛铺雕刻的木偶头,形象逼真,最为出名。清朝末期,开始出现专业作坊,技艺进一步提高,周冕号的黄良和黄才的木偶头雕刻与粉彩作坊,曾名噪一时。清末的江加走,更是泉州最负盛名的木偶头雕刻大师。江加走,字长清,泉州城北郊花园头村人。少年时代,仰慕黄良和黄才的木偶头雕刻技艺,暗中学习揣摩,刻苦练习,掌握了黄家传统雕刻技法,且不断发展创新,终成一代大师。70 多年间,创作了 280 种不同形象不同性格的木偶头,新编 10 余种不同式样的木偶头髻和发辫,雕刻和粉彩的木偶头像竟达万余件。江加走的艺术成就,得到国内雕刻界高度认可。1958 年,上海人民美术出版社特为出版《江加走木偶头像雕刻》一书,传记又被编入《中华民国史资料丛稿·人物传记》,斐然成就,由此亦可略见一斑。

泉州砖雕艺术品,主要用作民宅和宗祠的门罩及门楼,同时亦用于寺庙八字墙等装饰。福建砖雕艺术,晋江、浦城、建阳等几个地方,最为著名,荟萃了众多精华。晋江砖雕,陶质较为松软,胎骨多呈砖红、青灰两色。雕刻技法,大多采用镂空雕、浮雕加线刻相结合。造型多种多样。例如,狮子造型,丰满雄健;花卉造型,简练柔美舒展。特别是龙与凤造型,风格与中国传统造型有较大不同,龙的造型甚为威猛,凤的造型则颇典雅。之所以如此,主要是受古景教与摩尼教教义影响,融进了西方文化的神秘色彩。

漆线雕是来自泉州的汉族艺术文化瑰宝,是闽南地区独有的传统工艺。自唐代彩塑兴盛以来,漆线雕便开始被应用于佛像装饰,俗称"妆佛",迄今已有一千四百多年历史。漆线雕做工精细雅致,形象逼真生动,风格古朴庄重,堪称泉州民间工艺奇葩。漆线雕的种类,主要有盘、瓶、框三种,经过历代改良创新,也装饰在瓷器、玻璃器皿、石头等材质制作的盘、瓶、炉等上面。

漆线雕的制作,工序甚为复杂,大多要经过漆线土制作、粉底、设计造型、做底胎、搓线、漆线雕塑、上明漆、粉白土、上安金漆、贴金箔等程序。在这些工序中,雕塑是主要工序,漆线装饰则是关键,装饰题材以龙凤、麒麟、云水、缠枝莲等居多。早期从事漆线雕制作者,大多是来自惠南张坂的佛雕艺人。这些艺人先是将漆线雕应用于佛像和神像装饰,后来发展成为独立的工艺品。随着时间推移,从事漆线雕制作的民间艺人越来越多,产品驰誉中外,远销到东南亚各国。泉州民间艺人还把漆线雕与陶瓷结合起来,制作出线条陶瓷作品,如线条瓷塑《郑成功》,曾参加全国工艺美术展览,并被选送到日本展出,获得很高评价。目前的泉州,仍有多位漆线雕代表性传承人,诸如,永春县蓬壶镇幕后佛雕第十六代传人吕俊杰,晋江市安海镇庐山国佛雕祖铺第九代传人邱加田,泉州台商投资区张坂镇黄雪玉、黄胜阳、黄培聪等。漆线雕具有很高的收藏价值和纪念价值,2006年经国务院批准,漆线雕被列入首批国家级非物质文化遗产名录。

二、陶瓷彩塑的土与洋

泉州陶瓷雕塑,是泉州传统艺术的重要组成部分,历史悠久,形态各异,造型生动,技艺高超,具有浓厚乡土气息,既深受泉州人喜爱,且闻名海外,尤其是德化瓷器,长期远销海外,成为海丝与茶叶丝绸并列的重要外销商品。

唐五代,泉州有瓷窑十几处,制瓷业已颇为发达。宋元时期,福建瓷器有黑瓷、白瓷、青瓷三种。黑瓷以建阳水吉建窑为代表,白瓷以泉州德化窑为代表,还有晋江磁灶窑、安溪窑、南安窑等。青瓷以同安汀溪窑和晋江磁灶窑为代表,又有安溪窑、南安窑等。明清以来,晋江磁灶和德化生产的瓷器,都很有名气,尤其是德化白瓷器,享誉海内外,是人们收藏的珍品。

德化瓷器的烧制,始于新石器时代,兴于唐、宋、元,盛于明、清,发展于当代。新石器时代,德化已有印纹陶器烧制。唐代后期,德化制瓷业已较发达,日趋成熟,粗具规模,开始烧制青釉瓷。宋代,德化瓷器制作日益兴盛,目前保存的碗坪和屈斗宫等古窑址,颇为庞大的规模,就是最好证明。明末清初,德化陶瓷进入鼎盛时期。清末至近代,虽有所低落,仍传承不断。中华人民共和国成立后,尤其是改革开放以来,面貌一新,再次大放异彩。

带有浓厚乡土气息,是德化瓷器突出特点。德化瓷器存续千年,长盛不衰,正如泉州石雕、木雕那样,从根本上说,在于与百姓生活密切关联,具有广泛群众基础。瓷器的烧制,采用本土原料,制作的目的,首先是为满足百姓日常生活需要,尤其是占有最大分量的各种生活瓷器,更与人们日常生活息息相关。同时,瓷器烧制不断推陈出新,亦与泉州民间信仰密切联系。形态各异的瓷观音、达摩、如来佛、罗汉等瓷雕品,成为德化瓷雕重要角色,无疑就是最好说明。至于造型,无论生活用具或者佛像,以及各种观赏瓷器,同样离不开泉州人的审美情趣,或者说是以泉州人审美情趣为基准的。因此,从某种意义上说,德化瓷器很"土"。然而正是这种"土",因工艺精湛,质地优良,富有独特民族风格和浓郁地方特色,使它不仅在本土深受欢迎,且扬名于海外,成为外销重要产品,显得颇有"洋气"。

德化瓷器受到洋人青睐,原因无疑有多方面,既在于实用价值,诸如各种生活用瓷,亦在于观赏价值,诸如各种人物与动物瓷。然而归根结底,在于艺术表达方式的高超,制作技艺的精湛。德化瓷烧制,可分为瓷土加工、雕塑成型、烧成三个过程。瓷土加工即选用优质白瓷土为原料,精细加工。雕塑成型是兼收并蓄各种艺术,综合石刻和木雕及泥塑技法特点,采用捏、塑、雕、刻、刮、削、接、贴等技法,雕塑成型,大多先用模具制成初坯,再注浆或拓印成型,干后根据需要决定是否上釉,亦有少量是直接塑造成型。烧成是将成型后的瓷坯放入窑中,在上千度高温下烧制而成。德化瓷器制作工艺的高超,主要表现在品种不断增加,雕塑技法不断提高,烧制技术不断进步。而且这三个方面相辅相成,相互推动,从而使德化瓷器不断迈上新台阶,享有愈来愈高声誉。宋代,德化瓷器开始主要是青瓷和青白瓷,以及白瓷和少量黑釉瓷,随着技术不断提高,白釉瓷逐渐居主。雕塑成型工艺,逐渐采用轮制和模印及胎接成型技术。烧制技艺,主要使用龙窑,亦即所谓蛇目窑。元代,德化开始建造"鸡笼窑",亦称分室龙窑,陶瓷烧制由宋初还原烧成技术,发展为氧化烧成技术。明代,制作工艺跃上新台阶,烧制的窑亦有重大进步,在全国首创"阶级窑"。雕塑艺术创新发展,题材丰富,工艺精细,从主体造型设计,表情刻画,衣服处理,直至局部装饰的完成,皆体现出精湛技巧,文化素养高超,从而形成独特的瓷雕风格。而且釉色亦有重大突破,创造了独具一格的"象牙白",又名奶油白。白釉瓷瓷质如脂似玉,色调素雅,击声如磬。嘉靖、万历年间,德化雕塑大师何朝宗,总结前人制作工艺和烧成经验,吸取唐代佛像画家吴道子风格,制作出精美的德化瓷塑,形成独特的艺术风格,成为中国白瓷的代表。崇祯年间,宋应星《天工开物》载:"德化窑惟以烧造瓷仙、精巧人物、玩具瓷器。"清代至近代,德化瓷的雕塑艺术,继承前人优秀技法和何派风格,不断创新发展,赋予新的生活气息,世代相传,绵延兴盛,一直享有世界艺术瑰宝的崇高地位。

德化窑是中国民窑的代表,历史悠久,烧制工艺个性显著,形成独具特色的传统工艺,推动各个时期窑业技术的科技进步。德化瓷塑是民窑瓷塑的杰出代表,它不受官窑繁琐拘谨的羁绊,取材广泛,造型优美,线条流畅,胎釉坚固致密。产品器型丰富,集实用、装饰、观赏于一体,具有民间陶瓷艺术的浓郁芬芳。因此,得到了广泛赞誉,在国内制瓷业始终占有极为重要地位。元代,德化瓷塑佛像已进贡朝廷,得到帝王赏识。明代,德化在全国首创著名的"阶级窑",窑膛容量大,可达数十立方米,燃料消耗省,烧成温度易控制,利用还原和氧化技术烧制,成品率高,品质好,烧成技术炉火纯青。因此,被推广到国内湖南和江西及西南地区,并向外传播到日本等地,对中外窑炉改革和窑业技术进步,起过推动作用,德化窑炉被世人确认为"串窑的始祖"。德化窑的烧制技术,坯釉配方,成为国内外专业人士研究和仿效的课题,在中国乃至世界陶瓷史上具有重要的历史、文化、科学价值。德化窑烧制技艺达到的艺术高度,以及独特的艺术风格,至今仍垂范后人,成为瓷雕界竞相追求的目标。明末清初,德化陶瓷进入鼎盛时期,德化窑以"阶级窑""中国白""何派艺术"三大艺术成就称雄天下。何朝宗的瓷雕艺术品,北京故宫博物院收藏的达摩和盘膝观音,泉州市文管会珍藏的渡海观音,皆被列为国家一级文物。清末,德化与江西景德镇、湖南醴陵并称"中国三大瓷都"。德化瓷雕艺术品,南京、上海、广州等博物馆,都有珍藏。它对于研究、了解、弘扬中国文化,有着不可估量的作用。1996年,德化县获国务院经济发展研究中心命名为"中国陶瓷之乡"。2001年,获文化部命名为"中国民间艺术之乡"。2003年、2008年,两次被中国工业联合会、中国陶瓷工业协会授予"中国瓷都"称号。2005年,德化瓷艺入选首批国家非物质文化遗产名录。

德化瓷的雕塑烧制,技艺高超,兼具实用性与观赏性。德化瓷早于宋代即已名闻海外,并以外销瓷著称,它与丝绸和茶叶并誉于世界,是中国古代海丝主要贸易品种,在国际贸易中有着重要地位。德化青瓷和青白瓷及白瓷,器型大、胎薄、釉色滋润、白度高,开始大量出口海外,大规模销往南亚、中东和欧洲。元代,马可·波罗游历泉州,盛赞德化陶瓷,并将德化瓷带往海外各地。明初,郑和下西洋,所带瓷器,就有德化瓷。明代,德化象牙白瓷研制成功和投产,因釉色乳白,如脂如玉,色调素雅,被誉为"国际瓷坛的明珠""世上独一无二的珍品"和"中国白"。瓷雕艺术大师何朝宗的瓷观音、达摩、如来、罗汉等瓷雕艺术品,精美绝伦,被誉为"东方艺术珍品",达到"天下共宝之"之境界。英国、法国、意大利、日本、美国等国家的著名博物馆,都收藏有何朝宗的传世作品。清代,德化青花瓷花色丰富多彩。瓷雕题材品种广泛,日用瓷多式多样,产品亦大量销往海外。民国,德化自制釉上彩绘颜料,绘制的古彩瓷,画工精细,用色考究。民国四年(1915年),德化民间艺人苏学金首创的捏塑梅花,在巴拿马万国博览会上获得金奖。随后,许友义的《木兰从军》《关公》《观音》等瓷雕作品,又分别在英国和日本举办的国际博览会上获得金奖,至今仍被西欧某些国家博物馆收藏。德化瓷的"洋"色彩,由此亦可略见一斑。

中华人民共和国成立后,德化瓷业获得新生,新秀辈出。特别是改革开放以来,德化全面推广窑炉改造和烧成技术革新,陶瓷业发展迅速,生产技术和产品质量也发生了深刻变化。原料加工和制坯成型,采用机械化半机械化,隧道窑取代阶级窑,以电、油、液化气等代柴烧瓷,获得成功。瓷种由单一发展到有建白、高白、普白和宝石黄、白玉瓷、珍珠瓷、紫砂陶、白炻器、开片釉、银丝釉等。主要产品有各种成套中西餐具、咖啡具、茶具、酒具、文具等日用瓷和各种传统与现代人物、动植物瓷雕、花瓶、花篮、灯具、挂盘等艺术瓷,以及西洋小工艺瓷数千种。传统瓷雕与高白瓷、建白瓷被誉为中国瓷坛"三朵金花",建白瓷最有名,被称为中国白、象牙白、奶油白、中国瓷器之上品。瓷雕西洋小工艺独占鳌头。1993年,时任总理李鹏题词:"德化名瓷,瓷国明珠。"目前,全县有陶瓷企业上千家,其中集团企业20多家,是全国重点陶瓷产区,陶瓷产值上百亿元,占全县工农业总产值三分之一,是德化支柱产业。每年出口几十亿元,是福建陶瓷出口主要基地,也是全国最大西洋小工艺瓷出口基地,陶瓷产品畅销世界五大洲150多个国家和地区。这对于弘扬中国文化,促进文化交流及友好往来,亦有着不可估量的作用。

泉州彩塑工艺,亦值得一提。它是汉族传统民间工艺,以本地黏土为主要原料,糅合纤维物、沙、水等做成胶泥,通过手捏或模制等方式塑成各种造型,阴干或烧制后再填缝、打磨,最后施以彩绘制成彩塑作品。泉州彩塑具有悠久历史。唐五代,道教和佛教在泉州传播,各类宫观寺庙兴建,促进了民间彩塑艺术兴起。宋元时期,民间彩塑艺术进一步发展,出现许多雕塑神道佛像铺和妆佛艺人,某些小型彩塑也发展起来,有许多人专门从事彩塑制作。明清时期,泉州彩塑工艺品创作十分繁荣,题材更加多样化,技术也有很大提高。近代以来,彩塑工艺仍流传不衰,尤其是小型彩塑,既可供观赏陈设,亦可让儿童玩耍。彩塑的前身是泥塑,经着色后就成为彩塑。顾名思义,彩与塑,是彩塑作品成功的关键。彩与塑的分量比例,传统说法是"彩七塑三"。完成一件彩绘,要从捏塑入手。必须确定主题,经过周密构思,运用一定手法将各种不同人物的性格特征及精神状态刻画出来,力求达到形神兼备。接着就是彩绘,先彩色后绘画,绘画称为开脸,可起到画龙点睛作用,赋予人物喜怒哀乐各种表情。泉州民间艺人把生漆揉成细如毫发的漆线,并应用到彩绘上,装饰花纹图案,称为"漆线开金",形成泉州彩塑艺术独特风格。泉州各地都有彩塑,造型生动、色彩绚丽,具有独特的地方风格。彩塑大体可分为神像和泥偶两类。泉州彩雕神像具有很高艺术价值。明嘉靖年间,泉州王弼创作的关圣帝君、关平、周仓、天妃神像颇有名气。清代以来,泉州知名的妆佛铺有西来意、西明国、西方国、西天国等,作品行销闽台各地及东南亚。泥偶大多取材于民间,福德正神、观音、弥勒、福禄寿三星等,表现民间传统习俗与风情,品种丰富,风格淳朴,富有浓郁乡土气息,且价格低廉,深受欢迎。

三、花灯艺术的旧与新

泉州花灯艺术,亦是泉州民间传统艺术的典型代表,向来为人们所称道。它与泉州民俗活动紧密结合,同样带有浓厚的乡土气息,历史悠久,声名远播,且与时俱进,不断推陈出新,时至今日,仍在泉州广泛流行。

泉州花灯艺术,基础是剪纸艺术,以及刻纸和糊纸艺术。剪纸,即用剪刀将纸剪成各种图案,是种镂空艺术。刻纸由剪纸发展而来,有的艺人用刻刀刻制,即为刻纸。糊纸,又称彩扎,是为适应民俗需要,尤其是死人入殓和迎神赛会发展起来的。以剪纸和刻纸为基础,并通过扎制造型骨架、制浮雕式造型、剪裁并贴上装饰品纹样和线条、将纸糊成立体管状、彩绘艺术造型等工艺程序,扎制出各种人物或器具。剪纸、刻纸和糊纸,都是汉族古老民间艺术。从中原南迁而来的泉州先民,带来了中原这些民间艺术,并与泉州民俗活动和宗教活动紧密结合,因而具有广泛群众基础,并为泉州花灯发展提供了坚实的艺术基础。

泉州剪纸、刻纸和糊纸艺术,唐五代已出现,宋元时期已颇为流行,明清时期更是蓬勃发展,尤其是刻纸和糊纸艺术,更是大放异彩。刻纸,最初刻制的是红笺和福符,贴在门楣或春联上端,用以增添春节喜气,后来也用作其他装饰,尤其是与糊纸相结合,广泛应用于岁时祭神、喜庆节日、吊丧礼仪等民俗活动,并成为泉州花灯艺术重要的造型手段。清代后期,泉州剪纸和刻纸应用更加广泛,题材更加丰富多样,并出现专业纸扎店。清末,泉州刻纸糊纸业蓬勃发展,纸扎作坊有数十家,艺人多达几百人。同治年间开设的"锦茂"纸扎店,最为古老,传有四代,民国年间改名"金传胪"。传承人李尧宝能刻善画,所创造的阴刻图案,将实用性和艺术性相结合,对泉州刻纸艺术发展有较大影响。著名者尚有陈其寿"玉版成",张春波"棉成",陈霖司"泉兴",蔡细只"新楮宗",蔡乌纳"建兴"等。民国期间,又有林存忠"工艺糊纸店",苏荣来"金奇然",杨兴司"仿真成"等颇有名气的糊纸店。刻纸糊纸艺术不断发展,使泉州花灯具有很好的艺术底蕴。

泉州花灯艺术,正由于具有广泛群众基础,又有深厚艺术底蕴,因而形成鲜明地方特色,基本特点是既"旧"又"新",既悠久历史,又长盛不衰;既保留了许多传统艺术,又不断推陈出新。因而既成为泉州民间艺术奇葩,影响巨大且深远,且声名远播,在海内外享有很高声誉。直至今日,依然如此。

泉州花灯的"旧",首先在于历史悠久,源远流长。泉州花灯由中原传入,始于唐代,盛于宋代,传延至今,已有上千年历史。花灯是"光"与"彩"结合的灯彩艺术,故亦称灯彩,本身具有独特的审美价值,受到百姓喜欢,是民间文化娱乐表演的重要艺术形式。花灯传入泉州后,由于与传统节日及婚嫁喜庆活动融合,这使它在泉州更是具有极为强大的生命力,历经千年而不衰。唐代中原士民南下,将闹花灯习俗带到泉州,各种式样花灯也随着经济文化的交流不断从外地引进。相传泉州"宫灯"和"龙灯",就是客商自外面引入,至于彩灯,则是仿效扬州。宋代,泉州"灯节"迅速发展,花灯之盛,冠绝天下,曾有"春光绝胜百花芳,元夕纷华盛福唐"之说。南宋时期,泉州设南外宗正司,管理三千多名皇室宗亲,这些皇室宗亲仿照临安大放花灯,"家家设灯,有极精丽者"。梁克家《三山志·土俗》载:"泉州花灯品种色色俱全,莲花灯、百花灯、琉璃灯"等。元代,阶级矛盾和民族矛盾尖锐,全国花灯活动处于低谷,泉州也不例外。明代,朱元璋建都南京,规定正月初八日挂灯,正月十七日收灯,元宵灯节与宋代相比,时间更长,泉州花灯品种更为繁多。明代谢肇淛《五杂俎》载:"天下上元,灯烛之盛,无逾闽中。"明代张岱《陶庵梦忆》中,称赞泉州花灯:"穷工极巧,造灯十架,凡两年。"又称:"十年不得坏。"清朝,泉州元宵放灯已成习俗,场面热闹。道光《晋江县志·风俗》载:"岁时行乐,如元宵闹灯,端午竞渡。"按《泉州旧风俗资料汇编》载,清末陈德商《温陵岁时记》称：泉州元宵，"上元灯——市人制灯出沽。或以五色纸，或以丝料，或扎通草，作花草人物虫鱼，燃以宝炬，惟妙惟肖，俗名古灯。恒于府治西畔双门前作灯市。……故桐荫吟榭邱家树《上元灯》词云：'一年元夕一回换，怪听声声卖古灯。'"灯品的制作，长盛不衰。泉州元宵花灯闻名全国，自古以来就是"月牵古塔千年影，虹挂长街十里灯"的名城。乾隆《泉州府志·风俗》载：泉州上元节，"灯火三层，蘸沉檀其上，香闻数里矣"。近代以来，依然延续元宵放灯风俗，花灯自然亦不可或缺。

　　泉州花灯的"旧"，还在于长期保留花灯艺术的许多传统。花灯传入泉州后，在与泉州民俗活动紧密结合的基础上，从种类、造型、题材、制作材料，以至制作工艺，亦形成一整套传统。泉州花灯种类，传统上分为座灯、挂灯、水灯、提灯。座灯：灯体底座安放地上，骨架造型相对复杂，灯光内置或外设。挂灯：最为常见，悬挂于屋内外，做工较精细，便于近距离观赏，材质轻盈为主。水灯：放在水面上，大多是船灯和荷花灯，灯彩多用防水材料制成，也有用纸质做成。提灯：常为孩童提在手上，灯体小而轻且简单。从造型题材与内容看，可分为人物、故事、喜庆、祈福、山水、花鸟、鱼虫等。诸如：宫灯、龙灯、龙凤灯、子母灯、生肖灯、绣房灯、绣球灯、玉簪灯、新娘灯、恭喜灯、双喜灯、八卦灯、平安灯、润饼灯、花鼓灯、蔬果灯、梅花灯、荷花灯、莲花灯、公鸡灯、蝴蝶灯、鲤鱼灯、虾灯等。从制作材料看，可分为彩扎灯、针刺无骨灯、纸灯、纱灯、走马灯、锡雕灯等。从制作工艺看，因使用材料不同，分为木制骨架和竹篾扎骨两种，还有以纸折成的纸管组成骨架。花灯经过扎骨成型后，表面糊上丝绸或纸张，然后采用框线剪贴结合薄雕或彩绘方法做装饰。有的花灯还配上诗、书、画，有的用透明胶片彩绘，也有单纯用彩纸板针刺孔表现纹样，或运用刻纸手法镂刻图案。彩扎灯的制作过程，大体上分为五个步骤：第一步，以竹篾为原料扎成骨架。第二步，把裁好的纸或绸布喷水紧紧粘贴在骨架上。第三步，将灯笼放在阴凉通风处晾干。第四步，设计安装光源。第五步，外部装饰和彩绘，贴上花边，描上图案。针刺无骨灯的制作，没有任何骨架，灯身图案全是用钢针在制图纸上密密麻麻刺出来，针刺是制作中最重要工艺，巴掌大小的茶壶灯，画面由上万个排列有序的小孔组成，每平方厘米 50 孔以上，要求针眼均匀，排列有序，需要经构思、草稿、计算、绘图、粘贴、烫纸、剪样、装灯、凿花、竖灯、装饰等十几道工序。纸灯和纱灯制作，以竹篾做骨架，糊以透明白纱或纸张，以色纸精凿各种花样，贴在上面，内映戏曲人物、花草虫鱼，鲜明生动，小巧玲珑。走马灯的制作，先以竹篾做骨架,外形为宫灯状,多为六角,面上绘武将骑马,顶部有纸糊扇叶,燃灯以后,热气上熏,鼓动扇叶使灯转动,灯屏呈现人马追逐影像。泉州花灯这些艺术传统形成后,长期延续下来。直到今天,大多仍得到保留。

泉州花灯制作,长期延续传统,有多种因素作用。首先是题材。花灯灯体上绘有人物、山水、花卉、鸟兽等传统题材,这些图案都有吉祥寓意。这种寓意性语言和题材结合泉州民俗,有欣赏和教化双重意义,因此能让观赏者流连忘返。其次是内容。花灯中描绘的故事,作为装饰图案,通常以家喻户晓的传说、道德说教、美人图等为主,特别喜欢理想生活的美好愿望。这既是人们较熟悉的题材和内容,亦是民间习惯审美要求。习惯审美要求不允许做很大变化,这与花灯的功用有关。花灯既是喜庆和民俗活动附加物,必须达到轻松、愉悦、热闹效果。加上民间文娱活动必须有通俗性才有普遍性,为此在故事题材选择上,传统审美情趣和取向均可"入灯",如历史故事和民间传说。粘贴的装饰图案,内容以龙凤呈祥、和合美满、喜鹊登梅、麒麟送子、竹报平安、金鸡报喜、年年有余等传统题材为多,亦体现人们期盼国泰民安、生活富裕的文化内涵。再次是造型及工艺。传统花灯样式,经过千百年发展和完善,形成很完美的造型风格。制作工艺,同样已达到很高水平,可用精美、工细、透亮、巧妙来概括。尤其是泉州花灯艺人根据花灯骨架结构,在各种材料的透光性问题上,体现出甚高智慧和工艺水平,在与图形结合后整个灯体能通透明亮,给人以玲珑剔透之感。如此,泉州花灯许多传统长期延续,也就不足为奇,甚至有很大的合理性。

泉州花灯尽管长期延续许多传统,但实际上又不断推陈出新。深受泉州文化精神熏陶的泉州民间艺人,向来并不守旧,骨子里同样没有满足于现状,他们反对固定不变模式,有种创新的原动力。随着时间推移,社会变迁,民间审美趣味亦在不断变化,客观上亦要求花灯艺术做出相应改变。如此,民间艺人非常质朴的创新原动力,就有了较为坚实的社会基础,有了较为强大的推动力,使其往往会自觉不自觉地对传统进行某些变革,注入新的东西,从而使作品发生变化,俗称"走样"。这种"走样",实质上就是创新。泉州花灯所以独具一格,受到广泛赞誉,亦正是创新的体现。不可否认,泉州花灯在灯体装饰题材内容、形式上跟全国大部分花灯比较,变化并不大,但造型精巧富丽,绘画颜色鲜艳,装饰图案华美,剪纸刻法工致,这些又体现出泉州独有的特色。中国灯彩以苏灯、福灯、粤灯、京灯四大流派为著。泉州花灯融合了这四大流派某些特点,因为泉州自古以来多种文化在此交流,花灯文化也不例外,它使泉州花灯具有很高的审美艺术价值,是中国民间美术的精品。泉州花灯列入首批国家级非物质文化遗产名录,是泉州民族民间文化保护工程重点项目。

现当代人们审美观念的变化,雕塑观念和造型的变化,专业美术设计人才加入设计制作中,加上新型花灯制作材料出现,泉州花灯继续发生着很大变化,不断推陈出新。首先是题材内容。随着时代发展,表现当代社会生活的题材开始出现。诸如,陈冬冬的《蝶恋花》《泉州南音》,陈昌土代表作《刺桐舟》,陈晓萍《如意鼠大型座灯》《春汛早报座灯》《中国瓷都》,曹淑贞《红楼梦彩扎花灯》《中华56个民族》《纪念郑成功收复台湾340周年》,黄丽凤《唐山过台湾》等。某些沿海民俗形象,诸如惠安女等,亦成为当代新题材。地方名胜在内容上也有相当比重。文字表现主要是旺、福等祈福型文字。许谦慎2009年创作的代表作《百福灯》,高约1米,中间有165个"福"字,最上面是象征吉祥的如意。灯亮后,料丝会折射出交错光束,加上刻纸的镂空效果,花灯八面通透,流光溢彩。民间艺人李尧宝制作的《劳动光荣》料丝花灯,悬挂于人民大会堂展厅,可谓当代题材典型代表。其次是造型及工艺。典型者如泉州现代刻纸大师李尧宝,首创刻纸灯和料丝灯。刻纸灯所有图案,全由制作者自己设计,再用刻刀在纸板上刻出。刻纸灯不用骨架,全以刻好图案的纸板拼成。李尧宝又在镂空的图案内镶上玻璃丝,通过光的映射达到璀璨效果,创作出精美绝伦的料丝灯。泉州现代彩扎艺人林存忠,20世纪50年代制作的7层走马灯,在泉州元宵节就获得奖项。林存忠在长期实践中,对传统纸扎工艺进行改良,探索出与众不同的纸扎艺术。他改用铁丝做支架,并用废旧报纸打成纸浆,再捏成各种形状,涂上胶水黏成,喷上金色或灰色油漆,再在作品上摆放些小配饰和灯珠,独树一格。代表作有巨型花灯《龙门》《彩扎》《塔灯》,还有纸扎灯《天坛》等。最后是材料。纸张必为绸缎。泉州灯品材质更为多样,如装饰灯圈和灯座,大多选择亮丽材料。琉璃灯传统上用五色琉璃制作,现多用玻璃纸或透明有机板替代,透明有机板上可绘刻绘制各种图案,分光叠翠,效果良好,给人以玲珑剔透之感。所有这些,既体现出泉州花灯艺人较高的智慧和工艺水平,又充分体现出不断进取的开拓性。

第九章 泉州学者的思想开拓

　　历史上的泉州学者,在思想领域方面,表现出颇为鲜明的个性特征。他们秉持务实学态度,注重实际,不人云亦云,反对"泥古",反对思想僵化和绝对化,独立思考,敢于疑古,敢于提出新见解,勇于批判,有不少理论创新,突出体现在三方面:一是理学方面的创新,二是对传统"农本商末"观念的质疑,三是敢于挑战传统礼教。

第一节　泉州学者的理学创新

　　泉州学者尽管并非理学的创立者,然而对于宋代以来理学的形成、丰富、发展及创新,却做出了特殊贡献。这主要体现在南宋时期对朱熹理学形成及传播的贡献,明代对朱熹理学的丰富和发展,清初以李光地为代表的泉州学者对理学的创新。

一、宋代泉州的理学贡献

　　泉州是朱熹过化之地,南宋以来文化发展深受朱熹思想影响,这是人们早已公认且反复指出的事实。然而同样不应否认的是,泉州文化对朱熹思想亦有不小影响,泉州不仅为之提供了重要的实证基地和思想素材,而且大批泉州学者或是朱熹长期切磋的朋友,或成为朱熹的门人或信徒,为朱熹理学的形成和传播发挥了不小作用,泉州安海甚至有"闽学开宗地"之称。只不过,这一点长期以来鲜为人们所注意。

　　所谓理学,是宋代儒家学者提倡的"义理之学"。他们反对汉唐以来儒家只注重经学训诂笺注,主张为学要明心养性,讲明义理,是一种倡导复兴儒家伦理主义文化价值的学术思潮。他们认为仁、义、忠、信不离乎心,为学应以正心、诚意、修身为主,为达到这个目的,必须以《易》为宗,以《中庸》为体,以孔孟为法。理学产生于北宋,创始人是周敦颐,盛行于南宋与元明,清中期后逐渐衰落,但是影响延续至近代。广义的理学,泛指以讨论天道性命问题为中心的整个哲学思潮,包括各种不同学派;狭义的理学,专指以程颢、程颐、朱熹为代表的以理为最高范畴的学说,即程朱理学。理学是北宋以后社会经济政治发展的理论表现,是中国古代哲学长期发展的结果,特别是批判佛道哲学的直接产物。理学在中国哲学史上占有特别重要地位,持续时间长,社会影响大,讨论的问题也十分广泛。理学流派纷纭复杂,北宋有周敦颐的濂学,邵雍的象数学,张载的关学,二程的洛学,司马光的朔学;南宋有朱熹的闽学,陆九渊兄弟的江西之学,吕祖谦的金华之学;明代则有王守仁的阳明学等。尽管这些学派具有不同理论体系和特点,但按基本观点和影响来分,主要有两大派别:二程、朱熹为代表的程朱理学,陆九渊、王守仁为代表的陆王心学。理学家尽管分为不同学派,但又都以传孔子之道自命,以维护道统为己任,故理学又称为道学。作为地主阶级新的思想理论体系,理学一度对中国社会发展起过较好作用。它在思辨哲学方面的发展,无疑是人类历史上一大进步。理学对于日本、朝鲜的历史发展,曾产生相当大的影响。然而理学在强化封建礼教维护宗法诸方面,随着中国封建社会的不断发展,越来越起着消极乃至反动的作用。

南宋理学分为三大学派,即朱熹学派、陆九渊学派、吕祖谦学派,朱学以格物致知,陆学以明心,吕学兼取其长。朱熹学派与泉州关系最为密切。朱熹,字元晦,号晦庵,祖籍徽州婺源,南宋高宗建炎四年(1130年)生于尤溪,宁宗庆元六年(1200年)卒于建阳考亭,享年71岁。他一生中除在江西、浙江、湖南、安徽任职4年多外,其余60多年都在福建各地从事学习、著述、讲学、从政等活动,基本上属于福建人。其学说被称为"闽学",学派被称为考亭学派。朱熹仕途并不顺畅,黄榦《朱子行状》称,朱熹"登第五十年,仕于外者九考,立朝四十日",大部分时间从事著书立说,讲学授徒。他以孔孟儒学思想为主体,兼采禅道之说,继承程颢、程颐理气关系学说,构成完整的理学思想体系,成为南宋著名的理学大家。

泉州与朱熹关系非同一般。泉州既是朱熹青年时代初仕之地,又是他一生多次来过的地方。朱熹幼时就曾随父朱松来过泉州安海。考中进士后,首先出仕的地方是泉州同安县,从23岁至27岁,担任主簿5年,是朱熹任地方官时间最长的地方。54岁重游泉州,61岁知漳州时又曾到泉州。朱熹在泉州前后待了六七年,或因公务或访友论学,足迹遍及泉州郡城及泉属晋江、南安、惠安、安溪、永春、德化、金门等县,讲学办学,访禅问道,游览山川,对泉州人事、山川、风物吟咏唱和的诗达上百首,留下楹联和题刻不胜枚举。他对泉州文化,尤其是民俗文化、宗教文化、家族文化、建筑文化、戏曲文化等都有深入理解。朱熹在泉州的生活,尤其是任职的5年,正是青年时期,是朱熹思想体系形成的重要阶段。泉州文化丰富内容与斑斓色彩,使浸渍在这种环境中的朱熹受到深刻触动,进而加以关注与审视。朱熹不少思想观点,相当程度上正是来自泉州文化的启迪,来自对泉州文化的观察与思考。

朱熹在泉州几年,正处于"理欲初辨"的重要阶段,泉州文化,尤其是民俗民风,为之提供了丰富的现实素材,提供了重要的理论依据。最为典型者,莫如男女交往与婚姻习俗。泉州女子向来出门较为随便,男女关防不甚紧严,同安甚至有青年男女"引伴为妻"之俗。这些习俗,无疑亦可归入"理欲"范畴,不能不引起朱熹高度关注,并在深入思考的基础上得出自己的结论。按《朱文公文集》卷二十载,朱熹颇为愤激地说:"访闻本县自旧相承,无婚姻之礼,里巷之民贫不能聘,或至奔诱,则谓之引伴为妻,习以成风。其流及于士子富室,抑或为之,无复忌惮。其弊非特乖违礼典,渎乱国章而已。至于妒媚相形,稔成祸衅,则或以此杀身而不悔。习俗昏愚,深可悲悯。"在朱熹看来,婚姻是"礼"之重心,关乎家庭乃至社会稳定,"引伴为妻"严重违"礼",是祸乱重要源头,容许这种恶俗泛滥,是纵容"人欲"横流,必导致社会风气败坏,给封建统治带来极大危害。于是朱熹颁布法令,"晓谕禁止",又亲自制定严格而具体的婚娶仪节,"以凭遵守,约束施行"。朱熹这里反复强调的"礼",正是"理"的重要组成部分,是"天理"的重要体现。所以,朱熹在泉州的观察与思考,并非简单的民俗民风矫正问题,实际上已被纳入"理欲初辨"范畴,上升为"理欲初辨"的组成部分。而所得出的基本结论,表明"理欲初辨"这时已渐见分晓,以"理"制"欲"思想亦已逐渐明晰。因此,泉州文化在促进朱熹思想的形成和发展上有不可忽略的影响。

朱熹理学思想形成初阶,泉州学者也有不小贡献。朱熹在泉州期间,结交了不少泉州名士,经常相互切磋学问,思想也受到不小启迪。在这些泉州文友中,陈知柔、傅自得、蔡和、柯翰、杨景陆等几位最为突出。

陈知柔,永春人,绍兴年间进士,官至贺州知州,因不愿阿附秦桧,屡被排斥,辞官回家乡讲学,终其一生。陈知柔除创办岩峰书院讲学外,还在泉州各地讲学,余暇则潜心研究与著述,经学颇有造诣,著作甚丰,有《易丰旨》

《易经大传》《春秋议例》《论语后传》等。朱熹任职泉州时，结识陈知柔，两人志同道合，同游泉南许多地方，吟诗唱和。朱熹曾两度赴永春与其谈经论学。按《泉州府志·陈知柔传》载，陈知柔去世后，朱熹作祭文，称两人曾"谈经论义，篇什间作，昼夜不休。相与追游莲花、九日、凉峰、凤凰、云台之间，昼则联车，夜则对榻。……公于诸经，皆有论述，许以寄我，相与考评。而今而后，不复遂此愿矣"，可见他们的关系非同一般。

傅自得，南安人，吏部员外郎傅察之子。从小笃志力学，博览群书，14岁时才华已初露锋芒，得徙居泉州的原参知政事李邴赏识，后并以女儿下嫁。自此为学更得到李邴指授，并有机会和许多名士交游，学识大大提高。因父荫得官，历官兴化、漳州、福州等地，官至福建转运副使。后因赵令衿案罢归泉州，以讲学著述为乐事。傅自得的大量理学文章收入其《至乐斋文集》，共40卷，《宋史·艺文志》有载。傅自得与朱熹亦是挚友，朱熹任同安主簿，多次到南安邑治丰州，两人或切磋学问，共同探究经学奥秘，辨析注疏真伪，或游赏山川胜景，赋诗唱和。在朱熹诗文中，屡见"傅丈""提携"字样。傅自得去世后，朱熹为其写《行状》，洋洋五六千言，概括其一生政绩、人品、学问等。

蔡和，南安人，自小无意功名，潜心读书，尤其深入研习经学。朱熹赴同安任主簿，途经蔡和家乡，前往拜访，交谈融洽。朱熹称蔡和为贤人，时相往来，谈理论道，往往数日方离去。朱熹知漳州，收北溪陈淳为门徒，推荐陈淳与蔡和交游。蔡和后同陈淳在泉州设馆讲学，以义理之学著称。

柯翰，南安人，无意功名，以研究经学和教授后学为乐，矢志不渝。朱熹任同安主簿时，闻知其才学，邀其到同安主持县学。柯翰在县学主讲《礼记》，朱熹又为之发挥。讲学之余，两人常聚一起，反复讨论仁体、忠恕、易卦、春秋等问题。柯翰对经学颇有研究，著有《易春秋礼记解》。据《泉州府志·柯翰传》载，柯翰逝世后，朱熹为其写祭文，对其治学精神评价很高，称："俗弊道衰，士鲜知学。……孰能如君，苦心励志。探讨之勤，白首不置。弗萦于禄，不媚于时。自信之笃，死生莫移。"

杨景陆，南安人，开禧初年进士，官至建宁司法参军。杨景陆广泛涉猎儒学，尤其对《春秋》情有独钟，深入钻研，颇有造诣，著有《春秋解》《汉唐通鉴》《史志解》等。朱熹往同安任职，路过官桥杨景陆家，前往拜访并留宿，两人一起探讨理学。按《八闽通志·杨景陆传》载，杨景陆讲授经史，"钩玄提要，生徒常数百人。为文纯丽丰赡，应博学宏词科，撰置高等"。

学术总是和教育联系在一起的,历史上任何一种学术思潮的兴起、发展、深入,都和某种教育组织、教育活动联系在一起,理学亦是如此。教育既是这种学术思潮得以广泛传播的外在要求,又是其学术思想内容重道德教化的内在要求。因此,理学家们都积极创办书院讲学,并以此为阵地,宣传学术思想。朱熹亦是如此,为使理学成为一种能深入持久发展下去的学术思潮,朱熹在泉州积极倡办书院讲学,把这种独具特色的教育组织和新兴的理学思潮结合起来。朱熹创建泉州城内小山丛竹书院、南安丰州九日山书院、金门燕南书院,并在这些书院讲学授徒。晋江安海也是朱熹多次讲学的地方。绍兴初年,朱熹父亲朱松任石井镇监税。按《安海志·学校》载,朱熹任职同安时,屡次到安海寻访父亲遗迹旧事,“见其老幼义理详悉,遂与论谈,士因益勤于学”。朱熹“与安海耆老俊士论经说义”,“厥后集千圣之大成”,安海因此有“闽学开宗地”之誉。泉州孔庙明伦堂旧有一楹联:“圣域津梁,理学渊源开石井;海滨邹鲁,诗书弦诵遍桐城。”朱熹还在友人或门人创办的书院讲学,诸如南安石井杨林书院、安溪县城凤山书院等。朱熹多次到杨林书院讲学,四方学士来访求教者络绎不绝,杨子山上还留有“活源”“仙苑”等朱熹题刻。朱熹以书院为重要阵地,向“邦人士子”讲授“圣贤修己治人之道”的“义理之学”,使其接受理学思想熏陶,能够分清是非善恶,懂得礼义廉耻,“稍知为善之方”。“守道恬退,不随流俗……少变奔竞薄恶之风”,以求改变社会风貌,实现“身修家齐,风俗严整,嗣续分明,人心和平,百物顺治”。朱熹在泉州创办书院讲学,拥有许多得意门生,著名者有“紫阳始教之高第”许升,“有志于紫阳之学”的丘葵,“得紫阳道学之传”的吕大奎,“明敏有余少持重”的王力行等人。据《泉州府志》载,学有所成的朱子门人尚有:南安人傅伯成、李亢宗、黄谦、晋江人林峦、杨履正、杨至,惠安人刘镜等。朱熹与泉州结下的不解之缘,使朱子学说在泉州播下种子,使“闽学”在泉州有了深厚基础。

朱熹在泉州期间,积极办学和讲学,培养大批弟子。朱子门人活跃于泉州各地,积极传播朱子学说。南宋泉州创办的十二所书院,除了三所为朱熹创办,一所为朱熹志同道合者与朋友陈知柔所建外,余者都是朱子门人或信徒所建,其中以泉山书院的创建最为典型。朱子门人及信徒在泉州创办书院,同时进行讲学,使泉州在南宋成为福建书院发展最兴盛的一个地区。由于泉州这些书院同朱熹有着极为密切的关系,因而成为传播和研究朱熹理学的重要场所。朱熹在泉州讲学时,边讲学边研究。由于朱熹的影响,南宋泉州的书院在进行文化教育的同时,学术研究蔚然成风。例如,陈知柔在岩峰书院,吕大奎、杨景陆等在杨林书院,傅自得在丰州九日山书院,都是边讲学边著述。他们不仅研究理学,对朱熹学说加以阐释和发挥,还把研究成果及朱熹重要言论编成《语录》,刊行问世,羽翼了朱熹学派。在这些研究成果中,较著名的有被誉为"泉南名贤、紫阳高第"的吕大奎的《春秋集传》《春秋或问》《论孟集解》《学易管见》《易经集解》等,王力行的《朱氏传授支派图》《文公语录》,杨至的《文公语录》,陈易的《论孟解》,郑思忱的《诗书释》等。所有这些,都有力地推动了朱子理学在泉州的传播。

南宋乾道至淳熙年间,朱子落魄,学说被称为道学,受到严厉攻击,甚至被朝廷宣布为"欺世盗名,不宜信用"的"伪学",严加禁止宣传,支持者亦被称为"伪党",日子很不好过。不少门人为避祸,纷纷离他而去,尤其是外省籍门人。当朱子仙逝时,学说正被严禁,甚至没有门生故旧为他送葬,门庭冷落车马稀。可是他的泉州信徒没有跟随潮流,没有背叛他,仍坚持弘扬师说,羽翼朱门,甚至竭力为他鸣冤叫屈。南安人傅伯成,是傅自得儿子,曾师从过朱子,算是正宗弟子。傅伯成举进士后,庆元年间任太常侍时,很为朱子抱不平,曾在朝廷公开为之大声呐喊,认为先生是罕见的大儒,不应将道学列入"伪学",反而应大力宣扬。按《宋史·傅伯成传》载,他还对御史们说:朋党的弊端,源于君主好恶的颇偏。这话捅到了宁宗皇帝的痛处,宁宗皇帝就随便找了个理由,将他贬为漳州知府,赶出京城开封。在漳州时,傅伯成恪守师训,坚持推行朱子遗志,做了不少事情,是一个不折不扣的忠实信徒。南宋末年,朱子终于恢复名誉,朱子学亦得到平反,从被压抑被禁止转为被推崇被大肆倡导,盛极一时,整个江南成为其天下。可见南宋时期,朱子理学在形成和传播过程中,泉州学者确实起了不小作用,做出不可忽视的贡献。

二、明代泉州的理学丰富

明代王阳明理学兴起,朱熹理学受到严重挑战,面临巨大危机,以蔡清为代表的泉州一大批理学家,坚定捍卫朱熹理学,不仅对其要旨做出深刻阐述,而且对其精髓进一步发挥,丰富和发展了朱熹理学,亦使泉州成为维护朱熹理学的重要阵地。

明代中期,随着国势由盛转衰,王阳明理学登场,它以"致良知"和"知行合一"为核心,极力攻击朱熹理学。在王阳明看来,朱熹理学讲得太深奥了,分析得太精细了,结果讲得愈深奥,那个"道"愈显得不清楚,分析得愈精细,整个学说愈显得支离破碎,精髓在哪里都不知道了,拿着这学说去实践,能不问题重重、四处碰壁吗?若要求得圣人之道,只要在心中自行领悟就行了,因此主张在"良知"上人人平等。王阳明的"良知"学说,风靡大江南北,王门弟子满天下,南宋末年以来朱熹理学的社会基础受到极大动摇,独尊地位受到严厉挑战,急剧低落,到了明代后期,甚至有被取代趋势。

可是王阳明学说盛行之时,唯独福建一省并不大买他的账。至于泉州,更依旧是朱熹理学的天下,无论王阳明学说如何富有新意,如何吸引人,它在泉州几乎没有什么市场。随着阳明学说的盛行,泉州的王门弟子也积极利用包括书院在内的各种思想阵地宣传王学,试图打破朱熹理学在泉州一统天下的局面。然而在相当一个时期内,泉州只有少量的阳明学信徒,冲击力并不是很大。主要是那些来泉州为官的外地人,诸如创建泉州一峰书院的御史巡按聂豹,福建提学副使郭持平,漳泉道巡检曾樱等,泉州人信奉者并不多。而且恰恰是在阳明学风靡之时,泉州出现几位甚有名气的朱子学者。当时,泉州较有影响的学者,蔡清、张岳、陈琛、林希元、苏浚等人,无不都是朱子忠实信徒,毫无保留地站在朱熹一边,立场坚定,旗帜鲜明。这些人面对不利形势,毫不气馁,奋起与王学对抗,竭尽全力捍卫朱熹权威,并通过讲学和著述,丰富和发展朱熹理学。

最典型者,莫过于蔡清。蔡清是明代研究理学的重要人物,也是明清两代学者公认的明代朱子学者第一人。按《明史·蔡清传》载,成化至弘治年间,"士大夫谈理学,唯清尤为精诣"。蔡清,号虚斋,泉州晋江人,成化年间乡试解元,后又考中进士,历官至江西提学副使,卒后谥"文庄"。蔡清虽有仕途经历,但大部分时间是在泉州讲学著述。他从小力学六经和诸子著作,对理学名家周敦颐、程颢、程颐、张载、朱熹等人的性理之书,更是苦心钻研,故成就很大,有不少独到见解。

蔡清的理学思想,是在与明初心学派的论战中逐步形成体系的,其核心则是继承、捍卫和发展朱熹学说。蔡清于朱熹理学造诣很深,阐述深刻,且在与王学论辩中,对之有很大发展,把它推进到一个较高水平,为挽救其颓势做出了巨大贡献。他敢于对前人研究的是非得失,大胆给予评价。蔡清坚定地认为,朱熹是集理学之大成,"折衷众说,以归圣贤本旨",只有朱熹的学说,才是"正学";只有继承朱熹学说,才是真正合乎儒家正宗真传。他认为,宋儒在研究上"割裂装缀,尽取伊洛遗言",单纯为满足科举需要,没有可取的地方。元代的许衡、吴澄、虞集等人，华而不实，只求抬高自己，自认为是继承道统，其实"名理不精，而失之疏略"。至于明初宋潜溪、王华川等人，研究很少尽心，"不分异同，混取成书"，文人习气又重，也不足取。为了批判众说缺陷，他不遗余力从事著述，以阐明合乎"圣贤本旨"为己任。蔡清著作很多，《四书蒙引》《易经蒙引》《虚斋文集》是主要理学著作，理学思想也主要体现于这几部书中。《四书蒙引》延续朱熹《四书集注》的基本观点，对如何学习掌握四书进行系统的阐述，凡"合于文公者取之，异者斥之，使人观朱注玲珑透彻，以归圣贤本旨"。《四库全书总目提要》评价说："清人品端粹，学术亦醇。此书虽为科举而作，特以明代崇尚时文，不得不尔。至其体认真切，阐发深至，犹有宋人讲经讲学之遗。"《易经蒙引》是蔡清另一部主要著作。蔡清认为《易经》是"五经之首"，生命之蕴，故潜心学习，研究得特别精细，不仅"发挥经言，折衷众论"，且"发前人所未发"，提出不少独到见解。《四库全书总目提要》称："是书专以发明，朱子《本义》为主……不肯委曲附和。……清不全从《本义》，而能发明《本义》者莫若清。醇儒心得之学，所由与争门户者异欤。"《虚斋文集》收录蔡清的诗、书、序、记等，《四库全书总目提要》评价说："清学以穷理为主，笃守朱子之说。其《读蜀阜存稿私记》中，谓朱、陆俱祖孔、孟，而门户不同。然陆学未尽符于大中至正之矩，不免为偏安之业。其宗旨所在，可以概见。然其《易经蒙引》，于朱子之解意有未安者，亦多所驳正，不为苟合。是其识解通达，与诸儒之党同伐异者有殊。"可见评价甚高。

蔡清因对朱熹学说有创造性发展，受到高度评价。明人林俊在《虚斋蔡先生文集序》中，赞颂其成就与贡献说："其学以'六经'为正宗，'四书'为嫡传，四儒为真派。平生精力尽用之易、四书、《蒙引》之间，阐发幽秘，梓学宫而行天下，其于《易》深矣。究性命之源，通幽微之故，真有以见夫天下之赜象。"清人蔡廷魁在《蔡文庄公集序》中说："文庄公崛起于明，远寻坠绪。殚毕生精力，著《易经蒙引》《四书蒙引》，阐孔孟之微言，发明濂洛关闽之正学，刊学宫而布天下，至今学士文人确守其说毋变。钩深括奥，振落扶衰，文庄公讵非紫阳功臣哉！"蔡清自称是朱熹理学继承人，后世亦公认他是明代朱熹理学发展的功臣。正是在蔡清大力倡导下，朱熹《四书集注》成为明清以经术取士的科举考试标准答案。蔡清在泉州成为研究理学的中心人物，并形成清源学派，门徒遍及全国。"有志之士，不远数千里从之"、"出其门者，皆能以理学名于时"。总之，蔡清的影响遍及全国，是明代泉州理学研究最有代表性的人物。

明代泉州学者捍卫且发展朱子学,除蔡清这位核心人物外,陈琛、张岳、林希元也颇为典型。三人年轻时曾僦居佛寺,闭户讲《易》,徒步市中,且歌且走,被称为"泉州三狂士",后皆成为理学家。这三人既是同榜进士,且志趣学识相同,经常在一起讲易、论道、谈文、说诗。三人都以朱子理学为宗,捍卫最为卖力,视王学为"伪说",反复"指击",并形成完整的朱子理学思想体系。

陈琛,号紫峰,晋江人,正德年间进士,官至吏部考功郎,事迹附于《明史·蔡清传》。陈琛为官时间很短,且官位不高,所以享有盛名,不在官位,而在学问。蔡清的门生很多,有名气的也不少,陈琛则是他最得意的一个门生。正如《明史·蔡清传》所言:"其门人陈琛、王宣、易时中、林同、赵逯、蔡烈并有名,而陈琛最著。"蔡清曾说过:"吾得友此人足矣!"蔡清督学江右,邀陈琛偕行,教其二子读书。随后,陈琛回到家乡,设学宫,开讲所,边教学边著述,对理学大加发挥,对自身举业反而置之度外。34岁中举人,41岁举进士。为官前后仅五六年,即告别官场,居家潜心教育与著述。作为蔡清的高徒,陈琛很好地继承了其理学思想。蔡清的理学,受朱熹影响最深,而陈琛的理学,完全继承了蔡清的衣钵。按《明史·蔡清传》载,蔡清曾对陈琛说过一句推心置腹的话:"吾所发愤沉潜辛苦而仅得者,以语人常不解。子已尽得之,今且以付子矣!"这话表露了他东寻西找,找不到能很好继承自己理学衣钵的人,唯有陈琛能领会其理学思想的精髓。《易经通典》《四书浅说》,是陈琛的两部主要理学著作。作为蔡清的高徒,陈琛对其理学思想的继承,主要也体现于这两部书中。《四书浅说》被列为明代泉州四大名书之一,《易经通典》(又称《易经浅说》)是对蔡清《易经蒙引》的进一步发挥。陈琛的这两部书,与蔡清的《四书蒙引》《易经蒙引》一样,形式上也是适应科举之需而作,就对理学思想的阐述而言,也没有超出蔡清,但是他把它们译为白话讲稿,较之蔡清的两部书显得更为通俗易懂,因而成为当时士子登科的两部基本经书。

张岳,号净峰,惠安人,正德年间解元、进士,官至湖广川贵总督。张岳既是大将,又是大儒。泉州一峰书院创建后,他曾继王宣之后任山长。张岳学宗程颢、朱熹,博通经典,穷极群书,深得理学精粹。按《明史·张岳传》载:"经术湛深,不喜王守仁学,以程朱为宗。"正德年间,阳明学盛行,张岳坚持程朱理学,极力反对王阳明心学,而且为击败王学,还于嘉靖初年不辞劳苦,步行到浙江绍兴,当面与王阳明进行大辩论。按《泉州府志·张岳传》载,两人辩论"明德亲民之旨"与"持敬""知行"之义,前后三天,王阳明无法辩过他,只好说:"子亦一时豪杰,可畏也!"黄宗羲《明儒学案》亦载,这场辩论非常激烈,张岳"终执先入之言,往往攻击良知",王阳明则认为张岳是"旧说缠绕",被朱子学说迷惑得太深,双方各持己见,谁也说服不了谁,不欢而散。仅此一事,亦可见当时泉州的朱子信徒,捍卫朱子学说,是如何不遗余力的。张岳回泉州后,继续用书信形式与王学论战。他直斥阳明学为"无用之空言",极力反对其"心外无理""心外无物"的唯心主张。他坚持程、朱致知在格物的观点,反对王阳明良知说及以知代行的知行合一说,主张知行为二。他反对心学的空疏,提倡心得,即详读圣人之书,通过精密地体察外部事物,弄清义理,并在行事上加以践履、验证,实现其修、齐、治、平的志向。这就与心学划清了界限。时任福建巡按御史聂豹、提学副使郭持平,都是张岳的朋友,又都是王阳明的忠实信徒,曾到张岳守制在家所辟的净峰草堂相访,辩论理学问题,张岳终不为所屈。张岳在广西、江西、浙江提学任上,都以坚持程朱学说与批判王阳明心学为己任。按《林次崖先生文集》卷八载,林希元在《赠张净峰考绩序》说:"其在江右也,后生喜新说而忽传注,诸老患之。净峰至,痛革其弊,士习为变。"按《张净峰公文集》载,王慎中在序中称张岳对程朱之学"能笃信固守,不为异术小道所乱,而免于不纯之弊也"。张岳与吏部尚书、江西泰和人罗钦顺是正德、嘉靖年间反对王阳明心学的著名学者,是蜚声当代的理学名臣。按《泉州府志·拾遗》载,明代郑世威称:"泰和罗钦顺、惠安张岳,世称贤士大夫,皆与王守仁同时讲学,两人尝指击其说。盖守仁以名胜,钦顺、岳以实胜。"按道光《惠安续志·祀典》载,明代福建提学朱衡在其祭张岳的祝文中说:"唯公道衍濂洛,功垂社稷。理学名臣,百代是式。"张岳的理学思想,体现在他所写的大量文章中,后收入《小山类稿》。

　　林希元,明代泉州同安人,正德年间与陈琛、陈岳同榜进士,官至广东提学佥事。林希元为官及辞官归家后,长期从事教学和著述,学术精湛,声誉卓著,是明代著名的理学家和教育家,著有《易经存疑》《四书存疑》《朱子大同集》等书。林希元的理学思想,尊蔡清为宗,故对明代的理学家,除蔡清外,唯独推崇薛瑄、胡居仁,而对风靡一时的王阳明学说亦不以为然,竭力排斥。《易经存疑》是林希元的代表作,也是继蔡清《易经蒙引》后对《易经》研究的又一部重要著作。该书以朱熹的《本义》为主旨,又大量引用蔡清《易经蒙引》的观点。但是这部书又是以"存疑"名称出现。何谓"存疑"？洪朝选为其写的序称："存朱子之疑，以羽翼程、朱之传义也。"林希元自己写的序则说："今必下视程、朱，则吾之说焉能有易于彼？无已则上宗郑、贾，郑、贾之说其可施于今乎？"简言之，林希元对朱熹没有讲清楚的某些问题加以阐述，以进一步丰富朱子理学思想。此书收入《四库全书》，《四库全书总目提要》称："研究义理，持论谨严，比古经师则不足，要犹愈于剽窃庸肤为时文弋获之术者。"

陈琛、张岳、林希元三人，为捍卫和发展朱子学做出不小贡献，被认为是继蔡清后明代中后期最有代表性的福建朱子学者，在朱子理学的发展史上占有重要地位。按《泉州府志·拾遗》载，明人蔡献臣称："明正德丁丑榜，吾泉最号得人。学宪公琛、襄惠公岳，而大理寺丞次崖林公希元也。三先生皆精于经学，以文章气节名一时，而作用不同，际遇亦异，甚为学士所宗，而称我明人物第一流则一。"可见评价之高。

明代泉州学者王宣、陈真晟等人，也都是颇有造诣的朱子信徒，为巩固朱子学在泉州的阵地，做出了不小的贡献。王宣，晋江人，弘治年间举人。按《泉州府志·王宣传》载：王宣考中举人后，曾参加过一次进士考试，不第，从此不再赴考。"仰观千古，俯视一世，精研前圣之遗，洞贯百家之旨，直欲伐沿袭之芜秽，揭六籍于日星"。泉州一峰书院建立后，郡守顾可久聘其担任山长。王宣理学亦颇有造诣，曾受业于蔡清之门，与陈琛、李墀、张元玺，号称四杰。"持论正大，确守师说，而间有所发明"。例如，他曾经说过："学者合朱、陆为一，便非真知。苏子瞻之文，精神气骨刚而无馁，其极诋新法，为小人所忌恶，濒九死不悔，合于孟子养浩然之气。朱以苏、张诋之，未为确论。他所论著类是，学者翕然信之。"陈真晟，晋江人，按《明史·陈真晟传》载，陈真晟年轻时曾参加过乡试，见考试管理者对考生"防察过严，无待士礼，耻之。弃去，由是笃志圣贤之学"，著有《程朱正学纂要》《正教正考会要》等。陈真晟对朱子理学有颇多创见，《明史·陈真晟传》称："真晟学无师承，独得于遗经之中。自以僻处海滨，出而访求当世学者，虽未与娄谅相证，要其学颇似近之。"还记载了这么一件事：天顺二年（1458 年），他赴京城进奉《程朱正学纂要》，回归途中经江西，"闻临川吴与弼方讲学，欲就问之。过南昌，张元祯止之宿，与语，大推服曰：'斯道自程、朱以来，唯先生得其真。'"

明代，泉州成为朱子学的重要根据地，尽管阳明学在全国各地影响较广，但在泉州未能受到欢迎。李光地有段颇为准确的追述，按《榕村全集·

引》载，他在《重修蔡虚斋先生祠引》称："吾闽僻在天末，然自朱子以来，道学之正，为海内宗。至于明兴，科名与吴、越争雄焉。暨成、弘间，虚斋先生崛起温陵，首以穷经析理为事，非孔孟之书不读，非程朱之说不讲。其于传注也，句谈而字议，务得朱子当日所以发明之精意。盖有勉斋、北溪诸君子，得之口授而讹误者，而先生是评是订。故前辈遵岩王氏谓，自明兴以来，尽心于朱子之学者，虚斋先生一人而已。自时厥后，紫峰陈先生、次崖林先生，皆以里闬后进，受业私淑，泉州经学，遂蔚然成一家言。时则姚江之学，大行于东南，而闽士莫之遵，其挂阳明弟子之录者，闽无一焉。此以知吾闽学者，守师说，践规矩，而非虚声浮焰之所能夺。"在李光地看来，蔡清倡导的务实学风，学以"穷经析理为事"，"务得朱子当日所以发明之精意"，无疑是非常值得赞赏。陈紫峰、林希元等人，继承这种优良学风，在闽南以至整个福建，产生了很好影响。这些闽南先贤，读书治学，首先追求的是真实的学问，极力反对"无用之空言"，提倡"有体有用之言"。因此，僻在天边的泉州，鲜有阳明弟子，学者们固守师说，践行规矩，仍奉朱子理学为正宗，继承发扬，促使朱子在泉州的独尊地位得以巩固。

三、清代李光地理学突破

清初程朱与陆王门户之争，仍然非常激烈，泉州人李光地汲取程朱理学以理为本的思想和陆王心学以心为本的思想，创造了一个融合程朱陆王思想以性为本的新体系，作为对宋明理学的总结，从而成为清初理学思想的集大成者。这个别具特色的理学体系，无论在总体上还是细节上，都具有突破传统和革新传统的积极意义，孕育着近代人文主义的思想因素。

李光地，泉州安溪人，康熙初年进士，为官近半个世纪，官至文渊阁大学士兼吏部尚书，卒后谥文贞。李光地既是清代名臣，又是大学者，遍读群经，著述宏富，著作 40 多种。他为学广征博览，批判吸取，与时俱进，对古今圣哲之成说，以及东渐之西学，既不照搬，又结合时务之需，汲取精华，加以发扬光大。他的著述有 17 部收入《四库全书》，得到很高评价。李光地的著作涉及易学、理学、文学、历史、政治、军事、天文、历学、音韵等多种领域，且在众多学术领域都有建树，提出不少新说。李光地的理学思想是其重要组成部分，他因此被誉为理学名臣。

理学发展到明末清初已进入衰颓期。明末清初社会剧烈动荡，尤其是明王朝衰败与灭亡，促使人们痛定思痛，开始反省问题的症结所在，并逐渐把矛头指向明代王学。同时,社会秩序的无序性,社会现实的极不和谐性,所表现出的与理学理想的尖锐对立,亦使人们开始对理学世界观的相应内容产生怀疑,进而对理学思想进行批判和改造。李光地的理学思想,相当程度上可以说是清初特定历史环境的产物,它的形成和发展,无疑与当时康熙帝尊崇程朱的历史背景有密切关系。康熙帝亲政后,提倡朱子学,并将它定为"正学"。李光地入朝为官时,康熙帝潜心理学,旁阐六艺,御纂《朱子全书》《周易折中》《性理大全》诸书,皆命李光地校理,日召入便殿研求探讨。其他如《诗》《书》《春秋》等书,都令其审定。受康熙帝学术好尚的政治影响,李光地 50 岁之前,游移于程朱与陆王之间,但是 50 岁以后,基本上倒向程朱,完成了学术宗尚的根本改变,以恪守程朱学的面貌出现于朝野。但是学术毕竟不能等同于政治,这点亦适用于程朱理学。李光地由于受当时学术思潮影响,更由于早在青年时期即对各个学派广泛涉猎,既花费大量时间学习程朱理学,包括蔡清、林希元这些著名朱子学者的著作,同时亦接触阳明心学,读了不少陆九渊和王阳明的著作,因而对理学各个学派的理论非常熟悉,对各个学派存在的问题有相当深刻的了解。李光地读书治学,很注意分析思考。在他看来,只有分析思考,书才能读得深入,也才能有所比较,发现优劣。思考,也是种疑,读书贵疑。按《榕村语录·大学》载,他说:"读书最怕是无疑。"李光地反对"泥古",反对思想僵化和绝对化,而倾向于"疑古气"。因此,他不仅能对诸学派的问题提出较为中肯的批评,还能够在程朱理学基础上,没有拘于门户之见,汲取诸家之长,构筑了一个适应时代要求的新理论体系。

李光地虽然标榜尊崇程朱,但在研修程朱学说过程中,发现并非完美无缺。步入青年后,李光地开始大读朱子之书,即觉得朱子有些说法不妥当。随着时间的推移,他对程朱学说的缺陷也有更深刻认识。按《榕村续语录·学》载,他称自己在读书时,发现朱子晚年所著之书,"如《参同契》《仪礼经传解》之类,多有疏漏舛错处",朱子不少议论,亦不恰当,委实不敢附和。他从不隐瞒自己对程朱学说所持的保留态度。有人说,学问到了朱子,已经都说得明明白白了,现在的问题只是将朱子学说付诸实行。李光地不同意这种看法。按《榕村语录·学二》载,他明确指出,"此语似是而非,恰像人已无不明白,只欠得力行。其实不能明白者尽多,乍见似浅显,人人与知,却中间难理会处无限"。按《榕村语录·历代》载,他又批评近世朱子学者:"近世惟朱子八面打开,光明洞达,无一点黑暗处可以起人疑惑。"在他看来,朱子学说存在局限甚至错误并不奇怪,正视这点,并敢于修正圣人错误,无疑是正确态度。可是问题恰恰出在这里,后世朱子学者,大多不敢逾越,株守有余,创新不足。因此,按《榕村语录·学一》载,他不无感慨地说:"看《语类》门目,便见得朱门无大贤。"他还直言不讳地指出,明代泉州几位著名朱子学者,某些理学问题也没有弄清楚,诸如知与行、理气等,就没有完全弄懂。在李光地看来,程朱之说确有不应盲从之处,王阳明攻击程朱,固然大有问题,可是对程朱之说完全盲从,亦非正确态度。固守程朱学说,不敢越雷池半步,不仅清初著名学者如陆陇其、吕留良、仇兆鳌等皆有这种弊病,而且明代著名学者蔡清、林希元、陈琛等就已有这个问题。因此他认为,阳明学出现并风靡天下,有某种必然,王阳明正是看到朱子学的缺陷,欲以自己的学说取而代之。这也是他不能不努力改造朱子学的原因。

　　李光地在反思朱子学的同时,亦在研究和思考阳明学。李光地自称21岁至25岁,看陆子静、王阳明集及诸难书,正是很好的说明。李光地读陆王之书,亦是与朱子学比较。李光地对阳明学有许多批评。在他看来,从根本上说,阳明学并不值得崇尚,王阳明自以为学说一流,实则不然。按《榕村续语录·历代》载,他说:"王姚江却未见他讲得治天下大规模,经学是其所疏忽者,故亦未能详备。"不仅如此,李光地认为,明代后期学风颓坏,王阳明责任重大。按《榕村语录·学二》载,他说:"大抵风俗人心之坏,皆起于读圣贤书,不信圣贤。某幼时,曾闻耆老云:'孔子之书,不过是立教如此,非是要人认以为实。'岂不是痴人说梦!明末人都是此见,风气虽嘉靖以后方坏,却是从阳明开此一派。"在李光地看来,阳明学出现后,学者风从,不务实学,不明实理,蹈虚空谈,最终明朝灭亡,这就是严重后果。按《榕村续语录·学》载,他明确指出:"朱子讲明一番,开前明二百余年太平,四书五经皆遵其解,其他亦皆多用程朱之议论。至阳明出,而学者靡然从之,诐淫邪遁,纷纷肆行,而国亦寻亡。"不过,当时许多程朱学者对陆王学说全盘否定,李光地却与众不同,能辩证地加以对待。他对陆王心学总体持否定态度,可是亦有不少肯定。他所以亦读陆王之书,正是由于较早看到,程朱理学之所长正是陆王心学之所短,陆王心学之所长则是程朱理学之所短。在李光地看来,阳明学说确有值得肯定的优长之处。作为新思想先驱的王阳明,充分肯定人的自我价值,主张在"良知"上人人平等,为人的主体意识的觉醒制造舆论。它反对程朱理学束缚身心,提倡率真进取的学风,以心学理论有力地冲击程朱的天理,确实具有思想解放的意义。阳明学提倡气节,亦具有现实价值。李光地认为,王阳明不少论述,颇为精辟。按《榕村续语录·学》载,他说:"王阳明讲'立志',及'人放下时须振起,人高兴时须收住',皆是其自己得力处,言之亲切警动,亦极好。至于说万物一体处……其论甚精。"李光地在肯定阳明学优点的同时,对推崇阳明学的李贽和黄道周两位闽南学者亦予以肯定。他赞赏李贽和黄道周的独立精神,称李贽"以横议著称",并非全然贬斥,且有某种赞赏之意。因此,"以陆王之说与程朱之说相助",以王学修正朱学,成为他对程朱与陆王之争的态度。

李光地通过思考而发现问题,提出问题,进而解决问题,显然于治学大有裨益。他既不迷信陆王学说,也不盲从程朱学说,这种理性主义治学态度,无疑很值得肯定,亦使他受益匪浅。正如《四库全书总目提要》所言:"光地之学源于朱子,而能心知其意,得所变通,故不拘墟于门户之见。其诂经兼取汉、唐之说,其讲学亦酌采陆、王之义,而于其是非得失,毫厘千里之介,则辨之甚明,往往一语而决疑似,以视党同伐异之流,斥姚江者无一字不加排诋,攻紫阳者无一语不加讪笑,其相去不可道里计。"正因为有正确的治学态度,有深入的钻研、反复的分析比较,李光地认为,程朱理学与陆王心学,两派各有长短,是可以互补的。他融合程朱陆王思想的新理论体系,正是建立在这样的基础上。

李光地的理学思想,就其对程朱陆王的态度而言,更倾向于程朱理学,尤其是晚年,这种倾向更为突出,极力提倡程朱理学,反对晚明王学之疏狂,被视为康熙时代"主持正学"的中坚人物。不过,李光地尽管标榜尊崇程朱,但他所构建的理学体系并没有以"理"作为最高范畴。李光地与程朱理学把"理"作为思想体系最高范畴不同,他的思想体系的最高范畴是"性"。程朱把天理作为最高的实在,他则把天性作为最高的实在。程朱是天理本体论,他则是天性本体论。李光地理学体系的最高范畴,既不是程朱所讲的理,也不是陆王所讲的心,而是性。程朱理学以理为本,陆王心学以心为本,两派争论数百年,各不相服。李光地则以性为本,性高于理,天地之性即人之性,性亦高于心,性统心。在他看来,理与心皆非天地万物产生的总根源,性才是天地万物产生的总根源。这样,性也就成为万事万物的本质中概括出来的最高哲学范畴。李光地以性为最高本体,显然是巧妙地调和程朱陆王本体论的手段。程朱向外求理,陆王返求诸心。李光地讲的性从外来说,根源于天地,从内来说,又是人与生俱有,这就将程朱陆王的学说在性本论基础上统一起来,将数百年来争论不休的以理为本的程朱理学和以心为本的阳明心学,都统一到他的以性为本的理学体系中,既扬弃了陆王心学,也扬弃了程朱理学,形成融合孔孟、兼采程朱陆王思想精华的别具特色的理学思想体系,从而成为清初理学思想的集大成者。依此而论,康熙帝曾说汤斌、李光地、许三礼俱言王学,唯熊赐履独尊朱熹,并非全无道理。不过,这亦从一个侧面说明,李光地治学,并非只看康熙脸色,唯皇帝马首是瞻。

李光地既然把性作为最高哲学范畴,那么,作为程朱理学最高哲学范畴的理,自然必须退居相对次要的地位。李光地对性所下的定义,以及关于性与理关系的阐述,既表现出不囿于前人见解的学术个性,也表现出其思想中蕴含的“在传统中打破传统”的积极因素。理即性,性高于理,天地之性即人之性,是李光地理学思想的核心,是他对程朱理学理论缺陷的修正和补充,亦是对程朱理学在明末清初时代背景下的新发展。他兼采多家之长,将程朱理学与时代特征结合起来,在不违背程朱理学基本思想的基础上,强调人伦关系的作用,由此构成自身新的理学思想,亦为儒学的持续发展奠定了基础。性高于理的思想,将性的地位提高,对以儒家思想为代表的传统文化,如何在当代社会中发挥应有作用,具有重要意义,可以让人们更多地感受到人性化的温馨。进而言之,它亦表明,传统儒家思想并不必然与当代社会价值观截然对立,以儒家思想为代表的传统文化,在当代社会中仍可发挥出它应有的作用。李光地既以性为最高范畴,同时又从抽象到具体,进一步以仁义来定义性,以兼爱和博爱来定义仁。李光地以性为本的理学体系,抬高了人性地位,贬低了天理地位,无疑是一个引人注目的新思想动向,批判或纠正了程朱“以理杀人”的偏颇。李光地把人性抬高到主宰纲维和根柢标准的地位,他的思想体系虽远不能和近代思想体系相提并论,然而毕竟有新的思想方式萌芽,反映了中国社会变动和思想变动新动向,客观上具有积极的进步意义,实际上是中国传统社会意识形态向着近代思想转型的开端,是新思想在传统思想体系内部孕育并开始突破传统的某种征兆。而且李光地主张公天下之欲,这对宋明道学又是一个大突破。宋明道学千条万绪,归根结底就是“存天理,灭人欲”六个字。李光地从批判阳善阴恶、道心善、人心恶的理学命题入手,将批判矛头指向程朱理学的“天理人欲之辨”和“存天理,灭人欲”的禁欲主义说教,提出“人欲非恶”和“公天下之欲”的人文主义命题,既反对由批判禁欲主义而走向纵欲主义的晚明颓风,也反对封建统治者自己奉行纵欲主义,而要求人民实行禁欲主义的虚伪说教,同样具有重大的历史进步意义。

　　李光地构建的以性为本的理学体系,把理气、心性、气质、知行、立志、主敬诸条作为阐发重点,提出了自己的创见,具有"阐奥抉疑,发前人之所未发"的学术价值。更为重要的是,它表现出鲜明的时代特色,即重实理、重践行。清初,受康熙帝的影响,带起理学新风气,理学家辈出,明末以来的虚浮学风,亦为之一变,返于重实践的淳笃。李光地的理学思想,注重实理,"知本"与"明性说",皆强调庸言庸行的实践之功。按《榕村语录·学一》载,他称:"吾学大纲有三:一曰存实心,二曰明实理,三曰行实事。"他将这个原则贯穿于整个理论体系中,从而凸显出一种新的诠释方向。他所奖掖和提拔的理学人才,亦多精通经学及实用之学。这既反映了清初的理学风貌,亦具有个人的学术特色。可以说,李光地提出的重实理重践行思想,在清初复兴程朱理学的潮流中,既适应儒学发展大趋势,又具有返本开新的意义。关于这一点,周谷城教授在《中国政治史》中,曾从肯定康熙帝历史功绩的视角,阐述清初理学家所起的作用。他称康熙帝"所用大臣,多理学家,且都有卓特之行,扬名于一时"。他又引用"汲修主人"的话,说明理学及李光地、熊赐履、赵申乔、张伯行等理学家对清初吏治所起的积极作用:"本朝崇尚正道,康熙雍正间,理学大臣颇不乏人。如李安溪之方大,熊孝感之严厉,赵恭毅公之鲠直,张文清公之自洁,朱文端公之吏治,田文端公之清廉,杨文定公之事君不苟……皆扬名于一时。谁谓理学果无益于国耶?"应当看到,无论康熙帝或李光地,都是把明末王学泛滥带来的社会上那种空谈心性的学风士风所造成的严重后果,作为历史教训来吸取。他们把提倡程朱理学作为克服这种弊病的药方,固然并不全灵,但是也应当看到,程朱格物穷理的思想确实起了某些积极作用。梁启超亦认为,李光地是清初最主要的程朱学者。他在《近代学风之地理分布》中说:福建,朱熹侨寓之地,宋代以来以闽学著称。康熙年间,又出了个安溪人李光地,"善伺人主意",以程朱道统自任,亦治礼学、历算等,以此跻身高位,世人亦因此称他为理学大儒。梁启超对李光地不无偏见,认为李光地大力倡导程朱理学,有投康熙帝所好之嫌,可对李光地在维护程朱理学地位所起的作用,并没有否定。

　　李光地作为清初理学的集大成者,他与康熙帝共同推崇理学,并将理学确立为官方意识形态,奠定清政府思想统治重心,既促进了满族汉化和中国传统文化延续,且对当时的政治发生了积极影响,既找到了维系社会人心的有效工具,亦促进了社会经济的稳定发展。李光地正因为落实清朝"崇儒重道"的基本国策做出巨大贡献,因此被称为理学名臣,是康熙朝"主持正学"

的中坚人物。

第二节　泉州学者的重商思想

历史上的泉州学者,生活于泉州特定的社会环境,长期对泉州百姓的经商行为表示认同,甚至表现出某种程度的欣赏。明代厉行海禁,泉州不少学者更是公开呐喊,表示对百姓经商的支持,这无疑是对农本商末传统的勇敢突破。

一、农本商末的传统反思

泉州学者的重商思想,从根本上说,来自对泉州人特定的生存环境有切身的感受,即不佳的陆地生存环境与便利的海上交通。人多地少的严酷现实,逼迫泉州人寻求新的生存之道,海上交通的便捷,客观上又为泉州人提供了一个向外拓展的渠道。

中国传统社会立国的基本国策是以农为本,视商为末,鄙薄商人。中国古代社会很早就把百姓分为四个等级:士农工商。这种社会等级的划分可谓简单明了,也很好理解。读书人是最高等,次之为务农,农业为本,而最为低下者乃是经商。农本商末,这是传统社会的基本价值评价。在中国人的传统文化里,万般皆下品,唯有读书高。中国人传统上最看重的还是精神世界。农民阶层作为第二阶级也很好理解,农业是中国古代经济体系的支柱,小农经济是中国古代封建社会政治制度的基础。所以,农民的重要性不言而喻。工匠在古代中国却不是那么受重视,素有"奇巧淫技"之称,工人这份职业着实有几分尴尬。而商人更是如此,"无奸不商,无商不奸",可以说,中国人传统上对商人的印象一直都不大好。

泉州作为中国的一个地区,长期属于农业社会,即使在商业甚为繁盛的情况下,总体上仍属于以小农经济为主体的农业社会,农民占人口绝大多数,农业在整个经济体系中仍然处于难以替代的基础地位。因此,历史上的泉州学者,对于农业的重要性同样有充分的认识,对于"农业为本"的基本国策同样有高度的认同。学者对"耕读传家"信条的普遍认同,无疑就是很好的证明。然而对于以务实著称的泉州学者而言,泉州人特定的生存环境和活动空间,又不能不促使他们对泉州百姓的经商行为加以深入的思考,进而对"商为末"的传统提出自己的见解。

　　泉州学者对泉州百姓经商的思考,进而对传统社会鄙视商人和商业活动的质疑,无疑是与对泉州农业经营的思考紧密联系在一起的,确切地说,是与对泉州持守"农业为本"的艰难紧密联系在一起的。坚持"农业为本"固然没错,但是有个至为关键的前提,就是必须有能够让农民可以为业的土地。然而恰恰在这个最根本的问题上,泉州人很早就遇到了大难题,而且还是个长期无法缓解的难题,这就是人多地少的尖锐矛盾。

　　宋代惠安人谢履所作的七绝诗《泉南歌》,颇能说明问题。诗云:"泉州人稠山谷瘠,虽欲就耕无地辟。州南有海浩无穷,每岁造舟通异域。"尽管这是文学作品,但是它却反映了作者认知的几个基本问题:一是土地问题的严峻。作为生活在泉州沿海惠安的文人,谢履很清楚地看到泉州人多地少的困境。人口众多,土地狭小,适宜于耕种的土地不多,且又非常贫瘠。这种天赋的自然环境,对于以农为生的百姓来说,本身就是一个极大的问题。以农为生的百姓,希望有土地可以耕作,这是农业社会最为基本的需求。固然,无地可耕的农民,也可以通过开荒获取土地。可是泉州沿海许多地方,迨至宋代,能够开垦作为耕地的也早已经开垦完了,农民很难再找到可以开垦的土地。如此,以农业为生也就失去了最为基本的基础条件。二是泛海经商的有利条件。毫无疑问,谢履也清楚地看到,面向大海对于泉州人来说具有重大的现实意义。在谢履看来,泉州南面就是浩瀚的大海,泉州百姓经商,尤其是泛海经商,具有相对便利的条件。大海给泉州人提供了一个向外活动的广阔空间,一种与海外交往的有利途径。依靠这种空间与途径,泉州人可以与海外进行贸易活动,获得一些生存资源。三是泛海经商实属正常。在谢履看来,既然通过耕作土地来获取基本生存资源是那么困难,而濒海的自然条件又提供了另一种生存之道,为了生存的泉州人,利用这种难得的途径,每年造起一艘艘的商船,带着收购来的各种货物,扬帆海外,去同番人做生意,以此获取利润,养家糊口,乃是正常的现象。不错,谢履在诗中只是描述百姓造船泛海经商的现象,似乎并没有对这种现象明确表示自己的态度,没有表明究竟是认可或者不认可,可是综合整首诗来看,他对这种现象是肯定的。因为从诗的前两句,可以看出,谢履对于百姓维持生计的艰难是非常同情的,对于百姓以农为生难以持守是理解的。

　　谢履诗中所表达的观点,实际上在唐宋时期泉州的文人中颇有代表性,可以说反映了许多泉州文人学者的见解。北宋诗人李邴的诗句:"苍官影里三洲路,涨海声中万国商。"同样表达了这样的情感。这里,实际上也反映出以务实著称的泉州文人学者，对于泉州百姓现实生存困境的同情。这种同情，在诸多泉州文人学者的身上，同样有较突出的体现。南宋的留正，尽管位居宰相，实际上也是一位学者，对于泉州的土地问题以及百姓生存困境，有较为深刻的感受。所以，淳熙年间，朱熹向他提出在闽中实施土地清丈的建议，他不仅支持，而且竭力推动朝廷诏令实施。尽管后来因阻力太大被迫停止，但也反映出他对这个问题的深重关切，对泉州百姓生存困境的同情。既然人多地少的基本矛盾未能解决，百姓基本生计依然面临无法克服的难题，那么经商自然也不失为一种选择。在泉州学者看来，泉州百姓经商，说到底是生存环境所迫，是泉州长期存在的地狭与人稠这个尖锐矛盾的作用，是为生计所困，迫于无奈的选择。正因为深刻认识到泉州百姓"以农为本"生存之路的艰难，而泉州百姓又有依靠大海进行经商的较好条件，唐宋以来的泉州学者，大都视泉州百姓的经商活动为正常，甚至在相当程度上还表示赞赏。

不过，明代以前的泉州学者，尽管对泉州百姓的经商行为并不反对，甚至还表现出某种赞赏的态度，但是由于农本商末毕竟是基本国策，是社会的传统观念，亦由于统治阶级虽然抑商，但是并没有禁商，甚至一度还鼓励泛海经商，鼓励私商海外贸易，如五代时期泉州统治者王延彬，就颇为典型。因此，泉州学者对泉州百姓的经商行为，在其著作中并没有做很多评价，对百姓经商的赞赏，大都也以较为隐晦的方式表达。谢履是这样，李邴也是这样。进入明代以后，情况发生了很大的变化，明王朝的禁海政策，对泉州百姓的生计影响实在太大了，不能不使泉州学者的重商思想进一步发酵，并公开表明自己的见解。

二、重商思想的急剧发酵

明代厉行海禁政策，位于滨海的泉州百姓生计受到极大影响，也激起了极为强烈的反弹。泉州学者身处其境，不能不有深刻的感受，并对明王朝海禁政策的后果及其危害性进行深刻的反思，重商思想因而不断发酵。

明代的泉州，人多地少的尖锐问题依然如故，同时土地兼并依然十分严重，因此百姓的基本生计依然十分艰难。这一点，泉州学者有深切感受。明代中期，泉州知名学者蔡清，面对当时十分严重的土地兼并，包括寺院的大肆占田，就表达了强烈的不满。按《蔡虚斋文集》卷一载，蔡清尖锐地指出："福建属郡人民，自永乐、宣德以后，多有田已尽、丁已绝，而其粮犹在者。

351

……天下僧田之多,福建为最,举福建僧田,又以泉州为最。多者数千亩,少者不下数百亩……而吾良民,且夕疲筋骨,曾无卓锥之产。"蔡清对于泉州寺院加入土地兼并行列,而且所占土地又位居福建寺院前列,可谓痛心疾首,而对善良的泉州农民每天辛苦劳作累得要死却没有一块属于自己田地的境况,则表现出极大的同情。无地或少地的农民,无法依靠农业为生,经商成为谋生的一种途径。尤其是无地或少地的沿海农民,许多人利用紧靠大海的地理条件,泛海经商,把丝、棉、瓷器等物运载出海,换取香料等番货及白银,获取利润,作为重要谋生手段。何乔远在《镜山全集·开洋海议》中说:"海者,闽人之田也。闽地狭窄,又无河道可通舟楫,以贸迁江浙、两京间,惟有泛海一路是其生业。"就是说福建的地理环境,决定福建只能发展海上贸易,而不可能走陆路。然而明王朝的禁海政策,毫不留情地阻塞泉州百姓的这条生存之路。如此,不能不激起泉州百姓的激烈反抗。

朱元璋建立明朝后不久,便开始实施严厉的海禁,随后又一再申明,禁止沿海百姓私通番国,禁止使用番国香料和货物,禁止番国商品在中国流通买卖,禁止私人到番国经商,倘若逮到,悉治以罪,甚至禁止人们入海捕鱼。这种严酷的海禁政策,引起泉州百姓的抵制和反抗,他们想方设法摆脱这种禁锢。永乐、宣德以后,泉州湾的海上私商贸易活动日渐兴盛。沿海许多地方的商人,以及不少无地或少地的农民,利用紧靠大海的地理条件,犯禁下海通番的现象日趋普遍,参与的人越来越多,规模越来越大。明王朝面对愈演愈烈的违禁下海现象,除不断重申禁令外,也不断推出各种破解的新举措,诸如派出官军进行围剿。可是道高一尺,魔高一丈,禁令越严,反抗越激烈。因为既然认定私商贸易是一条路,从事海外贸易的商民,为了求得生存,或者为了获得高额利润,必然也要寻找对策,竭力反抗。因此,尽管明王朝不断加大镇压力度,然而并没有多大效果,终明一代,泉州沿海的海禁与反海禁斗争,始终处于非常激烈的状态。这种状况,当时国内不少著名的学者,诸如顾炎武、黄堪、郑若曾等人,皆有深刻感受。

泉州学者身处其境,感受无疑要更深刻。明代的泉州学者,生于斯长于斯,长期生活于泉州,对于明王朝的禁海政策的影响与后果,对于泉州沿海百姓的犯禁下海现象,无疑有着更为深刻的感受。以明代重商思想最为突出的李光缙、何乔远、李贽等几位泉州学者为例,就非常清楚地说明了这个问题。这几位学者,都是泉州沿海的晋江或南安人,出生并长期生活于滨海的晋江或泉州郡城。李光缙、何乔远是晋江人,而晋江正是明代犯禁下海最为厉害的地方。李贽虽是南安人,然而出生于泉州南门外,在泉州郡城度过了他的童年和青少年时代。这些学者,周围皆有不少乡亲、亲戚、朋友经商,甚至族亲中就有不少人经商。李贽家族就有不少经商者。按清光绪年间所编泉州《清源林李宗谱》载,李贽家族始祖林闾,"承前人蓄积之资,常扬航海外诸国"。李贽家族二世祖林驽,"壮年航吴泛越,为泉巨商,洪武十七年(1384年)奉命发航西洋忽鲁模斯","洪武丙辰九年(1376年)奉舶西洋"。三世祖林通衢"下广为商",二房二世祖林广齐"以赀显"。"四世祖林易庵,率长子琛引琉球入贡","初公谙晓译语,蒙道府荐为通事官也"。李贽祖上世为商人,到李贽的祖父和父亲才从事教书职业,但其很多族人仍从事商业。李贽的父亲林白斋虽已不从事商业活动,生活也比较贫困,但族人从事商业者仍然很多。按《李贽家世故居及其妻女墓碑》所载,李贽的族亲,"从摆杂货摊、贩米、贩咸鱼,到开纸店、棉行,以至长途贩运泉州糖到苏州去卖,即泉州民谚称为'糖去棉花返',规模还是相当大的。手工业则由制菁靛到开染坊"。李贽家庭虽然"贱贫",但是按《李章田墓志铭》载,父辈兄弟非常团结,即使后来分了家,经济上还经常得到开米店叔叔的接济。这种亲身的生活感受,不能不对他的思想产生影响。何乔远侄儿也参与海上贸易,因而为何乔远提供了第一手海上见闻。

明代的泉州学者,对于泉州私商违禁贸易的盛况,看得非常清楚。当时泉州的港湾,大多成为私商贸易的场所。私商贸易路途广阔,自北而南,日本、台湾、菲律宾、印尼、越南、柬埔寨、印度等,无所不至,参与人数众多。至于贸易的货物,也是品种繁多,五花八门,主要是把国产的丝、绸、棉、瓷器等物运载出海,换取香料等番货及白银返回。何乔远的《闽书·版籍志》说:"比岁人民往往入番,商吕宋矣……民初贩吕宋,得利数倍。其后四方贾人丛集,不得厚利,然往者不绝也。"就是说,多年来,泉州沿海私商,不断前往番国,尤其是吕宋。最初前往吕宋的私商,获利数倍。后来,各地私商纷纷涌到吕宋,利润也就薄了,可是前往吕宋的海商还是络绎不绝。安海港及安海商人最为典型,万历《泉州府志》说:从晋江石湖港和安平港,驶向番国的商船,大半是到日本及南洋诸岛国进行交易。安平港即安海港。安海距郡城稍远,扬帆一出海门,便为外海,最有利于海上贸易。所以,大量的私商贸易船只从这里出发,而外国的商船也常到这里交易。很会做生意的安海商人,每每奔逐于走私番船所窃踞的岛屿,与之交易,获取暴利。安平商人常假借贩运货物往福州、广东高州及苏州、杭州之名,取得买卖的通行证,然后载着货物扬帆驶出外海，径直前往越南、日本、吕宋等地，交易获利。郑芝龙与乡人泛海贸易，中国台湾、日本、菲律宾等地是最常去的地方。何乔远《闽书·风俗》写道：安海紧依大海，出海经商太方便了。所以，安海商人比徽州商人还厉害。大批商人从这里出发，前往海外与番人做生意，基本可以维持生计。"安平一镇尽海头，经商行贾，力于徽歙。入海而贾夷，差强资用"，"始窥邑市，岁沽所出入，赢得三之，为小贾。……继行旁郡国，岁转毂以百数，赢得五之，为中贾。……最后四方郡国无所不至，珠玑、犀角、玳瑁、丝枲、果布之贸，转毂以千万数，赢得十之"，"多服贾两京都、齐、汴、吴、越、岭以外，航海贸诸夷，致其财力"，"吕宋澳开，募中国人市，鲜应者，兄伯遂身之大海外而趋利，其后安平效之，为上贾"。先在本地做小生意，然后在国内做较大的生意，最后进行海外巨额贸易，经历小贾、中贾、大贾三个阶段，大商人都是外贸商人。李光缙在《景璧集》中，亦多处提到安海商人。他称"安平人多行贾，周流四方"。就是说，安海人大多做生意，四处出动，足迹遍及国内各地，而且冲风突浪，跑到海外岛国，甚至是很荒凉的地方，同番人交易，以争利为目的。李光缙《史母沈孺人寿序》载，安平商人"贾行遍郡国……冲风突浪，争利于海岛绝夷之墟。近者岁一归，远者数岁始归，过邑不入门，以异域为家"。

明代的泉州学者，不仅看到了泉州违禁私商贸易的繁盛，而且也认识到朝廷极端禁海政策的不合理。朱元璋决心海禁，固然主要是倭寇问题。明朝立国后，倭寇祸患日渐严重，明朝面对倭寇不断增多的骚扰，似乎别无良策，为抵抗倭寇及害怕内外势力相勾结，危及统治，于是推行严酷的海禁政策。在泉州学者看来，大海对泉州沿海百姓来说，无异于是农民用以耕种的田地。像泉州这样的沿海地区，经营海外贸易是极为重要的谋生之路。何乔远《闽书·扞圉志》称："闽人生息益众，非仰通夷，无所给衣食。又闽地狭山多，渠渎高陡，雨水不久蓄。岁开口而望吴越、东广之粟船，海乌能禁哉？"没有土地的泉州农民，既然有相当一部分人的衣食来自海洋，禁止他们依靠海洋进行海外贸易，无异于断绝他们的生路。何乔远《镜山全集·开洋海议》称："奸民无所得衣食，势必驱盗贼。"在他看来，海禁对福建人来说，就是死路一条，"海滨民众多生理无路"。在年成好的时候，百姓尚可勉强维持，一旦遇上天灾人祸，政府又没有能力解决百姓的民生问题，禁海的问题就显得非常突出。何乔远《镜山全集·请开海禁疏》称："兼以天时旱涝不常，饥馑洊臻。有司不能安抚存恤，致其穷苦益甚，入海为盗。其始尚依一二亡命,为之酋长,既而啸聚渐繁,羽翼日盛。海禁一严,无所得食,则转掠海滨。海滨男妇束手受刃,子女银物,尽为所有。而萧条惨伤之状,有不可胜言者矣。"沿海百姓走投无路之余,只好下海为盗。海禁以后,海盗在海上没有东西可抢,便转而向沿海进攻,这样的后果是政府没有想到的。推行极端的海禁政策,不论该禁不该禁,一股脑儿统统全禁,不仅禁私商外贸,连百姓捕鱼也禁,片帆不得下海,这种做法,无论出于什么动机,无论有多少理由,总是因噎废食,做得太过分了。可是凡事物极必反,百姓既然要生存,就不会饿以待毙,必然要突破这种束缚。如此,犯禁下海,冒死走私,甚至亦商亦盗,被官府称为海寇,也就可以理解,也就有某种必然性,甚至有某种合理性了。

泉州学者向来以务实著称,看待经商问题亦是如此。如果说,唐宋时期,泉州学者对于经商没有明确表示赞赏,那么,到了明代,情况就大为不同了。明王朝的海禁政策,及其引起的种种严重后果,使深有感受的泉州学者不能不进行深入的思考,进而表达自己的见解。正是在这样的背景下,重商思想迅速发酵,并公开表现了出来。

三、学者群体的重商呐喊

明代中后期,面对愈演愈烈的海禁与违禁经商的较量,泉州学者在深刻反思的基础上,纷纷通过著述表达自己的见解,公开对海禁政策表示质疑,并对泉州百姓的经商行为予以高度肯定,李光缙、李贽、何乔远等都是突出的代表。清代初期,泉州学者李光地,亦以某种形式表达了对明代泉州这些学者重商思想的赞许。

李光缙,字宗谦,号衷一,生于明代嘉靖年间,卒于明天启年间,泉州晋江人。父亲李仁,官至户部主事。按《泉州府志·李光缙传》载,李光缙自小勤奋不懈,宏览博物,"日研经史及朝章民隐,以备经济"。年轻时曾师事苏浚,深得赞赏,预言日后必成大器。然而李光缙并"不沾沾举子业",万历年间乡试考中解元后,既不再参加进士考试,亦不入仕途,家居讲学,"杜门著书","天启间征召不就"。他治学严谨,"文章悉呕心而出,不轻下一语","其理洁净精微,其词平正通达"。辞世前 10 日,以"文之不用,道之不行,不处不去,总以成仁"16 个字铭授其子。因其学识渊博,议论精辟,学者都服其文才,称其为衷一先生。卒后郡人请祀学宫。尤际端评其文章说:"洞悉源委,深切若明,正襟危坐而发议论,何减名宦奏疏。"李光缙著述甚多,有《景璧集》《四书要旨》《四书指南》《四书千百年眼》《易学潜解》《中庸臆说》《读史偶见》《李衷一先生清源洞文集》等。其行谊,详载所作的《独照醒言》中。在李光缙诸多著作中,最为可贵之处,乃是所包含的重商思想,集中表现则在其代表作《景璧集》中。

李光缙高度评价商人的商业活动。李光缙面对民间日益发展的商业活动现实,一反以往鄙薄商人,视商业活动为投机取巧、唯利是图之人所为的传统观念。他同安平商人交往甚密,对其商业活动评价甚高。他的寓西兄伯从 12 岁开始,从人入粤行贾,周流四方,从小贾而中贾,而大贾,还携带安平其他商人到海外经商发家,所谓"其后安平效之为上贾"。李光缙对其十分赞赏,他在《寓西兄伯寿序》中说:"吾兄弟一匹夫,挟汉薄物,而岁取其王面钱以归也。当是之时,中国之人新与夷交,与语辄习之。见其国王,王以为异人,是以征贵贱,不复问译,而取信于兄伯。兄伯不之诒也,遂为雁行中祭酒大夫也。凌大海之波,泛条枝之窟,暗扶桑之上下,识鱼龙之变化,而掉三寸之舌,通华夷之情,行忠信于蛮貊,此亦魁然一奇大夫也。何必读书,而安在其凡兄伯为?"在当时历史条件下,这种鲜明的重商思想,是有胆有识的。

李光缙主张儒者为贾,希望儒者的才华可以在商业活动中充分发挥,利国利民。他在《祭曾友泉文》中说:"大都贾之为道,其赍贷郡国,可以览胜;其争时斗智,可以获赢;其什伯佰惮千役万仆,可以倾闾里;其本末文武智勇仁强,可以吐发胸中之奇。以故士君子不居朝廷,必游市肆。此非羞贫贱而厌仁义,良亦欲有所行其志耳。"他在《儒林李氏族谱序》中说:"他人普讳言贫,余不讳言贫,亦耻言贾,余不讳言贾。以为儒不厌贫,而广求田问舍者,非君子之道。人世起家,自读书下,用贫求富而仁义附,诚莫如贾。《史》列《货殖》不灭贾,子何论宗人族属也。"表明了与众不同的看法,即一般人以经商为耻,而他却不然;一般人指责那沿街叫卖的商人是"非君子之道",他却以为凡人世起家的,好像只有读书入仕,升官发财才是正道,其实这还不如读了书之后去经商好些。他还大胆提出儒者为贾可以更充分发挥其才智,于国于己莫不有益,并以曾友泉为例说明这一点。他在《祭曾友泉文》中说:"公为贾,用本守末,以文持武,智能权变,勇能决断,仁能取予,强能有所守,乃其倾资延士,设财役贫。盖有儒侠之风焉。"

李光缙赞扬妇女经商。安平妇女经商是封建社会中的独特现象,也是资本主义萌芽时期的新迹象。李光缙还与李贽一样,赞成那些敢于冲破男尊女卑封建道德教条的妇女外出经商。李光缙曾提到两位经商致富的安平妇女,一位姓郑,早年随夫至粤经商,后因丈夫死,两个儿子尚在襁褓,形单子幼,历尽艰辛。李光缙对其遭遇寄予无限同情,同时又对其经商致富表示赞赏。在她六十大寿时,特为撰《寿安平节母郑孺人六十叙》致贺,文中曰:"吾平居尝怪太史公不列贞妇传,而但附巴蜀妇清于《货殖传》中。……妇人能用财致富,遂有以名闻。"另一位姓沈,李光缙为其作《史母沈孺人寿序》,引古证今,以古代四川采矿致富的寡妇清和卓文君卖酒的典故,来颂扬这位经商发财的安平女商人。李光缙说:"卓氏行迁,夫妻推辇;巴蜀妇清,擅利丹穴。岂不亦女中名流?"

李光缙一方面主张儒者为贾,有赞扬妇女经商的重商思想倾向;另一方面又揭露官商勾结,痛恨土地兼并,带有反封建的民主思想倾向。他说:"巨家之猾,横出而弄大海之波;下户之奸,没入而充宦门之干。是惟无动,动则盗夸也。"又说:"公子之华往往倾资鬻田,山林土田之利,半入荐绅豪贵有矣。主家悍仆,增夺无已,农人称贷以偿。债贾又从唆之,田中甫空而瓶已悬罄也。"

明代著名的历史学家和方志学家何乔远,同样在其著作中表达了对商人和经商行为的充分肯定。何乔远,号匪莪,又号镜山,万历年间进士,官至南京工部右侍郎,因"立朝持正敢言",屡遭权贵排挤,居家20年,"中外交荐不起",专心著书立说。何乔远著述甚多,最有创新和建树的是《闽书》。《闽书》的创新与价值,除了自创志例与资料新颖外,主要还有两点:一是强调时代的变化,为后世福建治政者之借鉴;二是强调福建海外贸易的特点,着重记叙与之有关的政治、经济、文化、军事等情况。而就其所表现的思想而言,对海外贸易的肯定,无疑是最大的闪光点。何乔远以独到的眼光,在《闽书》中收录了传统上不屑记录的诸如海外贸易、中外文化交流以及百工之人的技艺事迹等。这与他长期生活在泉州地区、了解许多中外交流及贸易活动情况不无关系。《闽书》还为宋末元初著名番商、福建提举市舶使蒲寿庚立传。除此而外,何乔远的"海洋三议",即《海上小议》《开洋海议》《请开海禁疏》,主要针对万历四十年(1612年)以后的东南沿海海禁政策而作,较完整地勾勒了晚明东南沿海的贸易情况,主张开禁通商,让福建沿海百姓有生存之路,反映了何乔远超前的海洋开放思想。何乔远主张开洋通商,认为有几大好处:一是贸易可给福建人以生路,减少海盗。他在《开洋海议》中称:"兴贩大通,生活有路,贼盗鲜少,此中国之大利也";"今海上洋禁,百凡犹可,而漳、泉之郡,地狭人稠,不仰粟于东广则不得食。彼无所掠,则将买粟之船,尽数取去,而吾民之饔飧困矣。又如泉州需纸于延平,须酒于建州之类,诸物不敢下船,一从陆地驼挑,而百物之杂用困矣。夫此犹其小者也。行贾者,天下之大利也。……是洋税一开,其为商贾之利广且远,所以生天下之民人也。"这里明确指出,海上生活品运输贸易直接影响福建漳、泉的生计。由于陆路运输成本较高,商人利润不高,贸易很难发展。洋税闭,对福建人影响甚大;洋税开,则对大家都有利。二是开洋可减少海盗到沿海骚扰的机会。他在《开洋海议》中称:"且夫盗贼而横行海上,不过劫取一二船货,杀伤数人之命而已。而开洋概绝,盗贼狼子野心无所得劫掠,仍来登岸,焚掠劫杀,子妇银悉为所掠。则其为祸转烈,而为患转大矣。"海上损小,登损更大,这就是嘉靖大倭寇给的教训。为何海上损小?"度商船之遇贼也,十不二三耳,且其船俱带火药器械,连艘而行,贼来殊死斗也,其不济者常少"。三是可带动其他各地相关产业。"今天下人民日众,图生日多。若洋禁一开,不但闽人得所衣食,即浙直之丝客,江西之陶人,与诸他方各以其土物往者,当莫可算。汉司马迁所谓'走死地如鹜者'也。如是则四方之民并获生计"。要求以中外贸易带动中国各地手工业生产,让四方百姓获得生计,这种观点是相当进步的。四是可增加国家税收,平衡西北军事支出。

明代泉州学者李贽,同样对泉州百姓的经商行为表示高度的肯定。李贽不仅没有鄙视商人,而且给予高度的赞许。按《焚书·又与焦弱侯》载,李贽还对商人经商活动遭遇的苦难表示深切的同情,他饱含深情地说:"商贾亦何可鄙之有?挟数万之资,经风涛之险,受辱于关吏,忍诟于市场,辛勤万状,所挟者重,所得者末。然必交结于卿大夫之门,然后可以收其利而远其害,安能傲然而坐于公卿大夫之上哉!今山人者,名之为商贾,则其实不持一文。视之为山人,则非公卿之门不履,故可贱耳。"在李贽看来,商人经商,尤其是泛海经商,实在非常辛苦,他们身持数万资财,历经风涛危险,受尽关卡吏员的欺侮,忍耐着集市交易时人们的辱骂,经历了万般辛苦,所携的资财很多,所得的收入甚微。但是必须结交公卿大夫,然后才能获得盈利而避开祸害,怎么能像山人那样昂首而坐在公卿大夫的座上。现在的所谓山人,称他们为商人,其实身无分文作为资本,叫他们是山人,却又非公卿大夫之门不进,所以就令人可贱了。如此,商人经商,还有什么可以鄙视的呢?李贽这种见解,无疑是对传统鄙薄商人和商业行为的最直接否定。

清朝取代明朝后,继续实行海禁政策,在此背景下,泉州许多学者继承前朝先贤的思想,继续以某种方式表达对农本商末的见解,主张发展商业,开放海贸。这当中，李光地可谓是较有代表性的人物。李光地重商思想，同样与家族传统有密切关系。李光地的八世祖李森，生活于明洪武至天顺年间，既是大地主，又是大木材商人，富甲一方。李森发家致富后，敦亲睦族，乐善好施，为家族做出了重大贡献，又慷慨捐资，兴办了许多社会公益事业。天顺年间，他响应朝廷诏令，捐出五千石稻谷赈济苏州灾民，又捐出三千石稻谷支援边塞驻军。后来明武宗也旌表李森"尚义"。李森之后，李光地家族经商者不少，李光地祖父李先春，同样是位"末富"的典型。这一切，对于李光地无疑有不小影响。李光地认为，国家各种经济政策和经济行为，无不直接关系国计民生，它的出发点和归宿，无疑应在于能够利国利民，有利于改善国计民生，因此不能不讲求实效，既要考虑社会效益，也要考虑经济效益。在李光地看来，经济运行和发展有其内在规律，这是不以人的意志为转移的，经济政策和经济行为要能取得切实效果，首先必须尊重经济规律，按客观规律办事。否则，不仅谈不上效益，且可能阻碍，甚至破坏经济发展。李光地认为，从以农为本的农业经济到以"金币之重"的商品货币经济转变，是必然趋势，反对官府与民争利。按《榕村全书·治》载："古者安于邦域，人鲜轻赀远游之事，故务谷米麻丝，而民自足。今也仕宦商旅，万里纷然，金币之重，亦势也。居官者不能率之务本而遏其分，方且与之攘夺而崇其竞，是胥上下而市也。"在李光地看来，从以农为本到以"金币之重"是"势之必然"，商品经济发展是客观规律使然，是必然趋势，官员利用权力去与民争利，依仗权势谋取私利，势必破坏商品经济正常发展，于国于民不仅无利且有害。这种主张，对康熙时代商品经济恢复和发展起到了积极作用。李光地反对沿海官员以防止海盗为名要求严施海禁的主张，亦在于认为这是经济发展的要求，应充分考虑沿海地理位置和自然环境特点，鼓励沿海百姓扬帆出海，捕捞海产品，甚至开展贸易活动，使沿海百姓生计得以复苏。禁止百姓海上贸易，甚至禁止出海捕鱼，只能带来沿海经济的萧条，于民不利，从根本上说，于国也不利，更是不尊重经济规律的表现。李光地这种思想，显然与他在家乡的长期生活有关。

16—17世纪的世界，正酝酿着一场重大的变革，西欧资本主义经过一个时期的发展，已进入资产阶级革命前夜。而在中国，正值资本主义萌芽缓慢发展阶段，民间商业活动日益发展。统治阶级的倒行逆施，不仅无法保护这新的经济因素发展，反而对民间商业活动造成了严重摧残和破坏。而从整个社会看，人们依然固守重农观点，视商为四民之末，商业活动为士大夫所不齿,文献上的记载,也都鄙薄商人。李光缙、何乔远、李贽、李光地等泉州学者,能顺应时代发展潮流,敢于冲破中国封建思想的桎梏,摒弃传统"农桑为本,商为末"的小农经济藩篱,面对民间日益发展的商业活动现实,一反以往鄙薄商人,视商业活动为投机取巧、唯利是图之人所为的传统,给予当时商业活动及商人以较高的评价,难能可贵。中国资本主义发展迟缓,原因诸多,但当其萌芽之际,缺乏有识之士能摒弃传统观念,肯对这种萌芽加以注意,以致难以形成舆论及系统的学术理论去指导实践,也是原因之一。从这个角度看,李光缙、何乔远、李贽、李光地等人的重商倾向,就更值得赞赏了。

第三节　直击道学的"异端邪说"

泉州学者的思想创新,挑战道学传统的"异端"思想,亦是非常突出的表现,以李贽为代表的泉州学者,无畏传统的重压,离经叛道,直击道学的虚伪和危害。振聋发聩的呐喊,成为暗夜思想界一道亮丽的光芒,震惊全国。

一、正统与逆正统的纠缠

唐宋以来的泉州学者,在继承儒学传统的同时,还表现出某种"远儒"的倾向,随着时间的推移,尤其是进入明代以后,对于宋代以来的道学也表现出怀疑的态度。

泉州汉人是中原的后裔。秦汉以来,大批中原士民徙居泉州。这些入泉移民逐渐占据了整个泉州地区,并且同化融合了这一带的闽越遗民,繁衍生息而形成一个经济较为发达的汉人社会,从而完全改变了原来比较落后原始的闽越社会风貌。徙居泉州的中原士民,不仅带来中原先进的生产技术和生产工具,对泉州地区的开发做出了重大贡献,而且带来了中原文化。汉代"罢黜百家,独尊儒术",从此儒学成为正统思想,儒家思想成为中国传统文化的主流。迁居泉州的中原士民,由于在中原地区已深受中国传统文化的熏陶,已经从心理上、文化上、精神上认同以儒家思想为主流意识的传统文化。因此,他们在泉州建立起来的汉人社会,没有也不可能抛弃传统文化。以儒家思想为主流的传统文化,仍然是他们安身立命的基础,并以人际传统和代际传播的方式,在泉州不断地传承。因此,泉州的汉人社会,自建立之日起,可以说就秉承了正统的文化。而且比起其他不少地方,历史上的泉州人，似乎还表现得更为正统。早在南宋时期，理学家朱熹就送给泉州这样一个题词："满街都是圣人。"这 6 个字，很值得玩味，泉州人的正统，从这 6 个字似乎略可窥见。

宋代，作为一种倡导复兴儒家伦理主义文化价值的学术思潮，道学兴起。朱熹是其中一个大家。南宋末年，朱熹道学从被压抑、被禁止转为被推崇、被大肆倡导，盛极一时，整个江南成为其天下。元代，由于最高统治者的推崇，使朱子的地位进一步提高，甚至超过南宋。朱子道学被捧为"正学"，成为一统天下的主导思想，成为封建统治阶级的重要思想武器。朱子的《四书集注》，也比南宋时期更被重视，几乎成了唯一法定的教材和必读书。而泉州因得朱子"过化"之功，深受朱熹道学的熏陶，更是表现得颇为正统。对此，历朝历代的泉州人，不仅始终没有什么歧义，而且乐此不疲，非常自豪地大肆张扬。乾隆《泉州府志·风俗》称："有教化而后有人心，有人心而后有风俗。"泉州自唐代以来，"席相、常衮倡导于前，蔡襄、王十朋诸贤激扬于后"，尤其这是朱子的过化之地，薪传不绝，"乡先生遗泽类足以陶涤后辈，海滨邹鲁之称，厥有由也"。就是说，朱子的过化，使泉州人的思想受到深深的陶涤，精神面貌有了很大的变化，社会风气也因此有了很大的改观。

宋代以来，因为对朱熹的崇拜，受到朱子道学的深刻影响，泉州学者基本上表现得颇为传统，颇为"正统"。人们都循规蹈矩地生活，不仅不喜欢各种异端，甚至难以容忍异端，异口同声痛斥异端，视之为罪恶，使异端邪说在这里没有市场，甚至没有立足之地。

最重要的表现，就是道学思想深入人心。学者对之不仅深信不疑，而且忠实地加以贯彻落实，不折不扣，一以贯之。人们以道学的思想，作为处世为人的原则，作为评判是非的标准，一切违反道学的，都是极端错误的，都属于异端。朱子钟爱孔夫子的"克己复礼"说，并进一步加以弘扬光大，把"存天理，灭人欲"当作最为重要的"礼"，要求芸芸众生加以遵循。泉州学者信守大师之说，将"非礼勿视，非礼勿听，非礼勿言，非礼勿行"作为准则，作为对朱子理论的最好响应。因此，在朱熹看来，这块经他过化的地方，没有辜负他的殷殷期望，自然是"满街都是圣人"了。

泉州人的婚姻家庭观，最能体现朱子过化的功效，也最能体现泉州人的正统。道学倡行封建礼教，对于泉州社会产生的影响十分深刻，而且非常深远。按《福建通志·风俗》所载，经朱夫子的这一番苦心教化，泉州的社会风俗大变，原来那些有伤风化的事已无立足之地，基本上不存在了。乾隆《泉州府志·风俗》论及泉州社会风俗时，有这么一段话：泉州人最为严格男女之间的区分与隔离，有亲属关系的男女，大多亦不得随意见面，男子与亲戚或姻亲家的女眷，绝对不可以结交为朋友或一起出行。至于女子，像春天郊外散步，或者进入寺庙烧香，或者登山游玩之类的事，虽是小家女子，亦视之为大羞耻的事。女孩子不读书，即使是绅士之家的女子，书最多读到八九岁，略略晓得妇道大义，也就不再读了。十岁之后，禁止抛头露面于厅堂之中。偶尔有年纪已大的女婢经过街中，那么，人们的讥讽之声必定要延伸到主人家庭。家中聘用女仆，要么年纪很小，要么年纪很大，只要能干活、能侍候主人就行了。要是有人雇用年轻漂亮的女仆，就会受到邻居们众口同声的非议。就此，已可见社会对女子的态度：女子无才便是德，根本无须让她读什么书，只要能晓得"妇道"就足够了；女孩子稍微长大，就不得轻易迈出家门，否则家长亦会受到非议；男女极度授受不亲，即使是亲戚，见个面都有很大的问题，至于结伴而行，那更是洪水猛兽，绝对不可以的事。而且社会对女子的贞节要求极为严苛，泉州人最看重的这些东西，正是道学最看重的东西。如此纯洁的社会，如此纯朴的风俗，泉州学者亦功不可没，学者们不仅认同道学的这一套，而且积极加以宣扬，可以说起了推波助澜的作用。

但是历史上的泉州学者，在维护儒学正统的同时，又一直有不甚正统的一面，带有某种"远儒"的倾向。这从省、府、县志的记载，也可以窥见这个问题。无论是泉州各县县志、泉州府志，或者福建通志，在谈到泉州的社会风俗时，均异口同声地指出，泉州人的正统，主要是在经朱熹的过化之后，这实际上从侧面透示出一个问题，即南宋以前，泉州人实际上并没有那么正统。无论是普通百姓，还是文人学者，都存在这个问题。朱熹在泉州，也清楚地看到这个问题，并表达了某种不满。朱熹不仅看到泉州佛教的盛行，很早就被称为"佛国"，因而在泉州不仅完成了"逃禅归儒"的转变，而且后来还要在泉州禁佛。另一个突出体现是婚姻。闽南地区的青年男女，本来有"引伴为妻"，也就是自由恋爱的风俗，朱熹很看不惯，为了正风俗，防祸乱，一面下令禁止，一面亲自制定一套所谓"朱子家礼"，规定了婚丧喜庆的各种仪节。他严令男女婚嫁须得"父母之命，媒妁之言"，订婚时要送金银首饰，结婚时要送聘金、盒仪等物，否则不能行婚礼，违反者甚至要遭"刑辟"。朱熹对闽南地区的妇女在街中露面往来，十分不满，规定女人不能随便外出，上街要用花巾兜面，"民遵公训"，这就是后来叫作"文公兜"的由来。为了防止男女相见，他规定家家户户门上要挂竹帘，称"朱子帘"。为了防止妇女私奔，他又令妇女要穿高后跟的木头鞋,使走路时发出声来,叫作"木头屐"。朱熹还大力宣传程颐的"饿死事小,失节事大"的理论。所谓失节,即指女人再婚,朱夫子对此深恶痛绝。总之,朱熹在泉州任职期间,到处宣扬他那套道学思想,并利用手中的行政权力,敦促泉州学者和百姓接受,正是看到了泉州百姓和学者普遍存在的"远儒"倾向。

历史上的泉州学者,所以具有"远儒"的倾向,而且也成为某种传统,这是有其深刻的社会历史与现实根源的。泉州毕竟是个移民社会,背负的历史传统包袱本身没有那么沉重。中原汉民成为泉州的新主人后,泉州特定的生存空间,又使"远儒"具有一定的社会基础。自古而来的海外交通贸易,外来文化的渗入,不能不使泉州学者对于各种不同的文化持有较为开放的态度,较为容易接受新的思想观念;泉州"僻在天边",为"九州之裔末",远离中原儒家文化中心区,学者也有相对自由的思考和活动空间,从而保持某种相对独立的思想。正因如此,宋代以前,泉州学者的"远儒"表现颇为突出。进入宋代,当道学作为一种新思潮兴起后,由于这种新思潮确实有值得肯定之处,泉州学者不仅迅速接受,且热情洋溢地加以褒扬,因而表现得非常"正统"。但是随着时间的推移,道学愈来愈暴露出的阴暗面,又不能不使泉州学者感到困惑和不满,不能不促使他们进行深刻的反思,进而提出质疑,甚至批判,从而又表现出颇为引人注目的"异端"。

客观而论,道学有值得肯定之处。道学在宋代的出现,确实也给汉唐以来的儒学注入了不少新东西,使之面目为之一变。儒学走到宋代,诚如朱子看来,那是越走越不对头了,越走越迷失方向了,多如过江之鲫的儒学家们,大多已步入歧途,无视现实,远离社会,整天务虚学,沉溺于那些训诂义疏之类的勾当,而把阐释弘扬孔孟之道的大义要义,全然抛之一边,如此,实在是没有半点实际用处。朱熹等道学家为此痛心疾首,寝食难安,并以奋起拯救儒学为己任。他慷慨陈词,高声疾呼:儒子们不能再这样搞了,儒学要能明心养性,讲明义理,否则害处太大。他们身体力行,不畏辛劳,殚精竭虑,苦苦寻觅,对儒学传统进行一番理论大梳理、大更新,获得了不凡的成果,复兴了儒家伦理主义的文化价值。这套"义理新学",作为地主阶级新的思想理论体系,曾经对当时中国社会的发展起过较好的作用。它在思辨哲学方面的发展,无疑也是人类历史上的一大进步。

可是宋代儒家学者对儒学的改造,道学的产生,出发点无疑是适应封建专制统治的需要。南宋时期,中国封建社会已开始走下坡路,社会动荡不安,封建专制统治面临着不小的挑战。作为封建专制统治忠实的卫道士,儒学家们为此忧心忡忡,他们要从传统的儒家思想体系中寻找某些新的东西,维护现存的统治秩序,使专制统治能够长治久安。因此,他们把孔子抬到了至高无上的万世师表的地位,把儒学进一步神秘化,进一步神化为万古不朽的教条,把儒家"君君、臣臣、父父、子子"的纲常礼义作为一切道德的准则,引导人们去顶礼膜拜,匍匐在其脚下。如程朱理学,以"天理"为一切道德的极致,以"存天理,灭人欲"为理论核心,正是为了让统治者与被统治者恒常不变,让不安分的人们自行以教条规范,自我束缚。他们强调"心性"的实践作用,要求人人都必须自觉地达到"破心中贼"的伦理标准,也是为了更有效地禁锢人们的思想。总之,理学专为现存的封建专制制度做合理论证,这是没有什么疑问的。

理学的盛行,就其效果来看,也完全适合腐败的封建阶级苟延残喘的统治需要。经过长期宣传的潜移默化,理学已成为一种准宗教,一个无处不在的精神枷锁,一张无时不有的无形罗网,根深蒂固地制约着人们的意识与潜意识。在朱子理学"存天理,灭人欲"的理论笼罩下,儒家的纲常礼法、等级尊卑,无情地、严酷地禁锢着人们的思想,扼杀着人们的个性和自由精神。在圣人圣教的至上权威面前,人们只能闭塞耳目,沿袭古训,万口一词地背诵教条,没有思考,只有盲从,没有创新,只有因循。这种触目惊心表现出一种愚昧与迂腐,甚至残忍,给社会留下了沉重的十字架。一句"饿死事小,失节事大",就曾使无数泉州妇女流下了无尽的眼泪,忍受了无穷的苦难。而当人们成为理学的信徒和奴隶时,也必然成为统治者的忠臣和顺民,乖乖任其摆布。宋明时期,朱子理学盛行,得到统治者的提倡和重视,明王朝甚至把它定为至高无上的官方哲学,大肆吹捧,正因为朱子理学为巩固封建专制秩序,提供了强有力的理论基础,所以统治者对这一套给人民洗脑袋的理论总是如醉如痴,乐此不疲。这种正统思想的基本特质,乃是以群体为本位,而把个人仅仅当作群体的附庸,不承认其独立的价值和地位,不尊重个人的愿望、要求和权利。被奉为神圣不可侵犯的儒家"三纲"说,即君为臣纲、父为子纲、夫为妻纲,不过是要作为个人的臣、子、妻对作为大小群体的君、父、夫绝对地服从,乃至牺牲自己的一切。最终,当然是全国臣民均服从于作为最高统治者皇帝了。

然而,理学在强化封建礼教维护宗法诸方面,随着中国封建社会的不断发展,愈益起着消极乃至反动的作用。明代,中国封建社会开始孕育新的经济因素,出现了资本主义萌芽,城市与农村、货币经济与自然经济、手工业从农业中分离出来等矛盾都不断暴露出来。资本主义在发展过程中,要排斥身份性的人格依附,而封建主义传统又顽强地要维持这样的人格依附。明王朝为强化对人民的思想统治,继续推崇理学,提倡尊孔崇儒,儒家经典仍是人们的唯一行动准则,严重禁锢着人们的思想,敢于起来冲破这一思想牢笼的人并不多。可是具有独立思考传统的泉州学者,再次表现出异乎寻常的"异端",并涌现出李贽这位离经叛道的典型,这位杰出的思想家。

二、李贽骇世的离经叛道

明代中后期,泉州学者李贽,公然以"异端"自居,以鲜明的人本精神,大无畏的气概,极为愤激的言辞,挑战假道学的神圣和威权,对假道学的禁锢、虚假、脱离实际表现了极大的蔑视,表达了对自由和个性发展的追求,离经叛道,震惊全国。

李贽,字宏甫,号卓吾,又号温陵居士,泉州南安人,生于明嘉靖六年(1527 年)。嘉靖三十一年(1552 年),乡试中举。历任河南共城教谕、南京国子监博士、北京国子监博士、礼部司务、南京刑部主事、姚安知府。李贽自幼倔强,善于独立思考,不受儒家传统观念的束缚。12 岁写《老农老圃论》,就反对孔夫子把种田人看成"小人"的思想。参加乡试中举后,却看不起八股取士的科举制度,说自己参加考试,只是当誊录生,以后便不应进士考试。30 岁后迫于生计,开始做官,又由于思想与官方推崇的程朱理学格格不入,加上秉性耿直,不堪忍受上司欺压,50 多岁即告别仕宦生涯。之后,先后流寓于湖北麻城、山西大同、山东济宁、河北通州等地,从事讲学和著述。万历三十年(1602 年),被明王朝以"敢倡乱道,惑世诬民"的罪名逮捕入狱,自刎而死,享年 76 岁。事迹附于《明史·耿定向传》。

李贽在学术上,最早是接触以"反传统"姿态出现的王阳明、王艮一派的学说,后又研究过佛学。这些都对他产生过影响。但他读书最多是从 44 岁开始,那时他在南京,认识了李逢阳、徐用检等大学者,后又认识了焦弱侯、耿定理等。这些人都对他产生过很大的影响。云南任知府时,他更是一面"朝夕读书,手不敢释卷",一面写作,"笔不敢停挥"。所以,他一生的著作,主要是在这阶段写成的。李贽的著述数量巨大,著作达几十种之多,最重要的有《焚书》《续焚书》《藏书》《续藏书》《初潭集》《疑耀》《读升庵集》《三异人集》《史纲评要》《九正易因》《道古录》《评水浒》等。李贽的思想,尤其是对假道学的无情抨击,主要就在这些著作中。

李贽许多著作部头都很大,书名也有点怪。这是因为李贽当时著书,是针对儒学正统开火的,有很强的批判性和战斗性,富有叛逆精神,与统治阶级矛盾很大,与那些假道学先生更是格格不入。特别是那些迂儒、恶吏更是切齿痛恨,骂他是"妖人""怪物""名教叛徒"。他也深知这些书必为当代所不容。《焚书》的意思,就是预示这部书必然触犯时弊,遭遇焚毁的命运。《藏书》则有"藏之名山,以待后世"之意,表现了与儒教经典毫无妥协余地的战斗精神。李贽的著作,以《焚书》《藏书》最为著名。《焚书》及《续焚书》是诗文集,收录所写的书信、杂文、史论和诗歌,是其一生事迹之所寄。《藏书》是纪传体史学巨著,论述战国至元亡时历史人物约八百人,对这些人物做出了不与传统见解苟合的评价,旨在反对儒学,反对以"孔子之是非为是非"。如赞扬秦始皇是"千古一帝",武则天是"政由己出,明察善断"的"圣后"。《续藏书》是《藏书》的延续,将明初著名的人物,按照《藏书》的评价标准,分为开国名臣、开国功臣、逊国名臣、靖难功臣、内阁辅臣、勋封名臣、经济名臣、清正名臣、理学名臣、忠节名臣、孝义名臣、文学名臣、郡县名臣诸目,逐一予以立传。这两部书的出版,对那些欺世盗名的假道学先生,是严厉的批判和辛辣的讽刺。《初潭集》也是李贽较重要一部著作,采集大量古代人物事迹,分为夫妇、父子、兄弟、君臣、朋友五类,以非传统的观点加以评语。由于此书是他削发龙潭时编纂,故称为《初潭集》。书刊行后,影响很大。李贽的《疑耀》,是历史考证。《读升庵集》辑录杨慎等名家诗文并加以评论,《三异人集》辑录并评论了方孝孺、于谦、杨继盛三人的诗文。

李贽的著作,由于反封建思想、反假道学很突出,很激烈,为统治阶级所不容,先后几次被禁毁。第一次是明万历三十年(1602 年),明王朝诏令其书籍已刊未刊者,所在官司尽搜烧毁,不许容留,如有徒党曲庇私藏,一并治罪。第二次是明天启五年(1625 年),明王朝下诏称,李贽诸书怪诞不经,各巡抚衙门应予焚毁,不许坊间发卖。第三次是清乾隆年间,统治者再次将其著作列入禁书目录。清朝虽是满族统治,但道统仍相沿袭,故李贽著作仍受到封建王朝猛烈攻击。这从乾隆年间编纂的《四库全书》也看得很清楚。李贽的众多著作,仅收入存目,并不刊行,而且《四库全书总目提要》的评价也非常尖刻。评价《藏书》称:"贽书皆狂悖乖谬,非圣无法。惟此书排击孔子,别立褒贬,凡千古相传之善恶,无不颠倒异位,尤为罪不容诛。其书可毁,其名亦不足以污简牍。特以贽大言欺世,同时若焦竑诸人,几推之以为圣人。

至今乡曲陋儒，震其虚名，犹有尊信不疑者。如置之不论，恐好异者转矜创获，贻害人心。故特存其目，以深暴其罪焉。"评价《续藏书》称："贽所著《藏书》，为小人无忌惮之尤。是编又辑明初以来事业较著者若干人，以续前书之未备。……因自记其本朝之事，故议论背诞之处比《藏书》为略少。然冗杂颠倒，不可胜举。……种种踳驳，毫无义例，总无一长之可取也。"评价《初潭集》称：此书"大抵主儒、释合一之说。狂诞谬戾，虽粗识字义者皆识其妄，而明季乃盛行其书，当时人心风俗之败坏，亦大概可睹矣"。评价《疑耀》称："贽恃才妄诞，敢以邪说诬民。所作《藏书》，至谓毋以孔夫子之是非是非我。其他著作，无一非狂悖之词。而是编考证故实，循循有法。"评价《三异人集》称："贽狂悖自恣，而是集所评乃皆在情理中，与所作他书不类。"评价《九正易因》称："贽所著述，大抵皆非圣无法。惟此书尚不敢诋訾孔子，较他书为谨守绳墨。"李贽受到的这种猛烈攻击，恰恰说明他对假道学的抨击是多么的厉害。

李贽思想的核心，就是继承和发扬泉州先贤的优良传统，提倡解放思想，独立思考。按《焚书·卓吾略论》载，李贽称："吾所谓穷，穷莫穷于不闻道。"李贽本也是个儒者，但由于对假道学的虚伪和扼杀人性的本质有着深切体会，因而对假道学发起猛烈攻击，发表了许多惊世骇俗的言论，并敢于公开承认自己是异端，表现了彻底的叛逆精神。李贽对假道学的揭露和抨击，主要表现在以下三个方面。

李贽猛烈抨击假道学家的丑恶与虚伪。李贽猛烈抨击那些大讲道学的假道学家，他在《焚书》中，骂那些所谓道学家的儒者为鄙儒、俗儒、迂儒，鄙儒无识，俗儒无实，迂儒未死而臭。最高的是名儒，名儒往往能死节殉名，但"也有头气"，即书生习气。他揭示假道学家的丑恶说，这些人自命清高，实际志在高官厚禄。有的能写几句诗，就自称为山人；不会写诗，讲讲"良知"，就自称为圣人。他们"名为山人，而心同商贾；口谈道德，而志在穿窬"，亦即穿壁逾墙盗窃者。李贽曾以耿定向这位道学的捍卫者为例，无情地加以揭露、抨击和嘲笑。他在《焚书·答耿司寇书》中说："试观公之行事，殊无甚异于人者。人尽如此，我亦如此，公亦如此。自朝至暮，自有知识以至今日，均之耕田而求食，买地而求种，架屋而求安，读书而求科第，居官而求尊显，博采风水以求福荫子孙，种种日用，皆为自己身家计虑，无一厘为人谋者。及乎开口谈学，便说尔为自己，我为他人；尔为自私，我欲利他……以此而观，所讲者未必公之所行，所行者又公之所不讲。其与言顾行、行顾言何异乎？"

在李贽看来，两面派是道学家最普遍的表现。捧着圣人的灵牌，贩卖自己的私货，是道学家的惯用手法；维护私人和小集团的利益，置老百姓死活于不顾，是道学家表现的本质所在。所以，他在《焚书·三教归儒说》中，揭露道学家讲道学的实质，"阳为道学，阴为富贵，被服儒雅，行若狗彘"。也就是说，这些人穿戴得道貌岸然，行为却和猪狗一样。李贽骂他们禽兽不如，说骂他们是禽兽还算便宜了他们。他进一步分析说，世上不讲道学而博得高贵的不少，何必以讲道学作为取得富贵的资本呢？原因很简单，不靠讲道学而能取得富贵的，这种人一定要有真才实学，有了真才实学，不给他富贵是限制不了的。那些无才无学的人别无出路，如果不靠讲道学之名以求富贵，将终身贫贱耻辱！他还一针见血地指出，那些所谓道学"学者"，实际上是一些伪君子，"官重于名，名重于学，以学起名，以名起官，循环相生，而卒归重于官"。李贽认为，这些人只懂得阿谀奉承，而无实际本领，更加令人鄙视。他撕下了这些道学先生的假面具，说这些人"平居无事，只解打恭作揖。终日匡坐，同于泥塑，以为杂念不起，便是真实大圣大贤人矣。其稍学奸诈者，又搀入良知讲席，以阴博高官。一旦有警，则面面相觑，绝无人色，甚至互相推诿，以为能明哲。盖因国家专用此辈，故临时无人可用"。并把批判的锋芒直指宋代道学家周敦颐、程颢、程颐、张载、朱熹等。他在《又与焦弱侯》的信中，喊出了这样的话：今天讲周敦颐、程颢、程颐、张载、朱熹学说的人，可诛也！一点也不给大儒朱熹面子，令时人震惊不已。对于道学家的批判，可谓鞭辟入里，刻骨入木。因此天下之伪学者胆战心惊，并群起而攻之。

李贽反对以孔子之是非为是非。孔子是道学的老祖宗。李贽本也是个儒者，并推崇孔子，但是道学家开口闭口以孔子的话为是非，这不能不使他把矛头指向孔子这位道学祖师。李贽在《藏书·世纪列传总目前论》中提出，人最初没有是非。人作为是非的人，最初没有一定的标准，他是"是"还是"非"，没有定论。夏商周三代不必说，汉唐宋三代一千余年，难道有是非？难道当时的人也无是非？全都以孔子的是非为是非，所以就没有是非了。但是我本身就是一个有是非的人，怎么能安于这种情况！是非的争论就像岁时运行一样，"昼夜更迭，不相一也"，昨日是而今日非，今日非而后日又是矣。即使孔夫子再生于今日，也不知他如何否定是的事物，怎么可以就以此为根据而施行赏罚呢？所以，他坚决反对以孔子的教条作为法律裁判和赏罚的依据，得出"不以孔子之是非为是非"的结论。李贽在《续焚书·题孔子像于芝佛院》中说，我自幼读圣贤书，并不知孔子书的精义；尊崇孔子，也不理解他为什么值得尊崇,就像矮子看戏一样,跟着人家叫好。说实在的,50岁以前还像一只狗,前面的狗见个影子叫了起来,我也随着叫,问为什么叫,只好笑着,说不出所以然。李贽《焚书·答耿司寇书》还指出,孔子从来也没曾教人要学孔子,也没有以自身的学说作为天下学习的教科书。孔子也是一个人,孔子也得学。如果说"天不生孔子,万古长如夜",那么孔子生前如何行动呢?如果一切是非都得以孔子的是非为标准,那么在孔子以前岂不是没有是非!再说诸子的学术就各有是非,各有其标准,这是客观存在,那些假道学家掩盖得了吗?李贽对事事以孔子的教条为是非标准提出了严厉的批评。道学家把《六经》《论语》《孟子》等书说成是"万世之至论",李贽在《焚书·说》中则说,《六经》《论语》《孟子》等书,这些所谓的儒家经典,不是那时的史官过于褒扬尊崇的词汇,就是那时的朝臣们极尽赞美的语言。如果不是这样,就是孔子那些迂腐的信徒们,那些懵懵懂懂的弟子们,记忆老师所说的话,或者是有头无尾,或者是有尾无头,将所听到的某些话,随心所欲,写到书上。后人在读这些书时,并没发觉这个问题,便认为这些话都是出自圣人的嘴巴,坚定不移地将它们视之为经典。在李贽看来,圣人孔子的许多言语,都是他的那些不称职的弟子胡乱写下来的,并非货真价实的圣人语言。如此,所谓的孔子之是非,也就不足为据了。在李贽看来,事事以孔子教条为是非标准,"虽名为学而实不知学,往往学步失故"。正因为认为古代所谓"圣贤"的言论,不可能永久作为人类思想的绝对标准,李贽在衡量历史人物时,不受孔子之是非的羁绊,对大量的历史人物进行重新评价。诸如,他赞扬秦始皇统一中国,誉之为千古一帝;冯道历经五代,稳定社会动乱,人称失节之臣,他称为五代一人。他对历史上一些变革家给予高度评价,如商鞅、韩非、晁错、李斯、桑弘羊等;他把农民起义的领袖陈胜、窦建德列入"世纪"等。"不以孔子之是非为是非"的提出,在当时具有解放思想的作用。

　　李贽主张个性解放。李贽顺应历史发展,主张发扬个性,解放个性。他提倡男女平等,认为天下万物皆生于两不生于一,例如男女、阴阳、夫妇。在李贽看来,不应以男人之见尽长,女人之见尽短。明确主张"泛爱众,真平等"。一向被封建卫道者糟蹋得不成样子的武则天,他认为是个很有才干的皇帝。他提倡婚姻自由,对于卓文君夜奔相如之事,道学家们均视为有乖于礼教的"淫奔",而李贽却不然。他在《藏书·司马相如传》中,先是感慨相遇相知之难,司马相如若不逢汉武帝,即使他的赋是千古绝唱,也是徒然。再以卓王孙等人不如一女子之知人加以说明。当相如作客临邛时,临邛富人如程郑、卓王孙等都财富倾东南,而目不识丁。虽令相如司鼓琴,也是自鼓,谁知琴心? 那些作陪的贵宾都衣冠楚楚,空有其表,只看到金没见到才,只看到相如贫没见到相如富。如果不是卓文君,谁能知相如。假如当时文君要求王孙,与相如成梁鸿、孟光之结合,我知道王孙肯定不答应。这样目光短浅的人,怎能与他计议大事,白白失去佳偶,空负良缘。所以卓文君果断地私下找相如,忍小耻而就大计,《易》云,同声相应,同气相求,归凤求凰,何等正确,哪能非议。封建卫道士把卓文君私奔相如视为伤风败俗,李贽却认为是知人果断,胜王孙多了。像这样的"是非谬于圣人",正足以显示李贽的思想光辉,那些假道学先生的诬陷如同"蜀犬之吠日"。

李贽这位勇猛的斗士,以大无畏的气概对道学的无情痛击,在明代那个思想沉闷的年代,不仅是划破黑暗天空的闪电,是振聋发聩的惊雷,"开古今未开之眼"、"寒伪学之心胆",震撼整个思想界,令那些封建卫道者们又怕又恨,必欲置之死地而后快,而且以自己留下的禁不止、焚不完的著作,竖起一座巨大的思想家的丰碑,开创了中国文化思想的启蒙时期。

李贽离经叛道的思想,对于后世泉州的学者,也有不小的影响。这当中,李光地的某些见解,可以说颇有代表性。李光地是以"横议"评价李贽。他在康熙五十年(1711 年)为泉州府学所写重修记,即可略见一斑:"夫泉僻处海滨,为九州风气裔末,然虚斋以经解,锦泉、晋江以制举业,李贽以横议,天下皆靡然宗之。则岂非世道学术之高下,占诸吾泉而可知与?"这里讲李贽很有意思,用的是"横议",这是一个很有个性、很有自己独特见解的说法。李贽不按常理出牌,勇于反潮流,恣肆批评,讲了许许多多同传统说法截然相反且措辞尖锐的话。李光地是个正统的理学家,从他所恪守的正统思想角度出发,他用这两个字来概括李贽的言论,似乎还是颇为恰当的。李光地赞赏李贽的独立精神。按《榕村谱录合考》载,李光地晚年曾回忆说:"明末,闽中学者,饮酒读史,崇尚李卓吾书,举国若狂。"李卓吾即李贽。称李贽"以横议著称",并非全然贬斥,且有某种赞赏之意。按《榕村续语录·历代》载,他讲过一件事:有位山东同僚知贡举,身边常携带黄道周《三易洞玑》,称生平只读这本书,并称黄道周是圣人。有位山西同僚则大赞李贽《藏书》,认为一字不怪,皆是道理,亦称李贽为圣人。李光地因此感慨:"吾乡此两公者,后进率不服,而外面推崇为圣者,却是山东一人,山西一人。"通过讲述外地人的推崇,从侧面加以赞扬,说明这两人都是值得肯定的。

第十章　政治舞台的泉州风骨

泉州历史上的为官者,居官从政大多崇真务实,独立直行,不随波逐流,不趋炎附势,甚至不唯皇帝之命是从,敢于指击奸佞,敢于针砭时弊,敢于投身改革,虽遭受排斥打击,甚至招致杀身之祸,亦无怨无悔。这种颇为鲜明的"泉州风骨",已经成为泉州历史文化的一道亮丽风景线。

第一节　刚正不阿独立直行

历史上的泉州,许多宦海为官者,刚正不阿,独立直行,不依附帮派,甘于孤立,不媚附权贵,无畏排挤,唯国是忠,敢于触犯龙颜,得到世人高度评价,载入史册,流芳后世,这正是泉州风骨的突出表现。

一、疏离帮派甘于孤立

封建社会的官场,朝臣争权夺利,拉帮结派,钩心斗角,尔虞我诈,互相倾轧,可谓痼疾,历代皆然。然而泉州的为官者,大多能秉持正直,公正处事,既不暗植私党,亦不依附帮派,尽管受到孤立,甚至受到攻击,亦淡然面对。留正、梁克家、李廷机、黄克缵、李光地等,可谓典型代表。

南宋泉州永春人留正,留从效六世孙,绍兴年间进士,从政 40 年,宋孝宗时任宰相,光宗和宁宗时继续为相,故称"三朝宰相",也算风光一时,可也多次受到弹劾,甚至多次贬官落职。所以如此,这与其为官态度有极大关系。保持独立思考,秉公办事,是留正为官最为突出的一个特点。按《宋史·留正传》载,孝宗时任右宰相,朝廷内部关系错综复杂,矛盾重重,大臣拉帮结伙,相互攻击,然而留正并不掺乎其中,保持独立风格,唯以有利于朝政和社会稳定为准则。如此,在朝廷中自然较为孤立,并受到许多朝臣的攻击。然而由于孝宗对其公正和忠诚较为了解,也给予相当高的肯定,称赞他是"纯诚可托"之臣,因此各种攻击对他的伤害还不是太大。可是从光宗继位后,直到宁宗继位,情况就大为不同了。这期间,不仅朝臣仍拉帮结伙,而且皇族内部亦严重不睦,而留正仍保持独立风格,不偏不倚。如此,不仅得罪了不少大臣,而且引起光宗皇帝不满。于是许多原本就对留正不满的朝臣,乘机推波助澜,火上浇油,对留正发起更为猛烈的攻击。留正也清楚大臣们在暗地里的活动,可是无意与之计较,上疏请求解职归田,光宗又不答应。后来,留正感到在朝廷中已经很难理事,干脆离开朝廷,居家赋闲。宁宗即位后,知道留正的正直和诚实,想让留正复出,委以重任。留正回朝谢恩。可是那些不满的大臣并没有放过他,继续纷纷跳出来攻击。御史们又上奏,追究他"弃国"之罪。攻击他的大臣们,又借机离间他与宁宗的关系。结果又被罢相,逐出朝廷。庆元初年,虽复官观文殿大学士,又遭谏议大夫弹劾,称他有四大罪,再度落职。此后,年年都遭人弹劾,时复时贬,日子一直很不好过,直到78岁辞世。出现这种结局,关键在于留正既不拉帮结派,又不随意附和,独立直行。

南宋泉州晋江人梁克家,绍兴年间乡试第一,次年会试,廷试第一,高中状元,为宋朝泉州两位文状元之一,官至宰相。然而即使身居高位,亦屡遭攻击,甚至一度落职。关键原因,就在于为官态度。梁克家为官,耿直勤谨,最为突出。这个特点,使他得到不少大臣赞赏,甚至皇帝褒扬,然而给他带来了不少麻烦,屡屡受到攻击。这在他为相期间表现得最突出。当时,朝廷面对的最大问题,是北方金朝的威胁,主战派与主和派争斗激烈,争斗的背后,又夹杂着利益之争。梁克家对此有清醒认识,因而并不随意附和。如此,得罪了不少大臣。按《宋史·梁克家传》载,主战派指责他屈辱妥协,主和派认为他立场不坚定。尤其是主战派,对他攻击最为厉害。因为梁克家尽管对金朝的无理讹诈表现出凛然无畏精神,并支持恢复中原,然而鉴于南宋积贫积弱状况,在对待金朝的态度上,始终表现得颇为谨慎。乾道年间任参知政事并权知枢密院事后,主张先与金朝修好,同时对金朝的挑衅不能示弱。应当说,这是基于国力不济,亦是务实的主张。可是主战派极为不满。虞允文为相,主张恢复中原,朝臣迎合者甚多。梁克家仍不赞成贸然行事,故往往意见不合。主战派势力大盛,乘机鼓噪,攻击梁克家。梁克家因为施政困难,请求离任。孝宗询问梁克家:"兵终不可用乎?"果真不能对金人用兵?梁克家回答说:"用兵以财用为先,今用度不足,何以集事?"用兵先要财用充裕,如今用度且不足,靠什么成事?孝宗默然无语。经过慎重考虑,孝宗接受梁克家的意见,并让梁克家继续留任。可是朝中主战呼声甚高。张说知枢密院事后,逐渐操控朝政,这种呼声更得到支持。梁克家仍坚持不可轻举妄动,自然又和张说意见不合。于是再请离任获准,以观文殿大学士出知建宁府。辞朝之时,孝宗询问,治国大事,还有什么见解,梁克家明确劝告,不要希求奇功!梁克家离开朝廷后,南宋开始对金采取强硬态度,移牒给金朝,又派汤邦彦出使金国,请求归还陵寝地。结果,因实力不济,屡屡碰壁,反而再次受辱。事后人们不能不承认,梁克家为国运筹,确是谋略远虑。可是那些对他不满的大臣并没有放过他,在他离开朝廷后,又有大臣以某些莫须有罪名上疏弹劾,并使他因此落职,两年后才起用知福州。可见梁克家审时度势,深谋远虑,即使要冒被指责为屈辱妥协,甚至贬职落职,亦在所不惜。因此,《宋史》称赞他有"谋国之忠"。

明代万历年间,泉州鲤城人李廷机,仕官遭遇同样颇为典型。万历年间乡试得解元,会试得会元,殿试得榜眼,差点连中三元。后以礼部尚书兼东阁大学士身份,同福清人叶向高一道入阁,相当于宰相。他入阁6年,实际执政仅9个月,且以辞职落幕。这亦与为官态度有重大关系。李廷机为官,以刚正著称。《明史·李廷机传》称他"遇事有执,尤廉洁"。曾说:"当官三事,曰清、慎、勤,而清居首。"又说:"大臣须办得一点诚忠,不为身,不为家,不为官,不为荫,一心为国为主。禄赐之外,更无它营。"基于这种思想,为官期间,始终以公忠为准则,秉公办事,没有偏袒,既不拉帮结派,亦不随便附和。当时,朝廷内部的争斗,李廷机并不随便表态。终于得罪了某些大臣,要入阁时,就遭到许多大臣反对,称他"才弱而暗",能力有限,才干不足,且没有是非,立场不明确,态度不鲜明,大有和稀泥之嫌。可是这正是李廷机的可贵之处。实际上,正如《明史》所载,李廷机很有主见,"性刻深,亦颇偏愎,不谙大体"。就是说,个性很强,非常固执,我行我素,未能在官场中随波逐流。所以,面对那些胡作非为的官员,很不留情面,无论是谁,有什么样背景,皆不考虑。揭露抨击贪官,毫不留情,从不给面子。当了阁臣后,呕心沥血,操劳朝政,可是因秉性刚正,又得罪了不少人,又屡遭攻击。入阁后不久,即又遭到主事郑振的攻击诬陷。随后,许多大臣纷纷跟进,攻击不停,说他用人不当,说他打击异己,弄得四面楚歌,只好多次称病请假,并上书提出辞职。此时,那位已罢朝20多年的万历皇帝,整天窝在紫禁城"冬眠",无论大臣们怎么恳求与抱怨,就是不上朝办公。李廷机的辞呈,没有音信。大臣们认为李廷机在作秀,数十人继续轮番加以攻击。李廷机又呈上几份辞职报告,可是依然没有得到万历皇帝批准。李廷机去意已决,干脆将家人遣送回泉州,仅留下老妻照顾生活,两人搬到城郊荒凉破败的古庙,过着惨淡的寒儒生活。破庙住了整整 5 年,前后呈送了 120 多份辞职报告,皆如石沉大海。辞职批准书没有得到,反得到个"庙祝阁老"称号。最后,索性自作主张,不要那辞职批准书了,自己回到泉州老家。归隐泉州后,暮年生活,更加穷困潦倒。卒后赠少保,谥文节。

明末泉州晋江人黄克缵,官至尚书,曾任刑、工、吏三部尚书,并两次出任兵部尚书,人称"黄五部"。他同样因为不依附帮派,也被指为没有是非定见,只好多次辞官。为官 40 多年,无论在地方上,或者在朝廷,他始终关心百姓疾苦,忠于职守,勤恳理政,因此,得到很高评价,"历官中外,清强有执"、"不避权贵"。《明史·黄克缵传》称"惠政甚著"。黄克缵为官,以国家社稷为重,公正廉明,老成持重,这曾经使他深得皇帝信赖。可是因持平居中,也给他带来很大麻烦。万历中期,朝廷相继发生"梃击案""红丸案""移宫案"。围绕这三大案,分为两大派,各自为自己利益,制造事端,互相攻讦,争斗非常剧烈,必欲置对方于死地而后快。身为尚书的黄克缵,夹于混战两派之中,执意持平居中,不偏不倚,并尽量居间调停。可是在那非此必彼情势下,也遭到双方攻击,常常弄得两头挨骂,连皇帝都不高兴,指责他没有是非,"轻肆无忌,不谙忠孝"。为此,他只好请求退休。可是两派都不放过他,好几位朝臣纠集一起,再次弹劾,说他荒唐得很,没有大局,没有是非,且拉帮结派,搞小集团。在这种情况下,黄克缵再次请求退休,皇帝仍不理睬。天启年间,身为户部尚书的黄克缵,因得罪魏忠贤,日子更为难过。魏忠贤权倾朝野,炙手可热,又值朝中重建三殿。黄克缵裁掉魏忠贤所要紫阶石费 30 万两,又斥责魏忠贤想借机贪占南京铸铜器变卖,声色俱厉,触怒了魏忠贤。朝廷待不下去,黄克缵遂以病为由,请辞归家。崇祯帝登基,魏党垮台,又起用他为吏部尚书。是时他已年老体衰,无法履任。同年,于泉州家中去世。曾为大学士的门生杨景辰,高度评价:"当官不避难,立朝不树党,任事不顾私。"

清代泉州安溪人李光地,为官期间对于朋党的态度,亦颇为典型。清朝建立后,满汉诸臣暗自结党,分分合合,盘根错节,不仅汉族官员相互倾轧,朝廷中拥有特殊地位的满族官员亦是如此。康熙帝登上皇位后,尽管对朋党始终保持高度警觉,多次警告其危害性,要求朝臣注意。可是在他统治期间,朋党之争依然非常激烈,既有索额图党、明珠党、徐乾学为首的"南党",

还有与"南党"对立的"北党"。朋党林立，尔虞我诈，互相倾轧，没有是非，只有利益，搞得朝廷乌烟瘴气。身居官场的李光地，恪守自己的准则，不植私党，不谋私利，清正为官，正直处事，始终以"积诚致谨，耐事慎交"为戒，把"仕宦以孤立为安身"作为座右铭。凡事以公心为出发点，不怕孤立，不媚附权贵，不屈从流俗，表现出很强的独立人格。按《榕村谱录合考》卷上载，"议事不委顺从人"，这是康熙帝对李光地的评价。所指固然主要是李光地在攻打台湾问题上的态度，实际上也始终是李光地为官的基本准则。朋党之争激烈，关系错综复杂，李光地看透朋党激争的恶劣本质，同样秉持自己的准则，既不趋炎附势，亦不想卷入争斗旋涡，不依附任何朋党。如此，成了朝廷中的"另类"，且得罪了不少朋党权贵。明珠权倾满朝时，李光地对他的不少做法颇有异议，不仅私下劝告他洁身自好，最好收敛一点，别被表面上依附的那帮小人所利用，成为小人们谋取私利的工具，而且没有帮助明珠荐举一位有贪贿劣迹的布政使官员。这使明珠一度对李光地甚为不满，在康熙帝面前讲了李光地不少坏话。徐乾学嫉妒李光地升迁，认为李光地挡住自己的升迁之路，更是将李光地视为眼中钉，恨之入骨，纠集几位同党，采用各种阴谋诡计，攻击诬陷李光地，手段无所不用其极，必欲置之于死地而后快。他们反复向康熙帝诬告，声称李光地拉帮结派，培植私党，背后非议皇帝，甚至与叛乱藩王耿精忠勾结，又与台湾郑经勾结，有谋反之心。康熙帝开始并不相信，可是谗言听多了，疑忌也就不断上升，甚至罢去李光地翰林院掌院学士官职。李光地淡然以对，依旧独立直行。李光地这种独立直行的准则，在当时朝廷中基本上以党派划分亲疏的背景下，意味着处于孤立的状态。朝廷缺少关系密切的同僚，力量自然甚为单薄。当朋党出于私欲嫉妒他，并对他横加诬陷攻击时，他没有强大的派系倚靠，没有坚定的支持者，很大程度上只能依靠自身力量，面对强大的朋党势力孤军奋战。不过，李光地不依附任何朋党，确实又在某种程度上能够比较超脱，脱离争斗旋涡，避免带来无端的牵扯，并且以自身的才学和人品，最终赢得了康熙帝的倍加信任，职位不断升迁，直至文渊阁大学士兼吏部尚书。

二、无畏排斥不媚权贵

封建社会的官场，权大于法，手握权柄的达官显宦，出于一己之私，往往唯我独尊，滥用职权，网罗党羽，打击异己。泉州许多为官者，刚正不阿，不媚权贵，无畏排挤，这也是泉州风骨的突出体现。

北宋泉州晋江人曾会,举进士后,先是在京城为官,授光禄寺丞,随后任刑部郎中,转任两浙转运使,又出知明州。按《宋史·曾会传》载,曾会"夷旷直率",是个非常正直之人。无论朝廷或地方上为官,始终志存高远,坦坦荡荡,公正不阿。因为"自许亦厚,不以攀援进取为意",因此,不计较荣辱升迁,"进不干举,退不诡俗,直己而行",甚至"处事不惮以身犯有势者之怒"。身处腐败官场,面对污浊权贵,不随波逐流,更不媚附权贵,甚至不怕触犯权贵。北宋大中祥符末年,曾会出任两浙转运使。当时,浙江旱灾严重,许多地方土地绝收,百姓饥饿不堪,四处流徙。可是权势正盛的丁谓,好大喜功,为追求政绩,根本不体恤百姓疾苦,还在钱塘江沿岸驱使大量民工筑堤,又不顾民工死活,民工整天累得半死,连饭也吃不饱,病死累死甚多,怨声载道。丁谓熟视无睹。浙江地方官员,甚至朝中文武百官,慑于丁谓权势,无人敢于提出异议。曾会深为百姓而痛心,义无反顾,斗胆上书朝廷,罗列百姓惨状,请求立即改弦易辙,放百姓一条生路。言辞极为尖锐,亦极为恳切。终于使捍江之役停止,百姓得以喘息。曾会刚直为官,正如《宋史》所载,"处官不能希合从事,由是与时龃龉"。因为得罪不少权贵,包括朝廷中某些权臣。因此,尽管学识渊博,才华出众,官场升迁缓慢,且屡遭排斥。步入仕途45年,历真宗、仁宗两帝,仅止于刑部郎中,"官不过五品,用不出一郡"。

北宋泉州晋江人陈从易,24岁中进士,历仕太宗、真宗、仁宗三朝,累官湖南转运使、广州知州、龙图阁学士、杭州知州等,以清廉激直著称。按《宋史·陈从易传》载,他"为人激直少容,喜别白是非,多面折人。或尤其过,从易终不变"。就是说,非常率直,凡事又非常认真,发现官员有问题,往往不留情面,经常当面指斥,且始终没有改变。如此,自然得罪不少人,包括宰相寇准。寇准当宰相,陈从易亦曾上疏,历数某些不是,惹得寇准甚为厌恶,于是借推荐官员失误,把他挤出朝廷,贬知江西吉州。应当指出,陈从易对官员的指斥,并非出于个人恩怨,完全是出于公心。因此,既不阿谀奉承,媚附权贵,也从不乘人之危,搞落井下石勾当。仁宗乾兴初年,陈从易出任湖南转运使,寇准已罢相,被参知政事丁谓排斥,又贬为湖南道州司马,正好受陈从易管辖。丁谓想借陈从易之手,再次打击寇准,致寇准于死地。丁谓对陈从易说,你当时被寇准打击贬职,这次刚好可以出口恶气了!可是陈从易毫不含糊地回答,我与寇准并无私怨,他贬职了,我照样尊重他,说得丁谓面呈"愧色"。因此,《宋史》称:"若从易拒释憾之言……卒使权奸愧歉,抑又可尚哉!"就是说,陈从易情操高尚,让权奸都感到惭愧。陈从易的正直,在对待王钦若的态度上也十分明显。权奸丁谓，贪婪权力，想方设法，打击宰相王钦若，最终将王钦若挤出朝廷，自己取而代之，升任宰相。王钦若被罢相后，屈居河南商丘，许多人怕得罪丁谓，不敢与之来往。陈从易敬佩王钦若正直为人，清廉为官，因此并不避嫌，坦坦荡荡，往湖南任职时，特地到河南商丘拜会王钦若。陈从易确实无愧于《宋史》的高度评价。

南宋初年，泉州南安人傅自得，父亲傅察，吏部员外郎，北宋时奉命使金被杀害。傅自得步入仕途后，无论居承务郎之职，或任福建路提点刑狱司，或任漳州通判，无不忠于职守，勤恳理政，公正执法。可是当时秦桧当权，结党营私，傅自得的公正勤政，没有带来步步高升，反而屡遭排斥打击。按《闽书·傅自得传》载，原来，秦桧认为傅自得乃忠臣之子，又精于文辞，通达吏事，曾想网罗为羽翼。可是傅自得并不想依附，刚直负气，说言正色，秦桧自然不满。傅自得应召试博学宏词科，并已奏名上报，秦桧却找了个借口把他排除掉，并私下教训：你的文章确实是少有的好，只是气太刚！意思很清楚，改变态度，俯首从命。可是，傅自得并未俯首从命，借口母亲年老，需要照顾，提出到泉州任职。按傅自得当时资历，本可以任知州，可是秦桧就是不同意，只让其知兴化军。傅自得回闽，秦桧又想借刀杀人，通过高宗诏旨，让他继续查究赵令衿在泉州纳贿之事。赵令衿此前任泉州太守，被秦党忌恨，罗织罪名，说他诽谤朝政，并诬陷他贪赃纳贿。身为泉州人的傅自得，知道赵令衿为官清正，且在泉州做了许多好事，深得民望，故对秦桧的借刀杀人计不以为然，敷衍了事。这件事又为秦党所忌恨，以纵容赵令衿为借口，接二连三弹劾，使傅自得知兴化军仅半年，即被罢去郡事职；两年后竟又被夺官，徙居融州为民。孝宗继位后，傅自得冤情辩白，恢复旧职，再知兴化军。傅自得不媚权贵，除了与秦桧的关系外，他与奸臣曾觌的关系，也颇为典型。曾觌恃宠干政，声势甚张，傅自得甚为厌恶，不仅不肯巴结，而且当曾觌主动登门造访时，亦只是虚与蛇委一番，送客了事，还对几个儿子说，身为朝臣，当与忠臣为伍，怎能俯首与这种人交结？凛然正气，可见一斑。

明代泉州晋江人蔡清，除了理学方面不凡成就外，短暂的为官历程中所体现出的清正刚直，亦令人赞叹。蔡清14岁中解元，31岁中进士。起初不愿为官，想久居家乡，为母尽孝，并讲学授徒。后遵母命，离家赴京。历官礼部祠祭主事、吏部稽勋主事、南京文选郎中、江西提学副使。蔡清为官，秉正敢为，不畏权贵，不趋炎附势。事迹载入《明史》。按《闽书·蔡清传》载，庶吉士邹智，因议论政事，得罪孝宗皇帝，被捕入狱，有生命危险。蔡清力促时任刑部尚书的朋友何乔新出面解难,上疏求免,终使邹智得免死罪,谪官岭南。任江西提学副使期间,居江西的宗室宁王朱宸濠过生日,当地官员纷纷穿着朝服,前去祝贺巴结,蔡清独一身便服过去应付,并说这样做是为了与朝拜皇帝有所区别。每月的初一、十五日,当地官员都要先去拜望朱宸濠,然后再去拜谒文庙。蔡清大为不满,极力敦促同僚,必须先去拜谒孔庙,然后才去进谒宁王。如此,自然得罪宁王,怀恨在心,每每想报复陷害。某次,举行宴会,宁王当场嘲笑蔡清不会写诗。蔡清亦不示弱,当场反讽:"某平生与人无私。"盖"私"与"诗"同音。宁王反而受辱。宁王更加怀恨在心,诬告蔡清私下非议皇帝圣旨,罪该万死。蔡清严词反驳,并闭门称病,上表要求辞官归里。宁王迫不得已,假装出面挽留,并私下称要与蔡清结成儿女亲家。蔡清看透宁王卑劣品质,不为所动。没有多久,干脆辞官,回到老家教书。

明代泉州南安人傅浚,弘治年间考中进士后,在朝廷和地方上当过多种职务的官,然而官场生涯并不辉煌,最高官位也就是六品。这既非缺乏能力,亦非没有忠于职守,主要在于耿介正直,得罪权贵,屡遭打击。按乾隆《泉州府志·傅浚传》载,傅浚考中进士后,初授户部主事。皇帝疏于政事,大权旁落太监刘瑾手中。这位明朝有名的宦官,操弄朝政,顺我者昌,逆我者亡,把朝廷搞得污浊不堪。户部也不例外。刘瑾利用在户部的亲信,肆意弄权,谋取私利。身为户部主事的傅浚,鲠硬刚直,并不买账,甚至无惧刘瑾的权势。他在履行职责过程中,秉公办事,从不阿附屈从,为此得罪了刘瑾的亲信,且迁怒了刘瑾这位权奸。正德初年,刘瑾罗列傅浚罪状,并伪造武宗皇帝圣旨,竟然将傅浚削职为民。刘瑾恶贯满盈,受到清算后,傅浚得到平反昭雪,被任命为工部员外郎,不久又晋升为郎中,被朝廷派往河北,全权督理明代规模最大的官办遵化铁冶工场。遵化三年任满后,出任工部郎中,同样是个很有"油水"的部门。工部有不少要员,紧盯着这个职位,希望傅浚配合,从中捞取钱财。傅浚都坚决拒绝,不同流合污。最终又得罪了那些私欲熏心的长官。没过多久,又被找了个借口,调出工部,到山东担任转运同知。傅浚屡遭打击排斥,可是矢志不渝,山东转运同知任上,依然不改初衷,刚正不阿,勤勉理政,以致积劳成疾,病逝于任上。

明代泉州晋江人洪富,嘉靖年间考中进士后,历官雷州知府、浙江盐运使、四川参政等职。刚直不阿,持守公正,即使遭遇排挤打击,也不屈服。按《泉州府志·洪富传》载,洪富步入仕途后,倘若曲意奉迎,甘于媚附权贵,完全可以官运亨通。因为他尚未登第为官前，曾以渊博学识得到严嵩赏识，并被礼聘去家中当家庭教师多年。那时，严嵩尚未权倾朝野，官职只是国子监祭酒。而当洪富考中进士为官时，严嵩已大权在握，把持朝政，势焰熏天。有不少权欲熏心者，想方设法，巴结严嵩。洪富凭着几年家庭教师的缘故，加上严嵩向来又比较赏识，完全可以投到严嵩门下，通过这层特殊关系，迅速飞黄腾达。可是洪富对于严嵩的为人并不苟同，对于严嵩操弄朝政打击忠良的行为更是愤怒，根本不想去投靠。为官之后，也从不上门拜谒。这种行为，当时许多官场中人，都非常敬佩。洪富走上仕途后，始终以铮骨廉明从政，即使得罪人，甚至得罪上司，也义无反顾。任雷州知府时，顶头吴上司有个旧部属，因聚众赌博，又打死人，被有关部门拘捕。吴上司想庇护这位部属，特别交代洪富，看在他的面上，释放这位部属。洪富认为，这是徇私舞弊，公然置律法于不顾。因此，没有答应。上司大怒，准备另派官员办理这个案件。洪富并不退却，义无反顾地表态，宁可丢了乌纱帽，也要按律法处理此事。坚决顶住上司压力，果断地将那名人犯判处斩首。任浙江运盐使期间，有个巡盐御史来到浙江，几次暗示洪富要"分肥"，实际上就是索贿。洪富对官场陋习并非全然不晓，不过依旧我行我素，大义凛然地说，让我违背朝廷律法，违背自己的良心道德，贪污公款行贿上司，这样的事我怎么能做呢！硬是扛着，始终也没给好处。为此，得罪了那位监盐官，诬陷洪富徇私舞弊，使洪富差点陷于牢狱之灾。浙江任满后，洪富被任命为四川参政。可是多年的宦海生涯，让他甚为灰心失望，深感官场实在腐败，自动请求辞职。

　　明代泉州惠安人康朗，嘉靖年间考中进士后，历官江西按察使、副都御史、贵州巡抚。同样操守高洁，蔑视权贵，不巴结逢迎，宁折不弯，铁骨铮铮，被人称为"康铁汉"。按《闽书·康朗传》及乾隆《泉州府志·康朗传》载，康朗举进士后，初授刑部主事，就遇到一件十分棘手案件，被委派主持复审武定侯郭勋案。郭勋是明朝开国功臣郭英的六世孙，又是明太祖朱元璋宠幸的郭宁妃外戚。平时，郭勋常到内廷活动，善于迎合上意，嘉靖皇帝"大爱幸之"。郭勋倚仗皇帝宠信，横行霸道，"网利虐民"，胡作非为，肆无忌惮，被逮捕入狱。因作恶多端，镇抚司竟不遵照嘉靖"勿加刑讯"的谕旨，判了死刑。嘉靖诏令复查，交由初涉官场的康朗负责审理。郭宁妃亲眷有很多人在朝廷任职，对此案干预很多，特别是嘉靖皇帝，也"意欲宽勋，屡示意旨"。此前，办理郭案的官员前后数批，许多人受到排挤或陷害，朝野哗然。在这关系到个人前程,甚至身家性命的关头,康朗既不趋炎附势,不唯命是从,也不惧怕打击报复,甚至丢官丧命,以法为据,在"檄置武定于庭,责以大义"后,依据法律拟奏:"论勋罪加等,斩。"朝廷不少官员为康朗担忧,可是康朗"屹然不动"。随后,康朗任浙江佥事时,有个叫王金箔的富豪,为非作歹,犯了大辟,被判死刑。家属为求宽解,动用钱财和各种关系,收买朝廷首辅夏言。夏言公然替王金箔求情,要求康朗手下留情,从宽发落。康朗坚持依照律法处理,最终还是判了王金箔死刑。随后,夏言唆使礼部尚书徐玠"论劾"康朗。所幸徐玠早闻康朗清名,不忍下手。后来,康朗出任山东副使。严嵩把持朝政,势焰熏天,他的爪牙义子赵文华,乘机大肆搜刮钱财,所到之处,大小官员奉承送礼。赵文华以工部侍郎身份往山东"视师",康朗鄙视这位奸臣小人,不出面接待,仅以"空函迎之"。康朗转任江西左参政时,严嵩有意霸占分宜老家学宫前大片土地建造别墅。江西地方官员,慑于严嵩权势,都唯唯诺诺,不敢表示反对。唯独康朗,"力持不可",坚决反对。如此,免不了遭遇打击。除了严嵩,有些贪官污吏,也忌恨康朗,寻机打击,必欲除掉而后快。康朗无奈,请求致仕归家。

明代泉州人王慎中,嘉靖初年考中进士后,历官户部主事、礼部主事、江西参政、河南参政。虽然为官时间不长,前后只有 15 年,官位也不算高,然而却以秉性刚正获得世人赞誉。无论在朝廷,或在地方上为官,始终淡泊明志,公正处事,无私无畏。按《明史·王慎中传》载,王慎中步入仕途后 10 多年,政绩和清廉皆为人所公认,且文才横溢,声名天下传,理应继续得到升迁。朝廷中也有人推荐他为翰林。可是他因秉性耿直,未能曲意奉承,反而屡遭打击。礼部任职时,顶撞过顶头上司尚书夏言,又怠慢过大学士张孚敬。张孚敬想私下拜访,他却看不惯张大学士的不少行为,托词回避,得罪了这位大学士。再加上某些同僚的见忌,认为他太过傲气,目空一切,自以为是,结果不但翰林没有当成,反被改调吏部,当了个验封司郎中。不久,又被贬谪,挤出京城,前往常州当个小小通判官。官场遭到打击,王慎中并没有太在意。在常州通判任上,认真公正办案。后改任山东督学,尽责尽力。迁河南参政,执法有据,赏罚分明。户部侍郎王果前往河南赈灾,见王慎中深得民望,奏请朝廷重用。可是已位居大学士的夏言,仍然对他耿耿于怀,想起前几年那一幕,使得王慎中不但未能得到晋升重用,反而被夏言参了一本,说他为人处世"不谨"。王慎中的清廉公正,干练的办事能力,是公认的,夏言从这些方面抓不到把柄,最终找了个说不清道不明的"不谨"为罪名,真是欲加之罪,何患无辞。无论这个罪名是否荒唐,王慎中最终没得到晋升,而且连那小官帽都丢了。时年仅 33 岁,从此告别仕途。

明代泉州晋江人黄凤翔,隆庆初年考中榜眼后,历官翰林院编修、国子监祭酒、礼部侍郎兼侍读学士、南京礼部尚书等。因操守高尚,不曲意逢迎,最后干脆退出官场,归隐家乡。按《明史·黄凤翔传》载,黄凤翔初入仕途,担任内堂教习,就刻意搜集历史上足供后人鉴戒的官场人和事,编录成书,教皇子皇孙诵习。大学士张居正在朝为首辅,得万历皇帝信任,以"锐意革新,整顿吏治"著称于世。可是这位名震朝野的内阁首辅,独揽朝纲后,实际上,也有不少名不副实的言行。张居正滥用权力,杖责了几位敢于进谏的朝臣,黄凤翔极大不满,特地把那些遭到张居正反对的谏疏编纂起来,在朝廷内进行散发,以此让大臣们明辨是非,并警示张居正。这种做法,在张居正势焰熏天之时,无疑需要非同寻常的胆魄!果然,这种公正无畏的行为,很快受到张居正追随者的责难。后来,黄凤翔主持会试,面对张居正的无理要求,再次表现出刚正不阿精神。张居正的儿子参加会试,为让儿子能够顺利中试,自己又不好直接出面,通过亲信示意黄凤翔,希望能够给予关照。按照常理,权宰私托,普通官员都会做个顺水人情,甚至以此巴结讨好。可是黄凤翔面对这位权贵的请托,丝毫不为所动,明确表示自己将秉公办事,等于就是拒绝。当时考风不正,朝廷中别的大臣也有类似举动,而黄凤翔同样如此对待,绝对不徇情枉法。例如侍郎王篆,亦为亲戚请托,同样是自己不好出面,令人出面宴请黄凤翔,同样被黄凤翔回绝了。可见就在这个问题上,黄凤翔刚正不阿的可贵品格,已经表现得淋漓尽致了。

明代泉州晋江人郭惟贤,万历初年考中进士后,历官清江知县、南京御史、南京户部主事、左金都御史、户部左侍郎等。最为突出的表现,亦是不趋炎附势,刚正不阿,无私无畏,表现出铁骨铮铮的品格。按《明史·郭惟贤传》及乾隆《泉州府志·郭惟贤传》载,万历五年(1577 年),张居正父亲死了,按当时官场规则,理应停职居丧。可是张居正掌握朝政大权已久,惧怕如果停职居丧,有人会乘机取而代之。户部侍郎李幼孜,为巴结张居正,提出张居正不必停职居丧。朝中不少大臣,包括恃势揽权的宦官冯保,亦纷纷附和,要求万历皇帝留住张居正。可是也有不少大臣坚持认为,张居正应当按照规制,停职居丧。如此,争论不休。结果,万历皇帝支持张居正留职,而那些反对的大臣,则受到严厉的惩罚,有的被打了大板,有的被逐出京城,有的被削职为民。翰林编修吴中行、检讨赵用贤等,觉得这样处理实在太没道理,上疏抗争,也遭到廷杖、谪戍的处罚。郭惟贤同样认为,这件事处理非常不妥。张居正死后,郭惟贤上疏提出,应召回吴中行等人。结果,被宦官头目兼锦衣卫头子冯保责骂,说是结党营私,郭惟贤因而遭受贬谪。不久,恰巧皇长子出生,皇帝诏赦天下。身为南京御史的郭惟贤,觉得夺情一案牵连大臣实在太多,也太冤枉,不能等闲视之,因而不顾已受贬谪,也不顾可能再次遭受打击,再次上疏请召回被贬斥诸大臣。冯保见郭惟贤不依不饶,抓住这件事不放,非常恼怒。郭惟贤出于公心,秉正直言,自然没有考虑到冯保的报复。如此,奏疏上去,果然难逃厄运,再次遭到冯保打击,被谪为江山县丞。所幸的是,仅过数月,冯保以罪被谪,郭惟贤才得以官复原职。

明代嘉靖至万历年间,泉州晋江人王用汲,居官从政,同样以刚直不阿著称,且以"直声震天下"被载入《明史》。王用汲隆庆初年考中进士,累官至吏部侍郎、刑部尚书。王用汲青史垂名,最主要还在于刚直不阿,那种"直劲",委实令人敬佩。王用汲举进士后,在江苏淮安和湖南常德任地方官,前后十年。万历初年,奉调进京,任户部员外郎。可是第二年就因上疏弹劾张居正,被削籍归家。事情起因于张居正父亲葬礼。万历六年(1578年)春天,内阁首辅张居正,请假离开京城,回老家葬父。葬礼场面极为盛大,极为隆重,极为风光。张居正还动用兵部1000名禁骑军,充当自己的护卫。显然,这种大讲排场大显威风的做法,已经超越常规。可是这时的张居正是内阁首辅,手握朝政大权,没人敢对这种行为提出非议,而且湖广两地许多官员,为了巴结讨好,纷纷跑到张居正老家参加葬礼。也有例外,巡按御史赵应元,因病未往。可是被张居正记恨在心。金都御史王篆,是张居正亲信,为拍张居正马屁,特地交代手下御史陈炌,弹劾赵应元,导致赵应元被削职除名。按《明史·王用汲传》载,刚到户部任员外郎不久的王用汲,实在看不过去,不惮冒犯张居正,仗义执言,直接上疏万历皇帝,弹劾张居正擅权,并联系到张居正平时为人做事,指斥专用阿谀奉承、溜须拍马的奸徒,败坏了官场风气,"其罪更大"。他一针见血地指出,"天下无事不私,无人不私",只要皇帝秉公处事,官员就难以假公济私。假如皇帝委政于被众人阿谀奉承的大臣,导致权倾一时的大臣无所顾忌,假公济私,就会驱使文武百官奔至他的"私门"。他希望皇帝能勤政自省,自树威福,朝纲独揽,以免大权旁落,政柄他移,弊政形成,积重难返。为此,张居正大为愤怒,借万历皇帝之手,将王用汲逮捕,廷杖法办,并削籍为民。王用汲被罢去官职返回故乡后,就在泉州城郊乡野租房授课,布衣淡饭。张居正死后,王用汲被重新起用,依然刚直敢言。

历史上泉州的为官者，不媚权贵的典型还有很多。诸如，张岳，嘉靖年间巡抚江西，权臣严嵩此时得势，被提拔为武英殿大学士，朝廷"赐第"，要江西增敛五百金。张岳坚决抵制，并寄信给严嵩，劝"切戒奢侈"。严嵩怀恨在心，多次借机打击，曾将张岳停俸，甚至逮捕入狱。有人劝张岳以金钱"结欢"严嵩，张岳慷慨陈词："死即死耳，君子不畏死。"明代南安人傅夏器，嘉靖年间会试第一，为泉州取得明代第一个会元，初授礼部郎中，后任吏部员外郎，当了几年不大不小的京官。也是因为不媚附严嵩，被怀恨在心，一再被排挤，最终辞职归家。严嵩独揽朝政，搜罗党羽，排斥异己，看中傅之才学，想拉拢，终不为所动。晋江安海人黄汝良，万历年间进士，仕途近五十年，官至礼部尚书。也是不愿依附魏忠贤，为所不容，四次出仕，四次请归。

三、唯国是忠敢犯龙颜

封建专制社会，皇帝高高在上，拥有对臣民生杀予夺大权，朝臣大多唯唯诺诺，诚惶诚恐。可是历史上泉州的为官者，亦有不少人能唯国是忠，以国家社稷为重，敢于冒犯天颜，即使被贬职被罢官，甚至招致杀身之祸，亦义无反顾，这也是泉州风骨的突出体现。

南宋泉州永春人留正，身为三朝宰相，尽管被宋孝宗称为"纯诚可托"，可是为相期间多次受到弹劾，甚至多次贬官落职。所以如此，亦与敢于犯颜进谏有不小关系。按《宋史·留正传》载，光宗受禅即位，任人为亲，提拔当太子时的亲信姜特立。姜特立盛气凌人，胡作非为。留正不畏权势，列举姜特立滥用职权，请求斥逐。光宗开始不听，后无奈接受。光宗提拔后妃亲眷李端友，亲自手诏。留正缴还诏书，光宗不纳。留正也不退让，拿着诏书对皇帝说："李端友依凭内援，恐累圣德。"就是说，提拔李端友，只不过因为李端友是后妃亲戚，这样做，恐怕会有损皇上声誉。光宗听不进去，声称："成命已行，朕无反汗，卿宜自处。"留正亦坚持己见，再次上疏称："臣恐自此以往，事无是非，陛下一持把定之说，言路遂塞。"奏罢，请求解职归田，光宗又不答应。此时，皇族内部不睦，太上皇孝宗患急病，留正多次请光宗亲临探视，光宗厌听。有次，光宗听奏后，很生气地从宝座上站起来，准备走开。留正拖着皇帝的衣角，紧跟到殿门，再次上奏，言辞十分激动恳切。孝宗驾崩后，光宗又以身体有病为托辞，不去灵柩前服丧，不愿出面办理丧事。留正说：那就赶紧立皇太子赵扩为监国，办理丧事吧。光宗很不爽，下诏说：寡人当这皇帝已经很多年了,也想退休过清闲日子了! 留正见诏,知道是怎么回事,上表告老。宁宗赵扩即位,委以重任,回朝谢恩。可是太上皇光宗不放过他,命人扣押,要不是赵汝愚求情,小命可能丢了。而宁宗即位后,留正也有数事冒犯宁宗。最后宁宗亲拟诏书,罢去留正宰相职务,逐出朝廷。

明代泉州惠安人张岳,正德年间考中进士,既是名儒,又是名官,官至右都御史,总督湖广川贵军务。政绩卓著,且节操高洁,以清廉刚正著称,事迹载入《明史》,得到很高评价。张岳为官,前后三十多年,正是正德、嘉靖年间,朝政每况愈下,腐败日甚。正德年间,武宗浑浑噩噩,重用宦官刘瑾,朝政废弛,世道混浊。张岳举进士后,初授行人,掌传旨册封诸事,面对的就是这样的现实。按《明史·张岳传》载,正德十四年(1519 年)春天,宁王朱宸濠蓄谋造反,勾结刘瑾和佞臣江彬,唆使武宗南巡,想趁机弑君篡位。张岳洞悉其奸,以南巡隐患多多,且劳民伤财为由,与兵部侍郎费巩等朝臣,伏阙泣谏,劝阻皇帝南巡之举。正德皇帝不听劝谏,反而让这几位忠臣在毒日下跪曝晒五天,随后棍棒交加,最后将被廷杖几死的张岳,贬为南京国子学正。张岳无怨无悔,闭门读《易》,"读易见天心"。封建臣子的铮铮铁骨,由此可见。嘉靖继位后,清理前朝冤案,张岳官复原职。后因政绩卓著,不断升迁,但仍始终清正无邪,刚直不阿,直谏敢言。

明代泉州晋江人郭楠,亦因刚正不阿,秉公直言,敢作敢为,得到人们崇敬,事迹载入《明史》,并被称为"戆人"。郭楠考中进士步入仕途时,正值正德至嘉靖年间,皇帝懒于理政,大权旁落,官场更趋腐败。郭楠直言敢谏,甚至不惜冒犯皇帝。按《明史·郭楠传》载,正德末年,郭楠任贵州道监察御史,赴任之前,就给皇帝提出几条建议:一是要广开言路,善于纳谏;二是要任用为官谨慎者以辅佐圣德;三是要免除各种不必要的进贡奉献,以缓解百姓困苦;四是要平均人口税赋,以获得百姓对朝廷的拥护。这几条建议,直指朝政几大问题,措辞也颇为尖锐。嘉靖皇帝刚即位,郭楠又立马上书,要求皇帝用人应当公正,并特别指出,应立即下诏,召回被贬斥的耿直忠臣,诸如前翰林院编修王思及舒芬等人。同时,还推荐前刑部主事李中、前户部主事戴冠等人,认为是德才兼备的大臣,希望朝廷量才为用。不久,在巡察两广回京复命时,又疏请嘉靖皇帝,要亲近贤臣,以养圣德,像老祖宗那样,退朝之后还应多见见大臣,商议国事。并提请,"主事陈嘉言忤中官",是出于公心的无私无畏行为,不应被逮捕究办。否则,只能使忠诚正直的大臣寒心。为此,嘉靖皇帝大怒,夺了他的俸禄。可是,郭楠并没有放弃准则。重新被起用后，也没有改弦易辙。嘉靖皇帝要给生父追封"献皇帝"尊号，许多文武大臣认为违反礼制，大呼不可，得罪了皇帝，三十多人被打了大板，好几个人被贬官罢官，甚至被抓到牢中，严刑拷打，折磨致死。郭楠正巡抚云南，身处边陲，听说这件事后，不顾身家性命，驰书奏劾奸臣张璁，指摘朝廷让忠良获罪，实在无理，请求皇帝优恤忠谏之臣。他恳切地对皇帝提出：皇上啊，阿谀奉承的未必是忠臣，犯颜直谏的也未必是忤逆。眼下，许多大臣因不同意您的做法，有的被治罪而死，有的被谪戍边疆，他们的行为虽然让您不高兴，可对您是忠心耿耿的啊！真没有想到，忠良之臣受到如此对待！嘉靖皇帝又大怒，立即派出骑兵，快速前往云南，将郭楠抓到京城，免去了官职，还用大板打了一顿屁股，关入狱中。有正直大臣出面为郭楠说情，嘉靖皇帝均不理睬。直到好几年后，才又给了个吉水教谕的小官。几年之后，郭楠目睹朝政腐败，仕途难有大作为，于是以老病为由，主动辞官。

明代嘉靖年间，皇帝懒政，奸臣当道，朝政黑暗，某些正直的官员，忧患时事，不计个人得失，挺身而出，秉直进言，结果被贬职，甚至罢官。泉州晋江人陈让，也是当中一位。陈让，嘉靖十年（1531 年）乡试解元，翌年举进士。嘉靖十六年（1537 年），任监察御史，巡按直隶等处。当时的朝政，已甚为昏暗。嘉靖不理朝政，文武大臣得过且过，各行其是。按乾隆《泉州府志·陈让传》载，身为监察御史的陈让，忧心忡忡，义无反顾，写下长长的奏疏，呈献皇帝。又尖锐地指出，大明王朝建立已有 160 多年，可是时至今日，人才未振，风俗未淳，民力未裕，国用未舒，实在令人痛心。为大明王朝江山永固，为黎民百姓安居乐业，这种状况不能再延续了，要痛定思痛，从根本上下功夫，如此，国家振兴才有指望，百姓安宁才有指望！陈让这些话，直陈时弊，戳到了朝政要害，忠言逆耳，触痛了嘉靖皇帝。尽管这个时候，皇帝尚没有发作。可是随之而来的一件事，皇帝终于龙颜大怒，旧账新账一起算。陈让任监察御史那年冬天，赴东城巡视，发现刘东山与父亲争一女子，用弓箭射杀父亲，没有射中，却射伤了舅舅。刘东山曾当过张延龄门客，张延龄又是仁寿宫敬太后的弟弟。陈让无畏权贵，立即拘捕刘东山，拟依法严加究治。不料，刘东山倚仗后有靠山，恶人先告状，反诬陈让受人指使，陷害好人。嘉靖皇帝诏令锦衣卫，将陈让抓起来，投入狱中。因为这种诬陷毕竟太荒唐，几个月后真相大白，陈让也官复原职。陈让虽然受了几个月的冤枉，但直谏敢言毫无改变。不久之后，因直言疏章圣皇太后葬事，言不中听，再次触怒了嘉靖皇帝，终于被削职家居。因视名利如浮云，削职家居时间久了,京中同僚纷纷来书,劝他上书再求出仕,他写了《不仕》律诗作复。诗云:"曾向长安看尽花。"表示无意官场的决心。陈让被削职家居,从此脱离官场。陈让为官,前后不到十年,最高职位只是监察御史,削职家居几十年,然而却以刚直敢言著称,事迹为士大夫所称颂,载入《明史》,得到很高的评价。

明代嘉靖年间,泉州晋江人周天佐,更是个典型的"戆人",秉直进言,触犯嘉靖皇帝,最终被折磨致死,名垂青史,千古流芳。周天佐嘉靖十四年(1535年)考中进士后,任职户部。按《明史·周天佐传》载,嘉靖二十年(1541年),皇家宗庙火灾,皇帝下诏让大臣讨论朝政得失。时为户部主事的周天佐,慷慨上书,开篇就说:皇上自我反省,这是变灾害为吉祥的转机,很好。可是最重要的是要表现出诚意,让大臣敢于畅所欲言,河南道监察御史杨爵,因讲话触怒皇上,至今被关在狱中,这怎能体现求忠言的诚意呢?这一句话一下子就捅到嘉靖皇帝的痛处。杨爵因对嘉靖皇帝不理朝政忧心忡忡,感愤直言,揭露严嵩把持下的朝政弊端,力劝改弦易辙,言辞激烈,被打得血肉狼藉,关入大狱。有人提议干脆杀了,嘉靖却不同意,要慢慢折腾他,让他生不如死。因此,周天佐又慷慨激昂地说:朝廷设言官,向皇帝谏言是职责。杨爵在狱中已有数月,皇上还在愤怒,视之为小人为罪人。要是杨爵真的死了,那不是使铮臣饮恨、直士寒心吗?也大大有损皇上的光辉形象啊!周天佐公开为杨爵申冤,要求宽待进谏大臣。嘉靖大怒,下令打六十大板,关入大牢。周天佐本就体弱,挨了这顿大板,已是奄奄一息,三天后毙命,年仅三十。这种遭遇,使许多正直大臣扼腕。泉州惠安人李恺,时任吏部稽勋司主事,痛心疾首,不顾自身安危,为周天佐收敛尸身,并帮助扶棺归返泉州老家,且挥泪写了篇饱含愤激之情的《户部主事周迹山罪录》,公开为周天佐鸣冤叫屈。

明代隆庆至万历年间,泉州安溪人詹仰庇,两度出任御史,亦以直言敢谏著称,以"直节负盛名"载入《明史》。詹仰庇嘉靖末年考中进士,初任南海县令。隆庆初年,升任御史,遇到一件事:刚登大位的隆庆皇帝,诏令户部,从速购买一批珍贵珠宝。许多大臣纷纷上疏,劝解求免,可都劝不住这位新皇帝。詹仰庇上疏直言,痛陈厉害。他恳切地劝告皇帝不要沉溺于声色犬马,玩物丧志,恣情纵欲,致财耗民穷,要将急需的钱财,用在军需方面。他还以历史上商汤、周武王接受臣下劝告,绝去玩好,终于成了"圣德光千载"的好皇帝为例,予以规劝,终于把皇帝劝住了。事情并没有到此结束。随后不久,詹仰庇得悉陈皇后因劝说隆庆皇帝,不要耽于声色,皇帝不满,勒令迁出坤宁宫，移居别宫，皇后忧愤交加，一病不起。大部分朝臣明哲保身，不敢轻易进谏。詹仰庇不管不顾，冒讳上疏。他对皇帝说："臣谓人臣之义，知而不言，当死；言而触讳，亦当死。臣今不惜死，愿陛下采听臣言，立复皇后中宫，时加慰问，臣虽死贤于生。"然后，又很恳切地说：皇上啊，陈皇后可是先帝费心为您挑选的，也是很不错的皇后啊，您应牢记先帝遗命，好好待她才是。陈皇后移居别宫，抑郁成疾，又听说皇上不管不顾，要是她有个三长两短，皇上的名声多不好啊！皇帝听了这些话，心里老大不爽，只作批示说，皇后是"无子多病"，迁居别宫是为"自适"，希望能把病治好。并吓唬詹仰庇，往后少说为佳，莫再多言！尽管暂时没有治罪，可是这抗直敢谏行为，终究还是要吃大亏的。果然，很快就遭殃了。按《明史·詹仰庇传》载，隆庆皇帝又要动用国库银两，"创鳌山，修宫苑，制秋千，造龙凤舰，治金柜玉盆"。他又极力反对，上疏大呼："再照人主奢俭，四方系安危。"也就是说，请皇上注意历史经验，作为万民之主的人，奢侈或者节俭，关系着整个国家的安危。奏疏一上去，隆庆皇帝恨他，因为被触到痛处，这次真把他触怒了。按惯例，谏官上疏不能用"照"字，皇帝认为这是对自己大不敬，很恼火地说詹仰庇这小子，竟然胆敢"照及天子"，且如此狂傲放肆，屡屡不改！于是，詹仰庇只当了八个月的御史便被罢掉，还被当场打了一百大板。快快回到老家，闲居了十几年。直到万历皇帝登基后，才重新启用。再度入京复任御史后，仍然一腔热血，耿介直言，尤其是对奸臣扰乱朝政，上疏直言："臣奸不除，群疑未释，乞亟处分。"终于使神宗下定决心，驱逐几位奸臣出朝廷。詹仰庇的刚正不阿，为朝中正直大臣所敬仰。

明代万历年间，泉州安溪人李懋桧，李光地族祖，亦因犯颜直谏被罢官。他万历初年举进士，历任刑部员外郎、礼部主事、南兵部主事、太常寺卿。为政清廉，卓有政声，直言敢谏，享有盛誉。按《明史·李懋桧传》载，举进士后，初授六安知州，均摊赋额，安抚流民，颇有政声。升刑部员外郎，向尚书舒化揭发审判定案不公的多种表现，赢得刚直敢言声誉。万历十四年（1586年），天下大旱，皇帝发愁，诏令大臣条陈兴革事宜。李懋桧时任刑部员外郎，上疏陈言，直指皇帝：皇上啊，老天发怒，可能跟您的某些行为不合天意有关，诸如册封皇贵妃及恭妃之类事。又奏陈保圣躬、安宫闱、节内供、御近习、开言路、议蠲赈、慎刑罚、重举刺、限田制九件事。万历皇帝对安宫闱、御近习两点大发雷霆，气愤了好几天，欲加重谴，亏得阁臣劝解，方免获罪。次年，给事中邵庶上疏万历皇帝，认为某些常提意见的朝官，居心不良，请皇帝注意此事,禁止臣下越职陈言。李懋桧很有看法,又援律据理,上疏力争。他说:皇上啊,当今天下,民穷财尽,北方饥荒严重,许多人妻离子散,路上到处是饿死的尸体。百姓如此艰难困苦,可陛下您既没看见,甚至也没听说。难道群臣都可依违保位,默默无言吗?这样下去,天下照样太平,当然万幸,可要是百姓起来造反,咋办呢?您别听信邵庶的混话,否则,大臣不敢谏言,国家的大灾难就要来了。陛下禁止百官越职陈言,不如加重言官失职之罪。皇帝一看奏疏,大为愤怒,认为李懋桧危言耸听,沽名钓誉,是狂言沽名。诏令贬官一级。皇帝还不解气,没过几天,再贬一级,并将李懋桧贬出京城。后来,竟然将李懋桧列为禁用之臣,因此在家寓居二十年。

明末崇祯年间泉州晋江人蒋德璟,亦是个耿介正直的铮臣,身为内阁大学士,在明王朝即将灭亡之际,以国家社稷安危为重,仍然犯颜苦谏,与崇祯皇帝进行激烈的辩论,最终触怒了皇帝,自动"引罪"去职,震动朝野。事迹载入《明史》。蒋德璟天启初年举进士后,任翰林院编修,面对魏忠贤势焰熏天,刚正自持,绝不依附,遭到魏党排斥,甚至遭罢官归乡。直到崇祯帝登基,魏忠贤垮台,方被重新起用。崇祯末年,任户部尚书,晋太子少保兼文渊阁大学士,成为内阁首辅,亦是明代泉州官至内阁首辅的唯一一人。当时的明王朝,内外交困,已处于风雨飘摇之中。蒋德璟忧心忡忡,围绕相互关联的两大尖锐问题,即安抚百姓与筹饷养兵的矛盾,屡屡犯颜直谏,希冀明王朝能起死回生,重获生机。按《明史·蒋德璟传》载,蒋德璟刚被推为内阁首辅,即就养兵与抚民问题,大胆地与崇祯皇帝进行辩论。针对边防松懈不堪,蒋德璟提出不宜频繁调换边防将帅,应让将帅较长期地固守一地;应在选择将帅方面下功夫,慎用守边将帅;应从全局出发,长期规划;应变被动应付为主动作为,方能克敌制胜。崇祯皇帝不以为然地说:"不称当更。"蒋德璟也毫不客气:"与其更于后,曷若慎于初。"也就是说,与其发现不称职才更换,不如事先慎重选择。崇祯帝被弄得没办法,非常反感并责问他:"天变何由弭?"也就是说,天变一时,怎样才能消除?蒋德璟直言以对:"莫如拯百姓。"在蒋德璟看来,这是个根本问题。于是又尖锐地说:"近加辽饷千万,练饷七百万,民何以堪!"同时,又向皇帝阐明,兵贵在精不在多,应精兵简政,减轻百姓负担。崇祯皇帝无言以对,可惜的是仍"不果行"!崇祯十七年(1644年)二月,清兵已经入关,崇祯帝临危抱佛脚,又召集文武大臣,讨论练饷大事。蒋德璟深知大势已去,可是身为阁首,忠心赤胆犹不减当年,仍极力主张废除练饷,又与皇帝进行了一场辩论。户部提出印纸钞,每年印三千万贯,每贯换银一两,可得银三千万两。崇祯皇帝兴奋不已,特设立内宝钞局,昼夜督造,然后招募商人拿银两来换,结果无人响应。蒋德璟对皇帝说:百姓虽愚昧,可谁会蠢到愿拿一两银来换一张纸呢?皇帝不悦。他又向皇帝大讲练饷的危害:历来的敛聚小人都极力倡导练饷,致使民穷祸结。皇帝大为光火,厉声质问:谁是敛聚小人?蒋德璟无奈,只好"引罪出直"。先是移寓外城,直至京城被攻陷,方凄然离京。《明史》盛赞:"性鲠直。"

　　清代康熙年间,泉州安溪人李光地,身为朝廷重臣,无疑对康熙皇帝非常忠诚。然而并没有一味盲从,更没有曲意逢迎,以此讨得皇帝欢心。当他认为皇帝的行为实在不靠谱时,总是努力规劝,甚至不惜冒犯。康熙皇帝喜欢到处巡视,每次出巡,人数众多,甚至达到几万人。地方官员为讨好皇帝,不惜大肆铺张,还准备大量礼物,送给那些随从大官。按《榕村谱录合考》卷上载,李光地任直隶巡抚时,康熙帝十几次巡视直隶,李光地不献媚邀宠,迎来送往全部从简,也不给皇帝近侍送礼,还找机会劝告皇帝说,这样大搞摆场,耗费大量钱财,且弄得到处鸡飞狗跳,实在不妥当。话说得恳切,康熙帝听后,无言以对。清朝建立后,开"捐纳"之路,公开卖官,只要肯出钱,就给官做。康熙帝亲政后,继续干这种事。李光地非常不满,认为买官者当了官,就要尽快捞回钱财,三年清知府,十万雪花银,这必然严重败坏官风,也严重影响朝廷声誉。李光地任兵部右侍郎时,于成龙主政,秉承皇帝旨意,继续大肆卖官,文武大臣为讨好皇帝,纷纷签字画押,李光地不肯签字画押。于成龙向康熙帝汇报说,文武官员都说卖官好,唯独李光地说不好。康熙帝当面点名批评李光地,并质问说:你说卖官不好,是不是?李光地不卑不亢地回答:确实如此,战争之时,开支太大,卖官作为权宜之计,还是可以的,如今是太平时期,还继续做这种事,实在不好。康熙皇帝听后,很不高兴。御史陆陇其,也反对卖官,且言辞尖刻,康熙帝大怒,大骂陆陇其,准备革职,流放塞外。李光地抱不平,他对康熙帝说:陆陇其话是说得难听,可也没什么大错,何况陆陇其还是著名清官呢。言下之意就是:如果您惩治这个著名清官,恐怕影响很不好吧!康熙帝于是没有治陆陇其的罪,可是依然继续卖官。李光地任大学士后,康熙皇帝继续为卖官辩解,他说卖官可得到大量钱财,减轻百姓钱粮负担,这不是很好吗?可是李光地回答:根本不是这回事,买官的钱财,最终都会转嫁到百姓头上。而且通过卖官减轻百姓负担,是舍本逐末之浑事,官可以公开花钱买,这个国家还成何体统!康熙帝无语,最终接受意见,停止卖官。

第二节　直面积弊勇于变革

封建社会,弊政甚多,日积月累,积重难返。奸佞当道,滥用职权,更使朝政腐败,社会黑暗,危机四伏。泉州历史上的许多为官者,敢于直面现实,指击权奸,痛陈时弊,且义无反顾,勇于变法,这是泉州风骨的另一方面表现。

一、疾恶如仇指击奸佞

封建社会的官场,不乏奸佞之徒,祸国殃民,危害极大,历史上泉州的不少为官者,疾恶如仇,敢于同这些乱臣贼子坚决斗争,铁骨铮铮,名垂青史,令人赞叹。

南宋泉州南安人傅伯成,祖父傅察,父亲傅自得,皆是朝廷命官,以忠直刚正名世。傅伯成很早就有忧国忧民情怀,形成"以社稷为重,利禄为轻"的思想。按《宋史·傅伯成传》载,隆兴初年考中进士后,历官孝宗、光宗、宁宗、理宗四朝,累官工部侍郎、左谏议大夫、吏部侍郎、宝谟阁直学士、龙图阁学士等职。为官几十年,始终堂堂正正,刚直不阿,既不趋炎附势,更不助纣为虐,平生最痛恨那些乱臣贼子,"语及奸人误国,邪人害正,词色俱厉,不少假借"。傅伯成为官的南宋中期,正是内忧外患极为严重的时期,奸臣揽权,朝政昏暗。出于忧国忧民之心,他疾恶如仇,无所畏惧,遇事敢言,甚至敢于廷争面折,同那些乱臣贼子作斗争,颇具忠肝义胆的报国情怀。庆元初年,他在太府寺任职,上书宁宗皇帝,指斥权臣韩侂胄结党营私,弄权作恶,打击宰相赵汝愚,迫使赵汝愚罢相,还借机打击刚直敢谏的太府寺丞吕祖俭,将他贬到韶州。这种种丑行,乃论朋党为害之祸。结果,自己也被贬谪漳州。开禧初年,韩侂胄怂恿宁宗,在未做好充分准备的情况下,仓促举兵北伐。傅伯成并未因遭贬而对国事漠不关心,依然甚为关注北伐大事。不过,并不赞成冒险。在他看来,北伐固然符合中原沦陷区人民愿望,然而这时的南宋,国势屡弱,府库空虚,军队缺乏训练,整体素质甚差,在这种情况下,轻举妄动,贸然北伐,未免失之轻率,危害甚大。因此,无惧韩侂胄的权势,又上疏宁宗皇帝,力陈三事,"一曰失民心,二曰隳军政,三曰启边衅"。开禧北伐,最后以失败告终,不得不再次与金签订屈辱"和议"。事实证明,傅伯成所持的看法和态度,颇有见地。嘉定初年,傅伯成任左谏议大夫,又同权臣史弥远开展斗争。史弥远为排挤左相钱象祖,独揽朝政,便以高官厚禄拉拢傅伯成,并以"旦夕除执政"相引诱。傅伯成不为所动,凛然回绝,"吾岂倾人为利者"！富贵不能淫,威武不能屈,这就是他的正气。不仅如此,他还借机上疏朝廷,把矛头直指史弥远,要求"诏臣以公灭私"。史弥远极为愤怒,不久即把他挤出朝廷,出知建宁府。即使如此,傅伯成坦然以对,无怨无悔。宁宗死后,理宗即位,傅伯成已过耄耋之年,退休在家,即便如此,依然是"爱君忧国之念不少衰",切谏敢言的作风和斗志,不改当初。当他听说大理评事胡梦昱,因上疏论劾史弥远被贬,愤而上疏,为胡梦昱鸣不平,忠肝义胆,报国情怀,透过字里行间,跃然纸上。可谓"烈士暮年,壮心不已"！南宋名人刘克庄,对傅伯成遇事敢言的高风亮节,甚为推崇,在所撰写的《傅伯成行状》中,极尽褒扬之词。傅伯成因颇具忠肝义胆的报国情怀,卒后赐谥"忠简"。

南宋泉州晋江人曾从龙,同样以疾恶如仇著称。曾从龙,曾公亮五世从孙,庆元年间殿试第一,成为状元,时年 25 岁,为宋代泉州两位文状元之一。仕官宁宗、理宗两朝,累官至枢密使、参知政事。这位状元宰相,与梁克家一样,同样是位清正刚直的宰相,为人坦坦荡荡,为官堂堂正正,不仅忠于职守,努力报效社稷黎民,而且是非分明,始终操守谨严,卒赠少师。他的刚直正派,事迹载入《宋史》,同样得到很好的评价。曾从龙初名一龙,宁宗改赐名从龙,十分赏识其才华,认为是栋梁之材,称赞"有经纬之文章,乃天下之贤才"。从北宋建国到南宋宁宗朝 240 年间,进士 29000 多人,皇帝御笔改名者仅 3 人。曾从龙深为感激,写诗表示愿竭尽臣节,报效君恩。从其为官经历,可以看出他确实是竭诚报效国家社稷。南宋仅有半壁河山,可是冗官较之北宋有增无减,因冗官太多,无法安排,只好尸位素餐。按《宋史·曾从龙传》载,曾从龙上疏宁宗,提出整治措施。曾从龙认为官吏的贤与否,关系着王朝的治乱兴亡,进一步向宁宗提出建议,修德政,蓄人才,饬边备,是三大要务。宁宗曾交给他选拔人才大任,让他主持贡举,他不负期望,认真选拔,精心甄别,公正无私。宦海几十年,无论官位高低,他始终清正自持,从不趋炎附势,在权贵面前,不会折腰摧眉,对奸相史弥远的擅政弄权,更是疾恶如仇。史弥远原是个心术不端之人,早在宁宗开禧北伐之时,就大造舆论,以死亡大量人口和耗费巨额钱财为借口,大肆攻击北伐,作为窃权擅政的突破点。后来当上了宰执,控制了朝政。史弥远弄权肥私,对外实行投降政策,对内大肆排斥异己,培植党羽,重用亲信。嘉定十七年(1224 年),宁宗病死，史弥远废掉皇太子，另立赵昀为帝，是为理宗。理宗因史弥远拥立有功，感恩戴德，朝政无论巨细，悉由史弥远定夺，自己只当个傀儡皇帝，吏治更加昏暗。曾从龙对史弥远及帮凶的行径，非常痛恨，绝不依附，故得到正直大臣敬重，"士论归焉"。曾从龙还勇于伸张正义。被称为朝廷"三凶"之一的胡矩，凭着巧言谄媚，深得史弥远重用，也因有史弥远撑腰，胡作非为，令人切齿。胡矩的为虎作伥，曾从龙深恶痛绝。他无惧史弥远势焰，上疏弹劾胡矩，列举种种恶行。胡矩自然忌恨，唆使同党，反打一耙，弹劾曾从龙，并借史弥远之手，罢黜曾从龙，谪知建宁府。几年后，转为湖南安抚使。后来才又略受重用，为参知政事。

南宋末年，泉州有位颇有名气的官员，官职不是很高，事迹颇为动人，清正无私，面对恶势力，不畏强权，耿介敢言，屡次上疏指击奸佞，甚至不惜抛弃官帽，声名远播，《宋史》入传，评价甚高。这位耿介敢言的官员，就是洪天锡，泉州南安人，宝庆初年进士，历任监察御史、华文阁直学士等。洪天锡考中进士后，初任广州司法，初出茅庐即显露出耿介品德。当时的顶头上司，为人专横跋扈，肆意欺压下属，洪天锡无畏权势，每遇这种情况，屡屡仗义执言，出面与之理论，多所匡正。随后不久，调任潮州司理。当地有势家豪右，肆意欺压百姓，霸占良田。洪天锡不畏权贵，坚决要求知州，勒令归还，有力地打击了豪右势力的横霸气焰。洪天锡最值得称道之处，无疑是在监察御史任上，无私无畏，屡上谏章，不折不挠，弹劾佞臣贪官，顽强地同邪恶势力作斗争。他洞悉朝政昏暗，主要在于宦官、贵戚、小人三种势力猖獗。按《宋史·洪天锡传》载，他屡次向理宗皇帝上疏，直言不讳地指斥："天下之患者三，宦官也，外戚也，小人也。"谏劝皇帝，注意防范这三大患。他指名道姓抨击奸臣董宋臣、谢堂、厉文翁。理宗派人再三宣谕解释，百般袒护厉文翁，他依旧诤言不休，非常尖锐地指出："不斥文翁，必为王府累！"并坚定地陈述自己的观点：那些贵幸的老爷，作奸犯科，盘根错节，根底牢固，如果皇上还要迟疑曲护，不赶快当机立断，绳之以法，他们势焰愈张，纲纪愈坏，日后祸乱生成，要想惩罚，已经晚了！皇帝亲下诏书，要求洪天锡改变奏疏，减少尖锐犀利锋芒，打算亲自"戒饬"厉文翁，洪天锡仍不退让。因为在他看来，所谓"戒饬"，实则仍是庇护卑劣行径。因此，他说：自古以来，奸徒作恶，虽然凭借势力，但他心里未尝不怕被人主察觉。如果人主知道了而止于戒饬，那么，奸徒就会越发觉得有所凭恃，比不觉察时还严重。就这样，接连五次呈上奏章，并表示自己只为拔掉百姓眼中钉，至于自己何去何从，心甘情愿听从皇帝发落。最后,理宗皇帝诏示,谢堂、厉文翁两人已改变成命,唯董宋臣待续处理。言外之意,还是旨在包庇董宋臣。洪天锡不依不饶,不就此妥协退却,继续上书,且态度颇为决绝:把我留下,就把董宋臣革掉;把董宋臣留下,就请把我除名!敦促皇帝早日裁断,显示了除恶务尽的决心和勇气。昏暗朝廷上的邪恶势力,并非一朝一夕可清除,同邪恶势力斗争,亦非一两个回合能结束。摆在洪天锡面前的任务,始终十分艰巨。苏州百姓仲大论等,列数董宋臣抢夺他们的田地,洪天锡立即把此事发交有关官署查处。可是御前提举却给洪天锡制造麻烦,发文进行干涉,声称:宋臣所夺田地不是民田,而是御庄土地,它不应归到御史台。仪鸾司同时也发文到常平,企图把水搅浑。洪天锡认为,御史台职在雪冤,常平职在均役。宋臣劫夺民田之事,对百姓来说属于"雪冤"之列,是御史应管之事,不属于"均役"的常平之事。如果宦官可以控制朝政,那么,御史台可废弃不设,朝廷还有纲纪吗?于是继续申劾董宋臣,并捎上涉案的卢允升,列举种种罪恶。洪天锡这样做,皇帝不仅没支持,且居然出来为董宋臣等解围,极尽保护之能事。如此,洪天锡同奸臣的斗争,自然更加艰苦。可是,他没有畏惧,没有退却,也没有妥协,继续据理力争,接连又上了六七道奏疏,甚至非常犀利地指出:"明君当为后人除害,不当留患以遗后人。"只是,无论言辞怎样恳切,怎样慷慨激昂,忠言逆耳,均未被采纳。最后,洪天锡"请还御史印",离开了朝廷。度宗即位后,又上疏这位新皇帝,指出朝廷里最要害的问题,乃是无诤臣有坏人,这很不利于国家治理。洪天锡为官,铮铮铁骨,堂堂正气;疾恶如仇,除恶务尽。个人得失,在所不顾,留下了不朽英名。正如史书载:"天锡言动有准绳,居官清介,临事是非不可回折。"南宋周密《齐东野语》称:"近世敢言之士,始终一节,明目张胆,言人所难,惟温陵洪公一人。"信非虚语。

　　明末泉州人林欲楫,万历年间乡试解元,随后考中进士,官至礼部尚书,得到广泛好评,并被载入《明史》。林欲楫宦海几十年,最为令人称道的是气节,赋性刚直,不畏权势,表现出铮铮铁骨。林欲楫的刚直,最为突出的表现,是在朝廷为官。据《明史·林欲楫传》及乾隆《泉州府志·林欲楫传》载,天启初年,因政绩突出,被擢为少詹事,又晋升礼部右侍郎。魏忠贤阉党横行,权倾一时,势炎熏天。文武大臣,大多慑于淫威,趋炎附势,纷纷想方设法巴结。某些年纪比魏忠贤还大的官员,甚至去拜魏忠贤为干爹。浙江巡抚潘汝桢,在杭州西湖为魏忠贤建造生祠,且受到天启皇帝首肯,"诏赐祠额,勒石记功德"。随之而来,全国各地兴起为魏忠贤建造生祠热潮。许多文人墨客，即使骨子里痛恨，表面上也不得不敷衍应付，撰文书丹，为魏忠贤大唱颂歌。林欲楫也知道，触犯魏忠贤阉党，没有好日子过，轻则受到排斥，重则有性命之虞。可是林欲楫就是不媚附巴结，独善其身，凛然傲视。任礼部右侍郎时，面对严重水灾，数次上疏，为灾区陈情，并借此提醒天启皇帝，要反省自身，注意用人，革除弊政，别搞得人怨天怒。表面上针对皇帝，实际上矛头直指魏党。如此，自然触怒魏忠贤，结果被排挤出京城，贬谪到陪都南京，担任南吏部侍郎，也就是挂个虚职。林欲楫凛然以对。到南京后，仍一身正气。魏忠贤生祠热方兴未艾，南京有个姓胡的官吏效尤，也在南京为魏忠贤建生祠，并前往请林欲楫撰文颂德。林欲楫态度明确，"峻却之"，严词拒绝。这在当时，确实要有点勇气。魏忠贤义孙魏某，时在南吏部为司官，把持部务，胡作非为，劣迹斑斑。林欲楫出于义愤，挺身而出，调查揭发，上疏弹劾，"发其奸，出查催一檄，屏去之"。同事见状，无不暗暗为他捏把汗，担心他再次遭受报复，他却泰然处之，不以为然。林欲楫的刚直不阿，不仅表现在对待魏忠贤阉党的态度上，而且表现在对其他不平事，同样敢于奋起抗争。崇祯皇帝登基后，清洗魏忠贤阉党，林欲楫重新被重用，擢升为礼部尚书，掌詹事府事。仍然始终坚持公理，秉公持正理政。如此，又与阁臣相忤，被迫无奈，告假归乡。三年后，被重新召回朝廷，负责撰修明神宗《实录》。崇祯十一年（1638 年），起掌部职。有朝议要斩杀毛文龙，朝中大臣大多附议，唯独林欲楫出于公心，认为不妥，极力表示反对。此外，连上十三道奏疏，疏救因触犯皇帝而被削籍的名臣刘宗周，并抗言兵部尚书杨嗣昌增加兵饷的馊主意，一针见血地指出："三空四尽之秋，不宜以穷民养骄兵。"在他看来，杨嗣昌的建议是竭尽国力，穷民而养骄兵，且认为农民起义所以蜂起，根子在于朝政腐败，朝廷应对失策，应迅速改弦易辙，废除苛政，方能扭转危局。凡此种种，充分体现了非凡胆略和洞察力。因此，被人称为"刚直宰相"。

清代道光年间，泉州人陈庆镛，官至江南道监察御史，也是位疾恶如仇的刚直之士，以"直声震海内"著称。陈庆镛考中进士步入仕途后，历任户部主事、员外郎、监察御史。为官时间并不长，前后也就十多年，然而始终刚正不阿，疾恶如仇，深得时人赞誉。最为突出者，乃是在鸦片战争前后，谏疏连连，直指权贵，声震朝野，被人誉为"铁面御史"。鸦片战争，中国惨败，清廷的昏庸腐朽无能，最高统治者道光皇帝奉行投降卖国路线，无疑是根本原因，琦善、奕山、奕经、牛鉴、文蔚、余步云等人是投降政策的忠实执行者。奕山和奕经,乃是乾隆帝曾孙,道光帝侄儿。中英签订《南京条约》后,举国上下,"人情震骇",舆论哗然,要求严惩国贼降将。道光皇帝为推卸责任,掩人耳目,缓和民愤,亦假惺惺地将卖国求和的琦善、奕山、奕经、牛鉴、文蔚革职查办。罪责较轻的汉将余步云,反而被作为替罪羊处斩,承担了主要责任。然而战争余烟未尽,几位罪大恶极的满族皇室贵胄和卖国奸贼,个个官复原职,抗英功勋卓著的林则徐和邓廷桢,反而被谪为"罪臣",远戍新疆。道光皇帝黑白颠倒,朝廷大臣,慑于淫威,个个明哲保身,缄口不言。唯有即将改任江南道监察御史的陈庆镛,不惧权贵,不畏落冠杀头危险,挺身而出,毅然向道光皇帝上了道《申明刑赏疏》,震惊朝野。按《清史稿·陈庆镛传》载,在这道著名的奏疏中,陈庆镛尖锐地指出,赏罚严明是个重要问题,历代统治者和有识之士无不极为重视。琦善、奕山、奕经三人,乃是卖国的罪魁祸首,全国民众无不痛恨"疾首",即使将这三个卖国贼"罢斥不用",禁锢终身,亦不足以平民愤。奕山和奕经,虽是皇亲国戚,皇帝顾念亲情,不忍加以诛戮,亦当囚禁终身,岂有官复原职的道理!"直道未泯,公论可畏",请皇帝申明国法,"立奋天威,收回成命",严惩这几位卖国贼,以安慰全国民心。真是言人之所不敢言,竭尽一个监察言官的职责。这道正气凛然的奏章,恰似振聋发聩的巨雷,谏疏一出,朝野震动,天下之人,"争以识颜色""望风采""思睹其著作"。陈庆镛也因此博得"抗直敢言"赞誉,声名鹊起,被称为"直声震天下"。道光皇帝接到奏疏后,慑于公理舆论,无奈之下,只好虚伪地说,"朕唯有反躬自责",表示"收回成命",并让琦善、奕经等"均著革职","闭门思过,以昭赏罚"。陈庆镛不避权势,直劾直斥的举动,遭到了投降派的打击报复。不久,被贬为光禄寺署正。凛然以对,告假南归。五年后,咸丰皇帝继位,方才复出。卒后,赠光禄寺卿,钦赐祭葬,祀先贤祠。泉州清源山碧霄岩附近,危崖峭岩之上,清光绪年间,状元御史江春霖所镌"抗直敢言"四个大字,正是彰扬陈庆镛,至今仍赫然峭岩。

二、忧国忧民痛刺时弊

封建社会,弊政重重,泉州许多为官者,感受深切,往往不顾个人得失,直言敢谏,无情揭露和针砭,希望最高统治者改弦易辙,采取切实措施,革除弊政。他们的匡国济世情怀,获得时人和后世颂扬,这亦是泉州风骨的突出体现。

南宋初期,泉州晋江人曾怀,曾公亮曾孙,志存高远,为官半个世纪,累官至右丞相,始终忠心耿耿,努力报效国家。当时,宦阉恣横,朝政颓废,吏治腐败,地方官吏不顾百姓死活,重征暴敛,勒索无度,百姓生灵涂炭,只好铤而走险,导致盗贼蜂起,社会动荡不安。按《闽书·曾怀传》及乾隆《泉州府志·曾怀传》载,曾怀面对这种局面,忧心忡忡,希望朝廷能有所作为,扭转积贫积弱局面。为此,多次上书皇帝,提出在兵弱财匮之时,应实施"抚民以仁"政策。具体而言,应该"以轸恤为心,以牧养为务",体恤百姓的艰辛,尽快把某些罪行不重的人犯从监狱中放出去,让这些人回家种田,维持家计,稳定社会。曾怀的主张无疑是正确的,有利于经济恢复发展和社会安定。曾怀升任户部侍郎,负责管理全国的钱粮财政,面对南宋的财政困境,积极向孝宗提出建议,采取均役、限田、抑游手、定赏罚、劝课农桑等措施,促进发展生产,为国家聚敛财用。同时,应从实际出发,针对不同地区不同情况,因地制宜,区别对待,采取不同办法和措施。孝宗即位,有心锐意改革,实现恢复中原宏愿,起用一批才德兼优的文臣武将,诸如虞允文、陈俊卿、王十朋、梁克家、赵汝愚、朱熹等。可是朝廷忠奸正邪,两军对垒,阉宦恣横,因此仍问题重重,又因官员频繁更换,致使奸邪之人,有隙可乘,兴风作乱,忠正之臣,大受掣肘,难以施展才能。面对积弊重重的朝政,曾怀不计个人得失,甚至不惧丢掉官帽危险,竭尽全力,向皇帝建言献策,积极推荐贤能,褒扬正气。那些忠正苦谏的大臣,每当受到贬谪,曾怀就挺身而出,婉言规劝皇帝"勿因一人嘉之而用",亦"勿因一人谤之而去"。不要因某个人说某人好,便起用某人,也不要因某个人说某人不好,便罢黜某人。曾怀的公正刚直,得罪了某些权臣,最终被以莫须有的罪名弹劾。面对这种情势,曾怀坦然以对,立即请求去职。后经调查,指控属子虚乌有,孝宗下诏恢复相位。史书称赞:"为相侃侃,得大臣体。"

南宋泉州永春人庄夏,淳熙年间举进士,为官半个多世纪,历仕孝宗、光宗、宁宗三朝,累官至中书舍人兼太子右庶子、兵部侍郎。同样以天下为己任,匡世济民,留下不少动人事迹,并被载入《宋史》,得到甚高评价。庄夏为官,受到赞誉,首先在于忠正刚直,针对时弊,勇于挺身而出,直言敢谏,向皇帝建言献策,提出许多解难去病的治国之法。按《宋史·庄夏传》载,庆元年间,许多地方遭遇大旱灾,百姓苦不堪言,社会动荡不安,皇帝下诏求直言。庄夏看得很清楚,赵宋王朝以中央集权立国,可是如今"威福下移","阳气散乱而不收",君主大权旁落,"阴气"甚盛,操弄权力的朝臣,权力愈来愈大。庄夏深以为忧,不怕得罪朝中权贵,毅然上书,向皇帝建言:"愿陛下体阳刚之德,使后宫戚里、内省黄门,思不出位,此抑阴助阳之术也。"就是说,在掌控权力这个根本问题上,已经出现严重后果,应当好好考虑考虑,如何才能真正体现帝王威权,抑制朝中贵戚及左右大臣过分膨胀的权力,使这些人不致越权越位,这是防止贵戚及朝臣操纵朝政的重要途径。这个建议,得到宁宗高度赞赏。庄夏任太常博士时,针对很多地方官不安于本位,上疏直陈朝廷朝令夕改,宦途如转蓬的弊政。他尖锐地指出:"比年分藩持节,诏墨未干而改除,座席未温而易地。一人而岁三易节,一岁而郡四易守,民力何由裕?"在他看来,官员如走马灯似的更换,危害甚大。最大问题在于,官员根本不可能安下心来,认真为百姓办些实事。开禧初年,庄夏迁国子博士,上疏力谏,边衅不可妄开,要在国力充裕强盛情况下,才能对外用兵。权直学士院兼太子侍读时,江北地区屡患自然灾害,又遭受金兵蹂躏,百姓难以生存,许多人流徙到江南,纷纷涌入都城临安,避难求生,给宋都造成多方面压力。庄夏向皇帝提出,荆襄和两淮地区,没人耕种的田地甚多,可以按照人口给予田地,并发给必要的贷款,使这些流民能够建造房屋居住,同时购置农具耕牛,安心从事生产劳动。这些建议,既是安抚之策,对促进经济发展,稳定社会民心,也有显而易见的好处。南宋偏安江左,是战是和,长期争议不休。庄夏极力主张抗金,反对议和。可是要抗金就必须加强军事力量。因此,任中书舍人兼太子右庶子时,向皇帝建议:"今日之患,莫大于兵冗。乞行下将帅,令老弱自陈,得以子若弟侄、若婿强壮及等者收刺之,代其名粮。"就是说,当前最大的问题,莫过于兵员冗多,素质大有问题。希望能下令将帅,让那些老弱者自报,让子弟或弟侄或女婿,倘有身强体壮符合标准者,可代替服役。宁宗觉得甚有道理,采纳了这些主张及改革建议。史弥远为相,把持朝政,朝内官员惧于权势,噤若寒蝉,都不敢随便谈论宫内外及边境大事,唯独庄夏敢于直言,"西蜀溃卒,宜讨宜招;江淮制阃,宜分宜合;山东忠义,宜刺宜汰",请皇帝诏令,让大臣们畅所欲言,统一认识,并提出妥善对策。这些正确主张,大大忤逆史弥远之意,因此,皆未能被采纳。庄夏为官,刚直正派,声望隆崇,也获得皇帝赏识。宁宗在他的画像上题赞:"天生美质,学业逍遥。坚冰志操,历仕三朝。忠言逆耳,书史所标。宗祀繁衍,百世不祧。"寥寥数语,既是高度赞扬,亦是对其绚丽人生的高度概括。

　　南宋泉州晋江人梁克家,官至宰相,屡遭攻击,主要的原因在于为官耿直,直言敢谏。面对各种弊端,痛心疾首,多次直陈,希冀能够改弦易辙。高宗禅位,孝宗继位,很想振作,改变妥协苟安局面。然而社会未得安宁,灾异屡见,朝野惶惶不安。按《宋史·梁克家传》载,梁克家乘机上疏,请广开言路,下诏求真言。孝宗采纳,下令诸臣,上疏言朝廷缺失,言路初开。梁克家又上疏,论朝政六大事:一是正心术,二是立纪纲,三是救风俗,四是谨威柄,五是守庙算,六是结人心。用通俗的话说,就是要端正思想作风,确立法律制度,改变颓风败俗,不以特权滥用威福,制定正确方针政策,收揽人心。当中,论及朝廷决策时说,如今筹划对金用兵,应从三方面着想,选将领,练士兵,足财赋。议论坦率,切中时弊,被孝宗采纳。言路初开后,大臣所上奏陈,未必皆能切中时弊,切实可行,孝宗有些厌烦,甚至拟处治某些大臣。梁克家深感问题严重,上奏孝宗,直言不讳地指出:陛下喜欢讲求实际,不喜欢空谈,这自然很正确。空谈确实无益,可是倘若认为是空谈就要加以惩处,那么,大臣就不敢再说话了,谏诤之路就会堵塞。孝宗接受这个见解,又让其分析官风存在的弊病。梁克家胸怀坦荡,无所隐瞒,直言不讳,列举四条上奏:一是瞒上欺下说假话;二是苟且偷安,无进取心;三是唯唯诺诺毫无主见;四是争权夺利,趋炎附势。同时尖锐地指出,这种腐败官风,将导致世风日下,国力不振。这些切中时弊的分析,孝宗甚为赞赏。梁克家的刚正敢言,还表现在勇于保护正直大臣。皇帝拟把张说选入枢密院,大臣王希吕上书,大呼不可,认为张说为人不正。孝宗震怒,诏令把王希吕谪配边远地区。左相虞允文秉持正直,缴回诏令,拒不执行。孝宗更怒。梁克家挺身而出,从容劝告说,王希吕弹劾张说,是履行谏官职责,左相救护王希吕,正是为国体着想,请皇帝深思。孝宗听后,怒气稍消,减轻对王希吕惩罚。不久,张说补入枢密院,因此挟私怨,对那些不依附自己的朝臣,存心中伤陷害,梁克家据理力争,"悉力调护,善类赖之",极力保护,使许多朝臣免遭迫害。

南宋泉州南安人洪天锡,洞悉当时朝政昏暗,耿介敢言,不仅屡次上疏指击奸佞,且屡上谏章指陈时政。按《宋史·洪天锡传》载,朝政腐败,邪恶势力横行,自然灾害又纷至沓来,四川发生地震,闽浙水涝成灾,民不聊生。可是贪官污吏却从中发灾难财,肆意搜刮百姓。贫穷人家更加贫困,富贵人家财富更多。洪天锡痛切地感受到,社会普遍穷困空乏,百姓怨怒,只有富戚臣阉独享富贵。既已目击这种状况,洪天锡不遗余力,毅然连续上了几道奏疏,列举地方官发灾难财罪恶,提醒皇帝注意振纲纪,除后患,且向皇帝敲起警钟:"举天下穷且埋怨,陛下能独与数十人共天下乎?"锋芒直指这位半壁江山的主裁者,义正词严。理宗昏庸,包庇奸臣,洪天锡愤而请辞,虽然离开朝廷,可是忧国忧民之心未尝消减。度宗即位后,他又上疏这位新皇帝,指出当时政策造成危害百姓的五件大事,即公田问题,关子问题,银纲问题,盐钞问题,赋役问题。同时,还向度宗皇帝坦言,目前朝廷里最要害的问题,乃是无诤臣有坏人,这很不利于国家治理。这种忧国忧民的热忱,始终保持到离开人世。

明代嘉靖年间,泉州晋江人陈让,痛刺朝政黑暗,秉直进言反而被贬职,甚至罢官,皆因触怒了嘉靖皇帝。陈让任监察御史时,朝政已甚为昏暗,嘉靖不理朝政,文武大臣得过且过。文臣喜欢舞文弄墨,不顾实际粉饰太平,歌功颂德,取悦皇帝。武臣不事边戍,饱食终日,无所用心,肠满脑肥,浑浑噩噩。陈让深有感触,也深感震惊。按乾隆《泉州府志·陈让传》载,他忧心忡忡,义无反顾,写下长长的奏疏,呈献皇帝,恳切地指出:今日朝中的文臣,贤良者固然甚多,可是只是崇尚毫无益处的虚浮文章的人,实在也不少!再看看那些武将,数量固然相当可观,但可以临敌制胜,真正称得上大将者,实在是少之又少!治理天下,正风俗,得贤才,乃是根本。因此,建议在文衙门之外,设翰林院于东长安街,选取科甲之英;于武衙门之外,设韬略府于西长安街,选取科甲之英。陈让这些话,可谓直陈时弊,戳到了朝政要害之处。随后,因遭诬陷,被关入大牢几个月。官复原职后,依旧赤胆忠心,写了本五千多言的奏疏呈给嘉靖皇帝,主要针砭朝廷内外文武大臣十大弊端:一是私情太滥,相互请托;二是吹牛拍马,投机钻营;三是私心太重,只顾谋利;四是恩怨太多,没有是非;五是处事不公,意气用事;六是倚仗权势,胡作非为;七是结党营私,排斥贤能;八是曲意阿附,亲近邪恶;九是苟且偷安,得过且过;十是虚假浮夸,只图升迁。如何革除这十大弊端,把朝廷内外风气引向正轨,他更直截了当地指出,首先皇帝应从自身做起,宣布德威,警醒九卿镇藩文武大臣。同时,重用廉洁之臣,则请托之路自绝;重用正直之臣,则奔竞之风自息;使大臣不知有家,则小臣不知有身;使大臣不肯偏私恩,则小臣不敢复私怨;使大臣处事出于公心,则小臣不敢意气用事;使大臣依法办事,则小臣不敢徇私枉法;使贤良能够得到举荐,则人人皆崇尚贤能;使邪恶小人能够得到惩罚,则人人自然远离邪恶小人;使政绩突出者得到奖赏,则官吏自然奋勇向前;使庸碌无为者得以罢黜,则官吏自然警醒而励精图治。此外,针对寺观大量占田,农民无田可耕、生计艰难的突出社会问题,提出要削寺观之田为百姓之田的办法,即全国各处寺观,每座寺观只能拥有 60 亩田地,余者全拨予农民佃种纳粮,并不许势家豪右乘机吞占。还特别提醒皇帝,在京仕官者,多是势豪之家,吞占寺观田地早已成风,对于自己这个建议,他们肯定不赞同,并会千方百计阻挠破坏。陈让敏锐地接触到社会核心问题,可是这当中许多问题,皆触犯到朝廷高官们的私利,引来不满,并采取各种手段加以诋毁。如此,忠肝义胆的奏疏,自然未能得到采纳。

明末泉州晋江人黄克缵,官至尚书,多次辞官,因为傲骨铮铮,直言敢谏,屡屡上疏针砭弊政,希望能够革除。按《明史·黄克缵传》载,他上《陈会勘王家口始末疏》,指出在黄河王家口开口不适宜,建议王家口所开之口应尽速堵塞。又上疏裁汰老弱士卒及官府冗员,减轻百姓负担。为救灾民于水火之中,接连多年不断上疏。蝗灾严重,上疏体恤灾民,减轻税赋。上疏赈济山东灾民,停免山东上缴税收,散发山东两座粮库存粮,赈济灾民。朝廷重建三座被火烧毁的大殿,建议暂缓重建,将这笔钱财用于拯救灾民。万历年间,朝政日益腐败,皇宫奢靡浪费,开支巨大,入不敷出,国库日见虚空。皇帝挖空心思,想以开采矿产资源,加收矿产税的办法,填补巨大财政窟窿。京城乾清宫、坤宁宫及皇极殿等三殿遭火焚毁,皇帝急欲重建,便加紧向地方派款,苛捐杂税,名目繁多,尤以矿税为祸最烈。黄克缵任山东巡抚,不仅上书弹劾马堂等贪官,而且接连呈上几道奏疏,强烈请求停征矿税。他尖锐地指出,即使是朝廷需要,也应生财有道。否则,矿监横行,民不聊生,定会让民心涣散,社会动荡不安。倘若不及时纠正,恐怕秦末陈胜吴广起义、汉末黄巾赤眉起义的历史悲剧又会重演!翌年,皇帝出尔反尔,决定停征矿税后,又马上反悔,诏令禁止施行。黄克缵非常气愤,呈上奏疏指出,朝廷加征矿税,实是对百姓巧取豪夺,若出尔反尔,失信于民,变乱危险就近在眼前。请求坚决停止矿税,死谏力劝,不少诤臣附和,皇帝终于下诏召回矿监。万历四十四年(1616年),宫中德隆殿遭火灾,黄克缵乘此机会,又上疏痛述弊政,指出二十年来,税使四出,搜刮民财,百姓为缴捐税,卖妻卖儿,而宫中大兴土木,奢华挥霍,耗尽民间膏血,守卫边疆战士,饿着肚子上阵,月粮积欠数万担,且因连年灾荒,有些地方已到了父食其子、妻食其夫惨景,切望皇上,"大悔前愆,一更旧辙,收罗人才,以济时艰,罢税停捐,与民休息,大涣居积,以安边疆"。直面现实,以国家社稷为重,敢言敢谏,可谓浩然诤臣。

清代道光年间,泉州人陈庆镛,官至江南道监察御史,深得时人赞誉,以"直声震海内"著称,谏疏连连,痛刺时弊,亦是突出表现。鸦片战争前夕,刚步入仕途不久的陈庆镛,面对列强虎视眈眈,国家积贫积弱的危局,忧心忡忡,积极主张革弊布新,提振民力,"师夷长技以制夷"。曾与四十多名地位不高的南方籍京官,于北京陶然亭举行聚会,感时伤怀,提出禁烟抗英和整顿吏治的主张。按《清史稿·陈庆镛传》载，中英鸦片战争，清政府战败，被迫签订《中英南京条约》。陈庆镛时为御史，忧愤交加，接连上了《认真训练水师策》《武营积弊疏》《海疆防堵疏》《请查冒军需疏》《整饬戎行疏》等几道重要奏疏。他沉痛地指出，战争惨败在于积弊深重，朝政昏暗，军备废弛，营伍紊乱，官兵养尊处优，平素全无训练，武艺极为低劣，临阵溃逃偷生。各级将官，贪赃枉法，营私舞弊，冒领军饷，大饱私囊；各军军械火器，以至战舰，朽烂不堪，无法使用。厦门和南澳等海港岛屿，要塞防卫作用，未能得以重视发挥，给侵略者以可乘之机。如此，唯有痛定思痛，改弦易辙，大力改革吏治和军事。朝廷应当颁旨，谕令各省督抚和提镇，"妥定章程，以其实济"，让官吏有章可循，认真监造武器，严格选拔将帅，强化水陆士卒训练，振作士气，加强海疆门户巡防，严禁奸民勾结外国侵略者等。可惜这些富有远见卓识的主张，全被束之高阁。陈庆镛因要求严惩琦善、奕山、奕经等人，受到投降派的打击报复，被贬为光禄寺署正。咸丰皇帝继位后，经大学士朱琦与林则徐力荐，陈庆镛又被授监察御史。他"既踬再振，锐气不挠"，又就军国大事接连上了数十道奏章，"切深愿挚，倾臆尽言"，希图兴利革弊，匡国济世，挽救已经摇摇欲坠的大清王朝。他多次上疏建议朝廷，重视吏治，奖励农桑，兴修水利，善理狱讼，弘扬教化，使百姓能过安定的生活，防止农民起义。他关心黄河修治，针对黄河屡屡泛滥，苦心谋划，呈送《河防筹画疏》，提出修治河南地段河道的周详计划，并建议朝廷委派得力的治河大臣，负责督修，限期完成。清朝战败赔款，财政军需支绌，竟然准许捐买举人和附生，极大地败坏士风。陈庆镛非常不满，针对这种荒唐行为，毅然上疏指出，举人和附生之所以"贵于世者"，全靠苦学苦修和真才实学，"以诗书自致"。假如可以用钱捐买，"强附清流"，挤进士林，那么，寡廉鲜耻之人势必纷纷钻营。倘若举人可以捐买，那么进士、知县、知府也可以捐买，这样，"买通关节"，贪赃枉法，卖官鬻爵，各种弊端，势必孳生蔓延，国将不国，民将不民。为维系纲纪民心，建议立即停捐举人，"以固民心，以培国脉"。这道奏疏，终于被采纳，"士气为之一振"。

清代嘉庆至道光年间，列强虎视眈眈，国家积贫积弱的危局，日益显现，许多正直的士大夫，忧心忡忡，积极主张革弊布新。泉州晋江人许邦光，亦是突出的一位。按《泉州历史人物传·许邦光》载，许邦光嘉庆年间与林则徐同榜进士，历官翰林院侍读学士、日讲起居注官、光禄寺卿。清朝的朝政，到了嘉庆年间，已经甚为腐败，官吏视官位为利源，国家则成为漏卮，如此年复一年,糜帑无算,积重难返。迨至道光年间,更是危机重重,面临山雨欲来风满楼之势。许邦光作为有抱负的朝廷命官,希冀匡世济民,面对这种恶劣情景,痛心疾首。尽管他知道自己力量有限,甚至可能遭遇风险,还是多次上书朝廷,提出许多尖锐的意见和改进主张。他痛切地指出,眼下治政的中心问题,应是"黜奢华、戒虚浮、惩丽靡"。也就是说,"迹不涉乎铺张,习莫沿乎汰侈"。这是因为他很清楚地看到,这种毫无节制的铺张奢华,毫无原则的粉饰太平,实在是难以为继,倘若不大刀阔斧加以整肃,很快就将产生严重的恶果。因此,他呼吁"以义制事,以礼制心",提出"义以正民,而实先乎正我"的自我改造、自觉修养主张。这就是说,要先正朝廷,只有正朝廷,才能正百官;只有正百官,才能正万民。如此,才能保持社会环境的相对稳定,维持封建王朝的长久统治。本着这样的思想,许邦光又提出,应当高度重视教化。他认为,善与不善各有其类,好与恶即从此分,并既为同类之所归,且必为异类之所忌。因此,不仅好学勤修,且不论居家居官,以扶植名教为己任,所修贤祠、试馆、义茔,皆不责同事襄助,同时经常扶助孤寒,救济困乏,赞助好学士子。许邦光的这些建议主张,无疑是长期观察思考的结果,也非常切中当时朝政的要害。应当承认,道光皇帝登基后,亦曾有意进行某些改革,且有阮大陶、澎松筠、林则徐、许邦光等几位忠心耿耿且颇有才能的大臣,同心赞助,可是无奈积弊太重,整个朝廷暮气沉沉,众多大臣拘守定例,不敢稍有逾越或变通,改革阻力重重。因此,即使有灵丹妙药,也无从投放。许邦光的许多积极主张,最终也就杳无下文,不了了之。许邦光去世后,同里陈庆镛所写的碑铭称:"诚得如公主持风教,士气何患不敦。"许邦光正而不阿,自然受到世人称颂。

泉州历史上的为官者,基于忧国忧民情怀,勇于针砭时弊者,尚有许多。明代晋江人黄国鼎,万历年间进士,任翰林院编修,官位并不高,可是"位卑不敢忘忧国",面对不断加深的社会危机,忧时忧世,很想为匡正时弊做些贡献,并寄希望于万历皇帝的振作有为。按乾隆《泉州府志·黄国鼎传》载,几年之间,黄国鼎接连呈上拟讲学疏、拟东宫出阁疏、拟罢矿疏、东征救朝鲜有议、撤川贵兵有议,还有议边、议河、议采金海上、议代府封爵、议收亡赖子为客兵等奏疏。不仅上呈大量奏疏,还把这些奏疏公之于众,让朝廷大臣知晓,进行讨论,或者让言官采用。按《明史·郭惟贤传》载,郭惟贤京城任职时,万历皇帝不理政事,甚至把神圣的宫廷当作游戏作乐场所,竟然聚集宦官 3000 人,授以盔甲兵器,操练于宫廷,作为观赏。刑部主事董基,忍无可忍,上疏力谏,大呼不可,结果被贬谪。郭惟贤见此状况,上疏谏止,结果被贬斥出京城,调为南京大理评事。尽管如此,他依旧义无反顾,大胆针砭时弊。万历皇帝怠于朝政,也直接影响到整个官僚体系的运转。上自六部及所属各机构,下至督抚甚至州府,主要官员缺额,往往得不到及时补充,"曹署多空,无人过问",政事日见荒疏颓废。身在南京的郭惟贤,忧心忡忡,又上疏尖锐地指出,官员位置不能长久空缺,考选工作不能陷入停顿,应正常运转起来,及时做好考选,当官员出现缺额时,及时加以补充。应鼓励有关方面,积极举荐才德兼备的官员,重用提拔。同时,大力疏荐王锡爵、贾三近、何源、耿定向、詹仰庇等良臣。可是这些救治时弊的建议,并未被采纳。又如,按《明史·黄凤翔传》载,黄凤翔万历年间在礼部为官时,朝政日益颓废,正派刚直的大臣,敢于仗义执言的大臣,不是受到排斥放逐,就是不被提拔重用,阿谀奉承的大臣,投机钻营的大臣,庸碌无为的大臣,往往被重用,加官晋爵。更为严重的是,国库财政收入,并没有用作练兵养士之资,也没有用来改善民生发展文教,而是被皇帝和权宦大量攫取,要么拿去建造寺观庙宇,要么干脆收入私囊。黄凤翔痛心疾首,上书皇帝,恳切地说,"为今大计,惟用人、理财二端",希望皇帝能好好振作起来,做好这两件大事,并且历数前朝旧事,陈说"平居无极言敢谏之臣,则临难无敌忾致命之士",希望从大明王朝的稳固统治考虑,起用朝内有"直声动节"而未能得到重用的邹元标、潘士藻、孙如法等人。他还规劝万历皇帝,把国家的收入,用到有利于富国强兵的方面,且应该对老百姓宽容优恤,使之能够生活下去。他说:"与其要福于冥漠之鬼神,孰若广施于孑遗之赤子!"可是这些发自肺腑的忠臣心声,这些十分中肯的建议,都未能打动万历皇帝的心,未能得到这位懒惰皇帝的重视,更不用说加以采纳了。黄凤翔不能不感到十分失望和灰心,请求离职,回到泉州老家。还有蒋德璟,天启初年举进士后,任翰林院编修,因不依附魏忠贤遭罢官,魏忠贤垮台后被重新起用。当时,日积月累的政治腐败,已到无以复加的程度,朝廷文武大臣,浑浑噩噩,农民揭竿而起,统治者为苟延残喘,以各种名目把负担转嫁到百姓身上。蒋德璟较清醒地意识到,巩固统治,防止"天变","莫如拯百姓"于水火。按《明史·蒋德璟传》载,他多次上疏,慷慨陈词,陈明利害关系,恳求体恤民艰,拯救黎民百姓。他任少詹事时,就条奏"救荒事宜"。擢升礼部侍郎后,竭力支持"限占民田",并提出鼓励垦荒及兴修水利等相应的政策建议,试图缓和社会矛盾。他明确指出:"民田不可夺,而足食莫如贵粟。北平、山、陕、江北诸处,宜听民开垦,及课种桑枣,修农田水利。"当时,兵部提议增兵 12 万人,增加军队饷银 280 万两。筹饷途径有四条:因粮、溢地、事例、驿递。具体点说,就是按照旧额粮饷,再量行加派岁银;民间土田溢出原额者,核定输赋;让富户捐钱,出为监生;将以前邮驿节省的银子拿出来。对这种不恤民艰的横征暴敛,蒋德璟极为不满,毫不留情地指出:这是"倡聚敛之议,加剿饷练饷,致天下民穷财尽,胥为盗"。在他看来,兵部这种建议,根本不是什么救国之术,而是"病民之术,亡国之咎"。诸如此类,不胜枚举。

三、砥砺变法无怨无悔

泉州历史上的为官者,在危机四伏的封建社会中,面对重重的弊政,基于忧国忧民之心,勇于大胆揭露,且敢于积极参与变革,在北宋王安石变法运动中,曾公亮、吕惠卿、蔡确等人所起的重要作用,就是其中最为典型的代表,彰显了泉州风骨。

宋王朝建立后,历经太祖、太宗、真宗几朝,至仁宗、英宗时期,阶级矛盾和民族矛盾交织,日趋尖锐,兵虚财匮,呈现出难以维持的局面。统治阶级内部某些有识之士纷纷建议改革,泉州人曾公亮,就是当中最为重要的一位。

曾公亮是北宋名宦曾会儿子,北宋天圣初年考中进士后,历官仁宗、英宗、神宗三朝,累参知政事、枢密使、同中书门下平章事。曾公亮居官近半个世纪,从地方官直至宰相,无不致力于革弊兴利,为扭转宋王朝危机而努力,殚精竭虑,匡世济民,报效国家社稷,种种事迹载入《宋史》,得到很高评价。

曾公亮为官时的赵宋王朝,有个非常突出的问题,就是兵员多、战斗力却很差。这个问题发端于赵匡胤建立北宋王朝后,鉴于唐五代藩镇割据的教训,为加强中央集权,防止军队将领势力坐大,实行兵将分离的办法。结果,产生了新的严重弊端,导致兵无常帅,帅无常兵,将帅无权。而且最高统治者为控制兵权,选择的将帅往往是资历浅、军事素质低、容易驾驭的文官,形成官非所任的局面。如此,自然严重地影响了宋军的战斗力,在同辽和西夏战争中,往往是大战大败,小战小败,处于被动挨打的地位。曾公亮极为重视这个问题。尽管兵将分离,乃是赵宋王朝的祖制,曾公亮也难以改变。可是将帅的选择,仍有很大的余地。因此,围绕这个方面,庆历年间,曾公亮多次上疏仁宗皇帝,提出自己的主张。他反复强调,将帅的选择极为重要。按《宋史·曾公亮传》载,他认为,将帅不称职并非世无将帅之才,而是选择上有大问题,或是使用上有大问题。选择将帅,应以才能为主要标准,"唯审其才之可用也,不以远而遗,不以贱而弃,不以诈而疏,不以罪而废"。知人善任的同时,应当充分信任将帅,给予相应权力,用人不疑,疑人不用,不能过多掣肘。同时,又提出裁减冗兵的重要性。宋王朝拥有上百万职业兵,可是素质甚为低劣,且耗费巨大,每年财政收入六分之五都用于养兵,又导致财政严重困难。因此,他坚决主张用数年时间裁减冗兵,精加选择,练为精兵,付之善将。曾公亮认为,舍此之策,别无出路,必须痛下决心,付诸实行。尽管赵宋朝廷内部意见不尽相同,然而在曾公亮竭力推动下,曾几次裁减了部分冗兵。

曾公亮对北宋官僚制度的弊端,也有颇为深刻的了解,并提出许多整顿措施。北宋吏制之混乱,官僚机构之臃肿,在中国封建社会是非常突出的。仅以三班院官员为例,最初不过300多人,至仁宗朝时,竟膨胀到万余人,地方州县官吏更是多得数不清。而且实行"磨勘法",三年一迁。结果,各级官员,苟且因循,坐待升迁,人浮政滥,糜费俸禄,暮气和腐败,笼罩整个统治机构。曾公亮态度非常鲜明,主张议定各部各级官员数量,汰减冗官。同时,废除磨勘法,官员的任用和升迁,改用考课督察办法,选贤任能。

曾公亮关于革除弊政方面,还有诸多主张。庆历八年(1048年),仁宗召集文武大臣,倾听朝政得失,兵农要务,边防备御,将帅能否等方面意见。曾公亮上疏,陈述五大问题,鲜明而集中地反映了自己的见解和主张:一是完善边境城堡栅栏设施,储蓄兵马;二是将帅不宜频繁更换,让其较久地任职,如此辽和西夏就不敢轻易侵犯边境;三是选择将帅最重要的是才能,使用时尽量发挥才能,那就不用担心无人能够胜任;四是裁减冗兵,淘汰冗官,节省国库支出;五是徭役不能只摊在农民身上,农民耕种就有积极性。这五个方面,都是当时亟待解决的问题,而且也较容易施行。

北宋治平四年(1067年),英宗驾崩,20岁的神宗继位。曾公亮时已年过七十,看自己年事已高,终生为之奋斗的强兵富国宏愿尚未实现,乃把希望寄托在这位年轻皇帝身上。因此,尽力为其推荐人才,多次推荐王安石,为推动熙宁变法,做出不小的贡献。他对王安石才干十分赏识,认为是宰相好人选,力主起用,尽管守旧派激烈反对,但都没有动摇他支持王安石的决心。王安石当政后,仍不顾守旧派攻击,全力予以支持。王安石变法,从一开始就遭到守旧派的激烈反对,而支持变法的曾公亮,也就难免遭到非难,然而曾公亮义无反顾,坦然以对。按《宋史·曾公亮传》载,曾公亮备受神宗赞誉:"大臣如公亮,极不可得也。"又说:"公亮谨畏周密,内外无间言,受遗辅政,有始有卒,可方汉张安世。"曾公亮卒后,皇帝哭泣,罢朝三天,并赠"太师",御笔亲书:"两朝顾命,定策亚勋。"南宋宝庆初年,被列为功臣,绘像张挂于昭勋崇德阁。

北宋熙宁年间(1068—1077 年),王安石在神宗支持下,发动了一场声势浩大的变法运动。泉州南安人吕惠卿,官至参知政事,是这场变法的第二号人物。他既是积极的参与者与执行者,又是坚定的维护者,十分活跃,富有建树。吕惠卿,字吉甫。父亲吕涛,曾任县令、通判等职,为官清廉,不畏权贵,对吕惠卿从政有深刻影响。吕惠卿精通经学,且治学严谨,务实用。他的治学精神,走的是"通经术,晓政事"的道路,即把为政与治学联系起来。他学而知时政之症结,并运用所学以济世,随着时迁世异而知所以变易。按《宋史·吕惠卿传》载,吕惠卿嘉祐初年考中进士后,初在河北真州任推官,期满回到京城,结识了王安石,经常一起探讨经学要义,王安石对其才华颇为赏识,两人关系越来越密切。熙宁初年,王安石执掌朝政大权,立即向神宗皇帝推荐还在编校集贤书籍的吕惠卿,称赞说:"惠卿之贤,岂特今人,虽前世儒者未易比也。学先王之道而能用者,独惠卿而已。"就是说,吕惠卿的才学,不仅当今天下无人可与之匹敌,就是前朝的大学者也未能超过他,学习先圣治国方略而能加以很好运用的,只有吕惠卿一人。王安石视吕惠卿为"登用大儒",因此王安石变法期间,吕惠卿担任过多种职务,太子中允、崇政殿说书,曾兼经筵馆阁、制置三司条例司的检详文字,司农寺、国子监、军器监的主管官员,还任过知谏院、知制诰、翰林学士和宰相府具体办事的都检正,后升任为参知政事。王安石变法,吕惠卿成为主要帮手,"事无大小,安石必与惠卿谋之",无论新机构的设置,还是变法的内容,皆与之谋划,各种奏疏文件的拟定,皆出于吕之手。吕惠卿成为王安石变法的中坚人物,神宗的一名重要顾问。宋神宗对其才华也很欣赏。据《宋史·吕惠卿传》载,当司马光向神宗攻击吕惠卿时,神宗说:"惠卿进对明辨,亦似美才。"

吕惠卿受任之时,正值均输法、青苗法、助役法、农田水利法陆续推行时,具体内容都是他亲手拟就、奏请并颁发的。按《续资治通鉴长编》载,吕惠卿主管司农寺期间,"主行常平、农田水利、免役、保甲诸法",工作出色,成绩卓著,神宗皇帝赞曰:"吕惠卿言司农寺事甚善,然尚未了五分事,若司农事了,即天下事大定矣。"他主管军器监时,经一番整顿,裁定中外所献枪刀样式,规定枪刀质量标准,又编制弓式一书,供制造弓弩参照。自此,所制兵械皆精利,改善了宋军的武器准备,增强了抵御能力。

王安石变法,从一开始就受到守旧派的强烈反对,守旧派以"祖宗之法不可变"为由,竭力抵制新法的推行。吕惠卿不仅坚定不移地支持变法,而且旗帜鲜明地同守旧派进行斗争。熙宁二年(1069 年)底,吕惠卿曾同守旧派代表司马光进行了一场激烈论辩。当时,司马光向宋神宗进读《资治通鉴》,针对汉代曹参代替萧何为相的一段历史,特别强调说:"参不变何法……由此言之,祖宗之法不可变也。"吕惠卿以崇政殿说书身份,针对司马光的言论进行无情驳斥。吕惠卿学识渊博,才思敏捷,能文善辩,把司马光"祖宗之法不可变"的论调驳得无言以对。这次论辩,史称"萧曹画一之辩"。

在变法斗争的第一次浪潮中,以司马光为代表的保守派,以青苗法为重点对象,向变法派发起猛烈围攻。条例司在奏呈青苗法时说:在夏秋庄稼未熟的青黄不接时期,各地大地主放高利贷,以百分之百的加倍利息,残酷敲剥农民,造成农民破产流离,国家赋税收入不足的严重后果。青苗法收利较少,只百分之二十,它的实施可以收到"民不加赋而国用足"的效果。但是司马光、韩琦等守旧派,抓住王广廉在河北推行青苗法时曾用"强配"办法,并收息三分的个别问题,作为借口,对青苗法横加指责,夸大其词,任意歪曲和诬蔑。年轻的神宗皇帝也对青苗法产生怀疑,对王安石等变法派公开表示:"朕始谓可以利民,不意乃害民如此!出令不可不审!"皇帝态度的变化,引起了连锁反应。曾主张变法的士大夫苏轼、苏辙兄弟等,很快改变了态度,为同变法派割断关系,要求"补外",亦即离开京师到外地任官,进而掉过头来攻击变法派。王安石在朝中的日子不大好过,干脆"称疾居家",奏请罢去宰相职。吕惠卿在这严峻时刻,毫不畏惧,坚定支持变法,旗帜鲜明。针对司马光诬蔑县官靠法令威逼富室借青苗钱一事,他同司马光进行面对面的剧烈廷辩,义正辞严予以驳斥,一针见血地指出,此事富室为之害民,县官为之利民。青苗钱民愿取者给以,不愿取者不强借。一"害",一"利",难道不是很清楚的吗?吕惠卿言辞锋利,刺中司马光的要害。吕惠卿又斥责陈升之有关青苗法难以实施的论调,指出其实质不过是"畏流俗"的一种表现。

吕惠卿很清楚,王安石倘若离职,将会招致"新法必摇"的严重恶果。因此,想尽各种办法支持王安石。他让支持变法的朝臣上书神宗皇帝,力劝挽留王安石。他又亲自写了大量书信,送遍有关的监司和郡守,"使陈利害",让他们也向皇帝进言,陈述罢免王安石将带来的种种祸害。后来,他又"从容白帝下诏,言终不以吏违法之故,为之废法"。就是说,直接向皇帝陈言利害,请求颁布一道诏书,庄重告诉全体国人,不会因变法中有某些弊病,而废弃新法。吕惠卿等变法派坚决有效的斗争,使神宗皇帝坚定了变法的态度。宋神宗召见王安石说:"青苗法,朕诚为众论所惑,寒食假中,静思此事,一无所害。"神宗皇帝态度的转变,使王安石继续执政,新法继续坚定地推行。如此,在变法派与保守派的斗争中,变法派取得了第一个回合的重大胜利。这个胜利的取得,吕惠卿起了很大的作用,这一点王安石曾给予充分肯定。他说:"法之初行,议论纷纷,独惠卿与布终始不易,余人则一出焉一入焉尔!"

变法派尽管取得了第一个回合的胜利,然而保守派并没有因为失败而停止对变法的攻击,而是继续积聚力量,伺机反扑。随着变法措施的推行,也触动了更多达官显贵的既得利益。特别是熙宁五年(1072年)市易法的推行,使之在均输法基础上进一步加强了对大商人和市场的控制,受抑制的大商人亦处心积虑地反对这项新法,并勾结官僚士大夫伺机而起。熙宁六年(1073年),市易法在开封施行"免行条贯",开封各商行按照收利多少交纳免行钱,免除了行户对官府的供应,禁中即皇宫买卖货物也要由市易司估定物价高低。免行钱直接损害了上下官司,以至禁中皇族、后族及左右宦官的利益。如此,反变法派结成了更为庞大的联盟,这个联盟既包括大商人、官僚士大夫,还包括皇族、后族和宦官。他们聚集在三朝元老枢密使文彦博周围,继续重弹"祖宗之法不可变"的老调,继续利用"天命论"这块大石头来威吓神宗皇帝。他们以市易法为突出对象,展开了对变法更猛烈的围攻。文彦博说,熙宁五年(1072年)华州山崩,是由于市易司不当差官自卖果实所致。参知政事冯京,乘成都准备设立市易司时,上疏说"王小波之乱"因榷买货物而起,还多次造谣破坏免行钱的实施。光州司法参军郑侠在冯京支持下上疏说:"去年大蝗,秋冬亢旱,今春不雨。"都是大臣辅佐不以道所致,建议"有司接敛不道之政",罢去一切新法。司马光则列举"朝政阙失"六条,几乎涉及新法的所有措施。反变法联盟对变法的猛烈围攻,终于奏效。熙宁七年(1074年),神宗在曹太皇太后、高皇太后压力下,罢去王安石宰相职务,出知江宁府。

王安石罢相之前,向神宗推荐吕惠卿为参知政事。神宗诏命韩绛为宰相,吕惠卿为参知政事。这时变法派处境十分困难,外有保守派进攻,内有变法派的分化,曾被认为是坚定变法人物的曾布和市易法倡议者魏继宗,开始反对变法。所以,吕惠卿被任命为参知政事,亦即副宰相,可谓受命于危难之时。保守派讽刺吕惠卿是"护法善神",韩绛是"传法沙门",这亦反映了吕惠卿在变法派中的重要地位和所起的作用。变法面临逆境，吕惠卿在参知政事任上，仍然坚定地继续推行新法，并努力排除各种干扰。曾布以"奏事诈不实"罪，免职出知饶州，魏继宗追官停职。郑侠免官，编管汀州。吕惠卿又追查郑侠攻击免行钱的幕后支持者冯京和王安国，罢冯京参知政事职，王安国免官，放归田里。保守派攻击最为集中猛烈的市易法，吕惠卿坚定不移地加以维护，并未动摇。如此，亦使保守派更痛恨吕惠卿，必欲置之死地而后快。

宋神宗驾崩，哲宗继位，太皇太后高氏权同听政，重用司马光、吕公著等反变法派，任司马光为宰相。反变法派得势，变法派受到猛烈抨击。吕惠卿作为变法的核心人物，位高权重，且态度坚定，不折不挠，坚决同保守派作斗争，自然成为众矢之的。变法失败后，吕惠卿受到反对派的猛烈攻击，被罗织种种罪名，贬出京城，降为知州，并被视为奸佞。在元人脱脱所修的《宋史》中，还很不公正将其列入"奸臣传"，使之长期蒙受不白之冤。吕惠卿学问渊博，著述甚多，精湛的学识，还得到不少知名文人的好评。乾隆《泉州府志·拾遗》记载："刘后村曰：'考亭论荆公、东坡门人，宁取吕吉甫，不取秦少游。其说以为吉甫犹看经书，少游翰墨而已。孙鸿庆觊序其文谓，辞严义密，追古作者。'"连攻击吕惠卿很卖力的苏轼，都不得不承认"吉甫终会作文字"。可是因被《宋史》列入奸臣传，后世连其著作都毁没，连《宋史·艺文志》所载的吕氏著作，不仅《四库全书》不予收录，在《四库全书总目》中也找不到踪迹。

宋神宗熙宁至元丰年间的变法，泉州除吕惠卿外，还有一位变法派的重要人物蔡确，官至参知政事，执政时继续推行王安石新法。变法失败后，同样受到反对派的猛烈攻击，被罗织种种罪名，贬出京城，并在元人脱脱所修的《宋史》中，被很不公正地列入"奸臣传"，长期蒙受不白之冤。

蔡确，字持正，泉州晋江人，很有才气，文章写得洒脱，诗作得更是漂亮，享有北宋泉州才子称号。按《泉州府志·拾遗》载，蔡确少年时就很聪明，显露出不凡才华，诗文也写得很漂亮。蔡确著述颇多，《宋史·蔡确传》亦称，蔡确有"智数"，就是说，颇有才华，智商很高。更为重要的是，蔡确有独立思考与见解，居官处事不苟且媚俗，敢于顶逆流，敢作敢为，颇有进取精神，因而成为变法中的一位重量级人物。

蔡确嘉祐四年（1059年）举进士后，初任陕西彬县司理参军。因为才华出众，且理政能力强，受到转运使薛何的赏识，薛何向宰相韩绛极力推荐，认为是个难得的人才。随后,王安石、邓绾也竞相加以举荐。经王安石推荐,蔡确升为三班主簿。再经邓绾推荐,又升任监察御史,成为皇帝身边的朝官。

蔡确进入朝廷后,正是变法处于较为艰难时期,反变法派寻找各种机会攻击变法,蔡确义无反顾,积极支持王安石变法。熙宁初年,王韶知军事,熙河之役取得对西夏的胜利,亦是北宋鲜有的军事胜利,可是因支持变法,受到保守派忌恨,被陕西守将郭逵检举多报军费,向国库冒领,要求弹劾贪污之罪。神宗皇帝下诏,派杜纯去核实。杜纯受到反变法派怂恿,偏向郭逵。王安石认为,杜纯的调查没有实事求是,不接受他的调查结论,又改派蔡确去处理这件事。蔡确经调查后,认为王韶是蒙受冤枉,竭力为之喊冤。结果,王韶免于遭罪,郭逵因为诬告,杜纯因为查处不实,双双受到谴责。蔡确这种做法,不仅得到王安石称赞,而且也得到神宗皇帝的赞赏,因此加官直集贤院,又迁御史知杂事。

王安石推行新政,引起反变法派的猛烈攻击,神宗也开始动摇,进而对王安石产生了看法,王安石一度罢相,变法派与反变法派的斗争,进入更为激烈的阶段。蔡确仍然立场坚定,态度鲜明,坚决支持变法,并与反对派进行坚决斗争。变法派大臣范子渊,主持疏通河流工程,向朝廷奏报成就,皇帝派知制诰熊本前往考察,熊本偏向反变法派,声称范子渊治河问题多多。范子渊不服气,控告熊本诬蔑。蔡确弹劾熊本,说他陷害忠良。于是熊本被罢黜。三司使沈括,拜访宰相吴充,攻击免役法。蔡确知道后,即对皇帝说:沈括作为皇帝近臣,发现朝廷有关法令不妥,给百姓带来不便,不公开提出来,而私下去跟宰相讲,无疑是认为王安石既罢相,新法就可以废弃了。沈括因此被贬官,知宣州去了。京城开封府审问民事诉讼,事情牵扯到判官陈安民。蔡确很清楚,这是反对派借机打击变法派,因此上疏皇帝说:这事牵涉朝廷大臣,不是开封府可以处理的,应当直接送到朝廷,让御史们去解决。中丞邓润甫及御史上官均,攻击变法,并庇护囚犯,皇帝派蔡确去处理这事。蔡确得到诏令后,经调查后上疏说,两人确实庇护囚犯,应予治罪。最终,吴润甫、上官均皆罢官。太学生虞蕃,控告学官,借机大肆攻击变法。蔡确亦毫不留情,坚决处理虞蕃,并"连引朝士",弹劾了包括翰林学士许将在内的几位支持虞蕃的反变法派。蔡确这些做法,并非出于个人恩怨,而是为了使新法继续推行,不仅得到变法派的大力支持,而且也得到神宗皇帝的肯定。因此,蔡确在朝廷中的地位进一步得到提升,自知制诰到御史中丞,再到参知政事。蔡确官位不断上升的同时，继续坚定推行新法。按《宋史·蔡确传》载，"确得中丞，犹领司农，凡常平、免役法皆成其手"。

哲宗皇帝继位后，反变法派得势，蔡确同样受到猛烈抨击。反变法派纷纷上书，认为还在位的旧相蔡确、韩缜、枢密使章惇等"新党"，统统都应罢免，吕惠卿应加重处罚。御史刘挚、王岩叟等人，更是接连向蔡确发起攻击，声称他有十个应当罢官的理由，尤其是熙宁、元丰年间，冤狱遍布，苛政严重，他均自始至终参与其中，真是可恶至极。于是蔡确先是被罢为观文殿学士，知陈州，徙居安州，又徙邓州。后又被一贬再贬，放逐到岭南，最终死于广东新州贬所。蔡确被贬后，多位与他关系密切的变法派官员也受到牵扯。宰相范纯仁、左丞王存，因为在太皇太后面前为蔡确说情，结果被罢去职务。御史李常盛、陶翟恩、赵挺之、王彭年等，因为没有弹劾蔡确，而被罢官。

王安石变法尽管最终夭折，吕惠卿和蔡确这两位变法派重要人物亦惨遭打击，然而他们积极参与变法，无疑是基于使国家强盛的动机，以摆脱北宋王朝积弱的困境。也正因如此，他们所表现出的改革勇气，无畏毁谤的精神，不折不挠的毅力，既是泉州风骨的突出体现，亦是泉州风骨的价值作用和意义所在。

结　语　泉州学展望

　　文化是人类的生活方式。文化的不断创新预示着生命的不断延续，预示着一个民族（或族群）的不断发展。文化的精髓是埋藏在民族（或族群）心底的一种共同意识。泉州文化既具有中华文化思维的整体性和务实性，又包含坚韧不拔的生存意识、自强不息的生活信念以及抢抓机遇不断调适拓展的文化性格。泉州文化的这种人文特征决定了泉州人的生活与习俗规范、心灵与精神归属、生存与价值取向。泉州学内涵需要普及推广，让更多的新老泉州人、更多的青少年、更多的"首来族"和旅游族了解泉州文化在与世界其他文化交流中日益成熟的范式，体验向海而生、和谐相融、整合拓展、坚韧务实的精神，感受未来发展的信心。

　　当然，泉州学作为研究泉州历史文明的科学，要向世人展示泉州真实的丰厚的充满活力的形象，其体系和内涵还需要不断地完善，泉州历史文化的基础研究还需要进一步深化，泉州学的科学价值还需要进一步显示，服务社会发展的力度还需要加强。

　　一是期待新发现。泉州学研究能否进一步深化，期待考古研究、古籍文献整理和民间历史资料等有新的发现。考古发现、古籍与史料挖掘，可以延伸历史轴线，可以增强史实信度，可以丰富文化内涵，可以再现历史场景。诚如陈寅恪所言："一时代之学术，必有其新材料与新问题。取用此材料，以研求问题，则为此时代学术之新潮流。治学之士得预于此潮流者，谓之预流（借用佛教初果之名）；其未得预者，谓之未入流。此古今学术史之通义，非彼闭门造车之徒所能同喻者也。"①譬如，19 世纪末甲骨文的发现，使现代学者在汉字问题上比古代先贤有了更科学的认识。泉州历史悠久，我们相信，

---

　　①　陈寅恪：《敦煌劫余录序》，《国立中央研究院历史语言研究集刊》第一本第二分，上海：商务印书馆，1930 年，第 231 页。

秦汉前后的古迹如果有新的发掘和发现,必然会进一步丰富泉州学的内涵,甚至改变理论认识。大量的古典文献资料多少都有对泉州历史的某些记录,这对我们理解泉州的文化特色有很大的启迪,希望有更多的学者致力于这方面的探讨。搜集流散海内外民间的各种记录历史生活的资料和谱牒,如戏曲抄本、民间歌仔册、家谱族谱、文学笔记、契约、合同、账本、书帖等,对泉州的历史文化现象同样能够提供有益的启示和帮助。譬如此前学者们搜集整理的闽南侨批,就深刻地彰显了近 200 年来闽南海外游子的辛酸和怀念家园的情结。

二是期待新解析。我们希望有更多学人对丰厚的泉州历史文化有新的见解、新的分析。泉州历史文化多元杂糅,丰繁复杂,必须从多角度、多模式、全方位切入探索。例如,一般人认为,泉州之所以能多种宗教长期和平相处①,现在还能保留那么多的宗教文化遗迹,是因为泉州人传承了儒家的兼容与并蓄思想。照此看来,海上丝绸之路的其他港口城市没能像泉州这样保留丰富的古迹,是否因为那里的族群失传儒家思想? 用儒家思想来简单地解释这种现象,显然缺乏说服力。儒家思想是基础,具有普遍性,但是不同地区还各有其更深层的原因,如果不愿意去做个性化的研究,是无法做出科学的解答的。再如,泉州始终不渝"以海为田",在官方海禁之后,仍然继续海上私商活动。这些私商活动对明清以来泉州经济发展的影响,以及对世界的影响如何,仍然值得挖掘。泉州文化特色的形成,还有赖于与其他地方文化异同的进一步比较研究,有赖于与闽南文化乃至中华文化以及世界多元文化的关系的深入探索。泉州既能守旧又勇于开新,这种典型的矛盾是如何产生,又如何化解的,对今天的泉州的发展有什么意义,值得继续阐释。还有许多文化现象期待研究解惑。

三是提出新建议。泉州学研究要能为当代文化传承提供新思路、新建议。历史上的文化传承,有相应的历史土壤。今天,要继续弘扬泉州文化,应该耕作新的土壤。在联合国教科文组织《保护非物质文化遗产公约》框架下设立的三大类别中,泉州主申报的"泉州南音"、联合申报的"中国传统木结构建筑(闽南民居)营造技艺"及"送王船——有关人与海洋可持续联系的

———————————

①　事实上那个时代宗教之间和信众之间并非没有矛盾,只是最终服从于经济利益大局而已。参阅王连茂:《"泉州学"与泉州海交史研究刍议》,陈世兴主编:《泉州学研究》,福州:福建教育出版社,2002 年 4 月,第 328～346 页。

仪式及相关实践"三个项目入选"人类非物质文化遗产代表作名录",泉州主申报的"水密隔舱福船制造技艺"项目入选"急需保护的非物质文化遗产名录",泉州主申报的"福建木偶戏传承人培养计划"项目入选"非物质文化遗产优秀实践名册"。泉州成为全国唯一拥有联合国三大类"非遗"项目的城市,中国也成为目前世界上三个类别都有入选项目的第一个国家。加上2013年6月入选世界记忆遗产的闽粤"侨批档案"和2021年7月25日列入《世界文化遗产》的"泉州:宋元中国的世界海洋商贸中心"①,泉州拥有辉煌的史迹,令我们感到骄傲。这些优秀的历史文化如何在新时代发挥应有的作用,如何在新时代获得更科学的保护和传承,需要我们深入研究和实践。泉州俗谚说:"人脚迹肥"(意思是,路过的人多了自然会带来财富)。我们可以把泉州耀眼的历史文化作为旅游观光的胜迹,建立旅游者所需要的旅游文化景观和服务设施,在泉州构建完美的旅游经济,使之成为中国和世界民众的旅游目的地,开辟泉州新的经济增长点。泉州人历来就有"输人不输阵"的思想,只要办法好,丰盛的文化就能转化为丰厚的回报,不仅体现历史文化的当代价值,还能更好地保护这些文化。又如,民间的信俗文化活动,有很强的宗亲凝聚力和乡谊传播活力,引导得好,将为美丽乡村的建设发挥巨大的作用。许多冠名老字号和古字号的产品或物事、建筑与器件,也需要有新的途径导向,使之继续发挥文化自信和历史教示作用。从20世纪末开始,我国的改革开放和城镇化建设,出现了一场波澜壮阔的南北民众大流动现象。因为南方率先对外开放和经济率先腾飞,吸引一批批北方民众南下,商品的流通销售推动一批批南方民众北上。泉州站在开放浪潮的前沿,是人口流动非常明显的一个区域。北上的泉州人,如果居住时间久了,其后代在语言传承上就会发生变化,许多青少年渐渐不熟悉泉州话。因为近几十

---

① 当第44届世界遗产大会一致决定将"泉州:宋元中国的世界海洋商贸中心"列入《世界文化遗产名录》,福建省委、省政府第一时间发出贺信。贺信说:"'泉州:宋元中国的世界海洋商贸中心'项目成功列入《世界文化遗产名录》,为世界遗产大家庭增添了一颗璀璨明珠,体现了中华民族源远流长的海洋文明对人类文明发展的重要贡献,意义十分重大。宋元时期,泉州凭借包容的文化态度、完备的海洋贸易制度、庞大的水陆复合交通运输体系、发达的手工业、杰出的航海和造船技术等元素,在传统的中华农业文明大国中开辟梯航万国、舶商云集、多元繁荣的世界大港,泉州由此成为世界海洋贸易中心港口的杰出典范,成为古代海上丝绸之路的重要枢纽和节点城市。此次申遗成功,必将进一步提升福建和泉州的知名度、美誉度和影响力,为推进福建文化强省建设和全方位高质量发展超越增添新的动力。"(《贺信》详见《福建日报》2021年7月26日第1版)

年来国家的倾力推普,新泉州人的后代以及居住在城市的年青一代,明显出现放弃泉州方言的趋势。未来的泉州人,是否会渐渐淡化泉州文化,如何确保泉州文化继续传承下去,这些都需要学者们思考和建言。

四是提供新启示。泉州学研究要对当代社会发展提供新的启示。泉州学不只是研究过去,它既然是一门研究泉州地域的科学,就得力求承接古今,继往开来。例如,在研究泉州人的思维意识过程中,那种"卖三占钱土豆也想当头家"的思想,已经不能适应全球化的今天。我们如何在批判的基础上探索新的经济发展思想,致力弘扬那些紧跟时代脚步前进的民营企业家的新理念。再如,泉州历史上有许多名扬海内外的科学技术,如造桥、造船、造瓷、造厝、造路(开辟海上丝绸之路的海航技术)和造铁(安溪青阳块炼铁与"板结层"冶炼处理技术)。泉州学要在先人创新思想和突破意识上多做研究,以历史的骄傲激励今人有新的科学技术产生,推动泉州的新发展。

五是扩大新空间。历史上的泉州早已把自己定位在世界的空间格局之中。今天的泉州学更要有世界性的胸怀,研究的活动领域要扩大到新的空间。虽然泉州学是以泉州为研究区域基点,但是泉州族群的对外交流和流动,泉州文化的海外传播以及进入所在国主流社会的过程中内涵的丰富和发展,都应该是泉州学必须关注的方向。泉州人到达的地方,泉州学视角也应到达。泉州学要把泉州文化向外移植与在地化现象作为研究的对象,还应该把泉州学学术会议和文化成果的传播活动放到世界各地,吸引海内外更多的学者参与学术研究,使泉州学的国际性得以提升。与此同时,通过泉州学的研究活动,还能让处于世界各地的泉州人知晓祖地对他们的关注与关怀,触动他们继续以泉州人的创新精神和文化自觉,助力泉州社会经济文化的发展与创新。

参考文献

（汉）司马迁：《史记》，北京：中华书局，1959年。

（汉）班固：《汉书》，北京：中华书局，1962年。

（汉）袁康：《越绝书》，上海：上海古籍出版社，1985年。

（汉）许慎：《说文解字》，北京：中华书局，1987年。

（晋）陈寿：《三国志》，北京：中华书局，1959年。

（北齐）魏收：《魏书》，北京：中华书局，1974年。

（唐）房玄龄：《晋书》，北京：中华书局，1974年。

（唐）姚思廉：《陈书》，北京：中华书局，1972年。

（唐）欧阳詹：《欧阳行周文集》，《文渊阁四库全书》第1078册，上海：上海古籍出版社，2003年。

（唐）李吉甫：《元和郡县志》，《文渊阁四库全书》第468册，上海：上海古籍出版社，2003年。

（宋）欧阳修：《新唐书》，北京：中华书局，1975年。

（宋）欧阳修：《新五代史》，北京：中华书局，1974年。

（宋）祝穆：《方舆胜览》，北京：中华书局，2003年。

（宋）洪迈：《夷坚志》，北京：中华书局，1981年。

（宋）乐史：《太平寰宇记》，北京：中华书局，2007年。

（宋）王象之：《舆地纪胜》，成都：四川大学出版社，2005年。

（宋）赵汝适：《诸蕃志》，上海：上海古籍出版社，1993年。

（宋）蔡襄：《蔡忠惠公文集》，清光绪十九年（1893年）刻本。

（宋）真德秀：《西山文集》，《文渊阁四库全书》第1174册，上海：上海古籍出版社，2003年。

（宋）李心传：《建炎以来系年要录》，北京：中华书局，1985年。

（元）汪大渊：《岛夷志略校释》，北京：中华书局，1981年。

（元）脱脱：《宋史》，北京：中华书局，1977年。

（明）宋濂：《元史》，北京：中华书局，1976 年。

（明）谢肇淛：《五杂俎》，上海：上海古籍出版社，2012 年。

（明）王应山：《闽大记》，北京：中国社会科学出版社，2005 年。

（明）王世懋：《闽部疏》，《续修四库全书》第 734 册，上海：上海古籍出版社，1995 年。

（明）张燮：《东西洋考》，北京：中华书局，1981 年。

（明）郑若曾：《筹海图编》，北京：中华书局，2007 年。

（明）陈懋仁：《泉南杂志》，北京：中华书局，1985 年。

（明）顾炎武：《天下郡国利病书》，上海：上海古籍出版社，2012 年。

（明）叶春及：《惠安政书》，福州：福建人民出版社，1987 年。

（明）姚旅：《露书》，福州：福建人民出版社，2008 年。

（明）李贽：《焚书》《续焚书》，北京：中华书局，1974 年。

（明）李贽：《藏书》，北京：中华书局，1959 年。

（明）蔡清：《蔡虚斋先生文集》，台北：文海出版社，1970 年。

（明）李光缙：《景璧集》，福州：福建人民出版社，2012 年。

（明）黄仲昭：《八闽通志》，福州：福建人民出版社，2015 年。

（明）何乔远：《闽书》，福州：福建人民出版社，1994 年。

（清）徐松：《宋会要辑稿》，北京：中华书局，1957 年。

（清）龙文彬：《明会要》，北京：中华书局，1956 年。

（清）黄宗羲：《明儒学案》，北京：中华书局，1985 年。

（清）李光地：《榕村全书》，福州：福建人民出版社，2013 年。

（清）陈国仕：《丰州集稿》，南安：南安县志编纂委员会，1992 年。

（清）纪昀：《四库全书总目提要》，海口：海南出版社，1999 年。

（清）张廷玉：《明史》，北京：中华书局，2012 年。

（清）彭定求：《全唐诗》，上海：上海古籍出版社，1986 年。

（清）怀荫布：《（乾隆）泉州府志》，上海：上海书店出版社，2000 年。

（清）庄成：《（乾隆）安溪县志》，厦门：厦门大学出版社，2012 年。

（清）孙尔准：《（道光）福建通志》，南京：凤凰出版社，2011 年。

（清）吴之鏻：《（道光）晋江县志》，上海：上海书店出版社，2000 年。

（清）娄云：《（道光）惠安县志》，上海：上海书店出版社，2000 年。

（民国）潘耀金：《永春州志》，厦门：厦门大学出版社，1994 年。

（民国）方清芳：《德化县志》，北京：社会科学文献出版社，2018 年。

（民国）苏镜潭：《南安县志》，上海：上海书店出版社，2000年。

（民国）赵尔巽：《清史稿》，北京：中华书局，1976年。

泉州《温陵芝山刘氏大宗世牒》，佚名编纂，时间不详。

泉州《紫云黄氏宗谱》，佚名编纂，清道光十八年（1838年）刻本。

泉州《南外天源赵氏续谱》，赵纲宪等编纂，1994年刊印本。

泉州《延陵黄龙族吴氏宗谱》，黄龙吴氏文化研究组编纂，2000年刊印本。

泉州《曾氏史撷》，泉州曾公亮学术研究会编纂，2005年刊印本。

［阿拉伯］伊本·胡尔达兹比赫著，宋岘译注：《道里邦国志》，北京：中华书局，1991年。

安海志修编小组编：《安海志》，内部印刷，1983年。

陈笃彬、苏黎明：《泉州古代科举》，济南：齐鲁书社，2004年。

陈笃彬、苏黎明：《泉州历史上的人与事》，济南：齐鲁书社，2010年。

陈桂炳：《泉州民间信仰》，北京：九州出版社，2012年。

陈世兴主编：《泉州学研究》，福州：福建教育出版社，2002年。

陈泗东：《幸园笔耕录》，厦门：鹭江出版社，2003年。

陈寅恪：《敦煌劫余录序》，《国立中央研究院历史语言研究集刊》第一本第二分，上海：商务印书馆，1930年。

［德］古斯塔夫·埃克、［法］保罗·戴密微著，林雾、姚鸣琪译：《刺桐双塔》，北京：九州出版社，2019年。

傅金星：《傅金星文史类稿》，香港：闽南文化出版社，2018年。

黄坚：《泉州花灯艺术研究》，福州：海潮摄影艺术出版社，2009年。

黄坚：《闽南地区民间雕刻艺术研究》，厦门：厦门大学出版社，2013年。

李玉昆、李秀梅：《泉州海外交通史》，北京：中国广播电视出版社，2006年。

［意］马可·波罗著，梁生智译：《马可·波罗游记》，北京：中国文史出版社，1998年。

林华东：《闽南方言的形成及其源与流》，《中国语文》2001年第5期。

林华东主编：《泉州学研究》（第二辑），厦门：厦门大学出版社，2006年。

林华东主编：《泉州歌谣》，福州：福建人民出版社，2006年。

林华东：《泉州方言研究》，厦门：厦门大学出版社，2008年。

林华东：《闽南文化的精神和基本内涵》，《光明日报·理论版（史学）》

2009 年 11 月 17 日。

林华东:《闽南文化的双重性特征》,《光明日报·理论版(史学)》2011 年 4 月 21 日。

林华东主编:《历史、现实与未来:闽南文化的传承创新研究》,厦门:厦门大学出版社,2011 年。

林华东、吴绮云、吴力群主编:《闽南与台湾地方文献目录》,厦门:厦门大学出版社,2012 年。

林华东:《闽南文化:闽南族群的精神家园》,厦门:厦门大学出版社,2013 年。

林华东:《肇端于汉,多元融合——关于闽南文化历史形成问题的探讨》,《东南学术》2013 年第 4 期。

林华东、陈燕玲主编:《追寻与探索:两岸闽南文化的传承创新与社会发展研究》,厦门:厦门大学出版社,2013 年。

林华东:《"海上丝路"的影响与启示》,《人民日报》2014 年 10 月 19 日。

林华东主编:《海上丝绸之路新探索:"第一届海丝文化国际青年学者论坛"论文集》,北京:中国社会科学出版社,2016 年。

林华东主编:《李光地研究》,厦门:厦门大学出版社,2020 年。

林华东:《论闽南文化的继承性与创新性》,《闽南师范大学学报(哲社版)》2020 年第 3 期。

林宗鸿、郑焕章、黄天柱:《南安丰州西晋太康五年墓》,《泉州文史》1989 年第 10 期。

[摩洛哥]伊本·白图泰著,马金鹏译:《伊本·白图泰游记》,北京:中华书局,1991 年。

苏黎明:《泉州家族文化》,北京:中国言实出版社,2000 年。

苏黎明:《家族缘:闽南与台湾》,厦门:厦门大学出版社,2011 年。

苏黎明、陈钦明:《清代名臣李光地》,厦门:厦门大学出版社,2021 年。

苏黎明、吴绮云:《清代思想家李光地》,厦门:厦门大学出版社,2021 年。

苏黎明、吴绮云:《闽粤下南洋家族族谱资料选编》,厦门:厦门大学出版社,2020 年。

王铭铭:《刺桐城:滨海中国的地方与世界》,北京:生活·读书·新知三联书店,2018 年。

吴慧颖、叶亚莹：《宋江阵》，厦门：鹭江出版社，2020 年。

吴文良、吴幼雄：《泉州宗教石刻》（增订本），北京：科学出版社，2005 年。

吴藻汀：《泉州民间传说》（1～5 集合成本），香港：香港天行健出版社，2014 年。

［意］雅各·德安科纳著，［英］大卫·塞尔本编译，（中）杨民等译：《光明之城》，上海：上海人民出版社，1999 年。

张惠评、许晓松编著：《泉州海丝史话》，福州：海峡书局，2015 年。

张惠评、许晓松编著：《泉州古代科技史话》，福州：海峡书局，2015 年。

庄为玑：《海上集》，厦门：厦门大学出版社，1996 年，2020 年 2 版。

后　记

　　《泉州学概论》即将付梓。这部专书系中共泉州市委宣传部泉州学研究所的专项委托课题成果，作为课题负责人，我想在此多唠叨几句。

　　课题研究前后历时近两年。泉州学研究所为课题提供了参考提纲、基本要求和研究思路。在此基础上，我们从 2020 年 5 月至 6 月底，组织了三场大纲讨论会，最终形成今天的纲目。我们认为，"概论"当以古往今来珍贵的历史文献为依托，以 20 世纪以来前哲时贤对泉州历史文化的研讨成果为起点，从全域性、整体性、系统性高度，讲清泉州族群历史文化演进的总体过程，讲明泉州历史发展所蕴含的独特精神、鲜明特质和发展规律，讲透泉州与台湾密不可分的历史逻辑以及因海上丝绸之路而与东南亚的历史关系。我们知道，泉州的经济社会发展离不开历史文化的传承与滋养，从泉州的基本史实和理论创新角度构建泉州学学科体系，通过对泉州经济、社会、文化发展历程的史料解读和科学阐释，可以以史资政、以史育人、以史鉴今、以史昭示未来。通过对泉州历史文化主脉的探索，可以为 21 世纪"一带一路"建设、为人类的文明互鉴做出贡献。"概论"就是按照以上思路努力展开的。

　　在本书的写作过程中，得到陈彬强、陈燕玲、周颖斌、王磊等同仁从大纲的讨论到资料搜集的支持和帮助。中国社会科学院首批学部委员陈祖武先生以 78 岁高龄亲自为本书作序，对我们的研究给予高度的肯定。厦门大学出版社蒋东明老社长、郑文礼社长、薛鹏志主任亲自为本书把关，让我们深为感动。在此，一并表示深深的谢意！

　　本书即将与读者见面，探索却仍未终止。书中存留的问题还有待广大读者的提点，更期盼后浪接力，进一步推进泉州学学科建设，为泉州的未来发展提供精神解读和文化自信。

林华东

2021 年 8 月 8 日